# 2023

# 中国汽车市场年鉴

## 2023 China's Auto Market Almanac

中国汽车流通协会　编著

中国商业出版社

**图书在版编目（CIP）数据**

2023中国汽车市场年鉴 / 中国汽车流通协会编著. -- 北京 : 中国商业出版社, 2023.10
ISBN 978-7-5208-2661-7

Ⅰ. ①2… Ⅱ. ①中… Ⅲ. ①汽车工业－国内市场－中国－2023－年鉴 Ⅳ. ①F724.76-54

中国国家版本馆CIP数据核字（2023）第192164号

责任编辑：许启民
策划编辑：武维胜

中国商业出版社出版发行

（www.zgsycb.com　100053　北京广安门内报国寺1号）

总编室：010-63180647　　编辑室：010-83128926

发行部：010-83120835/8286

新华书店经销

廊坊市旭日源印务有限公司印刷

*

889毫米×1194毫米　16开　29印张　834千字

2023年10月第1版　2023年10月第1次印刷

定价：980.00元

* * * *

（如有印装质量问题可更换）

# 《2023 中国汽车市场年鉴》协作单位

（排名不分先后）

北京梅赛德斯–奔驰销售服务有限公司

利星行汽车

北京长久物流股份有限公司

北京富欧睿汽车咨询有限公司

# 《2023 中国汽车市场年鉴》编辑委员会

| | |
|---|---|
| 刘万国 | 北京祥龙博瑞汽车服务（集团）有限公司党委副书记、总经理、董事 |
| 刘文姬 | 中国汽车流通协会会长助理 |
| 刘美良 | 沈阳大众企业集团有限公司集团总经理 |
| 江　涛 | 成都路行通信息技术有限公司 COO |
| 许　星 | 广汇汽车服务集团股份公司董事、前总裁 |
| 孙绍先 | 北京运通国融投资集团有限公司董事长 |
| 严　斐 | 广东省汽车流通协会会长 |
| 李　石 | 河北省二手车行业协会秘书长 |
| 李　彬 | 深圳市深业车城有限公司董事长 |
| 李加喜 | 云南省资源再生二手车行业协会会长 |
| 李伟利 | 国家信息中心经济咨询中心副主任 |
| 李江天 | 湖北省汽车流通协会秘书长 |
| 李劲峰 | 江苏省工商联汽车销售商会会长 |
| 李振生 | 北京市汽车流通行业协会会长 |
| 李晨迪 | 大昌行汽车控股有限公司大昌行集团董事长及中国区业务主管 |
| 李颜伟 | 新浪汽车副主编 |
| 杨　桦 | 四川华星汽车集团有限公司董事长 |
| 杨汉松 | 上海信宝博通电子商务有限公司董事长 |
| 杨晓勇 | 蓝池集团有限公司董事长 |
| 吴　强 | 力天集团有限公司董事兼总经理 |
| 吴正纲 | 广西壮族自治区汽车流通协会会长 |
| 邱　萍 | 深圳市佳鸿名车投资有限公司董事长 |
| 何　戬 | 懂车帝总裁 |
| 余　德 | 安吉汽车物流有限公司总经理 |
| 余海军 | 浙江宝利德股份有限公司董事长兼总裁 |
| 宋　涛 | 中国汽车流通协会会长助理 |
| 张　毅 | 新华社资深财经记者 |
| 张序安 | 易车公司 CEO |
| 张宝林 | 长安汽车（集团）有限责任公司总经理 |
| 张亮鸣 | 广汽商贸有限公司党委委员兼副总经理 |
| 张桂阳 | 盈众控股集团有限公司董事长 |
| 张爱群 | 浙江吉利控股集团有限公司副总裁 |
| 张献忠 | 河南威佳汽车贸易集团有限公司集团总裁 |
| 张德安 | 永达集团董事长 |
| 张德志 | 中国消费者协会消费监督部主任 |
| 陈士华 | 中国汽车工业协会副秘书长 |
| 陈可人 | 浙江省汽车流通协会会长 |
| 陈立宏 | 广物汽贸股份有限公司党委书记、董事长 |

陈学勤　　重庆市汽车商业协会秘书长
陈祥达　　深圳市澳康达名车广场有限公司董事总经理
邵维民　　山东省汽车流通协会秘书长
武　峰　　北京朗诚律师事务所主任
林建忠　　欧龙汽车贸易集团有限公司董事长
罗　磊　　中国汽车流通协会会长助理
周　昆　　山东远通汽车贸易集团有限公司董事长
周黎明　　湖南汽车城有限公司董事长兼总经理
郑维桢　　中国出版协会年鉴工作委员会副主任（副会长）
郎学红　　中国汽车流通协会副秘书长
赵铁流　　庞大汽贸集团股份有限公司副董事长兼总经理
胡　伟　　成都宏盟汽车集团有限公司董事长
钟　师　　智驾网总编辑
段肖东　　上海览海汽车发展有限公司总裁
姚军红　　浙江大搜车融资租赁有限公司创始人兼 CEO
载　万　　北京现代汽车有限公司总经理
贾　可　　《汽车商业评论》总编辑
顾超罡　　中国车辆进出口有限公司总经理
高延莉　　中国物资再生协会副会长
唐　华　　上海市汽车销售行业协会会长
黄　毅　　中升集团控股有限公司集团主席
黄志强　　利星行汽车首席执行官
黄俊锋　　厦门信达国贸汽车集团股份有限公司党总支书记、董事长
黄晓军　　北京惠通陆华汽车销售有限公司董事长
崔东树　　中国汽车流通协会汽车市场研究分会（乘联会）秘书长
康　鹏　　捷通达汽车集团股份有限公司董事长
章新挺　　江西省汽车流通协会常务副会长兼秘书长
彭原璞　　国机汽车股份有限公司党委书记、董事长
葛致诺　　福特汽车（中国）有限公司执行董事长
蔡　宾　　上海市汽车服务行业协会会长
蔡仲民　　上海市二手车行业协会会长
蔡真法　　一汽贸易总公司总经理
臧奉江　　通源集团董事长
颜广彤　　天津市浩物机电汽车贸易有限公司党总支书记兼董事长、总经理
颜景辉　　原北京北辰亚运村汽车交易市场副总经理
潘国强　　湖南省二手车流通协会秘书长
薄世久　　吉林省长久实业集团有限公司董事长

# 《2023 中国汽车市场年鉴》特约编辑

（按姓氏笔画排序）

| | |
|---|---|
| 王　存 | 中国车辆进出口有限公司 |
| 王宏昌 | 中国汽车流通协会有形市场分会 |
| 李彤梅 | 中国汽车流通协会售后零部件分会 |
| 李新波 | 中国汽车技术研究中心有限公司 |
| 沈　庆 | 中国汽车技术研究中心有限公司 |
| 周　伟 | 中国汽车流通协会汽车金融分会 |
| 郝庆丰 | 中国法学会消费者权益保护法学研究会 |
| 胡昌晨 | 上汽大众汽车有限公司 |
| 徐士刚 | 江苏省汽车流通协会 |
| 栾尽晖 | 国家统计局服务业统计司 |
| 高　凌 | 中国汽车售后服务质量监测大数据平台 |
| 唐奕奕 | 中国汽车流通协会汽车市场研究分会 |
| 曹　阳 | 重庆长安汽车股份有限公司 |
| 雷　滨 | 中国汽车工业协会 |
| 简晓荣 | 中国汽车技术研究中心有限公司 |

# 《2023 中国汽车市场年鉴》编辑部

| | |
|---|---|
| **主　　编** | 沈进军 |
| **执行主编** | 王　都 |
| **编辑部主任** | 杨俊丽 |
| **编辑部副主任** | 石雪莲 |
| **稿件统筹** | 文思婧　李　鑫　李　婷　田　甜　林　逊　石正忠　崔　玮 |

# 编辑说明

一、《2023中国汽车市场年鉴》是由中国物流与采购联合会主管，中国汽车流通协会主办，行业组织和中国主要汽车生产、流通企业及各地汽车流通协会共同参与编纂的大型资料性工具书，创办于1995年，已连续出版了1995—2022年各年卷。

二、《2023中国汽车市场年鉴》的编纂宗旨是科学、全面、系统、翔实，逐年反映中国汽车行业的发展和汽车市场的变化，内容涵盖中国汽车生产、流通、消费、服务与行业管理的各个方面，以丰富的资料信息为政府、市场、行业和广大消费者服务。

三、《2023中国汽车市场年鉴》反映的内容是上一年度的史实和资料信息。2022年卷设有专文、大事记、新车市场、新能源汽车市场、汽车进出口市场、二手车市场、汽车后市场、汽车报废、汽车流通核心企业、政策法规和标准、统计数据、附录，共计12个部类，力求专业、翔实、全面、系统地记录中国汽车流通的发展历程。在编排上分部类（类目）、栏目、分目、条目4个层次。条目是基本文献形式，除此之外的文献形式还有专文、大事记、统计图表、政策法规等。

四、《2023中国汽车市场年鉴》所有文稿、资料、数据都经有关部门审核；有关条目的数据以国家统计局、海关总署等部门提供的数据为准；各地方和部门的数据以地方和部门提供的数据为准。由于各地、各部门的统计口径不同，个别数字与全国统计数据可能有出入。

五、我国的香港特别行政区、澳门特别行政区和台湾地区的资料暂缺。

六、《2023中国汽车市场年鉴》在编辑、出版过程中得到了国家有关部门和相关行业组织、汽车生产、流通企业以及各地汽车流通协会的大力支持与帮助，在此深表感谢。本书在编辑和印装等方面的不足之处，敬请广大读者批评指正。

**《2023 中国汽车市场年鉴》编辑部**

**2023 年 10 月**

# 目 录

## 第一部类 专文



## 第二部类 大事记



## 第三部类 新车市场

## 第四部类　新能源汽车市场



## 第五部类　汽车进出口市场



## 第六部类　二手车市场



## 第七部类　汽车后市场

## 第八部类　汽车报废



## 第九部类　汽车流通核心企业



## 第十部类　政策法规和标准

## 第十一部类　统计数据

## 第十二部类　附录

# 第一部类

# 专文

DIYIBULEI | ZHUANWEN

# 2022年国民经济顶住压力再上新台阶

国家统计局

2022年，面对错综复杂的国际形势和艰巨繁重的国内改革发展稳定任务，在以习近平同志为核心的党中央坚强领导下，各地区各部门认真贯彻落实党中央、国务院决策部署，坚持稳中求进工作总基调，高效统筹疫情防控和经济社会发展，有效应对内、外部挑战，国民经济顶住压力持续发展，经济总量再上新台阶，就业物价总体稳定，人民生活持续改善，高质量发展取得新成效，经济社会大局和谐稳定（见图1）。

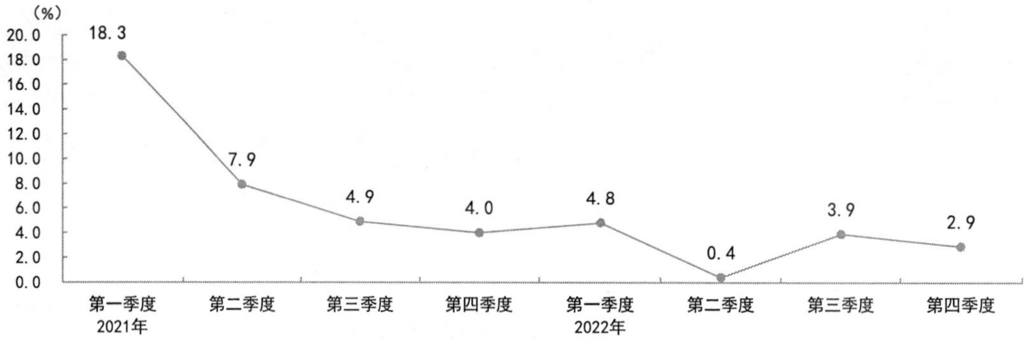


图1 2021—2022年国内生产总值增速度（季度同比）

资料来源：国家统计局（以下图表资料来源相同，不再赘述）

初步核算，全年国内生产总值1210207亿元，按不变价格计算，比上年增长3.0%。分产业看，第一产业增加值88345亿元，比上年增长4.1%；第二产业增加值483164亿元，比上年增长3.8%；第三产业增加值638698亿元，比上年增长2.3%。分季度看，第一季度国内生产总值同比增长4.8%，第二季度同比增长0.4%，第三季度同比增长3.9%，第四季度同比增长2.9%。从环比看，第四季度国内生产总值与第三季度持平。

## 一、全年粮食增产丰收，畜牧业生产稳定增长

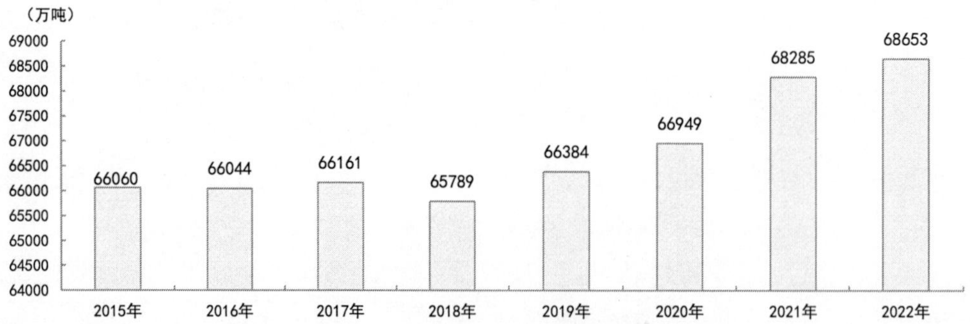


图2 2015—2022年全国粮食产量

全年全国粮食总产量68653万吨，比上年增加368万吨，增长0.5%。其中，夏粮产量14740万吨，增长1.0%；早稻产量2812万吨，增长0.4%；秋粮产量51100万吨，增长0.4%。分品种看，稻谷产量20849万吨，下降2.0%；小麦产量13772万吨，增长0.6%；玉米产量27720万吨，增长1.7%；大豆产量2028万吨，增长23.7%。油料产量3653万吨，增长1.1%。全年猪牛羊禽肉产量

9227万吨，比上年增长3.8%；其中，猪肉产量5541万吨，增长4.6%；牛肉产量718万吨，增长3.0%；羊肉产量525万吨，增长2.0%；禽肉产量2443万吨，增长2.6%。牛奶产量3932万吨，增长6.8%；禽蛋产量3456万吨，增长1.4%。年末生猪存栏45256万头，增长0.7%；全年生猪出栏69995万头，增长4.3%，如图2所示。

## 二、工业生产持续发展，高技术制造业和装备制造业较快增长

全年全国规模以上工业增加值比上年增长3.6%。分三大门类看，采矿业增加值增长7.3%，制造业增长3.0%，电力、热力、燃气及水生产和供应业增长5.0%。高技术制造业、装备制造业增加值分别增长7.4%、5.6%，增速分别比规模以上工业快3.8、2.0个百分点。分经济类型看，国有控股企业增加值增长3.3%；股份制企业增长4.8%，外商及港澳台商投资企业下降1.0%；私营企业增长2.9%。分产品看，新能源汽车、移动通信基站设备、工业控制计算机及系统产量分别增长97.5%、16.3%、15.0%。12月，规模以上工业增加值同比增长1.3%，环比增长0.06%（见图3）。

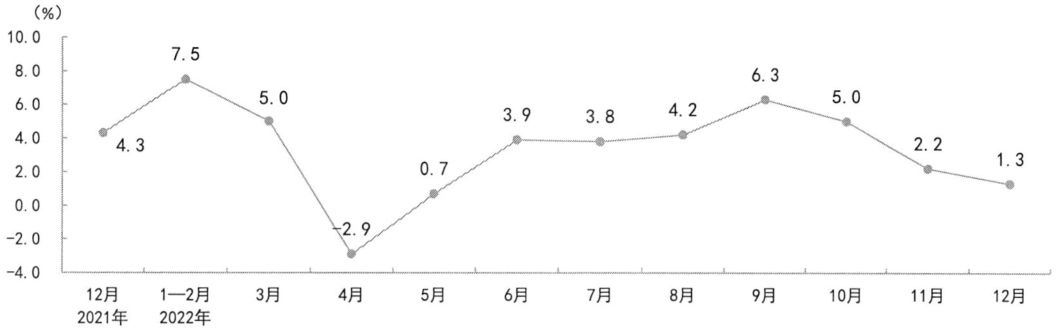

图3　2021年12月—2022年12月规模以上工业增加值增速（月度同比）

2022年，全国规模以上工业企业实现利润总额84038.5亿元，比上年下降4.0%。

## 三、服务业保持恢复，现代服务业增势较好

全年服务业增加值同比增长2.3%。其中，信息传输、软件和信息技术服务业，金融业增加值分别增长9.1%、5.6%。12月，服务业生产指数同比下降0.8%，降幅比上月收窄1.1个百分点。

2022年，规模以上工业企业实现营业收入137.91万亿元，比上年增长5.9%；发生营业成本116.84万亿元，增长7.1%；营业收入利润率为6.09%，比上年下降0.64个百分点。

## 四、市场销售规模基本稳定，基本生活类商品销售和网上零售增长较快

全年社会消费品零售总额439733亿元，比上年下降0.2%。按经营单位所在地分，城镇消费品零售额380448亿元，下降0.3%；乡村消费品零售额59285亿元，与上年持平。按消费类型分，商品零售395792亿元，增长0.5%；餐饮收入43941亿元，下降6.3%。基本生活消费稳定增长，限额以上单位粮油食品类、饮料类商品零售额比上年分别增长8.7%、5.3%。全国网上零售额137853亿元，比上年增长4.0%。其中，实物商品网上零售额119642亿元，增长6.2%，占社会消费品零售总额的比重为27.2%。12月，社会消费品零售总额同比下降1.8%，降幅比上月收窄4.1个百分点；环比下降0.14%。

## 五、固定资产投资平稳增长，高技术产业投资增势较好

全年全国固定资产投资（不含农户）572138亿元，比上年增长5.1%。分领域看，基础设施投资增长9.4%，制造业投资增长9.1%，房地产开发投资下降10.0%。全国商品房销售面积

135837万平方米，下降24.3%；商品房销售额133308亿元，下降26.7%。分产业看，第一产业投资增长0.2%，第二产业投资增长10.3%，第三产业投资增长3.0%。民间投资增长0.9%。高技术产业投资增长18.9%，快于全部投资13.8个百分点。其中，高技术制造业、高技术服务业投资分别增长22.2%、12.1%。高技术制造业中，医疗仪器设备及仪器仪表制造业、电子及通信设备制造业投资分别增长27.6%、27.2%；高技术服务业中，科技成果转化服务业、研发设计服务业投资分别增长26.4%、19.8%。社会领域投资增长10.9%，其中卫生、教育投资分别增长27.3%、5.4%（见图4）。

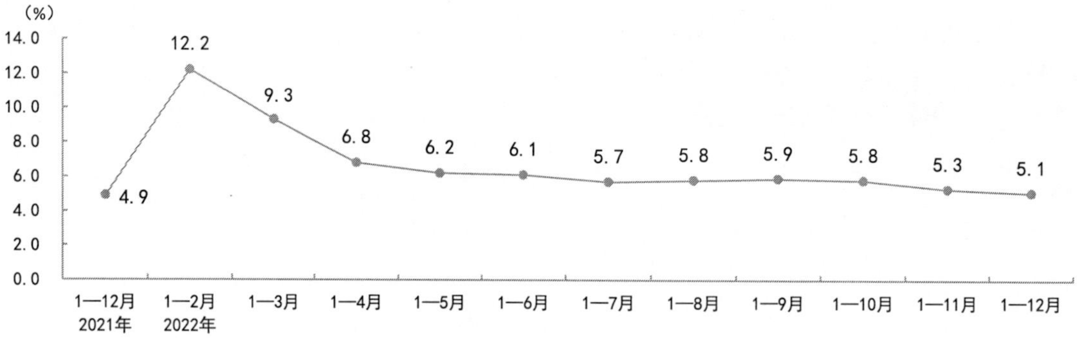


图4　2021—2022年固定资产投资（不含农户）增速（累计同比）

## 六、货物进出口较快增长，贸易结构持续优化

全年货物进出口总额420678亿元，比上年增长7.7%。其中，出口239654亿元，增长10.5%；进口181024亿元，增长4.3%。进出口相抵，贸易顺差58630亿元。一般贸易进出口增长11.5%，占进出口总额的比重为63.7%，比上年提高2.2个百分点。民营企业进出口增长12.9%，占进出口总额的比重为50.9%，比上年提高2.3个百分点。机电产品进出口增长2.5%，占进出口总额的比重为49.1%。12月，货物进出口总额37713亿元，同比增长0.6%。其中，出口21607亿元，下降0.5%；进口16106亿元，增长2.2%。

## 七、居民消费价格温和上涨，工业生产者价格涨幅回落

全年居民消费价格（CPI）比上年上涨2.0%。分类别看，食品烟酒价格上涨2.4%，衣着价格上涨0.5%，居住价格上涨0.7%，生活用品及服务价格上涨1.2%，交通通信价格上涨5.2%，教育文化娱乐价格上涨1.8%，医疗保健价格上涨0.6%，其他用品及服务价格上涨1.6%。在食品烟酒价格中，猪肉价格下降6.8%，粮食价格上涨2.8%，鲜菜价格上涨2.8%，鲜果价格上涨12.9%。扣除食品和能源价格后的核心CPI上涨0.9%。12月，居民消费价格同比上涨1.8%，环比持平（见图5）。

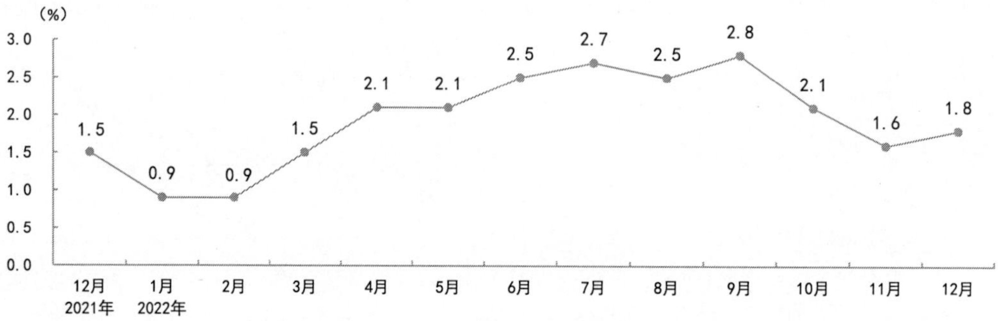


图5　2021年12月—2022年12月居民消费价格上涨情况（月度同比）

全年工业生产者出厂价格比上年上涨4.1%；12月同比下降0.7%，环比下降0.5%。全年工业生产者购进价格比上年上涨6.1%；12月同比上涨0.3%，环比下降0.4%（见图6）。

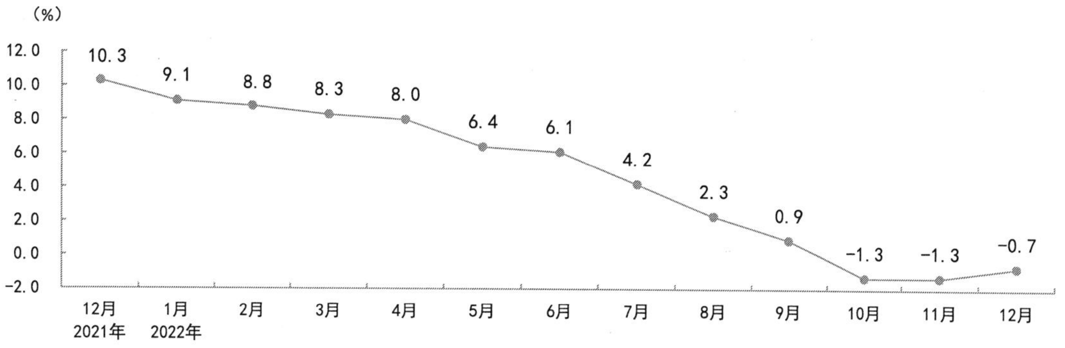


图6 2021年12月—2022年12月工业生产者出厂价格上涨情况（月度同比）

## 八、就业形势总体稳定，城镇调查失业率有所回落

全年城镇新增就业1206万人，超额完成1100万人的全年预期目标任务。12月，全国城镇调查失业率为5.5%，比上月下降0.2个百分点。本地户籍劳动力调查失业率为5.4%；外来户籍劳动力调查失业率为5.7%，其中外来农业户籍劳动力调查失业率为5.4%。16～24岁劳动力调查失业率为16.7%，比上月下降0.4个百分点；25～59岁劳动力调查失业率为4.8%，比上月下降0.2个百分点。31个大城市城镇调查失业率为6.1%，比上月下降0.6个百分点。全国企业就业人员周平均工作时间为47.9小时。全年农民工总量29562万人，比上年增加311万人，增长1.1%。其中，本地农民工12372万人，增长2.4%；外出农民工17190万人，增长0.1%。农民工月均收入4615元，比上年增长4.1%（见图7）。

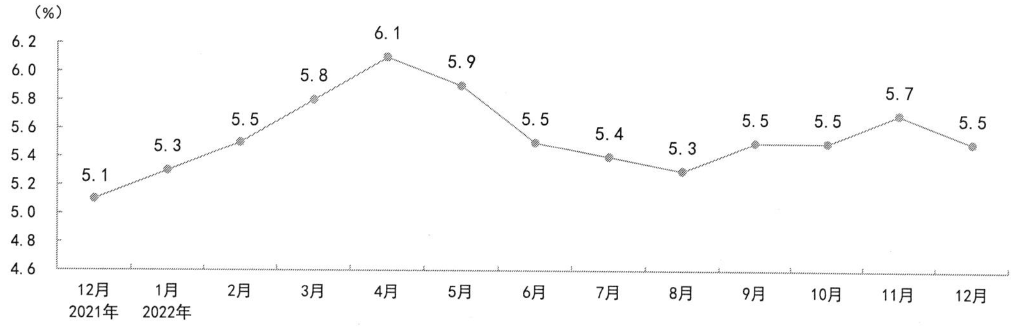


图7 2021年12月—2022年12月全国城镇调查失业率（月度同比）

## 九、居民收入增长与经济增长基本同步，农村居民收入增长快于城镇

全年全国居民人均可支配收入36883元，比上年名义增长5.0%，扣除价格因素实际增长2.9%，与经济增长基本同步。按常住地分，城镇居民人均可支配收入49283元，比上年名义增长3.9%，扣除价格因素实际增长1.9%；农村居民人均可支配收入20133元，比上年名义增长6.3%，扣除价格因素实际增长4.2%。全国居民人均可支配收入中位数31370元，比上年名义增长4.7%。按全国居民五等份收入分组，低收入组人均可支配收入8601元，中间偏下收入组19303元，中间收入组30598元，中间偏上收入组47397元，高收入组90116元。全年全国居民人均消费支出24538元，比上年名义增长1.8%，扣除价格因素实际下降0.2%（2022年各月份其他指标环比数据见表1）。

总的来看，2022年高效统筹疫情防控和经济社会发展取得积极成效，稳住了宏观经济大盘，经济总量持续扩大，发展质量稳步提高。同时也要看到，国际形势依然复杂严峻，国内需求收缩、供给冲击、预期转弱三重压力仍然较大，经济恢复基础仍不牢固。因此，我们要坚持以习近平新时代中国特色社会主义思想为指导，全面贯彻落实党的二十大精神和中央经济工作会议部署，坚持稳字当头、稳中求进，更好统筹疫情防控和经济社会发展，更好统筹发展和安全，全面深化改革开放，大力提振市场信心，着力稳增长、稳就业、稳物价，推动经济运行整体好转，努力实现质的有效提升和量的合理增长。

表1　2022年各月份其他指标环比数据表　　单位：%

| 时间 | 规模以上工业增加值环比增速 | 固定资产投资（不含农户）环比增速 | 社会消费品零售总额环比增速 |
| --- | --- | --- | --- |
| 1月 | 0.22 | 0.73 | 0.06 |
| 2月 | 0.38 | 0.40 | 0.01 |
| 3月 | 0.43 | 0.48 | -3.46 |
| 4月 | -1.95 | -0.76 | -0.14 |
| 5月 | 0.51 | 0.85 | -0.32 |
| 6月 | 0.87 | 0.95 | 3.11 |
| 7月 | 0.31 | 0.15 | -0.07 |
| 8月 | 0.16 | 0.39 | -0.35 |
| 9月 | 0.84 | 0.65 | 0.24 |
| 10月 | 0.19 | 0.08 | -0.79 |
| 11月 | -0.31 | -0.54 | -0.08 |
| 12月 | 0.06 | 0.49 | -0.14 |

资料来源：国家统计局

附注：

（1）国内生产总值及其分类项目增长速度按不变价计算，规模以上工业增加值及其分类项目增长速度按可比价计算，均为实际增长速度；其他指标除特殊说明外，按现价计算，为名义增长速度。

（2）根据季节调整模型自动修正结果，对近一年来各期国内生产总值、规模以上工业增加值、固定资产投资（不含农户）、社会消费品零售总额环比增速进行修订。修订结果及2022年四季度GDP环比数据、2022年12月其他指标环比数据如下：2021年及2022年各季度GDP环比增速分别为0.9%、1.6%、0.3%、1.5%、1.3%、-2.4%、3.9%和0.0%。

（3）规模以上工业的统计范围为年主营业务收入2000万元及以上的工业企业。

由于规模以上工业企业范围每年发生变化，为保证本年数据与上年可比，计算产品产量等各项指标同比增长速度所采用的同期数与本期的企业统计范围尽可能相一致，和上年公布的数据存在口径差异。主要原因：一是统计单位范围发生变化。每年有部分企业达到规模纳入调查范围，也有部分企业因规模变小退出调查范围，还有新建投产企业、破产、注（吊）销企业等影响。二是部分企业集团（公司）产品产量数据存在跨地区重复统计现象，根据专项调查对企业集团（公司）跨地区重复产量进行了剔重。

（4）服务业生产指数是指剔除价格因素后，服务业报告期相对于基期的产出变化。

（5）社会消费品零售总额统计范围是从事商品零售活动或提供餐饮服务的法人企业、产业活动单位和个体户。其中，限额以上单位是指年主营业务收入2000万元及以上的批发业企业（单位、个体户）、500万元及以上的零售业企业（单位、个体户）、

200万元及以上的住宿和餐饮业企业（单位、个体户）。

由于限额以上批发和零售业、住宿和餐饮业企业（单位、个体户）范围每年发生变化，为保证本年数据与上年可比，计算限额以上单位消费品零售额等各项指标同比增长速度所采用的同期数与本期的企业（单位、个体户）统计范围相一致，和上年公布的数据存在口径差异。主要原因是每年都有部分企业（单位、个体户）达到限额标准纳入调查范围，同时也有部分企业（单位、个体户）因规模变小达不到限额标准退出调查范围，还有新开业、破产、注（吊）销企业（单位、个体户）的影响。

网上零售额是指通过公共网络交易平台（包括自建网站和第三方平台）实现的商品和服务零售额之和。商品和服务包括实物商品和非实物商品（如虚拟商品、服务类商品等）。

社会消费品零售总额包括实物商品网上零售额，不包括非实物商品网上零售额。

（6）进出口数据来源于海关总署；城镇新增就业人员数据来源于人力资源和社会保障部。

（7）就业人员是指16周岁及以上，有劳动能力，为取得劳动报酬或经营收入而从事一定社会劳动的人员。

（8）农民工是指户籍仍在农村，进城务工和在当地或异地从事非农产业劳动6个月及以上的劳动者。本地农民工是指在户籍所在乡镇地域内从业的农民工。外出农民工是指在户籍所在乡镇地域外从业的农民工。

（9）全国居民人均可支配收入中位数是指将所有调查户按人均可支配收入水平从低到高顺序排列，处于最中间位置的调查户的人均可支配收入。

全国居民人均可支配收入五等份分组是指将所有调查户按人均收入水平从低到高顺序排列，平均分为五个等份，处于最高20%的收入群体为高收入组，依此类推依次为中间偏上收入组、中间收入组、中间偏下收入组、低收入组。

（10）部分数据因四舍五入，存在总计与分项合计不等的情况。

# 2022年汽车市场与汽车流通行业

中国汽车流通协会会长　沈进军

2022年，我国实现了“十四五”良好开局，全年主要目标任务较好完成并取得新的重大成就，胜利召开了党的第二十次全国代表大会，开启了全面建设社会主义现代化国家、向第二个百年奋斗目标进军的新征程。

一年来，国内外形势又出现很多新变化，作为消费的顶梁柱和压舱石，汽车市场的率先恢复增长，为保持经济平稳运行和稳定宏观经济大盘，发挥了重要的支撑作用，并呈现以下几个方面特征。

## 一、新车市场在车购税减征政策等利好因素作用下提振效果明显，有望创下疫情以来新高

中国汽车流通协会数据显示，2022年1—5月乘用车零售销量同比均呈下降趋势，车购税减征政策的出台，极大地稳定和促进了汽车消费潜力，6—9月，全国约355.3万辆车享受了车辆购置税减征政策，累计减征车购税230.4亿元，其中，9月国内乘用车市场销量达192.2万辆，同比增长21.5%，环比增长2.8%。按可比口径计算，8月购置税增速开始由负转正，同比增长7%，减征政策效果和市场回暖趋势明显，1—9月，汽车销量为1947万辆，同比增长4.4%，增速较比1—8月扩大了2.7个百分点。乘用车市场1—9月累计零售1487.5万辆，同比增长2.4%，其中新能源乘用车国内零售387.7万辆，同比增长113.2%。9月新能源车国内零售渗透率为31.8%，达到历史新高。2022年狭义乘用车全年销售2054.26万辆，同比增长1.9%。

## 二、二手车领域政策瓶颈全面破除，换购已成为汽车市场第一大需求，二手车将起到决定性作用

汽车市场进入存量市场阶段，二手车对于盘活存量、拉动增量的作用越发凸显出来，公安部数据显示，全国汽车保有量已达3.15亿辆，一方面置换消费会带来结构升级进而拉动新车销售，另一方面二手车大大降低了消费门槛、扩大了整个汽车消费。进入2022年，汽车产品和产能、市场结构和需求都发生了深刻变化，成熟汽车市场中“新增＋置换”的结构特征越发明显，二手车正成为汽车市场最为重要的内生动力。国家对汽车流通领域特别是二手车行业的重视程度前所未有，仅2022年上半年，国务院常务会议就多达四次研究部署汽车消费，其中很多具体政策措施主要聚焦在打通二手车流通的堵点痛点上，以促进形成全国统一大市场。5月31日，国务院印发《扎实稳住经济的一揽子政策措施》，推出汽车领域一揽子政策措施，取消二手车限迁加速全国流通，完善二手车市场主体登记和车辆交易登记。7月7日，商务部等17部门联合印发《关于搞活汽车流通扩大汽车消费若干措施的通知》，决定从2022年8月1日起全面取消国五排放标准小型非营运二手车的迁入限制，10月1日起汽车销售企业申请办理转移登记实行单独签注管理、核发临时号牌。至此，二手车行业长期以来存在制约发展的政策性瓶颈历史性地全面破除。

在此背景下，汽车市场流通效率和速度将持续提升，而打通二手车行业堵点痛点，将进一步激发二手车市场潜力，有利于发挥对新车置换增购的拉动作用，有利于汽车产业加快转型升级步伐。

中国汽车流通协会数据显示，2022年，全国二手车市场累计交易量1602.78万辆，同比下降8.86%，与同期相比减少了155.7万辆，累计交易金额为10595.91亿元。

## 三、汽车流通行业面临着充满挑战又孕育机遇的市场，正处在从高速增长向高质量发展转型的关键期

对于汽车流通行业和广大经销商而言，2022年是“十四五”开局后，启动由高速增长向高质量发展转型的重要一年。一是更加需要注重以数字驱动精益化运营，激活用户价值，通过数字化运营实现降本增效和用户增长；二是全面布局和加速推动二手车经销业务，通过二手车的重要内生动力作用，以及诚信经营让消费者像购买新车一样放心和便利地享受二手车服务，以实现汽车市场质和量、规模和效率的全面升级扩容；三是促进经销商全面融入新能源汽车产业链布局，顺势而变打造新能源汽车销售服务新模式；四是在共同变化和发展中建立更具广泛共同利益基础的新型厂商关系。总体来看，未来渠道的发展因品牌不同将呈现多元化特点，汽车品牌厂家更应当利用好现有渠道的价值，携手产业链各方，共同探索高效畅通的多元化渠道发展模式，以实现生产、需求和供给的协同发展，市场需求与产业发展的有机协同，这方面，汽车流通行业将继续扮演重要的角色，也面临着新的机遇和挑战。2022年上半年，乘用车终端销量同比降低12.2%，并且百强经销商集团总毛利率、资产周转率、资产回报率均值同比分别降低了6.7%、31%和48.5%，经销商集团经营压力明显增大，盈利情况不容乐观，加快盈利能力建设、品牌结构调整、提升精细化运营的任务仍较为艰巨。

## 四、汽车市场一系列堵点痛点全面破除，汽车流通行业迎来全面优化和有利于发展的良好政策环境

进入2022年，车市复苏和增长的不稳定和不确定因素显著增多，协会同行业一道，先后向政府有关主管部门反馈当前市场和行业所面临的情况和困难，为加快出台稳定和扩大汽车消费的相关政策措施提供了有力的支撑。在全行业的共同努力下，最终促成了史上最密集的利好政策组合拳出台。4月13日，国务院常务会议部署促进消费政策措施，提出要鼓励汽车消费。4月25日，国务院办公厅印发《进一步释放消费潜力促进消费持续恢复的意见》，提出要增加汽车消费，更多通过法律、经济和科技手段调节汽车使用，因地制宜逐步取消汽车限购。各地方政府也密集出台促进汽车消费的一系列配套政策。进入5月，国家发展改革委、商务部等部门多次组织汽车专题调研，5月20日，工信部辛国斌副部长亲赴中国汽车流通协会调研汽车产业链情况，强调指出：要坚持“需求拉动先行、供需双侧发力”。5月23日，国务院常务会议部署稳住经济措施，提出要稳定增加汽车消费。5月31日，国务院印发《扎实稳住经济的一揽子政策措施》，明确要求稳定增加汽车等大宗消费，并推出汽车领域一揽子政策措施，要求实施购置税减征支持政策，取消二手车限迁加速全国流通，完善二手车市场主体登记和车辆交易登记，优化汽车管理破除限行限购等。6月22日，国务院常务会议再次确定加大汽车消费的支持政策，会议决定：2022年8月1日起全面取消国五排放标准小型非营运二手车的迁入限制，10月1日起汽车销售企业申请办理转移登记实行单独签注管理、核发临时号牌。7月7日，商务部等17部门联合印发了《关于搞活汽车流通扩大汽车消费若干措施的通知》，对稳住经济一揽子措施中增加汽车消费的要求进行了细化落实，政策发力点覆盖了汽车生命周期的全环节和各领域，全力推动汽车消费潜力的释放。8月18日，商务部盛秋平副部长亲赴中国汽车流通协会调研二手车流通情况并召开座谈会，表示要在汽车流通领域进一步发挥好政府部门的公共管理和社会服务作用，加快形成政府、社会、协会、企业整体协同的优势。

2022年，二手车行业以及汽车市场长期以来存在的制约发展的政策性瓶颈，在政府和行业的共同努力下，被历史性地全面破除，顺应了汽车市场结构性变革的需要，为汽车流通高质量发展创造了良好政策环境。

# 2022年中国汽车流通协会工作回顾

中国汽车流通协会

## 一、积极准确反映行业诉求，努力做好政府帮手，发挥桥梁纽带作用

### （一）及时向政府有关部门报送汽车流通行业发展情况，反映行业诉求，提出政策建议

2022年4月，中共中央、国务院发布《关于加快建设全国统一大市场的意见》，全国统一大市场的建设，对我国汽车行业高质量发展而言，既提出了更高的要求，也提供了极大的机遇。7月7日，在商务部等17部门印发的《关于搞活汽车流通扩大汽车消费若干措施的通知》中，对于新能源汽车、二手车市场、汽车更新消费、平行进口车、汽车使用环境、汽车金融服务等有关汽车流通、消费的措施更是起到了重要的支持作用，更进一步明确了政府扶持汽车流通行业的决心。其中二手车限迁、新车限购政策特别影响了全国统一大市场的建设。针对二手车限迁问题协会多次参加有关部门组织的工作会议，自2009年到2020年，共提交正式文件28次，2022年又向国务院研究室、发改委、商务部等部门递交报告，呼吁确立二手车经销车辆商品属性，改革经销二手车管理制度；尽快放开汽车限购，释放城市消费潜力。建议通过经济的办法来调节汽车消费和城市道路流量，从而取代限购限行。在政府部门的大力支持下，经过协会与行业十余年的努力，不断提出代表行业呼声的建议，一系列的建议接连被有关部门采纳，陆续出台有关政策。特别在国务院《扎实稳住经济的一揽子政策措施》公布后，基本解决了二手车流通环节的堵点、痛点。

4月，协会参加了发改委组织的促消费座谈会，会议中协会提出若干项建议。协会出于现阶段存量市场消费升级的需求多、维持市场车型结构相对平稳，以及保障经销商生存，使消费者持续享受售后服务等考虑，提出了对燃油车销售按阶段减征车辆购置税的政策建议，并得到了政府部门的采纳。

现阶段消费者对于汽车的个性化、功能化需求高涨，因此汽车改装等后市场与皮卡车型掀起了新的热潮，在此背景下协会多次向有关部门提交《中国汽车改装行业现状、问题及建议》《合理开放汽车改装、挖掘消费潜力的相关建议》专项报告，并向国务院研究室提出提前布局和拓展改装等汽车后市场发展空间的建议，明确汽车改装工作的主管部门，分阶段放开汽车改装，引导汽车改装市场健康有序发展。也多次向国务院研究室、商务部提出皮卡进城相关建议，以汽车改装和皮卡进城来促进汽车消费的进一步扩大。

在国家一揽子政策的助推下，汽车市场逐渐复苏，汽车市场将持续回暖。为进一步挖掘国内汽车市场的潜力，推动中国汽车流通行业保持健康可持续发展的动力，成为国民经济复苏的重要力量，协会在7月28日向商务部市场运行和消费促进司提出了《汽车流通领域金融服务方面的问题及建议》，使政府在汽车金融方面能给予更多关注。

### （二）承接国务院相关部门委托调研新能源汽车，推动新能源汽车领域发展与政策改进，促进国家新能源汽车发展政策在汽车流通领域的落地实施

2021年以来，中国汽车出口贸易快速增长，但在经济全球化的浪潮下，世界范围内技术发展迅速，跨国合作加强，我国汽车产业结构也面临调整。随着国际竞争压力的不断增大，要使中国的汽车稳步发展，必须通过国际出口贸易，全面提高中国汽车产业的国际竞争力。在此背景下，受中央广播电视总台内参部邀请提出了《中国新能源汽车出口问题及政策建议》，并且报送商务部外贸司。

在我国新能源汽车产业蓬勃发展的同时也暴露出了整体产能过剩，热销车型却供不应求；新能源汽车增速过快但品牌质量参差不齐；产品性能指标“浮夸”等问题。同时新能源汽车在出口方面也显现出了巨大潜力。在此基础上向国务院调研室报送了《关于新能源汽车产业发展的政

策建议》，提出全面提升新能源汽车安全质量标准、完善新能源汽车流通环节服务标准、建立第三方电池检测系统、大力扶持头部企业，优胜劣汰、引导产业聚集、抓住新能源出口的黄金窗口期、呼吁政府出台激励政策等建议。

**（三）做好政府部门赴协会调研工作**

2022年5月20日，工业和信息化部党组成员、副部长辛国斌赴协会调研汽车产业链情况。6月10日，国务院秘书二局到协会进行车辆购置税等相关调研。8月18日，商务部党组成员、副部长盛秋平赴协会调研二手车流通情况并召开座谈会，商务部市场运行和消费促进司司长徐兴锋陪同调研并主持座谈会。

**（四）努力完成政府相关部门交办的工作和任务**

协助国务院研究室，针对新能源汽车发展与出口、产业链、售后服务问题等进行相关调研；协会还就商务部提出的汽车领域突出的问题，提出了汽车领域产能过剩、市场供过于求、中央对汽车领域的改革政策尚未出台及已出台政策落实不到位、市场潜力仍有很大释放空间、新能源汽车产业高速发展，配套基础设施建设仍有较大缺口、汽车金融服务、适当调整税收政策、促进汽车消费等建议；对二手车领域的问题，提出了二手车领域现阶段的政策痛点和堵点尚未解决、汽车行业信息公开度不够，尤其是二手车的保险和维保信息不公开、我国部分消费者还没有养成购买二手车的消费习惯、大力发展二手车出口业务等建议；针对新车加价问题，分析了其主要原因，并提出了尽快完善平行进口车相关政策，制衡锚定进口车价格，抑制进口车不合理加价问题，从而促进汽车市场良好发展的建议。

## 二、做好产业协调工作，促进汽车产业和谐发展

厂商关系是产业发展的核心因素之一，实现和谐共赢的厂商关系对汽车市场和行业健康发展具有重要意义，2022年，协会继续从多角度和各层面开展产业协调工作，与生产企业建立通畅的沟通渠道，引领产业健康发展。

**（一）做好2022年汽车经销商库存系数和库存预警指数、二手车经理人指数和汽车消费指数的调查和发布**

2022年，协会持续推进汽车经销商库存预警指数、库存系数、汽车消费指数和二手车经理人指数的系列指数调查研究工作，在汽车市场复杂多变的形势下，通过每月度实时发布，系列指数受到汽车市场、生产企业以及社会各界高度关注，成为衡量和反映市场运行态势的重要景气指标。协会发布的系列指数，已成为国务院办公厅、国家发改委、商务部、工信部和国家统计局等政府部门定期采信的重要行业指标数据。

**（二）建立厂商对话机制，组织厂家渠道发展与管理、售后服务、二手车业务的定期沟通**

2022年，协会通过线上、线下多种形式与生产企业开展产业协调沟通对话，共计召开15场次研讨交流活动，分别组织汽车厂家渠道部、售后服务部、二手车业务部负责人，就新能源浪潮中渠道变革的挑战与机遇、新政下的二手车经销之策、后市场协同发展及海外汽车市场等重要发展议题进行交流和讨论，反馈经销商经营状况和声音，帮助生产企业更准确把握流通环节遇到的问题、困难和情况。

**（三）做好汽车经销商生存状况调查和研究工作**

汽车经销商生存状况和满意度状况是协会最为重要的监测指标。2022年，协会继续开展授权品牌经销商生存状况调查，及时了解和掌握经销商在复杂多变的市场形势下的真实生存状态，2月，正式发布了《2021年度汽车经销商生存状况调查报告》。同时，受疫情多点散发和生产供应受阻等多重因素影响，汽车市场走势及经销商经营情况面临诸多挑战和不确定性，协会组织安排半年度汽车经销商生存状况调查，并于8月向行业企业和全社会发布调查结果。生存状况调查工作得到了政府部门、汽车厂家的高度重视，集中反馈了经销商在经营过程中的诉求。

## 三、密切联系企业，多角度提升会员服务工作水平和服务会员能力

### （一）持续加强发展会员工作

会员是协会工作的出发点和落脚点，2022年，协会在突破一万家会员的新起点上继续砥砺前行，持续加强发展会员工作，采取多种有效方式与行业企业沟通联系，随着为会员服务的功能逐步完善和各项行业工作的渐次深入，协会会员队伍不断壮大，为协会发展增添了新的活力。

截至2022年10月30日，协会共有会员11026家，新增加了688家单位会员，会员年均增长率达6.5%，其中，副会长增加2家，常务理事增加24家，理事增加60家，会员增加647家。

### （二）助力经销商拥抱数字化浪潮，加快转型升级步伐

无论是出于中国汽车市场转型的压力，还是出于自身经营需求，汽车经销商集团都必须走上数字化转型之路。然而，数字化转型并非一蹴而就，需要全新的思维，持续推进企业的服务、产品、运营、管理的数字化。对于传统企业来说，技术欠缺给企业带来很多难题，急需有经验、有能力的技术型平台企业参与进来，帮助企业梳理需求，基于平台的大数据、人工智能等技术，提供相应的解决方案和升级服务，从而更好地在数字化转型中实现互利共赢。因此，协会于2022年3—5月进行了汽车经销商数字化转型优秀案例的征集活动，共收集到各类案例100余件，为更多亟待进行数字化转型的企业提供了借鉴。

### （三）积极开展行业各细分领域赋能会员工作

协会高度重视会员单位的走访和交流工作。协会领导班子和各部门工作人员积极开展调研，在疫情无法面对面交流的情况下，利用各种线上手段与企业交流协会工作思路，听取对协会工作的意见和建议，拉近协会与会员企业之间的距离。

协会联合腾讯公司、巨量引擎、懂车帝、易车公司等头部互联网企业，积极开展丰富多彩的线上活动，如：线上公开课、线上论坛、全国经销商数字化技能大赛、伙伴之星杯汽车经销商数字化营销大赛等。赋能经销商会员企业创新营销模式，通过给予流量扶持及奖励，专业讲师授课、落地顾问辅导等模式，帮助会员企业顺应和掌握新营销技能。

近两年的会长办公会期间，协会收到了多家汽车经销商企业关于环保方面的意见与建议。根据会员所提需求，在进行了大量的资料收集、全方面学习，并结合经销商的意见与建议后，标准部、法务部及会员部三部门共同编制《大气排放相关政策标准汇编》，成为企业手中解决售后环节大气排放问题的实用工具书。

CADA 柠檬查二手车信息服务平台经过一年的更新和完善，为会员单位提供了合法权威的车辆历史信息查询服务，营造二手车市场诚信透明的环境。与国内权威机构合作建设了“卫蓝 e 站”新能源汽车智慧服务中心，通过动力电池检测等系列服务，成为新能源汽车个人车主的安全管家，新能源企业车主的价值管理助手，新能源后市场服务企业的赢利伙伴。

协会各分会深入推动各业务领域服务和赋能工作。金融分会举办了经销商渠道变革、经销商政策沟通、二手车金融及新能源金融等会议活动，倾听全国30余家经销商集团高层及财务总监的政策需求。商用车分会与国家银保监部门沟通关于我国商用车行业保险的问题并提出政策建议。汽车俱乐部分会组织并开展汽车救援员国家题库编写工作和汽车救援服务领域企业标准“领跑者”工作。后市场精品服务分会组织了汽车用品流通领域标准贯标工作，获得业内广泛认可。有形市场分会推动“汽车大消费”的聚集地建设，引入多种商业模式，促进有形市场多业态融合和持续发展。

### （四）继续开展“促消费　惠民生——全国汽车巡展”活动

2022年，协会在商务部会同有关部门组织开展的“2022年全国消费促进月”指导下，继续在全国范围内共同开展了“促消费　惠民生——全国汽车巡展”活动，系列活动不断调整举办时间和形式，坚持促成以汽车消费为主体，创新活动形式、放大活动效应的良性展览模式，举多方合力全面推动全国汽车巡展，成功举办展览活动等近百场，对于稳定扩大汽车消费成效显著。

**（五）做好品牌经销商工作**

品牌经销商分会秉承“以保持投资人长期稳定的收益”为工作宗旨，持续以搭建厂家和经销商高效沟通平台为目标，积极探索提升会员服务质量。2022年3月起，品牌经销商分会奔驰品牌将梅赛德斯－奔驰厂家提出的EQ“代理制”模式作为重点工作，分会认为代理模式是对目前经销商经营模式的重大改变，会在未来对流通行业的业务产生深远影响，事关重大。分会发起两轮全体投资人问卷调研，依据调研结果组织23家核心经销商集团成立专项工作小组，通过线上、线下方式与经销商、厂家展开近20场会议沟通。经过不懈努力，为经销商在EQ“代理制”模式下争取到更大的权益，分会的工作得到了经销商的高度认可。此工作持续开展中。

2022年，品牌经销商分会继续为会员服务和发声，联合凯达卓越开展经销商之声调研工作，该项调研覆盖全国29个省、60个品牌、2138家经销店，得到了经销商的普遍认可和关注。代表经销商就调研结果分别与40多家汽车主机厂高管人员进行线上、线下沟通，获得了主机厂积极反馈，在经销商实际管理工作中改善措施得以体现。各品牌工作组在随后通过多次与厂家高层会面交流，在各经销商会员的大力支持下，帮助经销商高效、准确、完整地收集、反馈、跟进解决问题，有效推动了品牌的永续发展。1—10月各品牌线上、线下会议已累计召开达30余场。

**（六）为会员提供多元化的数据对标与效能咨询服务**

2022年，协会召开了中国汽车经销商大会，与经销商分享行业运营标杆数据，持续促进了经销商的管理升级、不断地提升了领跑者集团的市场引领作用。

1. 协会以季度为单位，持续调研了全国汽车经销商集团的运营管理情况。共收集了2.8万个集团数据字段，35.2万个单店数据字段。

2. 研发升级经销商综合能力评价模型，精准地向行业发布了《2021中国汽车经销商集团特征解读与综合能力评价》《2021中国汽车品牌综合竞争力》等调研报告。

3. 协会为参与数据对标的经销商集团提供《集团＆单店运营对标报告》3700余份。为经销商集团的运营质量提升提供了科学的数据管理依据。

4. 持续分析上市经销商集团半年度及年度财务报告，分析指标达到1.4万个，全面赋能经销商运营管理。

**（七）发挥行业专家的智囊参谋作用，组织开展汽车市场和流通体系调研与报告编写工作**

2022年，专家委员会继续组织专家广泛参与行业标准、市场研究、企业经营状况诊断、学术交流和技术培训等方面的工作。协会专家定期对全国乘用车市场、豪华车市场、二手车市场运行态势进行数据分析，形成并发布专家研究报告年度汇编，报送国家有关部委和会员单位，为行业发展和企业运营提供决策支撑。继续配合国家市场监督管理总局做好汽车流通行业经营者集中反垄断审查征询意见工作，组织专家对经营者集中案件进行分析评估并出具意见。结合汽车市场新变化和流通行业新特征，组织专家编写相关情况报告，积极向政府反映行业诉求，提出关于改善汽车市场营商环境，破除汽车限购促进汽车消费等多领域的专家建议和方案。继续开展汽车金融领域、商用车领域两个专家组的细分领域专家服务工作。

**（八）加强与地方汽车流通行业组织的密切协作**

为引领全国汽车流通行业发展，掌握国内汽车市场动态情况，协会与各省、市汽车流通行业协（商）会保持紧密联系与合作，在信息共享、行业培训、经验交流、会展活动、维护企业权益、规范市场秩序等方面开展项目合作，实现共同发展。2022年3月31日，受疫情的影响，协会以线上形式组织召开了2022全国省市汽车流通协（商）会工作会议，来自全国20多个省、市汽车流通协会的会长、秘书长共52人共同交流了2022年汽车市场趋势与流通行业情况，共同策划了汽车流通领域重点行业活动。2022年，协会还同16家地方汽车流通行业协（商）会，共同举办了全国汽车流通行业职业技能竞赛各省级赛区的选拔赛工作，为各地方协会提供了参与国家级行业竞赛的平台，分享了技能人才评价工作的信息和经验，与地方协会抱团前行，以增强服务行业的能力。

## 四、开展二手车行业品牌活动，促进繁荣二手车市场

### （一）成功召开2022年中国二手车大会

9月，以“破局变革 驭势而上”为主题的2022年中国二手车大会在线上召开。大会从线下转战线上，为行业鼓劲打气、指点迷津的初心却丝毫未打折扣。风险和挑战虽不断出现，但凝聚发展的力量和期待却从未缺席。2022年，是中国二手车人实现愚公移山夙愿的一年，也是行业遭遇史无前例生存挑战的一年，更是同舟共进迈入高质量发展新时代的一年，必将载入中国二手车行业发展史册。

### （二）做好二手车交易市场分会、二手车经销商分会、二手车鉴定评估师分会、二手车出口分会的工作，服务行业各业态企业

2022年以来，在政策及市场作用下，二手车市场保持持续活跃，消费潜力进一步得到释放，整体市场正在向着更好的方向发展。为加快推进二手车交易市场转型升级，构建二手车流通新格局，二手车交易市场分会就交易市场综合服务、信息化及数字化建设、转型发展等要素指标开展问卷调查，收集有关信息和数据，以充实行业数据资源，为政府制定政策提供建言，为会员企业提供精准服务。

3月，在国家促进二手车交易利好政策的影响下，二手车流通与消费市场呈现顺畅、活跃的发展态势，增长势头持续向好。为此，为准确把握二手车流通新发展阶段，贯彻新发展理念，构建新发展格局，发挥二手车交易市场小微企业孵化器的作用，努力推进交易市场“平台化、标准化、数字化”建设，实现高质量发展，促进二手车便利交易。组织召开中国汽车流通协会二手车交易市场分会一届六次理事会线上会议，会议报告2021年工作及2022年主要工作思路。以无记名投票方式表决同意新增理事及常务理事单位；表决选举同意分会新任理事长、秘书长、副秘书长等人选。

4月以来，受疫情多点散发的影响，二手车交易市场的正常经营秩序造成较大影响。为了解会员企业经营状况，市场服务措施，地方政府纾困扶持政策等，协会开展对全国二手车交易市场的问询调研，调研对象覆盖30个省、直辖市、自治区，70余家二手车市场，真实掌握遭受影响的程度。秘书处为帮助会员企业更快了解掌握促进流通政策精神，及时收集整理落实《国务院关于印发扎实稳住经济一揽子政策措施的通知》，以及各地政府出台的相关政策文件，并持续开展全国二手车限迁情况行业调研，掌握各地执行层面的政策措施情况。

6月，在新一轮科技革命和产业变革的大背景下，国家加快数字化发展，打造数字经济新优势，协同推进数字产业化和产业数字化转型。在市场环境和国家政策的双重推动下，二手车交易市场也迎来实现实体经济数字化融合，传统产业数字化转型，探索重构自身业务场景和商业服务模式，降本增效，实现新旧动能转换的重要变革机遇期。

为此，根据协会促进会员企业数字化转型工作的总体要求，分会决定在全国二手车交易市场会员企业中广泛征集“二手车交易市场数字化转型优秀案例”，经专家综合评价，在报送案例中选定14家会员企业提供的案例成为“中国二手车交易市场数字化转型优秀案例”。通过活动推进二手车交易市场信息化建设，以实现数字化发展。

7月，在成都组织召开分会理事长工作会议。分析宏观经济发展和新冠肺炎疫情对行业的持续影响、困难与挑战。研读国家加快建设全国统一大市场、扎实稳住经济等一揽子利好政策的出台，给二手车流通领域发展带来的重大深远影响，以及重大变革的历史机遇，以此凝聚共识，统一思想，树立信心。会议号召迅速行动起来，积极主动作为，把握好时机，面对困难迎接革新转型发展的挑战。会议还研讨了二手车交易市场转型发展所面临的突出问题，提出了下一步指导性工作方案。

8—9月，随着国家促进二手车行业规范发展的一揽子利好政策出台，二手车市场迎来重大变革机遇期。为此，我们专题组织召开了“新政下二手车交易市场发展之路”；“新政下二手车交

易市场如何升级变革”两场线上研讨会，会议围绕新政下交易市场的转型发展方向，主动作为、变革塑新等热点问题展开交流与研讨，并就国务院第九次大督查中涉及全国部分省、市二手车交易市场所督查出来的问题作出分析和交流，强化行业自律发展。线上会议的成功举行，引起会员高度关注，为贯彻落实新政相关精神，多地交易市场行动起来，积极配合地方行业协会与政府职能部门组织开展政策宣讲活动，并组织车商参加多场商务、税务、公安车管部门指导的业务培训。

2022年，为促进二手车市场健康发展，推动交易市场品牌化、规模化、规范化、标准化、智能化进程，关注会员企业发展诉求，就“二手车交易市场规范发展试点工作”“利用现代化的管理手段打造智能交易市场”等专题向政府相关部门提供支持的工作函件或推荐学习交流的建议，真正发挥政府与企业的桥梁作用，务实推进会员服务。根据商务部“标准化助推汽车行业高质量发展”要求，我们总结了近年来如何通过标准化建设助推二手车交易市场高质量发展取得的成效，总结存在的问题与差距，进一步加快促进我国二手车交易市场标准化体系建设，构建二手车市场发展的新格局。

9月，二手车经销商分会理事工作会暨贯彻新政策研讨会在线上召开。会上分析了二手车经销商的现状和面临的困局，讲解了二手车新政策，讨论了如何走上品牌化、规模化和规范化之路；启动2022年度中国二手车经销商生存状况和营商环境调研活动；组织企业召开了数次线上会议，做好二手车商品属性、限迁和税收等政策实施落地的调研工作；组织召开二手车战略发展研究会参事会议，为二手车大会和行业发展出谋划策。

10月，组织召开2022二手车鉴定评估师分会理事工作会，确立年度五项重点工作：积极扩大会员基本面，通过导入“行”认证与柠檬查的公共产品，强化分会影响力；联合各地方二手车交易市场，持续组织二手车放心消费日活动；修订二手车鉴定评估师行业大赛的赛制工作；做好行业人才服务工作；积极推动“行”认证以及国家标准、团体标准在全行业贯彻实施的工作。理事会期间，针对二手车行业新的政策背景，鉴定评估机构应如何把握市场机遇，在社会面持续扩大影响力与公信力的话题进行了深入的探讨。同时，根据会员诉求反馈，分会着手建立跨区域的复核鉴定评估机制，以解决车辆在鉴定评估过程中出现的纠纷争议等问题。

2022年，二手车出口分会共有会员企业29家，相比2021年增加4家。2021年全国累计出口量约为15000辆，其中协会会员企业占总出口量的70%左右。2022年度协会分别召开出口分会工作会议及二手车大会出口论坛，组织出口会员企业参加中国－东盟出口论坛，对出口基地、产品策略、新能源汽车出口、重卡出口、出口标准、出口品牌、多式联运等多方面开展研讨，并连接中东及中美洲经销商进行需求对接，还推荐引入跨国公司捷富凯与中东经销商联合打造的海外汽车电商平台，进一步助力会员企业抱团合作、资源对接、创新模式，受到会员企业的称赞。协会持续广泛收集出口企业在业务中遇到的问题、疫情影响情况、所需支持政策及建议等，汇总呈报有关部门，积极争取相关扶持政策。

**（三）“行”认证构建二手车质量溯源体系**

2022年，“行”认证在推广国家标准《二手车鉴定评估技术规范》以及团体标准《乘用车鉴定评估技术规范》的工作中取得了重大进展，转型后的“行”认证基于国标、团标的支撑，构建了行业首个二手车质量溯源体系，该体系通过检测数据留存溯源、认证服务监督以及技术纠纷解决等一体化服务为手段，切实地帮助了各授权机构搭建符合企业自身发展特色的车辆技术状况查验标准，满足了二手车企业在诚信经营、品牌化、规模化的发展过程中迫切需要“合规且司法可信”的车辆认证标准需求，也保障了二手车消费环节中各方主体的合法权益。

根据协会“行”认证办公室统计显示，2022年共有122家企业申请“行”认证，其中78家顺利地通过了考核。认证数据层面，自7月以来，各授权机构平均每月提报符合“行”认证标准的车辆达6.5万台次，数据的大幅度提升，标志着“行”认证的贯标工作进入了快速发展的新阶段。

9月，协会“行”认证办公室在听取了全国各业态授权机构意见反馈后，于线上二手车大会期间正式宣布更新了“行”认证授权机构准入标准与车辆技术状况检测（销售）公示标准。新的标准对于规范二手车鉴定评估执业流程、响应消费者对于购买二手车新的质量诉求起到了重要的引领作用。随着二手车行业新的政策落地，协会将加大“行”认证的贯标力度，逐步引领行业实现诚信、健康、可持续发展的稳定态势。

## 五、积极制定、宣贯汽车流通领域相关标准，进行国家职业标准的研制与探索

### （一）加快团体标准研制，满足行业高质量发展需求

为满足行业需求，协会加快了标准的研制工作，2022年批准发布了五项团体标准：《汽车代驾员岗位技能要求》《品牌价值评价汽车救援服务业》《汽车用品销售及售后服务规范 第1部分：通用要求》《商用车鉴定评估技术规范》以及《电动乘用车售后服务规范》。同时，推进在编团体标准13项。截至2022年10月，协会牵头制定并已经发布的汽车流通领域标准共计31项，其中国家标准6项、行业标准1项、团体标准24项。

### （二）积极推进汽车流通领域标准的宣贯工作

协会对已发布的各项标准进行了全面宣贯，丰富了标准宣贯的模式，利用标准解读、从业人员岗位技能培训、从业人员岗位技能大赛、对标达标质量提升现场指导、辅导企业开展标准自我声明公开、达标企业供需对接会、指导企业依据标准开展二方评价、组织行业企业学习并参与“企业标准领跑者”活动等多种形式宣传贯彻标准，促进标准的落地实施。

### （三）探索标准服务于企业与专业人才的新模式

#### 1. 配合国家新职业的发布，配套研制国家职业标准

协会根据市场需求，于2019年开始向人社部申请了新职业“汽车救援员”“汽车代驾员”，经过两年的努力，2021年3月人社部发布了第四批新职业，“汽车救援员”位列其中，编号为：4-02-02-09。目前协会受人社部委托牵头编制的国家标准《汽车救援员国家职业技能标准》已于2022年6月27日正式发布实施。同时，协会参与编制的《鉴定估价师（机动车鉴定评估师）国家职业技能标准》也已经发布实施。

#### 2. 配合国家“企业标准‘领跑者’”活动，申报三项重点领域评估机构并开展评估工作

协会被批准为实施企业标准“领跑者”的重点领域中“汽车维修和救援服务”“旧车鉴定与评价服务”两个重点领域的第三方评估机构，针对“旧车零售”领域的评估机构申请也在审批当中。这将有利于激发企业质量提升内生动力及核心竞争力，提高汽车服务技术水平，让更多企业以先进标准引领质量提升，促进转型升级，进一步推动服务行业高质量发展，协会将在授权领域内，组织开展企业标准“领跑者”各项相关工作。

### （四）回应会员需求，提供专项标准化服务

近两年的会长办公会期间，协会收到了多家汽车经销商企业关于环保方面的需求与建议。根据会员需求，协会进行了大量的资料收集及全方面学习，结合经销商的意见与建议，编制了《大气污染防治相关政策及标准汇编》，以解决企业适用标准不明确、“碎片化”的现状，方便汽车经销企业日常工作，提高相关资料的检索效率，并可作为企业解决售后环节大气排放问题的实用工具书。《大气污染防治相关政策及标准汇编》全书分为：政策、国标、行标、地标、团标以及其他相关资料五大部分，2022版为首次发布，后续将根据各方意见，不断进行补充完善。

## 六、做好信息授权统计工作，及时准确反映行业状况

协会自2003年开始经国家统计局授权，依据《中华人民共和国统计法》相关规定，承担“全国汽车流通信息统计”工作的组织和实施，至今已有19年。同时，统计结果定期报送给国家统计局、商务部、财政部等政府主管部门，并向汽车流通行业公开发布，得到了相关政府部门的高度肯定和行业认可。2022年，协会继续围绕汽车流通全生命周期的信息要素开展多元化统计

工作，对协助政府部门了解行业状况、指导企业经营发挥着重要作用。

**（一）二手车行业经营情况统计**

每月10日左右发布月度二手车交易数据是国内唯一关于二手车市场运营状况的权威信息来源。从时效性来看，每周四发布的二手车市场周报成为最为及时反馈市场动态的二手车报告。

**（二）乘用车行业产销统计**

乘用车行业月度产销统计工作自1994年开展工作，统计单位覆盖了国内全部乘用车厂商、部分商用车厂商（主要微客、微卡、轻客、轻卡及皮卡厂商）以及大部分造车新势力企业（汽车初创企业）。统计的数据不仅包括厂家销售到经销商端的批发量，还包括4S店销售给终端消费者的零售量，更加真实地反映终端消费市场情况与特征。根据统计数据所形成的产品包括周度报告（于每周三发布）、月度报告（于次月第五个工作日发布）得到行业内外各企业的高度关注，数据曾多次被央视新闻引用。

**（三）库存预警指数、系数的发布**

库存预警指数的构建借鉴PMI指数构建思路和方法，是通过对4S店的问卷调研及模型计算后得出库存预警指数报告，并于每月30日向行业发布。该指数为先导性指数，通过汽车库存指数的高低来判断市场的走势，高于50%说明市场在收缩，低于50%则说明市场在扩张。

**（四）汽车经销商上市公司分析报告**

在行业信息发布会等渠道进行发布，通过对上市企业财报的专业、客观和全面分析，把握汽车经销商头部企业的发展趋势，为广大经销商发展提供数据与参考。

**（五）其他指数类产品及市场研究报告**

基于“全国汽车流通信息统计工作”的数据以及对会员定期开展的调研情况，协会还编制了如“中国汽车消费指数”“中国汽车消费者口碑指数”“二手车经理人指数”等一系列指数类报告。每月通过协会组织的月度形势分析会向行业发布。

## 七、推进CADA培训体系建设，向行业输送专业人才，为退役军人等社会群体提供汽车技能培训服务

**（一）不断完善协会行业培训体系规划与建设，升级“中国汽车流通协会教育培训”服务平台使用功能**

2022年，协会继续完善行业培训体系规划与建设，开发了二手车金融业务营销与资产管理实训、汽车代驾员培训、汽车越野技能培训等新的培训课程，以便为会员企业提供专业性、针对性较强的培训内容，助力行业企业不断提升综合竞争力，助力行业企业顺利向高质量发展转型。根据行业发展现状更新传统培训项目培训内容、培训形式和考核方式，教育培训平台增设了线上学习课程，方便学员利用碎片化时间学习，启动了在线考试系统，利于多维度实时分析考试结果，以考促培，保障培训结果，更好地服务于协会的合作机构、广大会员企业及参与培训的学员。

**（二）做好二手车鉴定评估师培训项目改革和升级**

协会根据《二手车鉴定评估师技术规范》GB/T30323—2013、《乘用车鉴定评估技术规范》T/CADA18—2021、《二手车纯电动乘用车鉴定评估技术规范》T/CADA17—2021标准、行业发展需要及广大会员的要求开展二手车鉴定评估师岗位技能培训工作。培训以满足行业发展需求为导向，着重培养学员实际操作能力，辅以系统的基础理论和评估方法课程，让学员掌握评估方法，全面提升二手车鉴定评估师素质、专业技术水平、增强二手车鉴定评估师创新能力，规范二手车鉴定评估师执业准则。2022年，二手车鉴定评估师培训项目（含电动汽车）扩大了合作机构的规模，覆盖了全国范围内的85%以上的省自治区及直辖市。截至10月底，本年度二手车鉴定评估师培训项目共开班148期，为行业成功输送了3252名合格的二手车鉴定评估师。同时，为保障培训机构顺利开展培训工作，协会相继组织了二手车鉴定评估师认证讲师、二手车鉴定评估师（电动汽车）认证讲师、完成了59名认证培训师的培训认证工作，扩充了协会的讲师团队，为相关

培训项目的开展奠定了良好的基础。

**（三）开展多元化的培训服务项目，推出退役军人汽车技能专项培训服务**

2022年，协会各类服务于会员企业的专题培训百花齐放。协会与中国退役军人就业创业服务促进会达成战略合作，联合推出退役军人汽车技能专项特色培训，面向退役军人开展二手车鉴定评估师等行业关键紧缺技能人才培训，通过送技能进军营、以技能赋能退役军人，培养“又红又专”汽车技能人才，拓宽退役军人就业渠道，同时，也为汽车流通行业输送德才兼备的骨干力量，助力行业诚信体系建设，让广大消费者放心消费。

协会继续联合国家开放大学汽车学院，继续开展服务汽车流通行业在职人员学历提升的教育工作，进行了2022年春季、秋季学期在职学历教育招生，开设“汽车服务工程专业”“工商管理专业”两个本科专业，“汽车营销与服务”“汽车运用与维修技术专业”和“工商企业管理专业”三个专科专业，为流通行业从业者提供了在岗提升学历水平的学习平台。同时，协会也在汽车生产厂家、汽车经销商、汽车金融、商用车、汽车俱乐部等细分领域，开展各类专题培训，举办了1期汽车流通行业企业财税管理培训，3期汽车越野技能培训、1期汽车救援员认证讲师培训、6期二手商用车鉴定评估师专题培训。

另外，为促进汽车救援、代驾行业健康发展，协会向有关管理部门建议设立汽车救援员、汽车代驾员新职业，并于2022年获批为新职业，列入2022年新版国家职业大典。同时，协会作为主要起草单位组织编写的《鉴定估价师（机动车鉴定评估师）国家职业技能标准》《汽车救援员国家职业技能标准》均已发布。

**（四）以赛促训，拓宽技能人才评价的方法和手段，举办全国汽车流通行业职业技能竞赛**

2022年，成功举办第二届全国汽车流通行业职业技能竞赛（国家级二类竞赛），竞赛项目包括采购师、机动车鉴定评估师、机动车检测工3个工种，进一步拓宽和丰富了行业技能人才评价渠道。竞赛于7月正式启动，经过3个多月的努力，在全国范围内设立20余个选拔赛区，举办50余场线上、线下选拔赛，选拔赛参赛规模达713人次，本届竞赛中协会联合各地方省市协商会共同推动了省级技能竞赛的开展，形成了由中国汽车流通协会、中国就业培训技术指导中心联合主办、各地方省市协商会协办的“国赛＋省赛”的竞赛体系，受到行业企业及全国汽车类职业院校的高度重视和广泛关注，有效推动了行业职业培训的广泛开展，在行业内形成了尊重技能、尊重技能人才的良好氛围。同时，协助2021年度全国汽车流通行业职业技能竞赛的优胜选手申报了“全国技术能手”荣誉称号。

## 八、做好汽车市场年鉴、行业报告编纂工作，准确反映汽车市场和流通行业年度情况

为更好地服务行业，全视角、全口径地记录汽车市场年度情况，协会组织力量编纂《中国汽车市场年鉴》，年鉴坚持“体现特色、坚持本真、内容全面”的编纂要求，结合市场发展特点，不断完善年鉴框架结构，改进资料的编排方式，力求做到框架设计的系统、完整、严谨、科学。同时，按照国家要求及《年鉴编撰体例规范》，规范撰稿者组稿内容，更加确保年鉴出版质量。继续在原有的数字出版方式基础上，建设年鉴数据库，更加方便读者使用，体现年鉴的工具性，提升了年鉴社会认知度和影响力。

2022年4月，协会发布了年度《中国汽车流通行业发展报告》（行业蓝皮书），全面记录汽车流通行业年度发展历程。报告梳理和记录了年度汽车流通行业发展情况，系统分析汽车市场和流通领域的年度变化，针对现阶段流通领域普遍关注的话题，新增了汽车出口＆海外市场专题，同时，挖掘二手车行业发展机遇，关注渠道网络变化，洞悉行业数字化转型趋势。并且，从多角度展示优秀流通企业风采和先进经验，促进行业及企业间的能力提升和相互借鉴，进一步推进授权渠道体系高质量发展，满足汽车行业从业者及服务机构对汽车流通领域发展情况的关注。另外，于4月27—29日通过线上直播的形式组织了以“创变•共生”为主题的汽车流通行业蓝皮

书论坛暨2020—2021蓝皮书发布系列活动，进一步扩大行业蓝皮书的影响力。

做好《2022中国二手车行业流通发展报告》（行业白皮书）编制工作。2022年二手车行业白皮书围绕“二手车服务”为主题，包括数字化服务、金融服务等多领域的市场需求，全方位聚焦二手车流通行业，为行业企业发展提供决策参考。

## 九、扩大媒体宣传，增加协会影响，增强协会品牌

### （一）把握正确舆论导向，抓准意识形态

厘清行业发展情况，推进汽车流通行业建设。围绕市场经济发展及时跟进和宣传解读各相关政府部门关于汽车行业的重大决策部署，积极借助各类宣传平台，凝聚社会各方力量，构建全方位、立体式网络。同时，加强舆情信息管理。高度重视舆情信息的收集、整理和发布，做好汽车行业企业关注的重大事件、热点问题的新闻报道。

### （二）协会门户网站改版升级

协会网站是展示协会形象和对外宣传的窗口，也是广大会员与行业同人的交流平台。2022年，协会对网站进行模块升级，建立面向会员提供行业数据分类、行业新闻及时更新、协会支部建设、培训板块证书查询、会员企业查询入口等相关内容的公共信息服务平台。同时，运营协会官方微信，及时推送每日汽车流通领域重要资讯、行业数据发布、协会工作动态，服务于会员单位及关注汽车流通行业的各界人士。

### （三）重视网络宣传和新兴媒体管理

协会积极运营微信平台订阅号、服务号、视频号、抖音、快手等新时代的新媒体、新技术、大力拓展传播渠道，开展汽车流通行业政策、法律法规、优秀企业案例学习、新媒体技术应用等，帮助会员企业进行免费线上、线下培训，引导会员正确合规使用传播平台，在自身建立好品牌宣传的同时，建立自己的私域流量，不断引导会员企业通过多渠道树立积极健康向上的行业内容，以更广泛和更贴近会员需求的形式做好协会品牌传播。

### （四）共驻共建，加强媒体合作

为及时向广大汽车消费者宣传国家政策，向社会传递行业信息、会员企业品牌力量，协会不断加强与广大新闻媒体的合作，丰富协会传播渠道，构建协会媒体传播基础力量。经过多年努力，建立了协会核心媒体库和分类媒体群，其中核心媒体库近1200家媒体，包含人民日报、新华社、中央广播电视总台、中国汽车报、易车、懂车帝等主流媒体，另外还拓展了抖音、快手、B站、花椒等新兴媒体独立KOL近3000人。涵盖了主流门户网站、电视台、电台、报纸、杂志、内参、长视频和短视频直播、自媒体公众号等传播渠道。

### （五）做好汽车流通信息发布工作

继续做好“中国汽车流通行业月度形势分析会”，通过线上会议形式举办发布会，及时向行业与会员企业传递汽车流通行业重要数据及行业形势分析信息。

## 十、继续以网络方式保持和加强国际交流与沟通

2022年9月，协会受邀参加了第二届欧盟国际汽车流通论坛并发表重要讲话，该论坛由欧洲汽车经销商协会（CECRA）主办，美国、加拿大、澳大利亚等国家协会负责人共同参与，中国汽车流通协会会长沈进军先生代表中国通过视频参会，发出协会观点。同时，2022中国汽车流通行业年会国际板块内容，还将通过云上视频的形式，邀请来自美国、欧盟、加拿大等国家的汽车流通行业协会领袖参与年会，通过云端就汽车市场新商业模式对传统经销商的影响和挑战，以及中国新能源品牌汽车出口等话题交换各自看法。

# 2022年汽车工业发展

中国汽车工业协会

2022年，党的二十大胜利召开，为我国全面建设社会主义现代化国家新征程擘画宏伟蓝图。这一年，面对需求收缩、供给冲击、预期转弱三重压力，以习近平同志为核心的党中央坚决部署、果断施策，科学统筹疫情防控和经济社会发展，积极应对国内外各种挑战，稳经济一揽子政策和19项接续政策精准发力，推动我国经济企稳向好，总体保持运行在合理区间。汽车行业同样面临严峻考验，在各方共同努力下，行业克服了疫情散发频发、芯片结构性短缺、原材料价格高位运行、局部地缘政治冲突等诸多不利因素冲击，呈现出恢复增长态势，全年汽车产销稳中有增，主要经济指标持续向好，为稳定工业经济增长起到重要作用。其中，中国品牌表现出色，市场占有率不断提升；新能源汽车和汽车出口延续良好发展，屡创月度新高。

## 一、2022年汽车工业经济运行分析

### （一）汽车产销稳中有增，经济指标持续向好

#### 1．汽车产销恢复增长，全年实现微增

2022年，汽车产销分别完成2702.1万辆和2686.4万辆，同比增长3.4%和2.1%，实现小幅增长。从全年汽车销量变化情况来看，1—2月开局良好，产销稳定增长；3—5月受吉林、上海等地疫情暴发影响，我国汽车产业链供应链受到严重冲击，汽车产销出现断崖式下降；5月中下旬以来，中央和地方陆续出台一系列稳增长、促消费政策，极大激发了市场活力，6—9月汽车市场持续走高，呈现恢复增长，是近三年同期最高水平；进入四季度，受第二波疫情冲击，终端消费市场增长乏力，消费者购车需求释放受阻，汽车产销增速回落，与过去两年相比，产量和批发销量并未出现往年和预期政策结束应产生的年底翘尾现象。我国2022年汽车月度销量及同比增长变化情况（见图1）。

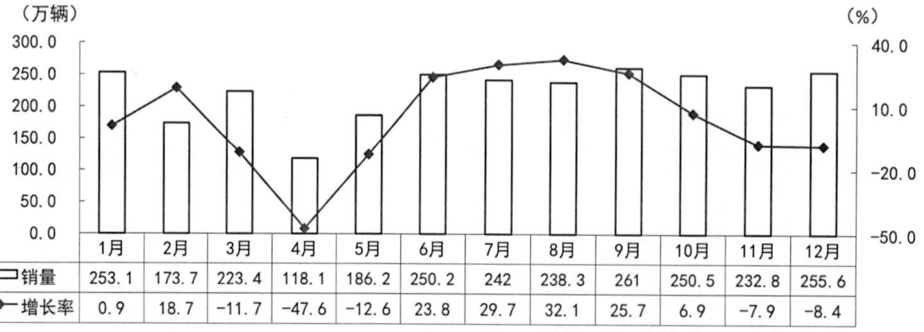


| | 1月 | 2月 | 3月 | 4月 | 5月 | 6月 | 7月 | 8月 | 9月 | 10月 | 11月 | 12月 |
|---|---|---|---|---|---|---|---|---|---|---|---|---|
| 销量 | 253.1 | 173.7 | 223.4 | 118.1 | 186.2 | 250.2 | 242 | 238.3 | 261 | 250.5 | 232.8 | 255.6 |
| 增长率 | 0.9 | 18.7 | -11.7 | -47.6 | -12.6 | 23.8 | 29.7 | 32.1 | 25.7 | 6.9 | -7.9 | -8.4 |

图1　2022年汽车月度销量及同比增长变化情况

资料来源：中国汽车工业协会（以下图表资料来源相同，不再赘述）

#### 2．行业经济效益主要指标稳定运行

2022年，汽车行业经济效益主要指标与产销情况大致相当，全年呈现U形走势，开局相对良好，3月以来疫情冲击导致行业经营受阻，主要指标持续下行，下半年伴随行业形势逐渐好转，主要指标持续向好，保持稳定运行。这一年，动力电池原材料价格飞涨、部分芯片紧缺以及国际物流运输“舱少价贵”，极大增加了企业经营成本，不断压缩企业盈利空间。

据国家统计局公布的数据显示，2022年，汽车制造业工业增加值同比增长6.3%，高于同期

制造业3.3个百分点；完成营业收入92899.9亿元，同比增长6.8%，高于同期制造业2.3个百分点；实现利润总额5319.6亿元，同比增长0.6%。2022年，汽车类零售总额累计完成45772亿元，同比增长0.7%，占社会消费品零售总额的10.4%，高于上年（见图2）。

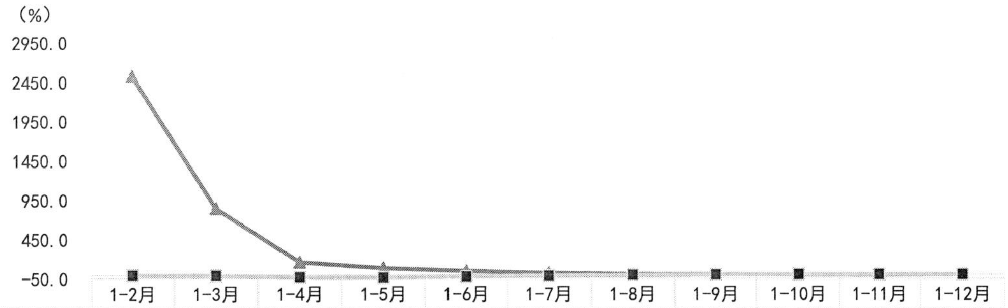


| | 1-2月 | 1-3月 | 1-4月 | 1-5月 | 1-6月 | 1-7月 | 1-8月 | 1-9月 | 1-10月 | 1-11月 | 1-12月 |
|---|---|---|---|---|---|---|---|---|---|---|---|
| 2021年 | 2525.6 | 843.4 | 157.5 | 81.1 | 45.2 | 19.7 | 5.5 | 1.2 | -2.9 | -3.4 | 1.9 |
| 2022年 | -9.9 | -11.9 | -33.4 | -37.5 | -25.5 | -14.4 | -7.3 | -1.9 | 0.8 | 0.3 | 0.6 |

图2　2021—2022年各月汽车制造业实现利润累计增长

## （二）乘用车带动行业总体增长，中国品牌表现亮眼

### 1．乘用车市场较快增长，消费升级趋势明显

2022年，乘用车产销分别完成2383.6万辆和2356.3万辆，同比增长11.2%和9.5%，增速高于行业总体。乘用车市场在购置税减半等促消费政策拉动下，加之新能源汽车持续保持高速增长，汽车出口势头良好，带动乘用车市场自6月以来保持较快增长。尽管第四季度增速有所放缓，全年销量增速仍接近两位数，为汽车销量实现增长贡献重要力量（见图3）。

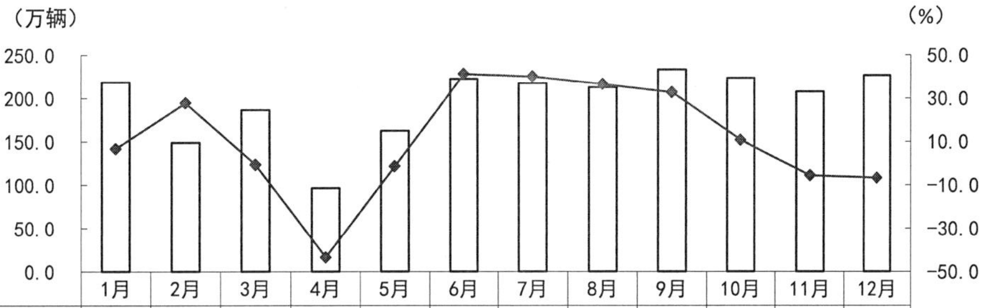


| | 1月 | 2月 | 3月 | 4月 | 5月 | 6月 | 7月 | 8月 | 9月 | 10月 | 11月 | 12月 |
|---|---|---|---|---|---|---|---|---|---|---|---|---|
| 销量 | 218.6 | 148.7 | 186.4 | 96.5 | 162.3 | 222.2 | 217.4 | 212.5 | 233.2 | 223.1 | 207.5 | 226.5 |
| 增长率 | 6.7 | 27.8 | -0.6 | -43.4 | -1.4 | 41.2 | 40.0 | 36.5 | 32.7 | 10.7 | -5.6 | -6.7 |

图3　2022年乘用车月度销量及同比增长变化情况

伴随居民收入水平提高，汽车消费者愈加关注品牌、品质、服务等汽车附加属性。在供需两端共同作用下，汽车消费升级趋势显著增强。首购和换购人群购置高档车型比例不断增加，中国乘用车市场价格区间呈明显结构性向上趋势。年青一代新消费群体不断壮大，且乐于接受新鲜事物，很大程度上加速了乘用车市场电动化、智能化转型升级趋势。

传统燃油乘用车中，尽管10万～15万元价格区间仍为主要销量贡献集中区段，但从增长速度来看，20万～25万元、30万～35万元市场表现相对较好，50万元以上市场涨幅最大，高端化趋势明显。此外，新能源乘用车也由以前的哑铃形结构逐步转向纺锤形，15万～20万元车型销量最大，且增速最为显著。

尽管面临疫情、芯片等冲击，高端品牌乘用车仍保持两位数增长，展现出较强的市场韧性。2022年，高端品牌乘用车共销售388.6万辆，同比增长11.1%，高于乘用车增速1.6个百分点，占乘用车销售总量的16.5%，占比高于上年0.7个百分点（见图4）。

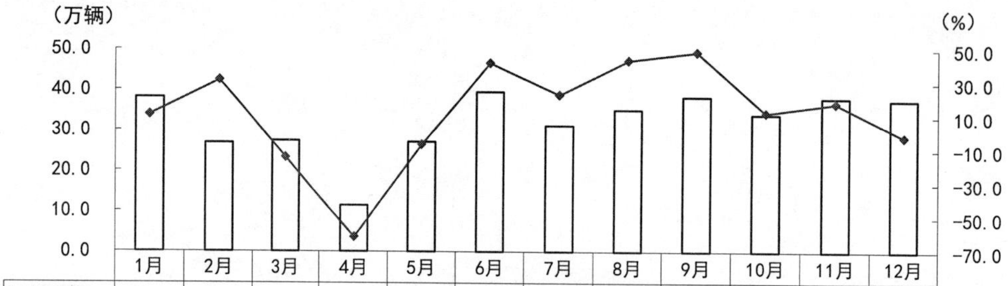


| | 1月 | 2月 | 3月 | 4月 | 5月 | 6月 | 7月 | 8月 | 9月 | 10月 | 11月 | 12月 |
|---|---|---|---|---|---|---|---|---|---|---|---|---|
| 销量 | 38.1 | 26.8 | 27.3 | 11.4 | 27.1 | 39.5 | 31.2 | 35.1 | 38.3 | 34 | 38 | 37.5 |
| 增长率 | 11.1 | 31.6 | −14.3 | −61.5 | −6.7 | 41.9 | 23.1 | 43.5 | 48.5 | 12.5 | 18.2 | −1.9 |

图4　2022年高端品牌乘用车月度销量及同比增长变化情况

### 2．SUV和轿车继续占据乘用车市场主导地位

从乘用车细分市场表现情况来看，运动型多用途乘用车（SUV）和基本型乘用车（轿车）呈现两位数明显增长，二者销量合计占据乘用车总体销量的80%以上，继续占据主导地位。多功能乘用车（MPV）和交叉型乘用车表现欠佳，同比两位数下降。

2022年，基本型乘用车（轿车）产销分别完成1118.7万辆和1111.6万辆，同比增长12.5%和11.5%。其中新能源轿车产销分别达到371.3万辆和365.9万辆，同比增长76.2%和74.6%，占轿车产销总量的比重分别达到33.2%和32.9%。2022年基本型乘用车（轿车）月度销量及同比增长变化情况如图5所示。

轿车销量排名前十位的品牌依次为：五菱宏光MINI、轩逸、朗逸、秦PLUS、汉、卡罗拉、Model 3、新凯美瑞、速腾和雅阁，分别销售55.4万辆、43.8万辆、37.7万辆、31.5万辆、27.4万辆、25.8万辆、25.6万辆、25万辆、23.6万辆和23.4万辆。与上年相比，汉和秦PLUS销量增速最为显著，五菱宏光MINI、新凯美瑞和雅阁也呈两位数较快增长，速腾微增，其他品牌均呈下降。2022年，上述十个品牌共销售319.1万辆，占轿车销售总量的28.7%（见图5）。

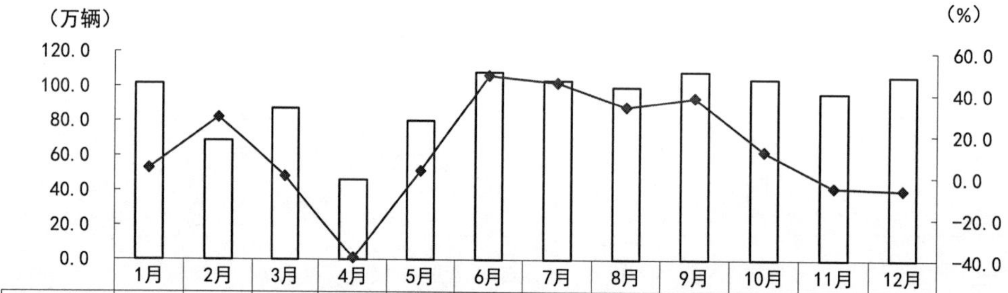


| | 1月 | 2月 | 3月 | 4月 | 5月 | 6月 | 7月 | 8月 | 9月 | 10月 | 11月 | 12月 |
|---|---|---|---|---|---|---|---|---|---|---|---|---|
| 销量 | 101.8 | 68.7 | 87.2 | 46.1 | 80.1 | 108.3 | 103.6 | 99.7 | 108.6 | 104.5 | 96.3 | 106.1 |
| 增长率 | 4.1 | 28.4 | 0.2 | −39.1 | 2.8 | 48.7 | 45.2 | 33.5 | 38.0 | 12.1 | −5.1 | −6.2 |

图5　2022年基本型乘用车（轿车）月度销量及同比增长变化情况

2022年，运动型多用途乘用车（SUV）产销继续超越轿车保持领先，分别完成1138.1万辆和1118.7万辆，同比增长13.5%和10.8%。其中新能源SUV产销分别达到288万辆和276.9万辆，同比增长1.4倍和1.3倍，占SUV产销总量的比重分别达到25.3%和24.7%。2022年运动型多用途乘用车（SUV）月度销量及同比增长变化情况如图6所示。

SUV销量排名前十位的品牌依次为：Model Y、宋DM、哈弗H6、CS75、新CR-V、元PLUS、缤越、X3、MGZS和别克昂科威，分别销售45.5万辆、29.2万辆、28.8万辆、23.8万辆、23万辆、20.2万辆、18.4万辆、17.6万辆、17.5万辆和17.2万辆。与上年相比，除哈弗H6和CS75销量有所下降，其他品牌呈不同程度增长，其中宋DM和Model Y增幅更为显著。2022年，上述十个品牌共销售241.3万辆，占SUV销售总量的21.6%（见图6）。

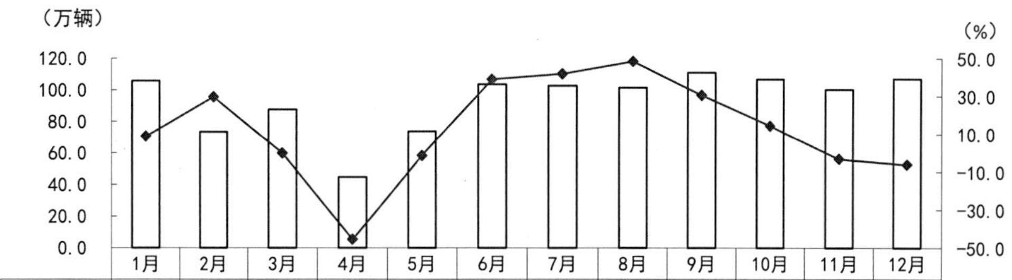


| | 1月 | 2月 | 3月 | 4月 | 5月 | 6月 | 7月 | 8月 | 9月 | 10月 | 11月 | 12月 |
|---|---|---|---|---|---|---|---|---|---|---|---|---|
| 销量 | 105.7 | 73.4 | 87.6 | 44.7 | 73.8 | 103.6 | 102.7 | 101.4 | 111 | 106.8 | 100.3 | 107.0 |
| 增长率 | 8.7 | 29.6 | −0.1 | −45.6 | −1.4 | 38.9 | 41.8 | 48.3 | 30.5 | 14.3 | −3.2 | −6.2 |

图6 2022年运动型多用途乘用车（SUV）月度销量及同比增长变化情况

2022年，多功能乘用车（MPV）产销跌破百万辆，分别完成95.1万辆和93.7万辆，同比下降11.3%和11.2%。其中新能源MPV产销7.5万辆和7.2万辆，同比增长1倍和1.1倍，占MPV产销总量的比重分别达到7.9%和7.7%。2022年多功能乘用车（MPV）月度销量及同比增长变化情况如图7所示。

MPV销量排名前十位的品牌依次为：五菱宏光、别克GL8、赛那、传祺M8、五菱佳辰、奥德赛、菱智、艾力绅、传祺M6和威然，分别销售15万辆、11.6万辆、7.5万辆、5.9万辆、5万辆、4.5万辆、4.4万辆、4万辆、3.8万辆和2.4万辆。与上年相比，赛那、威然增速显著，奥德赛实现略增。2022年，上述十个品牌共销售64.1万辆，占MPV销售总量的68.5%（见图7）。

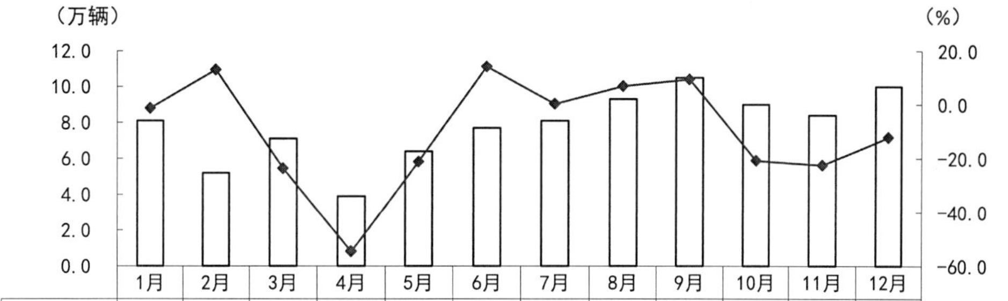


| | 1月 | 2月 | 3月 | 4月 | 5月 | 6月 | 7月 | 8月 | 9月 | 10月 | 11月 | 12月 |
|---|---|---|---|---|---|---|---|---|---|---|---|---|
| 销量 | 8.1 | 5.2 | 7.1 | 3.9 | 6.4 | 7.7 | 8.1 | 9.3 | 10.5 | 9 | 8.4 | 10.0 |
| 增长率 | −1.4 | 12.9 | −23.7 | −54.6 | −21.2 | 14.1 | 0.2 | 6.8 | 9.3 | −20.8 | −22.5 | −12.2 |

图7 2022年多功能乘用车（MPV）月度销量及同比增长变化情况

2022年，交叉型乘用车产销分别完成31.7万辆和32.3万辆，同比下降20.3%和17.4%。其中新能源交叉型乘用车产销4.7万辆和4.9万辆，同比增长38.9%和39.1%，占交叉型乘用车产销总量的比重分别达到14.9%和15%。2022年交叉型乘用车月度销量及同比增长变化情况（见图8）。

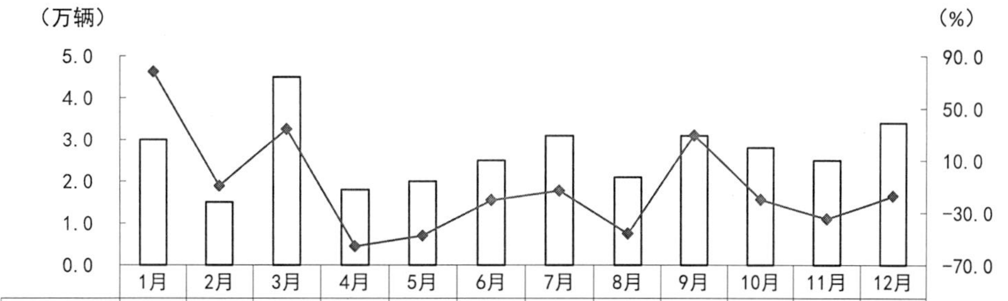


| | 1月 | 2月 | 3月 | 4月 | 5月 | 6月 | 7月 | 8月 | 9月 | 10月 | 11月 | 12月 |
|---|---|---|---|---|---|---|---|---|---|---|---|---|
| 销量 | 3.0 | 1.5 | 4.5 | 1.8 | 2.0 | 2.5 | 3.1 | 2.1 | 3.1 | 2.8 | 2.5 | 3.4 |
| 增长率 | 78 | −9.5 | 34.1 | −55.7 | −47.6 | −20.5 | −13.2 | −46.1 | 29.3 | −20.0 | −34.8 | −17.4 |

图8 2022年交叉型乘用车月度销量及同比增长变化情况

**3．中国品牌乘用车市场份额不断提升**

2022年，中国品牌乘用车市场占有率延续了不断提升态势，全年累计份额接近50%。中国品牌乘用车市场占有率不断提升，得益于中国品牌近年来不断向上发展取得的成果，特别是中国品牌紧抓新能源、智能网联转型机遇，加速产品迭代，推陈出新，不断推出满足用户需求的新一代电动化、智能化产品，越来越受到消费者的青睐。与此同时，企业也越来越重视国际化发展，产品的国际竞争力不断提升，品牌影响力持续攀升。

2022年，中国品牌乘用车共销售1176.6万辆，同比增长22.8%，占乘用车销售总量的49.9%，占有率比上年提升5.4个百分点。其中中国品牌新能源乘用车共销售523.3万辆，同比增长1.1倍，占新能源乘用车销售总量的79.9%。

外国品牌乘用车共销售1179.8万辆，同比下降1.2%，占乘用车销售总量的50.1%。其中德系、日系、美系、韩系和法系乘用车分别销售460.2万辆、419.5万辆、220.8万辆、38.1万辆和17.9万辆，占乘用车销售总量的19.5%、17.8%、9.4%、1.6%和0.8%。与上年相比，法系乘用车销量快速增长，德系和美系乘用车销量小幅增长，其他外国品牌呈不同程度下降（见图9）。

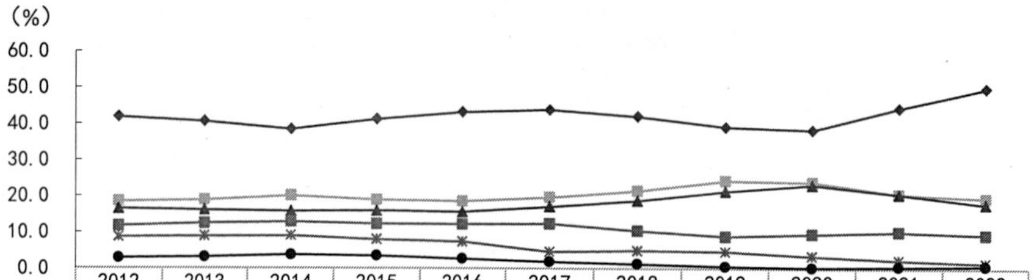


| | 2012 | 2013 | 2014 | 2015 | 2016 | 2017 | 2018 | 2019 | 2020 | 2021 | 2022 |
|---|---|---|---|---|---|---|---|---|---|---|---|
| 中国品牌 | 41.9 | 40.6 | 38.5 | 41.2 | 43.2 | 43.9 | 42.1 | 39.2 | 38.4 | 44.5 | 49.9 |
| 德系品牌 | 18.4 | 18.8 | 20.0 | 18.9 | 18.5 | 19.6 | 21.4 | 24.2 | 23.9 | 20.6 | 19.5 |
| 日系品牌 | 16.4 | 16.1 | 15.7 | 15.9 | 15.6 | 17.0 | 18.8 | 21.3 | 23.1 | 20.6 | 17.8 |
| 美系品牌 | 11.7 | 12.4 | 12.8 | 12.2 | 12.2 | 12.3 | 10.5 | 8.9 | 9.6 | 10.2 | 9.4 |
| 韩系品牌 | 8.7 | 8.8 | 9.0 | 7.9 | 7.4 | 4.6 | 5.0 | 4.7 | 3.5 | 2.4 | 1.6 |
| 法系品牌 | 2.8 | 3.1 | 3.7 | 3.4 | 2.6 | 1.8 | 1.3 | 0.6 | 0.3 | 0.6 | 0.8 |

图9　2012—2022年乘用车品牌分国别市场占有率变化情况

2022年，中国品牌轿车表现突出，市场占有率较上年快速提升，共销售462.5万辆，同比增长45.1%，占轿车销售总量的41.6%，占有率比上年提升9.6个百分点。其中销量排名前十位的中国品牌轿车依次为：五菱宏光MINI、秦PLUS、汉、帝豪、海豚、逸动、MG5、Aion S、星瑞和UNI-V。与上年相比，除星瑞销量有所下降，其他品牌均呈不同程度增长。2022年，上述十个品牌共销售220.6万辆，占中国品牌轿车销售总量的47.7%。

中国品牌SUV市场占有率较上年也有所提升，共销售625万辆，同比增长18.4%，占SUV销售总量的55.9%，占有率比上年提升3.6个百分点。其中销量排名前十位的中国品牌SUV依次为：宋DM、哈弗H6、CS75、元PLUS、缤越、MGZS、Aion、CS55、博越和星越。与上年相比，哈弗H6、CS75和博越销量有所下降，其他品牌均呈增长，宋DM和Aion增速更为显著。2022年，上述十个品牌共销售198.6万辆，占中国品牌SUV销售总量的31.8%。

中国品牌MPV市场占有率较上年明显下降，共销售56.8万辆，同比下降21.2%，占MPV销售总量的60.6%，占有率比上年下降7.7个百分点。其中销量排名前十位的中国品牌MPV依次为：五菱宏光、传祺M8、五菱佳辰、菱智、传祺M6、五菱凯捷、上汽MAXUS G50、枫叶80V、欧诺和宋MAX。与上年相比，宋MAX和欧诺销量明显增长。2022年，上述十个品牌共销售42.8万辆，占中国品牌MPV销售总量的75.3%。

**（三）商用车市场表现低迷，处于低位徘徊态势**

**1．商用车产销呈两位数下降，前十企业继续保持较高市场占有率**

2022年，商用车产销分别完成318.5万辆和330万辆，同比下降31.9%和31.2%，呈现两位数下滑。在商用车主要品种中，与上年同期相比，客车和货车产销均呈较快下降。2021年上半年之前，货车受环保政策拉动，企业抢抓排放标准切换机遇，出现一轮较长时间的购车高峰，造成目前在用车换购需求动力不足。加之2022年上半年，受疫情影响，基建启动较慢，建设速度不及预期，货车产销同比降幅较大。同时，疫情对旅游、客运和城市公交车的需求影响较大，客车市场也持续低迷。总体来看，商用车作为生产资料属性，市场恢复难度更大，仍需各方面共同努力（见图10）。

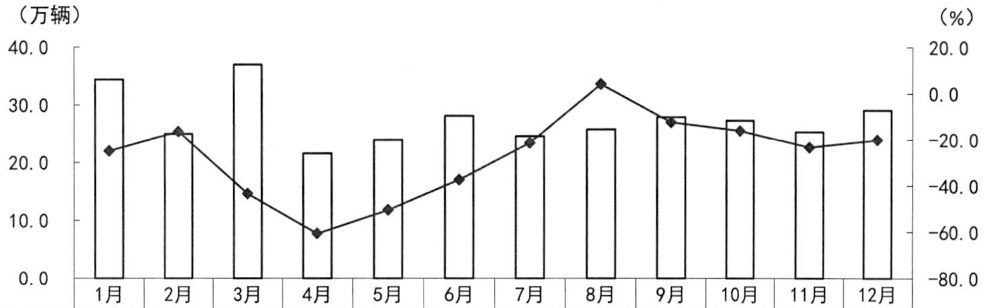


| | 1月 | 2月 | 3月 | 4月 | 5月 | 6月 | 7月 | 8月 | 9月 | 10月 | 11月 | 12月 |
|---|---|---|---|---|---|---|---|---|---|---|---|---|
| 销量 | 34.4 | 25.0 | 37.0 | 21.6 | 23.9 | 28.1 | 24.6 | 25.8 | 27.9 | 27.3 | 25.3 | 29.1 |
| 增长率 | -25.0 | -16.6 | -43.5 | -60.7 | -50.5 | -37.4 | -21.5 | 4.0 | -12.5 | -16.2 | -23.4 | -20.2 |

图10　2022年商用车月度销量及同比增长变化情况

从商用车按燃料类型细分品种销售情况来看，与上年同期相比，主要传统燃料类型产品均呈现明显下降。其中天然气车共销售4.6万辆，同比下降25.5%；柴油汽车共销售192.7万辆，同比下降41.8%；汽油车共销售101.7万辆，同比下降18.8%。相较而言，新能源商用车延续快速增长势头，共销售31万辆，同比增长81.7%，占商用车销售总量的9.4%。

商用车销量排名前十家企业依次为：北汽福田、东风公司、上汽通用五菱、长安汽车、中国重汽、江铃股份、江汽集团、长城汽车、中国一汽和上汽大通，分别销售45.6万辆、39.4万辆、29.7万辆、29.4万辆、23.2万辆、20.4万辆、19.5万辆、18.7万辆、18万辆和16.5万辆。与上年相比，除长安汽车销量微增，其他企业均呈不同程度下降。2022年，上述十家企业共销售260.4万辆，占商用车销售总量的78.9%（见图11）。

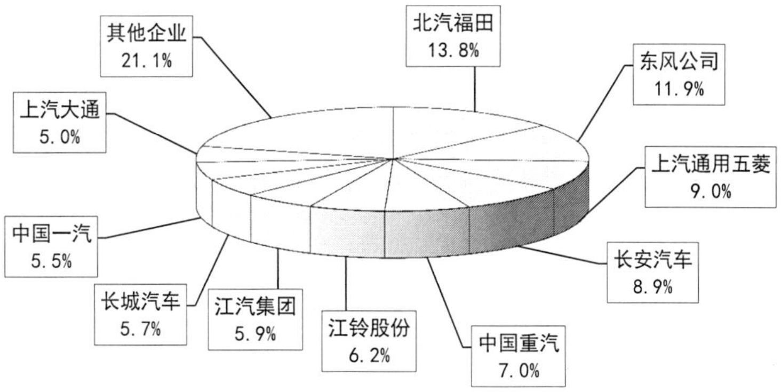


图11　2022年前十家商用车生产企业销量占有率

2．货车产销均呈下降，重型货车降幅更为明显

在经历2020年爆发式增长和2021年上半年高增长后，以重型车国六排放标准实施为转折点，载货车行业发展进入调整期。消费需求提前释放，加之基建等利好因素不及预期，货车市场延续2021年下半年的下行趋势，全年产销分别完成277.8万辆和289.3万辆，同比下降33.4% 和32.6%。

在货车主要品种中，与上年同期相比，四大类货车品种均呈现明显下降。其中重型货车产销分别完成63.2万辆和67.2万辆，同比下降51.4%和51.8%；中型货车产销分别完成9.1万辆和9.6万辆，同比下降45.1%和46.5%；轻型货车产销分别完成156万辆和161.8万辆，同比下降25.4%和23.4%；微型货车产销分别完成49.4万辆和50.7万辆，同比下降19.3%和16.2%（见图12、图13）。

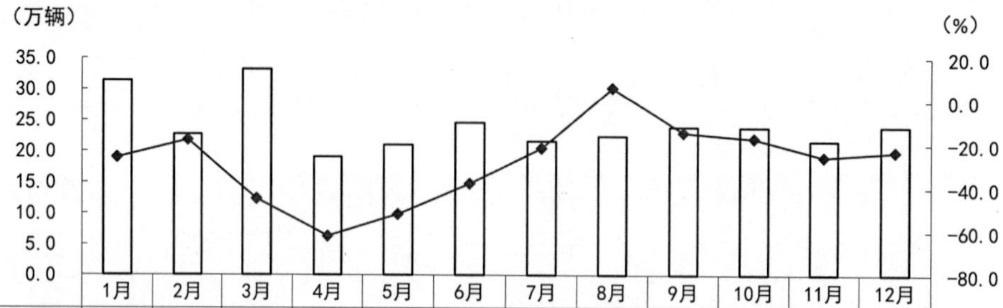


| | 1月 | 2月 | 3月 | 4月 | 5月 | 6月 | 7月 | 8月 | 9月 | 10月 | 11月 | 12月 |
|---|---|---|---|---|---|---|---|---|---|---|---|---|
| 销量 | 31.4 | 22.7 | 33.2 | 19.1 | 21.0 | 24.6 | 21.6 | 22.4 | 23.9 | 23.8 | 21.6 | 23.9 |
| 增长率 | -25.8 | -17.7 | -44.8 | -62.0 | -51.9 | -37.8 | -21.5 | 6.3 | -14.4 | -17.1 | -25.6 | -23.3 |

图12　2022年货车月度销量及同比增长变化情况

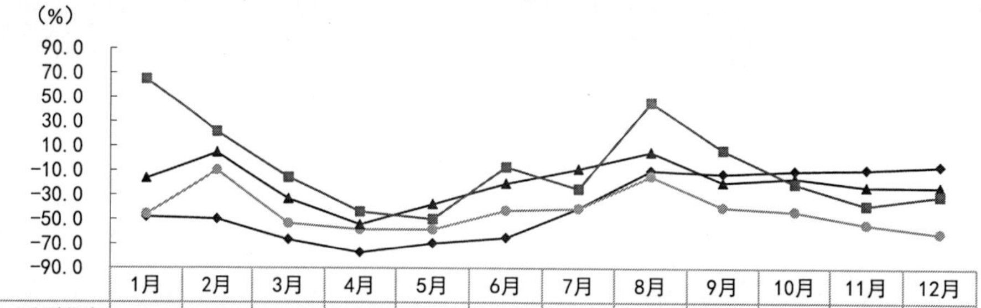


| | 1月 | 2月 | 3月 | 4月 | 5月 | 6月 | 7月 | 8月 | 9月 | 10月 | 11月 | 12月 |
|---|---|---|---|---|---|---|---|---|---|---|---|---|
| 重型货车 | -48.0 | -49.8 | -66.6 | -77.3 | -69.6 | -65.0 | -40.8 | -10.0 | -12.5 | -9.9 | -8.8 | -6.1 |
| 中型货车 | -45.8 | -9.8 | -53.4 | -58.3 | -58.3 | -42.7 | -41.0 | -14.6 | -40.0 | -43.3 | -53.8 | -61.1 |
| 轻型货车 | -16.5 | 4.5 | -33.3 | -54.2 | -37.5 | -20.5 | -8.6 | 5.1 | -19.6 | -15.9 | -23.0 | -23.2 |
| 微型货车 | 64.7 | 21.7 | -15.7 | -43.8 | -49.8 | -7.0 | -24.9 | 45.7 | 6.7 | -20.6 | -38.3 | -30.4 |

图13　2022年货车细分品种销量增长率

### 3. 客车产销均呈下降，同比降幅好于商用车整体

2022年，客车（含客车非完整车辆）产销分别完成40.7万辆和40.8万辆，同比下降19.9%和19.2%。在客车主要品种中，与上年同期相比，大型客车产销小幅增长，中型客车和轻型客车产销呈现两位数下降。其中，大型客车产销分别完成5.2万辆和5.1万辆，同比增长6.6%和7%；中型客车产销均完成3.7万辆，同比分别下降19.2%和19.5%；轻型客车产销分别完成31.8万辆和32万辆，同比下降23.1%和22.3%。2022年客车月度销量及同比增长变化情况（见图14）。

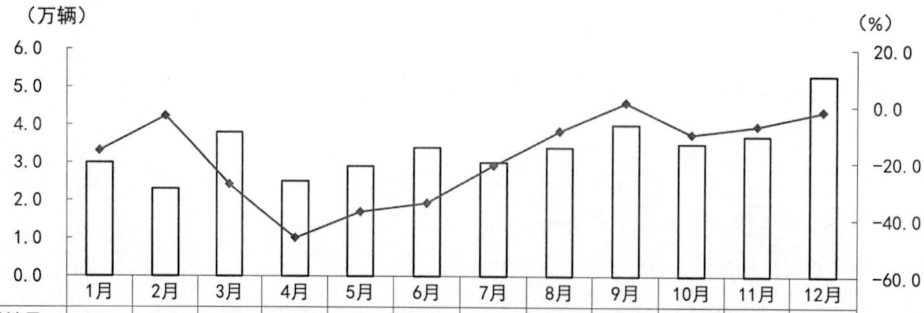


| | 1月 | 2月 | 3月 | 4月 | 5月 | 6月 | 7月 | 8月 | 9月 | 10月 | 11月 | 12月 |
|---|---|---|---|---|---|---|---|---|---|---|---|---|
| 销量 | 3.0 | 2.3 | 3.8 | 2.5 | 2.9 | 3.4 | 3.0 | 3.4 | 4.0 | 3.5 | 3.7 | 5.3 |
| 增长率 | -15.8 | -3.6 | -27.8 | -46.6 | -37.4 | -34.3 | -21.1 | -8.9 | 1.1 | -10.0 | -7.1 | -2.0 |

图14　2022年客车月度销量及同比增长变化情况

2022年，国内疫情散发、频发，导致长途、旅游等公路客车需求严重萎缩，且近几年伴随高铁、城市轨道交通等资源的高速发展，公路客车客源被不断抢占、压缩。蓝牌新规落地影响了轻客物流车的销量，导致轻型客车销量大幅下滑。种种不利因素叠加，致使客车市场较去年出现明显下滑。

不过其中也不乏亮点，由于2022年是享受新能源客车补贴政策的最后一年，为了抓住最后的“政策红利”，市场需求尽量释放，加之国家一系列利好新能源汽车市场发展的政策落地以及“双碳”战略持续发力，新能源客车市场利好，助力城市客车增长。此外，与国内市场的低迷相比，中国客车在出口方面仍保持着稳定增长的态势。

为响应国家“双碳”战略等相关政策，各大客车企业也在积极转型，布局新能源产品，寻求新运营模式。未来，新能源客车市场预计将有较大发展空间，相信随着产品线不断丰富，制造成本持续下降，客车行业也将逐渐适应“后补贴”时代发展，在新能源市场上有更大作为。

**4．皮卡车产销小幅下降**

据中国汽车工业协会统计的皮卡车企业数据显示，2022年，皮卡车产销分别完成52.6万辆和51.9万辆，同比下降3.9%和6.4%。

2022年下半年以来，珠三角地区、长三角地区大规模掀起皮卡解禁风潮，解禁程度更彻底，解禁区域由点成片，解禁城市等级有所提高，其中不乏南京、西安等重大城市，以及像安徽这样的全面放开皮卡进城的省份。10月底，国务院办公厅第三次发文提及皮卡进城，为政策落地实施再度加码，并让皮卡解禁向更多一二线城市推进，预计将进一步刺激皮卡消费市场，释放消费动能。2022年皮卡车月度销量及同比增长变化情况（见图15）。

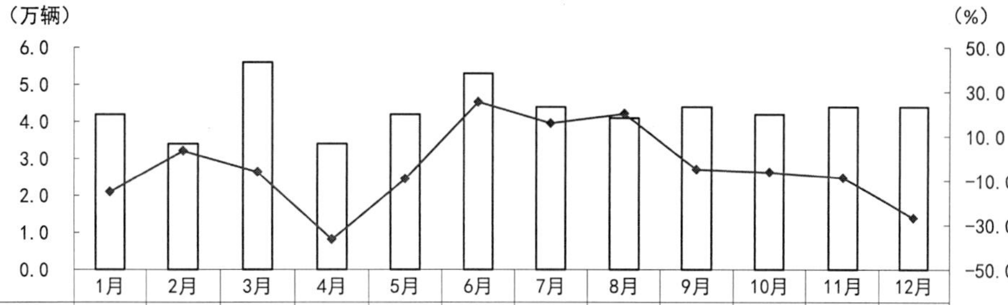


| | 1月 | 2月 | 3月 | 4月 | 5月 | 6月 | 7月 | 8月 | 9月 | 10月 | 11月 | 12月 |
|---|---|---|---|---|---|---|---|---|---|---|---|---|
| 销量 | 4.2 | 3.4 | 5.6 | 3.4 | 4.2 | 5.3 | 4.4 | 4.1 | 4.4 | 4.2 | 4.4 | 4.4 |
| 增长率 | -15.1 | 3.5 | -6.1 | -36.5 | -9.2 | 25.5 | 15.9 | 20.2 | -4.9 | -6.2 | -8.7 | -26.9 |

**图15　2022年皮卡车月度销量及同比增长变化情况**

分燃料类型情况看，柴油车、汽油车产销均呈下降。其中柴油车产销分别完成39.7万辆和39.2万辆，同比下降4.5%和7.2%；汽油车产销分别完成12.2万辆和12万辆，同比下降6.3%和7.8%。

皮卡车销量排名前十位的生产企业依次为：长城汽车、上汽大通、江铃股份、江汽集团、郑州日产、江西五十铃、保定长安、北汽福田、河北中兴和上汽通用五菱，分别销售18.7万辆、6.7万辆、6.3万辆、4.9万辆、4.0万辆、3.3万辆、3.2万辆、1.7万辆、1.5万辆和0.6万辆。与上年相比，上述十家企业中，上汽大通、江汽集团和保定长安销量均呈增长，其中上汽大通增速尤为显著。2022年，十家企业销量合计50.9万辆，占皮卡车销售总量的98%。

**（四）新能源汽车爆发式增长，产销再创历史新高**

2022年，新能源汽车继续保持高速增长，产销连创月度新高，分别达到705.8万辆和688.7万辆，同比分别增长96.9%和93.4%，市场占有率达到25.6%。其中纯电动汽车产销分别完成546.7万辆和536.5万辆，同比分别增长83.4%和81.6%；插电式混合动力汽车产销分别完成158.8万辆和151.8万辆，同比分别增长1.6倍和1.5倍；燃料电池汽车产销分别完成0.4万辆和0.3万辆，同比均增长1.1倍。

新能源汽车产销尽管也受疫情及动力电池原材料价格高位运行等不利因素影响，但党中央及各地政府对于新能源汽车发展高度重视，在税收、补贴等方面出台多项促进新能源汽车消费的政策，同时企业也积极开发新能源汽车产品，供应链资源优先向新能源汽车集中，整体产销完成情况超出预期。我国2022年新能源汽车月度销量及同比增长变化情况（见图16）。

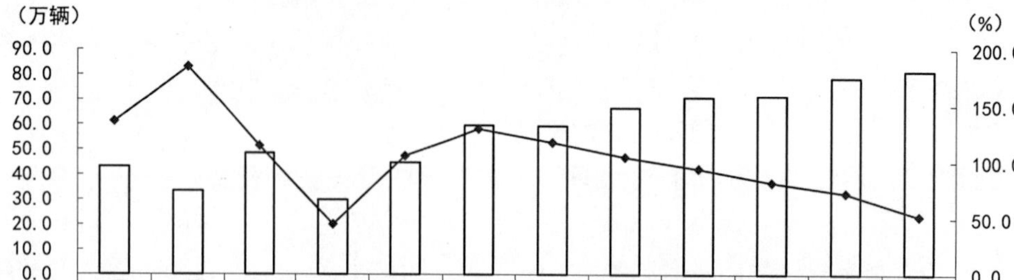


| | 1月 | 2月 | 3月 | 4月 | 5月 | 6月 | 7月 | 8月 | 9月 | 10月 | 11月 | 12月 |
|---|---|---|---|---|---|---|---|---|---|---|---|---|
| 销量 | 43.1 | 33.4 | 48.4 | 29.9 | 44.7 | 59.6 | 59.3 | 66.6 | 70.8 | 71.4 | 78.6 | 81.4 |
| 增长率 | 135.8 | 184.3 | 114.1 | 44.6 | 105.2 | 129.2 | 117.1 | 104.2 | 93.9 | 81.7 | 72.3 | 51.8 |

图16　2022年新能源汽车月度销量及同比增长变化情况

发展新能源汽车，已成为推动绿色发展，实现产业转型升级，支撑国家碳中和、碳达峰目标的重要战略举措。近几年，在国家战略和发展规划引领下，通过各方面共同努力，我国新能源汽车产业蓬勃发展，已从政策驱动转向市场拉动，逐步进入全面市场化拓展期。总体来看，我国新能源汽车产业能取得良好发展主要得益于以下几个方面。首先，顶层设计完善，国家先后出台多项规划，为产业发展明确方向。相关部门和各地政府也结合实际推出大量支持和配套政策，建立起完备的支持政策体系。其次，行业不断创新突破，整体产业技术水平显著提升、产业体系日趋完善、企业竞争力大幅增强。目前，我国新能源汽车在“三电”核心技术领域已经达到或接近全球领先水平。再次，新能源产品日臻成熟，市场认可度不断提升，续航里程焦虑和安全问题基本得到解决，充电设施越来越完善便捷，换购新能源汽车的消费者比例越来越高，尤其是新能源汽车与智能网联化技术的协同发展，得到了广大年轻消费者的青睐（见图17）。

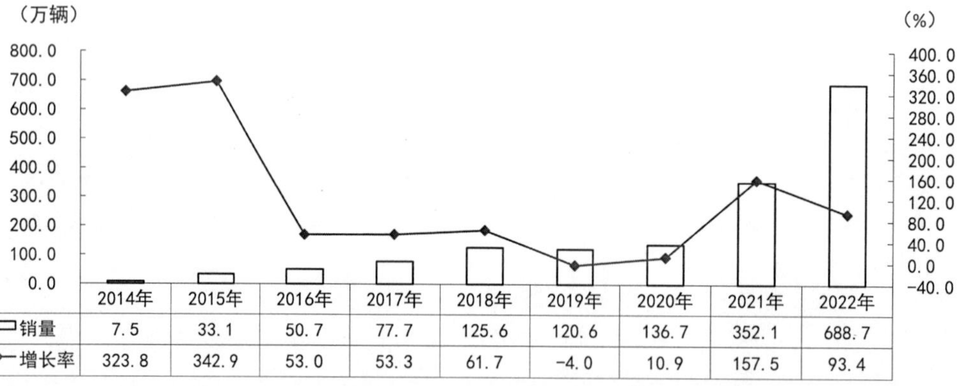


| | 2014年 | 2015年 | 2016年 | 2017年 | 2018年 | 2019年 | 2020年 | 2021年 | 2022年 |
|---|---|---|---|---|---|---|---|---|---|
| 销量 | 7.5 | 33.1 | 50.7 | 77.7 | 125.6 | 120.6 | 136.7 | 352.1 | 688.7 |
| 增长率 | 323.8 | 342.9 | 53.0 | 53.3 | 61.7 | -4.0 | 10.9 | 157.5 | 93.4 |

图17　2014—2022年新能源汽车销量及同比增长变化情况

历经多年的发展，在“政策+市场驱动”的大背景下，如今的新能源汽车市场迎来新的发展和增长阶段，而后续则将进入以“市场驱动”为主导的新时期。新能源汽车推广应用财政补贴政策将在年底终止，2023年起上牌的新能源汽车将不再享受补贴。回顾这几年补贴政策的发展，新能源汽车补贴政策门槛逐步提升，对续航里程、能量密度、百公里耗电量等标准考核逐渐趋于严格，这也有力促进了新能源汽车产品朝高端化方向升级。补贴退出，新能源汽车产品将进入以市场驱动为主的发展阶段。短期来看退坡会给产业带来一定压力，产品市场结构可能会出现调整，企业新车型供给有可能不及预期。而从中长周期来看，政策对产业后续量、价格的扰动将大幅弱化，这有利于让市场资源配置更加合理化，推动新能源车整车、电池、材料等全产业链共同降本增效，以应对补贴退坡影响。

### （五）重点企业集团总体表现稳定

2022年，汽车销量排名前十位的企业集团销量合计为2314.8万辆，同比增长2.3%，占汽车销售总量的86.2%，高于上年同期0.2个百分点。行业内骨干企业集团的稳定发展为汽车市场全年健康平稳运行提供了有力保障。2022年，汽车销量排名前十位的生产企业依次为：上汽、一汽、东风、广汽、长安、比亚迪、北汽、吉利、奇瑞和长城，分别销售519.2万辆、320.4万辆、291.9万辆、243.5万辆、234.6万辆、186.9万辆、145.3万辆、143.3万辆、123万辆和106.8万辆。与上年相比，比亚迪销量增速最为明显，广汽和奇瑞呈两位数快速增长，吉利和长安小幅增长，其他企业呈不同程度下降（见图18）。

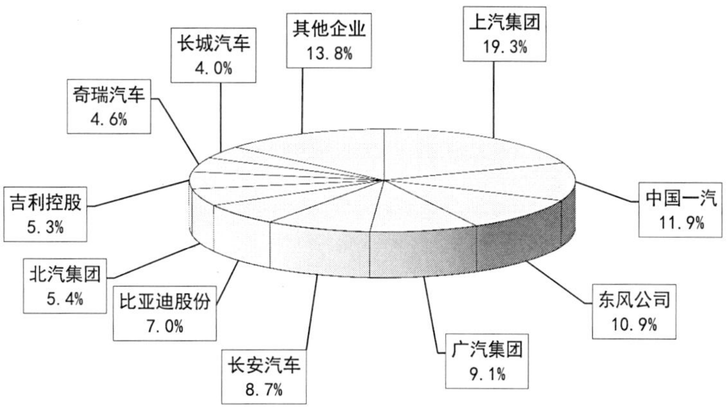


图18　2022年前十家汽车生产企业销量占有率

### （六）汽车出口快速增长，出口量突破300万辆

据对行业内整车企业报送的出口数据统计，2022年，汽车生产企业共出口311.1万辆，同比增长54.4%，占汽车销售总量的比重为11.6%，比上年提升3.9个百分点。从全年汽车企业出口情况来看，除4月因疫情冲击产销受阻导致负增长外，其余各月出口均保持较快增长，其中8月以来月均出口量超过30万辆（见图19）。

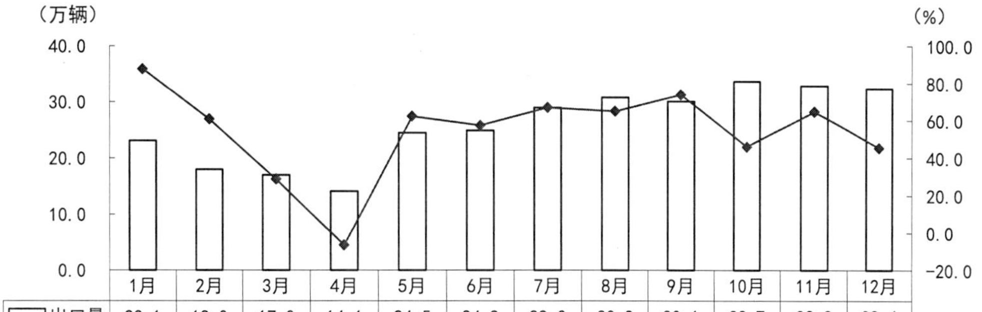


| | 1月 | 2月 | 3月 | 4月 | 5月 | 6月 | 7月 | 8月 | 9月 | 10月 | 11月 | 12月 |
|---|---|---|---|---|---|---|---|---|---|---|---|---|
| 出口量 | 23.1 | 18.0 | 17.0 | 14.1 | 24.5 | 24.9 | 29.0 | 30.8 | 30.1 | 33.7 | 32.9 | 32.4 |
| 增长率 | 87.7 | 60.8 | 28.8 | -6.6 | 62.3 | 57.4 | 67.0 | 65.0 | 73.9 | 46.0 | 64.8 | 45.4 |

图19　2022年汽车企业月度出口量及同比增长变化情况

2022年，我国汽车出口快速增长主要受以下几方面因素拉动：一是海外市场逐步恢复，需求加速回暖；二是中国汽车产业具备大规模国际化的基础和条件，有能力持续向海外市场提供优质汽车产品；三是新能源成为汽车出口增长新动能，随着各国陆续提出汽车电动化目标及延长或提高新能源汽车补贴力度，新能源汽车国际需求将进入快速增长期。我国新能源汽车国际竞争力较强，经过多年发展，具有一定先发优势，市场份额仍处于扩张期，未来有望继续保持

高速增长，成为汽车出口规模和质量提升的重要引擎；四是外资合资品牌出口放量，我国全面取消外资股比限制，主要外资品牌汽车企业争相调整全球战略布局，在华扩大生产及出口规模；五是自贸区战略深入实施，为汽车出口提供有力支撑；六是海外投资模式发生变化，直接投资发挥重要作用，为未来增长奠定了坚实的基础；七是技术水平显著提升，产品竞争力不断加强；八是中国汽车品牌形象持续提升，积极融入当地文化与生活。

分车型看，乘用车出口252.9万辆，同比增长56.7%；商用车出口58.2万辆，同比增长44.9%。其中新能源汽车出口延续迅猛增长势头，累计出口67.9万辆，同比增长1.2倍。

出口量位居前十位的企业依次为：上汽、奇瑞、特斯拉、长安、东风、吉利、长城、江汽、北汽和重汽，分别出口90.6万辆、45.2万辆、27.1万辆、24.9万辆、24.2万辆、19.8万辆、17.3万辆、11.5万辆、11万辆和8.3万辆。与上年相比，上述十家企业出口量均呈快速增长。2022年，上述十家企业共出口279.9万辆，占汽车企业出口总量的90%。

2022年，我国汽车出口继续延续快速增长势头，屡次创造单月历史新高。中国汽车出口的快速发展为我国汽车产业畅通“双循环”新发展格局和“十四五”开好局、起好步作出了积极贡献。中国汽车产业正迈入全球化发展新阶段，需要政府、行业和企业协同联动，进一步推动中国汽车出口和海外发展全面向上（见图20）。

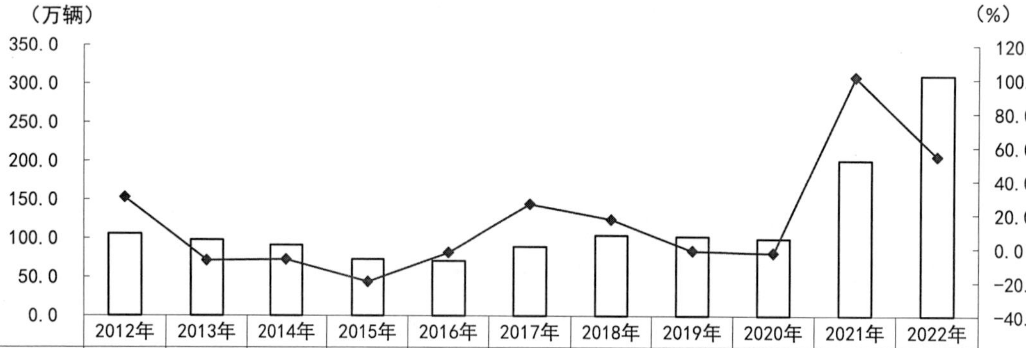


| | 2012年 | 2013年 | 2014年 | 2015年 | 2016年 | 2017年 | 2018年 | 2019年 | 2020年 | 2021年 | 2022年 |
|---|---|---|---|---|---|---|---|---|---|---|---|
| 出口量 | 105.6 | 97.7 | 91.0 | 72.8 | 70.8 | 89.1 | 104.1 | 102.4 | 99.5 | 201.5 | 311.1 |
| 增长率 | 29.7 | -7.5 | -6.9 | -20.0 | -2.7 | 25.8 | 16.8 | -1.6 | -2.9 | 101.1 | 54.4 |

图20　2012—2022年汽车企业整车出口量及同比增长变化情况

## 二、当前行业存在的主要问题

### （一）汽车消费市场增长乏力，商用车表现不及预期

2022年8月以来，全国疫情呈现点多、面广、频发等特点，对消费市场冲击较大。与过去两年相比，汽车产销疲态尽显，产量及批发销量并未出现往年和预期政策结束应产生的年底翘尾现象。12月终端市场在我国疫情防控进入新阶段，叠加企业年底冲量推出多种购买优惠政策和最后一个月享受传统燃油车购置税及新能源补贴政策的多重利好下，实现8.4%的正增长，但也提前透支了部分购买需求。2022年，经济增速放缓、房地产低迷、工业品运输需求收窄、物流运价低迷、运力过剩等多因素叠加影响，商用车市场处于低位运行，整体表现不及预期。2023年随着疫情管控的放开，在中央“稳字当头、稳中求进”的总基调指引下，中国经济将迎来温和复苏，商用车市场也将有所回暖。但鉴于商用车的生产资料属性，市场恢复难度更大，且疫情过后市场需求仍需时日恢复，企业经营压力依然较大，需要利好政策以确保应出尽出、能出尽出，助力商用车市场复苏回暖。

### （二）芯片结构性短缺依然存在，高端芯片面临严重挑战

2020年下半年以来，车规级芯片供应紧张，国内汽车对车规级芯片的进口率超过90%，芯片的自主化问题突出。当前，全球车规级芯片依然紧张，且“缺芯”呈现出新的特点，由全类型短缺转变为结构性短缺，严重影响产业健康发展。从短缺的企业来看，主要还是传统汽车芯片巨头，

如英飞凌、恩智浦、德州仪器和意法等。

目前国内芯片企业主要以设计公司为主，且主要聚焦中低端芯片，高制程和 grade0的芯片（特别是28nm 以下）依然高度依赖台积电等少数几家芯片代工企业。从国际环境看，美国联合对中国发起的芯片围剿是不会停止的，从美日荷联合对极紫外光刻机限制出口，到 DUV 光刻机的限制，以及美国对我国 EDA 软件等高端领域的技术封锁，将进一步阻碍我国向高端芯片迈进的步伐。

**（三）新能源汽车上下游产业发展不匹配**

我国新能源汽车产业链基础仍较为薄弱，且存在供应链资源发展不均衡的问题。高速发展的新能源汽车对上游动力电池原材料带来极大的需求，上游资源开发跟不上下游发展速度，我国锂材料对外依存度高，叠加市场炒作，动力电池等大宗原材料价格持续高位运行，产业链成本压力向下游传导，不断压缩主机厂和供应商利润空间，整车企业目前仍难以盈利，仅有个别企业有利润。长此以往，不利于产业健康、持续发展。

近年来，在新能源汽车产业发展的带动下，我国动力电池产业持续增长，国内动力电池产业规模及动力电池装机量在全球已位居首位，产品技术水平与日、韩等国家相比难分伯仲。但面对全球电动化发展趋势，产业发展进程中也存在诸多问题和挑战，如动力电池产能结构性过剩、关键共性技术仍未突破、回收利用体系尚不完善等。另外发展的外部竞争环境呈不友好趋势，2021年，欧盟出台了《新电池法规（草案）》，近期美国又发布了《通货膨胀消减法案》，加大了国内市场在美、欧布局和国内产品进入美、欧市场的难度，对动力电池产业快速“走出去”带来挑战。

**（四）新能源存在结构性产能过剩矛盾**

当前我国新能源汽车企业主要由传统车企、传统车企转向发展新能源汽车的企业、蔚来、小鹏等新势力车企，还有通过投资建厂、控股车企、切入供应链等方式进入新能源汽车行业的资本或技术势力组成。从目前的产能情况看，存在优势企业产能不足、劣势企业产能过剩的结构性矛盾。近几年来，新能源、智能网联汽车行业发展潜力好、规模大、利润高，加之国家政策支持，市场前景乐观，吸引了众多不同领域的企业和资本入局，纷纷斥重资“跨界造车”，试图打造全新的汽车项目，致使新能源汽车行业普遍存在资本过热问题。一些项目带有投机性，造成较大波动，导致投资项目质量不高，银行等被套牢的问题时有发生。此外，新能源汽车成为地方政府招商引资的重要目标，然而部分省份产能利用率持续多年偏低，新建项目进度滞后，带来资源的极大浪费，严重影响了新能源汽车健康发展。

**（五）企业用工存在结构性缺口**

伴随智能化加速推进，智能网联核心人才紧缺已成一大挑战。智能网联相关的 ADAS 技术人才、人工智能与算法人才紧缺程度高居不下。此外，环境感知、数据和芯片人才也处于紧缺状态。部分企业人员短缺造成生产无法满负荷运转，影响企业最终交付。

**（六）企业海外发展面临的问题**

各国标准法规要求不一，满足当地法规认证要求周期长、成本高、企业负担过重。出口目标国家的完整法规获取困难，无官方获取途径，无规范译本。高关税壁垒，中国汽车品牌的出口与欧洲、日本和韩国的竞争品牌相比，在许多国家和地区，仍面临着高关税壁垒等困扰，客观削弱了中国汽车的竞争力。汇率易出现大幅波动，中国主要出口目的地，如俄罗斯、拉美市场等，受地缘政治冲突、经济萧条、美元强势等因素影响，汇率易出现大幅波动，使企业蒙受巨大损失。海外金融服务体系建设尚不完善，致使中国汽车获取消费信贷困难，且成本高，经销商融资成为约束国际业务发展的重要瓶颈。

海外物流运输运力严重不足，受疫情和国际形势影响，海外滚装船运力严重稀缺，基本被日韩企业掌控（目前中国船公司所拥有的可用于国际市场的中大型汽车船不足10艘），舱位“一舱难求”；中欧班列运力也相对紧张。运力稀缺和运输航线的不完善加剧运费飞涨，增加企业负担，影响订单交付。

# 第二部类

# 大事记

DIERBULEI | DASHIJI

# 2022年汽车行业大事记

## 1月

**5日** 东风汽车有限公司将东风英菲尼迪作为一个独立的事业总部纳入东风日产的管理体系，与日产和启辰品牌一起，英菲尼迪成为东风日产的第三个品牌。

**6日** 河南省提出若干2022年重点建设项目，其中，新能源汽车方面的重点建设项目包括建成上汽乘用车郑州基地二期项目，加快建设比亚迪新能源乘用车和配套项目；开工建设宇通新能源商用车项目，推动与一汽、东风集团产业合作，提高产业配套及后市场服务能力；规划建设郑汴洛濮氢能走廊，加快氢能全产业链研发和一体化布局。

**7日** 交通运输部联合生态环境部办公厅、商务部办公厅、国家市场监督管理总局办公厅发布了《关于深化汽车维修数据综合应用有关工作的通知》。深化汽车维修数据综合应用，提高汽车维修业服务水平，更好地维护消费者合法权益，以推动汽车后市场高质量发展。

**8日** 在万达集团与中国一汽宣布双方战略合作启动三个月后，双方的合作项目首家万达红旗旗舰店（体验中心）正式营业，开辟共同合作的汽车营销与服务之路。

**9日** 蓝池集团与车易拍达成战略合作，蓝池集团将引入车易拍“超级4S 二手车”数字化系统，并以数字化为引擎，构建全新的二手车经营管理体系，推动二手车业务全面升级。

**同日** 国家第二批燃料电池汽车示范应用城市群评审工作完成，由郑州市牵头的河南城市群以及由河北张家口牵头的河北城市群近期获批，全国“3+2”燃料电池汽车示范格局加速推进。

**10日** 国家发展改革委、国家能源局等十部委发布《关于进一步提升电动汽车充电基础设施服务保障能力的实施意见》。目标为到“十四五”末，我国电动汽车充电保障能力进一步提升，形成适度超前、布局均衡、智能高效的充电基础设施体系，能够满足超过2000万辆电动汽车充电需求。

**11日** 吉利汽车研究院、中汽数据、腾讯云和安恒信息联合签署车联网网络安全实验室战略合作框架，并举行了实验室揭牌仪式。四方将正式在车联网网络安全领域展开全方位合作，共建行业领先的智能网联汽车安全运营体系。

**13日** 工信部、公安部联合发布《关于进一步加强轻型货车、小微型载客汽车生产和登记管理工作的通知》（以下简称《通知》）。自本通知发布之日起，新申报公告的小微型载客汽车产品应当增加座椅布置、固定方式等参数信息。要严格小微型载客汽车登记查验，重点查验车辆外廓尺寸、座椅布置和固定、轮胎规格以及 ABS 等安全装置是否符合规定。

**18日** 一汽发布了中国一汽新企业标识，新形象采用了更加扁平化的设计，显得更加简洁。雄鹰的两个翅膀被抽象成了两个“E”，代表着 Environment 和 Enjoy，体现了一汽新时代的新追求。

**20日** 工信部发布《关于调整享受车船税优惠的节能新能源汽车产品技术要求的公告》，公告中调整了节能乘用车、轻型商用车、重型商用车综合工况燃料消耗量限值标准，调整插电式混合动力（含增程式）乘用车有关技术要求。

**21日**　国家发展改革委会同交通运输部、商务部等部门印发了《“十四五”现代流通体系建设规划》（以下简称《规划》）。这是我国流通领域第一份系统性五年规划，对“十四五”时期现代商贸流通体系、现代物流体系建设等作出全面部署。《规划》提出，到2025年，现代流通体系加快建设，商品和资源要素流动更加顺畅，商贸、物流设施更加完善，流通成本持续下降、效率明显提高。

**24日**　吉利汽车港交所公告，吉利与力帆科技成立的合资公司已完成工商注册登记手续，取得中国重庆两江新区市场监督管理局颁发的营业执照，其名为重庆睿蓝汽车科技有限公司。

**26日**　江铃汽车股份有限公司与福特汽车公司共同出资设立的江铃福特汽车科技（上海）有限公司正式官宣成立，新合资公司注册资本2亿元人民币，其中，江铃汽车出资1.02亿元人民币，持有51%股份，福特汽车出资0.98亿元人民币，持有49%股份。

## 2月

**11日**　奥迪一汽新能源汽车项目获吉林省发改委产业处投资项目备案公示。该项目位于长春市汽车经济技术开发区，总产能15万辆/年，总投资约209.3亿元，将生产三款纯电动新能源车型，预计于2024年12月竣工。

**同日**　国家发改委和国家能源局联合印发了《关于完善能源绿色低碳转型体制机制和政策措施的意见》，推进交通运输绿色低碳转型，优化交通运输结构，推行绿色低碳交通设施装备。推行大容量电气化公共交通和氢能等清洁能源交通工具，完善加氢、加气（LNG）站点布局及服务设施，降低交通运输领域清洁能源用能成本。

**14日**　比亚迪100%控股的腾势汽车销售服务有限公司成立，注册资本5000万元。公司经营范围包括汽车新车销售，新能源汽车整车销售，新能源汽车电附件销售等。

**17日**　比亚迪集团宣布，对其品牌进行焕新升级，发布新标识，此外，其旗下的比亚迪汽车也对标识进行了升级。比亚迪集团新标识，将在旗下电子、新能源、轨道交通以及汽车产业中使用，与此同时，汽车产业的乘用车板块各品牌将使用各自的品牌标识。

**24日**　上海市发布了《关于本市进一步推动充换电基础设施建设的实施意见》，通知强调，上海对于充换电基础设施的建设方针是以充电为主，换电为辅，换电重点在出租车等领域高水平应用，充电以自（专）用充电为主、社会公用补电为辅。形成适度超前的城市充电网络，到2025年，满足125万辆以上电动汽车的充电需求，全市车桩比不高于2：1。

**26日**　安徽江淮汽车集团股份有限公司与中科创达软件股份有限公司在北京举行合资协议签约仪式。根据协议，双方将于安徽合肥联合成立一家合资公司，并以整车软件、车云平台和自动驾驶为核心，为汽车行业的智能化转型与发展赋能。

**27日**　北汽集团与江西省政府在江西南昌签署合作协议，支持昌河汽车业务调整和深化改革合作协议。根据协议，双方将共同推进昌河汽车战略转型，实现可持续发展。

## 3月

**2日**　上海小鹏汽车销售有限公司成立全资子公司——上海鹏行汽车销售服务有限公司，经营范围包括二手车经销及二手车鉴定评估等，开始布局二手车市场。

**3日**　北京市人民政府正式发布《北京市

“十四五”时期重大基础设施发展规划》（以下简称《规划》），其中，围绕“推进基础设施绿色低碳循环发展”主要任务，《规划》强调优化能源消费结构。包括大力推进“减煤、稳气、少油、强电、增绿”，促进能源绿色低碳转型实现新突破。大力压减车用油品总量，引导鼓励存量私人小客车“油换电”。

**10日** 蔚来登陆港交所，首日开盘报每股160港元，港股市值2670.41亿港元。

**16日** 中升集团正式宣布以13.14亿美元收购仁孚（中国），获得仁孚旗下18个城市的37家门店（其中26家为奔驰门店）与在建网络。

**18日** 北汽投与现代汽车两家股东联合向北京现代增资，双方各增资约4.71亿美元，共计约9.42亿美元。本次增资后，北汽投与现代汽车两家股东持股比例依旧保持不变，各占50%。

**22日** 国家发改委、国家能源局印发《“十四五”现代能源体系规划》提出，积极推动新能源汽车在城市公交等领域应用，到2025年，新能源汽车新车销量占比达到20%左右。优化充电基础设施布局，全面推动车桩协同发展，推进电动汽车与智能电网间的能量和信息双向互动，开展光、储、充、换相结合的新型充换电场站试点示范。

**同日** 广汽集团第六届董事会第11次会议审议通过了《关于设立广汽能源生态科技有限公司的议案》，广汽集团和埃安将共同出资设立广汽能源生态科技有限公司（暂定名），项目总投资49.6亿元。

**同日** 北京市政府正式印发了《北京市新增产业的禁止和限制目录（2022年版）》，其中指出，为加强产业引导，助力构建高精尖经济结构，在制造业中，将增加对氢能、智能网联和新能源汽车配套制造等细分支持。

**23日** 中国保险行业协会与中国汽车维修行业协会在京联合发布《事故汽车维修工时测定规范 第3部分：拆装工时》《汽车覆盖件低碳维修技术规范 第1部分：塑料件》《汽车覆盖件低碳维修技术规范 第2部分：金属件》《汽车覆盖件低碳维修技术规范 第3部分：汽车玻璃》四项标准（以下简称四项标准）。

**28日** 国家发改委发布《关于推进共建“一带一路”绿色发展的意见》，鼓励企业开展新能源产业、新能源汽车制造等领域投资合作，推动“走出去”企业绿色低碳发展。

**同日** 交通运输部、科学技术部联合印发了《交通领域科技创新中长期发展规划纲要（2021—2035年）》，明确了未来十五年我国交通运输科技创新工作的指导思想、基本原则、发展目标和主要任务。

**29日** 海南省工信厅印发《海南省2022年鼓励使用新能源汽车若干措施》，鼓励个人及其他领域使用新能源汽车。

## 4月

**1日** 市场监管总局、工业和信息化部、交通运输部、应急部、海关总署五部门联合发布《关于试行汽车安全沙盒监管制度的通告》，共同启动汽车安全沙盒监管试点工作。

**2日** 四川省税务局发布了关于降低部分乘用车和摩托车车船税年基准税额的公告。深入实施减税降费，减轻市场主体税费负担，支持成渝地区双城经济圈建设，营造川渝之间协同一致的税收环境。

**3日** 比亚迪宣布，根据公司战略发展需要，自2022年3月起停止燃油汽车的整车生产。未来在汽车板块，公司将专注于纯电动和插电式混合动力汽车业务。

**7日** 重庆市发展改革委披露，2022年重庆市市级重大项目中，有10个新能源汽车产业重大项目，总投资256.7亿元，年度计划投资33.6亿元。

**8日** 工业和信息化部、公安部、交通运输部、应急管理部、市场监管总局联合发布了《关于进一步加强新能源汽车企业安全体系建设的指导意见》（工信厅联通装〔2022〕10号，以下简称《意见》），《意见》包括8部分22条，内容提到企业要制定并持续完善产品安全性设计指导文件，加强产品在线和下线检测，强化供应商管理并鼓励其积极配合开放必要的数据协议，与电池供应商开展设计协同等。

**13日** 国务院常务会议部署促进消费的政策举措，助力稳定经济基本盘和保障改善民生；决定进一步加大出口退税等政策支持力度，促进外贸平稳发展；确定加大金融支持实体经济的措施，引导降低市场主体融资成本，并对多项民生消费作出重要指示。其中，将鼓励汽车、家电等大宗消费，各地不得新增汽车限购措施，已实施限购的逐步增加增量指标；支持新能源汽车消费。

**同日** 曹操出行发布了两条新的产品线"专车"与"惠选"业务。专车业务的定位是"国民专车"，而惠选业务的定位则是实惠出行。两条产品线均在重庆正式发布上线。

**同日** 长安汽车发布全新数字化纯电品牌"深蓝"，同时正式宣布将推动UNI品牌化运营，实现全系产品的电气化。"深蓝品牌是长安汽车旗下的全新数字纯电品牌，长安新能源将是长安深蓝品牌的运营平台。"根据2022年长安汽车服务中心规划，2022年将在辽宁、广东、江西、福建、河北、陕西等十余个省市建立61个UNI网络。

**15日** 工业和信息化部装备工业发展中心发布《关于开展汽车软件在线升级备案的通知》（以下简称《通知》）。《通知》要求汽车生产企业完成OTA升级需要在工信部装备工业发展中心进行备案工作。

**21日** 由于内地散发疫情、原材料价格上涨等对广州工业生产产生明显影响，广汽本田、广汽丰田、东风日产等主要整车生产企业出现部分生产线停产、半停产。

**28日** 交通运输部、国家铁路局、中国民用航空局、国家邮政局、中国国家铁路集团有限公司五部门联合发布《关于加快推进冷链物流运输高质量发展的实施意见》，意见要求加快完善基础设施网络、推动技术装备创新升级、创新运输组织服务模式、健全完善运输监管体系、强化政策支持保障。

**同日** 《北京市智能网联汽车政策先行区乘用车无人化道路测试与示范应用管理实施细则（试行）》正式发布，在国内首开乘用车无人化运营试点，首批将投入14辆无人化车辆开展示范应用。相比此前"自动驾驶出租车"在主驾驶位上配备安全员，这次则是试点开放副驾驶有安全员的无人化载人。百度、小马智行成为首批获得先行区无人化示范应用道路测试通知书的企业。

## 5月

**7日** 北京市人民政府印发《北京市"十四五"时期交通发展建设规划》。规划中提到，"十四五"时期市属公交车（山区线路及应急保障车辆除外）、巡游出租车（社会保障和个体车辆除外）实现100%新能源化，办理货车通行证的4.5吨以下物流配送车辆（不含危险品运输车辆、冷链运输车辆）100%为新能源汽车，推动在高速公路服务区等交通运输服务场站增加新能源车充换电基础设施。

**同日** 广东省汕头市商务局发布《汕头市2022年促进汽车消费补贴活动公告》，从2022年5月8日至6月30日，对销售10万元及以上"国六"标准轻型汽车和新能源轻型汽车，每台车给予5000元资金补助。

**10日** 重庆印发了《重庆市新能源汽车换电模式应用试点工作方案》，目标为到2023

年建成换电站200座以上，推广换电模式新能源汽车1万辆以上。

**20日** 蔚来在新加坡交易所主板成功上市，正式开始挂牌交易，股票代码为“NIO”。这标志着蔚来成为全球首个三地上市的车企，也是首个同时在纽约、中国香港、新加坡上市的中国企业。

**23日** 国务院常务会议指出，在更多行业实施存量和增量全额留抵退税，增加退税1400多亿元，阶段性减征部分乘用车购置税600亿元。

**24日** 东风公司制订《关于加大对商用货车贷款支持力度的行动方案》，对2022年6月30日前发放的商用货车消费贷款给予6个月延期还本付息政策支持，确保广大商用货车贷款客户能够及时、充分、便利地享受东风公司纾困政策的服务。

**26日** 北京市进行2022年新能源小客车指标配置，年度配额为10万个，其中新能源指标额度为7万个，包括家庭新能源指标44520个、个人新能源指标19080个，以及单位和营运指标。

**27日** 东风汽车发布公告称，东风汽车集团股份有限公司与东风汽车股份有限公司控股股东东风汽车有限公司签署《股份转让协议》，交易后，东风集团将商用车业务作为未来战略发展的重点之一，东风汽车集团股份有限公司未来将聚焦于东风日产、东风启辰与东风英菲尼迪的乘用车业务。

**30日** 肇庆高新区管委会与小鹏汽车签订关于共建智能汽车配套零部件产业园合作框架协议，双方建立联合招商工作机制和政企互动交流机制，共同推动小鹏汽车产业链上下游项目落户。东莞虹日、太仓意诚、广州艾诺利、腾龙汽配等6宗小鹏汽车配套项目现场签约落户高新区，计划投资总额13.2亿元。

**31日** 国务院发布《关于印发扎实稳住经济一揽子政策措施的通知》（以下简称《通知》）。《通知》中强调稳定增加汽车、家电等大宗消费。各地区不得新增汽车限购措施，已实施限购的地区逐步增加汽车增量指标数量、放宽购车人员资格限制，鼓励实施城区、郊区指标差异化政策。加快出台推动汽车由购买管理向使用管理转变的政策文件。全面取消二手车限迁政策，在全国范围取消对符合国五排放标准小型非营运二手车的迁入限制，完善二手车市场主体登记注册、备案和车辆交易登记管理规定。支持汽车整车进口口岸地区开展平行进口业务，完善平行进口汽车环保信息公开制度。对皮卡车进城实施精细化管理，研究进一步放宽皮卡车进城限制。研究2022年内对一定排量以下乘用车减征车辆购置税的支持政策。优化新能源汽车充电桩（站）投资建设运营模式，逐步实现所有小区和经营性停车场充电设施全覆盖，加快推进高速公路服务区、客运枢纽等区域充电桩（站）建设。

**同日** 财政部发布公告：对购置日期在2022年6月1日至12月31日内且单车价格（不含增值税）不超过30万元的2.0升及以下排量乘用车，减半征收车辆购置税，阶段性减征部分乘用车购置税600亿元。

## 6月

**1日** 工业和信息化部办公厅、农业农村部办公厅、商务部办公厅、国家能源局综合司四部门联合发布《关于开展2022新能源汽车下乡活动的通知》，部署开展新一轮新能源汽车下乡活动。包括一汽集团、东风汽车、长安汽车在内的26家车企以及旗下共70款新能源车型参加本轮下乡活动。

**9日** 工信部发布《关于GB 24545—2019整改的通知》。通知明确，按照GB 24545—2019《车辆车速限制系统技术要求及试验方法》的要求，自2022年7月1日起，已获得型式批准的适用车型应满足标准5.8的规定，不符合标准要求的车型将停止生产。

**14日**　山东省工业和信息化厅、省发展和改革委员会、省财政厅、省商务厅、省统计局五部门联合出台《山东省促进商用汽车消费若干措施》，将在落实国家和省现有汽车消费政策基础上，政府与企业联动，发放1.2亿元消费券开展促进商用汽车消费活动。

**15日**　北汽集团“BLUE卫蓝计划”发布会举行。北汽集团总经理宣布，将深入推进全面新能源化与智能网联化，打造乘用车、商用车全系列绿色低碳产品。北汽集团计划在2025年实现碳达峰，2050年实现产品全面脱碳、运营碳中和。

**20日**　《上海市氢能产业发展中长期规划（2022—2035年）》（以下简称《规划》）正式印发，《规划》提出了上海市氢能产业发展的总体要求、发展目标、重点任务和空间布局等。建设各类加氢站70座左右，培育5～10家具有国际影响力的独角兽企业，建成3～5家国际一流的创新研发平台，燃料电池汽车保有量突破1万辆，氢能产业链产业规模突破1000亿元，在交通领域带动二氧化碳减排5万～10万吨/年。

**22日**　国务院常务工作会议决定，自8月1日起全国范围内取消国五二手车迁入限制，10月1日起，对于小型非营运二手小客车转移登记实行单独签注、核发临时号牌。

**30日**　据中国汽车流通协会数据，2021年上半年，我国二手车交易量达到843.42万辆，同比增长52.9%。从二手车与新车销量比例看，已由2020年上半年的0.55∶1，大幅增长至2021年上半年的0.65∶1，交易活跃度提升迅速。虽然比例提升明显，但参考发达国家二手车与新车流通比例在1.5以上，我国二手车交易仍处于较低水平，增长潜力巨大。

**同日**　中汽协发布的最新数据显示，2022年1—6月，汽车产销分别完成1211.7万辆和1205.7万辆，同比分别下降3.7%和6.6%。上半年汽车市场呈现“U形”走势。

## 7月

**5日**　深圳市通过了《深圳经济特区智能网联汽车管理条例》（以下简称《条例》），自2022年8月1日起施行。《条例》是国内首次对智能网联汽车的准入登记、上路行驶等事项作出具体规定，是国内首部关于智能网联汽车管理的法规。《条例》赋予深圳在人工智能、无人驾驶等新兴领域的先行先试权。

**7日**　商务部发布《商务部等17部门关于搞活汽车流通 扩大汽车消费若干措施的通知》（以下简称《通知》），《通知》提到，取消对开展二手车经销的不合理限制、支持汽车整车进口口岸地区开展汽车平行进口业务、鼓励各地综合运用经济/技术等手段推动老旧车辆退出、加快老旧车辆淘汰更新、加大汽车消费信贷支持新能源汽车消费、研究免征新能源汽车车辆购置税政策到期后延期问题等。

**11日**　梅赛德斯-奔驰集团股份公司旗下公司——戴姆勒大中华区投资有限公司与腾讯签署了合作备忘录。双方将围绕高级别自动驾驶领域展开战略合作，利用云计算、大数据和人工智能技术，提速梅赛德斯-奔驰自动驾驶技术的模拟、测试和应用。该合作将强化研发资源，支持梅赛德斯-奔驰与英伟达在华携手研发自动驾驶汽车技术。

**12日**　国家发展改革委发布《“十四五”新型城镇化实施方案》（以下简称《方案》）。《方案》指出，促进工业、建筑、交通等领域绿色低碳转型，推进产业园区循环化改造，鼓励建设超低能耗和近零能耗建筑，推动公共服务车辆电动化替代，到2025年城市新能源公交车辆占比提高到72%。

**同日** 国家发展改革委、交通运输部联合印发了《国家公路网规划》，明确了规划目标：到2035年，基本建成覆盖广泛、功能完备、集约高效、绿色智能、安全可靠的现代化高质量国家公路网。

**14日** 由中国汽车流通协会主办的“Challenge！新格局”2022汽车经销商大会排除万难在青岛顺利召开。会上发布了“2021中国汽车经销商集团百强排行榜”榜单、“2021综合运营五星经销商集团”等分榜单以及《经销商经营结果分析报告》等系列对标报告。

**18日** Stellantis集团和广汽集团彻底撕破脸，宣布有序终止成立于2010年3月的合资企业——广汽菲克。

**同日** 上汽集团和地平线宣布，将共同打造面向未来的智能驾驶计算平台，合力推动车规级高性能AI芯片的开发应用，搭载地平线征程5的合作车型预计将于2023年量产。

**25日** 宁德时代与博世汽车售后首家双品牌授权新能源汽车维修站——重庆市润合新能源汽车有限公司暨宁德时代第150家乘用车授权维修站正式开业。双品牌授权维修站占地约2400平方米，主要为新能源汽车提供综合、专业的维修服务。

**29日** 国务院常务会议召开，部署进一步扩需求举措，推动有效投资和增加消费。会议指出，除个别地区外，限购地区要增加汽车指标数量、放宽购车资格限制。打通二手车流通堵点。延续免征新能源汽车购置税政策。

## 8月

**5日** 北京市城市管理委员会印发了《“十四五”时期北京市新能源汽车充换电设施发展规划》（以下简称《规划》），《规划》明确，到2025年，北京市将基本建成与200万辆新能源汽车发展相匹配、充换电设施高效有序利用、跨部门一体化协同、行业实现数智化升级的充换电设施体系，全市将建立一个覆盖全市的设施网络，支撑200万辆新能源汽车充换电需求。

**同日** 《辽宁省氢能产业发展规划（2021—2025年）》发布，到2025年，全省氢能产业实现产值600亿元，培育10家左右具有核心竞争力和影响力的知名企业，建成国内顶尖、世界一流的氢能产业研发与创新基地，国内领先的燃料电池发动机生产制造基地，东北亚重要的氢能生产储运基地和国内氢能产业示范应用先导区。

**12日** 广东发改委印发《广东省加快建设燃料电池汽车示范城市群行动计划（2022—2025年）》（以下简称《行动计划》）。《行动计划》分为三大项内容，分别是目标要求、重点任务、保障措施。实现推广1万辆以上燃料电池汽车目标，年供氢能力超过10万吨，建成加氢站超200座，车用氢气终端售价降到30元/公斤以下，示范城市群产业链更加完善，产业技术水平领先优势进一步巩固，推广应用规模大幅提高，全产业链核心竞争力稳步提升。

**同日** 滴滴全球和理想汽车合资的北京桔电出行科技申请破产保护。两家公司于2018年建立合作伙伴关系，开发专为网约车服务定制的电动汽车，滴滴持有合资企业51%的股份，理想汽车持有49%的股份。

**16日** 上汽人工智能实验室（上汽AILAB）发布了自主研发的高级别自动驾驶2.0技术架构。据了解，新架构年内将正式搭载在上汽Robotaxi 2.0上，并在上海临港开启运营。

**18日** 科技部等九部门联合印发了《科技支撑碳达峰碳中和实施方案（2022—2030年）》，其中指出力争到2030年，动力电池、驱动电机、车用操作系统等关键技术取得重大突破，新能源汽车安全水平全面提升，纯电动乘用车新车平均电耗大幅下降。

**22日** 海南省人民政府印发《海南省碳达峰实施方案》(以下简称《方案》),《方案》指出,到2025年,公共服务领域和社会运营领域新增和更换车辆使用清洁能源比例达100%。到2030年,全岛全面禁止销售燃油汽车。除特殊用途外,全省公共服务领域、社会运营领域车辆全面实现清洁能源化,私人用车领域新增和更换新能源汽车占比达100%。

**25日** 广汽集团发布公告,设立绿擎电池公司,开展自主电池产业化建设,项目总投资109亿元;同时参股公司广州巨湾技研有限公司将投建电池生产基地,量产极速充电动力电池电芯、模组以及PACK系统,项目总投资为36.9亿元。

**30日** 自然资源部发布了《关于促进智能网联汽车发展维护测绘地理信息安全的通知》(以下简称《通知》)。《通知》明确目前已在提供智能网联汽车售后和运营服务的企业,存在向境外传输相关空间坐标、影像、点云及其属性信息等测绘地理信息数据行为或计划的,应严格执行国家有关法律法规,依法履行对外提供审批或地图审核程序等,在此之前应停止数据境外传输行为。

**31日** 本田中国与东风集团、广汽集团签署协议,三方按50:25:25股比联合成立众锐(北京)贸易服务有限公司,并由新公司统一从宁德时代处集中采购动力电池。

## 9月

**5日** 深圳市商务局发布《关于开展汽车平行进口试点企业动态调整的通知》(以下简称《通知》)。《通知》指出,符合基本条件的企业,可申请开展平行进口汽车试点业务。

**6日** 广汽埃安新能源汽车股份有限公司创立大会暨第一次股东大会顺利召开,决议广汽埃安新能源汽车股份有限公司正式成立,并引入战略协同董事。股份公司的成立标志着埃安在混改进程中迈出了关键的一步。

**9日** 宝马集团宣布将从2025年起在“新世代”车型中使用宁德时代圆柱电芯。根据协议,宁德时代将为宝马供应标准直径为46毫米的新型圆柱电池,这些产品将在位于中国和欧洲的两座电池工厂生产,每座工厂供应宝马的年产能高达20GWh。

**13日** 广汽三菱新研发中心正式揭牌启用。项目总投资6.7亿元,新建有科研楼、综合试验室、新能源试验室、EMC试验室、造型试验室、试制车间等功能齐备的研究开发设施。

**同日** 长城与上海德龙钢铁集团有限公司、天津立本能源科技有限公司正式签署氢能生态全面战略合作协议。重点围绕三方氢能资源优势,打造全球领先的氢能产业生态,共同推进氢能全产业链全面、深入合作,实现氢能清洁、低碳、高效发展。

**同日** 蔚来汽车与海信集团签署全面战略合作框架协议,双方将本着“优势互补、市场主导、互利共赢”的基本原则,充分发挥各自优势,在新能源汽车产业相关领域(包括车用空调、整车热管理系统、智能交通、车路协同、新型显示及多媒体技术产品等)、海外市场拓展、家电产品集采等领域开展多产业、全方位的战略合作。

**16日** 工业和信息化部发布数据,截至8月底,190余家汽车生产、动力电池综合利用等企业在全国31个省、自治区、直辖市的326个地市级行政区设立了10235个回收服务网点,同时,培育了45家梯次和再生利用骨干企业,探索形成“梯次电池以租代售”“废料换原材料”等一批新型商业模式,回收利用体系正在逐步完善。

**21日** 上海捷能智电新能源科技有限公司成立,该公司由上汽集团全资子公司上海汽车集团投资管理有限公司、宁德时代、中国石油、中国石化销售股份有限公司等共同持股，经营范围包含：蓄电池租赁，电池销售，电动汽车充电基础设施运营，集中式快速充电站等。

**26日** 财政部、税务总局、工业和信息化部发布《关于延续新能源汽车免征车辆购置税政策的公告》，对购置日期在2023年1月1日—12月31日内的新能源汽车，免征车辆购置税。

**27日** 广州市工业和信息化局印发关于《广州市加快推进电动汽车充电基础设施建设三年行动方案（2022—2024年）》的通知，明确到2024年，“一快一慢、有序充电”的充换电服务体系和“超充之都”基本建成；全市充换电设施服务能力达到约400万千瓦，建成超级快充站约1000座、“统建统管”小功率慢充小区约1000个、换电站约200座。

**28日** 以“破局变革 驭势而上”为主题的2022年中国二手车大会在线上召开。二手车行业的各业态代表通过线上简短的时间，从各自的角度出发，讲述二手车行业新发展，引来线上近200万观看量。

**29日** 零跑汽车正式在港交所上市，成为继蔚小理之后，第四家上市的造车新势力。零跑首日开盘价41港元/股，低于此前每股48港元的最终发售价。截至当日收盘，零跑汽车股价下跌33.54%，报31.9港元/股，总市值322.79亿港元。

**30日** 交通运输部联合财政部发布《关于做好阶段性减免收费公路货车通行费有关工作的通知》（以下简称《通知》）。《通知》指出，在继续执行现有各类通行费减免政策的基础上，全国收费公路统一对货车通行费再减免10%。

**同日** 吉利控股集团正式对外宣布，已完成对英国超豪华性能品牌阿斯顿·马丁·拉贡达国际控股7.6%的股份收购。

**同日** 中国汽车工业发布数据，1—8月，我国累计出口汽车191万辆，同比增长47.5%，超越德国成为世界第二大汽车出口国。特别是新能源汽车，在1—8月实现了出口34万辆的突破，同比增长97.4%，成为出海增长新动能。

## 10月

**7日** 公安部下发《关于进一步便利货车在城市道路通行的通知》（公交管〔2022〕299号），对货车进城政策进行了进一步优化调整。多地试点中型货车赋予与轻型货车同等通行权。

**8日** 公安部表示，从10月1日起，公安部会同商务部、市场监管总局等部门推出的深化车检制度改革、便利二手车交易登记两项便民利企改革措施顺利实施。

**同日** 重庆市发布《重庆市推进智能网联新能源汽车基础设施建设及服务行动计划（2022—2025年）》，提及到2025年全市要建成充电桩超过24万个，新建小区将全部覆盖。

**11日** 采埃孚集团与蔚来在德国慕尼黑签署战略合作协议，双方将在线控转向产品等领域展开合作。双方计划在品牌推广、产品营销、技术提升、质量培育、客户服务等领域展开合作。

**26日** 国务院办公厅关于印发《第十次全国深化“放管服”改革电视电话会议重点任务分工方案的通知》（以下简称《通知》），在第十四条便民服务措施的具体措施中再次提及皮卡。《通知》要求“推动取消皮卡车进城限制”，相比此前提出的“对皮卡车进城实施精细化管理，研究进一步放宽皮卡车进城限制”，有了更明确的要求。

**同日** 长城汽车与SQ集团汇鸿汽车，在菲律宾马尼拉举行签约仪式，双方正式达成合作伙伴关系，共同开拓菲律宾市场。这是继长城汽车登陆泰国、马来西亚市场后，在东盟区域的又一次进阶之举，将加速推进长城汽车东盟战略落地。

**31日** Stellantis集团发布公告，广汽菲克、广汽集团和Stellantis的股东已批准一项决议，授权广汽菲克在亏损的情况下申请破产，11月3日，广汽菲亚特克莱斯勒汽车有限公司向湖南省长沙市中级人民法院正式申请破产。Stellantis宣布，广汽菲克、广汽集团和Stellantis的股东已批准一项决议，授权广汽菲克在亏损的情况下申请破产。不过，Stellantis表示，将继续为中国现有和未来的Jeep品牌客户提供相应的优质服务。

## 11月

**2日** 中升集团与汽车之家签署战略合作协议，双方将结合各自优势资源，探索为用户提供看车、买车、用车、换车的一站式服务新模式。

**13日** 广汽菲克着手破产重组时，26家汽车经销商联合向广州市与长沙市人民政府信访局发函，对于正在申请破产的广汽菲克进行维权。

**8日** 浙江吉利控股集团有限公司、吉利汽车控股有限公司和雷诺集团宣布签署一项非约束性框架协议，以创建新公司，开发、制造和供应一流的混合动力系统和高效内燃机动力系统。

**18日** 比亚迪正式公布旗下高端汽车品牌，并定名为仰望。比亚迪高端品牌的第一台车是一款硬派越野SUV，其价格区间在50万～90万元，将开设独立的销售网络并且由独立的团队去负责新品牌的运营和服务。

**21日** 贵州省工信厅网站发布《新能源电池及材料研发生产基地建设规划（2022—2030年）（征求意见稿）》。征求意见稿提出，到2025年，新能源电池及材料产业取得明显进展，全省新能源电池及材料产业规模实现倍增，力争突破5000亿元，成为全省经济又一重要增长极。

**22日** 宝钢股份与北京奔驰正式签署《打造绿色钢铁供应链合作备忘录》，致力于在整车制造过程中使用更加绿色的原材料，共同打造绿色汽车钢铁供应链。

**24日** 东风风行发布了最新的新能源品牌战略——“光合未来”计划，为实现“光合未来”的蓝图，东风风行将积极践行“1156”战略方针，并表示将在3年内实现全面电动化，5年内停产燃油车。

**25日** 北京市城市管理委员会发布《北京市氢燃料电池汽车车用加氢站发展规划（2021—2025年）》（以下简称《规划》）。《规划》中提到，北京市在2023年前力争推广氢燃料电池汽车3000辆、2025年前力争实现氢燃料电池汽车累计推广量突破1万辆。

**28日** 中国汽车标准化研究院在天津成立，这是目前我国唯一的专业从事汽车标准化研究与应用的科研机构。中国汽车标准化研究院将负责汽车领域的国家标准、行业标准的技术管理，对外代表中国参与联合国及其他国际汽车标准的法规协调及制定。

**29日** 北京宝沃汽车股份有限公司被北京市第一中级人民法院裁定破产。宝沃汽车于1919年在德国成立，曾高居德国第三大汽车制造商，其影响力一度与奔驰、宝马不相上下。但随着“二战”后经济衰退加之自身经营不善，宝沃在1961年宣布破产。2014年，北汽福田汽车斥资500万欧元收购了宝沃品牌。

## 12月

**6日** 商务部、公安部、海关总署三部门联合发文，发布关于进一步扩大开展二手车出口业务地区范围的通知，为贯彻落实国务院关于二手车出口工作的决策部署，积极有序扩大二手车出口，推动外贸保稳提质，决定新增辽宁省、福建省、河南省、四川省、河北省（石家庄市）、内蒙古自治区（呼和浩特市）、吉林省（珲春市）、黑龙江省（哈尔滨市）、江苏省（苏州市）、浙江省（温州市）、山东省（潍坊市）、贵州省（贵阳市）、云南省（昆明市）、新疆维吾尔自治区（博尔塔拉蒙古自治州）开展二手车出口业务。

**同日** 北京市人民政府办公厅印发的《北京市积极应对疫情影响助企纾困的若干措施》显示，对购置日期在2023年1月1日—12月31日内并列入《免征车辆购置税的新能源汽车车型目录》的纯电动汽车、插电式混合动力（含增程式）汽车、燃料电池汽车，免征车辆购置税。

**14日** 中共中央、国务院印发了《扩大内需战略规划纲要（2022—2035年）》，其中包括全面促进消费，加快消费提质升级中提到持续提升传统消费，包括释放出行消费潜力。优化城市交通网络布局，大力发展智慧交通。推动汽车消费由购买管理向使用管理转变。推进汽车电动化、网联化、智能化，加强停车场、充电桩、换电站、加氢站等配套设施建设。便利二手车交易等。

**同日** 《电动乘用车售后服务规范》由中国汽车流通协会组织编写，立足电动乘用车售后服务质量提升，规范服务主体责任，推动新能源汽车售后市场健康发展。

**同日** “2022年中国汽车流通行业年会”以在线会议的形式举办，会议按照宏观政策、市场、行业、国际、赋能行业等六个篇章，以网上会议的形式向行业呈现了一场思想盛宴，1100万人次线上观看。这也是中国汽车流通协会首次尝试，并取得圆满成功。同时会议期间还进行了线上公开投票预判明年汽车市场的环节，有60.9%的人认为明年汽车市场增长幅度在0%～5%；有50.4%的人认为在新的一年里，新能源乘用车渗透率将在30%～35%；有39.2%参与线上互动的嘉宾认为明年二手车市场的增长率将在10%～15%。

**19日** 天津港综合保税区二手车出口服务中心举行揭牌仪式，全国首家在自由贸易试验区建立的二手车出口服务中心正式成立。该中心将实现一站式服务，以提升业务办理服务效率，推动天津二手车出口产业发展，并形成集聚效应。

**20日** 宁德时代与长安汽车在重庆举行合资项目签约仪式。此次双方成立合资公司，通过本次签署的战略合作协议，宁德时代与阿维塔全面深化长期战略合作关系。双方将在新能源汽车的锂电池研发、新材料应用和零部件开发等方面开展合作，以前沿电池技术为基础，打造电池供应体系。

**25日** 长安科技公司正式宣告成立，长安汽车表示，未来十年，长安将以长安科技为中心，在新汽车科技产业链累计投入超过1500亿元，构建超过10000人规模的科技创新团队，开发超级整车智能平台，打造智能新体验，布局控制器等科技产业，形成“用户共创、员工共赢、伙伴共建”的全新商业模式，以实现千亿级的科技产业规模。

**28日** 2022新能源汽车下乡活动收官站于四川南充正式启动。哪吒汽车、长安深蓝汽车、比亚迪汽车、上汽通用五菱、奇瑞新能源、中国一汽奔腾、北汽福田图雅诺、吉利远程汽车、沃尔沃汽车、凯翼汽车等多家企业参与本次活动。

**29日** 庞大集团与易车公司达成战略合作，双方未来不仅将在庞大集团经销网络开展全面合作，同时易车还将大力助推庞大集团的数字化营销效能提升，凭借腾易生态下的优势资源实现汽车经销商门店的数字化营销和服务创新，并对企业微信下覆盖营销、服务、客户全生命周期管理的全链路连接运营体系开展广泛合作。

**30日**　中汽中心正式发布了C-ICAP《中国智能网联汽车技术规程》。C-ICAP技术规程覆盖了辅助驾驶、自动驾驶、智慧座舱和信息安全等方面，将采取分步实施的方式推进。预计将在2025年推出完整测评体系。

**31日**　乘联会公布，2022年乘用车市场累计零售2054.3万辆，同比增长1.9%，同比净增38.6万辆，新能源乘用车批发649.8万辆，同比增长96.3%。

**同日**　中国汽车流通协会发布数据显示，2022年二手车累计交易量1602.78万辆，同比下降8.86%，与同期相比减少了155.7万辆，累计交易金额为10595.91亿元。基本型乘用车共交易952.37万辆，同比下降10.1%；SUV共交易203.83万辆，同比增长3.1%；MPV共交易96.92万辆，同比下降3.9%；交叉型乘用车共交易35.07万辆，同比下降12.8%。商用车情况：客车104.03万辆，同比下降21.2%；载货车129.59万辆，同比下降10.9%。

**同日**　中汽协发布数据显示，2022年汽车产销分别完成2702.1万辆和2686.4万辆，同比增长3.4%和2.1%，延续了去年的增长态势。2022年新能源汽车持续爆发式增长，全年销量超680万辆，市场占有率提升至25.6%，逐步进入全面市场化拓展期，迎来新的发展和增长阶段。

**同日**　据公安部统计，2022年全国机动车保有量达4.17亿辆，其中汽车3.19亿辆；机动车驾驶人达5.02亿人，其中汽车驾驶人4.64亿人。2022年全国新注册登记机动车3478万辆，新领证驾驶人2923万人。截至2022年底，全国新能源汽车保有量达1310万辆，占汽车总量的4.10%，扣除报废注销量比2021年增加526万辆，增长67.13%。其中，纯电动汽车保有量1045万辆，占新能源汽车总量的79.78%。2022年全国新注册登记新能源汽车535万辆，占新注册登记汽车总量的23.05%，与上年相比增加240万辆，增长81.48%。

**同日**　国家统计局数据显示，2022年，汽车制造业利润5319.6亿元，同比增长0.6%，汽车制造业利润率5.7%，较2021年下降0.4个百分点，占规模以上工业企业利润总额的比重为6.3%。

**同日**　中国汽车流通协会发布的最新一期“中国汽车经销商库存预警指数调查”显示，2022年12月中国汽车经销商库存预警指数为58.2%，同比上升2.1个百分点。虽然预警指数依然较高，但相较11月已经有明显回落，环比下降7.1个百分点。这也意味着，12月车市境况有了明显好转。

**同日**　据中国汽车流通协会调查显示，2022年主要汽车品牌中40%～60%的经销店受影响闭店或客流骤减，完成年度目标在60%～80%，销售及售后业务同比下滑约30%；二手车经销商闭店时间超过1个月的占到50%，其中23.8%的车商闭店时间超过50天。98.1%的车商反映客流量下降，有82.4%的车商出现亏损。

# 第三部类

# 新车市场

DISANBULEI | XINCHESHICHANG

# 2022年中国汽车市场综述

2022年汽车总计销量2675.57万辆，累计增速3%；其中2022年乘用车累计零售2054万辆，同比增长1.9%，同比净增40万辆，尤其是自购车税优惠政策启动以来的6—12月同比增加146万辆，政策增量贡献仍是巨大。

## 一、中国汽车销量稳居世界首位

2022年，中国汽车消费品零售额45772亿元。1—5月汽车消费剧烈负增长，6—9月增速较高，10—11月明显负增长，12月汽车消费大幅回升，支撑总体消费增长。2022年成品油价格相对较高，一定程度上影响了汽车消费。2022年汽车生产累计2748万辆，同比增长3%（见图1）。

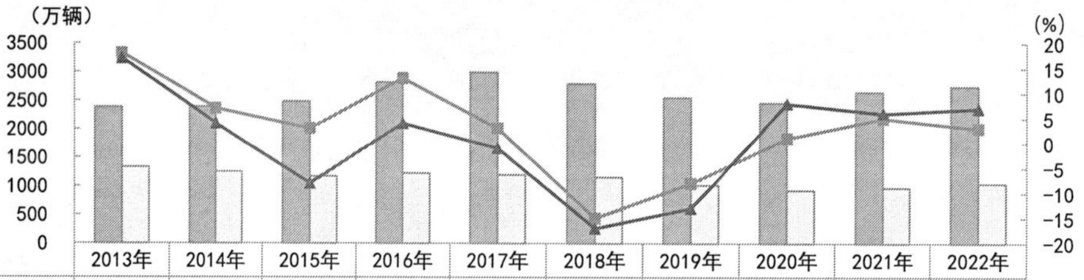


| | 2013年 | 2014年 | 2015年 | 2016年 | 2017年 | 2018年 | 2019年 | 2020年 | 2021年 | 2022年 |
|---|---|---|---|---|---|---|---|---|---|---|
| 汽车产量 | 2387 | 2390 | 2484 | 2819 | 2994 | 2797 | 2553 | 2463 | 2653 | 2748 |
| 轿车产量 | 1330 | 1253 | 1170 | 1224 | 1199 | 1160 | 1018 | 929 | 977 | 1047 |
| 汽车增速 | 18 | 7 | 3 | 13 | 3 | −15 | −8 | 1 | 5 | 3 |
| 轿车增速 | 17 | 4 | −8 | 4 | −1 | −17 | −13 | 8 | 6 | 7 |

图1　2013—2022年中国汽车产量及增速

资料来源：乘用车市场信息联席会

### （一）世界汽车市场概况

从主力国家代表的世界销量看，2022年中国汽车销量增速2%，表现较好，世界其他国家总体下降4%，表现较弱。中国汽车市场对世界汽车市场影响力巨大。2022年中国份额上升到33%，这也是中国市场消费韧性较强的体现。北美洲和欧洲市场份额全面下降，印度等市场大幅回暖（见表1）。

表1　2012—2022年世界汽车销量、增速及份额　　单位：万辆，%

| 世界汽车 | 2012年 | 2013年 | 2014年 | 2015年 | 2016年 | 2017年 | 2018年 | 2019年 | 2020年 | 2021年 | 2022年 |
|---|---|---|---|---|---|---|---|---|---|---|---|
| 北美洲 | 1758 | 1883 | 1998 | 2121 | 2155 | 2126 | 2128 | 2087 | 1749 | 1821 | 1701 |
| 欧洲 | 1718 | 1677 | 1723 | 1768 | 1855 | 1882 | 1838 | 1761 | 1541 | 1539 | 1357 |
| 南半球 | 746 | 764 | 709 | 599 | 541 | 584 | 616 | 587 | 454 | 520 | 522 |
| 亚洲其他 | 1818 | 1758 | 1787 | 1813 | 1811 | 1929 | 1954 | 1971 | 1532 | 1577 | 1753 |
| 中国 | 1930 | 2197 | 2348 | 2455 | 2789 | 2887 | 2799 | 2575 | 2527 | 2625 | 2685 |
| 总体 | 7969 | 8278 | 8565 | 8756 | 9152 | 9408 | 9335 | 8981 | 7803 | 8081 | 8018 |
| 增速 | 2012年 | 2013年 | 2014年 | 2015年 | 2016年 | 2017年 | 2018年 | 2019年 | 2020年 | 2021年 | 2022年 |
| 中国 | 4 | 14 | 7 | 5 | 14 | 4 | −3 | −8 | −2 | 4 | 2 |
| 不含中国 | 7 | 1 | 2 | 1 | 1 | 2 | 0 | −2 | −18 | 3 | −3 |
| 北美洲 | 13 | 7 | 6 | 6 | 2 | −1 | 0 | −2 | −16 | 4 | −7 |
| 欧洲 | −5 | −2 | 3 | 3 | 5 | 1 | −2 | −4 | −12 | 0 | −12 |
| 亚洲其他 | 17 | −3 | 2 | 1 | 0 | 6 | 1 | 1 | −22 | 3 | 8 |
| 南半球 | 5 | 2 | −7 | −16 | −10 | 8 | 6 | −5 | −23 | 14 | 1 |
| 总计 | 6 | 4 | 3 | 2 | 5 | 3 | −1 | −4 | −13 | 4 | −1 |

续表

| 份额 | 2012 年 | 2013 年 | 2014 年 | 2015 年 | 2016 年 | 2017 年 | 2018 年 | 2019 年 | 2020 年 | 2021 年 | 2022 年 |
|---|---|---|---|---|---|---|---|---|---|---|---|
| 中国 | 24 | 27 | 27 | 28 | 30 | 31 | 30 | 29 | 32 | 32 | 33 |
| 北美洲 | 22 | 23 | 23 | 24 | 24 | 23 | 23 | 23 | 22 | 23 | 21 |
| 欧洲 | 22 | 20 | 20 | 20 | 20 | 20 | 20 | 20 | 20 | 19 | 17 |
| 亚洲其他 | 23 | 21 | 21 | 21 | 20 | 20 | 21 | 22 | 20 | 20 | 22 |
| 南半球 | 9 | 9 | 8 | 7 | 6 | 6 | 7 | 7 | 6 | 6 | 7 |

资料来源：乘用车市场信息联席会

### （二）中国汽车市场概况

2022年，规模以上工业增加值比上年增长3.6%。2018年汽车业增加值4.9%；2019年汽车业增加值1.8%；2020年回升到6.6%；2021年增速徘徊在5.5%的水平；2022年汽车增加值6.3%，较强，其中6—11月的表现很好，12月的 -5.9% 严重偏低（见图2）。

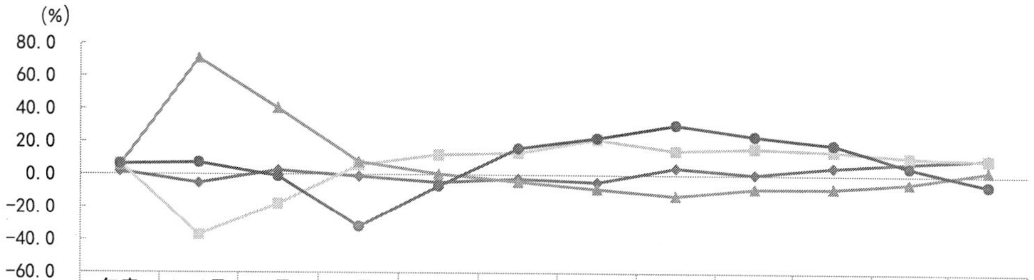


| | 年度 | 1—2月 | 3月 | 4月 | 5月 | 6月 | 7月 | 8月 | 9月 | 10月 | 11月 | 12月 |
|---|---|---|---|---|---|---|---|---|---|---|---|---|
| 2019年 | 1.8 | -5.3 | 2.6 | -1.1 | -4.7 | -2.5 | -4.4 | 4.3 | 0.5 | 4.9 | 7.7 | 10.4 |
| 2020年 | 6.6 | -37.0 | -18.1 | 5.8 | 12.2 | 13.4 | 21.6 | 14.8 | 16.4 | 14.7 | 11.1 | 9.7 |
| 2021年 | 5.5 | 70.9 | 40.4 | 7.7 | 0.5 | -4.3 | -8.5 | -12.6 | -8.2 | -7.9 | -4.7 | 2.8 |
| 2022年 | 6.3 | 7.2 | -1.0 | -31.8 | -7 | 16.2 | 22.5 | 30.5 | 23.7 | 18.7 | 4.9 | -5.9 |

**图2　2019—2022年中国汽车工业增加值月度走势**

资料来源：国家统计局

2022年全国工业产能利用率为75.6%，比上年下降1.9个百分点。全年汽车制造业的产能利用率为72.7%，弱于全国工业水平。2022年第一季度汽车行业产能利用率改善的幅度仍不大，第二季度的疫情防控带来的产能损失巨大，尤其是产业链的损失很严重，企业信心极其不强，影响消费也有明显体现。第三季度汽车行业产能利用率明显提升。第四季度全国汽车产能利用率为73.2%，比上年同期下降2.3个百分点，比上季度下降2.5个百分点（见表2）。

**表2　2018—2022年汽车产能利用率**　　单位：%

| 汽车产能利用率 | 第一季度 | 第二季度 | 第三季度 | 第四季度 | 年度 |
|---|---|---|---|---|---|
| 2018 年 | 80.7 | 81.4 | 79.6 | 77.9 | 79.9 |
| 2019 年 | 78.3 | 76.2 | 76.1 | 78.5 | 77.3 |
| 2020 年 | 56.9 | 74.6 | 77.6 | 80.5 | 72.4 |
| 2021 年 | 78.5 | 74.2 | 70.5 | 75.5 | 74.7 |
| 2022 年 | 72.1 | 69.1 | 75.7 | 73.2 | 72.7 |

资料来源：国家统计局

近两年商用车强、乘用车弱。2021年汽车产量2653万辆。消费结构进一步不利于消费，轿车生产增速偏低，弱于汽车平均增速，SUV 的生产增速低于汽车总体增速，成为抑制消费的低迷因素。2022年汽车生产2748万辆，产量同比增长3%，新能源汽车生产722万辆，增长98%，渗透率26%。12月汽车生产249万辆，同比下降17%；新能源汽车生产81万辆，同比增长56%，渗透率32.6%，这是很高的增长（见表3）。

表3 2017—2022年汽车产量 单位：万辆，%

| 汽车产量 | 2017 年 | 2018 年 | 2019 年 | 2020 年 | 2021 年 | 2022 年 |
|---|---|---|---|---|---|---|
| 汽车 | 2994 | 2797 | 2553 | 2463 | 2653 | 2748 |
| 其中：轿车 | 1199 | 1160 | 1018 | 929 | 977 | 1047 |
| 其中：SUV | 1033 | 927 | 876 | 853 | 974 | 1063 |
| 其中：新能源车 | 72 | 130 | 119 | 146 | 368 | 722 |
| 新能源车渗透率 | 2.4 | 4.6 | 4.7 | 5.9 | 13.9 | 26.3 |

资料来源：国家统计局

2022年汽车投资增长12.6%，回暖明显，处于近6年的历史最高位，新能源车增长导致汽车行业投资低迷问题逐步改善（见图3）。

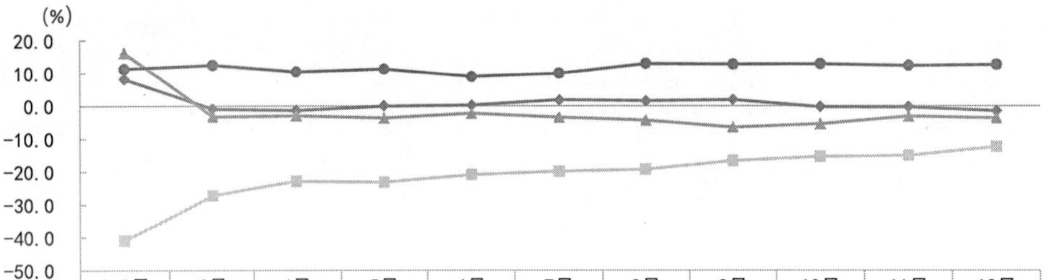


| | 1-2月 | 3月 | 4月 | 5月 | 6月 | 7月 | 8月 | 9月 | 10月 | 11月 | 12月 |
|---|---|---|---|---|---|---|---|---|---|---|---|
| 2019年 | 8.1 | -1 | -1.4 | -0.1 | 0.2 | 1.8 | 1.5 | 1.8 | -0.3 | -0.4 | -1.5 |
| 2020年 | -41.0 | -27.2 | -22.9 | -23.2 | -20.9 | -19.9 | -19.3 | -16.7 | -15.4 | -15.1 | -12.4 |
| 2021年 | 16.1 | -3.3 | -3 | -3.7 | -2.3 | -3.5 | -4.4 | -6.5 | -5.5 | -3.2 | -3.7 |
| 2022年 | 11.3 | 12.4 | 10.4 | 11.2 | 8.9 | 9.9 | 12.9 | 12.7 | 12.8 | 12.3 | 12.6 |

图3 2019—2022年中国汽车投资额累计增速走势

资料来源：乘用车市场信息联席会（以下图表资料来源相同，不再赘述）

## 二、中国汽车市场结构

2022年汽车行业发展正面临需求受疫情管控收缩、供给受疫情冲击、预期严重转弱的三重压力。3—4月和10—12月汽车产业运行严重受到疫情冲击，成为历史上少有的断崖下滑月度，尤其11月车市遭遇疫情防控下的市场人气低迷，销量表现偏离季节规律，走势相对异常（见图4）。

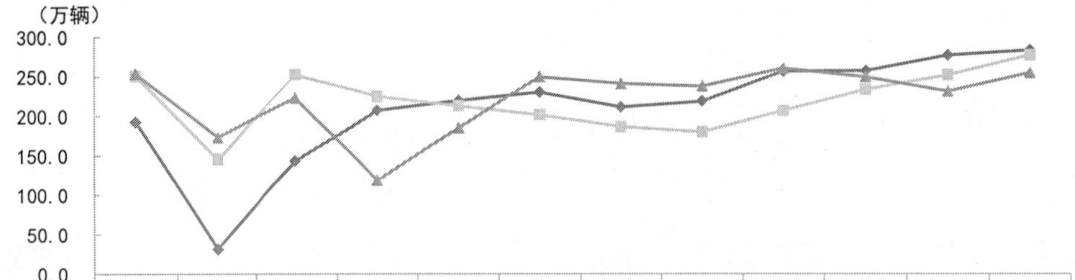


| | 1月 | 2月 | 3月 | 4月 | 5月 | 6月 | 7月 | 8月 | 9月 | 10月 | 11月 | 12月 |
|---|---|---|---|---|---|---|---|---|---|---|---|---|
| 2020年 | 192.8 | 31.0 | 143.0 | 207.0 | 219.4 | 230.0 | 211.2 | 218.6 | 256.5 | 257.3 | 277.0 | 283.1 |
| 2021年 | 250.4 | 145.3 | 252.3 | 224.8 | 212.8 | 201.5 | 186.4 | 179.9 | 206.7 | 233.3 | 251.9 | 277.2 |
| 2022年 | 253.3 | 173.2 | 222.8 | 118.4 | 185.0 | 249.4 | 241.0 | 237.6 | 260.3 | 249.4 | 231.2 | 254.7 |

图4 2020—2022年中国汽车销量月度走势

由于俄乌危机深化导致国内外环境的复杂性、不确定性同样超出预期。国家促消费政策对汽车行业稳定恢复的意义重大，有利于车市企稳发展，疫情管控新十条实施后市场恢复，推动12月车市走强。

### （一）2022年汽车商用车强乘用车弱的局面发生改变

近几年乘用车和商用车分化特征明显。2022年市场变化，乘用车与商用车均有压力，卡车市场增长已经大幅低于乘用车市场增速（见图5）。

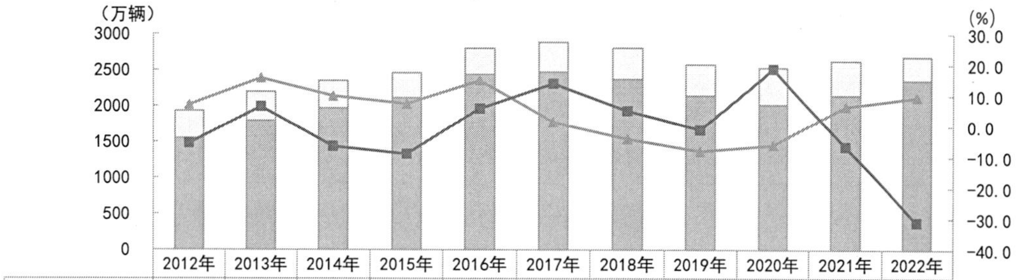


| | 2012年 | 2013年 | 2014年 | 2015年 | 2016年 | 2017年 | 2018年 | 2019年 | 2020年 | 2021年 | 2022年 |
|---|---|---|---|---|---|---|---|---|---|---|---|
| 商用车 | 381 | 406 | 379 | 345 | 365 | 416 | 437 | 432 | 513 | 479 | 330 |
| 乘用车 | 1550 | 1793 | 1970 | 2115 | 2438 | 2472 | 2371 | 2144 | 2018 | 2148 | 2356 |
| 乘用车增速 | 7.1 | 15.7 | 9.9 | 7.3 | 14.9 | 1.4 | -4.1 | -8.1 | -6.0 | 6.5 | 9.5 |
| 商用车增速 | -5.5 | 6.4 | -6.5 | -9.0 | 5.8 | 14.0 | 5.1 | -1.1 | 18.7 | -6.6 | -31.2 |

图5　2012—2022年中国汽车分车型销量及增速

### （二）2022年汽车市场增长较强

前几年汽车市场持续下滑，2022年形势明显改善。2022年汽车总计销量2675.57万辆，累计增速3%；12月汽车总计销量254.67万辆，同比下降8.1%，环比增长10.4%。

### （三）2022年主力车企集团的表现均较好

2021年车市走势不强，各集团因为卡车与乘用车优势板块的差异化市场需求而走势分化。2022年的部分车企表现强势，行业增速分化严重（见图6）。

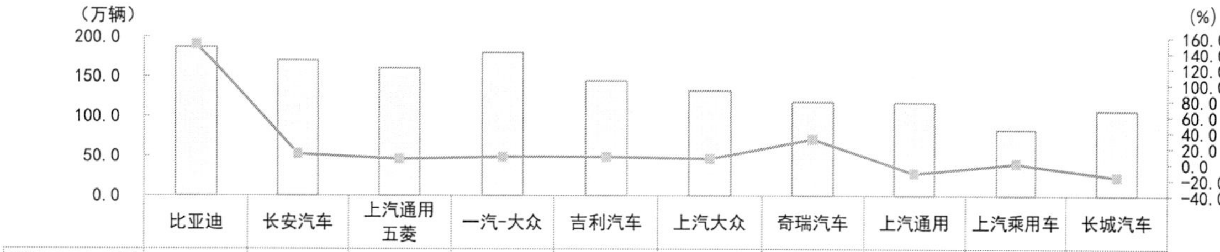


| | 比亚迪 | 长安汽车 | 上汽通用五菱 | 一汽-大众 | 吉利汽车 | 上汽大众 | 奇瑞汽车 | 上汽通用 | 上汽乘用车 | 长城汽车 |
|---|---|---|---|---|---|---|---|---|---|---|
| 2022年销量 | 186.9 | 169.8 | 160.0 | 180.2 | 144.2 | 132.1 | 117.9 | 117.0 | 82.7 | 106.8 |
| 同比增速 | 150.9 | 12.2 | 5.8 | 8.5 | 8.6 | 6.3 | 30.9 | -12.1 | 0.2 | -16.7 |

图6　2022年汽车主力企业销量及增速

2022年年初的疫情导致传统车企压力较大，尤其新能源车冲击叠加疫情影响，国有大集团表现分化，广汽和奇瑞表现优秀，其中奇瑞的商用车和乘用车板块表现均很好。北方的一汽、长城、北汽等各家表现都有压力；比亚迪等新能源企业的表现很好；特斯拉2022年的表现相对较强；二线车企表现相对稳健。

因为新旧动能转换和新能源车持续亏损压力，自主品牌中小企业分化严重低迷。12月车市相对较强，政策到期前各家走势分化。部分主力厂家环比11月出现较大增长，比亚迪、长安、五菱等持续走强。

## 三、中国汽车细分市场结构

### （一）狭义乘用车企业产销走势

2022年狭义乘用车销量2314万辆，累计增速10%；12月狭义乘用车销量222.14万辆，同比下降6.1%，环比增长9.5%（见表4）。

表4　2012—2022年狭义乘用车销量及增速　　单位：万辆，%

| 狭义乘用车 | | 2012 年 | 2013 年 | 2014 年 | 2015 年 | 2016 年 | 2017 年 | 2018 年 | 2019 年 | 2020 年 | 2021 年 | 2022 年 |
|---|---|---|---|---|---|---|---|---|---|---|---|---|
| 销量 | 1—4 月 | 422 | 520 | 595 | 654 | 714 | 744 | 788 | 670 | 433 | 667 | 639 |
| | 5—12 月 | 902 | 1111 | 1242 | 1351 | 1656 | 1678 | 1539 | 1435 | 1546 | 1443 | 1675 |
| | 全年 | 1324 | 1630 | 1837 | 2005 | 2369 | 2422 | 2326 | 2104 | 1979 | 2110 | 2314 |
| 增速 | 1—4 月 | 3 | 23 | 14 | 10 | 9 | 4 | 5.90 | −15 | −35 | 54 | 4 |
| | 5—12 月 | 11 | 23 | 12 | 9 | 23 | 1 | −8 | −7 | 8 | −7 | 16 |
| | 全年 | 8 | 23 | 13 | 9 | 18 | 2 | −4 | −10 | 6 | 7 | 10 |

2022年，狭义乘用车主力厂家阵营迅速分化，新能源车为主的厂家表现较强，自主车企的表现分化尤为明显（见图7）。

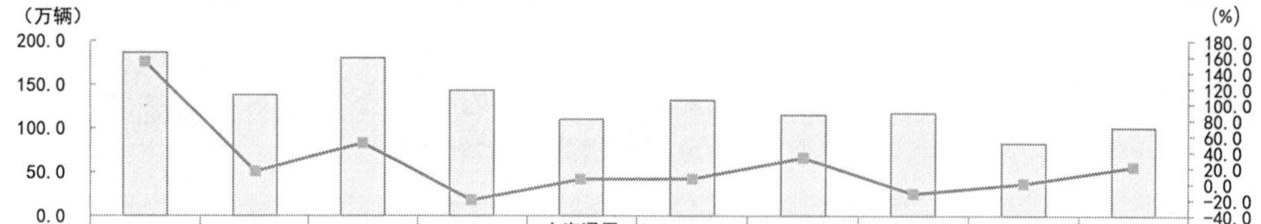


| | 比亚迪 | 长安汽车 | 一汽-大众 | 吉利汽车 | 上汽通用五菱 | 上汽大众 | 奇瑞汽车 | 上汽通用 | 上汽乘用车 | 广汽丰田 |
|---|---|---|---|---|---|---|---|---|---|---|
| 2022年销量 | 186.3 | 137.9 | 180.2 | 143.3 | 109.8 | 132.1 | 114.8 | 117.0 | 82.7 | 100.5 |
| 同比增速 | 153.5 | 15.6 | 51.0 | −20.4 | 5.6 | 6.3 | 32.7 | −12.1 | 0.2 | 21.4 |

图7　2022年狭义乘用车主力企业销量及增速

## （二）新能源乘用车企业产销走势

新能源乘用车2022年继续保持较快增长，全年累计销量为650万辆，同比增长97.2%。12月新能源乘用车市场销量创新高（见表5）。

表5　2021—2022年新能源乘用车月度销量及增速　　单位：万辆，%

| 新能源乘用车 | 1 月 | 2 月 | 3 月 | 4 月 | 5 月 | 6 月 | 7 月 | 8 月 | 9 月 | 10 月 | 11 月 | 12 月 | 合计 |
|---|---|---|---|---|---|---|---|---|---|---|---|---|---|
| 2021 年 | 16.9 | 10.8 | 20.2 | 18.3 | 19.9 | 23.4 | 24.6 | 30.3 | 35.5 | 36.4 | 42.9 | 50.5 | 329.7 |
| 2022 年 | 42.0 | 31.7 | 45.6 | 28.1 | 42.2 | 57.0 | 56.4 | 63.5 | 67.4 | 67.8 | 73.2 | 75.1 | 650.0 |
| 增速 | 148.8 | 193.7 | 125.6 | 53.5 | 112.4 | 144.1 | 129.7 | 109.4 | 90.0 | 86.5 | 70.8 | 48.6 | 97.2 |

近期新能源市场进一步分化，比亚迪强势上涨，东风易捷特、长安汽车、广汽埃安、特斯拉（中国）等增速很强（见图8）。

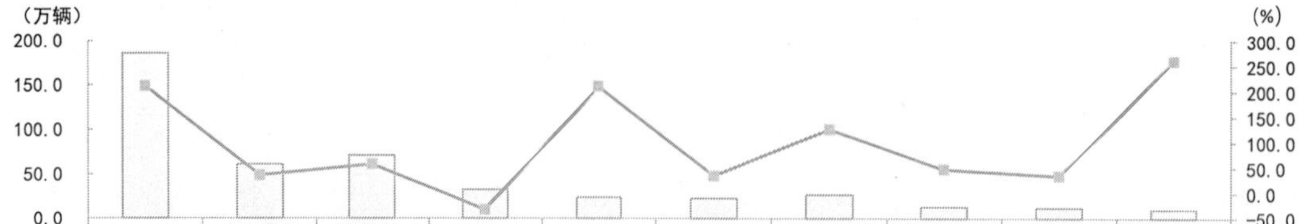


| | 比亚迪 | 上汽通用五菱 | 特斯拉（中国） | 吉利汽车 | 长安汽车 | 上汽乘用车 | 广汽埃安 | 理想汽车 | 蔚来汽车 | 东风易捷特 |
|---|---|---|---|---|---|---|---|---|---|---|
| 2022年销量 | 185.8 | 61.2 | 71.1 | 32.8 | 24.2 | 23.1 | 27.1 | 13.3 | 12.2 | 10.1 |
| 同比增速 | 210.4 | 35.3 | 57.2 | −32.3 | 209.9 | 34.4 | 125.7 | 47.2 | 34.0 | 260.2 |

图8　2022年新能源乘用车主力企业销量及增速

## （三）传统动力乘用车企业产销走势

2022年传统燃油狭义乘用车销量1666万辆，较去年同期累计降6%；12月传统狭义乘用车销量147万辆，较去年同期同比下降21%，环比上月增长较大。

传统车的走势相对低迷，由于基数偏低，目前传统车也在恢复增长中，但全年已经低于2019年销量较多。常规乘用车的持续下行带来较大的市场压力（见表6）。

表6　2021—2022年传统燃油乘用车销量及增速　　单位：万辆，%

| 燃油车 | 1月 | 2月 | 3月 | 4月 | 5月 | 6月 | 7月 | 8月 | 9月 | 10月 | 11月 | 12月 |
|---|---|---|---|---|---|---|---|---|---|---|---|---|
| 2021年 | 186.3 | 103.7 | 163.6 | 148.0 | 140.9 | 130.4 | 127.0 | 120.9 | 137.2 | 161.2 | 172.2 | 186.2 |
| 2022年 | 174.0 | 115.0 | 135.9 | 66.9 | 116.9 | 161.9 | 157.0 | 146.5 | 162.3 | 151.8 | 130.3 | 147.2 |
| 增速 | -6.6 | 10.9 | -16.9 | -54.8 | -17.0 | 24.1 | 23.6 | 21.1 | 18.3 | -5.8 | -24.3 | -20.9 |

传统动力乘用车仍是合资车企为主的局面，吉利和合资三强的市场仍是领军，广汽丰田等日系走势较强，而自主品牌的奇瑞、吉利、长安相对合资的燃油车优势不明显，合资车企的燃油车技术底蕴仍是超强的（见图9）。

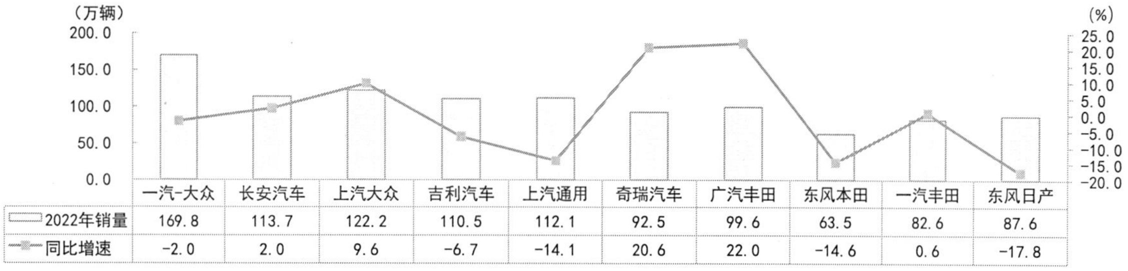


图9　2022年传统动力乘用车主力企业销量及增速

## （四）商用车企业产销分类走势

商用车市场总体走势较低，2022年同比下降30%，呈现历年少有的低增速特征。2022年开局低迷主要是基数因素。2021年上半年销量增速偏高也是透支未来的干扰因素，2022年的商用车增长实际回归稳定。11月受到疫情影响而销量偏低，12月补贴退出带来增量（见表7）。

表7　2021—2022年商用车销量及增速　　单位：万辆，%

| 商用车 | 1月 | 2月 | 3月 | 4月 | 5月 | 6月 | 7月 | 8月 | 9月 | 10月 | 11月 | 12月 |
|---|---|---|---|---|---|---|---|---|---|---|---|---|
| 2021年 | 47.5 | 31.5 | 68.5 | 58.9 | 52.0 | 47.8 | 34.8 | 28.7 | 34.0 | 36.1 | 36.9 | 50.5 |
| 2022年 | 37.4 | 26.5 | 41.4 | 23.4 | 25.9 | 30.6 | 27.7 | 27.9 | 30.9 | 30.1 | 27.8 | 75.1 |
| 增速 | -21.2 | -16.1 | -39.5 | -60.3 | -50.2 | -36.0 | -20.5 | -2.5 | -9.1 | -16.5 | -24.5 | 48.6 |

商用车市场主力的厂家是上汽通用五菱、东风汽车、北汽福田、长安汽车等，其中东风汽车和五菱表现相对较强，鑫源汽车进入前10名，江铃表现较平稳。重卡中的中国一汽和中国重汽表现都很好，部分二线企业走势仍有压力（见图10）。

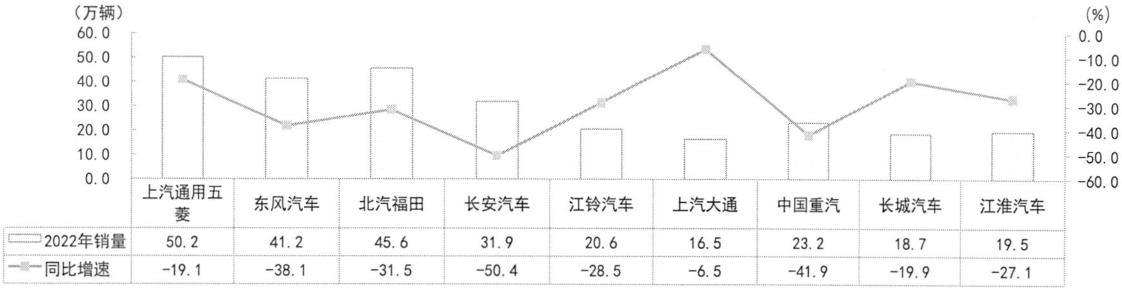


图10　2022年商用车主力企业销量及增速

## （五）微车企业产销分类走势

2022年微型车销量83万辆，同比下降16.6%。其中，2022年微客销量32.3万辆，同比下降17.4%；2022年微卡销量50.7万辆，同比下降16.2%（见表8）。

表8 2013—2022年微车销量及增速 单位：万辆，%

| 微车 | 2013年 | 2014年 | 2015年 | 2016年 | 2017年 | 2018年 | 2019年 | 2020年 | 2021年 | 2022年 |
|---|---|---|---|---|---|---|---|---|---|---|
| 微客 | 162.6 | 133.2 | 109.9 | 72.5 | 54.7 | 45.8 | 40.0 | 38.8 | 39.1 | 32.3 |
| 微卡 | 52.8 | 53.1 | 54.6 | 60.9 | 57.6 | 66.0 | 65.3 | 70.8 | 60.5 | 50.7 |
| 总销量 | 216.9 | 186.3 | 164.5 | 133.4 | 112.3 | 111.8 | 105.3 | 109.6 | 99.6 | 83.0 |
| 总增速 | -22.3 | -14.1 | -11.7 | -19.0 | -15.8 | -0.4 | -5.8 | 4.1 | -9.2 | -16.6 |

2022年上汽通用五菱走势相对很强。车辆购置税减半政策效果不明显。长安汽车、东风汽车走势相对平稳，其他企业压力仍较大（见图11）。

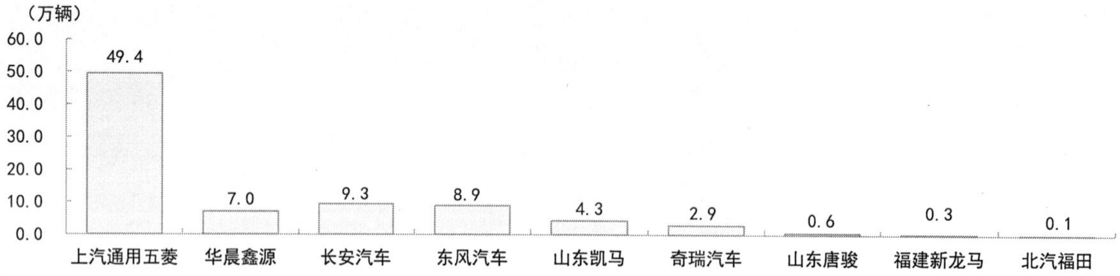


图11 2022年微车主力企业销量

## （六）轻型卡车企业产销分类走势

2022年卡车销量238.4万辆，累计降35%；12月卡车销量19.59万辆，同比降21.4%，环比增长13.6%。其中，2022年轻卡销量161.66万辆，累计降23%；12月销量13.61万辆，同比降23.1%，环比增长13.7%。2020年以来卡车高增长主要是受国三柴油车淘汰的影响，各地采取强力措施淘汰国三，带来巨大换购增量，该利好因素持续到2020年底，2021年逐步回归常态。由于汽车金融渗透过高，问题逐步暴露，车市的消费压力较大（见表9）。

表9 2013—2022年轻型卡车销量及增速 单位：万辆，%

| 轻卡 | 2013年 | 2014年 | 2015年 | 2016年 | 2017年 | 2018年 | 2019年 | 2020年 | 2021年 | 2022年 |
|---|---|---|---|---|---|---|---|---|---|---|
| 销量 | 190.8 | 166.3 | 155.9 | 154.0 | 174.0 | 189.1 | 188.3 | 219.9 | 209.8 | 161.7 |
| 增速 | 3.6 | -12.9 | -6.3 | -1.2 | 13.0 | 8.6 | -0.4 | 16.8 | -4.6 | -23.0 |

2022年的轻卡主力厂家分化较明显。主力车企的北汽福田保持超强的龙头地位。长城的轻卡走势很强，主要也是长城皮卡走势很好。

长安已经从微卡强势企业成为轻卡第二阵营强势企业（见图12）。

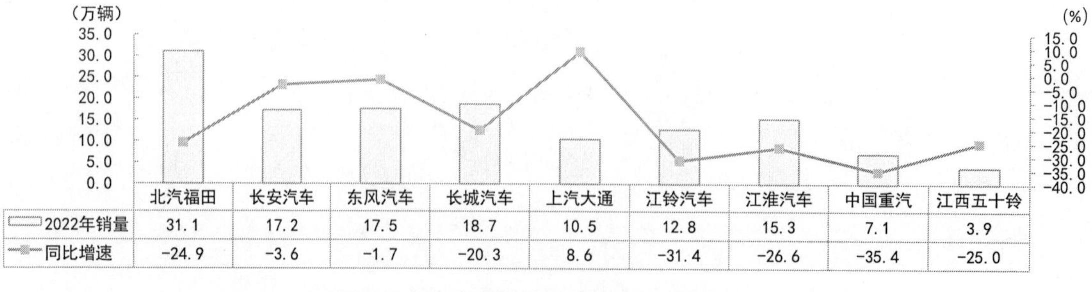


图12 2022年轻卡主力企业销量及增速

## （七）中重型卡车企业产销分类走势

2019年全年累计中重卡销量131.4万辆，累计降0.9%；2020年全年累计中重卡销量177.8万辆，累计增长35.4%；2021年全年累计中重卡销量157.2万辆，累计下降11.6%。2022年中重卡销量76.7万辆，累计下降51.2%。前期重卡高增长主要是电商物流拉动公路运输的需求增长，加之金融贷款的增长过快。疫情影响下的居民消费，电商化趋势进一步强化拉动物流运输，同时也有国三淘汰和投资拉动等综合因素（见表10）。

表10　2013—2022年中重卡销量及增速　　单位：万辆，%

| 中重卡 | 2013年 | 2014年 | 2015年 | 2016年 | 2017年 | 2018年 | 2019年 | 2020年 | 2021年 | 2022年 |
|---|---|---|---|---|---|---|---|---|---|---|
| 销量 | 128.8 | 98.7 | 75.0 | 95.5 | 135.9 | 132.6 | 131.4 | 177.8 | 157.2 | 76.7 |
| 增速 | 39.6 | −23.3 | −24.0 | 27.3 | 42.3 | −2.4 | −0.9 | 35.4 | −11.6 | −51.2 |

2022年中重卡主力车企走势分化，重汽和陕汽出口俄罗斯重卡较强，一汽重卡和福田重卡在疫情下逐步恢复。东风重卡强势拉升，二线重卡相对主力车企的差距仍巨大（见图13）。

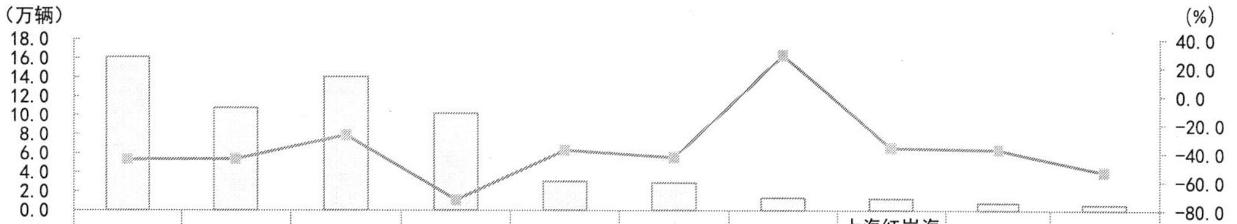


| | 东风汽车 | 中国重汽 | 陕汽集团 | 中国一汽 | 北汽福田 | 江淮汽车 | 成都大运 | 上汽红岩汽车 | 徐工集团 | 包头北奔 |
|---|---|---|---|---|---|---|---|---|---|---|
| 2022年销量 | 16.1 | 10.8 | 14.0 | 10.2 | 3.0 | 2.9 | 1.3 | 1.2 | 0.8 | 0.6 |
| 同比增速 | -44.4 | -44.1 | -27.4 | -72.8 | -38.1 | -43.0 | 28.7 | -36.3 | -37.6 | -53.5 |

图13　2022年中重卡主力车企销量及增速

## （八）客车企业销售走势

2022年客车销量40.8万辆，累计降19.2%。2022年轻客销量32.0万辆，累计降22.3%。轻客企业的走势相对平稳，近期波动不大。由于轻客新能源的突破速度较慢，专用车的走势也不是很强，因此轻客的市场压力仍大（见表11）。

表11　2013—2022年轻型客车销量及增速　　单位：万辆，%

| 轻客 | 2013年 | 2014年 | 2015年 | 2016年 | 2017年 | 2018年 | 2019年 | 2020年 | 2021年 | 2022年 |
|---|---|---|---|---|---|---|---|---|---|---|
| 销量 | 38.8 | 44.3 | 43.2 | 35.4 | 34.8 | 34.0 | 33.3 | 34.4 | 41.2 | 32.0 |
| 增速 | 14.9 | 14.2 | −2.5 | −18.1 | −1.5 | −2.4 | −2.2 | 3.5 | 19.6 | −22.3 |

近期的轻客市场持续平稳走弱，二线厂家崛起。近两年江铃走势超强，其次是上汽大通和长安的走势较强。上汽大通的出口表现很强（见图14）。

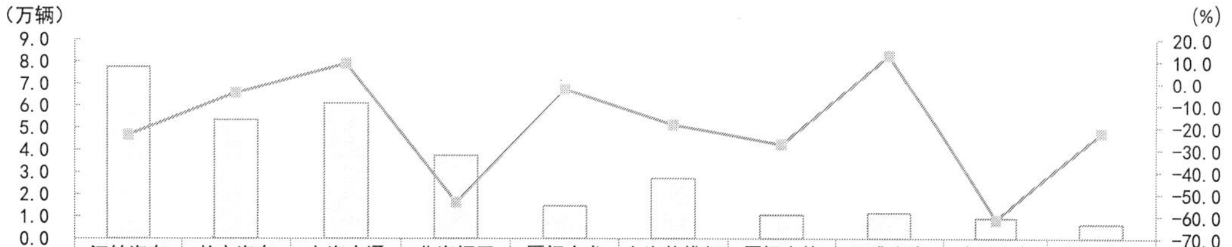


| | 江铃汽车 | 长安汽车 | 上汽大通 | 北汽福田 | 厦门金龙 | 上汽依维柯 | 厦门金旅 | 江淮汽车 | 东风汽车 | 郑州宇通 |
|---|---|---|---|---|---|---|---|---|---|---|
| 2022年销量 | 7.8 | 5.3 | 6.1 | 3.7 | 1.5 | 2.7 | 1.1 | 1.2 | 0.9 | 0.6 |
| 同比增速 | -23.3 | -4.3 | 9.0 | -53.7 | -2.7 | -18.8 | -27.6 | 12.6 | -61.6 | -22.7 |

图14　2022年客车主力企业销量及增速

### （九）大中型客车企业销售走势

2022年大中客销量8.8万辆，累计降6.4%。前两年大中客表现较强，同比出现高增长，主要是因为新能源公交车的抢补贴行情，同时也是地方政府推动的结果。

2021年疫情影响逐步消退，因此大中型客车有恢复的机会，但目前地方政府缺钱，补贴类车型表现一般（见表12）。

表12　2013—2022年大中客销量及增速　　单位：万辆，%

| 大中客 | 2013 年 | 2014 年 | 2015 年 | 2016 年 | 2017 年 | 2018 年 | 2019 年 | 2020 年 | 2021 年 | 2022 年 |
|---|---|---|---|---|---|---|---|---|---|---|
| 销量 | 17.1 | 16.4 | 16.3 | 19.0 | 17.4 | 15.1 | 14.2 | 10.4 | 9.4 | 8.8 |
| 增速 | 0.8 | 4.1 | 0.6 | -16.6 | 8.4 | 13.2 | 6.0 | 26.8 | 9.6 | 6.4 |

2020年大客车市场仍依靠新能源客车为主的乱象，随着政策延期，大客车迎来政策利好，有地方财政支持的企业表现较强。

去年年初新能源车的暴增给大中型客车也带来促进。2019年政策压力带来结构性增长，宇通客车总体表现很强，近期南京金龙较好。

2022年12月的宇通客车表现很好。电动车的中通客车表现较好。12月的二线车企中车时代和南京金龙表现较强（见图15）。

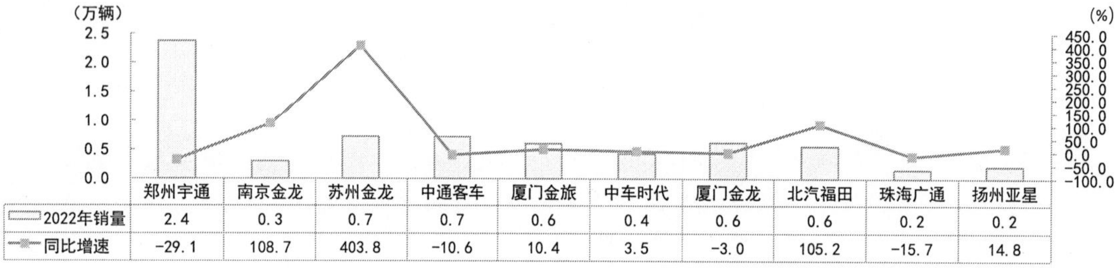


图15　2022年大中客型客车主力企业销量及增速

（中国汽车流通协会汽车市场研究分会　崔东树）

# 2022年中国乘用车市场

## 2022年轿车市场

### 一、2022年轿车市场与乘用车市场

上半年疫情反复，汽车供应链生产受限导致需求传导不畅，尽管6月推出了购置税减半政策，但经济下行造成购车需求受到抑制，对市场的拉动作用不及预期。2022年乘用车（轿车 +SUV+MPV）零售累计2054.2万辆，同比增长2%。其中轿车零售累计1019.4万辆，同比增长3.5%，轿车市场增速连续两年高于乘用车市场（见图1）。

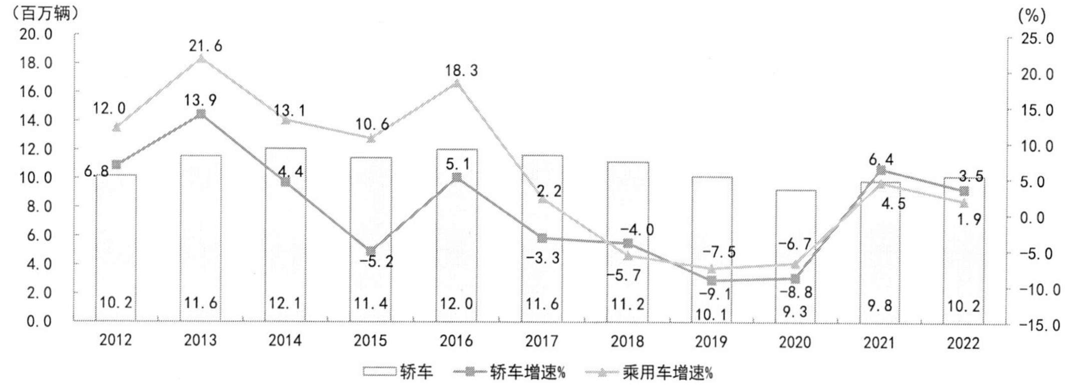


图1　2012—2022年轿车市场增速与乘用车市场增速对比

资料来源：乘用车市场信息联席会（以下图表资料来源相同，不再赘述）

随着增速的反弹，轿车市场份额也相应回升。2015—2020年 SUV 市场迎来爆发增长期，自主品牌依靠国内消费者对 SUV 的偏好迅速崛起，跨国品牌也抓住了中小型 SUV 的发展窗口期推出大量产品，SUV 市场份额迅速由20% 左右提升至近50%。此外 MPV 市场受到更多的中大型 SUV 产品的冲击，市场份额持续萎缩。近两年来，经济大环境遇冷，汽车市场进入新旧动能切换期，迅速崛起的新能源市场和需求潜力巨大的低线市场分化了部分 SUV 和 MPV 的热度，经济性较好的轿车市场重归繁荣。2022年，轿车市场份额49.6%，同比提升0.7个百分点（见图2）。

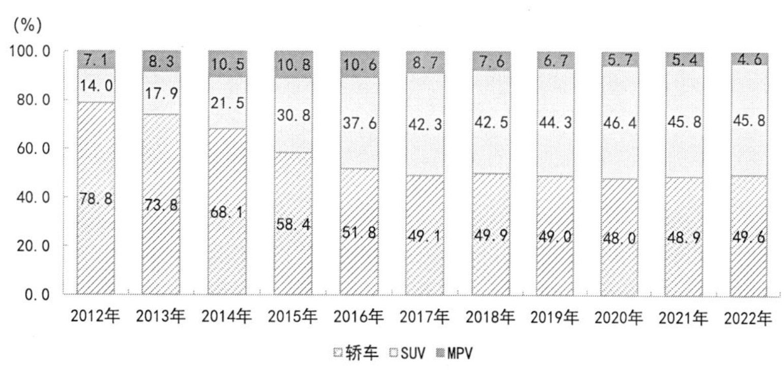


图2　2012—2022年乘用车细分市场占比

同时，轿车市场也是各大主机厂销量的重要支柱，从2022年零售排名前十的厂商销量结构来看，大多数厂商的轿车产品成为销售主力，前十平均轿车销量占比达到55%，超过市场平均水平。其中合资品牌大众、通用、丰田的轿车产品历史悠久，尽管近年来受到新能源产品冲击，市场地位依然较为稳固；通用五菱的轿车产品以纯电动为主，在入门级价位段迅速下沉至低线市场；比亚迪则多点开花，在各个价位段均有纯电和插混轿车产品布局，实现了对传统燃油车市场的快速侵蚀，2022年乘用车零售销量首次第一（见图3）。

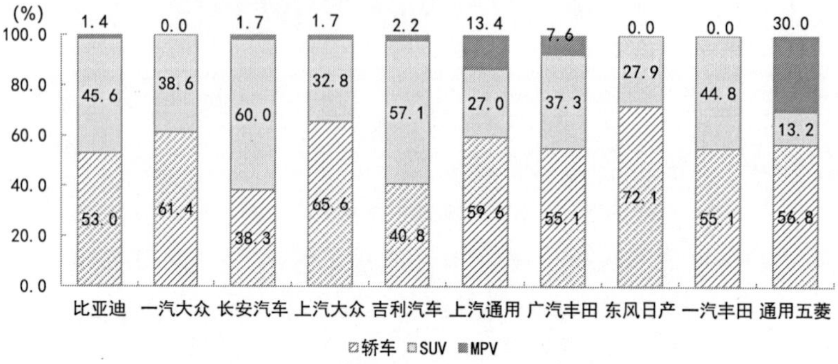


图3 2022年零售销量前十厂商轿车销量表现

## 二、2022年轿车市场结构特征

### （一）车型级别表现

按照乘联会的车辆分级标准，2022年C级以上轿车份额同比增长1.6个百分点，尽管经济环境有所下行，得益于增换购需求的提升，高端购车群体价格敏感性相对较低，传统豪华品牌表现依旧稳健。同时，新势力纷纷布局豪华市场，新能源高端车型涌现，也拉动了C级以上细分市场增量。B级车份额保持增长，但增速较前几年有所放缓，其中传统合资中型车仍然占据细分市场头部位置；豪华品牌不断下探，保持增量；新势力和自主品牌以新能源产品为主，不断渗透B级市场，受此冲击，传统燃油轿车份额发生部分转换。A级轿车整体份额持续下滑，一方面消费升级至高级别车型，另一方面A级轿车目前仍以经济型传统燃油产品为主，增长动能有所欠缺。A00级轿车份额有所增长，但同样增速减缓，在新能源补贴时代的末期，微型电动车成本较难维持，利润瓶颈凸显，相关企业战略重心逐渐转向更高级别和价位段的电动产品。A0级轿车份额保持稳定，产品数量相对较少，需求偏弱（见图4）。

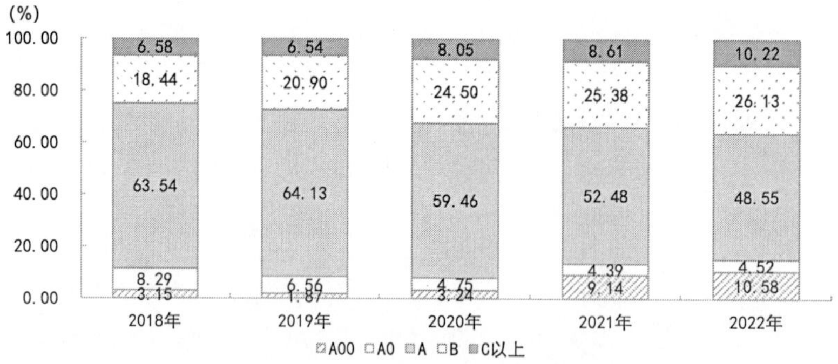


图4 2018—2022年轿车分级别市场份额

### （二）燃料类型表现

在新能源产业爆发式增长的大环境下，轿车市场呈现加速电动化趋势，2022年轿车市场新能源渗透率达到31%，超过总体乘用车市场的28%以及SUV市场的25%。轿车市场中，纯电动占比26%，同比去年增长9个百分点；插电混动占比5%，同比翻番；普通混动同比持平；纯燃油车占比缩减至66%（见图5）。

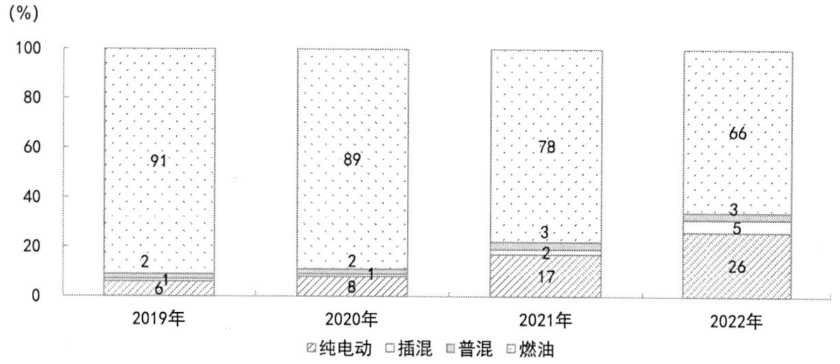


图5　2019—2022年轿车分燃料类型市场份额

电动化率方面，A00级轿车最先实现完全电动化，受益于新能源补贴政策和低速电动汽车升级趋势，迅速占据广大县乡市场，成为绿色出行的主力车型；A0级轿车在2022年电动化率取得了大幅提升，在这个细分市场中，比亚迪纯电动产品侵蚀了传统燃油的市场份额；A级轿车市场2022年电动化率提升至近20%，自主、合资、新势力品牌均有较好表现，新能源产品线日益丰富；B级市场电动化率同样提升至20%，特斯拉Model 3、埃安S等表现抢眼，同时自主高端品牌以及新势力品牌也积极布局中高端轿车市场；C级以上轿车电动化率达到37%，同比翻番，得益于豪华品牌激进的新能源战略，以及新势力品牌向上的产品投放布局（见图6）。

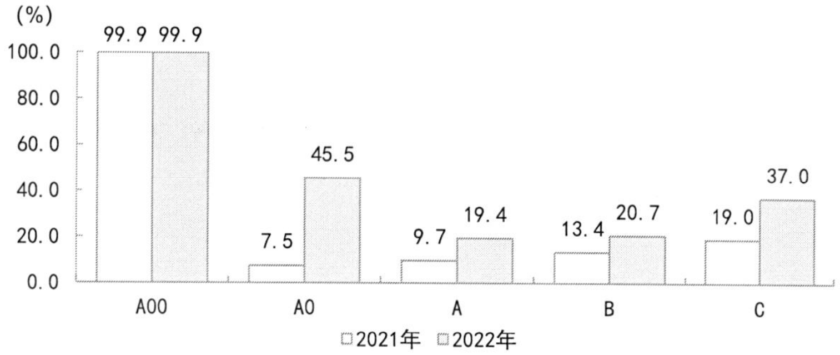


图6　2021—2022年各级别轿车市场电动化率（纯电动＋插混）

纯电动轿车市场中，A00级微型两厢车2022年占比40%，相比去年下降13个百分点，但仍然占据细分市场主导地位。A0级（8%）和A级（27%）市场份额同比均有增长，得益于比亚迪等头部自主品牌在10万～15万元区间的投放力度加大。B级（17%）和C级（8%）市场份额相对稳定，新势力和自主高端新能源产品在中高端市场竞争较为激烈，替代效应逐渐增强。车型国别表现方面，自主品牌占据统治地位，占比达到90%以上，德系凭借大众品牌ID3以及众多豪华品牌轿车电动化转型，份额有所提升，其他如美系、法系、日韩系份额均被压缩。

插电混动市场中，受到B级和C级插混新产品投放的影响，A级插混轿车2022年占比达到45%，较去年下降13个百分点。比亚迪在插混市场中占据绝对优势，份额达到74%，同比提升12个百分点，此外合资系品牌大众，豪华品牌奔驰、宝马，自主品牌吉利、长安等均有较好表现。

普通混动（full-hybrid）轿车市场2022年市场份额稳定在3%左右，销量28万辆，历史首次出现同比下降（同比下降8%）。尽管以日系为主的普通混动车型以经济、耐用著称，但是插电混动市场快速崛起，自主品牌插混产品在整体产品力以及节能降耗等方面均具备更大的优势，部分厂商插混产品更是能够做到油电同价，并且随着电池成本的逐渐降低，插电混动全生命周期保有成本将进一步下降，其竞争优势具备可持续性。

燃油轿车市场中，A 级轿车占比57%，同比下滑2个百分点，合资品牌轿车维持主导地位。豪华品牌表现稳健，B 级和 C 级以上轿车占比持续增长。

## （三）品牌国别表现

从国别表现来看，自主品牌轿车份额提升至40%，连续两年排名第一，凭借新能源车型的强势表现，比亚迪、长安、奇瑞成为份额增长前三的品牌，其中比亚迪2022年轿车市场份额达到9.4%，同比增长5.3个百分点。自主轿车阵营中竞争也尤为激烈，上汽乘用车、欧拉、吉利等份额丢失较为明显。受上半年疫情管控影响，德系尤其是大众品牌2022年份额下滑明显，豪华品牌奔驰、宝马、奥迪份额基本维持。日系品牌中，本田份额基本维持，丰田 SUV 产品大规模上量，挤压自身轿车销量，日产和马自达下滑明显。美系品牌中，别克、雪佛兰、福特有所下滑。韩系品牌中，现代下滑明显，起亚体量持续低位（见图7）。

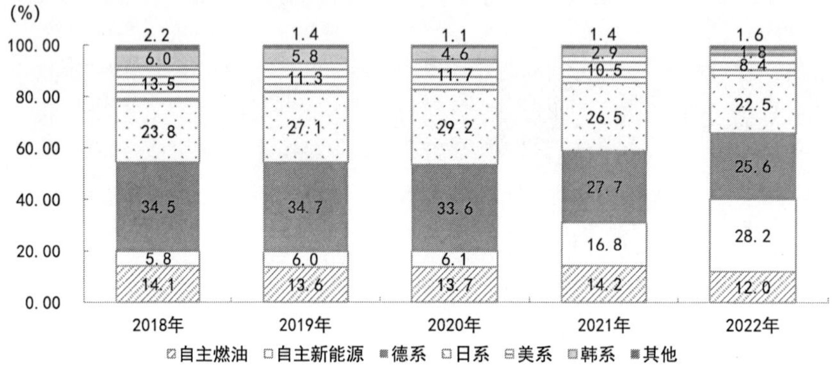


图7 2018—2022年轿车市场分级别销量对比

## （四）细分市场竞争格局

2022年轿车市场排名前十的厂商里，国产厂商占据四个席位，其中比亚迪增长迅猛，排名轿车市场第二。合资品牌凭借多年深耕主流轿车市场，产品力扎实、口碑过硬，地位依旧稳固，但面临越来越大的自主品牌新能源产品的冲击。

新能源轿车前十品牌则基本被自主品牌、新势力品牌占据，销量方面比亚迪和五菱领跑市场，特斯拉轿车销量转移至 SUV，排名有所下滑。值得一提的是，在过去新能源补贴较多的几年中，自主品牌产品以 A00级别为主迅速打开市场，满足消费出行需求。而在2022年，由于成本的上涨以及新能源车升级换代的趋势，在新能源轿车中，A00级别的占比仅为34%，同比下降13个百分点，奇瑞、长安、吉利、长城等自主品牌均推出了中高级新能源轿车产品，新能源轿车市场结构逐渐向传统轿车市场靠拢（见图8）。

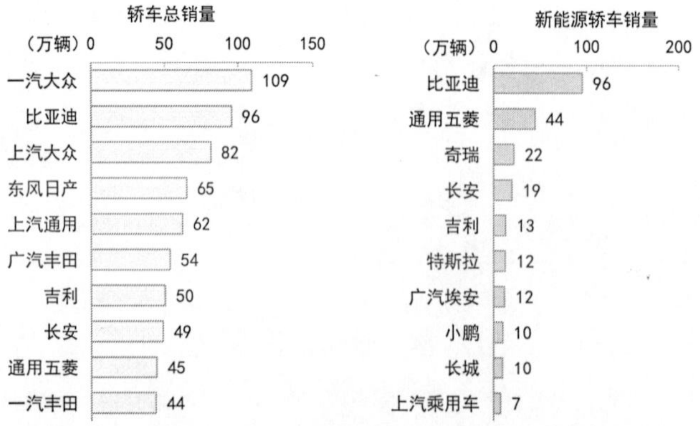


图8 2022年 Top10厂商轿车总销量和新能源轿车销量

按照乘联会车辆分级标准，C级轿车2022年同比增长23%，是增速最快的轿车细分市场，比亚迪汉27万辆，同比增长超过100%，成为C级车市场主要推动力。豪华品牌车型宝马5系和奔驰E级销量均保持3%～4%的正增长，但奥迪A6销量同比下滑23%；凯迪拉克销量近7万辆，同比增长9%，在C级轿车排名第五。此外，C级轿车涌现了许多全新车型，带来了新增量，新能源阵营的蔚来ET7、零跑C01、智己L7、哪吒S等产品引领了新能源高端化的趋势，后续自主新能源品牌也将加大在中高端车型上的投放力度。此外，传统燃油车林肯Z、奥迪A7L等产品也为C级市场注入了新鲜血液。

B级轿车2022年销量同比增长7%，取得了稳定增长。B级车集中了中高端市场的主力消费车型，Top5产品均为合资品牌燃油车以及豪华车型，受到2021年芯片短缺的影响，主力车型销量增速较好，凯美瑞、雅阁同比增长11%～12%，帕萨特同比大幅增长21%，迈腾同比提升14%，宝马3系受换代的影响，销量略微下滑4%。新能源产品同样表现出色，埃安S销量近12万辆，同比增长58%，比亚迪驱逐舰、海豹等新产品总销量超过10万辆，小鹏、长安深蓝等B级轿车产品也都取得了较好的销量表现。

在经济下行的大环境下，主力细分市场A级轿车2022年同比下滑4%，销量Top5车型中，传统燃油车轩逸、朗逸、卡罗拉等下滑均超过10个百分点，而比亚迪秦系列凭借纯电和插电混动的技术优势，加上极具竞争力的定价，全年销售34万辆，同比增长81%。A级轿车中，部分中高级别的产品销量取得了较好的表现，如凌渡（同比69%）、型格（新车）、高尔夫（同比23%）等。新能源方面，风神E70、欧拉好猫、几何A等车型都实现了销量大幅增长。当前A级轿车的电动化率仅为19%，尚未达到成熟市场水平，新能源汽车向低线城市渗透的进程已经开启，新能源汽车下乡和县乡充电基础设施建设将加快A级轿车电动化的速度。

A0级轿车在2022年实现了燃油向电动化的全面转型，比亚迪海豚的上市打破了A0级市场的竞争格局，传统燃油轿车除致炫微跌外，其他车型销量均出现大幅下滑。小型轿车市场需求主要以经济性为主，A00级市场面临转型升级，预计将有更多新能源产品进入A0级市场，进一步增加电动化渗透率。

在新能源补贴时代的末端，A00级市场2022年保持增长，但内生动能减弱。全年宏光MINI销量持平去年，奇瑞、长安等自主品牌推出了一系列微型电动车型，取得了一定的市场增量。随着新能源补贴的结束，微型电动车成本优势减弱，厂商转向布局更大的细分市场以及更高的价位段。而在新能源向低线城市渗透的大趋势中，微型电动车也具备更多的市场机会（见图9）。

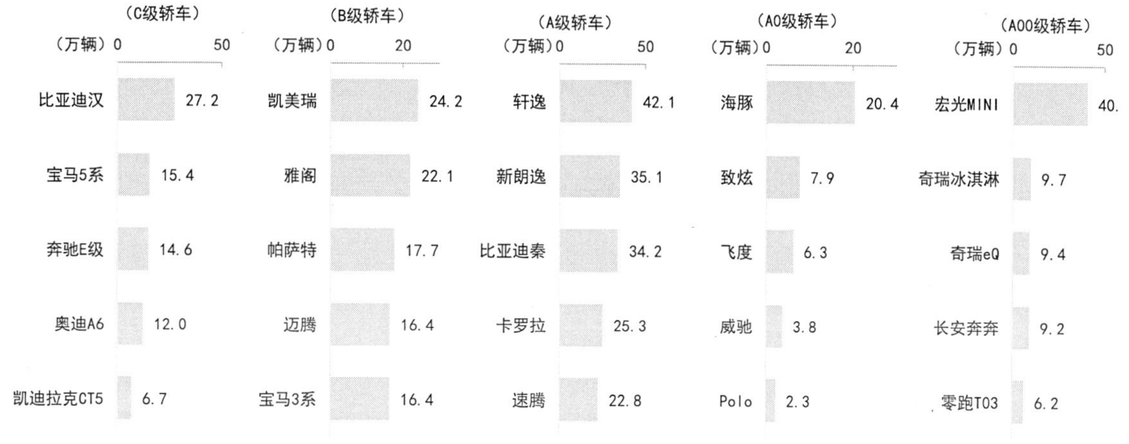

图9　各细分市场Top5车型排名

## （五）区域市场表现

从交强险数据来看，2022年华东、中南地区轿车市场增速均超过整体水平（+1%），轿车市场区域依旧呈现东强西弱的基本格局，华东和中南轿车销量占全国的68%，是轿车的主要支撑性市场。华东地区2022年轿车新能源渗透率达到30%，同比去年增长了10个百分点，中南地区轿车新能源渗透率也为30%，同比提升7个百分点。相比之下东北和西北区域的轿车新能源渗透率分别为15%和19%，受地势和气候所限，新能源普及率有待提升，整体轿车销量下滑明显（见图10）。

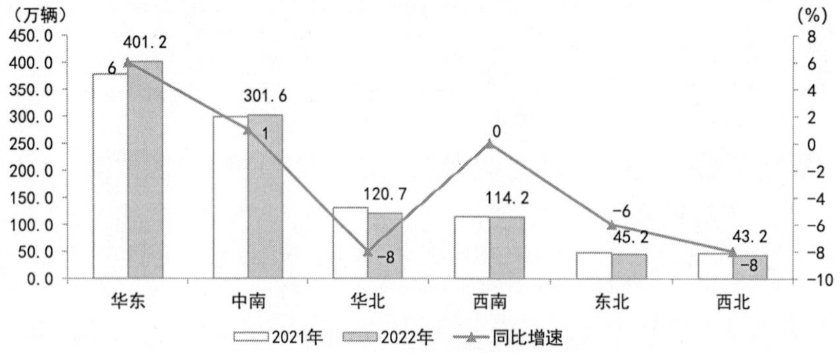

图10 2021—2022年轿车区域市场表现

从省份表现方面看，广西、浙江和安徽等地轿车市场增速较快，同时新能源渗透率较高，一方面省内均有新能源地产车厂商，依托产地优势电动化水平提升较快；另一方面经济发达地区也为新能源轿车的普及提供了经济基础。青海、西藏、内蒙古等西北省份电动化普及程度较低，且因地势等因素，SUV消费偏好要好于轿车，因此轿车市场呈现负增长。海南电动化率较高，并且提出2030年禁售燃油车等一系列措施，预计也将长期领跑电动化率这一指标。上海、北京等限购地区市场增速有限，中南地区湖南、湖北、广东等省份轿车市场增速和电动化程度均呈现较好的趋势。

（上汽大众汽车有限公司　胡昌晨）

# 2022年 SUV 市场

SUV 是近年来中国汽车市场最受欢迎的车型之一，它以高底盘、大空间、强动力等特点吸引了众多消费者的青睐。2022年，中国 SUV 市场经历了疫情、芯片危机、新能源竞争等多重挑战，但仍然保持了较高的增长势头。新能源 SUV 以其更高的续航里程、更低的使用成本、更强的动力性能等优势在 SUV 市场异军突起。

## 一、SUV 市场总体走势

### （一）2022年 SUV 批发走势

SUV 的发展动力主要是消费者生活方式改变，消费者工作时间减少，个人休闲时间增加，扩大生活半径的需求越来越高。SUV 能很好满足用户周末出行、回老家探亲等假期出行需求。

近两年 SUV 市场从爆发式增长逐步进入调整期，SUV 市场总量从2007年的38万辆到2020年的946万辆呈现高增长态势。其中2017年 SUV 达到1028万辆，过千万大关，成为近期的历史高点。

2018年中国 SUV 市场总销量达到1000万辆，同比下滑2.7%，但2019年进一步地持续下滑到935万辆，年度同比下滑6.5%。2022年的 SUV 市场总体呈现波动型的态势，淡季不淡，旺季很差。由于疫情的冲击，SUV 的表现远未体现消费能力增长的特征。(见表1)。

表1　2013—2022年 SUV 销量及增速　　单位：万辆，%

| SUV | 2013 年 | 2014 年 | 2015 年 | 2016 年 | 2017 年 | 2018 年 | 2019 年 | 2020 年 | 2021 年 | 2022 年 |
|---|---|---|---|---|---|---|---|---|---|---|
| 销量 | 304.0 | 410.6 | 632.7 | 894.0 | 1028.5 | 1000.8 | 935.3 | 946.1 | 993.1 | 1108.3 |
| 增速 | 50.8 | 35.1 | 54.1 | 41.3 | 15.0 | -2.7 | -6.5 | 1.1 | 5.0 | 11.6 |

资料来源：乘用车市场信息联席会（以下图表资料来源相同，不再赘述）

从2022年的月度走势来看，年初 SUV 的各月市场都在下降之中。从6月开始，SUV 市场的同比增速进入零增长的波动之间。SUV 市场恢复较快，主要是下半年促消费增长较强，因此2020年下半年开始了恢复高增长（见图1）。

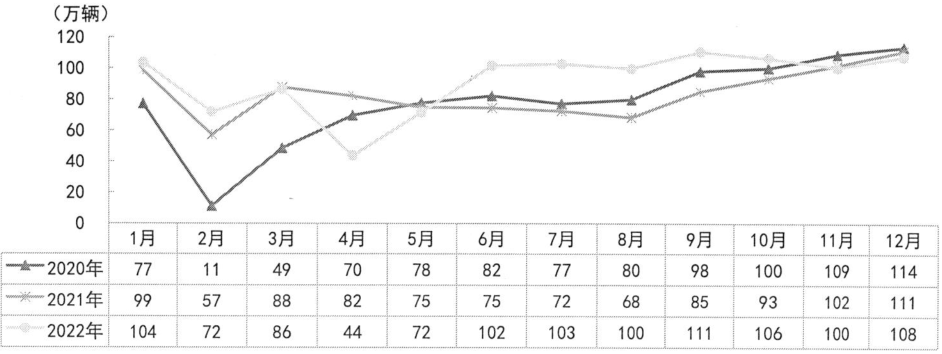


| | 1月 | 2月 | 3月 | 4月 | 5月 | 6月 | 7月 | 8月 | 9月 | 10月 | 11月 | 12月 |
|---|---|---|---|---|---|---|---|---|---|---|---|---|
| 2020年 | 77 | 11 | 49 | 70 | 78 | 82 | 77 | 80 | 98 | 100 | 109 | 114 |
| 2021年 | 99 | 57 | 88 | 82 | 75 | 75 | 72 | 68 | 85 | 93 | 102 | 111 |
| 2022年 | 104 | 72 | 86 | 44 | 72 | 102 | 103 | 100 | 111 | 106 | 100 | 108 |

图1　2020—2022年 SUV 市场月度销量

### （二）SUV 车型级别格局

SUV 市场的乘用车占比较稳，内部格局变化不大，主要是 B 级 SUV 走势很强，但 A 级和 A0 级表现一般。主要的增量来自 B 级以上市场，而轿车市场的 B 级和 A00级增长很快，形成高低两端远强于主流轿车的特征（见表2）。

表2　2017—2022年乘用车车型各级别市场份额

单位：%

| 乘用车类别 | 级别 | 2017 年 | 2018 年 | 2019 年 | 2020 年 | 2021 年 | 2022 年 |
|---|---|---|---|---|---|---|---|
| CAR | A00 | 1.6 | 1.6 | 1.0 | 1.6 | 4.4 | 5.5 |
| | A0 | 5.4 | 4.6 | 3.7 | 2.6 | 2.6 | 2.8 |
| | A | 31.2 | 31.2 | 31.2 | 27.7 | 24.3 | 22.7 |
| | B | 8.0 | 9.1 | 9.7 | 11.3 | 12.1 | 12.6 |
| | C | 2.8 | 3.2 | 3.1 | 3.8 | 4.1 | 4.4 |
| CAR 汇总 | | 49.0 | 49.6 | 48.8 | 47.0 | 47.6 | 47.9 |
| MPV | A0 | 3.7 | 2.8 | 2.1 | 1.5 | 1.4 | 0.8 |
| | A | 3.0 | 2.7 | 2.4 | 1.5 | 1.1 | 1.0 |
| | B | 1.1 | 1.2 | 1.1 | 1.3 | 1.5 | 1.2 |
| | C | 0.8 | 0.8 | 1.0 | 1.2 | 1.1 | 1.3 |
| MPV 汇总 | | 8.6 | 7.4 | 6.5 | 5.4 | 5.1 | 4.2 |
| SUV | A00 | 0.0 | 0.0 | 0.0 | 0.0 | 0.0 | 0.1 |
| | A0 | 9.7 | 9.7 | 9.3 | 8.5 | 8.1 | 7.0 |
| | A | 26.4 | 27.0 | 28.6 | 30.4 | 28.1 | 26.5 |
| | B | 6.1 | 6.0 | 6.6 | 8.2 | 10.2 | 12.7 |
| | C | 0.3 | 0.2 | 0.2 | 0.5 | 0.9 | 1.6 |
| SUV 汇总 | | 42.4 | 42.9 | 44.7 | 47.6 | 47.3 | 47.9 |

## (三) SUV 市场竞争格局

SUV 市场的销量在不断提升之中，但仍未超过轿车销量占比。自主品牌的 SUV 销量占比在2020年占总量23.7% 的谷底后逐步上升，到2022年占27.7%，形成了 SUV 较强局面。而轿车市场稳定，主要是自主品牌的轿车从2020年占10% 上升到2022年占乘用车销量的20% 的水平，扩充了轿车市场，所以也体现了 SUV 市场缺乏新突破。

豪华品牌不断上升，主要是轿车和 SUV 的较快增长。由于合资企业反应较慢，新能源停滞，导致合资品牌在细分市场表现均比较低迷（见表3）。

表3　2017—2022年乘用车车型各品牌市场份额

单位：%

| 乘用车类别 | 级别 | 2017 年 | 2018 年 | 2019 年 | 2020 年 | 2021 年 | 2022 年 |
|---|---|---|---|---|---|---|---|
| CAR | 豪华 | 4.5 | 5.6 | 6.0 | 7.2 | 7.2 | 6.4 |
| | 主流合资 | 34.7 | 33.7 | 32.9 | 29.8 | 24.9 | 21.5 |
| | 自主 | 9.8 | 10.4 | 9.8 | 10.0 | 15.5 | 20.1 |
| CAR 汇总 | | 49.0 | 49.6 | 48.8 | 47.0 | 47.6 | 47.9 |
| MPV | 豪华 | 0.1 | 0.1 | 0.1 | 0.2 | 0.2 | 0.1 |
| | 主流合资 | 1.2 | 1.5 | 1.4 | 1.5 | 1.4 | 1.5 |
| | 自主 | 7.4 | 5.9 | 5.0 | 3.7 | 3.6 | 2.6 |
| MPV 汇总 | | 8.6 | 7.4 | 6.5 | 5.4 | 5.1 | 4.2 |
| SUV | 豪华 | 2.8 | 3.1 | 4.3 | 5.4 | 6.0 | 6.5 |
| | 主流合资 | 13.8 | 14.5 | 16.6 | 18.5 | 15.9 | 13.7 |
| | 自主 | 25.8 | 25.3 | 23.8 | 23.7 | 25.3 | 27.7 |
| SUV 汇总 | | 42.4 | 42.9 | 44.7 | 47.6 | 47.3 | 47.9 |

## 二、SUV 市场总体走势

### （一）SUV 动力结构走势

SUV 市场促销力度相对温和，目前促销处于相对中高位水平，仍明显低于2018年和2019年走势（见图2）。

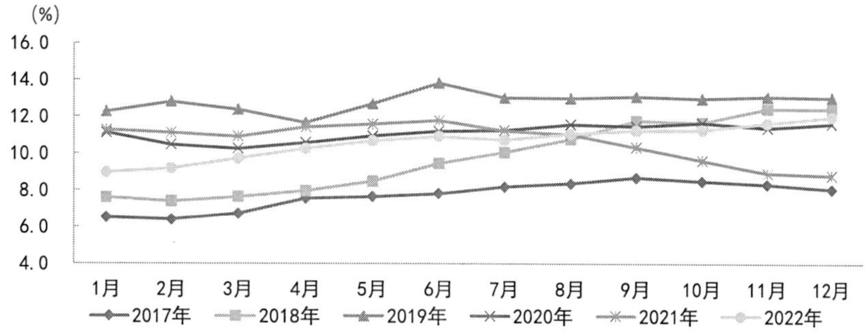


图2 2017—2022年 SUV 促销力度

### （二）SUV 进口走势

2017—2019年的进口车市相对稳定，2021年进口整车93万辆，相对2020年增长较快。近两年传统的卡车和客车进口下降，尤其是重卡和中卡的进口回落明显，体现了疫情后的需求释放完成。但轻卡的皮卡进口较强，体现出美国皮卡的市场认可度较高（见表4）。

表4 2017—2022年乘用车分车型进口量 单位：万辆，%

| 车型 | | 2017 年 | 2018 年 | 2019 年 | 2020 年 | 2021 年 | 2022 年 | 2022 年增速 |
|---|---|---|---|---|---|---|---|---|
| 乘用车 | 小轿车 | 44.79 | 46.23 | 42.10 | 39.12 | 41.32 | 39.69 | -4 |
| | 四驱 SUV | 52.87 | 44.83 | 33.79 | 31.31 | 29.01 | 28.21 | -3 |
| | 9 座小客车 | 22.46 | 18.10 | 20.50 | 18.25 | 19.12 | 17.40 | -9 |
| | 未列名乘用车 | 2.58 | 2.34 | 6.67 | 2.26 | 0.77 | 1.82 | 138 |
| | 其他 | 0.17 | 0.46 | 0.09 | 0.00 | 2.23 | 0. 01 | — |
| | 乘用车 汇总 | 122.86 | 111.96 | 103.15 | 90.94 | 92.45 | 87.13 | -6 |
| 卡车 | 轻卡 | 0.73 | 0.93 | 0.75 | 0.63 | 0.14 | 0.89 | 532 |
| | 中卡 | 0.02 | 0.02 | 0.02 | 0.03 | 0.05 | 0.04 | -14 |
| | 重卡 | 0.22 | 0.47 | 0.84 | 1.09 | 0.35 | 0.23 | -35 |
| | 卡车 汇总 | 0.97 | 1.44 | 1.62 | 1.76 | 0.55 | 1.18 | 116 |
| 客车 | 轻客 | 0.00 | 0.04 | 0.02 | 0.06 | 0.06 | 0.09 | 65 |
| | 中客 | — | 0.00 | 0.00 | 0.00 | 0.00 | 0.01 | 327 |
| | 大客 | — | 0.00 | 0.00 | 0.00 | 0.00 | 0.00 | -33 |
| | 客车 汇总 | 0.00 | 0.04 | 0.02 | 0.06 | 0.06 | 0.10 | 73 |
| 总计 | | 123.84 | 113.43 | 104.78 | 92.76 | 93.05 | 88.41 | -5 |

## 三、SUV 细分市场结构

### （一）A0级 SUV 销量走势

A0级 SUV2022年12月批发16.89万辆，占批发份额15.66%，批发较去年同期同比增长1%；2022年12月零售较去年同期同比下降14%。

2022年1—12月批发数量168.33万辆，厂家批发销售累计增长2%；2022年1—12月国内零售数量139.96万辆，零售累计下降10%。

A0级 SUV 的主力车型变成电动汽车，A0级 SUV 基本都是时尚车型，比亚迪和广汽埃安电动汽车的表现很强，日系的燃油车表现较好（见图3）。

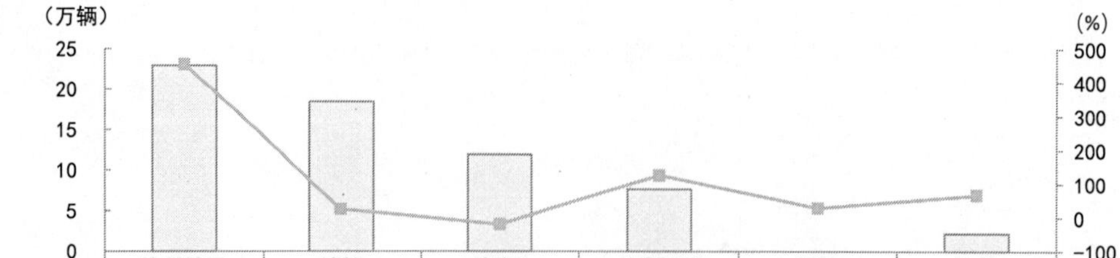


| | 比亚迪元 | 缤越 | 埃安Y | 长安CS35 | 探歌 | 炫界 |
|---|---|---|---|---|---|---|
| 销量 | 22.9 | 18.45 | 11.97 | 7.7 | 0 | 2.26 |
| 增速 | 453 | 25 | −19 | 126 | 29 | 67 |

图3　2022年 A0级 SUV 主力车型销量和增速走势

### （二）紧凑型 SUV 主力车型市场走势

A 级 SUV2022年12月批发60.86万辆，占批发份额56.44%，批发较去年同期同比下降13%；2022年12月零售较去年同期同比增长7%。

2022年批发数量654.87万辆，厂家批发销售累计增长5%；2022年国内零售数量548.14万辆，零售累计下降4%。

A 级 SUV2022年12月批发领军变成新能源车型比亚迪宋，原有领军的燃油车 SUV 和合资 SUV 市场压力较大，高价位的 SUV 可以在动力和品牌间选择，比亚迪动力优势带动品牌优势（见图4）。

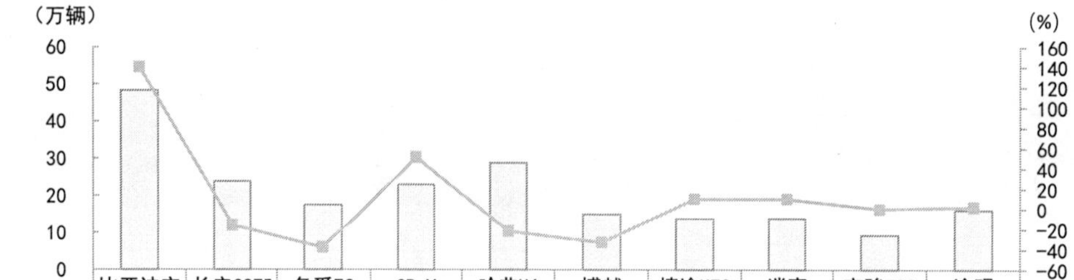


| | 比亚迪宋 | 长安CS75 | 名爵ZS | CR-V | 哈弗H6 | 博越 | 捷途X70 | 逍客 | 宝骏530 | 途观 |
|---|---|---|---|---|---|---|---|---|---|---|
| 销量 | 48.2 | 23.8 | 17.5 | 23.0 | 28.8 | 15.0 | 13.7 | 13.7 | 9.3 | 16.1 |
| 增速 | 140 | −16 | −38 | 51 | −22 | −33 | 10 | 10 | 0 | 2 |

图4　2022年 A 级 SUV 主力车型销量和增速走势

### （三）B 级 SUV 市场走势

2022年批发数量262.04万辆，厂家批发销售累计增长35%；2022年国内零售数量233.11万辆，零售累计增长27%。B 级 SUV 在2022年12月批发市场上仍是电动汽车领军车型，燃油车奔驰较强，而豪华车在未来政策促进下仍会有较好表现（见图5）。

| | Model Y | 比亚迪唐 | 红旗155 | 奥迪Q | 宝马X3 | 极氪001 | 理想L8 | 奔驰QC | 凯迪拉克XT5 | 沃尔沃XC60 |
|---|---|---|---|---|---|---|---|---|---|---|
| 销量 | 45.51 | 15.08 | 14.01 | 14.28 | 14.64 | 4.79 | 1.55 | 1.55 | 5.47 | 6.72 |
| 增速 | 127 | 178 | 158 | 9 | −3 | 0 | 0 | 0 | 3 | 8 |

图5　2022年 B 级 SUV 主力车型销量和增速走势

### （四）豪华 SUV 主力车型市场走势

豪车 SUV 市场容量是很大的，各家都有较好表现。特斯拉占据领军位置，而奔驰、奥迪和宝马的12月竞争表现都相对较强。奥迪近期表现相对平稳。

特斯拉 Model Y 目前独占 SUV 领军地位。随着车购税减半政策实施，豪华 SUV 市场增长的空间较大，竞争相对较稳，国产宝马 X3的走势很强。奥迪 Q5走势也很强。奥迪 Q5在12月较好（见图6）。

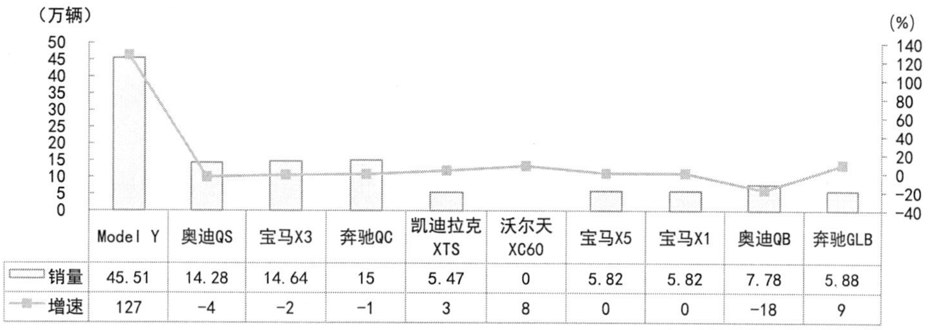


图6 2022年豪华 SUV 主力车型销量和增速走势

## 四、SUV 区域市场结构

### （一）各地 SUV 市场动力结构

从 SUV 市场的市场格局来看，整体动力格局发生明显的变化，新能源表现很强。

纯电动 SUV 市场在华东市场、华南市场以及东部直辖市市场份额都在20% 左右的水平，尤其在东部直辖市市场达到27% 的比例，在华东市场达到24% 的比例，而在西北市场，还有东北市场，以及中部市场，总体来看占比都是极低的状态（见表5）。

表5 2022年分区域各能源类型 SUV 市场份额

单位：%

| SUV 结构 | 常规 | 混合动力 | 插混 | 纯电动 |
|---|---|---|---|---|
| 东部－华东 | 65.4 | 2.7 | 8.0 | 23.9 |
| 东部－华南 | 63.4 | 5.2 | 11.7 | 19.6 |
| 西南 | 77.9 | 2.8 | 7.9 | 11.4 |
| 中部－长江 | 78.9 | 3.0 | 7.0 | 11.1 |
| 东部－华北 | 78.3 | 3.4 | 7.3 | 11.0 |
| 西北 | 83.6 | 3.9 | 7.5 | 5.0 |
| 东部直辖市 | 54.8 | 3.2 | 15.2 | 26.9 |
| 中部－黄河 | 76.7 | 2.9 | 9.3 | 11.1 |
| 东北 | 84.7 | 5.0 | 5.9 | 4.4 |

### （二）SUV 城乡市场特征

近几年，SUV 市场在特大城市表现相对较强，从2019年的12.9% 上升到2022年的15.9%，上升3个百分点。而县乡市场和小城市的 SUV 在全国占比都出现了明显下降的态势。尤其是县乡市场，从过去23.8% 下降到20.9%，下降近3个百分点，小型城市下降幅度也较大。低线级 SUV 占比下降的主要原因是新能源车的发展带来分化。而新能源车在特大城市表现较强，推动大城市的 SUV 占比提升（见表6）。

表6　2019—2022年分级别城乡 SUV 市场份额　　单位：%

| SUV | 2019年 | 2020年 | 2021年 | 2022年 |
|---|---|---|---|---|
| 特大城市 | 12.9 | 13.0 | 14.1 | 15.9 |
| 大型城市 | 23.3 | 23.3 | 22.8 | 23.5 |
| 中型城市 | 21.6 | 21.9 | 22.4 | 22.8 |
| 小型城市 | 18.3 | 18.3 | 18.0 | 16.8 |
| 县乡 | 23.8 | 23.5 | 22.9 | 20.9 |

## （三）SUV 地区市场特征

SUV 在各区市场的表现也是呈现明显分化，在华东、华南和东部直辖市，SUV 市场的占比明显地提升，而在中西部地区 SUV 市场的占比明显地下降，也是 SUV 市场呈现了区域分化的格局（见表7）。

表7　2016—2022年分区域 SUV 市场份额　　单位：%

| SUV | 2016年 | 2017年 | 2018年 | 2019年 | 2020年 | 2021年 | 2022年 |
|---|---|---|---|---|---|---|---|
| 东部－华东 | 13.3 | 13.2 | 13.4 | 13.9 | 13.9 | 14.4 | 16.3 |
| 东部－华南 | 12.9 | 13.5 | 14.5 | 14.2 | 13.5 | 14.2 | 15.9 |
| 西南 | 16.0 | 16.1 | 16.1 | 15.7 | 15.2 | 14.8 | 13.9 |
| 中部－长江 | 15.2 | 14.5 | 14.4 | 13.8 | 13.4 | 13.2 | 13.0 |
| 东部－华北 | 11.7 | 12.5 | 12.1 | 12.2 | 12.0 | 11.8 | 10.8 |
| 西北 | 9.5 | 9.5 | 9.3 | 9.6 | 10.3 | 10.2 | 9.2 |
| 东部直辖市 | 7.0 | 5.9 | 6.1 | 6.8 | 7.2 | 7.8 | 8.4 |
| 中部－黄河 | 8.4 | 9.0 | 8.8 | 8.8 | 8.7 | 8.1 | 7.1 |
| 东北 | 5.9 | 5.8 | 5.2 | 5.1 | 5.8 | 5.7 | 5.3 |

## （四）各类品牌区域变化

SUV 市场的增量主要是在华东、华南地区，而主要的增长主要也是自主品牌在这些地区获得了份额较大的增长。SUV 自主品牌份额相对于去年同期在华东地区上升4个百分点，在华南地区上升7个百分点，在东部直辖市上升5个百分点，表现都是极强的特征（见表8）。

表8　2022年分区域分品牌 SUV 市场份额及与2021年同比　　单位：%

| SUV | 2022年份额 | | | | 2022年较2021年增减 | | | |
|---|---|---|---|---|---|---|---|---|
| | 超豪华 | 豪华 | 合资 | 自主 | 超豪华 | 豪华 | 合资 | 自主 |
| 东部－华东 | 0.0 | 28.2 | 26.3 | 45.5 | 0.0 | 0.7 | -4.9 | 4.2 |
| 东部－华南 | 0.0 | 19.7 | 33.4 | 46.8 | 0.0 | -0.9 | -6.0 | 6.9 |
| 西南 | 0.0 | 14.9 | 28.8 | 56.2 | 0.0 | 0.7 | -1.5 | 0.7 |
| 中部－长江 | 0.0 | 16.7 | 34.0 | 49.3 | 0.0 | 1.3 | -3.6 | 2.3 |
| 东部－华北 | 0.0 | 15.4 | 35.5 | 49.1 | 0.0 | 1.8 | -0.7 | -1.1 |
| 西北 | 0.0 | 9.9 | 35.8 | 54.3 | 0.0 | 0.9 | -0.6 | -0.3 |
| 东部直辖市 | 0.1 | 28.7 | 27.6 | 43.7 | 0.0 | -0.8 | -4.5 | 5.3 |
| 中部－黄河 | 0.0 | 10.3 | 34.3 | 55.4 | 0.0 | 0.6 | -0.2 | -0.4 |
| 东北 | 0.0 | 14.1 | 42.2 | 43.7 | 0.0 | 1.0 | 2.8 | -3.9 |

## 五、SUV 发展特点

SUV 市场总体保持较强的市场表现，未来仍有较好的发展空间。

首先，SUV 作为一种多功能的汽车类型，受到越来越多消费者的青睐。SUV 不仅能够提供舒适的驾乘体验，还能适应不同的路况和需求，如越野、载货、家庭出行等。SUV 的市场需求在近年来持续增长，尤其是在一二线城市和年轻人群中。

其次，中国汽车制造商在 SUV 领域投入了大量的资源和创新，推出了许多具有竞争力的产品。这些产品不仅在价格、性能、设计、安全等方面有所提升，还加入了智能化、电动化、网联化等新技术和新功能，满足了消费者的多样化需求和个性化喜好。

最后，政府和社会也为 SUV 市场的发展提供了有利的环境和支持。例如，政府出台了一系列的政策和措施，鼓励汽车产业的转型升级，支持新能源汽车和智能汽车的发展，优化汽车消费的税收和补贴制度，改善汽车使用的基础设施和服务等。社会方面，随着人们生活水平的提高和消费观念的变化，更多人愿意购买和使用 SUV，形成了良好的市场氛围。

综上所述，2022年中国 SUV 市场表现较好，得益于多方面的因素。未来，随着中国汽车产业的进一步发展和创新，以及消费者需求和喜好的不断变化，SUV 市场仍然有着巨大的潜力和空间。我们期待看到更多优秀的 SUV 产品出现在中国市场上，为消费者带来更好的驾乘体验和生活品质。

（中国汽车流通协会汽车市场研究分会　崔东树）

# 2022年 MPV 市场

2022年消费持续恢复，全年狭义乘用车累计批发销售2324万辆，同比增长10.0%，乘用车在汽车中的占比达到86.5%，比去年同期提高了6.2个百分点。

2022年 MPV 累计生产95.1万辆，同比下降11.3%；累计批发销售93.7万辆，同比下降11.2%，而同期狭义乘用车的批发量同比增长为10.0%，轿车和 SUV 同比增长分别为11.5% 和10.8%，MPV 再次拖累了整体乘用车市场的增长。在乘用车中 MPV 的渗透率为4.0%，同比下降1个百分点。

## 一、2022年 MPV 产销概况

### （一）全年销量走势不及预期

2022年，MPV 销量市场表现不够理想。MPV 月度走势在4月跌入谷底后逐月爬升，直至9月达到销量最高点（10.5万辆），进入第四季度仍走出 U 形趋势。12月销售有了明显的提升，前期车市被压抑的刚需快速回补，叠加优惠政策将退出的效应，月度销量接近10.0万辆（见图1）。

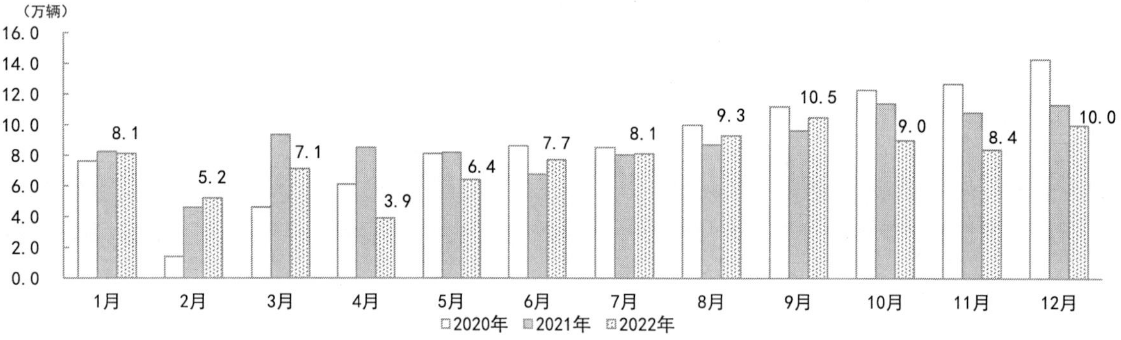


图1 2020—2022年 MPV 市场月度销量走势对比

资料来源：乘用车市场信息联席会（以下图表资料来源相同，不再赘述）

### （二）MPV 上、下半年销售比

2022年，作为汽车产业重镇的江浙沪、东北等地的汽车主机厂、零部件厂商受疫情影响，出现零部件供应短缺、物流运输受阻，整车生产基地陆续出现停产，市场遭受严重冲击。上、下半年的比例为41∶59（见图2）。

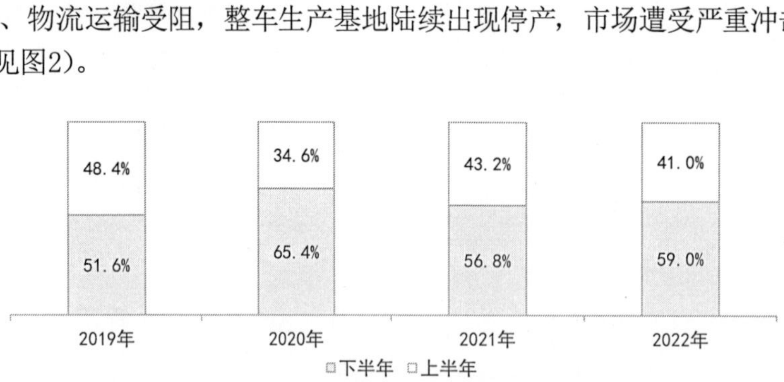


图2 2019—2022年上、下半年销售比

## 二、市场集中度

### （一）Top10企业集中度83.1%，同比下降5.6个百分点

2022年 Top10企业累计销售77.8万辆，同比为 -13.3%，低于 MPV 整体市场的增长率（-11.2%），

市场集中度下降，2022年下半年新品不断加码上市，激发了部分需求，也分散了需求，因此市场集中度同比下降5.6个百分点。

Top10企业榜单中，合资、自主各占5家，但自主品牌排位更靠前，分别占据第1、第3、第5、第8、第10位。广汽丰田、吉利汽车和广汽本田是2022年Top10企业中正增长的企业，广汽丰田赛那全年销售7.5万辆，占8%的市场份额，成为行业成长性最好的明星企业和车型；睿蓝枫叶80V是2022年加入吉利家族的MPV产品，全年销售近2万辆，为吉利入榜作出了重要贡献（见表1）。

表1 2022年MPV Top10企业销量、同比及占比

单位：辆，%

| 排名 | Top10企业 | 2021年 | 2022年 | 累计同比 | 2022年市场占有率 |
|---|---|---|---|---|---|
| 1 | 上汽通用五菱 | 366658 | 239096 | -34.8 | 25.5 |
| 2 | 上汽通用 | 176625 | 132821 | -24.8 | 14.2 |
| 3 | 广汽乘用车 | 114555 | 103333 | -9.8 | 11.0 |
| 4 | 广汽丰田 | 2791 | 74510 | 2569.7 | 8.0 |
| 5 | 东风柳汽 | 51021 | 48089 | -5.7 | 5.1 |
| 6 | 广汽本田 | 43366 | 44586 | 2.8 | 4.8 |
| 7 | 东风本田 | 48270 | 40028 | -17.1 | 4.3 |
| 8 | 上汽大通 | 45146 | 36179 | -19.9 | 3.9 |
| 9 | 福建奔驰 | 37196 | 33024 | -11.2 | 3.5 |
| 10 | 吉利汽车 | 12178 | 26758 | 119.7 | 2.9 |
| Top10 | | 897806 | 778424 | -13.3 | 83.1 |
| 其他厂商 | | 157428 | 158648 | 0.8 | 16.9 |

## （二）Top15车型市场集中度为78.7%

MPV的Top15车型的销量为73.7万辆，同比下降12.4%，市场集中度为78.7%；“其余车型”（共38个MPV车型）销量仅为19.9万辆，同比下降6.4%，最近3年MPV投放的高端车越来越多，这些新车型还没有进入Top15，但它们的加入，分走了部分市场份额，因此“其余车型”的增长率反而高于MPV平均增长率（见表2）。

表2 2022年MPV Top15车型销量、同比及占比

单位：辆，%

| 排名 | Top10车型 | 2021年 | 2022年 | 累计同比 | 2022年市场占有率 |
|---|---|---|---|---|---|
| 1 | 宏光 | 255184 | 150117 | -41.2 | 16.0 |
| 2 | 别克GL8 | 170011 | 116257 | -31.6 | 12.4 |
| 3 | 赛那 | 2791 | 74510 | 2569.7 | 8.0 |
| 4 | 传祺M8 | 66397 | 59384 | -10.6 | 6.3 |
| 5 | 佳辰 | — | 50174 | — | 5.4 |
| 6 | 奥德赛 | 43366 | 44586 | 2.8 | 4.8 |
| 7 | 菱智 | 51021 | 44177 | -13.4 | 4.7 |
| 8 | 艾力绅 | 48270 | 40028 | -17.1 | 4.3 |
| 9 | 传祺M6 | 48158 | 37987 | -21.1 | 4.1 |
| 10 | 威然 | 10940 | 24240 | 121.6 | 2.6 |
| 11 | 凯捷 | 63315 | 22236 | -64.9 | 2.4 |
| 12 | 大通G50 | 25271 | 20781 | -17.8 | 2.2 |
| 13 | 睿蓝枫叶80V | 4585 | 19825 | 332.4 | 2.1 |
| 14 | 奔驰V级 | 20853 | 17097 | -18.0 | 1.8 |
| 15 | 瑞风系列 | 32110 | 16325 | -49.2 | 1.7 |
| Top15 | | 842272 | 737724 | -12.4 | 78.7 |
| 其余车型小计 | | 212962 | 199348 | -6.4 | 21.3 |

### （三）Top5集团的集中度达87.9%

从集团销量角度看，集团 Top5集中度达87.9%，比同期下降3.1%。行业内不同车企也纷纷入局 MPV 市场，导致集中度下降。

上汽集团是 MPV 生产 / 销售最大的企业集团，2022年 MPV 占有率为47.2%，市场份额同比下降11.3%；广汽集团是2022年增长最快的汽车集团，拥有23.7% 份额，同比提升8.5个百分点；此消彼长间，广汽承接了上汽75% 的净减量。当前上汽、广汽和东风仍是行业 Top3集团公司，年销量在10万辆以上，三者合计占有率达八成以上（见表3）。

表3　2021—2022年 Top5集团的 MPV 销量与占有率　　单位：辆，%

| 集团 | 2021 年 | 2022 年 | 增长率 | 2021 年市场占有率 | 2022 年市场占有率 |
|---|---|---|---|---|---|
| 上汽集团 | 617096 | 442193 | -28.3 | 58.5 | 47.2 |
| 广汽集团 | 160712 | 222429 | 38.4 | 15.2 | 23.7 |
| 东风集团 | 110963 | 99371 | -10.4 | 10.5 | 10.6 |
| 福汽集团 | 37196 | 33024 | -11.2 | 3.5 | 3.5 |
| 吉利集团 | 12178 | 26758 | 119.7 | 1.2 | 2.9 |
| 五集团合计 | 960863 | 823775 | -14.3 | 91.1 | 87.9 |
| MPV 总计 | 1055234 | 937072 | -11.2 | 100.0 | 100.0 |

## 三、Top3高端商务 MPV 的竞争激烈跌宕起伏

2022年高端 MPVTop3（GL8、赛那、M8）的市场走势从3月开始就展开了激烈的竞赛，3—7月竞争进入胶着状态，从8月起，三者渐次拉开距离，又在年底汇拢，其中有产品策略和市场偏好的奥义（见图3）。

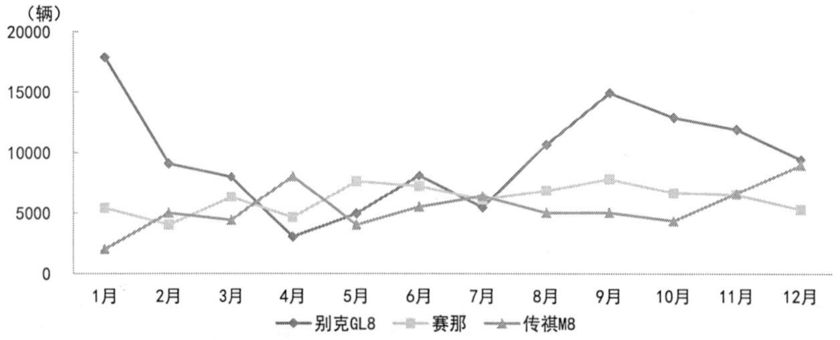


图3　2022年 Top3高端商务 MPV 月度走势比较

竞争激烈再赋势能。别克 GL8在8月焕新上市，11月在艾维亚的阶梯之上，再赋势能推出了“大型科技豪华 MPV• 别克世纪”，定位于50万～70万元，瞄准的是丰田埃尔法与奔驰 V-class。经历23年的发展，上汽通用排兵布阵了4大系列23款车型，在 MPV 市场形成了一个庞大的产品矩阵。广汽传祺勇做中国豪华 MPV 创领者，M8自2017年上市以来已拥有了“领秀、大师和宗师”三大系列共17个车款，在与丰田合作研发的 THS 混动系统后，于10月在宗师系列中加推了三款混合动力车型，现在它拥有自主品牌 MPV 最大产品布局。广汽丰田以一款明星车型赛那增强了丰田车在华的话语权，并于下半年加推格兰维亚，为其助一臂之力。

## 四、功能细分市场：大型豪华商务成为热点

MPV 按功能分为合资商务型、合资兼用型、自主商务型、自主兼用型、自主商用型五个子市场。从近四年的发展趋势来看，大型 MPV 一直在上攻，渗透率越来越高，中小型 MPV 已经走过巅峰期。合资商务型 MPV 连续四年处于上升通道，渗透率从2019年的18.4%，提高到2022年的37.8%，市

场规模达35.5万辆，2022年还增添了两款新车：别克世纪和丰田格兰维。合资兼用型MPV由于水土难服，纷纷退市，渗透率从6.4%下降到1.6%，目前仅有三款车在售，市场规模仅1.5万辆。自主商务型MPV在2022年渗透率为25.6%，市场规模仅次于合资商务MPV，达23.9万辆，市场拥有16款车，2022年仅新车就有6款，如梦想家、腾势D9、红旗HQ9、MIFA9、游艇和大通G90等。自主兼用型MPV在2022年的渗透率为16.4%，市场规模仅15.3万辆，新添车型有五菱佳辰、风光380、北汽锐胜。自主商用型MPV，这个细分市场的用户一般是把车辆作为生产资料来使用，当经济前景不明朗，特别是疫情三年，车辆基本闲置，增购换购动力不足，因此需求量也迅速缩水，一些销量上不去的车型慢慢地就销声匿迹。2022年该细分市场年增长率为-38.3%，渗透率为18.7%，市场规模也仅为17.5万辆（见图4）。

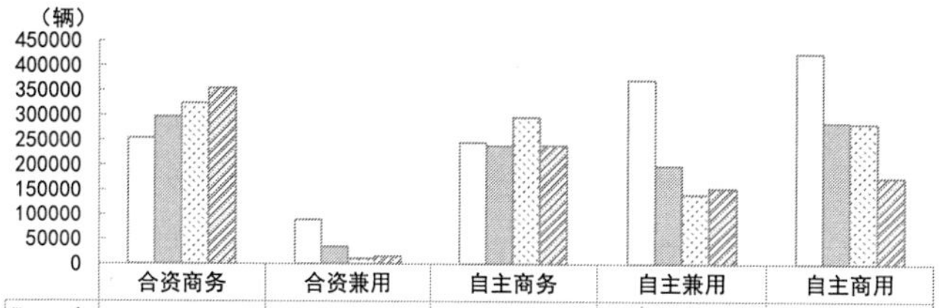


| | 合资商务 | 合资兼用 | 自主商务 | 自主兼用 | 自主商用 |
|---|---|---|---|---|---|
| 2019年 | 253944 | 88519 | 245067 | 371237 | 424917 |
| 2020年 | 296982 | 34713 | 238382 | 198637 | 285312 |
| 2021年 | 324314 | 10438 | 295722 | 141200 | 283560 |
| 2022年 | 354517 | 14680 | 239605 | 153248 | 174985 |

图4 2019—2022年各功能MPV销量及市占率增减变化

现阶段我国MPV市场特征是，市场消费重心上移，朝着大型化、高端化、舒适化、智能化的方向发展，合资商务和自主商务的MPV销量占比达到63.4%，两者合计增速为-6.8%，仍高于MPV整体增速（-11.2%）；合资兼用、自主兼用和自主商用MPV均是中小型MPV，其占比为36.6%，合计增长率为-21.2%。可见大型MPV由于其空间宽敞、座位多变、乘坐舒适而成为市场竞争亮点和焦点，而家庭用途的中小型MPV市场需求被众多SUV产品分流了，商用MPV的用车需求，也被近年来推出的、使用成本更低的A0级、A00级电动汽车所代替，因此中小型MPV已经日渐式微。

## 五、发动机排量向2.0L靠拢

随着生态环保低碳理念深入人心，近年来MPV市场中的大排量车型也渐渐淡出市场。2021—2022年国产市场上已经不见排量大于2.5升产品的踪迹。由于MPV车体大，也需要动力性良好的配备，因此一般会匹配涡轮增压器发动机，2.0T成为主流配置的发动机，2.0～2.5L档产品的市场需求增长了155.1%，1.0～1.6L和1.6～2.0L段的产品是主流产品，但有大幅缩水的趋势，同比分别下降了24.8%和14.2%，充分说明MPV市场需求的重心在向上突围。新能源MPV以用车成本节省、动力性好而著称，是目前MPV市场的又一增长点，虽然渗透率仅为4.4%，但同比增长43.5%，有较强的增长空间（见表4）。

表4 2019—2022年MPV排量需求及市占率

单位：辆，%

| 排量 | 2019年 | 2020年 | 2021年 | 2022年 | 2022年增长率 | 2022年市占率 |
|---|---|---|---|---|---|---|
| 新能源 | 6896 | 10049 | 28612 | 41053 | 43.5 | 4.4% |
| 1.0～1.6L | 1003615 | 626919 | 552889 | 415655 | -24.8 | 44.4% |
| 1.6～2.0L | 286355 | 340095 | 430200 | 369309 | -14.2 | 39.4% |
| 2.0～2.5L | 86601 | 76947 | 43533 | 111055 | 155.1 | 11.9% |
| 2.5～3.0L | 217 | 16 | 0 | 0 | — | 0.0% |
| >3.0L | 0 | 0 | 0 | 0 | — | 0.0% |
| 合计 | 1383684 | 1054026 | 1055234 | 937072 | -11.2 | 100.0% |

## 六、区域流向成为衡量当地经济的晴雨表

根据2022年国家统计局的数据，Top10省市的 GDP 占全国经济总量的约56%，是中国经济龙头省市地区。一般来说，地区的消费结构可以衡量当地的经济状况。根据乘联会区域流向的统计，我们对 MPV 销量 Top10的省市做了分析，发现高端 MPV 和中低端 MPV 的消费结构与当地经济水平完全吻合。人均 GPD 在10万元以上的，当地高端 MPV 销量占比就会超过70%，如北京、广东；接近70% 的有浙江和江苏；上海、河南、山东超过60%，按理上海也应该超过70%，但是由于长时段的疫情防控和销售受阻。2022年上海高端车销量占比仅为62.0%，同比跌落了13.8个百分比，这只是一个特例（见表5）。

表5　2022年 Top10省市 MPV 销量占比　　单位：%

| 序号 | 省市 | 人均 GDP（万元） | 高端车占比 | 中低端车占比 |
|---|---|---|---|---|
| 1 | 广东 | 10.3 | 73.6 | 26.4 |
| 2 | 山东 | 8.6 | 62.3 | 37.7 |
| 3 | 江苏 | 14.5 | 69.4 | 30.6 |
| 4 | 浙江 | 12.0 | 69.9 | 30.1 |
| 5 | 北京 | 19.0 | 79.4 | 20.6 |
| 6 | 河南 | 6.2 | 62.4 | 37.6 |
| 7 | 河北 | 5.7 | 56.0 | 44.0 |
| 8 | 上海 | 18.0 | 62.0 | 38.0 |
| 9 | 安徽 | 7.4 | 51.9 | 48.1 |
| 10 | 广西 | 5.3 | 19.3 | 80.7 |

## 七、动力技术走势分化：插电混动增幅大涨，普混表现较好

纯电动（BEV）车销量达4.1万辆，同比增长43.5%；插混（PHEV）销量3.1万辆，同比增长393.0%；另外还有天然气和燃料电池车（FCV），合计为7.7万辆，同比增长118.8%，在国内 MPV 市场新能源车的渗透率为8.2%，比去年的3.3% 高出一倍还多，车型动力驱动方式正在转向多样化。

插混（PHEV）在2022年主要有几款爆款的自主品牌产品占据了插混 MPV 的 C 位，宋 MAX 年销量达1.1万辆，同比增长14倍；腾势 D9和梦想家都是新品，销量直逼9000辆和7000辆；大通 G50销量也超过2万辆，就是它们构成了2022年的插混销量的大爆发。

普混（HEV）作为低碳转型期的过渡产品，有很大的现实意义和市场价值。2022年销售17万辆，同比大增80.0%，渗透率为18.1%，提升了10个百分点。

日系车新车上市都采用普混技术，日系车的省油策略得到了市场的普遍认可。继2021年丰田赛那上市得到市场良好反馈之后，2022年11月丰田再次推出以普混技术为动力驱动的大型 MPV 格兰维亚，由一汽丰田经营上市，至此国内“两丰两田”四家合资企业都拥有了 MPV 产品，均定位于大型商务 MPV（见表6）。

表6　2020—2022年新能源及节能 MPV 销量比较　　单位：辆，%

| 批发销量 | 2020 年 | 2021 年 | 2022 年 | 2022 年增长率 | 2022 年渗透率 |
|---|---|---|---|---|---|
| BEV | 10049 | 28612 | 41053 | 43.5 | 4.4 |
| PHEV | 4698 | 6279 | 30956 | 393.0 | 3.3 |
| 天然气 | 0 | 127 | 4411 | 3373.2 | 0.5 |
| FCV | 0 | 9 | 204 | 2166.7 | 0.0 |
| NEV | 14747 | 35027 | 76624 | 118.8 | 8.2 |

续表

| 批发销量 | 2020 年 | 2021 年 | 2022 年 | 2022 年增长率 | 2022 年渗透率 |
|---|---|---|---|---|---|
| HEV | 86781 | 94427 | 169973 | 80.0 | 18.1 |
| ICE | 952498 | 925780 | 690475 | -25.4 | 73.7 |
| MPV 合计 | 1054026 | 1055234 | 937072 | -11.2 | 100.0 |

在政策与市场的双重驱动下，相较于轿车、SUV 市场的繁荣，一向冷清的 MPV 市场，自2022年初以来，越来越多的车企开始投入到新能源大型 MPV 市场中来，不少车型采取一车多驱动模式，如岚图梦想家就提供油车、纯电和插混三个版本；荣威 iMAX8、瑞风 M3、大通 GL10也是左右开弓，出现油车与纯电并存；更多的车型是以一种动力能源形式出现，如 MIFA9、腾势 D9、日系 MPV 分别只专注于纯电、插混或普混版供应。比亚迪腾势在10月加推的腾势 D9专注于 PHEV，为比亚迪在高端商务 MPV 市场立下汗马功劳，走势良好，电池续航里程180公里，在2023年的 MPV 市场已经崭露头角。新上市的 MPV 将“新能源化和大型化”趋势进行到底的决心显露无遗（见表7）。

表7　部分新能源高端 MPV 车的基本情况

| 名称 | 厂家 | 长宽高 | 轴距 | 价位 |
|---|---|---|---|---|
| MIFA9 | 上汽大通 | 5270/2000/1840mm | 3200mm | 27.99 万～41.99 万元 |
| 腾势 D9 | 腾势汽车 | 5250/1960/1920mm | 3110mm | 33.50 万～66.00 万元 |
| 梦想家 | 东风汽车 | 5315/1985/1820mm | 3200mm | 36.99 万～68.99 万元 |

## 八、2022年 MPV 内需与进出口

近四年，MPV 内需总量下降、产品级别提高。2022年内需总量为93.1万辆，同比下降10.9%，稍好于国产 MPV 的销量。由于国内市场产品不断丰富，叠加国外这几年疫情蔓延，经常停工停运输，且进口产品也不一定符合国内排放要求，因此进口量相对减少，2022年进口总量为2.9万辆，同比下降9.4%。2022年我国出口总体向好，去年出口300多万辆汽车，但 MPV 出口并不十分理想，全年出口3.5万辆，同比下降16.7%（见表8）。

表8　2019—2022年 MPV 内需销量比较　　单位：万辆

| MPV 销量 | 2019 年 | 2020 年 | 2021 年 | 2022 年 | 同比增长 |
|---|---|---|---|---|---|
| 国产 | 138.4 | 105.4 | 105.5 | 93.7 | -11.2 |
| 出口 | 2 | 1.5 | 4.2 | 3.5 | -16.7 |
| 进口 | 3.9 | 3.9 | 3.2 | 2.9 | -9.4 |
| 内需合计 | 140.3 | 107.8 | 104.5 | 93.1 | -10.9 |

我国 MPV 市场还是“新品推动”式市场，2022年国内虽然经历了疫情，阻碍了生产、运输、消费，但这一年车企们越挫越勇，不断推出新品，且多为大型商务车，对企业的利润拉动大有裨益。

在 MPV 市场，产品能源多元化是当前的关注热点，电动化、插混和增程是受欢迎的技术模式，但新能源车的盈利问题是当务之急，必须有好的模式和可持续的降成本方法，才能带领车企闯关过卡。2022年 MPV 价格基本稳定，平均交易价为21.49万元，主要是厂商们不断推出级别更高、更豪华的产品，推高了平均交易价。但也要意识到现在是买方市场，市场若无终端优惠，销量就明显下滑，用户在用脚投票，这已是不争的事实。

（中国汽车流通协会汽车市场研究分会　唐奕奕）

# 2022年微型客车市场

## 一、市场发展概况

### （一）2022年交叉型乘用车市场销量概况

2022年，交叉型乘用车共销售32.31万辆，同比下降17.44%。若扣除荣光V，则中置后驱的传统微客共销售21.01万辆，同比大幅下降25.54%，在连续两年正增长后又出现下降（见图1）。

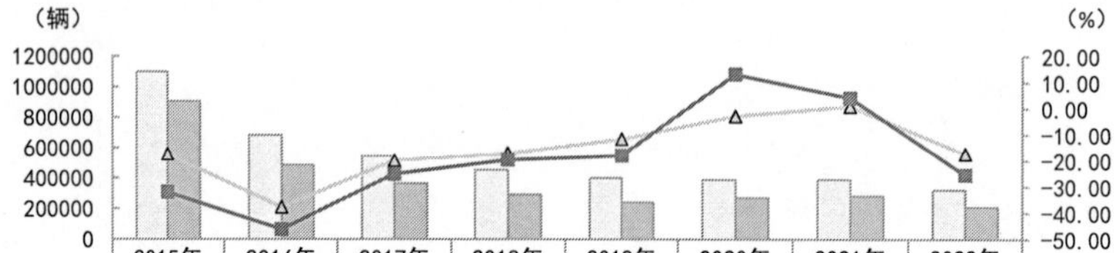


| | 2015年 | 2016年 | 2017年 | 2018年 | 2019年 | 2020年 | 2021年 | 2022年 |
|---|---|---|---|---|---|---|---|---|
| 含荣光V | 1099128 | 683502 | 546992 | 452748 | 399538 | 388035 | 391302 | 323052 |
| 不含荣光V | 904987 | 486318 | 364138 | 292590 | 239732 | 271085 | 282129 | 210062 |
| 含荣光V增速 | -17.47 | -37.80 | -19.97 | -17.23 | -11.72 | -2.88 | 0.84 | -17.44 |
| 不含荣光V增速 | -32.04 | -46.30 | -25.12 | -19.65 | -18.07 | 13.08 | 4.07 | -25.54 |

图1　2015—2022年交叉型乘用车整体销量走势

资料来源：中国汽车工业协会

前置动力的荣光V销售11.3万辆，同比增长3.50%，较上年6.65%降幅出现增长。传统微客的大幅下降导致了交叉车型的明显下降。

2022年交叉型乘用车主要车企上汽通用五菱、华晨鑫源、长安汽车等车企都呈现负增长，东风小康大幅下滑。昌河汽车、山西成功、航天成功、北汽瑞翔等车企销量过小甚至为零，基本退出市场。2022年有销量的企业为10家，比上年增加1家，反映出有一定销量的企业越来越少。

2022年销售排名前五位的企业分别是上汽通用五菱、华晨鑫源、长安汽车、东风小康和福建新龙马，上述五家企业共销售32.11万辆，行业集中度为99.39%，较上年的98.73%有微弱提升（见表1）。

表1　2021—2022年国内交叉型乘用车企业销量情况　　单位：辆，%

| 序号 | 企业简称 | 2021年 | 2022年 | 同比增长 | 2022年占比 |
|---|---|---|---|---|---|
| 1 | 上汽通用五菱 | 225912 | 204174 | -9.62 | 63.20 |
| 2 | 华晨鑫源 | 87990 | 70220 | -20.20 | 21.74 |
| 3 | 长安汽车 | 29157 | 25081 | -13.98 | 7.76 |
| 4 | 东风小康 | 36545 | 18912 | -48.25 | 5.85 |
| 5 | 福建新龙马 | 6712 | 2692 | -59.89 | 0.83 |
| 6 | 奇瑞汽车 | 2277 | 1207 | -46.99 | 0.37 |
| 7 | 昌河汽车 | 1260 | 540 | -57.14 | 0.17 |
| 8 | 山西成功 | 0 | 167 | — | 0.05 |
| 9 | 航天成功 | 0 | 57 | — | 0.02 |
| 10 | 北汽福田 | 49 | 2 | -95.92 | 0.00 |
| 11 | 北汽瑞翔 | 1400 | 0 | -100.00 | 0.00 |
| 12 | 总计 | 391302 | 323052 | -17.44 | 100.00 |

资料来源：汽车工业协会（不含小MPV，不含微货）

2022年，交叉型乘用车总共有19款车型，比上年多2款。销量超过1万辆车型有7款，其中五菱和华晨鑫源各3款，长安有1款。销量最高的车型是五菱荣光V。去年过万辆的小康K系、C系大幅下降均低于万辆（见表2）。

表2　2021—2022年国内交叉型乘用车产品销量情况　　单位：辆，%

| 序号 | 产品名称 | 2021年 | 2022年 | 同比增长 |
|---|---|---|---|---|
| 1 | 五菱荣光V | 109173 | 112990 | 3.50 |
| 2 | 五菱荣光 | 76700 | 59337 | -22.64 |
| 3 | 五菱之光 | 40039 | 31847 | -20.46 |
| 4 | 鑫源X30L | 9952 | 25420 | 155.43 |
| 5 | 金杯X30 | 42125 | 23435 | -44.37 |
| 6 | 金杯X30L | 34679 | 18226 | -47.44 |
| 7 | 新长安之星 | 19415 | 17345 | -10.66 |
| 8 | 长安星光 | 9742 | 7736 | -20.59 |
| 9 | 东风小康K系 | 16989 | 7330 | -56.85 |
| 10 | 东风小康C系 | 11849 | 5874 | -50.43 |
| 11 | 小康EC36 | 6208 | 4230 | -31.86 |
| 12 | 鑫源X30 | 1234 | 3139 | 154.38 |
| 13 | 启腾M70 | 6712 | 2692 | -59.89 |
| 14 | 小康EC35 | 1499 | 1478 | -1.40 |
| 15 | 开瑞优优 | 2277 | 1207 | -46.99 |
| 16 | 福瑞达 | 1260 | 540 | -57.14 |
| 17 | 太行成功 | 0 | 167 | — |
| 18 | 航天新星 | 0 | 57 | — |
| 19 | 伽途 | 49 | 2 | -95.92 |
| 20 | 威旺206 | 1400 | 0 | -100.00 |
| 21 | 总计 | 391302 | 323052 | -17.44 |

资料来源：汽车工业协会

### （二）交叉型乘用车市场发展特点及趋势

2022年，受新冠肺炎疫情持续影响，以及小轻客车市场产品的竞争替代影响，交叉车型出现了一定下滑。从行业占比地位看，交叉车型2022年占比1.20%，较2021年的1.49%下滑明显。2022年交叉车型出现下滑，主要是中置后驱的传统微客出现了明显下降导致。

结合终端零售数据，从排量结构看，以1.5L为主，占比超过60%较为稳定；其次为1.2L，占比接近25%，有所下降；另外，1.4L和1.6L动力有所增加，不过占比较小，交叉车型延续大型化，商用性质体现明显。

从燃料结构看，动力以汽油机为主，占比下降；纯电动占比超过8%，较2021年的5%有一定增加，各厂家都较重视新能源车型发展。从排放标准看，2022年微客基本全部为国Ⅵ排放。

从城市分级别市场看，一二线城市占比近47%，一至三级占比近70%，占比均与去年相近。交叉车型目前基本属性为城市物流车，说明用户区域表现与经济发展状况强相关。

从交叉型乘用车换购流向看，2022年换购选择自主品牌的比重约为60%，比2021年增长约10个百分点，其中交叉型乘用车用户流向自主品牌主要为五菱、长安、吉利、比亚迪、哈弗、奇瑞和传祺等品牌。

### （三）新产品发展情况分析

2022年，市场主要产品基本以年度款维持为主，市场也是大浪淘沙后的稳定态势，集中度高，厂家在尽力稳定燃油车的同时，也在积极拓展新能源车型销售等。

## 二、重点生产企业发展分析

上汽通用五菱：2022年交叉车型销量为20.42万辆，同比下滑9.62%。前置动力的五菱荣光V销售11.30万辆，同比下降6.65%；传统微客五菱荣光约7.67万辆，同比下降5.29%，五菱之光4万辆，同比下降33.64%。2022年五菱继续在向乘用车拓展，如推出五菱佳辰MPV，取得较好的市场反响。同时，五菱在新能源领域继续发力，2022年宏光MINI电动车销量达到55.41万辆，排名新能源车型第一；同时，推出五菱晴空，与KiWi、Nano等产品丰富电动车产品组合，做大五菱新能源销量。另外，五菱在大力推进混动车型销量，其星辰、凯捷等都推出了油电混动车型。

长安汽车：2022年交叉车型销售2.51万辆，同比下降13.98%。主力车型新长安之星和长安星光车型出现一定下降，不过整体下降幅度低于行业。

2022年，作为微车起家的长安汽车在狭义乘用车领域取得了15.71%的同比增长。在SUV领域，长安CS35PLUS、CS55PLUS、CS75PLUS均成为各细分市场明星SUV车型。UNI系列首款轿车UNI-V推出后即成为爆款（其中12月销量超过2万辆），冲击合资垄断的10万元以上轿车市场，并与UNI-T、UNI-K形成了长安的KTV组合。另外，长安欧尚新品Z6上市后热销，与X5PLUS、X7PLUS组成欧尚汽车主力产品阵营。在新能源方面，长安Lumin、深蓝SL03上市后不久也成为月销过万的爆款车型，强化了长安新能源的产品形象。

东风小康：2022年，东风小康交叉车型实现销售1.89万辆，同比下滑48.25%，其主力微客东风小康K系和C系下滑较大。不过，其新能源车型EC36、EC35销售尚可。

2022年，东风小康的金康新能源与华为合作推出的问界M5取得了令人瞩目的销售业绩，后续车型问界M7也取得了较好的销量，进一步引发了行业对REV增程式动力车型的高度兴趣。

华晨鑫源：2022年，交叉车型实现销售7.02万辆，同比下滑20.20%，继续排名第二。主力车型鑫源X30L表现抢眼，销量2.54万辆，同比增长155.43%。进入交叉车领域较晚的华晨鑫源抓住长安和小康向狭义乘用车转型机会，持续加强X30系列车型的市场拓展，市场地位较为稳固。同时，华晨鑫源积极发展X30系列纯电车型，取得了较好的市场表现。主要微车企业根据自身战略和实力向狭义乘用车转型的战略推进各有特色和差异，其在交叉车市场的效果也有差异。

## 三、交叉型乘用车进出口分析

2022年交叉型乘用车出口总量为31769辆，同比增长17.60%，较上年有所下滑。其中，行业前三强为长安汽车、东风小康和华晨鑫源。前三强合计26842辆，占比84.49%，相对2021年71.53%有进一步的提升（见表3）。

表3　2021—2022年交叉型乘用车企业出口情况　　单位：辆，%

| 序号 | 企业 | 2021年 | 2022年 | 同比增长 |
|---|---|---|---|---|
| 1 | 长安汽车 | 11376 | 13351 | 17.36 |
| 2 | 东风小康 | 4803 | 6864 | 42.91 |
| 3 | 华晨鑫源 | 3144 | 6627 | 110.78 |
| 4 | 上汽通用五菱 | 4724 | 3036 | -35.73 |
| 5 | 奇瑞汽车 | 1073 | 1117 | 4.10 |
| 6 | 福建新龙马 | 446 | 547 | 22.65 |
| 7 | 山西成功 | 0 | 167 | — |
| 8 | 航天圆通 | 0 | 57 | — |
| 9 | 北汽福田 | 49 | 2 | -95.92 |
| 10 | 北汽银翔 | 1400 | 0 | -100.00 |
| 总计 | | 27015 | 31769 | 17.60 |

资料来源：汽车工业协会

## 四、行业运行存在的问题

因消费趋势的升级变化，目前微车传统企业的重心已向狭义乘用车转移，产品转型一马当先，由于车型结构、用途、价格、用户特征等因素影响，之前小型MPV市场成为各厂家转型的首选，后以MPV+SUV的产品组合拓展乘用车市场，现在又向新能源领域进行大力度调整拓展。无论是五菱的宏光MINI、金康的问界M5，还是长安的Lumin、深蓝SL03等车型，都在新能源市场表现抢眼，这些企业秉承了微车企业的精打细算、快速反应等企业特色，不断成长，并走在中国新能源市场发展的前列。

### （一）对交叉车型领域确保必要的资源投入

目前对交叉车型客货兼用的刚需始终存在，加上以后新能源车型大有前景，预计后续交叉车型销量或有一定下滑，但仍会保持相当的市场容量。

在现有10家有销量的企业中，年销量过万的企业仅4家。其实，从2022年12月零售数据看，有销量的企业基本就只有上汽通用五菱、长安汽车、华晨鑫源和东风小康四家，其他车企基本停产，因此预计后续企业总数会继续减少，集中度将进一步提高，相对垄断特征进一步明显。

当下微车企业在向狭义乘用车领域转型竞争中虽成绩斐然，但也是艰难进展，特别是在新能源市场，除了特斯拉和比亚迪有利润，其他车企都不赚钱，而反观微车领域，只要确保必要的资源投入，就能获得较好效果。

### （二）跟上变革期节奏，重视新能源市场

当前，汽车业正处于深刻的重大变革时期。2022年，新能源狭义乘用车市场渗透率达到27.82%，较上年15.64%呈现大幅提升。中国已进入新能源汽车普及初期，车企必须高度重视新能源市场，跟上变革期节奏，并建立起相应全套体系。需要指出的是，交叉车型作为生产资料用车、城市物流用车，新能源车型有广阔应用前景。

### （三）持续重视研发，加大软件投入

研发是本，需要持续投入，特别是当前进入新能源赛道，要加大软件资源和人才投入，积极顺应市场趋势，快速迭代调整。

### （四）高度重视客户经营，关注存量市场竞争

交叉车市场基盘客户升级仍未完成，面对巨大的保有量，企业要在产品开发期就要考虑客户经营，研究客户置换升级，产品和营销等方面变化调整，打造前后关联的生态链，利用长期的市场沉淀，抓住大量微客用户换购机会，在存量市场竞争的大势下立足并壮大。

### （五）精准产品定义，打造特色产品

近两年，比亚迪车型以出色的实用性迅猛热销上量，其他一些车企虽然新能源转型有所落后，但凭借富有特色的产品频出爆款，如长安UNI车型和长城哈弗大狗、坦克300等，反映出具有个性特色产品以及符合自身品牌消费群的高性价比产品打造较为成功。为此，建议企业要精准产品定义，积极研发符合自身品牌、渠道、消费群的转型升级特色产品。

（长安汽车　曹阳）

# 2022年中国商用车市场

## 2022年载货车市场

### 一、2022年中国货车市场发展环境

2022年，我国统筹疫情及经济社会发展，全年实现国内生产总值1210207亿元，比上年增长3.0%。全年居民消费价格比上年上涨2.0%，工业生产者出厂价格上涨4.1%。2022年，上海等全国多地疫情散发，对我国经济产生较大影响，尤其是物流运输业，载货车产业受到较大打击，市场需求量大幅下降。

为了对冲疫情的不利影响，固定资产投资起到了稳经济的重要作用，2022年，我国固定资产投资累计增长5.1%，比2021年继续提高0.2个百分点，固定资产投资是稳经济的重要抓手，增速大幅高于 GDP 增速（见图1）。

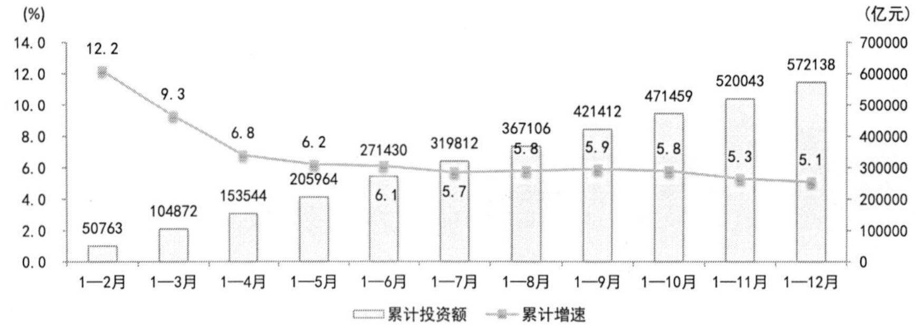


图1　2022年中国固定资产投资及增速

资料来源：国家统计局

2022年，我国公路货物周转量总体平稳，但总量较2021年有所下降，降幅为1.2%。同期，公路运价指数有明显上涨，这是因为受疫情影响，公路物流运输效率大幅降低，致使价格有明显上涨（见图2）。

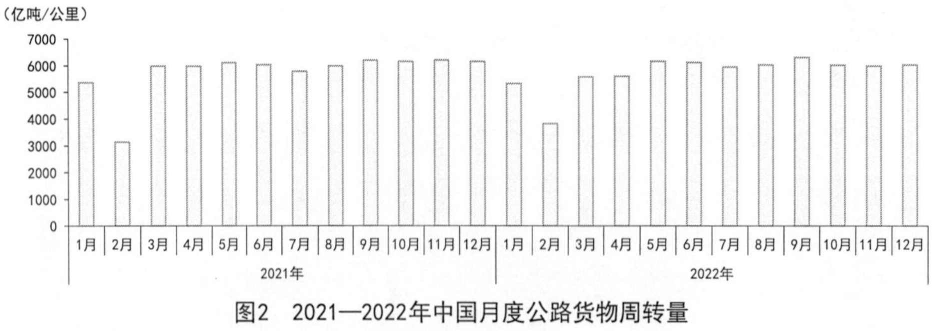


图2　2021—2022年中国月度公路货物周转量

资料来源：国家统计局

### 二、2022年中国载货车市场发展整体情况

根据中国汽车工业协会统计数据，2022年我国载货车共销售289.26万辆，比2021年降幅高

达32.33%，创下近年来最大降幅。细分领域中，重型货车降幅最大，全年销量67.19万辆，同比下降51.78%。我国重型货车在2020年达到销量峰值后连续两年大幅下降，也显示出行业需求量不足的情况。微型货车降幅最小，2022年共销售50.69万辆，同比下降16.16%（见表1）。

表1　2017—2022年中国货车分车型销售情况　　单位：辆，%

| 车型 | 2017年 | 2018年 | 2019年 | 2020年 | 2021年 | 2022年 | 2022年同比增长 |
|---|---|---|---|---|---|---|---|
| 重型货车 | 1116851 | 1147884 | 1174252 | 1618932 | 1393429 | 671942 | -51.78 |
| 中型货车 | 229113 | 177206 | 139338 | 159113 | 178423 | 95699 | -46.36 |
| 轻型货车 | 1718943 | 1894978 | 1883166 | 2198748 | 2098278 | 1618091 | -22.88 |
| 微型货车 | 568444 | 665557 | 653402 | 708354 | 604560 | 506886 | -16.16 |
| 合计 | 3633351 | 3885625 | 3850158 | 4685147 | 4274690 | 2892618 | -32.33 |

资料来源：中国汽车工业协会（以下图表资料来源相同，不再赘述）

## 三、2022年中国新能源货车市场

尽管我国货车总销量大幅下降，受益于电动化转型，2022年我国新能源载货车销量203420辆，同比增长137.16%，是表现最好的细分市场。其中，燃料电池货车受益于国家以奖代补政策落地，全年销售2130辆，同比增长270%，2023年，在我国氢能战略和各地方政府推动下，氢燃料电池货车将继续大幅增长（见表2）。

表2　2021—2022年新能源货车分车型销量　　单位：辆，%

| 车型 | | 2021年 | 2022年 | 同比增长 |
|---|---|---|---|---|
| 插电式混合动力货车 | 半挂牵引车 | 0 | 0 | — |
| | 非完整货车 | 9 | 5 | -44.44 |
| | 货车 | 1137 | 1468 | 29.11 |
| | 小计 | 1146 | 1473 | 28.53 |
| 纯电动货车 | 半挂牵引车 | 4726 | 11798 | 149.64 |
| | 非完整货车 | 4157 | 5136 | 23.55 |
| | 货车 | 75169 | 182883 | 143.30 |
| | 小计 | 84052 | 199817 | 137.73 |
| 燃料电池货车 | 半挂牵引车 | 482 | 1139 | 136.31 |
| | 非完整货车 | 20 | 192 | 860.00 |
| | 货车 | 74 | 799 | 979.73 |
| | 小计 | 576 | 2130 | 269.79 |
| 合计 | | 85774 | 203420 | 137.16 |

## 四、2022年中国货车出口情况

2022年我国载货车共实现出口518559辆，比2021年增长48.25%，其中，货车整车出口397207辆，货车非完整车辆出口47008辆，半挂牵引车出口74344辆。在载货车出口量前十企业中，北汽福田、中国重汽和陕汽集团分别居细分领域第一。北汽福田共完成货车出口78113辆，稳居出口规模第一（见表3）。

表3　2022年我国货车分车型出口量前十的企业　　单位：辆

| 排名 | 牵引车 | | 载货车 | | 货车非完整车辆 | |
|---|---|---|---|---|---|---|
| | 企业 | 出口量 | 企业 | 出口量 | 企业 | 出口量 |
| 1 | 北汽福田 | 66033 | 中国重汽 | 33893 | 陕汽集团 | 23490 |
| 2 | 上汽大通 | 64761 | 北汽福田 | 12080 | 中国一汽 | 14282 |
| 3 | 江淮汽车 | 56838 | 陕汽集团 | 10872 | 中国重汽 | 6157 |
| 4 | 长城汽车 | 51063 | 中国一汽 | 7133 | 东风集团 | 2674 |
| 5 | 长安汽车 | 40868 | 东风集团 | 5745 | 比亚迪 | 269 |
| 6 | 中国重汽 | 39822 | 成都大运 | 2059 | 庆铃汽车 | 136 |
| 7 | 东风集团 | 22258 | 徐州徐工 | 713 | — | — |
| 8 | 江铃股份 | 18323 | 江淮汽车 | 684 | — | — |
| 9 | 河北中兴 | 8236 | 比亚迪 | 404 | — | — |
| 10 | 华晨鑫源 | 5825 | 安徽华菱 | 350 | — | — |

## 五、主要货车企业市场表现

### （一）重型载货车企业

2022年，我国重型货车企业销量排名发生较大变化，中国重汽由2021年的第二升至2022年第一，共销售重卡15.88万辆，但也同比下降44.54%。中国第一汽车集团由2021年的行业第一降至第三，销量降幅高达63.76%。前10名企业中，降幅最小的是徐工汽车，2022年共销售重型货车12374辆，同比下降35.76%（见表4）。

表4　2021—2022年中国重型载货车分企业销量　　单位：辆，%

| 排名 | 企业 | 2021年 | 2022年 | 同比增长 |
|---|---|---|---|---|
| 1 | 中国重型汽车集团有限公司 | 286367 | 158829 | -44.54 |
| 2 | 东风汽车集团有限公司 | 264411 | 126768 | -52.06 |
| 3 | 中国第一汽车集团有限公司 | 346531 | 125571 | -63.76 |
| 4 | 陕西汽车控股集团有限公司 | 193144 | 107943 | -44.11 |
| 5 | 北汽福田汽车股份有限公司 | 105387 | 67582 | -35.87 |
| 6 | 成都大运汽车集团有限公司 | 30348 | 17372 | -42.76 |
| 7 | 安徽江淮汽车集团股份有限公司 | 34156 | 14420 | -57.78 |
| 8 | 上汽红岩汽车有限公司 | 63007 | 13107 | -79.20 |
| 9 | 徐州徐工汽车制造有限公司 | 19263 | 12374 | -35.76 |
| 10 | 北奔重型汽车集团有限公司 | 12632 | 7877 | -37.64 |

### （二）中型货车企业

中型货车企业中北汽福田稳居第一，2022年销量34125辆，降幅55.02%，与第二名江淮汽车差距明显缩小。前5名中型货车企业中，江淮汽车是唯一实现销量增长的企业，2022年共销售中型货车15908辆，同比增加7.1%（见表5）。

表5 2021—2022年中国中型载货车分企业销量 单位：辆，%

| 排名 | 企业 | 2021年 | 2022年 | 同比增长 |
| --- | --- | --- | --- | --- |
| 1 | 北汽福田汽车股份有限公司 | 75875 | 34125 | -55.02 |
| 2 | 安徽江淮汽车集团股份有限公司 | 14854 | 15908 | 7.10 |
| 3 | 中国第一汽车集团有限公司 | 26889 | 14813 | -44.91 |
| 4 | 成都大运汽车集团有限公司 | 20273 | 11464 | -43.45 |
| 5 | 东风汽车集团有限公司 | 14677 | 8488 | -42.17 |
| 6 | 庆铃汽车（集团）有限公司 | 9022 | 5127 | -43.17 |
| 7 | 中国重型汽车集团有限公司 | 3573 | 2546 | -28.74 |
| 8 | 浙江飞碟汽车制造有限公司 | 2281 | 1045 | -54.19 |
| 9 | 四川南骏汽车集团有限公司 | 8974 | 954 | -89.37 |
| 10 | 湖北三环专用汽车有限公司 | 405 | 488 | 20.49 |

### （三）轻型货车企业

多年来，北汽福田稳居轻型货车销量第一，2022年销量达到310705辆，同比下降24.96%。前10名企业中上汽大通继续保持增长趋势，同比增幅高达8.65%，销量接近104577辆，排名上升至第七（见表6）。

表6 2021—2022年中国轻型载货车分企业销量 单位：辆，%

| 排名 | 企业 | 2021年 | 2022年 | 同比增长 |
| --- | --- | --- | --- | --- |
| 1 | 北汽福田汽车股份有限公司 | 414045 | 310705 | -24.96 |
| 2 | 长城汽车股份有限公司 | 233006 | 186715 | -19.87 |
| 3 | 东风汽车集团有限公司 | 234320 | 175229 | -25.22 |
| 4 | 重庆长安汽车股份有限公司 | 178342 | 171901 | -3.61 |
| 5 | 安徽江淮汽车集团股份有限公司 | 208404 | 152893 | -26.64 |
| 6 | 江铃汽车股份有限公司 | 186011 | 127599 | -31.40 |
| 7 | 上汽大通汽车有限公司 | 96255 | 104577 | 8.65 |
| 8 | 中国重型汽车集团有限公司 | 109364 | 70598 | -35.45 |
| 9 | 中国第一汽车集团有限公司 | 77442 | 39480 | -49.02 |
| 10 | 江西五十铃汽车有限公司 | 51707 | 38799 | -24.96 |

### （四）微型货车企业

微型载货车行业较稳定，上汽通用五菱多年居行业第一，2022年销量290121辆，同比下降21.66%。前5名企业中，重庆长安和山东凯马实现了同比增长，表现较好（见表7）。

表7 2021—2022年中国微型载货车分企业销量 单位：辆，%

| 排名 | 企业 | 2021 年 | 2022 年 | 同比增长 |
| --- | --- | --- | --- | --- |
| 1 | 上汽通用五菱汽车股份有限公司 | 370333 | 290121 | -21.66 |
| 2 | 东风汽车集团有限公司 | 87357 | 70022 | -19.84 |
| 3 | 重庆长安汽车股份有限公司 | 55687 | 68244 | 22.55 |
| 4 | 山东凯马汽车制造有限公司 | 41792 | 43465 | 4.00 |
| 5 | 奇瑞汽车股份有限公司 | 32019 | 27486 | -14.16 |
| 6 | 山东唐骏欧铃汽车制造有限公司 | 13987 | 6137 | -56.12 |
| 7 | 北汽福田汽车股份有限公司 | 1631 | 847 | -48.07 |
| 8 | 江西昌河汽车有限责任公司 | 1151 | 266 | -76.89 |
| 9 | 福建新龙马汽车股份有限公司 | 0 | 251 | — |
| 10 | 江西江铃集团晶马汽车有限公司 | 91 | 47 | -48.35 |

2021年以来，我国货车出口高速发展，成为拉动外贸出口的重要力量，2022年，我国货车企业出口量同比大幅增加48.25%，成为拉动货车产品需求的重要细分市场。我国货车产品的综合性价比优势正在被更多国外消费者接纳，2023年我国货车出口有望继续保持较高增速。尤其是新能源货车是中国汽车出口的核心增长点，改变了以往依赖亚洲和非洲等国出口的局面，欧洲和北美等发达国家和地区正成为中国货车出口的重要市场。在政策层面，截至目前，我国已同26个国家和地区签署了19个自贸协定，还有10个正在谈判中的自贸协定以及8个正在研究的自贸协定。尤其是2022年1月1日正式生效的《区域全面经济伙伴关系协定》，是我国最大的自贸协定，涵盖发达国家、发展中国家等，多数国家汽车及零部件进口关税将降至零，有利于我国汽车出口。

随着新能源三电技术的成熟，我国货车电动化进程提速。在轻型和微型货车领域，纯电动快速渗透。在政策端，2023年2月3日，工信部等八部门发布了《关于组织开展公共领域车辆全面电动化先行区试点工作的通知》（以下简称《通知》），鼓励地方完善公共领域车辆全面电动化支撑体系，促进新能源汽车推广、充换电基础设施建设、新技术新模式应用、政策标准法规完善等方面积极创新、先行先试。《通知》指出，试点领域新增及更新车辆中新能源汽车比例显著提高，其中城市公交、出租、环卫、邮政快递、城市物流配送领域力争达到80%。综合考虑各省市经济发展水平、新能源汽车产业基础、推广应用情况等因素，试点区域可分为三类，《通知》给出了各区域试点城市车辆推广目标建议值。按照规划，试点省市达到推广目标的建议值，到2025年底，将累计推广204万辆标准车。

（中国汽车技术研究中心有限公司 李新波）

# 2022年客车市场

## 一、2022年客车市场概况

在经济下行、疫情暴发、补贴退坡、市场预期转弱等诸多不利因素的影响下，2022年的客车市场陷入近年“至暗时刻”。但从商用车整个行业来看，客车同比增速好于2022年商用车大盘。

2022年，客车产销同比均呈较快下降。数据显示，2022年，客车销量为40.8万辆，同比下降19.2%（见图1）。

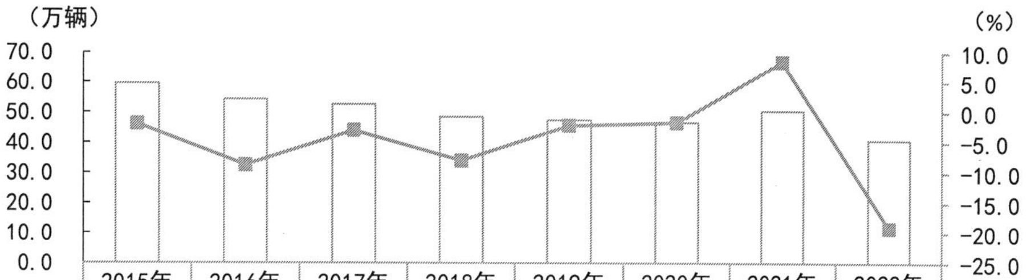


| | 2015年 | 2016年 | 2017年 | 2018年 | 2019年 | 2020年 | 2021年 | 2022年 |
|---|---|---|---|---|---|---|---|---|
| 销量 | 59.5 | 54.3 | 52.7 | 48.5 | 47.4 | 46.6 | 50.5 | 40.8 |
| 增速 | -1.9 | -8.7 | -3.0 | -8.0 | -2.2 | -1.7 | 8.4 | -19.2 |

图1　2015—2022年客车销量及增速

资料来源：中国汽车工业协会（以下图表资料来源相同，不再赘述）

从月度客车销量同比增长情况来看，除9月外，其他均为负增长。前半年，受疫情影响，客车市场下滑较深，下半年，随着疫情管控放松，市场逐渐复苏，年底出现翘尾式上扬（见图2）。

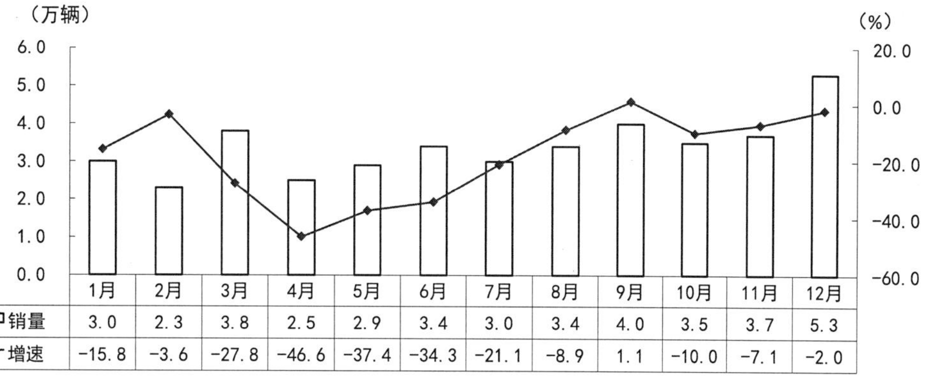


| | 1月 | 2月 | 3月 | 4月 | 5月 | 6月 | 7月 | 8月 | 9月 | 10月 | 11月 | 12月 |
|---|---|---|---|---|---|---|---|---|---|---|---|---|
| 销量 | 3.0 | 2.3 | 3.8 | 2.5 | 2.9 | 3.4 | 3.0 | 3.4 | 4.0 | 3.5 | 3.7 | 5.3 |
| 增速 | -15.8 | -3.6 | -27.8 | -46.6 | -37.4 | -34.3 | -21.1 | -8.9 | 1.1 | -10.0 | -7.1 | -2.0 |

图2　2022年客车月度销量及增速

## 二、2022年客车细分市场

与上年同期相比，大型客车产销实现小幅增长，中型客车和轻型客车产销明显下降。

2022年，大型客车销售5万辆，同比增长4.0%；中型客车销售3.5万辆，同比下降23.9%；轻型客车销售31.6万辆，同比下降23.1%（见图3）。

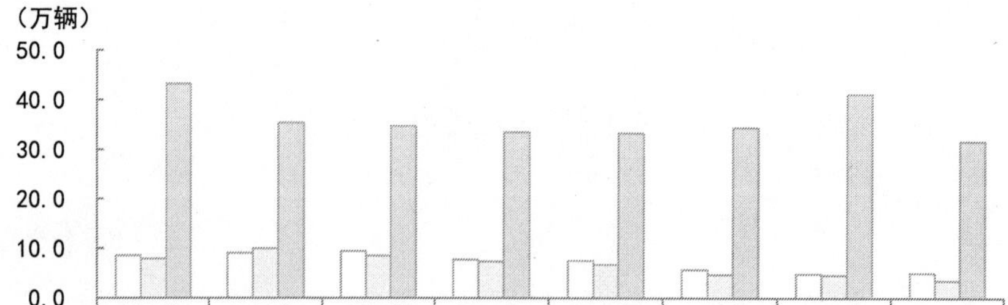


| | 2015年 | 2016年 | 2017年 | 2018年 | 2019年 | 2020年 | 2021年 | 2022年 |
|---|---|---|---|---|---|---|---|---|
| 大型客车 | 8.6 | 9.0 | 9.4 | 7.7 | 7.5 | 5.7 | 4.8 | 5.0 |
| 中型客车 | 7.9 | 9.9 | 8.5 | 7.4 | 6.7 | 4.7 | 4.6 | 3.5 |
| 轻型客车 | 43.2 | 35.4 | 34.8 | 33.5 | 33.3 | 34.4 | 41.1 | 31.6 |

图3　2015—2022年客车分车型销量

## 三、2022年新能源客车市场同比增长24.0%

2022年我国新能源客车销量达10.34万辆，较2021年增加了2万辆，同比增长24.0%，其中城市客车5.66万辆（见图4）。

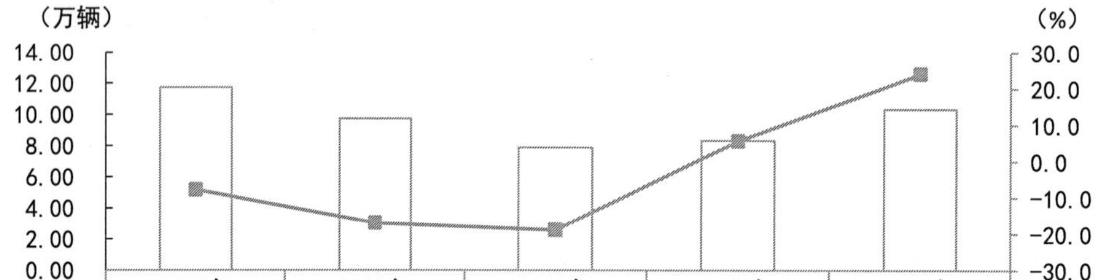


| | 2018年 | 2019年 | 2020年 | 2021年 | 2022年 |
|---|---|---|---|---|---|
| 销量 | 11.73 | 9.74 | 7.90 | 8.34 | 10.34 |
| 增速 | -7.8 | -17.0 | -18.9 | 5.6 | 24.0 |

图4　2018—2022年新能源客车销量及增速

2022年，新能源客车市场相对较好，因为2022年是执行新能源补贴政策的最后一年（2023年1月1日补贴完全取消），因此刺激了部分客户提前购买新能源客车。

## 四、客车市场发展特征

国家统计局数据显示，2022年我国经济增速只有3%，其下降幅度近年少见。客车作为生产资料，与国家的经济发展环境密切相关。由于经济萧条，部分地区财政紧张，不少依靠财政买单的公交客车和校车采购计划被取消；也有不少客运公司由于经济效益不好，无力采购客运车辆。

随着“四纵四横”高速铁路客运专线和三个城际快速客运网络系统的全面建立，公路客运越来越不具有竞争优势。此外，城市轨道交通不断扩建，抢走了城市公交客车部分客源。蓝牌新规落地在一定程度上影响了轻客物流车市场的销量。

根据中汽协会数据，2022年客车累计出口大约6.2万辆，同比增长24%，表现远强于2022年客车大盘，成为拉动客车市场的重要力量。

# 2022年专用车市场

## 一、2022年专用车市场概况

受前期环保和超载治理政策下的需求透支，叠加疫情影响下生产生活受限，包括油价处于高位等因素影响，2022年专用车市场整体需求放缓，工程建设等投资进度放缓，市场预期转弱。

2022年中国专用车销售97.9万辆，同比下降34.3%，是近年来下滑幅度最大的一年（见图1）。

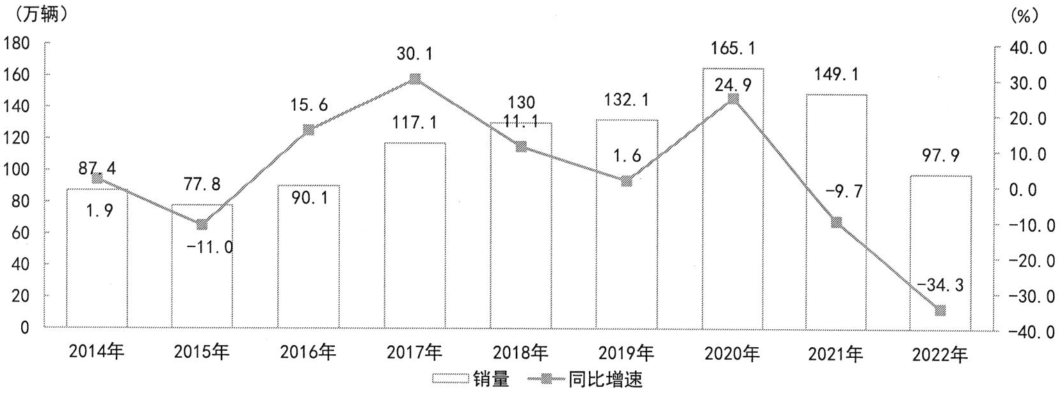


图1　2014—2022年专用车销量及同比增速

资料来源：上险数据（以下图表资料来源相同，不再赘述）

从月度销量看，2022年专用车销量波动较大，除2月、8月和12月外，其他月份持续负增长，尤其3—6月处于年度销售低谷（见图2）。

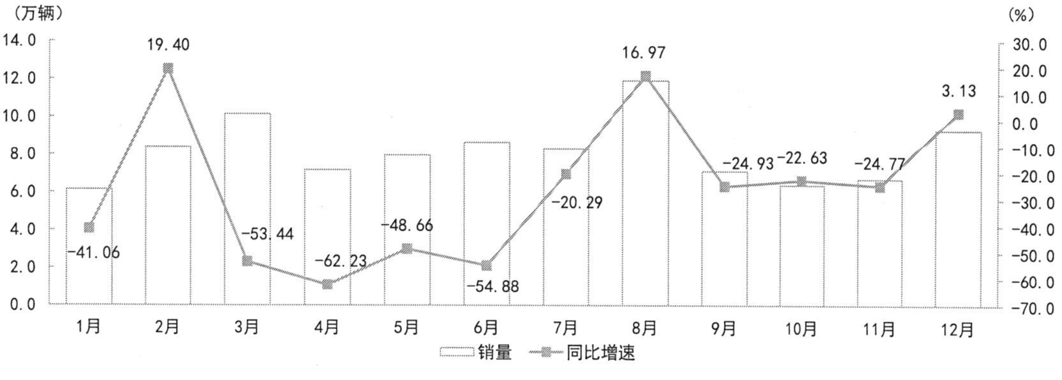


图2　2022年专用车月度销量及同比增速

## 二、2022年专用车细分市场

从六大类产品来看，罐式汽车下滑幅度最大，专用自卸下滑幅度最小。

其中，厢式汽车销量最高，全年共销售58.5万辆，同比下降26.4%，市场份额为60%；仓栅式汽车19.3万辆，同比下降42.2%，市场份额为20%（见图3）。

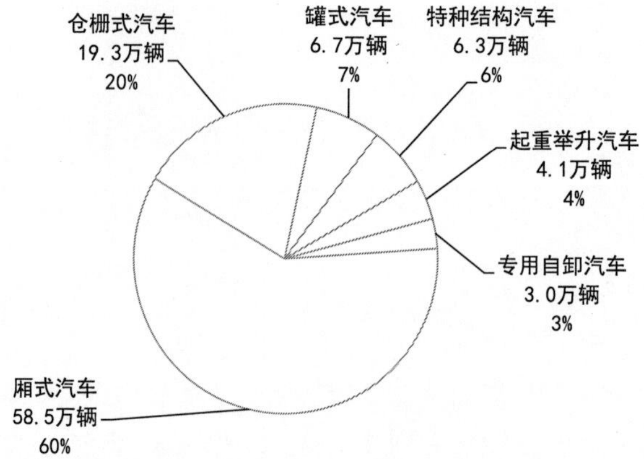


图3　2022年专用车分类别销量及市场份额

国内专用车生产企业数量多，市场呈现较为分散的格局，专用车产业细分产品众多，每个产品的市场格局由于行业门槛和市场特征的不同具有较大差异。

2022年，北汽福田依然是专用车销量最高的企业，且大幅领先其他企业。由于全年市场整体表现欠佳，各家专用车企业年度销量和利润也出现了不同程度的下滑（见图4）。

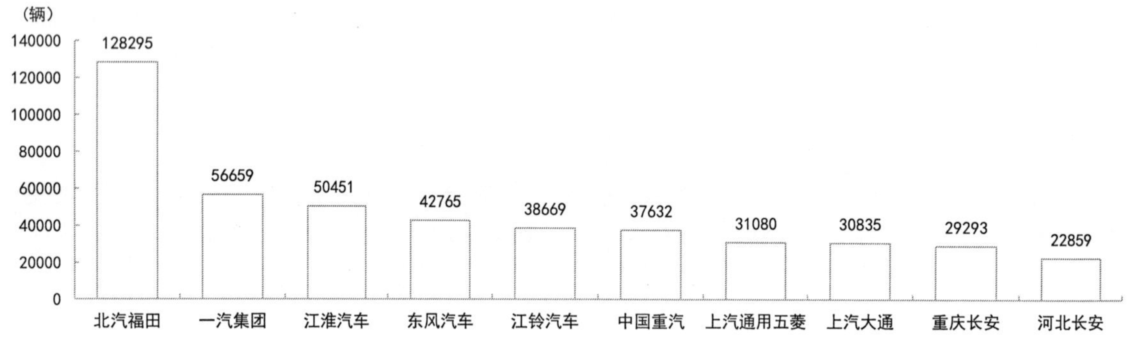


图4　2022年专用车销量 Top10企业销量

从产品能源结构来看，专用汽车产品新能源化表现明显，新能源利好政策凸显，2022年新能源（纯电动、燃料电池、混合动力）专用汽车渗透率达到15.27%，较2021年的4.07%提升11.2个百分点。2022年新能源专用车分类型销量（见图5）。

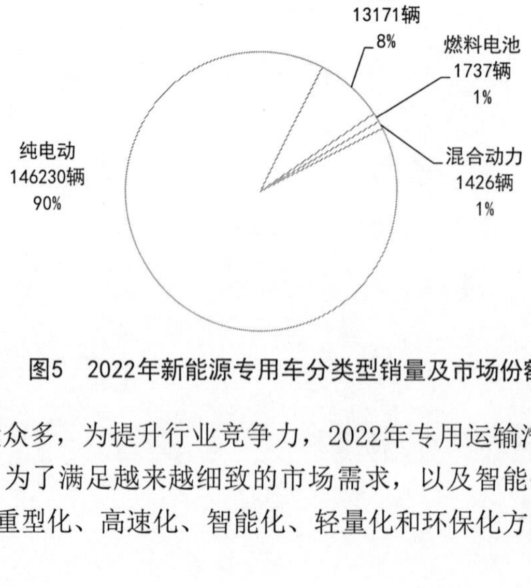


图5　2022年新能源专用车分类型销量及市场份额

我国专用车企业数量众多，为提升行业竞争力，2022年专用运输汽车行业国家政策频出，加强了专用车汽车行业监管。为了满足越来越细致的市场需求，以及智能化和低碳环保发展的大方向，专用车市场应向专业化、重型化、高速化、智能化、轻量化和环保化方向发展。

# 2022年中国区域汽车市场

## 2022年北京市新车市场

北京市统计局、国家统计局北京调查总队发布的《北京市2022年国民经济和社会发展统计公报》显示，2022年实现地区生产总值41610.9亿元，按不变价格计算，比上年增长0.7%。其中，第一产业增加值111.5亿元，下降1.6%；第二产业增加值6605.1亿元，下降11.4%；第三产业增加值34894.3亿元，增长3.4%。三次产业构成比为0.3 ：15.9 ：83.8。全年实现工业增加值5036.4亿元，按不变价格计算，比上年下降14.6%。其中，规模以上工业增加值下降16.7%。

2022年末全市机动车保有量712.8万辆，比上年末增加27.8万辆。民用汽车625.6万辆，增加11.3万辆。其中，私人汽车532.6万辆，增加11.4万辆;私人汽车中轿车290.6万辆，减少3.5万辆。

### 一、2022年北京市新车市场概况

2022年北京市狭义乘用车累计销售55.7万辆，同比增长-4.9%。从月度走势看，北京车市全年呈Ｖ形走势，在前五个月一路下行，6月开始回弹，9月到达全年销量的顶峰后又向下回调（见图1）。

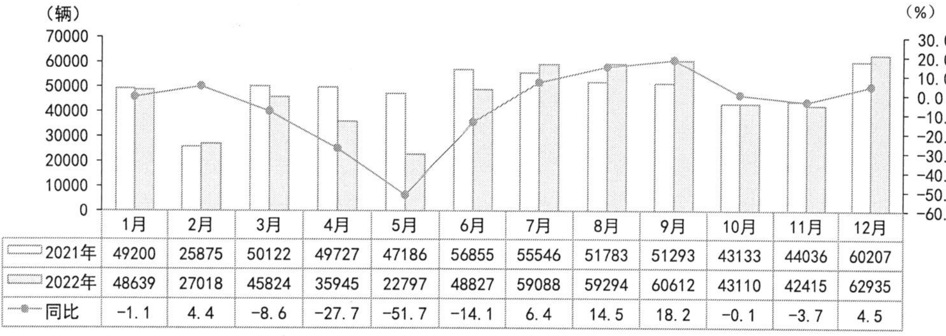


| | 1月 | 2月 | 3月 | 4月 | 5月 | 6月 | 7月 | 8月 | 9月 | 10月 | 11月 | 12月 |
|---|---|---|---|---|---|---|---|---|---|---|---|---|
| 2021年 | 49200 | 25875 | 50122 | 49727 | 47186 | 56855 | 55546 | 51783 | 51293 | 43133 | 44036 | 60207 |
| 2022年 | 48639 | 27018 | 45824 | 35945 | 22797 | 48827 | 59088 | 59294 | 60612 | 43110 | 42415 | 62935 |
| 同比 | -1.1 | 4.4 | -8.6 | -27.7 | -51.7 | -14.1 | 6.4 | 14.5 | 18.2 | -0.1 | -3.7 | 4.5 |

图1　2021—2022年北京市狭义乘用车月度销量及同比（含交叉型）

资料来源：中国汽车流通协会（以下图表资料来源相同，不再赘述）

分系别看，与往年不同的是，2022年北京市销量最高的为自主品牌，其次为德系品牌和日系品牌。从各系别增速看，除自主品牌和瑞典品牌，其余均为负增长（见图2）。

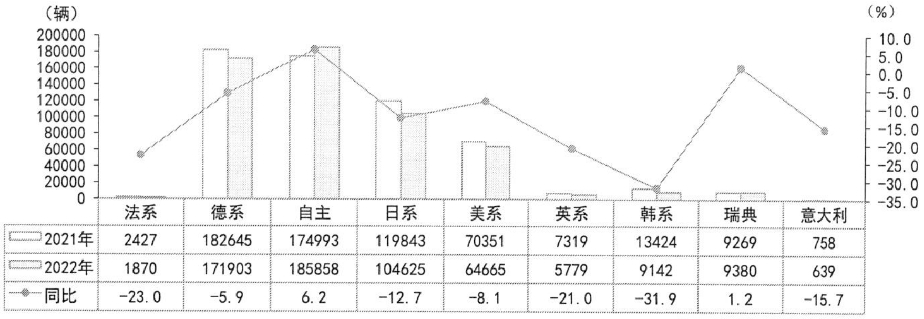


| | 法系 | 德系 | 自主 | 日系 | 美系 | 英系 | 韩系 | 瑞典 | 意大利 |
|---|---|---|---|---|---|---|---|---|---|
| 2021年 | 2427 | 182645 | 174993 | 119843 | 70351 | 7319 | 13424 | 9269 | 758 |
| 2022年 | 1870 | 171903 | 185858 | 104625 | 64665 | 5779 | 9142 | 9380 | 639 |
| 同比 | -23.0 | -5.9 | 6.2 | -12.7 | -8.1 | -21.0 | -31.9 | 1.2 | -15.7 |

图2　2021—2022年北京市分系别狭义乘用车销量及同比

分车型看，2022年北京市新车销量最高的仍是SUV，同比增长-2.2%。轿车市场同比下降5.6%。MPV销量下降较多，同比增长-14.7%（见图3）。

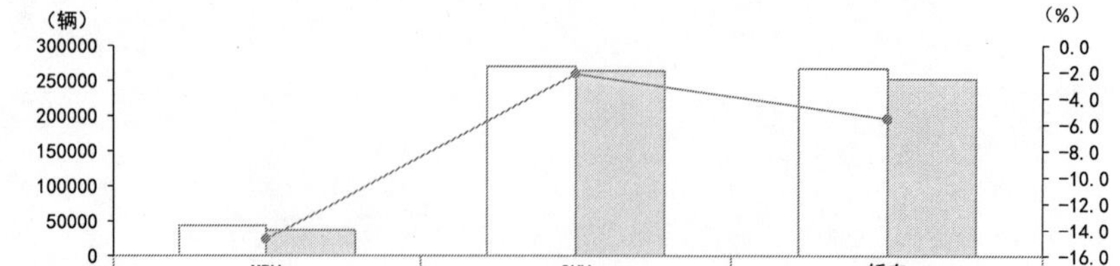


| | MPV | SUV | 轿车 |
|---|---|---|---|
| 2021年 | 43773 | 270044 | 267212 |
| 2022年 | 37329 | 264179 | 252353 |
| 同比 | -14.7 | -2.2 | -5.6 |

图3　2021—2022年北京市分车型狭义乘用车销量及同比（MPV、SUV、轿车）

## 二、2022年北京市新能源汽车市场

2022年北京市新能源乘用车累计销售16万辆，同比增长26.1%。相比全国新能源汽车市场，北京的增幅并不算高。从月度销量看，与车市整体走势不同，新能源汽车第一季度增长较快，4月略有回调，但全年保持了高速增长势头（见图4）。

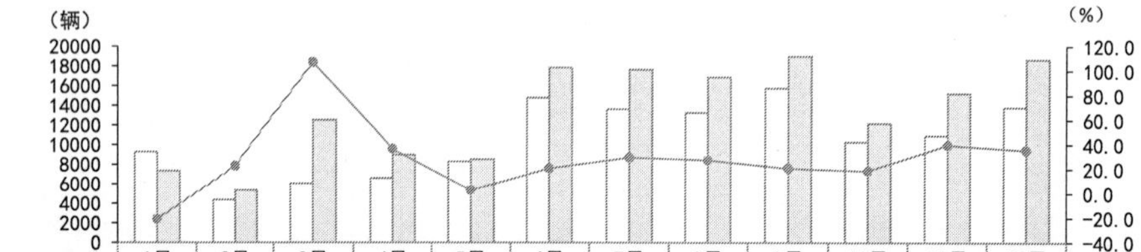


| | 1月 | 2月 | 3月 | 4月 | 5月 | 6月 | 7月 | 8月 | 9月 | 10月 | 11月 | 12月 |
|---|---|---|---|---|---|---|---|---|---|---|---|---|
| 2021年 | 9291 | 4351 | 6041 | 6577 | 8275 | 14785 | 13617 | 13242 | 15739 | 10259 | 10909 | 13810 |
| 2022年 | 7341 | 5333 | 12503 | 8973 | 8507 | 17834 | 17629 | 16875 | 18994 | 12163 | 15230 | 18681 |
| 同比 | -21.0 | 22.6 | 107.0 | 36.4 | 2.8 | 20.6 | 29.5 | 27.4 | 20.7 | 18.6 | 39.6 | 35.3 |

图4　2021—2022年北京市新能源乘用车销量及同比

## 三、2022年北京市进口车市场

2022年北京市乘用车进口量为41365辆，同比下降29.0%。分月看，进口车销量趋势与整体车市走势趋同，但进口车月度同比增速较低，第二季度下降幅度较大（见图5）。

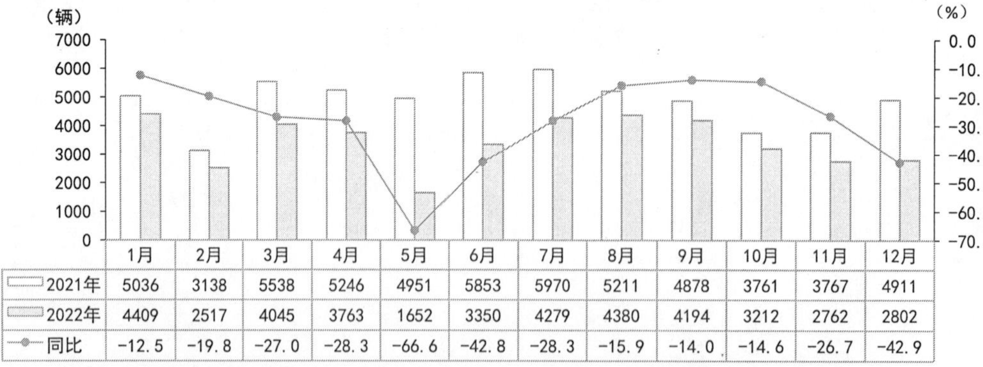


| | 1月 | 2月 | 3月 | 4月 | 5月 | 6月 | 7月 | 8月 | 9月 | 10月 | 11月 | 12月 |
|---|---|---|---|---|---|---|---|---|---|---|---|---|
| 2021年 | 5036 | 3138 | 5538 | 5246 | 4951 | 5853 | 5970 | 5211 | 4878 | 3761 | 3767 | 4911 |
| 2022年 | 4409 | 2517 | 4045 | 3763 | 1652 | 3350 | 4279 | 4380 | 4194 | 3212 | 2762 | 2802 |
| 同比 | -12.5 | -19.8 | -27.0 | -28.3 | -66.6 | -42.8 | -28.3 | -15.9 | -14.0 | -14.6 | -26.7 | -42.9 |

图5　2021—2022年北京市进口乘用车月度销量及同比

2022年是新能源补贴的最后一年，在此背景下，北京市全年新能源自主品牌车型销量表现较好，拉动了整体自主品牌的市场份额。由于新能源车型销量走高，传统能源车型表现欠佳，合资品牌的市场份额被进一步压缩。

# 2022年上海市新车市场

2022年，党的二十大重申加快构建以国内大循环为主体、国内国际双循环相互促进的新发展格局。虽然有疫情困扰，但中央及地方“稳增长”的政策持续发力，稳定支撑国内经济。上海作为我国最大的消费城市地位持续巩固，2022年上海社会消费品零售总额1.64万亿元。

2022年上海乘用车新车需求62.6万辆，同比增长8.7%，市场出现消费结构的高端化、智能化、新能源化和个性化等特征；上海用户则体现出年轻化、品牌意识淡化等特征，“科技的、好玩的与潮流的”等成为用户追逐的目标与方向。

## 一、2022年上海新车市场概况

### （一）新车总需求量为62.6万辆

根据上海市相关部门2022年上牌量统计，传统燃油车总销量为29万辆，同比下跌12.9%，其中：新购车辆由拍卖获得牌照，总量为18万辆；换购车辆总量为11万辆；上海新能源车上牌量33.6万辆，同比增长32.1%。燃油车和新能源车“一跌一涨”，表明市场结构需求发生了巨大变化，成为2022年上海新车市场的最大看点。

燃油车与新能源车两者合计全口径的新车需求量为62.6万辆，同比增长8.7%（见图1）。

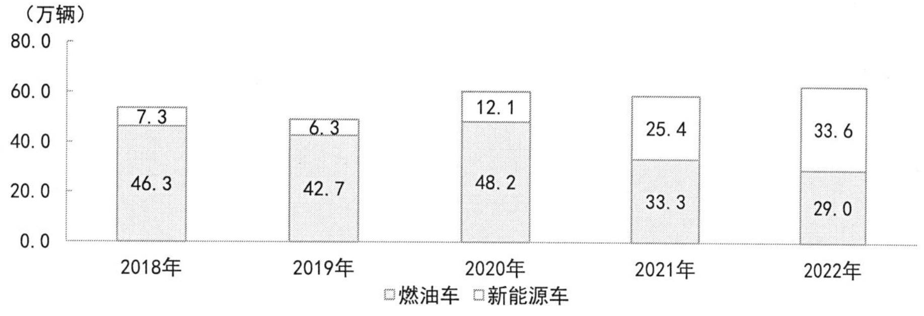


图1　2018—2022年上海乘用车分类需求量

资料来源：乘用车市场信息联席会（以下图表资料来源相同，不再赘述）

燃油车占比仅46.3%，而新能源车占比扩张到53.7%，新能源车渗透率居我国一线城市之首（见图2）。

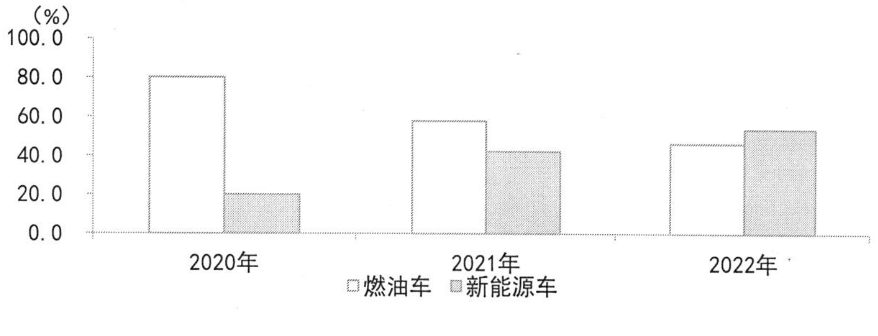


图2　2020—2022年上海新能源车与燃油车占比

在2022年底新能源补贴退坡、燃油车购置税减半政策退出的“双退”政策的叠加效应促进下，年底车市行情爆燃，补亏了全年的市场需求，实现了8.7%的增长。

### （二）燃油车：沪牌扩增4万张，价格仍微增，中标率提升

燃油车需求29万辆。以换购为主的上海市场（定义为换购率大于50%）在2022年截止，变为以新购为主的市场了（换购率仅37.9%，新购率达62.1%），全年上海燃油车注册需求量29万辆。促成这种变化的主要原因是：（1）响应政府号召上海2022年出台鼓励消费政策，牌照拍卖数量增至18万张，同比增加33.3%;（2）疫情三年，特别是2022年严格防疫，车主们主动延迟换购时间，致使换购人数锐减；（3）上海为新购的新能源车主提供免费绿牌，分流了部分换购人群。在增加牌照和提供免费绿牌这两项政策夹击下，上海用户油车换购的需求快速减少，从而在5年间换购量从2018年的32.8万辆，下降为2022年的11万辆（见图3、表1）。

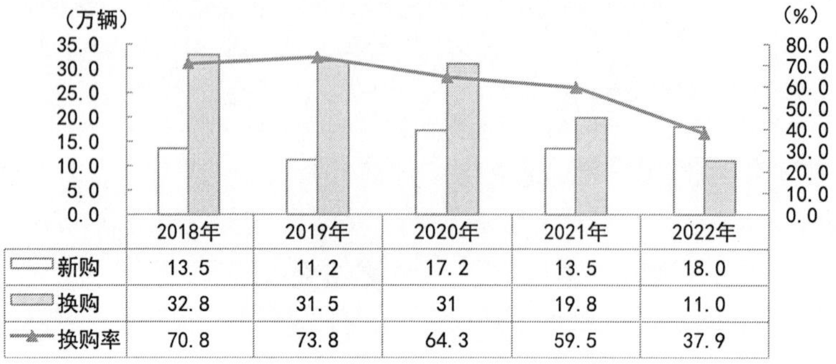


图3　2018—2022年上海燃油车新购、换购（万辆）及换购率对比

表1　2018—2022年上海燃油车新购与换购分析表量　　单位：万辆，%

| 燃油车 | 2018年 | 2019年 | 2020年 | 2021年 | 2022年 |
|---|---|---|---|---|---|
| 新购 | 13.5 | 11.2 | 17.2 | 13.5 | 18.0 |
| 换购 | 32.8 | 31.5 | 31 | 19.8 | 11.0 |
| 合计 | 46.3 | 42.7 | 48.2 | 33.3 | 29.0 |
| 换购率 | 70.8 | 73.8 | 64.3 | 59.5 | 37.9 |

注：新购＝牌照拍卖，换购率＝换购／合计

新增4万张牌照。2022年上海结束封控后，为促进上海汽车消费，提振消费信心，5月上海市公布了《上海市加快经济恢复和重振行动方案》通知，此次方案有力地刺激了消费者购车需求，拉动上海乘用车的销量回升。全年发放沪牌达18万张，牌照供应量同比提升1/3（见表2）。

表2　2018—2022年沪牌投放量和拍卖均价　　单位：万张，万元

| 年份 | 2018年 | 2019年 | 2020年 | 2021年 | 2022年 |
|---|---|---|---|---|---|
| 拍卖均价 | 8.79 | 8.97 | 9.07 | 9.18 | 9.22 |
| 沪牌拍牌量 | 13.5 | 11.2 | 17.2 | 13.5 | 18.0 |

拍卖均价微涨。2022年“疫情反复多变”，作为汽车产业重镇的上海疫情防控形势严峻，汽车市场遭受严重冲击。在疫情常态化的持续防控形势下，乘用车私车出行也成为出行安全的重要保障。因此即使在封控期间，上海每月的拍牌活动并没有停止，而是转入线上举行，交投活跃。从价格上看，2022年拍卖平均为9.22万元，比2021年微涨400元。

中标率与参拍人数。沪牌拍卖是车市行情的晴雨表。由于牌照额度的增加和新能源车的分流，导致参拍人数逐月减少而中标率提升，前一年3月的拍卖正酣，参拍人数曾高达24.9万人次，中标率仅为4.3%，而到了2022年12月，参拍人数仅14万人，中标率为13.2%。年底正是我国购

置税减半政策和新能源补贴政策即将退出之时，有用户转而购置新能源车，致使参拍人数递减，参拍人数与中标率形成了剪刀差（见图4）。

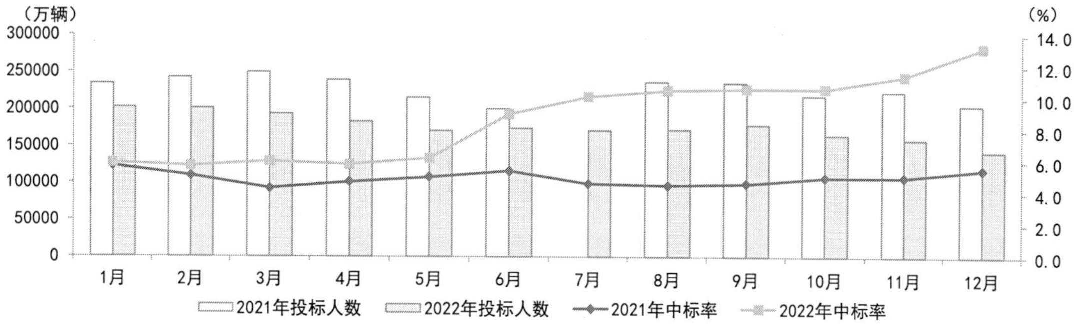


图4　2021—2022年沪牌拍卖中标率与参拍人数走势图

## 二、上海新车市场特征

### （一）2022年上海燃油车消费特点：高端化、SUV 化

2022年由于疫情反复，全市经济社会生活谨慎而有序地运行，线上消费快速增长、线下消费阶段性回暖。在燃油车需求端，全年呈现高端乘用车稳步增长和 SUV 销量继续反超轿车的特征。

1. 高端化

从上海有关部门统计的数据看，国产轿车消费级别的占比逐年上升，2020年国产 B+C 级轿车的市场占比出现首超50% 的历史性飞跃（51.8%），2022年达到了60%。在汽车普及的今天，上海已经进入了存量换车时代，换车高端化也是必由之路（见表3）。

表3　2018—2022年上海国产轿车各级别占比走势　　单位：%

| 国产轿车 | 2018 年 | 2019 年 | 2020 年 | 2021 年 | 2022 年 |
|---|---|---|---|---|---|
| B 级 +C 级 | 39.9 | 40.0 | 51.8 | 54.7 | 60.0 |
| A 级 | 34.6 | 32.4 | 30.2 | 26.6 | 25.2 |
| A0 级 +A00 级 | 25.6 | 27.7 | 18.0 | 18.6 | 14.8 |

2.SUV 化

上海作为我国“国际消费中心城市”之一，一直是引领消费潮流之地。城市 SUV 以其宽大视野和便利性等优越特点，被年轻人所接受和认可，已进入寻常百姓家，成为时尚生活的一部分。2022年12月在上海市场注册上牌的 SUV 产品已有204种（含国产与进口 SUV），消费者挑选余地非常宽泛。继2021年上海市场上国产 SUV 渗透率首次超过轿车达到39.8% 之后，2022年继续受青睐，占比攀升至42.1%。车企们更多地对 SUV 研发的投入也是促进 SUV 消费的一个主要因素（见表4）。

表4　2018—2022年上海国产乘用车车型大类渗透率走势　　单位：%

| 燃油车 | 2018 年 | 2019 年 | 2020 年 | 2021 年 | 2022 年 |
|---|---|---|---|---|---|
| 轿车 | 43.3 | 40.7 | 43.4 | 34.5 | 33.6 |
| MPV | 8.0 | 6.8 | 5.2 | 8.6 | 8.4 |
| SUV | 35.3 | 38.0 | 40.2 | 39.8 | 42.1 |
| 进口车 | 13.4 | 14.5 | 11.3 | 17.1 | 15.9 |

3. 进口车

上海既是我国进口车重要的港口之一，也是重要的消费地。过去五年上海进口乘用车上牌量一直维持在5万～7万辆，进口车渗透率也在13%～17%，2022年为15.9%，销量为4.6万辆，比上一年净减约1万辆。上海4—5月全市暂停登记注册，2022年等于减少了两个月的进口车销量，销量净减1万辆也在情理之中。

## （二）新能源车消费特点：私家车占比高、插电市场猛增

### 1. 私车占比与智能化水平双高

据乘联会统计，2022年我国新能源车的零售销量是567.4万辆，同比增长90.0%；在上海的新能源车注册量为33.6万辆，同比增长32.1%，增长率虽然没有全国平均高，但上海的基数很高。新能源车的消费，在2020年时已经触发了从政策驱动转向了市场驱动，2022年上海私人购车呈现产品高端化、智能化、网联化和个性化特征，私人占比进一步提高，达到了78.4%，创历史新高（见图5）。

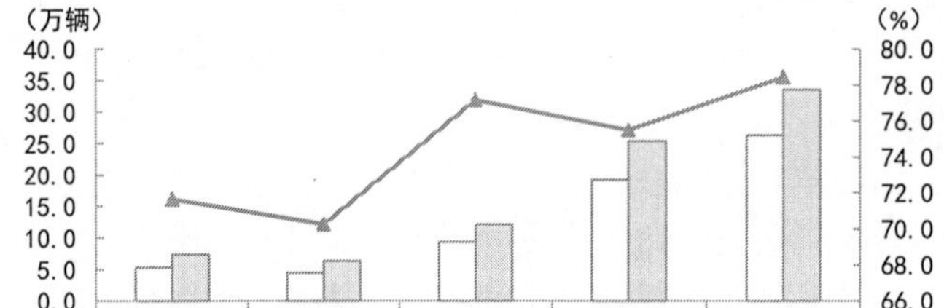


| | 2018年 | 2019年 | 2020年 | 2021年 | 2022年 |
|---|---|---|---|---|---|
| 私人用车 | 5.3 | 4.4 | 9.3 | 19.2 | 26.3 |
| 总需求量 | 7.4 | 6.3 | 12.1 | 25.4 | 33.6 |
| 私人占比 | 71.6 | 70.2 | 77.2 | 75.5 | 78.4 |

图5　2018—2022年上海新能源车的私人拥有占比

### 2. 私人用车领域插电市场猛增

根据上海的地方政策，2022年之后上海不再授予插电混动车免费新能源绿牌，2022年又恰逢比亚迪、上汽集团、理想、长安等车企也推出了一些有影响力的插混/增程车。在补贴政策即将退坡、免费牌照末班车和可供应产品充足的助力，车主纷纷要抢占政策红利心态的共同作用下，上海市面上加速了插混/增程车的抢购潮，上演了现实版的年底狂飙。2022年全年插混车占比达到了10.7万辆，渗透率为41%，为疫情三年来的最高（见表5）。

表5　2018—2022年上海私人新能源市场的销量及占比　　单位：万辆，%

| 私家车 | 2018年 | 2019年 | 2020年 | 2021年 | 2022年 |
|---|---|---|---|---|---|
| 纯电 | 1.1 | 1.6 | 5.8 | 12.8 | 15.6 |
| 插混 | 4.2 | 2.8 | 3.6 | 6.3 | 10.7 |
| 合计 | 5.3 | 4.4 | 9.3 | 19.2 | 26.3 |
| 纯电占比 | 20 | 37 | 62 | 67 | 59 |
| 插混占比 | 80 | 63 | 38 | 33 | 41 |

## （三）2022年上海汽车保有量超过500万辆，同比净增40万辆

到2022年底止，上海已成为国内汽车保有量位居第四的城市，保有量超过500万辆，达516.3万辆，同比净增40万辆。乘用车保有量为470万辆，同比净增39.7万辆，也就是说2022年净增的数量都是乘用车（见表6）。

郊区乘用车（带沪C牌照）虽然上牌的成本只是工本费，但受限太多，使用不方便，因此郊区乘用车保有量在逐年下降，沪C用户大部分也在投拍沪牌换车，或者转购新能源车自动获取免费绿牌。2022年沪C牌照净减3.5万辆；新能源乘用车净增32.4万辆，燃油车的保有量净增10.7万辆。

表6　2020—2022年上海汽车与乘用车保有量　　单位：万辆

| 上海市保有量 | 2020 年 | 2021 年 | 2022 年 | 增长率 | 净增 |
|---|---|---|---|---|---|
| 乘用车（含新能源） | 406.7 | 430.6 | 470.3 | 9.2% | 39.7 |
| 郊区乘用车 | 144.4 | 132.2 | 128.7 | -2.6% | -3.5 |
| 新能源乘用车 | 31.4 | 56.3 | 88.7 | 57.5% | 32.4 |
| 城区 ICE 乘用车 | 230.9 | 242.2 | 252.9 | 4.4% | 10.7 |
| 汽车保有量 | 450.6 | 476.3 | 516.3 | 8.4% | 40 |

### （四）2022年上海出口乘用车近110万辆，同比增长超50%

上海是全国汽车行业的重要出口基地，2022年上海出口了109.5万辆，同比增长52.6%，其中上汽集团出口82.4万辆，特斯拉出口27.1万辆，同比分别增长48.6%和65.9%。上汽集团成为国内最大的出口商。

上海也是全国汽车行业的重要生产基地和消费市场，2022年经历了一场深刻的考验，其枢纽地位需进一步加强。今后还需确保产业链供应的完整性和良好性，以及提升物流链、供应链、体系竞争力和长三角产业集群的协调能力。

2022年在鼓励消费、扩大消费的精神指导下，上海市公布了《上海市加快经济恢复和重振行动方案》的通知，规定年内新增非营业性小客车牌照额度4万个；按照国家政策要求年内减半征收乘用车购置税；2022年底前，个人消费者报废或转出名下在上海市注册登记且符合相关标准的小客车，并购买纯电动汽车的，给予每辆车10000元的财政补贴。在这些利好刺激下，上海车市走出了昂扬的走势，给行业平稳、有序、健康的发展带来新面貌，为2023年车市行情奠定基础。

（中国汽车流通协会汽车市场研究分会　唐奕奕）

# 2022年重庆市新车市场

2022年度重庆市乘用车销量达到40.1万辆，全国排在第八位，排名较上一年度有所下降，下降1位。2022年重庆市新能源汽车行业继续保持高速发展态势，全年新能源汽车产量达36.9万辆，占全市汽车产量比重提高至17.7%；全年新能源乘用车销量11.6万辆，全国城市排名中位居第八，同比增长78.6%。重庆市新能源汽车渗透率28.8%，领先全国市场1.2个百分点，新能源车消费转型颇具成效。

## 一、2022年重庆市汽车市场发展环境

### （一）稳发展，全市经济稳定恢复

2022年，重庆市人均地区生产总值达到9.1万元，较上年增长2.5%。出行类商品保持稳定增长，全市出行类商品零售额占线上商品零售总额的比重为41.8%，较上年增长4.6%。其中，汽车类商品零售额增长4.0%，石油及制品类增长5.9%，分别拉动全市线上商品零售额增长1.1个百分点、0.7个百分点（见图1）。

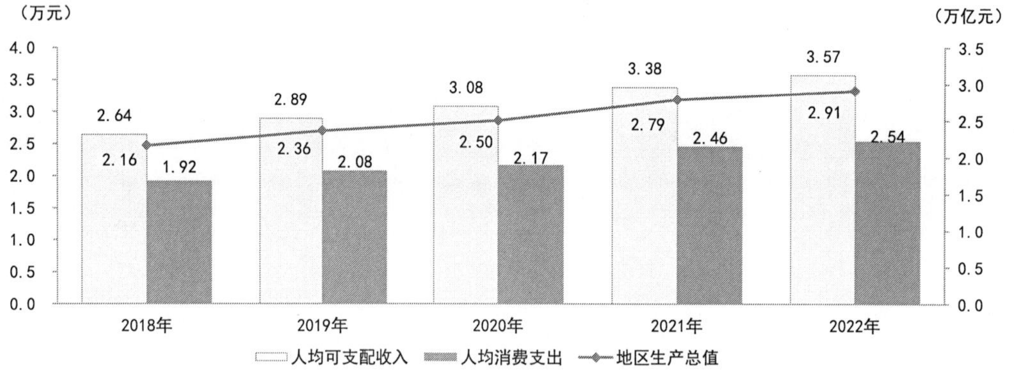


图1 2018—2022年重庆市地区生产总值、人均可支配收入和人均消费支出变化

资料来源：重庆市统计局

### （二）突发因素影响，汽车消费市场承压前行

2022年受疫情散发、高温限电等突发因素影响，消费供给受限，出现市民收入预期减弱，预防性储蓄意愿上升，市场短期承压。第二季度上海、广州、吉林三地再次出现疫情，汽车相关产业链供应链物流受阻，第三季度重庆高温酷暑限电，抑制消费，第四季度疫情封控，中心城区传统商业大面积停摆。重庆全年汽车消费与同期相比下滑5.8万辆，相较于全国市场，重庆市汽车市场在销量以及增速上均未达预期（见表1）。

表1 2022年全国与重庆市场销量数据对比 单位：万辆，%

| 地区 | 乘用车销量 | 同比增长 | 新能源车销量 | 同比增长 |
|---|---|---|---|---|
| 全国 | 2057.7 | -2.9 | 567.4 | 90.0 |
| 重庆 | 401.0 | -13.3 | 11.6 | 78.6 |

资料来源：乘联会、重庆市汽车商业协会

### （三）新兴绿色智能消费增势良好，表现亮眼

在市场供给不断完善的条件下，居民对智能消费、绿色消费的需求逐步增加，消费品质显

著提升。在成品油价格高位运行、购置税减征、购车补贴刺激等多重因素推动下，2022年，全市新能源汽车销售火爆，零售额增长137.1%，较上年提高15.4个百分点，拉动全市线上企业商品零售额增长3.2个百分点。新能源汽车占全市汽车类零售额的比重由2021年的6.8%提高至18.6%，市场占有率大幅提升。重庆市新能源汽车渗透率28.8%，领先全国市场1.2个百分点，新能源消费转型颇具成效（见图2）。

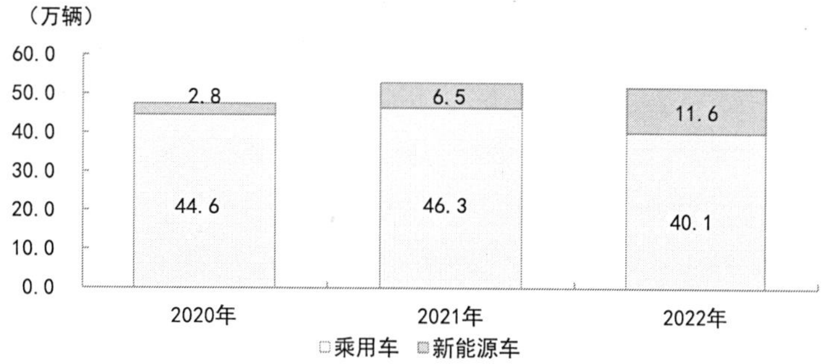


图2 2020—2022年新能源乘用车市场渗透趋势

资料来源：重庆市汽车商业协会（以下图表资料来源相同，不再赘述）

## 二、2022年重庆市汽车市场

### （一）汽车渠道网络

2022年，重庆市新能源汽车销量呈爆发式增长，自主品牌强势崛起，带动渠道网络扩张，截至年底全市乘用车销售4S店网点数量为597家，较上年增长0.7%（见图3）。

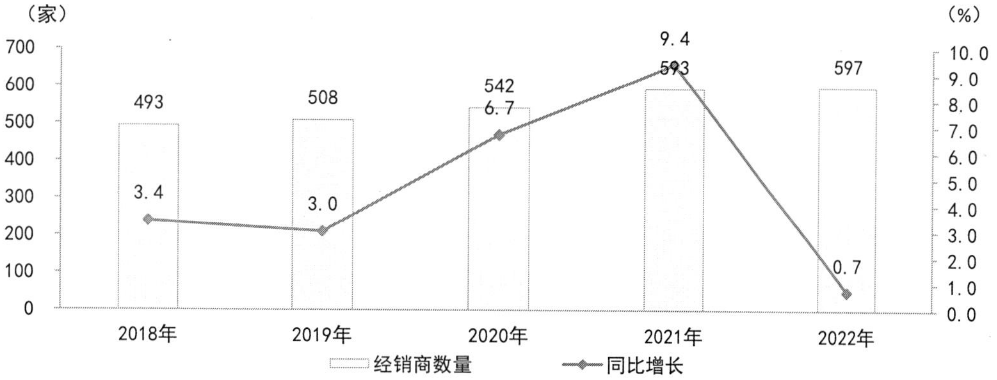


图3 2018—2022年重庆市乘用车经销商数量及增速变化

2022年，重庆市独立新能源品牌店数量为195家，占全市品牌店总数的27.3%，其中新能源城市展厅118家。新能源汽车市场发展迅猛，带动了新能源汽车渠道网络的快速扩张，并在渠道形态上逐渐形成4S店、展厅/体验中心、售后服务中心三大类不同功能的网络。

2022年，重庆市汽车经销商排名前五的区县分别为渝北区、两江新区、南岸区、九龙坡区、万州区，以上五区共347家汽车经销商，整体占重庆市汽车经销商数量比重达65.6%。

2022年，重庆市整车与改装车生产企业共计46家，较2021年增加1家新能源整车生产企业。全年重庆市汽车产业实现工业增加值1104.4亿元，占重庆市全口径工业增加值的13.3%，同比增长10.2%，对全市工业增加值的增长贡献率达49.3%（见图4）。

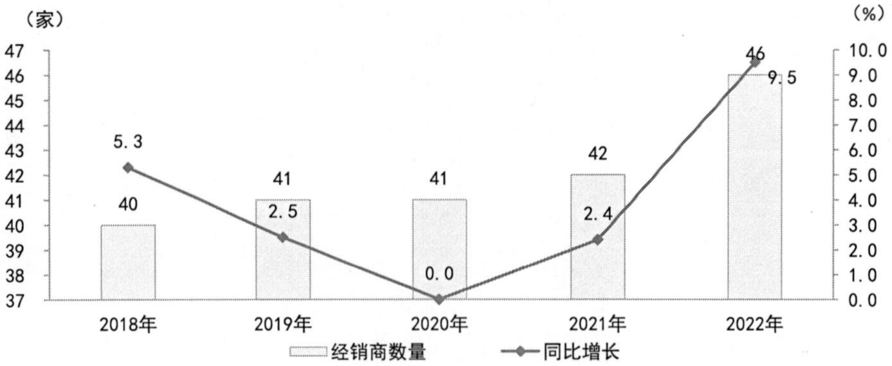


图4 2018—2022年重庆市汽车生产与改装车企业数量

2022年，重庆市汽车产量达209.18万辆，重新突破200万辆，汽车产业增加值增长10.2%。其中，新能源汽车产量达36.9万辆，同比增长142.5%（见图5）。

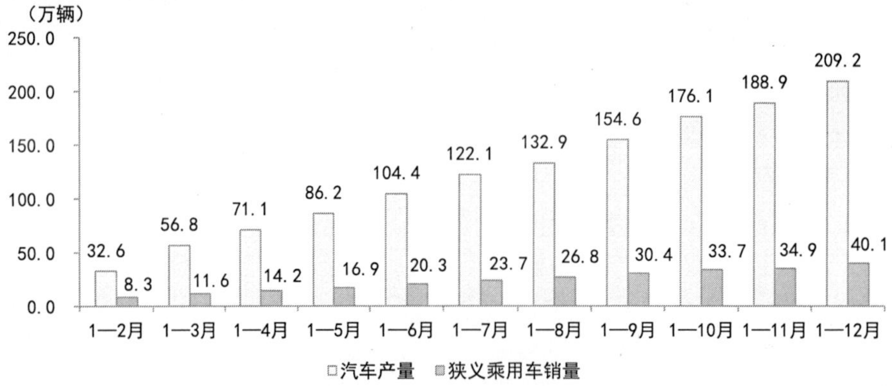


图5 重庆市汽车产量与狭义乘用车销量累计变化

作为全国重要的汽车制造业基地之一，重庆市在传统汽车领域形成较强优势，产量曾一度位居全国城市首位。2022年重庆市提出打造世界级智能网联新能源汽车产业集群，从“做大增量”“提升存量”“做优生态”等方面发力，推动产业转型升级。在新能源汽车强劲增长等有利因素带动下，2022年重庆市汽车产量再次迈上200万辆台阶，位居全国前列。

主要生产企业在渝工厂及规划产能情况如下表所示。数据显示，重庆市乘用车产能主要来源于长安集团、赛力斯和上汽集团，合计规划产能约占总量的69.1%（见表2）。

表2 2022年重庆市汽车生产企业情况

单位：万辆，%

| 车企 | 规划产能 | 实际产量 | 产能利用率 |
|---|---|---|---|
| 重庆长安 | 170 | 123.7 | 72.8 |
| 小康工业 | 20 | 27.7 | 138.6 |
| 力帆 | 5 | 0.3 | 6.8 |
| 银翔工业 | 25 | 0.0 | 0.0 |
| 北汽新能源 | 40 | 0.6 | 1.6 |
| 长城汽车 | 16 | 22.3 | 139.4 |
| 总计 | 276 | 174.7 | 60.0 |

汽车零部件企业作为区域产业集群最为关键的支撑，对于整个区域产业集群的发展起到了至关重要的作用。重庆市拥有全国汽车零部件相关企业最多的城市，共约3.1万家，区域集群优势十分明显。2022年重庆市规模以上汽车零部件企业共计963家，较上年减少8家（见图6）。

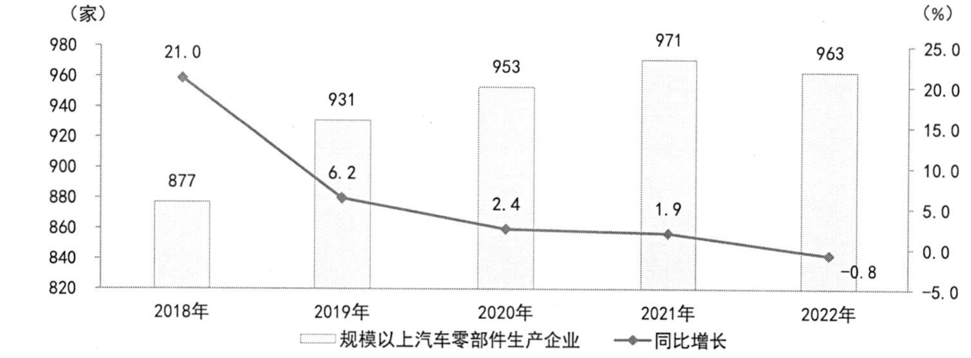


图6　2018—2022年重庆市规模以上汽车零部件生产企业数量及增速

## （二）汽车市场状况

虽然疫情反复、“缺芯贵电”等因素在2022年对我国乘用车市场产生非常大的影响，企业正常的生产经营节奏被打乱，叠加消费信心不足，乘用车市场出现波动，但在购置税优惠政策等各种有利因素作用下，全年乘用车市场仍呈现明显增长。相较于全国市场，重庆市场2022年总量以及增速尚未达预期，年度总销量40.13万辆，同比下滑12.77%（见图7）。

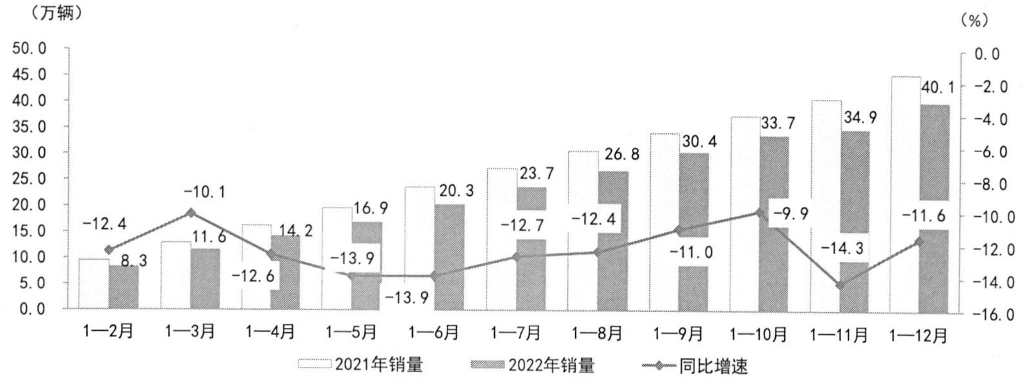


图7　2022年重庆市乘用车月度累计销量走势

相比于2021年，2022年重庆市乘用车市场相对疲软，销量全面落后上一年。上半年上海疫情大规模暴发加剧了这一趋势，随后7—10月销量有所回暖，降幅减缓，受疫情开放政策影响，销量在11月大幅下滑，在12月恢复增长（见图8）。

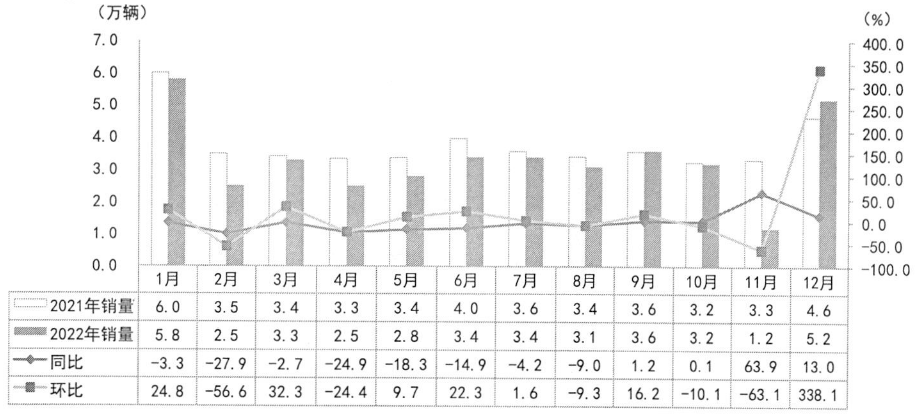


| | 1月 | 2月 | 3月 | 4月 | 5月 | 6月 | 7月 | 8月 | 9月 | 10月 | 11月 | 12月 |
|---|---|---|---|---|---|---|---|---|---|---|---|---|
| 2021年销量 | 6.0 | 3.5 | 3.4 | 3.3 | 3.4 | 4.0 | 3.6 | 3.4 | 3.6 | 3.2 | 3.3 | 4.6 |
| 2022年销量 | 5.8 | 2.5 | 3.3 | 2.5 | 2.8 | 3.4 | 3.4 | 3.1 | 3.6 | 3.2 | 1.2 | 5.2 |
| 同比 | -3.3 | -27.9 | -2.7 | -24.9 | -18.3 | -14.9 | -4.2 | -9.0 | 1.2 | 0.1 | 63.9 | 13.0 |
| 环比 | 24.8 | -56.6 | 32.3 | -24.4 | 9.7 | 22.3 | 1.6 | -9.3 | 16.2 | -10.1 | -63.1 | 338.1 |

图8　2022年重庆市乘用车月度销量走势

细分市场中轿车和SUV是主力，销量占比超过95%。其中SUV超越轿车年度销量20万辆排在第一位，市场份额扩大至49.9%。但同样其销量降幅相比轿车更大，2022年同比下滑17%，未能保持增长趋势（见图9）。

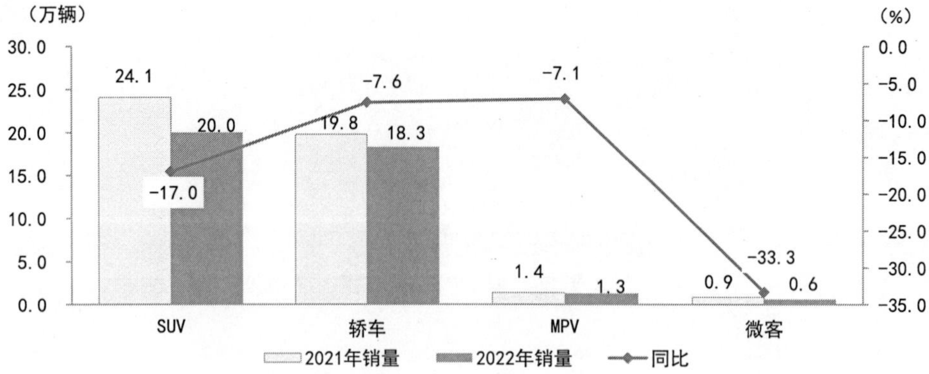


图9　2022年重庆市乘用车细分市场与上年对比

车型排名方面，新能源车型宋PLUS DM-i、Model Y分别以7502辆、6637辆的销量分列SUV销量榜的前两位，而去年榜首长安CS75 PLUS则位居第四，降幅高达61.1%。虽然长安CS75 PLUS跌出三甲，但是值得一提的是销量Top15榜中，6席均出自长安汽车，销量占比达39.8%（见图10）。

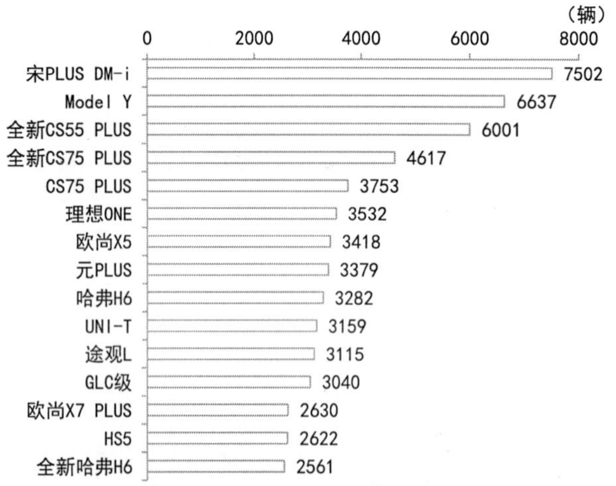


图10　2022年重庆市SUV车型销量Top15

自主品牌销量在2022年度重庆市乘用车市场中表现突出，年度销量21.8万辆，占比54.3%，较上年增长5.9个百分点，成为市占率唯一正增长的品牌。合资品牌市场则以德系、日系以及美系为主导，市场占有率合计约为45.7%（见图11）。

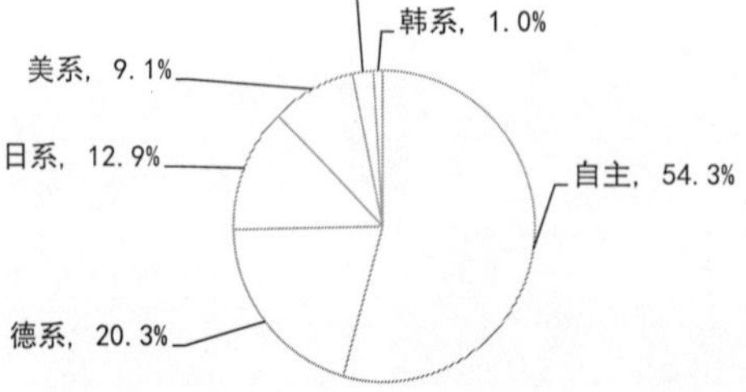


图11　2022年重庆市乘用车品牌市场占有率分布

2022年合资品牌增长趋势与自主品牌相近，销量均出现不同程度的下滑，自主品牌同比小幅下滑2.7%，而韩系车再次加剧下跌趋势，同比再降53.2%（见图12）。

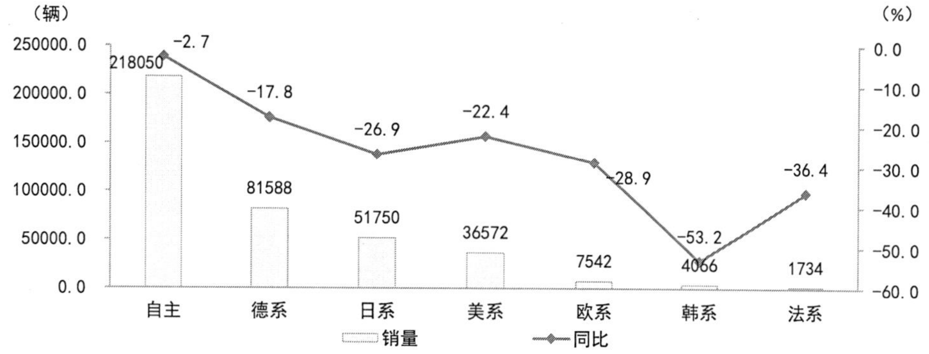


图12　2022年重庆市乘用车品牌市场较上年变化

Top10品牌中，合资品牌占据的市场份额较自主品牌高出4.7个百分点，自主品牌整体实力并未超越合资品牌。但自主品牌中部分品牌销量在2022年度重庆市汽车市场中表现突出，比亚迪、理想、东风风神三个品牌在销量普降的大环境下呈逆势增长，其中比亚迪的销量更是同比大增105%（见图13、图14）。

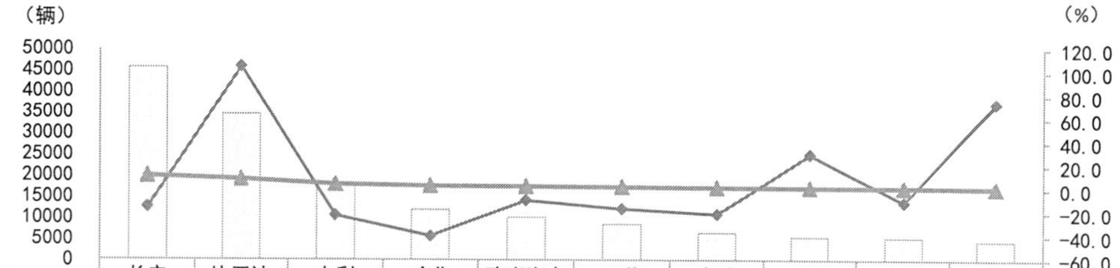


| | 长安 | 比亚迪 | 吉利 | 哈弗 | 欧尚汽车 | 五菱 | 奇瑞 | 理想 | 红旗 | 东风风神 |
|---|---|---|---|---|---|---|---|---|---|---|
| 销量 | 45524 | 34419 | 17590 | 11870 | 10036 | 8413 | 6431 | 5432 | 5263 | 4492 |
| 同比 | -15.2 | 104.5 | -22.4 | -39.7 | -9.5 | -16.6 | -21 | 29.7 | -10.9 | 73.2 |
| 份额 | 11.3 | 8.6 | 4.4 | 3.0 | 2.5 | 2.1 | 1.6 | 1.4 | 1.3 | 1.1 |

图13　自主品牌乘用车销量 Top10

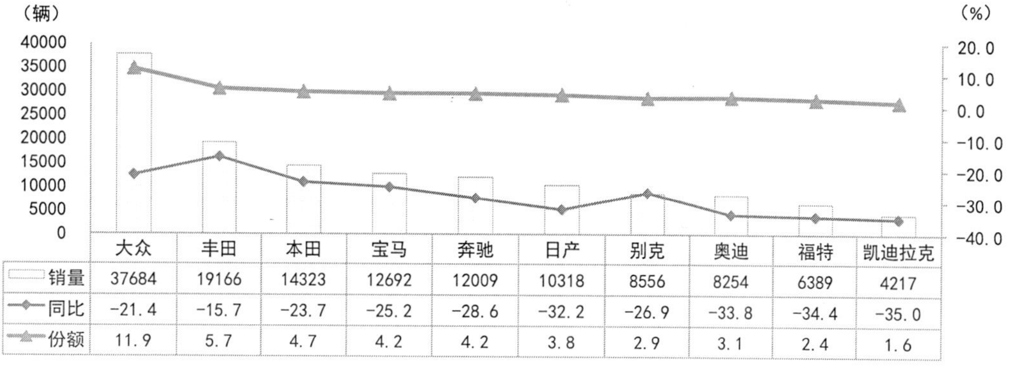


| | 大众 | 丰田 | 本田 | 宝马 | 奔驰 | 日产 | 别克 | 奥迪 | 福特 | 凯迪拉克 |
|---|---|---|---|---|---|---|---|---|---|---|
| 销量 | 37684 | 19166 | 14323 | 12692 | 12009 | 10318 | 8556 | 8254 | 6389 | 4217 |
| 同比 | -21.4 | -15.7 | -23.7 | -25.2 | -28.6 | -32.2 | -26.9 | -33.8 | -34.4 | -35.0 |
| 份额 | 11.9 | 5.7 | 4.7 | 4.2 | 4.2 | 3.8 | 2.9 | 3.1 | 2.4 | 1.6 |

图14　合资品牌乘用车销量 Top10

## （三）新能源汽车市场

从品牌分类来看，自主品牌车优势突出，全年销量9.2万辆，同比增长100.9%，市场占有率高达79.6%，较去年进一步扩张7.5%；其余类型品牌销量较去年均有不同程度增长，但市占率较上年均出现小幅下降（见图15）。

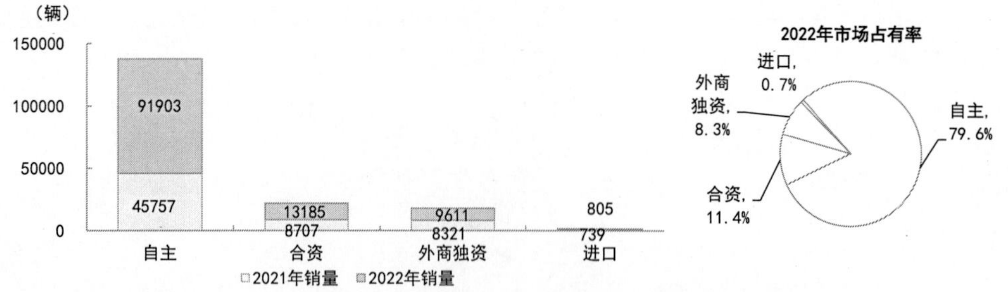


图15　2022年重庆市新能源乘用车品牌类型销量及市场占有率分布

从厂商布局情况来看，重庆市新能源乘用车厂商销量断层严重，市场集中度较高。2022年，重庆市新能源乘用车销量排名第一的是比亚迪，全年实现销量3.4万辆，销量是排名第二位的长安汽车的2.6倍（见图16）。

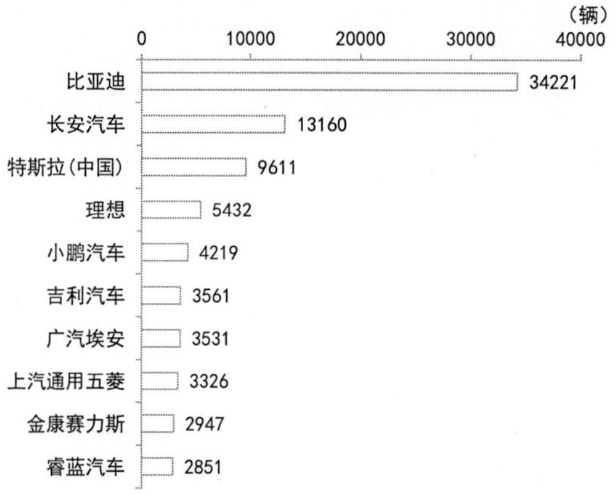


图16　2022年重庆市新能源乘用车厂商销量 Top10

对比重庆市厂商销量排名和全国厂商销量排名就会发现，重庆市的榜单非常具有当地特色，消费者对于地产车的力挺加之出租车、网约车在集中采购方面所带来的示范效应，使得在全国销量榜单中排位第13名的长安汽车在重庆市一跃成为新能源乘用车销量第二名。

作为2022年新上市的新能源地产品牌，深蓝汽车、阿维塔、AITO 全年合计销量5486辆，占三个品牌全国市场的5.7%。对比重庆市新能源乘用车销量占全国总销量比重（2.2%）可发现，这三个地产品牌在本地市场仍占有地缘优势。

纯电动车车型销量前十榜单与去年产生较大变化，上年销量冠军 Model 3销量下跌31.6%，成为前十中唯一同比负增长车型，排名下降至第八名，同是特斯拉的 Model Y 销量依然稳健，同比上升56.9%，排名上升至第一位。海豚全年销量3535辆，成为年度增速最高车型位列第三，同比大增675.2%（见图17）。

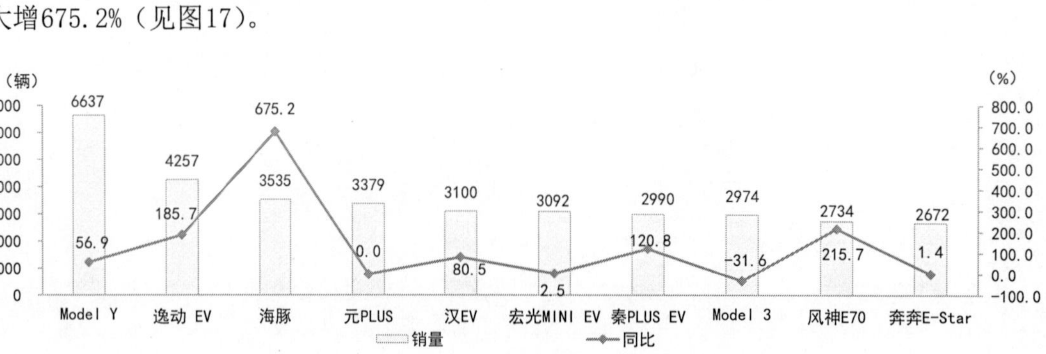


图17　2022年重庆市纯电动车车型销量 Top10

插混车型销量较去年出现全面上升。前十榜中，除秦PLUS DM-i较上年出现5.1%的微降，其余车型的增速均在200%以上。品牌方面，比亚迪以绝对优势霸榜，销量前五车型均出自比亚迪，合计销量占前十销量的81.3%（见图18）。

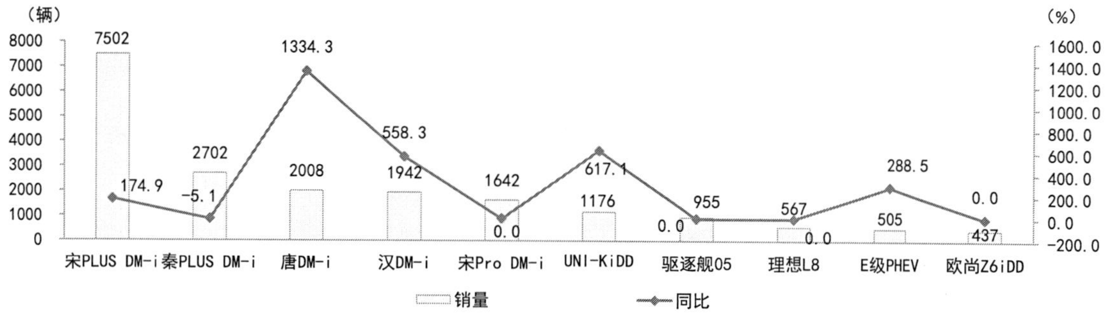


图18 2022年重庆市插电式混合动力车车型销量Top10

增程式电动车车型在2022年更为丰富，共有4款新增车型，各车型销量分布更为均匀。上年销量冠军理想ONE蝉联榜首，销量3532辆，较去年下降15.6%。重庆产品牌深蓝汽车的SL03 REEV车型7月上市后销量持续高速增长，仅半年就实现销量1202辆，排名第四位（见图19）。

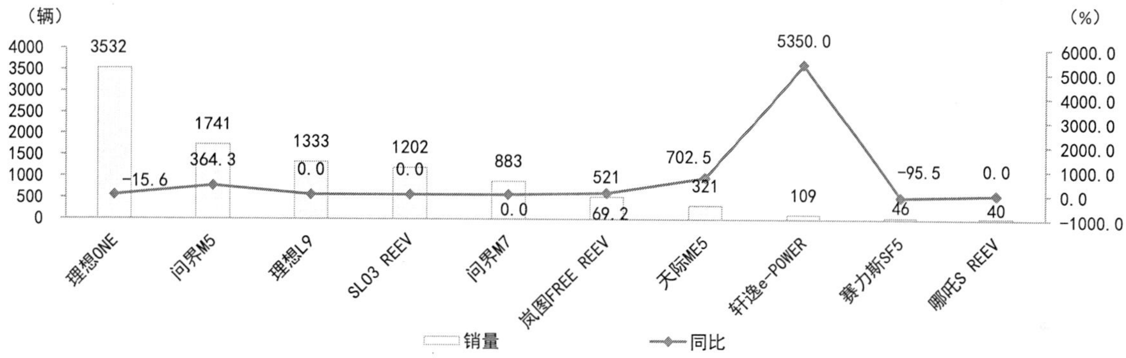


图19 2022年重庆市插电式混合动力车车型销量Top10

（重庆市汽车商业协会 陈学勤）

# 2022年武汉市新车市场

## 一、2022年武汉乘用车市场概况

2022年，武汉市乘用车上牌量总计381717辆，比去年同期359210辆增长6.27%，其中新能源汽车销量接近10万辆，为99693辆，占乘用车同期销量26.12%，同比去年增长124.94%。经历了10月和11月疫情反复影响之后，12月销量大增，一方面由于疫情政策变化，消费反弹促进了汽车消费；一方面年底传统消费旺季，经销商为完成年度目标加强促销，武汉市乘用车实现增长（见表1）。

表1 2021—2022年武汉乘用车销量对比　　单位：辆，%

| 月份 | 2021年月度 | 2021年累计 | 2022年月度 | 2022年累计 | 月度同比 | 累计同比 |
|---|---|---|---|---|---|---|
| 1月 | 41555 | 41555 | 42985 | 42985 | 3.44 | 3.44 |
| 2月 | 19754 | 61309 | 18526 | 61511 | -6.22 | 0.33 |
| 3月 | 33653 | 94962 | 28572 | 90083 | -15.10 | -5.14 |
| 4月 | 27777 | 122739 | 20517 | 110600 | -26.14 | -9.89 |
| 5月 | 27981 | 150720 | 25701 | 136301 | -8.15 | -9.57 |
| 6月 | 28476 | 179196 | 34987 | 171288 | 22.86 | -4.41 |
| 7月 | 28788 | 207984 | 34697 | 205985 | 20.53 | -0.96 |
| 8月 | 21016 | 229000 | 37175 | 243160 | 76.89 | 6.18 |
| 9月 | 29969 | 258969 | 36645 | 279805 | 22.28 | 8.05 |
| 10月 | 27817 | 286786 | 27560 | 307365 | -0.92 | 7.18 |
| 11月 | 32075 | 318861 | 26097 | 333462 | -18.64 | 4.58 |
| 12月 | 40349 | 359210 | 48255 | 381717 | 16.35 | 6.27 |

资料来源：奥德思汽车研究（以下图表资料来源相同，不再赘述）

从统计可以看出，自6月以来单月同比增幅加大，得益于湖北省和武汉市相关部门促进汽车消费政策和活动的相继落地。8月30日武汉出现疫情，汉口北和江岸区汽车销售受到影响，10月和11月疫情范围扩大，全市大部分地区都有静默管理和局部封控，对汽车消费产生消极影响。12月年底销量突增，旺季高峰来临，经销商促销力度加大，疫情影响减弱，防控政策更加科学，对释放市民消费潜力有利（见图1）。

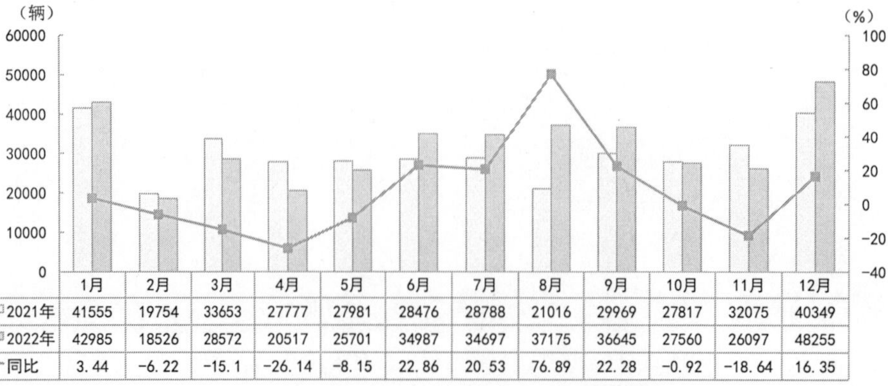


| | 1月 | 2月 | 3月 | 4月 | 5月 | 6月 | 7月 | 8月 | 9月 | 10月 | 11月 | 12月 |
|---|---|---|---|---|---|---|---|---|---|---|---|---|
| 2021年 | 41555 | 19754 | 33653 | 27777 | 27981 | 28476 | 28788 | 21016 | 29969 | 27817 | 32075 | 40349 |
| 2022年 | 42985 | 18526 | 28572 | 20517 | 25701 | 34987 | 34697 | 37175 | 36645 | 27560 | 26097 | 48255 |
| 同比 | 3.44 | -6.22 | -15.1 | -26.14 | -8.15 | 22.86 | 20.53 | 76.89 | 22.28 | -0.92 | -18.64 | 16.35 |

图1 2021—2022年武汉乘用车月度销量及增速

2022年，湖北省乘用车销量为744078辆，其中武汉市销量为381717辆，占全省比重为51.30%，整体销量在全省占绝对优势。综合原因是武汉交通便利，品牌高度集中，很多周边地区的消费者更愿意到武汉购车消费，且2022年武汉市以及部分行政区出台的汽车消费补贴政策，对武汉汽车消费刺激更加明显，其次宜昌和襄阳的汽车销量分别占全省销量7.10%和7.18%（见图2）。

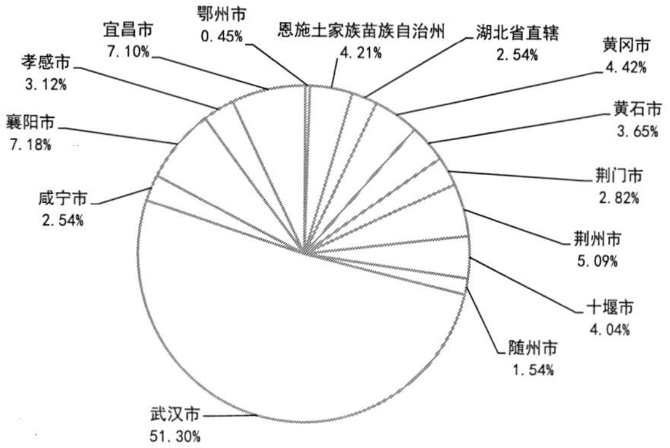


图2　2022年武汉市乘用车销量与湖北省各城市对比

如表1所示，2021年1—2月与2022年同期销量情况类似，因春节假期接近半月，导致1月和2月销量差距较大，2022年1月销量表现较好，3月以来武汉出现疫情，导致销量下滑明显，累计到4月同比下滑26.14%。6月，开始出现反弹，连续3月销量超过3.4万辆；6—8月，省、市区各级政府推出消费补贴刺激政策，效果明显；7月中旬，汉阳国博华中国际车展对本地消费有进一步促进作用。

不同于往年6—8月销售淡季，2022年销量反而冲高；8月同比去年增长76.89%，对保持全年销量奠定基础，12月超预期增长，疫情影响减弱，销量突增。全年整体基本保持上升趋势，10月和11月因为疫情范围扩大影响，旺季没有出现消费拉升的局面。11月11日，国务院联防联控机制公布进一步优化疫情防控的二十条措施，将疫情防控对于经济工作的影响进一步降低，减少对人员流动性和货物交易流通影响。随着政策进一步落实和效果显现，12月汽车消费迅速恢复，各大品牌车企完成全年目标的冲刺阶段，也是传统年底家庭采购年货和汽车的旺季，12月汽车销量超预期实现48255辆。

综合来看，2022年武汉汽车销售情况，传统淡季不淡、旺季不旺，6月开始省市区各级政府促汽车消费政策起到作用；12月销量超预期为全年汽车销售实现增长画上完美句号。

### （一）2022年全国主要城市乘用车销量对比

全年大部分城市仍然受疫情不同程度影响，在全国主要城市乘用车销量中，销量排名发生了一些变化。

首先，武汉超越郑州排名第九，郑州汽车销量因为疫情影响持续下滑，10月和11月销量持续只有1万多辆，而同时也受到疫情影响的武汉10月和11月销量分别为27560辆和26097辆，11月超过郑州，武汉恢复能力和消费能力具备一定韧性，不过郑州12月销量达56682辆，武汉销量为48255辆，武汉仅以微弱优势暂时排名在前。同时受疫情影响比较严重的广州被成都赶超降至排名第四，苏州超越重庆跃升至排名第七；上海恢复性反弹强劲，11月和12月单月销量破10万辆，与排名第二的北京拉开较大差距；排名第十一到第十五顺序基本保持。

由此可见疫情防控对汽车消费的消极影响极其敏感，各地政府按照国务院联防联控机制综合组《关于进一步优化新冠疫情防控措施科学精准做好防控工作的通知》精神，结合各地疫情防控实际情况制定精准有效措施，在正常开展生产经营活动的同时将疫情范围控制到最小，让居民生活和生产经营活动有序进行（见表2）。

表2　2022年全国主要城市乘用车销量对比　　单位：辆

| 城市 | 1月 | 2月 | 3月 | 4月 | 5月 | 6月 | 7月 | 8月 | 9月 | 10月 | 11月 | 12月 | 合计 |
|---|---|---|---|---|---|---|---|---|---|---|---|---|---|
| 上海 | 66283 | 35542 | 43464 | 1200 | 2569 | 65887 | 68747 | 79653 | 92269 | 73116 | 102289 | 108161 | 739180 |
| 北京 | 48496 | 26798 | 45554 | 35729 | 22695 | 48605 | 58790 | 59005 | 60347 | 42870 | 42253 | 62691 | 553833 |
| 成都 | 60310 | 28889 | 46151 | 32891 | 37105 | 48552 | 41204 | 45394 | 31496 | 47358 | 49536 | 63143 | 532029 |
| 广州 | 53867 | 20731 | 44200 | 27720 | 35498 | 47771 | 45818 | 50107 | 52353 | 44333 | 39198 | 68488 | 530084 |
| 杭州 | 44617 | 22736 | 38423 | 22447 | 29409 | 46495 | 40786 | 48615 | 51143 | 44824 | 54347 | 63114 | 506956 |
| 深圳 | 41817 | 18600 | 29434 | 31046 | 33639 | 47809 | 40915 | 42754 | 48474 | 43311 | 46145 | 53593 | 477537 |
| 苏州 | 29563 | 27375 | 32091 | 21743 | 18304 | 42533 | 37589 | 39147 | 43306 | 15985 | 42198 | 50394 | 412857 |
| 重庆 | 57500 | 24624 | 32695 | 24678 | 27151 | 33188 | 33759 | 30674 | 35610 | 32050 | 11857 | 51985 | 395771 |
| 武汉 | 42985 | 18526 | 28572 | 20517 | 25701 | 34987 | 34697 | 37175 | 36645 | 27560 | 26097 | 48255 | 381717 |
| 郑州 | 39579 | 16425 | 33288 | 8939 | 24124 | 40558 | 34354 | 39755 | 43458 | 39785 | 13729 | 56682 | 378047 |
| 天津 | 22676 | 18451 | 28442 | 22976 | 22117 | 30592 | 33001 | 35892 | 34180 | 25086 | 33182 | 37484 | 344079 |
| 西安 | 9395 | 26235 | 25834 | 17756 | 24515 | 29715 | 30204 | 31902 | 34164 | 25712 | 24087 | 45389 | 324908 |
| 长沙 | 32100 | 15012 | 21570 | 17633 | 21018 | 25248 | 27010 | 28932 | 29287 | 24586 | 24216 | 34946 | 301558 |
| 南京 | 25928 | 13858 | 18749 | 13530 | 17817 | 26776 | 23190 | 24646 | 26321 | 21217 | 24962 | 30132 | 267126 |
| 合肥 | 29814 | 12933 | 17316 | 9200 | 14176 | 21300 | 20048 | 22567 | 23291 | 19565 | 21589 | 29484 | 254637 |

### （二）2022年武汉市乘用车销量Top10车型

2022年武汉乘用车分车型销量前十排名中，新能源畅销车型代表特斯拉ModelY榜首领先，新能源汽车有上汽通用五菱宏光MINI、比亚迪宋PLUS、东风乘用车E70四个车型进入前十。东风乘用车E70车型是众多网约车平台青睐的车型，也是T3平台的主打车型；上汽通用五菱的新能源畅销款五菱宏光MINI，超越东风本田CR-V跃居第二，比亚迪宋PLUS自比亚迪官宣禁售燃油车之后，市场畅销程度更是一车难求，新能源汽车已然占领了畅销车型的领先地位（见表3）。

表3　2022年武汉市乘用车销量排名Top10车型　　单位：辆

| 排名 | 品牌 | 品牌车型 | 数量（辆） | 车型系列 | 能源方式 | 升降 |
|---|---|---|---|---|---|---|
| 1 | 特斯拉 | 特斯拉Model Y | 8822 | SUV | BEV | ↑ |
| 2 | 上汽通用五菱 | 宏光MINI | 8293 | 轿车 | BEV | ↑ |
| 3 | 东风本田 | 本田CR-V | 7870 | SUV | 燃油（含混动） | → |
| 4 | 东风乘用车 | 风神E70 | 7526 | 轿车 | BEV | ↑ |
| 5 | 东风日产 | 轩逸 | 6717 | 轿车 | 燃油 | ↑ |
| 6 | 比亚迪 | 宋PLUS | 6688 | SUV | BEV、PHEV | ↑ |
| 7 | 上汽大众 | 朗逸 | 6196 | 轿车 | 燃油 | ↓ |
| 8 | 长城汽车 | 哈弗H6 | 5480 | SUV | 燃油 | ↓ |
| 9 | 东风日产 | 逍客 | 5250 | SUV | 燃油 | ↓ |
| 10 | 广汽本田 | 雅阁 | 4708 | 轿车 | 燃油 | ↑ |

综上，从武汉畅销车型销量排行可以看出，新能源汽车品牌席位占到了40%的份额，而且排名上升的车型都是新能源车型，新能源汽车竞争力更为强劲。东风集团整体仍有4款车型占据榜单，东风乘用车车型网约车E70跃进到第四位，东风集团对武汉地区市场贡献仍然巨大。五菱宏光MINI和E70均为价格较低的新能源汽车，特斯拉更是多次降价，说明价格因素对车型畅销程

度影响显著。

**（三）2022年武汉市乘用车品牌销量对比分析**

通过2021年及2022年汽车品牌对比发现，2022年新能源汽车比亚迪以27547辆位居第一，该品牌作为新能源汽车代表在武汉销量上升迅速；东风本田仍然保持较为稳定状态，排名第二，但是整体销量相较去年同期下滑12%左右。

值得关注的上汽大众排位和销量同去年基本持平，应该归功于ID系列新能源汽车获得市场广泛认可。对比2021年品牌前十中，德系汽车品牌占比有所下降，日系品牌占比虽未减少，但销量和排名均有所下滑，传统合资品牌竞争力减弱；同时，销量在17000辆左右有四个品牌，竞争异常激烈；原本德系、日系的竞争格局被打破，比亚迪新能源汽车品牌开始独占榜一。同时，比亚迪和上汽通用五菱作为国产品牌代表稳居前十排名的位置（见图3）。

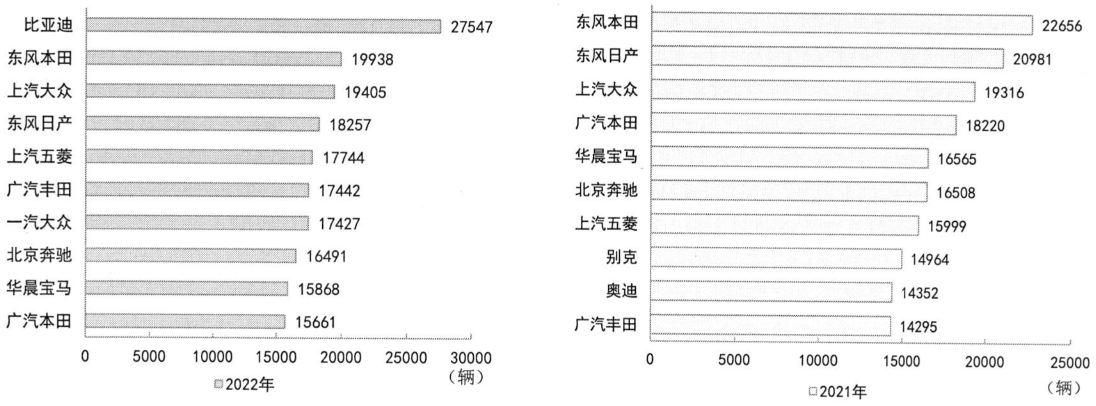


图3　2021—2022年武汉乘用车销量 Top10

综上，品牌排名前十仍以合资品牌为主，但比亚迪依靠新能源汽车渠道优势和众多畅销车型拉开差距。上汽五菱同样依靠新能源为主力车型上升到排名第五。

**（四）2022年武汉市新能源汽车销量分析**

2022年武汉市新能源乘用车销量为99693辆，占乘用车销量26.12%；较2021年新能源汽车销量的44320辆，同比增长124.94%。12月新能源汽车销量为14560辆，占当月乘用车销量30.17%，同比2021年12月的8054辆，增长80.78%。由于疫情影响，10月和11月环比收缩，不过在“疫情防控二十条”逐渐落实情况下，12月借助品牌厂家销量冲刺压力和传统消费旺季，实现14560辆历史单月最高销量纪录（见图4）。

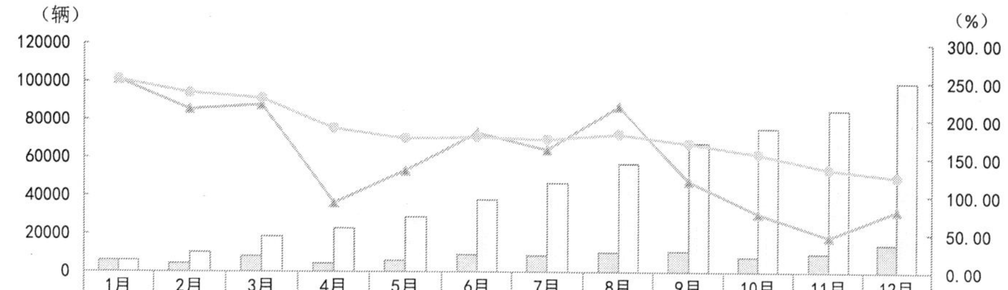


| | 1月 | 2月 | 3月 | 4月 | 5月 | 6月 | 7月 | 8月 | 9月 | 10月 | 11月 | 12月 |
|---|---|---|---|---|---|---|---|---|---|---|---|---|
| 当月销量 | 5972 | 4330 | 8172 | 4366 | 5843 | 9132 | 8644 | 10268 | 10796 | 7851 | 9759 | 14560 |
| 累计销量 | 5972 | 10302 | 18474 | 22840 | 28683 | 37815 | 46459 | 56739 | 67523 | 75374 | 85133 | 99693 |
| 当月增幅同比 | 252.96 | 213.77 | 219.47 | 90.24 | 132.70 | 182.55 | 160.05 | 217.40 | 119.03 | 76.74 | 46.36 | 80.82 |
| 累计增幅同比 | 252.96 | 235.35 | 228.13 | 188.20 | 174.85 | 176.67 | 173.42 | 180.51 | 168.42 | 154.66 | 134.75 | 124.94 |

图4　2022年武汉市新能源乘用车月度销量及增幅

从图4可以看出，武汉市新能源汽车销量快速提升，1月销量5972辆，到8月、9月新能源汽车销量破万，12月更是再创新高。10月和11月因为疫情影响，整体销量和新能源汽车销量都受到影响，但是新能源汽车占比和增长趋势仍未有较大变化。无论是累计和单月销量对比去年都是大幅增长的趋势，疫情静默和封控对当月整体销量影响较大。

从2022年新能源汽车燃料类型来看，纯电车型74715辆，插电式混合车型18686辆，增程式电动车型6292辆，分别占比74.95%、18.74%和6.31%，纯电车型占据主要销量份额。纯电车型更符合国家节能环保方针，使用成本明显降低，新能源车型市场认可度更高（见图5）。

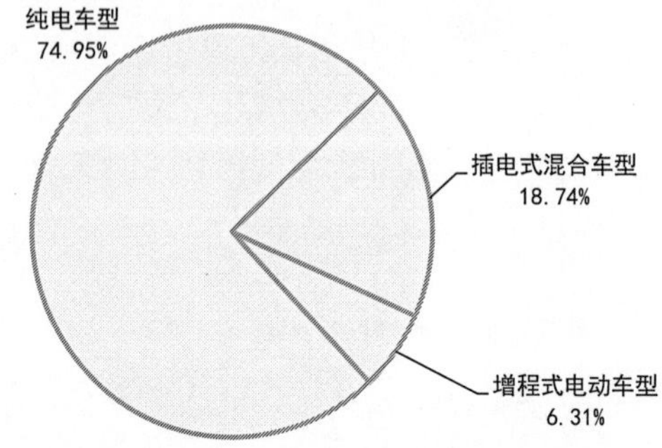


图5　2022年武汉市新能源乘用车累计销量占比

从销量前十的新能源车型来看，特斯拉 ModelY 独占鳌头，五菱宏光 MINI 和东风乘用车风神 E70紧随其后；从品牌结构来看，国产品牌占据8款车型，其余为特斯拉2款车型，这2款车型也是在上海特斯拉工厂生产，前十销量车型全部实现国产化。武汉产品牌东风乘用车网约车型风神 E70在武汉优势明显排名第三，以及即将在汉投产的小鹏 P7，岚图汽车暂未上榜，前十新能源车型合计销量占比超过武汉新能源汽车销量的一半。值得注意，国产品牌比亚迪有5款车型入围前十，占领半壁江山，足以显示比亚迪新能源汽车无论是品牌实力和车型实力在武汉市场备受认可。特斯拉2款车型进入榜单，上汽集团、东风集团各一款车型入围，造车新势力小鹏汽车小鹏 P7车型也有入围（见表4）。

表4　2022年武汉市新能源汽车销量排名 Top10车型　　单位：辆

| 排名 | 品牌 | 车型 | 销量 |
|---|---|---|---|
| 1 | 特斯拉 | 特斯拉 Model Y | 8822 |
| 2 | 上汽通用五菱 | 宏光 MINI | 8293 |
| 3 | 东风乘用车 | 风神 E70 | 7526 |
| 4 | 比亚迪 | 宋 PLUS | 6688 |
| 5 | 比亚迪 | 比亚迪汉 | 4124 |
| 6 | 比亚迪 | 比亚迪秦 PLUS | 4012 |
| 7 | 比亚迪 | 比亚迪海豚 | 3349 |
| 8 | 特斯拉 | 特斯拉 Model 3 | 3070 |
| 9 | 比亚迪 | 比亚迪元 PRO | 2644 |
| 10 | 小鹏汽车 | 小鹏 P7 | 2293 |

2022年新能源汽车品牌前十中，比亚迪在武汉销量一骑绝尘，以27339辆超越第二名特斯拉将近一倍销量，占全市新能源汽车销量27.42%。比亚迪于2022年3月起停止生产燃油车型，更为专注新能源汽车，成为国内新能源汽车销量和品牌影响最大的车企，同时众多的车型和渠道分布，迅速地打开了新能源汽车市场的销量，武汉作为华中地区的重要战略城市，比亚迪计划在2022年布局不少于30家网点。

东风乘用车超越小鹏汽车分别位列第四和第五，岚图汽车位于第八，这三个品牌也充分说明武汉汽车消费对于本土品牌的喜爱程度。极氪汽车、零跑汽车分别位于第九和第十。这样除了特斯拉之外其余九个品牌全部都是国产品牌；国产品牌在新能源汽车竞争赛道上占据了有利优势。不仅如此，还有广汽埃安、蔚来汽车、金康新能源（华为问界系列）等车型在武汉销量均接近2000辆，大有追赶之势（见表5）。

表5　2022年武汉市新能源汽车销量排名Top10品牌　　单位：辆

| 排名 | 品牌 | 车型 | 销量 |
|---|---|---|---|
| 1 | 比亚迪 | 宋PLUS、汉、秦PLUS、海豚 | 27339 |
| 2 | 特斯拉 | Model Y、Model 3 | 11893 |
| 3 | 上汽通用五菱 | 宏光MINI | 8801 |
| 4 | 东风乘用车 | E70 | 7921 |
| 5 | 小鹏汽车 | P7、P5、G3 | 4684 |
| 6 | 理想智造 | 理想ONE | 2969 |
| 7 | 合众新能源 | 哪吒V、哪吒U | 2639 |
| 8 | 岚图汽车 | 岚图FREE、梦想家 | 2222 |
| 9 | 极氪汽车 | 极氪001 | 2158 |
| 10 | 零跑汽车 | C11、T03 | 2081 |

## 二、2022年武汉市进口汽车销量分析

2022年武汉市进口乘用车上牌量15391辆，占乘用车销量4.03%，同比去年同期18220辆下滑15.53%，12月销量1307辆同比去年1598辆下滑18.21%。进口汽车销量受疫情与缺芯以及国际贸易影响最为突出。同时，武汉市进口乘用车8月也有相应回升，与武汉市整体汽车市场波动保持一致（见图6）。

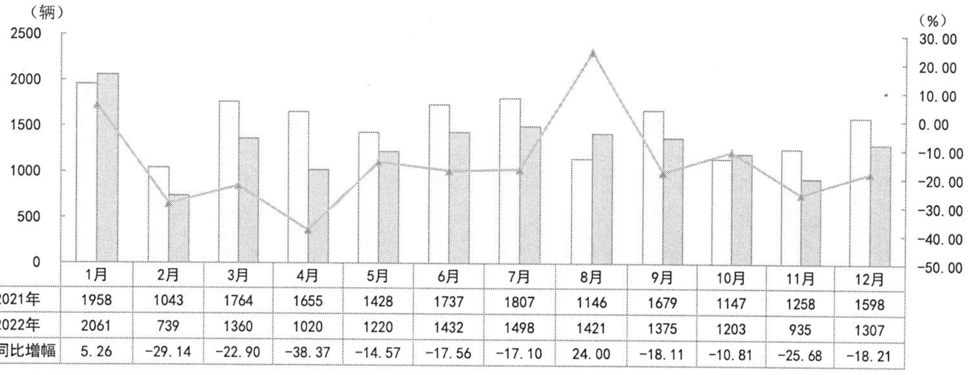


| | 1月 | 2月 | 3月 | 4月 | 5月 | 6月 | 7月 | 8月 | 9月 | 10月 | 11月 | 12月 |
|---|---|---|---|---|---|---|---|---|---|---|---|---|
| 2021年 | 1958 | 1043 | 1764 | 1655 | 1428 | 1737 | 1807 | 1146 | 1679 | 1147 | 1258 | 1598 |
| 2022年 | 2061 | 739 | 1360 | 1020 | 1220 | 1432 | 1498 | 1421 | 1375 | 1203 | 935 | 1307 |
| 同比增幅 | 5.26 | -29.14 | -22.90 | -38.37 | -14.57 | -17.56 | -17.10 | 24.00 | -18.11 | -10.81 | -25.68 | -18.21 |

图6　2021—2022年武汉市进口乘用车月度销量及增速

近年来，武汉市进口汽车整体销量一直保持在5%左右，2019年开始国六标准执行后，进口汽车销量下滑比较显著，欧美标准对标国内车型逐步减少；2020年以来疫情持续影响国际贸易，进口汽车也受到波及，2022年，俄乌战争爆发，国际形势复杂，欧洲汽车产业和能源受到冲击，叠加金融货币市场的变化，进口汽车持续走低。

（武汉市汽车行业流通协会　王治）

# 2022年山东省新车市场

2022年，山东省围绕强优势、补短板、增活力，加快实施“十大创新”“十强产业”“十大扩需求”行动计划，以推动经济保持稳中有进、进中提质。2022年，山东省地区生产总值超8.7万亿元，同比增长3.9%，高于全国平均水平。社会消费品零售总额为3.32万亿元，同比下降1.4%，消费市场实现稳步回升。山东省生产总值虽稳步增长，但2022年乘用车销量较2021年稍有下降，2022年累计销售乘用车148.9万辆，同比下降6.7%，占全国销量的比例为7.3%。

## 一、山东省乘用车市场2022年整体概况

山东省2022年乘用车销量为148.9万辆，较2021年稍有下降。从乘用车销售情况看，2022年1—5月，各月销量与2021年同期相比均下降，其中3—5月跌幅均超25%以上，且4月销量未达到8万辆，是全年最低值。自6月开始销量回暖，其中6月是全年销量最高月份，实现同比、环比双增长最高值，增幅分别为34.4%、72.4%；1月和12月销量较高，单月销量超过16万辆（见图1）。

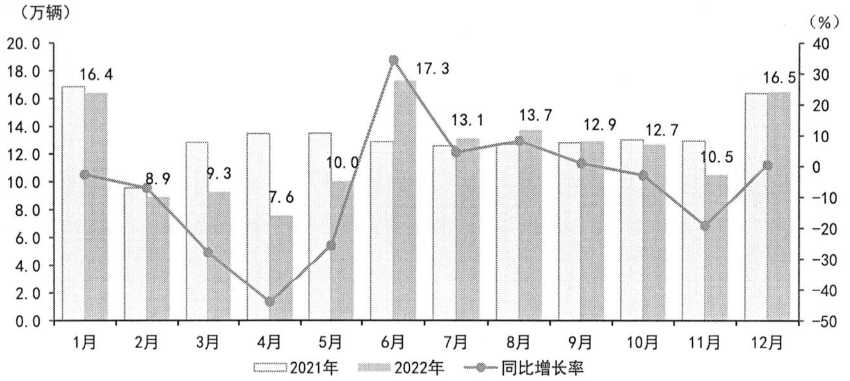


图1　2021—2022年山东省乘用车分月度销量情况

资料来源：上险数据（以下图表资料来源相同，不再赘述）

从各城市乘用车销售情况看，2022年济南市和青岛市乘用车销量分别为24.1万辆、20.7万辆，两市占山东省乘用车销量的比例为30%，长期作为山东“双核”的青岛、济南，经济发展水平较高，汽车工业产业链逐步形成，尤其是新能源汽车产业链，因此两市乘用车市场得以稳步发展。淄博乘用车销量8.5万辆，同比上涨了4.8%，增速最高，山东省除济南和淄博增速稍有上涨外，其他各城市均呈现下降态势，其中菏泽同比下降14.8%，跌幅最大（见图2）。

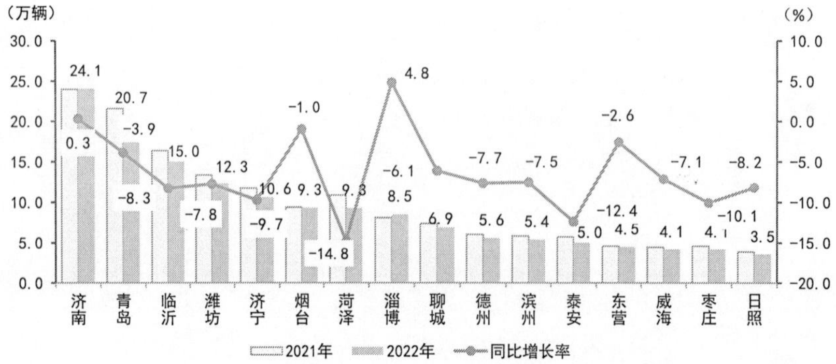


图2　2021—2022年山东省各城市乘用车月度销量

## 二、山东省乘用车不同细分市场情况

从2022年分品牌类别销量结构来看，山东省的自主品牌和豪华＆进口品牌占比分别为40.8%和15.2%，均低于全国平均水平；合资品牌占比为44.0%，高于全国平均水平4.7个百分点。2022年山东市场上各品牌类别的销量均下滑，其中合资品牌虽然销量最高，但其同比下滑了12.6%，市场份额下降了3个百分点（见图3）。

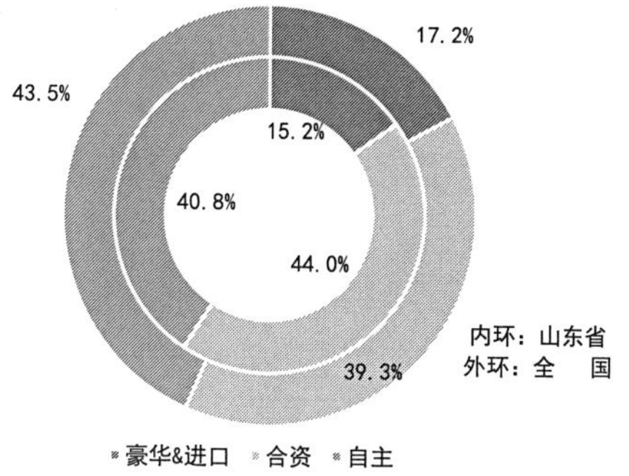


图3　2022年山东省分品牌类别销量结构

从各车系销量来看，中系位居榜首，德系、日系次之。中系车销量达到60.8万辆，市场份额达到40.8%；德系、日系在山东省的市场份额分别为26.4%、19.7%；法系是山东省唯一销量同比增长的，同比上涨7.8%，但在山东省的销量仅有0.6万辆，其他各车系销量均出现不同程度下跌，其中韩系车下跌最为严重，同比下降36.9%，韩系车由于品牌核心竞争力不足及我国自主品牌崛起等因素影响，在山东省的市场份额仅为2.3%（见图4）。

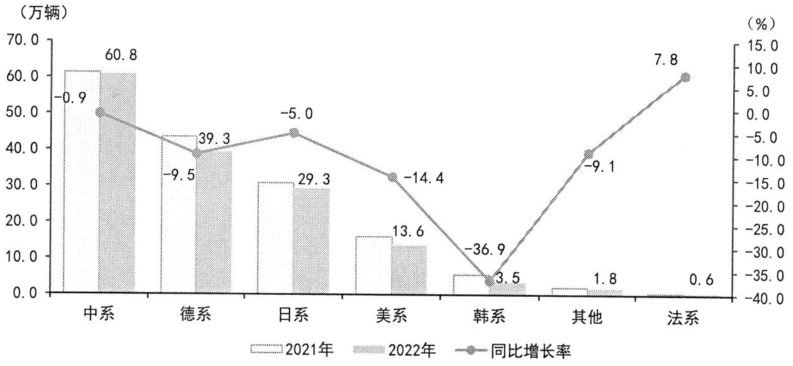


图4　2021—2022年山东省各车系销量情况

从分车型结构的销量比例来看，2022年山东省各款车型中，轿车销量比例相对2021年增长，其他车型则呈下滑状态。其中，轿车销量占比达到52.9%，高于全国平均水平2.9个百分点；而SUV车型占比达到41.4%，低于全国平均水平4.2个百分点，且销量同比下降11.6%（见图5）。

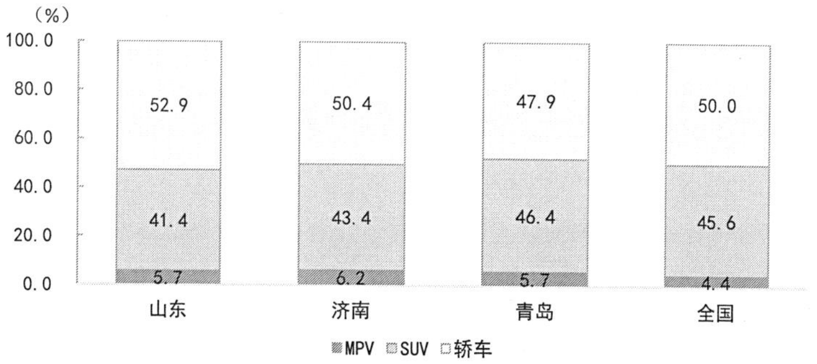


图5　2022年分车型销量结构

在济南市和青岛市，轿车均是销量占比最高的车型，分别达到50.4%、47.9%，但济南市的销量占比高于全国平均水平，而青岛市则低于全国平均水平；两市 SUV 的销量占比则相反，济南市的销量占比低于全国平均水平2.2个百分点，青岛市则高于全国平均水平0.8个百分点。

分品牌来看，2022年山东省销量 Top10品牌以合资和自主品牌为主。其中，上汽大众是2022年山东省销量最高汽车品牌，销量达到11.1万辆，但同比下降了15.0%；而比亚迪是增速最快的品牌，2022年销量达到9.5万辆，同比增长了115.2%，是我国自主品牌中增幅最大的，比亚迪在山东省抢抓机遇，布局电池、芯片生产基地以及汽车整车生产基地，加快新能源汽车的项目建设，正保持着强劲发展势头（见图6）。

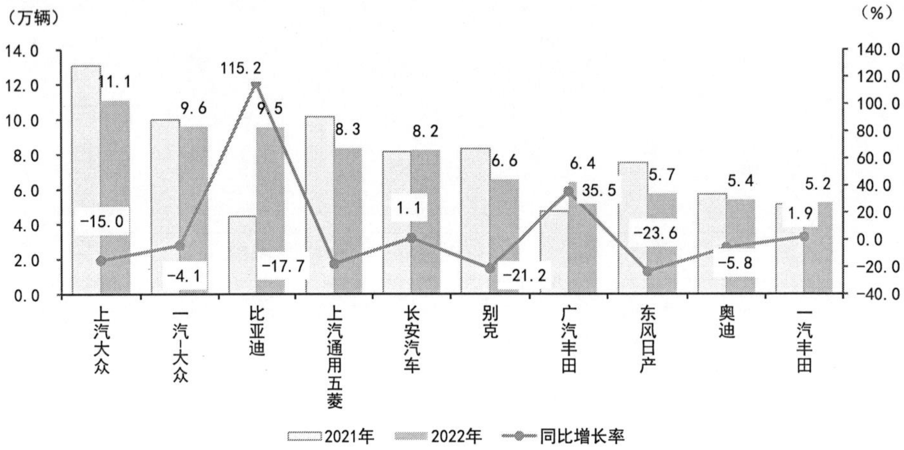


图6　2021—2022年山东省乘用车分品牌销量 Top10情况

## 三、山东省新能源乘用车市场情况

随着山东省对新能源产业布局的日益加深，2022年山东省新能源市场发展迅速，新能源乘用车销量为35.1万辆，较2021年增长了84.4%。新能源渗透率为23.6%，高于全国平均水平2.0个百分点（见图7）。

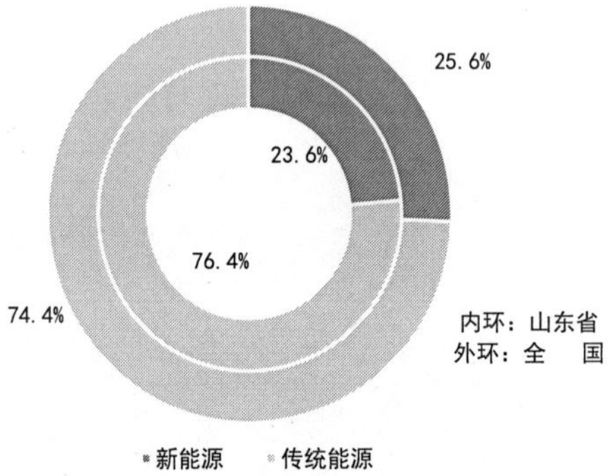


图7　2022年山东省新能源销量占比

2022年，山东省新能源乘用车市场上半年呈波动式增长，下半年则稳定增长，其中2月增速最高，同比上年涨幅均超200%，但销量最低，全年销量峰值则在12月，销量达到4.9万辆（见图8）。

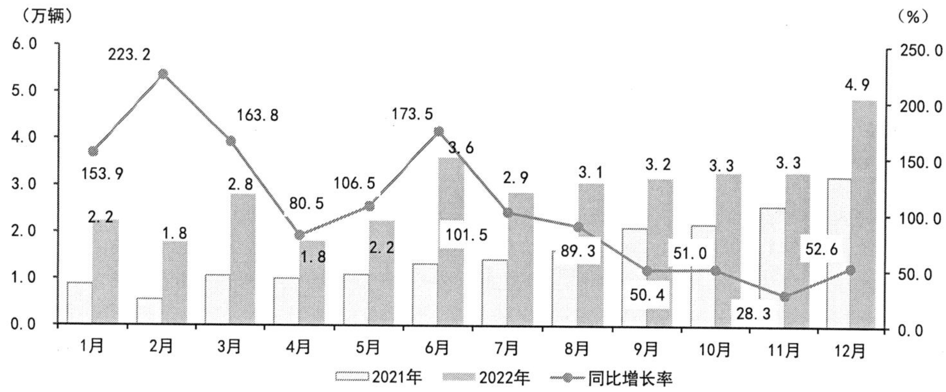


图8　2021—2022年山东省新能源乘用车分月度销量情况

2022年，山东省新能源乘用车销量最高、增速最快的品牌是比亚迪，销量为9.4万辆，较2021年增长257.9%，其次是上汽通用五菱，销量为4.9万辆；比亚迪、上汽通用五菱形成2022年山东省新能源乘用车市场的第一梯队，累计市场占比为40.6%，其次是长安汽车、奇瑞汽车及特斯拉，三个品牌累计占山东省市场份额的18.6%，其他品牌相差不大（见图9）。

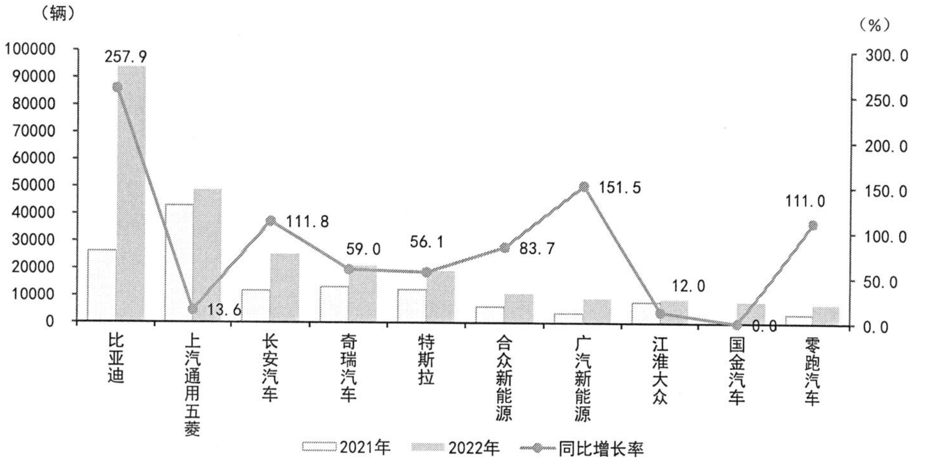


图9　2021—2022年山东省新能源乘用车分品牌销量 Top10情况

（山东省汽车流通协会）

# 2022年江苏省新车市场

2022年，汽车经销商经历了多年未有的生存挑战。国家出台购置税减半征收政策、各级财政为消费者提供购车补贴、各地开展汽车促消费活动等，都为搞活汽车流通、扩大汽车消费发挥了积极作用。

## 一、2022年江苏省汽车市场概况

### （一）江苏省乘用车销量增幅高于全国平均水平

江苏省交警总队发布数据显示，截至2022年底，全省机动车保有量达2496.8万辆，比上年增长5.5%；其中，汽车保有量2309.7万辆，同比增长5.8%，全国占比7.6%，比上年度提升0.4个百分点，居全国各省市第三位。苏州市机动车保有量突破500万辆，达507.3万辆，全省机动车保有量超200万辆的城市还有南京320.6万辆、无锡258.8万辆、南通239.3万辆、徐州218.1万辆；100万～200万辆之间的城市有常州176万辆、盐城154.1万辆、连云港113.1万辆、宿迁113.1万辆、泰州111.4万辆、扬州109万辆；未达100万辆的城市有淮安88.7万辆、镇江84万辆。苏州、无锡、南京、南通机动车千人保有量分别为398辆、345辆、340辆、308辆，位居全省前四位（见图1、图2）。

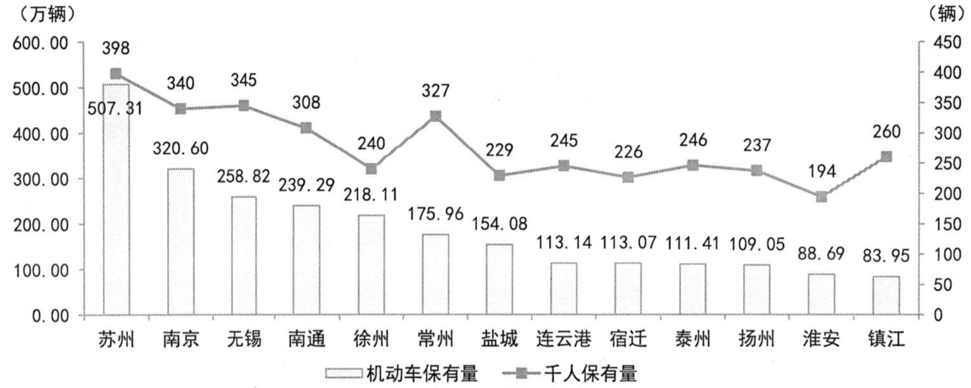


图1　2022年全省各市机动车保有量和千人保有量

图2　2012—2022年江苏省机动车保有量增长情况

据统计，2022年全国乘用车累计销量2054.3万辆，同比增长1.9%；江苏省乘用车销售173.6

万辆，同比增长3.1%，高于全国市场平均值；其中扬州、无锡、南京三市增长率较高（见表1）。

表1　2022年江苏省各地乘用车销量及增速　　　　单位：万辆，%

| 年份 | 南京 | 无锡 | 徐州 | 常州 | 苏州 | 南通 | 连云港 | 淮安 | 盐城 | 扬州 | 镇江 | 泰州 | 宿迁 | 全省 |
|---|---|---|---|---|---|---|---|---|---|---|---|---|---|---|
| 2021年 | 24.29 | 19.76 | 12.67 | 12.02 | 39.56 | 15.32 | 6.18 | 6.85 | 7.48 | 6.48 | 5.25 | 6.62 | 5.98 | 168.45 |
| 2022年 | 26.71 | 21.75 | 11.96 | 13.08 | 41.29 | 15.81 | 5.56 | 6.76 | 6.70 | 7.27 | 5.29 | 6.09 | 5.37 | 173.62 |
| 同比增长 | 10.0 | 10.1 | -5.6 | 8.8 | 4.4 | 3.2 | -10.1 | -1.3 | -10.5 | 12.2 | 0.6 | -7.9 | -10.2 | 3.1 |

资料来源：江苏省汽车流通协会（以下图表资料来源相同，不再赘述）

受疫情影响，江苏省各地月度销量有较大起伏。2022年初，江苏省各地汽车市场逐渐转暖，2月底至三四月受疫情管控影响，各地经销商先后发生阶段性停业现象，全省销量大幅下降，其中苏州、徐州、连云港、宿迁、无锡停业周期较长。5月后，随着各地纾困及消费促进政策频出，市场逐步回暖，销量有所增长，12月则呈现一个增长高峰。2022年江苏省各地乘用车月度销量及环比增速（见表2）。

表2　2022年江苏省各地乘用车月度销量及环比增速　　　　单位：辆，%

| 时间 | 南京 | 无锡 | 徐州 | 常州 | 苏州 | 南通 | 连云港 | 淮安 | 盐城 | 扬州 | 镇江 | 泰州 | 宿迁 | 全省 |
|---|---|---|---|---|---|---|---|---|---|---|---|---|---|---|
| 1月 | 25928 | 22176 | 15222 | 13225 | 39579 | 16558 | 7654 | 8170 | 7890 | 8016 | 5142 | 7466 | 7935 | 184961 |
| 环比 | -3.2 | -5.4 | 10.3 | -5.9 | -16 | 5.6 | 12.4 | 14.6 | 12.3 | 3.8 | -7 | 6.2 | 46.5 | -1.4 |
| 2月 | 13858 | 12260 | 8615 | 6983 | 16425 | 10941 | 4586 | 4616 | 4621 | 4113 | 2796 | 4104 | 4214 | 98132 |
| 环比 | -46.6 | -44.7 | -43.4 | -47.2 | -58.5 | -33.9 | -40.1 | -43.5 | -41.4 | -48.7 | -45.6 | -45.0 | -46.9 | -46.9 |
| 3月 | 18749 | 16833 | 8152 | 7671 | 33288 | 10798 | 988 | 4591 | 4330 | 4887 | 3236 | 4283 | 3131 | 120937 |
| 环比 | 35.3 | 37.3 | -5.4 | 9.9 | 102.7 | -1.3 | -78.5 | -0.5 | -6.3 | 18.8 | 15.7 | 4.4 | -25.7 | 23.2 |
| 4月 | 13530 | 9221 | 2500 | 6343 | 8939 | 3793 | 2917 | 2568 | 2490 | 3190 | 1840 | 2345 | 1385 | 61061 |
| 环比 | -27.8 | -45.2 | -69.3 | -17.3 | -73.1 | -64.9 | -195.2 | -44.1 | -42.5 | -34.7 | -43.1 | -45.2 | -55.8 | -49.5 |
| 5月 | 17817 | 14124 | 7034 | 8281 | 24124 | 9975 | 3864 | 3946 | 3928 | 4148 | 3366 | 3706 | 3061 | 107374 |
| 环比 | 31.7 | 53.2 | 181.4 | 30.6 | 169.9 | 163.0 | 32.5 | 53.7 | 57.8 | 30.0 | 82.9 | 58.0 | 121.0 | 75.8 |
| 6月 | 26776 | 20708 | 11101 | 11858 | 40558 | 14287 | 5461 | 5979 | 5922 | 7342 | 4733 | 5668 | 4770 | 165163 |
| 环比 | 50.3 | 46.6 | 57.8 | 43.2 | 68.1 | 43.2 | 41.3 | 51.5 | 50.8 | 77.0 | 40.6 | 52.9 | 55.8 | 53.8 |
| 7月 | 23190 | 14270 | 9598 | 10509 | 34354 | 13174 | 4162 | 5651 | 5772 | 6671 | 4190 | 5253 | 4393 | 141187 |
| 环比 | -13.4 | -31.1 | -13.5 | -11.4 | -15.3 | -7.8 | -23.8 | -5.5 | -2.5 | -9.1 | -11.5 | -7.3 | -7.9 | -14.5 |
| 8月 | 24646 | 20131 | 11906 | 13093 | 39755 | 14018 | 5357 | 6335 | 6379 | 6371 | 5174 | 5621 | 5298 | 164084 |
| 环比 | 6.3 | 41.1 | 24.0 | 24.6 | 15.7 | 6.4 | 28.7 | 12.1 | 10.5 | -4.5 | 23.5 | 7.0 | 20.6 | 16.2 |
| 9月 | 26321 | 22265 | 11227 | 12954 | 43458 | 15032 | 5500 | 6347 | 6091 | 6612 | 5294 | 5504 | 4899 | 171504 |
| 环比 | 6.8 | 10.6 | -5.7 | -1.1 | 9.3 | 7.2 | 2.7 | 0.2 | -4.5 | 3.8 | 2.3 | -2.1 | -7.5 | 4.5 |
| 10月 | 21217 | 19710 | 10112 | 12310 | 39785 | 13996 | 5458 | 6012 | 5999 | 6346.0 | 4985 | 4852 | 5033 | 155815 |
| 环比 | -19.4 | -11.5 | -9.9 | -5.0 | -8.5 | -6.9 | -0.8 | -5.3 | -1.5 | -4.0 | -5.8 | -11.8 | 2.7 | -9.1 |
| 11月 | 24962 | 21351 | 10249 | 13035 | 42198 | 16642 | 3023 | 5896 | 6017.0 | 6811 | 5037 | 5144 | 4228 | 164593 |
| 环比 | 17.7 | 8.3 | 1.4 | 5.9 | 6.1 | 18.9 | -44.6 | -1.9 | 0.3 | 7.3 | 1 | 6 | -16 | 5.6 |
| 12月 | 30132 | 24463 | 13837 | 14493 | 50394 | 18868 | 6580 | 7452 | 7556 | 8199 | 7069 | 6999 | 5370 | 201412 |
| 环比 | 20.7 | 14.6 | 35.0 | 11.2 | 19.4 | 13.4 | 117.7 | 26.4 | 25.6 | 20.4 | 40.3 | 36.1 | 27 | 22.4 |

## （二）汽车经销备案企业大幅增加，汽车消费逐步升级

据商务部统一系统平台显示，截至2023年3月，全省备案汽车经销企业3500家，比上年度增加910家，位列全国第二（山东省3800家、广东省3400家），新增企业多为新能源和自主品牌汽

车经销商，汽车流通行业管理规定得到进一步落实。对2021—2022年连续两年上报数据的443家企业数据对比分析显示，汽车销量同比下降7.2%，营业收入略有增加，销售单价提高11.3%，汽车消费逐步升级（见表3）。

表3 2021—2022年江苏汽车经销商经营数据对比 单位：万元，%

| 年 度 | 资产总额 | 固定资产总额 | 负债总额 | 营业收入 | 从业人员（人） | 销售量（辆） |
|---|---|---|---|---|---|---|
| 2021 年 | 2719334. 73 | 465951. 22 | 1903221. 95 | 7589638. 14 | 23253 | 372094 |
| 2022 年 | 3094468. 10 | 468377. 53 | 2020739. 30 | 7853083. 35 | 29160 | 345339 |
| 增长率 | 13. 79 | 0. 52 | 6. 17 | 3. 47 | 25. 40 | -7. 19 |

## （三）自主品牌汽车销量首次超过合资

2022年，江苏省乘用车销量中自主品牌销售65.8万辆，合资品牌销售63.9万辆，豪华品牌销售43.9万辆，自主品牌销量首次超过合资品牌。全省乘用车品牌销量Top20中，自主品牌数量6个，德系5个，日系5个，美系3个，韩系1个；Top20销量合计占全省销量的72.6%，品牌集中度较高（见表4）。

表4 2022年江苏省乘用车销量 Top20品牌 单位：辆，%

| 排名 | 品牌 | 1月 | 2月 | 3月 | 4月 | 5月 | 6月 | 7月 | 8月 | 9月 | 10月 | 11月 | 12月 | 2022年 | 2022年同比 |
|---|---|---|---|---|---|---|---|---|---|---|---|---|---|---|---|
| 1 | 比亚迪 | 7517 | 5090 | 8451 | 6588 | 9963 | 12293 | 10277 | 11751 | 13793 | 13414 | 15555 | 18148 | 132840 | 192. 4 |
| 2 | 上汽大众 | 11666 | 6847 | 5724 | 2567 | 4597 | 8314 | 8296 | 10487 | 11753 | 10129 | 9755 | 12649 | 102784 | -11. 7 |
| 3 | 宝马汽车 | 13921 | 4573 | 6232 | 3263 | 7134 | 9616 | 7682 | 9042 | 10084 | 8313 | 9107 | 9480 | 98447 | -1. 1 |
| 4 | 奔驰汽车 | 11433 | 4486 | 7047 | 4431 | 6901 | 9808 | 8852 | 9073 | 8737 | 7835 | 8376 | 9101 | 96080 | 6. 2 |
| 5 | 一汽奥迪 | 10254 | 5060 | 6220 | 2807 | 5464 | 8955 | 7751 | 8974 | 6452 | 6789 | 7574 | 8971 | 87271 | -2. 0 |
| 6 | 一汽－大众 | 7543 | 4168 | 4783 | 2136 | 4726 | 6704 | 5977 | 7671 | 8056 | 7430 | 7385 | 10578 | 77157 | 6. 5 |
| 7 | 广汽丰田 | 7373 | 3713 | 5025 | 2854 | 5406 | 8231 | 6033 | 6720 | 6902 | 7405 | 7154 | 8565 | 75381 | 30. 1 |
| 8 | 通用别克 | 9539 | 4771 | 4731 | 2166 | 3929 | 6789 | 7575 | 7264 | 7193 | 6213 | 5968 | 6868 | 73006 | -17. 5 |
| 9 | 特斯拉 | 2628 | 3287 | 7447 | 309 | 1567 | 10316 | 857 | 4696 | 8998 | 2560 | 8881 | 5592 | 57138 | 70. 3 |
| 10 | 一汽丰田 | 5120 | 3713 | 4094 | 1647 | 3078 | 5095 | 5491 | 5892 | 5701 | 5199 | 4818 | 6265 | 55912 | -2. 8 |
| 11 | 吉利 | 7575 | 3865 | 3084 | 1519 | 2849 | 4373 | 3708 | 5067 | 5021 | 5086 | 5041 | 7374 | 54562 | -17. 9 |
| 12 | 通用五菱 | 6101 | 4921 | 4882 | 2187 | 3228 | 4616 | 4203 | 4272 | 4485 | 4866 | 4303 | 4911 | 52975 | -28. 7 |
| 13 | 长安汽车 | 5168 | 2363 | 2809 | 1799 | 3643 | 4243 | 4438 | 4513 | 4855 | 5840 | 5775 | 6662 | 52108 | 9. 6 |
| 14 | 东风日产 | 6374 | 4008 | 3219 | 1758 | 3031 | 4830 | 4258 | 5607 | 4679 | 4479 | 3487 | 5191 | 50921 | -31. 4 |
| 15 | 广汽本田 | 5419 | 2847 | 3075 | 1920 | 3127 | 4890 | 4864 | 5220 | 4441 | 4305 | 4178 | 5641 | 49927 | 0. 6 |
| 16 | 东风本田 | 5314 | 3078 | 3429 | 1787 | 2686 | 4072 | 4224 | 4635 | 3272 | 3429 | 2811 | 4164 | 42901 | -18. 0 |
| 17 | 奇瑞汽车 | 2788 | 1511 | 1740 | 1046 | 1817 | 2460 | 2113 | 2194 | 2285 | 2899 | 2703 | 3377 | 26933 | 15. 3 |
| 18 | 哈弗 | 3992 | 1800 | 1603 | 764 | 1201 | 1851 | 1692 | 1978 | 2195 | 2511 | 2100 | 3228 | 24915 | -33. 8 |
| 19 | 现代 | 3274 | 1507 | 1138 | 716 | 1137 | 1921 | 1920 | 2407 | 2670 | 2618 | 2078 | 3286 | 24672 | -27. 1 |
| 20 | 凯迪拉克 | 2795 | 1328 | 1463 | 707 | 1256 | 2307 | 2039 | 2572 | 2671 | 2398 | 2179 | 2609 | 24324 | -14. 5 |

比亚迪3月宣布不再生产燃油车，而专注于新能源领域，其品牌优势凸显，3月之后每月都是销量第一，全年同比达到192.4%，遥遥领先于其他品牌。美系、日系合资品牌排名下滑较大，德系品牌仍有较大优势。全省销量过万辆的车型有40个，其中，舒适及以上车型15款，新能源车型9款，紧凑及微型8款，SUV8款。舒适型和新能源车型成为增换购主流。

### （四）新能源汽车销量大幅增长

2022年，江苏省新能源乘用车销售48.4万辆，同比增长98.6%。新能源销量占乘用车总销量的27.9%，占全国新能源乘用车销量的9.2%；南京、无锡、常州、苏州、镇江等苏南五市新能源乘用车销量占全省66.7%；徐州、连云港、淮安、盐城、宿迁等苏北五市新能源乘用车销量仅占全省18.1%。

2022年，江苏省新能源汽车销量Top10品牌占新能源乘用车销量的62.2%；销量Top10车型占新能源乘用车销量的41.4%。比亚迪、特斯拉遥遥领先，其他新势力车企也有较好表现。2022年江苏省新能源乘用车Top10品牌和Top10车型（见表5）。

表5　2022年江苏新能源乘用车Top10品牌和Top10车型

| 排名 | 品牌 | 销量 | 排名 | 车型 | 销量 |
|---|---|---|---|---|---|
| 1 | 比亚迪 | 132840 | 1 | 特斯拉ModelY | 39869 |
| 2 | 特斯拉 | 57138 | 2 | 宏光MINI EV | 30035 |
| 3 | 蔚来汽车 | 18082 | 3 | 比亚迪汉 | 23441 |
| 4 | 小鹏汽车 | 16494 | 4 | 比亚迪海豚 | 20372 |
| 5 | 零跑汽车 | 15464 | 5 | 比亚迪宋PLUS | 18760 |
| 6 | 哪吒 | 15371 | 6 | 特斯拉Model3 | 17269 |
| 7 | 欧拉 | 13052 | 7 | 比亚迪秦PLUS | 16076 |
| 8 | 广汽埃安 | 12252 | 8 | 比亚迪元PLUS | 15203 |
| 9 | 几何汽车 | 11064 | 9 | 哪吒V | 10352 |
| 10 | 理想 | 9122 | 10 | 奇瑞eQ1 | 8664 |

## 二、江苏省汽车市场主要特点

江苏作为经济大省，也是新能源汽车的消费大省，新能源汽车消费从苏南向苏北逐步释放，对于保持社会经济发展的良好态势，具有重要意义。随着2022年底补贴终止，各车企都在努力加大新能源汽车竞争优势。同时，国家也在重点解决新能源汽车使用环节问题，加强充电桩网络布设，在充电使用端给予政策扶持，以改善新能源汽车充电难、充电贵的问题等。因此，新能源汽车具备广阔的前景。

江苏省作为经济较发达省份，消费需求和能力较强，家用汽车增换购进程受疫情影响将缓和释放。在消费结构中，预计重要的增量还是在于新能源汽车和豪华品牌，大型SUV、个性国潮、商旅车型的增长将不如以往。

紧随汽车产业的电动化、智能化、网联化发展，汽车流通行业也将迎来深刻变革，原合资品牌市场占有率大幅下降，二三线品牌逐步淘汰，部分汽车经销商面临销售额和售后产值大幅下降的困境。近年来，新车企、新品牌、新车型采用供应商直营或是代理模式的探索，对传统授权经销商模式带来冲击。但是随着品牌进一步集中、新品牌销量增长和商业中心租金过高，不断创新与完善中的授权经销商模式仍有强大的生命力。

目前，江苏省10个以上4S店的经销商集团有近40家，其中9家列入全国百强经销商集团。具有国资背景的经销商集团在数字化转型和资源整合上有着明显优势，区域头部经销商集团在服务品牌和人财物方面的优势更有利于获得新品牌授权。另外，我国汽车产业链长，民营企业表现更为活跃，在我国汽车行业更加激烈的市场竞争中，民营企业的创造力优势将进一步发挥出来，获得更好的成长空间。

（江苏省汽车流通协会）

# 2022年广东省新车市场

## 一、汽车保有量

2022年底，广东省机动车保有量3924.3万辆，同比增长7.6%；汽车保有量2894.9万辆，同比增长7.3%。

2018—2020年，广东省汽车保有量增速逐年下降，到2021年增速有所回升。整体来看，广东省汽车市场增速逐步放缓，汽车从增量市场向存量市场转变越发明显（见图1）。

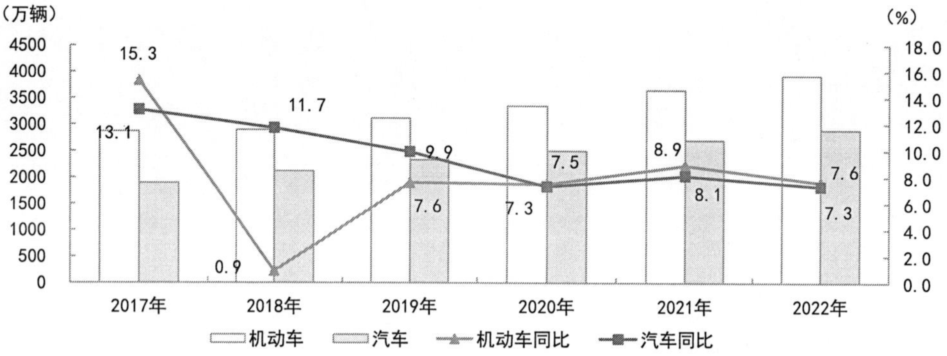


图1　2017—2022年广东省机动车、汽车保有量变化

资料来源：广东省汽车流通协会（以下图表资料来源相同，不再赘述）

2022年，广东省汽车保有量排名前五的城市为：深圳、东莞、广州、佛山、惠州。深圳393.5万辆，同比增长5.6%；东莞390.8万辆，同比增长为7.4%；广州343.5万辆，同比增长7.4%；佛山342.8万辆，同比增长8.3%；惠州171.1万辆，同比增长9.3%。

全省汽车保有量超过100万辆的城市一共有8个，分别是深圳、东莞、广州、佛山、惠州、中山、江门和汕头，其中深圳、东莞、广州、佛山这四个城市汽车保有量突破300万辆，汕头作为去年新晋的百万汽车保有量城市，同比增速8.8%，高于全省平均水平。随着非珠三角城市生产总值的快速增长，居民购车需求逐年提升，汽车消费上升空间较大（见图2）。

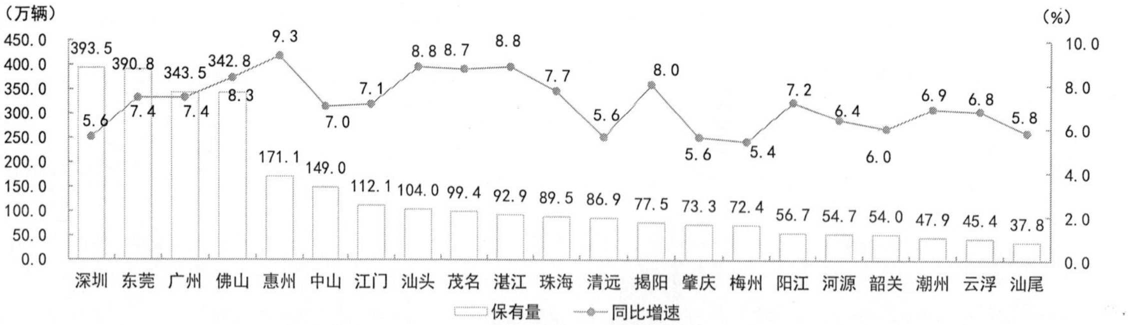


图2　2022年广东省各地市汽车保有量及同比

## 二、汽车零售量

2022年，广东省汽车零售量为303.5万辆，同比增长0.1%（见图3）。

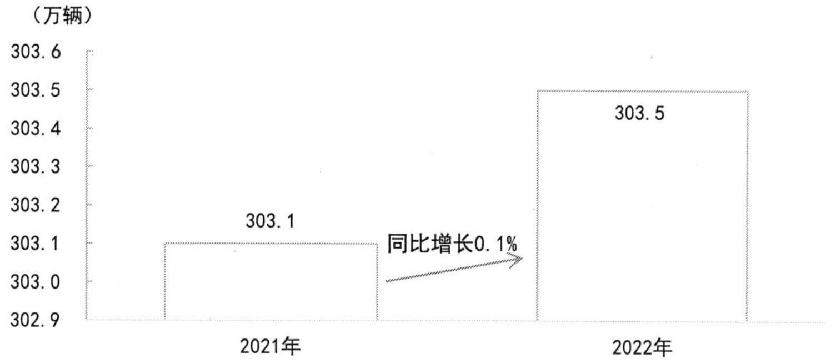


图3　2021—2022年广东省汽车零售量变化

汽车零售量排名前五的城市为：深圳、广州、东莞、佛山、惠州。深圳40.0万辆，同比增长6.2%；广州39.2万辆，同比增长4.5%；东莞36.5万辆，同比增长1.3%；佛山35.9万辆，同比增长4.7%；惠州20.8万辆，同比增长4.2%（见图4）。

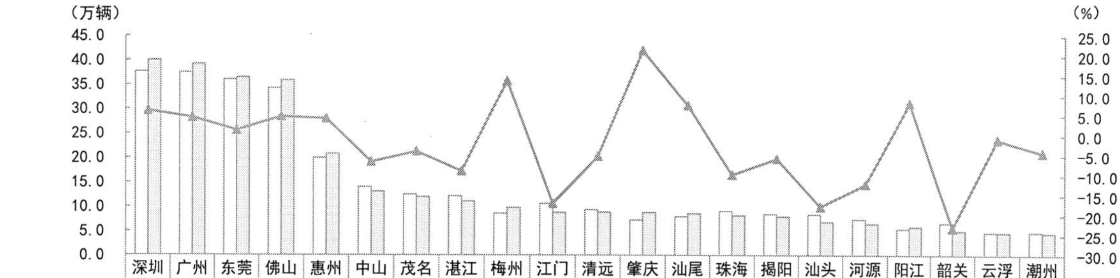


| | 深圳 | 广州 | 东莞 | 佛山 | 惠州 | 中山 | 茂名 | 湛江 | 梅州 | 江门 | 清远 | 肇庆 | 汕尾 | 珠海 | 揭阳 | 汕头 | 河源 | 阳江 | 韶关 | 云浮 | 潮州 |
|---|---|---|---|---|---|---|---|---|---|---|---|---|---|---|---|---|---|---|---|---|---|
| 2021年销量 | 37.7 | 37.5 | 36.0 | 34.3 | 20.0 | 14.0 | 12.5 | 12.2 | 8.6 | 10.6 | 9.4 | 7.3 | 8.0 | 9.1 | 8.5 | 8.4 | 7.4 | 5.5 | 6.6 | 4.7 | 4.8 |
| 2022年销量 | 40.0 | 39.2 | 36.5 | 35.9 | 20.8 | 13.1 | 12.0 | 11.1 | 9.8 | 8.8 | 8.9 | 8.8 | 8.6 | 8.2 | 8.0 | 6.9 | 6.5 | 5.9 | 5.1 | 4.7 | 4.6 |
| 同比增速 | 6.2 | 4.5 | 1.3 | 4.7 | 4.2 | -6.6 | -4.0 | -8.9 | 13.7 | -17.0 | -5.2 | 21.3 | 7.5 | -9.8 | -5.8 | -17.8 | -12.2 | 8.1 | -23.1 | -1.0 | -4.3 |

图4　2021—2022年广东省汽车月度零售量变化

从汽车零售量月度走势可以看出：前四个月走势与去年大致相同，5月汽车销量“遇冷”，主要受疫情反复影响，汽车重要生产基地上海、长春停工、停产，对汽车供应链体系造成较大冲击，严重影响汽车供应。6月开始，从国家到地方政府及时出台相关纾困解难政策，阶段性减征部分乘用车购置税等，刺激汽车消费，随着车企复工复产，汽车零售量同比恢复增长。进入第四季度，新一波疫情导致消费市场增长乏力，消费者购车需求减弱。11月、12月，汽车零售量分别为24.1万辆和25.6万辆，同比分别下降23.7%和7.0%，12月销量环比仅增长6.2%，低于7—10月的销量水平（见图5）。

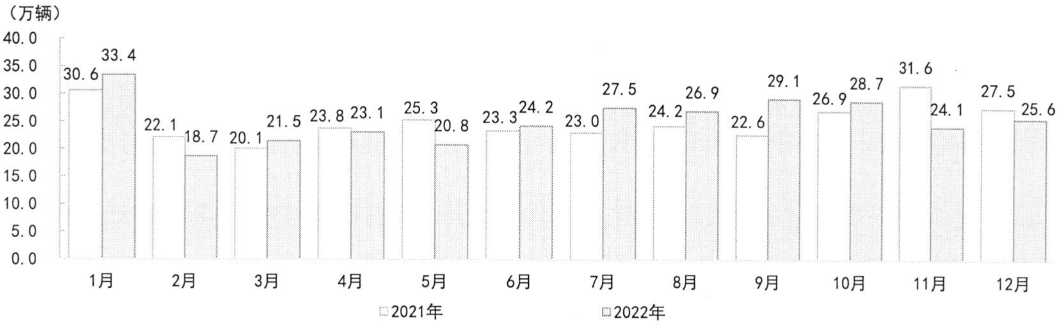


图5　2021—2022年广东省汽车零售量月度销量

## 三、新能源汽车市场

2022年，广东省新能源汽车零售量为75.6万辆，同比增长77.6%（见图6）。

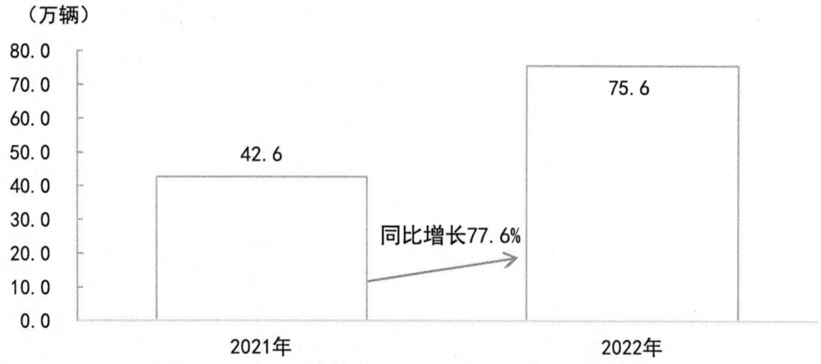


图6　2021—2022年广东省新能源汽车零售量及增速

排名前五的城市为：深圳、广州、佛山、东莞、中山。深圳21.3万辆，同比增长42.9%；广州17.2万辆，同比增长43.0%；佛山8.7万辆，同比增长156.4%；东莞7.6万辆，同比增长128.8%；中山4.2万辆，同比增长231.7%（见图7）。

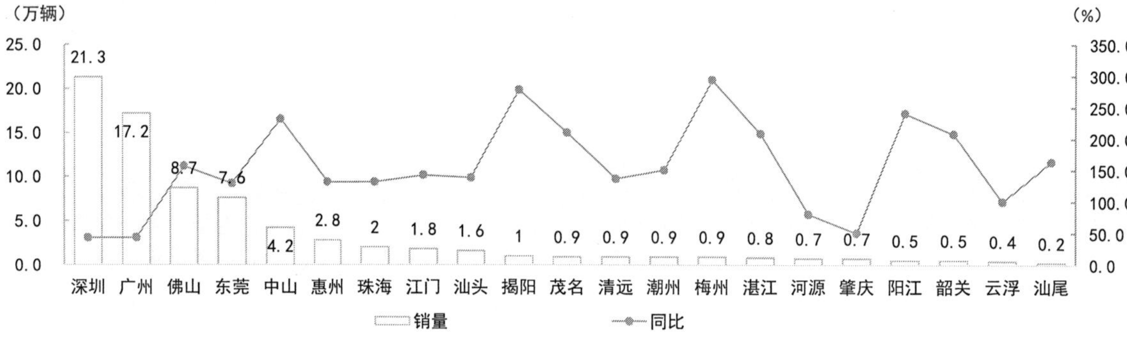


图7　2022年广东省各地市新能源汽车零售量及增速

新能源汽车零售量占汽车零售量24.9%，各地市新能源汽车渗透率排名前五的城市是深圳53.3%、广州43.8%、中山31.7%、珠海24.9%、佛山24.3%。其中，深圳和广州是限牌城市，排名居前（见图8）。

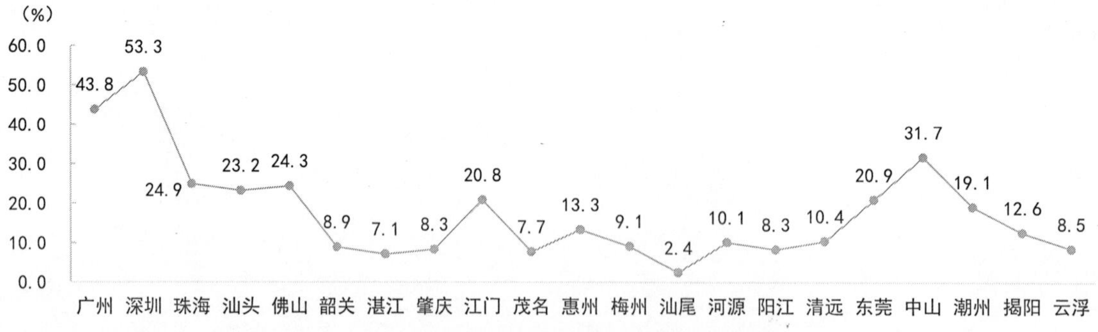


图8　2022年广东省各地市新能源汽车渗透率

新能源汽车全年各月零售量均在2021年之上，呈现波动上升趋势。4—5月，全国汽车供应链短缺危机影响了广东省新能源汽车销量；6月，在“广东省新能源汽车购置补贴活动”的助力下，销量环比增长49.0%（见图9）。

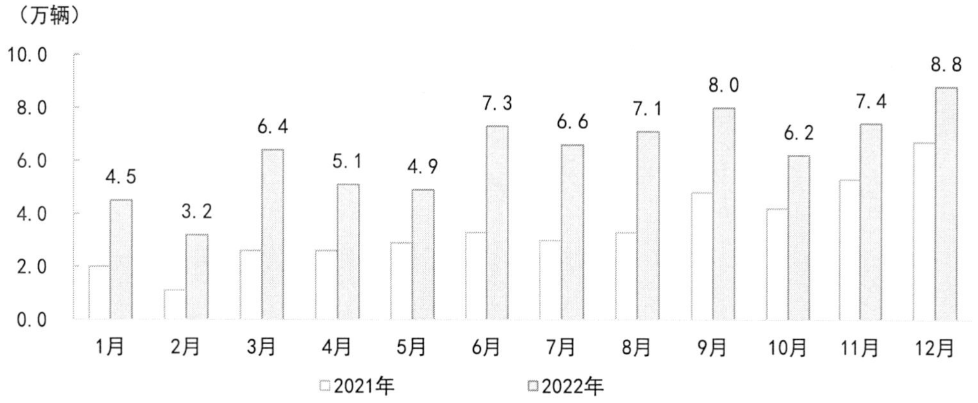


图9　2021—2022年广东省新能源汽车零售量月度销量

2022年燃油车零售量月度波动较大，从1月开始走低，与新能源车的差距收窄，6月“广东省新能源汽车购置补贴活动”结束，“减征部分乘用车车辆购置税”政策落地，燃油车销量有所回升，与新能源车的差距拉大；11—12月全国疫情散发，同时受新能源车“国补”政策即将退出的影响，燃油车销量下降幅度较大，新能源车仍保持环比增长，车企以抓住“国补”政策最后期限为促销手段，对年末新能源汽车销量有积极推动作用（见图10）。

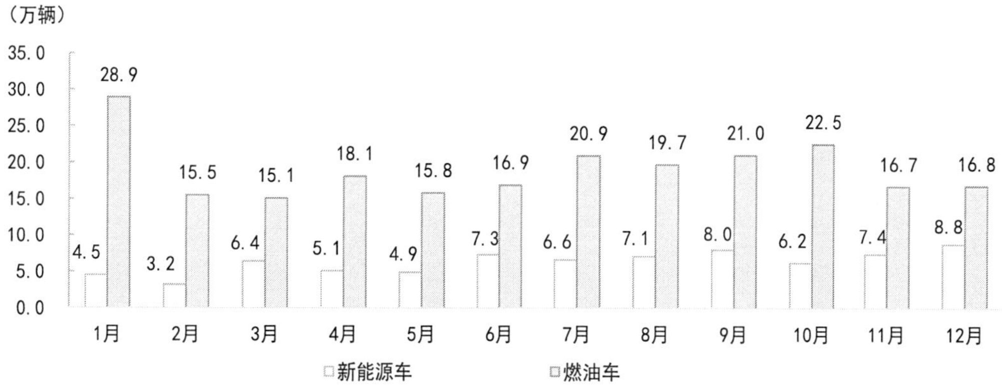


图10　2022年广东省新能源车与燃油车月度销量

## 四、2022年广东省汽车促消费补贴活动

### （一）汽车以旧换新专项行动

“广东省2021年汽车以旧换新专项行动”从2021年7月1日延续至2022年6月30日，整个以旧换新专项行动销量为11.9万辆。排名前五的地市为：广州、佛山、深圳、东莞、江门。

广州2.4万辆，占以旧换新总销量19.8%；佛山2.2万辆，占以旧换新总销量18.8%；深圳1.4万辆，占以旧换新总销量12.1%；东莞1.1万辆，占以旧换新总销量8.9%；江门0.6万辆，占以旧换新总销量5.3%。

珠三角地区9.5万辆，占以旧换新总销量79.8%；非珠三角地区2.4万辆，占以旧换新总销量20.2%（见图11）。

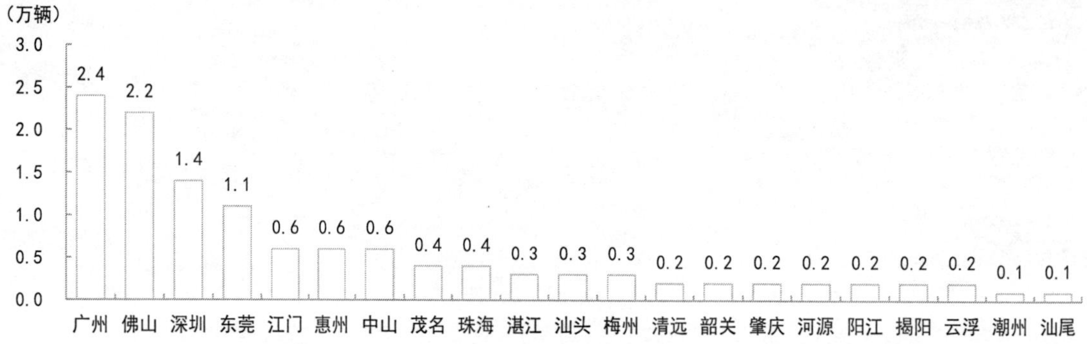


图11　2022年广东省以旧换新专项行动各地市销量

## （二）广东省新能源汽车购置补贴活动

2022年5月1日至6月30日，广东省新能源汽车购置补贴活动销量为9.6万辆。排名前五的地市为：深圳、广州、东莞、佛山、惠州。深圳3.1万辆，占购置补贴总销量32.2%；广州2.2万辆，占购置补贴总销量22.8%，东莞0.8万辆，占购置补贴总销量8.8%；佛山0.7万辆，占购置补贴总销量7.1%；惠州0.5万辆，占购置补贴总销量5.1%。珠三角地区8.5万辆，占购置补贴总销量88.5%，其中深圳和广州两市销量占珠三角地区62.4%；非珠三角地区1.1万辆，占购置补贴总销量11.5%（见图12）。

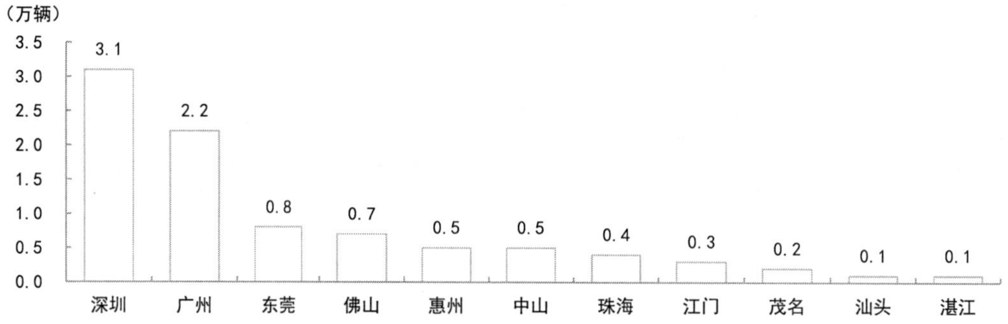


图12　2022年广东省新能源汽车购置补贴各地市销量

“广东省2021年汽车以旧换新专项行动”和“广东省新能源汽车购置补贴活动”对全省汽车消费拉动作用显著，尤其是珠三角作为广东省经济相对发达的地区，发挥提振汽车消费的作用更加突出。

（广东省汽车流通协会）

# 2022年经销商库存指数及预警

## 一、2022年经销商库存系数分析

2022年，芯片短缺、原材料价格上涨、新冠肺炎疫情反复等不确定因素轮番来袭，市场尽显疲软态势。汽车产销量从下行到全面恢复，经销商从闭店到正常经营，经销商库存压力起伏不断，2022年中国汽车经销商年度平均库存系数为1.61，相比2021年的1.45，同比上升11.0%（见图1）。

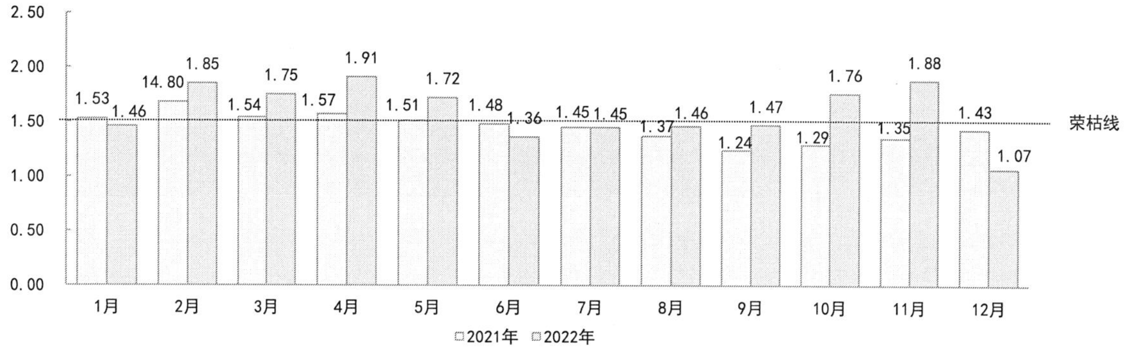


图1　2021—2022年月度汽车经销商库存系数

资料来源：中国汽车流通协会（以下图表资料来源相同，不再赘述）

2022年上半年，我国先后经历了长春、上海、广州等多地疫情导致的供应链断供、川渝地区夏季高温限电导致的停工停产，汽车业上下游被迫停产休市，导致经销商库存压力大增，持续处于警戒线以上。

进入下半年，国家政府出台600亿元减征部分乘用车车辆购置税政策，各地跟进出台鼓励汽车消费举措，上半年被疫情和供给抑制的汽车消费出现集中释放。6—10月新车销量同比增长超过20%，经销商库存水平开始下降，进入景气区间。但在11月，国内多地出现疫情，各地车市也陆续因为疫情管控而出现降温，经销商库存压力再次增加。直至进入12月，疫情防控优化调整，燃油车购置税减半政策和新能源汽车补贴政策年底退出，车市迎来新一轮冲量，库存水平才重新回落至警戒线以下（见图2）。

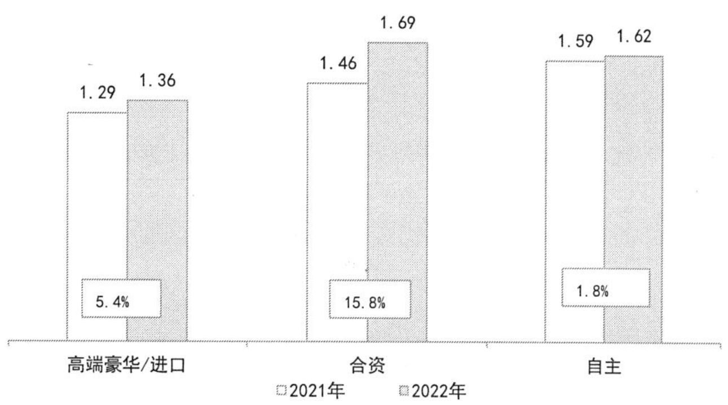


图2　2021—2022年高端豪华／进口、合资、自主品牌年平均库存系数

2022年，高端进口＆豪华品牌年平均库存系数为1.36，较2021年同比上升5.4%；合资品牌

年平均库存系数为1.69，较2021年同比上升15.8%；自主品牌年平均库存系数为1.62，较2021年同比上升1.8%。合资、自主品牌位于警戒线以上。

高端进口＆豪华品牌有4个月库存系数位于警戒线以上；合资品牌有9个月库存系数位于警戒线以上；自主品牌有10个月库存系数位于警戒线以上（见图3）。

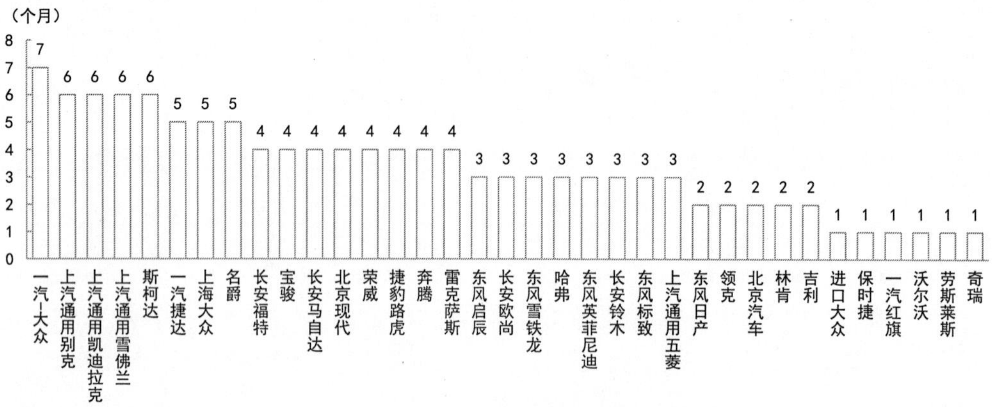


图3 2022年库存系数超过2.00的品牌所占月数

注：年度平均库存系数剔除2月极值

受疫情蔓延因素的影响，汽车市场多次静默，销量下滑导致大部分品牌的库存压力较为明显，部分品牌库存系数多次超过2个月。其中，一汽－大众有7个月，别克、凯迪拉克、雪佛兰、斯柯达等品牌有超过5个月的库存系数在2.00以上。

## 二、2022年经销商库存预警分析

2022年，汽车经销商年平均库存预警指数为58.4%，相比2021年的54.3%上升了4.1个百分点，除了1月、6月外，其余月份的库存预警指数均高于2021年（见图4）。

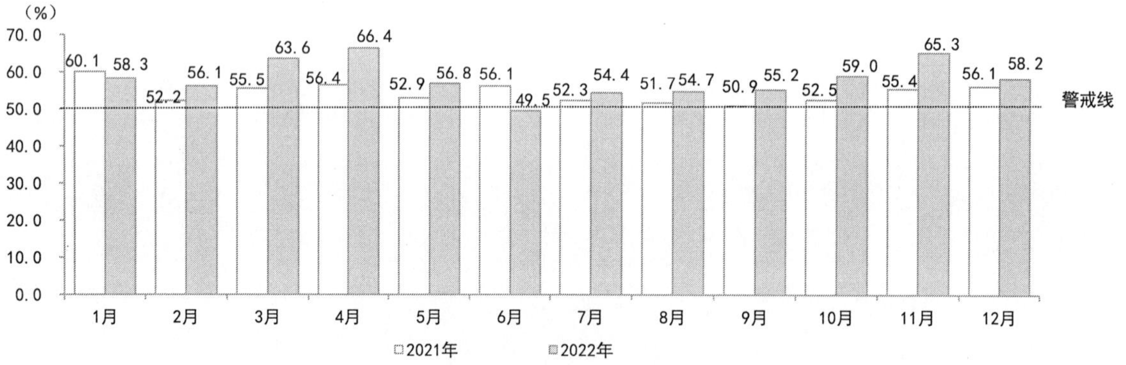


图4 2021—2022年月度汽车经销商库存预警指数

从库存预警指数可以看出，2022年全年经销商库存压力均较大。2022年在上半年多地疫情接连暴发，汽车市场相对静默。需求收缩、供给冲击、预期转弱三重压力在汽车市场表现得尤为突出，上半年库存预警指数基本上要高于2021年同期，处于警戒线以上。到下半年，车辆购置税减半政策6月实施后，汽车销量强势增长，6—9月的库存预警指数接近警戒线。而到了第四季度市场由于疫情因素，走势相对较弱（见图4）。

在疫情扰动叠加经济下行的双重影响下，消费者收入受到冲击较大，购买力和购买意愿双双受挫。对于经销商而言经营更为困难，亏损面在扩大，资金链持续紧绷，门店数、客流量、销量均出现大面积的萎缩。国家层面出台了购置税减征政策，多地政府密集拿出“真金白银”促进汽车消费，汽车市场消费需求回暖明显。2022年经销商年均的库存指数、市场需求指数、平均日销量指数同比2021年有小幅度上涨，而年均从业人员指数、经营状况指数同比2021年有所下降（见图5）。

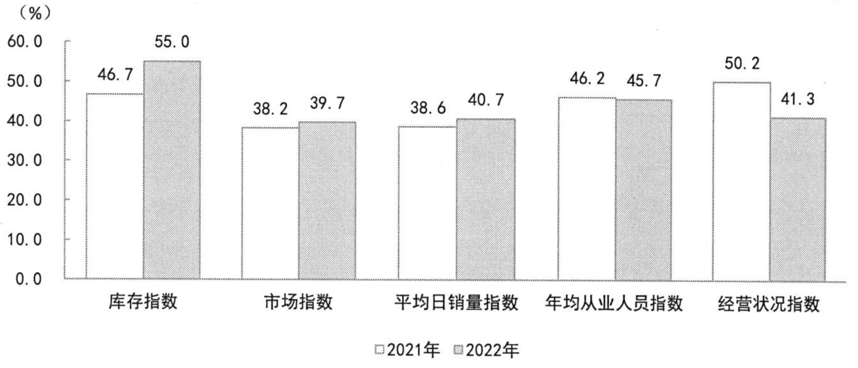


图5　2021—2022年经销商年均库存预警分指数图

2022年，各区年均库存预警指数均在警戒线以上，同比2021年有小幅增长。北区年均库存预警指数为60.5%，东区年均库存预警指数为57.2%，西区年均库存预警指数为57.0%，南区年均库存指数为56.9%（见图6）。

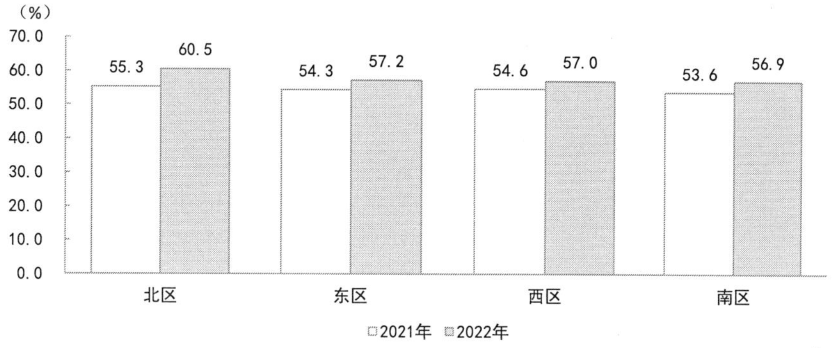


图6　2021—2022年年均库存预警区域分指数情况

**注：区域划分标准**

北区包含省份及地区：北京、河北、河南、黑龙江、吉林、辽宁、内蒙古、山西

南区包含省份及地区：福建、广东、广西、海南、湖北、湖南、江西

东区包含省份及地区：安徽、江苏、山东、上海、天津、浙江

西部包含省份及地区：甘肃、贵州、陕西、四川、新疆、云南、重庆、宁夏、青海、西藏

**库存系数及库存预警指数调查对象及范围**

2022年，库存系数的调查对象以中国汽车流通行业百强经销商集团为主，通过组织地方经销商沙龙等活动增加单店样本；调查范围涉及4S店近2000家，覆盖全国大部分省份；调查的品牌涵盖国内市场上主要量产销售的55个品牌，包括进口品牌、合资品牌、自主品牌。

# 2022年全国经销商经营状况调查

2023年2月6日，中国汽车流通协会发布2022年全国汽车经销商生存状况调查报告。2022年的乘用车市场受疫情影响艰难前行。中央及地方政府及时出台促进汽车消费政策，包括购置税减半、二手车等多项利好政策，对稳定汽车消费起到显著作用。但是，全国范围大量的经销商经历了数周甚至更长时间的闭店，消费者相对静默，购车和用车需求显著降低。在这样的大背景下，汽车经销商经历了多年未有的生存挑战。为及时掌握2022年汽车经销商的经营情况，了解经销商当前面临的压力和困难。全国汽车经销商生存状况调查于2022年12月底正式启动，调查对象以乘用车授权经销商为主，截至2023年1月底，调查共覆盖40余家经销商集团及近百家单店经销商，共回收有效问卷923份。

## 一、近三成经销商完成年度销量目标

受到疫情反复等多方影响，仅有42.2%经销商完成了全年任务指标的80%以上，完成率不足70%的经销商同样超过40%。调查显示，完成全年销量目标的经销商占比仅为19.4%，其中，豪华/进口品牌经销商年度目标完成情况较好，超过三成经销商完成全年销售目标（见图1）。

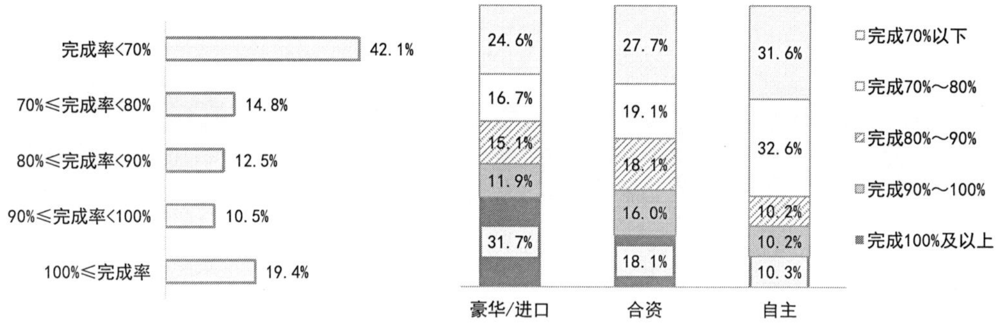


图1 2022年经销商销售目标及分品牌类型的目标完成情况

经销商新车毛利率略有好转，较2021年提升1.7%～3.2%。售后毛利率也呈现小幅提升，较2021年大幅上升2.0%～37.9%，但仍不及2020年的40.3%。

## 二、经销商盈利面下降

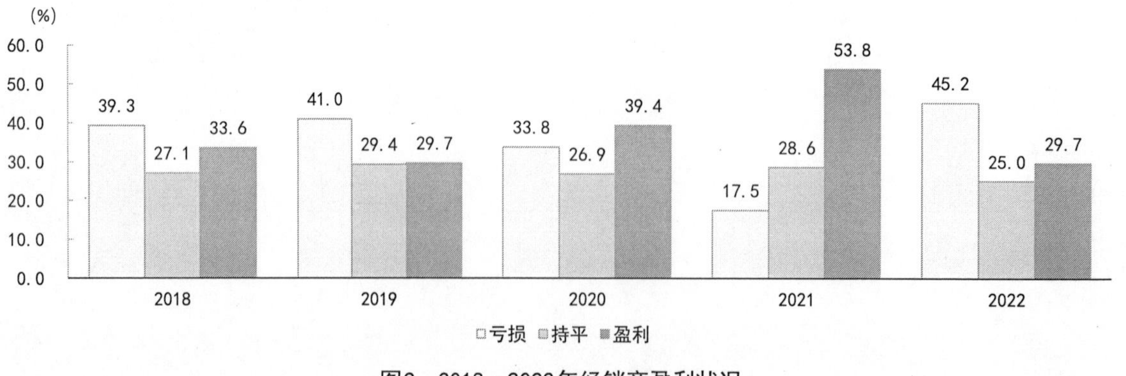


图2 2018—2022年经销商盈利状况

2022年，经销商盈利面下降至29.7%，亏损面大幅上升至45.2%。全年盈利状况不佳，疫情风险、客流下滑、人才流失、集客成本上升等不稳定因素，持续影响2022年汽车市场的整体走势及经销商经营，如图2所示。

在经销商利润结构中，新车销售利润占比提升明显。尽管疫情反复、经济下行等因素影响着消费市场，主要得益于购置税减半的政策，刺激了下半年乘用车市场（见图3）。

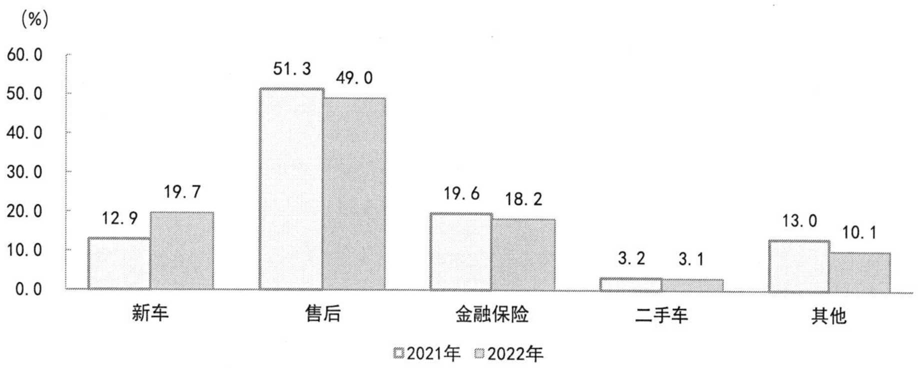


图3　2021—2022年经销商整体利润结构

另外，经销商金融保险业务利润占比明显下降。“919保险费改”后，经销商的保险佣金收入显著下降，再加上保险公司政策收紧，保险业务盈利能力下降。

2020年的二手车经销减税以后，特别是豪华品牌的二手车，更多由原来的经纪业务逐步开始转变成经销业务，增加了二手车业务收入及相应的毛利。

另外，2022年开始实施的一系列二手车利好政策，同样将会刺激二手车市场的发展，但政策的落地实施效果需要一定时间周期，并不会如新车政策落地那样效果凸显。

## 三、经销商面临的主要困难和挑战

疫情反复导致经销商暂停营业等多重因素，打乱了销售节奏。同时，资金压力大、获客成本高等也是经销商的核心痛点（见图4）。

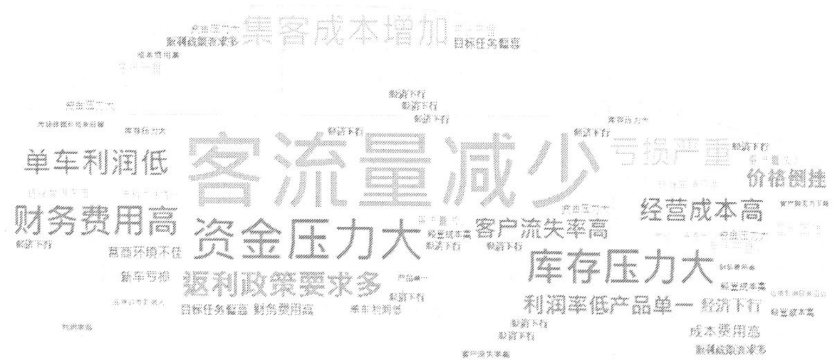


图4　经销商面临的主要困难和挑战

而随着部分车型购置税减半政策及新能源补贴政策的退出，使得部分需求在2022年透支，2023年的汽车市场将逐渐回归到常规的市场节奏。政策对整个市场的影响也是行业从业者不得不面对的问题。

调查中，经销商提到希望厂家能够延续促进汽车消费政策，减征燃油车购置税，延续新能源汽车补贴政策，或通过地方政策，发放汽车消费券，以稳定和提升汽车消费。

## 四、经销商对2023年汽车市场的信心提升

目前，汽车行业面临艰难挑战，政府、协会及企业都在努力推动市场回暖。国家减税、地方政府补贴、厂家补贴、经销商促销等众多消费政策落地，对消费需求端实现较强的拉动作用，以加速汽车市场恢复。在各种利好政策的刺激下，62.3%的经销商对2023年度销售目标有所提升。

针对经销商投资品牌意向的调查显示，经销商对未来投资、收购情况较为谨慎。意向投资或收购的品牌主要集中在部分豪华品牌、丰田系及本田系，而对于自主品牌，投资意向主要集中在新能源品牌。

## 五、2022年汽车经销商对主机厂满意度下滑明显

2022年，经销商总体满意度得分为74.4分，经销商对厂家的总体满意度明显下降，但整体情况较上半年略好（见图5）。

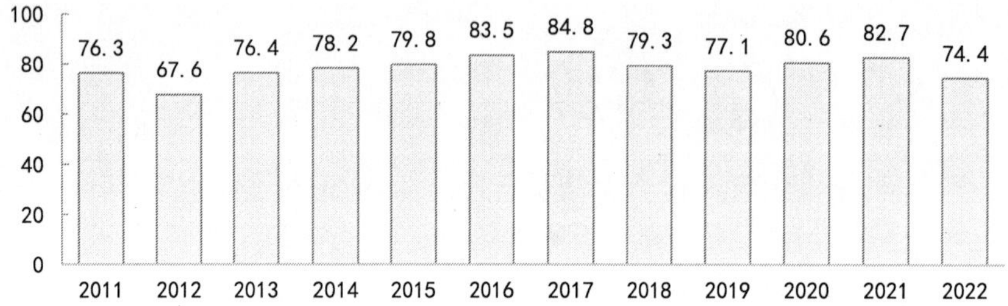


图5　2011—2022年经销商总体满意度情况

调查结果显示，分品牌类型来看，豪华／进口品牌的得分最高，为79.2分，合资品牌得分为68.9分，自主品牌得分为71.0分。经销商对厂家搭售滞销车型、市场秩序管理及库存管理方面的满意度较低，对于厂家人员及区域工作人员满意度得分较高。

2023年，中国汽车流通协会将持续关注汽车经销商盈利状况，及时了解汽车流通行业状况，将行业状况和经销商诉求及时反馈给厂家和政府相关部门，以推动汽车流通行业健康发展。

# 2022年汽车经销商集团发展研究报告

## 一、中国汽车流通行业的发展与变革

2022年，对于中国汽车市场和流通行业来说是极不平凡的一年，在世纪疫情和百年变局的挑战演进中，汽车市场遭受了新的、远超预期的下行冲击，同时，也迎来了最大的一次利好政策组合拳和历史发展机遇。

一方面，两年来的疫情令国内车市短暂停摆，多地被迫停工、停产、停商、停市，让汽车经销商步履维艰，经营压力陡增，直呼“太难了”。另一方面，14年磨一剑，我们在政府和行业的共同努力下，用愚公移山的精神打通了二手车行业的所有堵点，实现了四个历史性成果：一是建立了二手车鉴定评估技术规范的国家标准；二是全面打破了二手车限迁；三是推动出台了降低二手车经销企业增值税税赋的减征政策；四是确立了二手车在交易过程中的商品属性。

当前的汽车市场既充满挑战也孕育着机遇，如何实现从高速增长向高质量发展的转型，需要汽车经销商拿出智慧和勇气。一是要以数字驱动精益化运营，激活用户价值；二是加速推动二手车业务发展；三是经销商要全面融入新能源汽车产业链布局，打造新能源汽车销售服务新模式。当下，产品、技术和市场需求在变，渠道也必然发生变革，未来渠道的建设会因品牌不同而异，只有通过多样化的业态和模式，才能满足不同用户的消费需求，也因此，厂家和经销商需要以包容的心态共同面对市场。中国汽车流通协会也愿意与之共同探索有助于提升流通效率和服务体验的多元化渠道发展新模式。

## 二、汽车经销商集团全面特征分析

2022年，受疫情及整体经济环境影响，百强经销商集团从规模、盈利、效率、客户等多个维度来看，均有不同程度下滑。但在品牌优化、客户服务、二手车、数字化转型等方面，也有诸多亮点。

从渠道维度来看，经销商在加快品牌结构的调整速度，很多经销商集团在放弃一些不盈利的店去拥抱新能源，而且迭代的速度在不断增快。在2021年，百强经销商集团新开的店里，豪华车占到了52%，新能源占到了15%，仅仅一年时间，2022年豪华车占到23%，新能源占到了45%，这两个数字几乎是对调了，由此可以看出在2022年百强经销商集团开始发力新能源。与行业数据对比来看，2022年行业新开了3738家店，豪华车占到5%，新能源占到58.6%，在豪华车领域百强远高于行业均值，在新能源细分领域还有一定的追赶空间（见图1）。

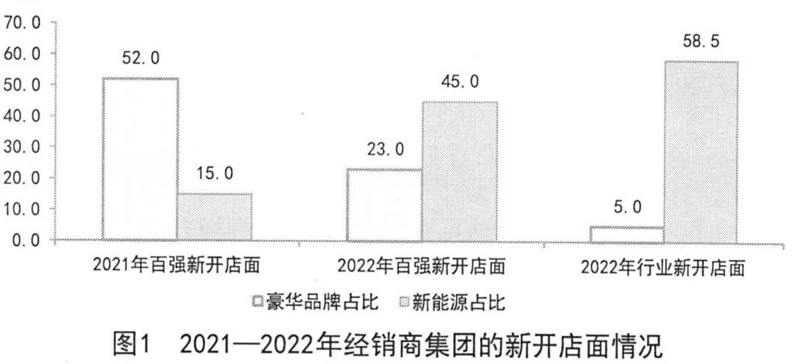


图1　2021—2022年经销商集团的新开店面情况

资料来源：中国汽车流通协会（以下图表资料来源相同，不再赘述）

我们发现，表现优异的经销商集团都具有很多共同特征，归纳起来有三点：一是找到集团自身的特点和优势，为消费者提供差异化服务，有附加值的服务，从而建立经销商集团自有品牌的护城河；二是品牌的结构和区域的布局较为合理，积极拥抱新能源，找到集团的规模和盈利的平衡点；三是都在持续提升企业的精细化管理水平。

## 三、百强经销商集团发展状况

为了更好评估百强集团的发展状况，本文从规模、盈利、效率、客户这四个维度，多方面考察百强集团在2022年度的全年表现。

### 1. 规模

特点1：收入减少，新车销量减少

2022年，百强集团总收入总计19039亿元，同比减少2%。新车销售台次675万辆，同比降低12.8%（见图2）。

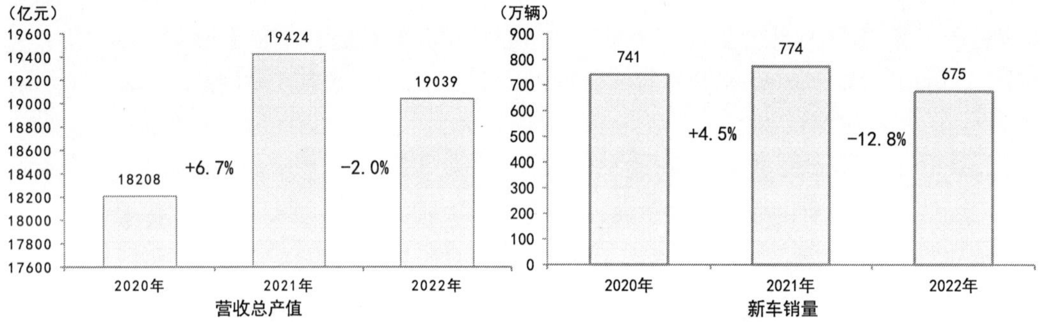


**图2　2020—2022年百强经销商集团营收与销量**

特点2：资产投入大幅增加，店面数量增加

2022年，新能源汽车继续爆发式增长，自主品牌强势崛起，带动渠道网络扩张，百强经销商集团开始全面发力新能源。2022年，百强集团资产投入达9441亿元，同比增加13.7%，经销商店面数量达6574家，同比增加7.7%（见图3）。

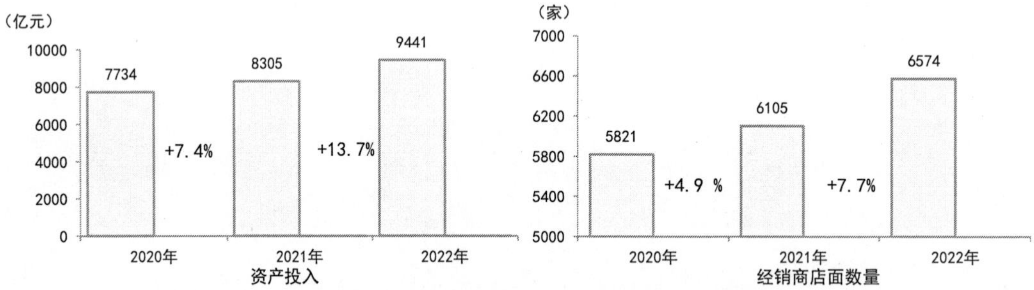


**图3　2020—2022年百强经销商集团资产投入与店面数量**

特点3：二手车销量降低，售后台次略有下降

2022年，百强集团二手车销量142万辆，同比降低6%，售后台次5677万辆，同比下降1.2%（见图4）。

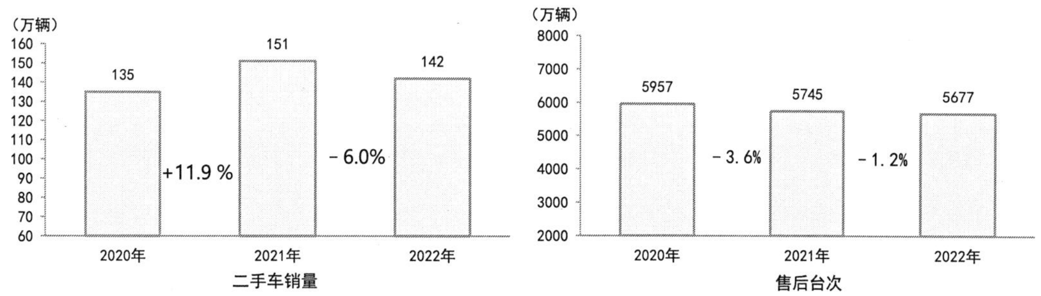


图4　2020—2022年百强经销商集团二手车销量与售后台次

## 2. 盈利

特点1：总毛利率和新车毛利率大幅降低

2022年，百强集团总毛利率为6. 3%，同比降低28. 3%。新车毛利率2. 7%，同比大幅度降低60. 3%（见图5）。

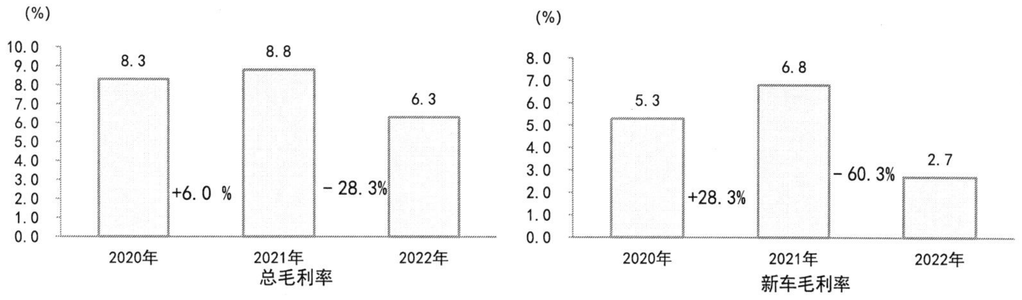


图5　2020—2022年百强经销商集团总毛利率与新车毛利率

特点2：二手车和售后毛利率降低

2022年，百强集团二手车毛利率为8. 5%，同比降低20. 6%。售后毛利率43. 2%，同比下滑1. 4%（见图6）。

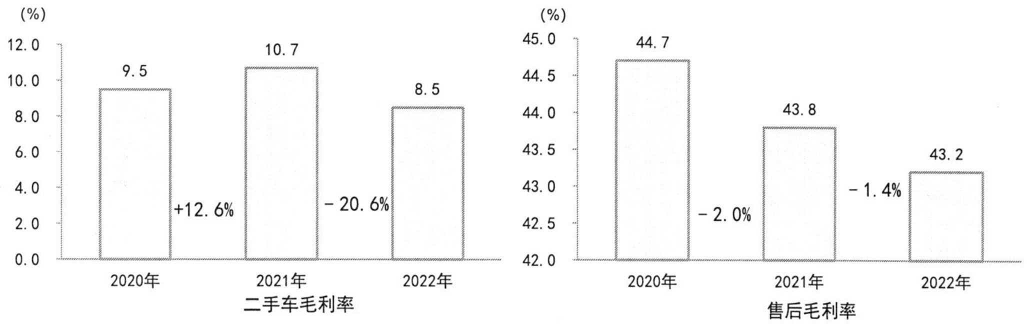


图6　2020—2022年百强经销商集团二手车毛利率和售后毛利率

## 3. 效率

特点1：销管费用率增加，财务费率增加

2022年，百强集团销管费用率为5. 85%，同比上升5. 2%。财务费用率0. 72%，同比上升5. 9%（见图7）。

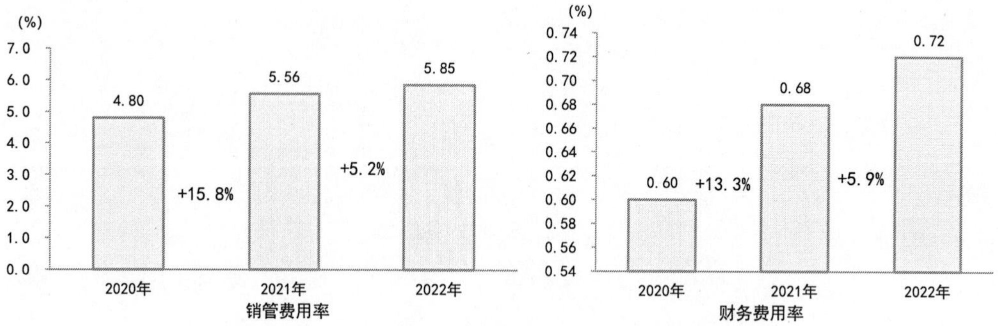


图7　2020—2022年百强经销商集团销管费用率与财务费用率

特点2：员工总数增加，薪酬福利降低

2022年，百强集团员工人数为45.6万人，同比上升7.5%，薪酬福利为678亿元，同比下降1.5%（见图8）。

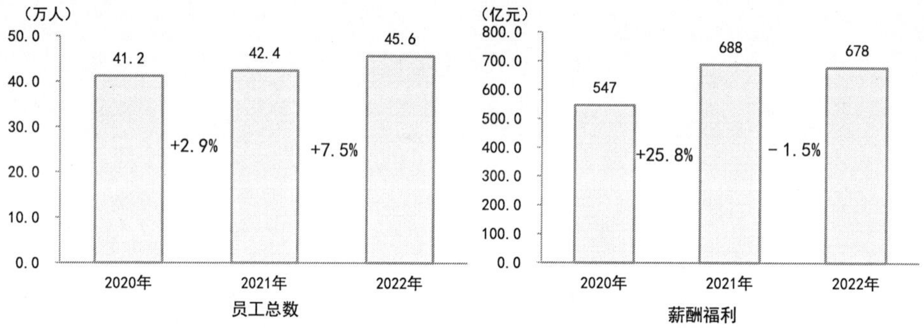


图8　2020—2022年百强经销商集团员工总数与薪酬福利

特点3：单店员工数量保持不变，年收入下降

2022年，百强集团单店员工人数仍为69人。单店年收入2.9亿元，同比下降9.4%（见图9）。

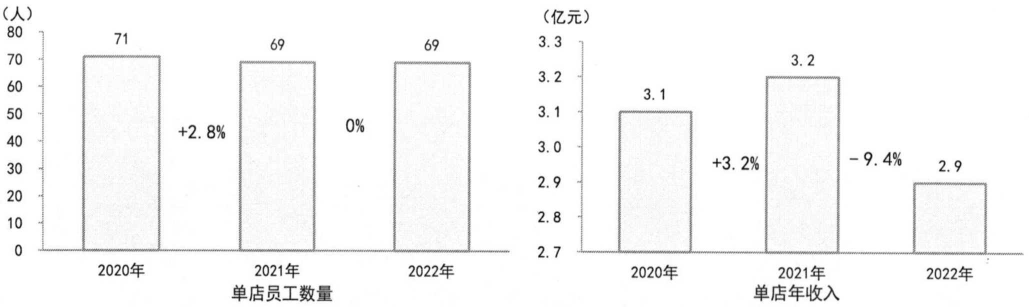


图9　2020—2022年百强经销商集团单店员工数量与年收入

4. 客户

特点：基盘客户数量稳步增加，活跃客户数量略有减少

2022年，百强集团基盘客户数量9224万人，同比上升6.1%。活跃客户数量3439万人，同比下降5.9%（见图10）。

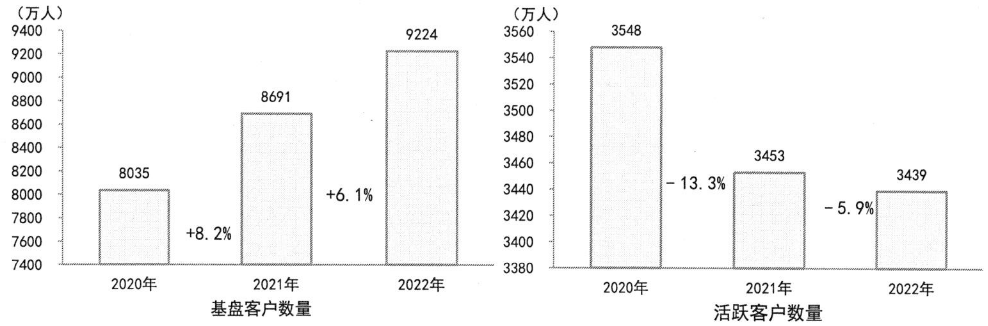


图10　2020—2022年百强经销商集团基盘客户数量与活跃客户数量

## 四、综合评估

尽管在严峻的市场环境下，依旧有经销商集团突破重围，取得了傲人的业绩。我们从规模、盈利、效率、客户四个维度甄选出了五星级经销商集团（见表1）。

表1　2022年五星级经销商集团

| 营收规模 | 五星级经销商集团 |
|---|---|
| 500亿元以上 | 中升集团、利星行汽车、永达汽车 |
| 200亿～500亿元 | 运通汽车集团、美东汽车、大昌行汽车、广物汽贸 |
| 100亿～200亿元 | 润华汽车、威佳汽车、华宏汽车、捷通达集团 |
| 50亿～100亿元 | 南菱汽车、佳鸿汽车、兰州金岛、江苏华海、沈阳大众 |

## 五、中国汽车品牌竞争力研究报告

面对越发复杂的经营环境和竞争格局，经销商需要准确分辨所代理品牌的经营特征及综合竞争力。报告结合多重定量和定性指标，制定了品牌综合竞争力模型，为经销商评价和选择豪华、主流合资及自主品牌给出了权威指引。

《中国汽车品牌综合竞争力研究报告》依旧采用品牌综合竞争力评价模型（PAM）模型。在建立这个模型时，参考了国资委中央企业综合绩效评估方法，综合了定量、定性两方面的研究，定量部分分为经营风险、盈利能力、运营效率和管理能力四个模块，每个模块均由基本指标、关联指标组成，共18个定量评价指标；定性部分，引用了经销商对厂家满意度评价的测量内容，涵盖品牌价值、伙伴关系、经营决策、产品规划和厂家支持5大方面，共90多个评价方面。定量和定性指标均赋予不同的权重，根据每个品牌每个指标的得分，测算其与行业均值的距离，动态得到品牌综合竞争力得分。本套评价模型，涵盖内容广、客观、科学，可以准确地测量出每个品牌的综合竞争力。本次品牌综合竞争力研究报告的数据来自全国销量数据、百强经销商集团下辖经销店运营数据、经销商之声调研数据以及汽车流通行业专家的定性评价。从品牌系别、品牌级别角度综合分析，并对豪华品牌、主流合资品牌、主流自主品牌进行了综合竞争力榜单的发布，旨在为经销商投资人提供品牌经营选择的参考、为经销商伙伴提供日常运营核心指标的参考（见图11）。

| 定量评估 | 盈利能力 | 运营效率 | 管理能力 | 经营风险 | 定性评估 |
|---|---|---|---|---|---|
| 财务指标 | 总毛利率 | | 税前利润率<br>费用率 | 利润留存率 | 品牌价值<br>伙伴关系<br>经营决策<br>产品规划<br>厂家支持 |
| 资产指标 | 资产回报率 | 总资产周转率 | 流动比率 | 资产负债率 | |
| 运营指标 | 新车毛利率<br>售后毛利率 | 存货周转天数 | 年度活跃客户数占比<br>零服吸收率 | 效率增长率 | |
| 人效指标 | 销售顾问月人均销量<br>服务顾问月人均接车台次 | | 员工薪酬占毛利比<br>每员工薪酬 | 店均员工数量 | |

图11 品牌综合竞争力评价模型（PAM）

## （一）总体情况回顾

除中系正增长外，其他细分市场销量同比显著下降，韩系下降幅度超过30%，美系超过10%，主流合资品牌超过10%（见图12）。

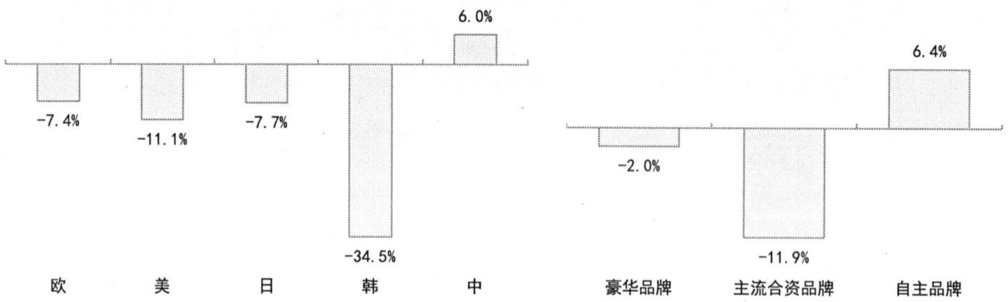


图12 2022年品牌上险数量同比增速

## （二）运营评价指标分析

### 1. 财务指标——总毛利率

除中系（自主品牌）外，其他系别市场总毛利率均有明显下降，欧系依然最高，中系提升至第三位。受益于新能源车的强势向上，自主品牌综合毛利率获得小幅上涨（见图13）。

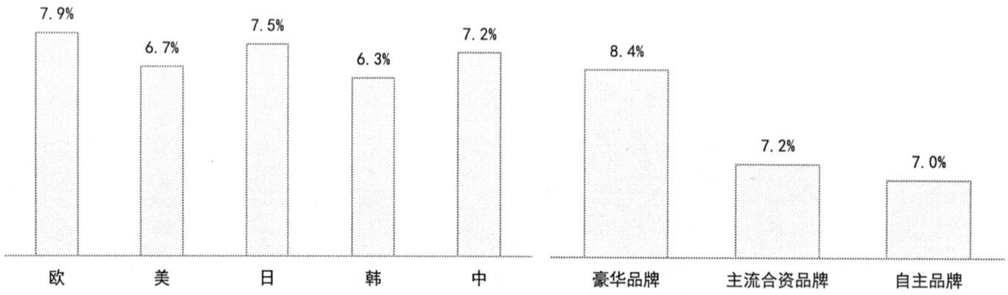


图13 2022年品牌总毛利率

### 2. 财务指标——总费用率

除中系（自主品牌）外，各细分市场总费用均有不同程度下降。自主品牌总费用率有所上升，是因为销量和收入的提高带来了销售管理费用的增加（见图14）。

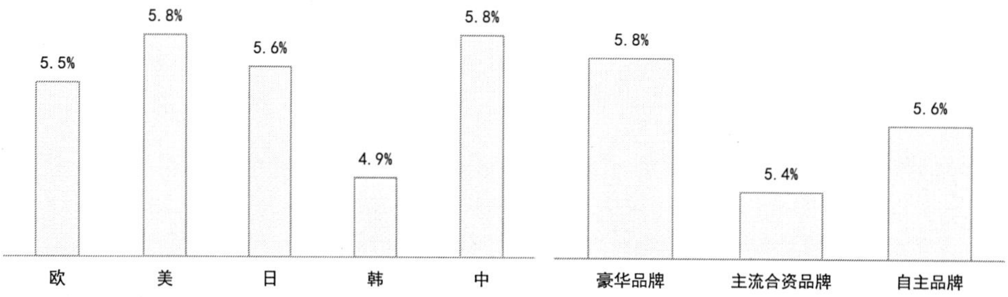


图14　2022年品牌总费用率

3. 财务指标——税前利润率

尽管欧系税前利润率领先于其他系别，但同比仍然降低了30%。自主品牌税前利润率小幅上涨，拉近了与主流合资品牌的差距（见图15）。

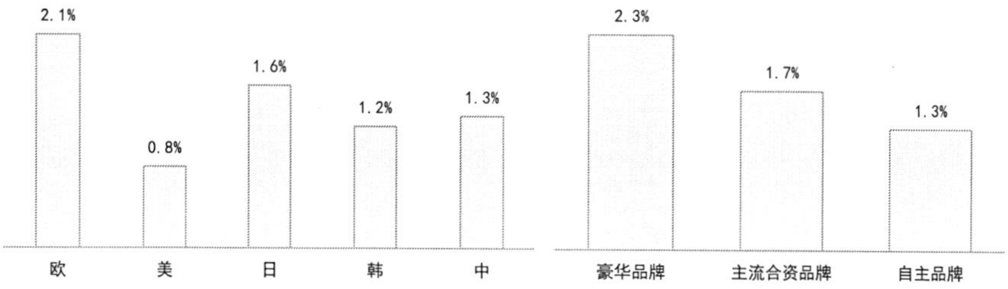


图15　2022年新能源品牌税前利润率

4. 资产指标——资产回报率

欧系品牌的资产回报率超过日系，但同比依然降低了44%。自主品牌的资产回报率同比有所增加，拉近了与主流合资品牌的差距（见图16）。

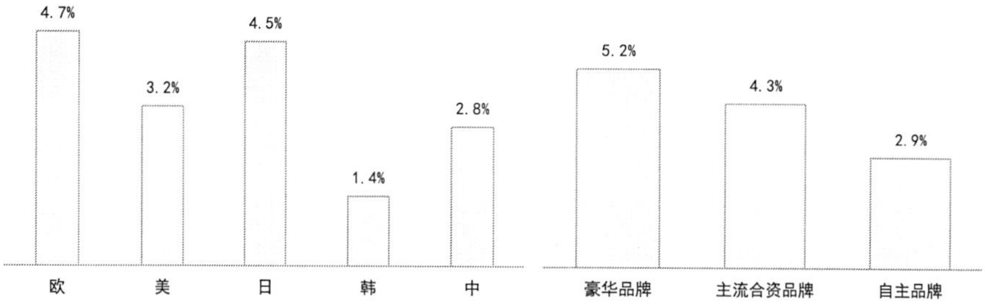


图16　2022年品牌资产回报率

5. 资产指标——总资产周转率

除韩系和美系品牌外，其他系别的总资产周转率变化不大，收入和资产均呈现降低，体现了经销商主动规避运营风险的行为（见图17）。

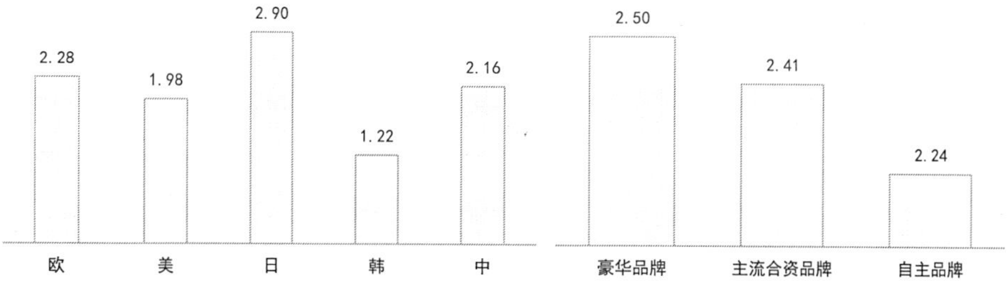


图17　2022年品牌总资产周转率

6. 资产指标——资产负债率

行业及各细分市场资产负债率与2021年相比均有所提升。2022年对新能源品牌的投资热点集中在自主品牌，使得中系、自主品牌提升的幅度更大（见图18）。

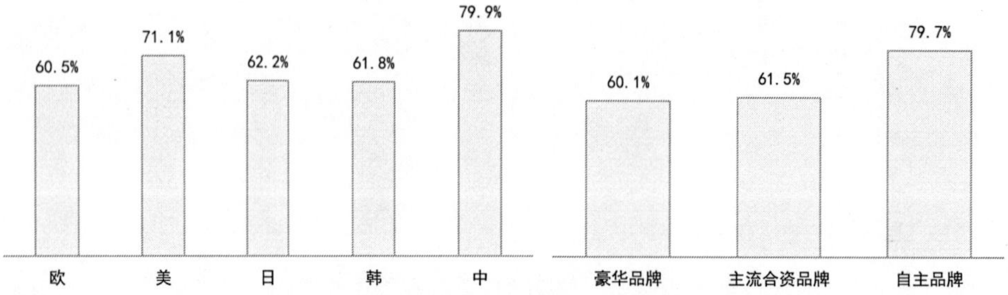


图18　2022年品牌资产负债率

7. 运营管理指标——售后毛利率

美系最高，美系品牌对备件的管控、经销商的售后指导、售后套餐设定相对较好。从品牌级别上看，豪华品牌最高，自主品牌最低（见图19）。

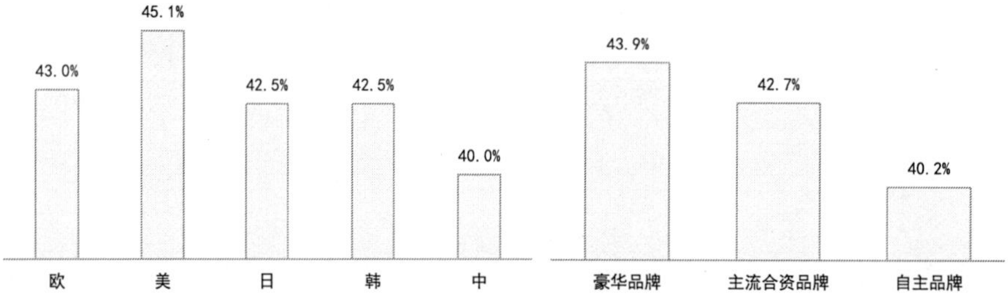


图19　2022年品牌售后毛利率

8. 运营管理指标——零服吸收率

欧系品牌因豪华车占比较高，零服吸收率表现较好。韩系品牌网点整合对零服吸收率的正向拉动作用得到显现。

中系（自主品牌）因售后毛利低导致零服吸收率远低于其他细分市场（见图20）。

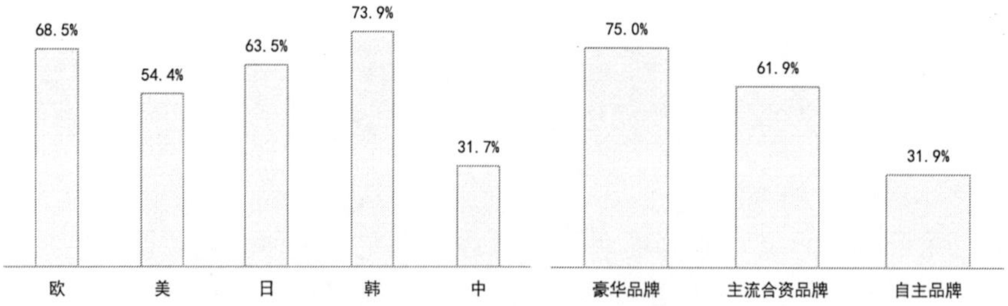


图20　2022年品牌零服吸收率

9. 运营管理指标——年度活跃客户数占比

中系（自主品牌）近2年销量增长带来了年度活跃客户数占比的提高。与新车相同，主流合资品牌在活跃客户方面同样存在挑战（见图21）。

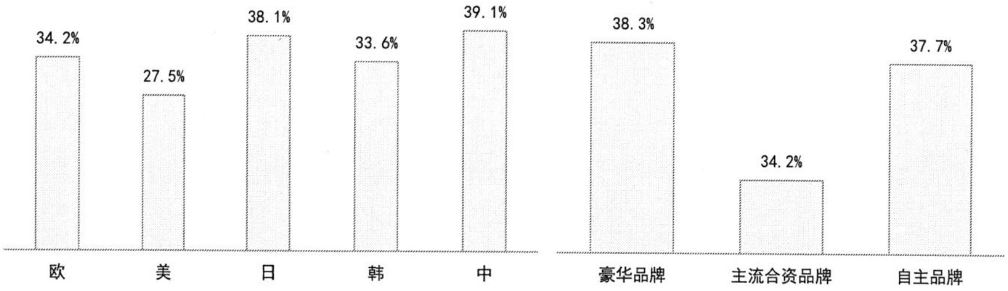


图21　2022年品牌年度活跃客户数占比

10. 运营管理指标——存货周转天数

美系品牌存货周转天数最长，日系产品供应的匹配性、市场节奏更合理，周转最快。主流合资品牌及自主品牌存货周转天数长，豪华品牌周转天数相对较短（见图22）。

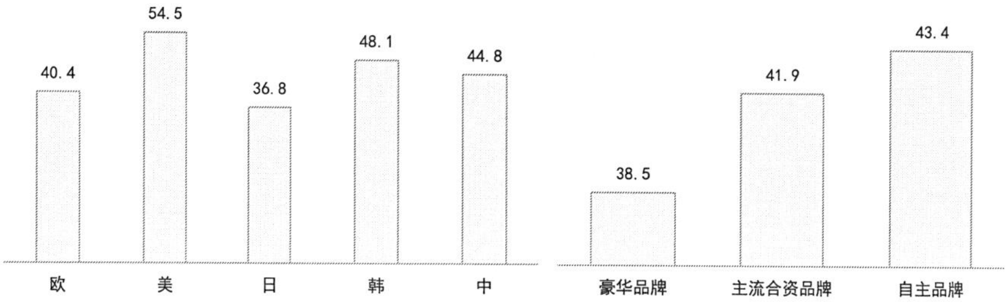


图22　2022年品牌存货周转天数

11. 人员管理指标——员工薪酬占毛利比

尽管韩系品牌员工薪酬水平居中，但因为利润低，薪酬占毛利比最高。同样，中系（自主品牌）员工薪酬最低，店均总利润低，占比也较高（见图23）。

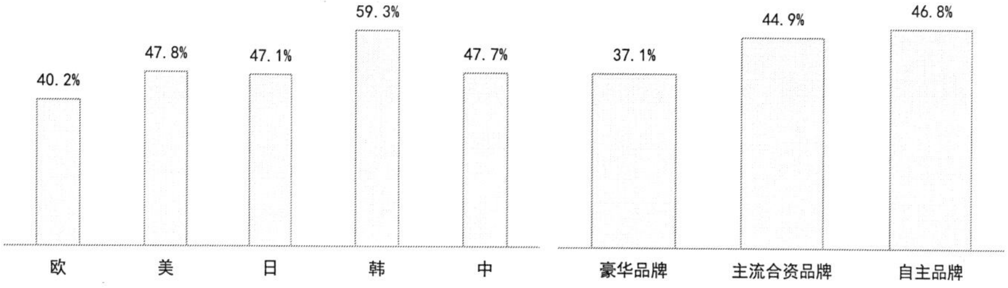


图23　2022年品牌员工薪酬占毛利比

12. 人员管理指标——销售顾问月人均销量

由于总销量的降低，带来各细分市场销售顾问月人均销量的小幅降低。中系（自主品牌）销量增加明显，人均效能有所提高（见图24）

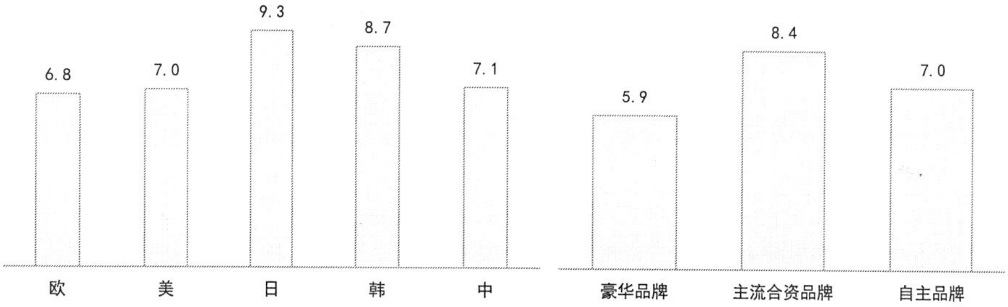


图24　2022年品牌销售顾问月人均销量

13. 人员管理指标——服务顾问月人均接车台次

日系品牌较好的售后服务及保有量优势，带来较好的售后入场。自主品牌售后入场最少，服务顾问的人均效率也最低（见图25）。

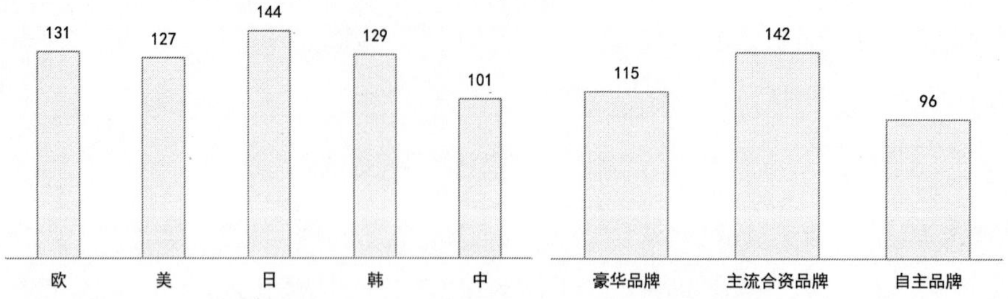


图25　2022年品牌服务顾问月人均接车台次

## （三）2022中国汽车品牌综合竞争力榜单

该榜单根据定量、定性两部分综合分析得出各品牌级别的综合竞争力柱图，结果用百分制得分的方式展现，更加直观地了解各品牌的综合竞争力。协会也呼吁低于60分的品牌，与经销商保持紧密的沟通，多站在经销商角度考虑问题，致力于厂商合作共赢，共克时艰（见图26、图27、图28）。

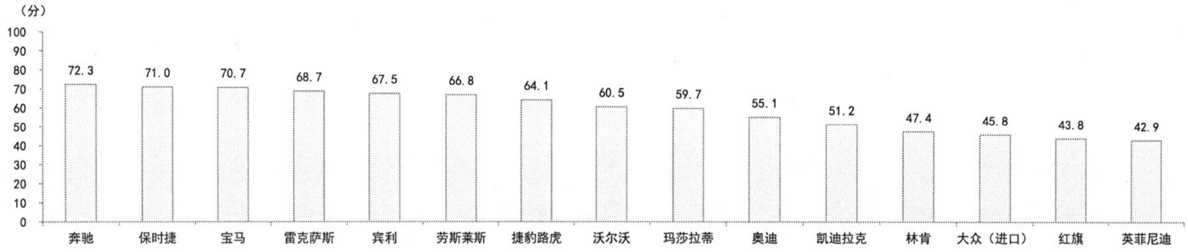


图26　2022年品牌竞争力榜单——豪华品牌

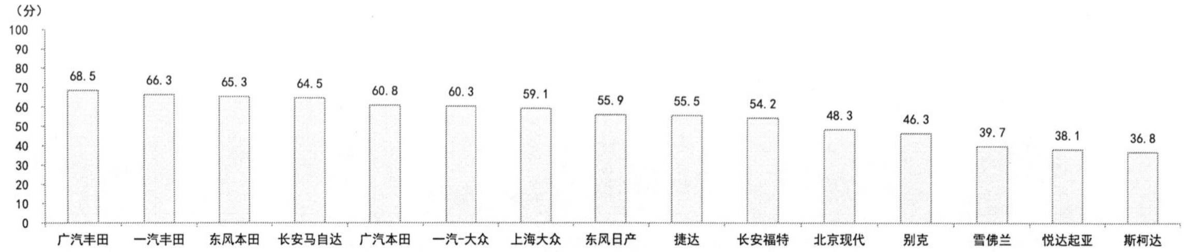


图27　2022年品牌竞争力榜单——主流合资品牌

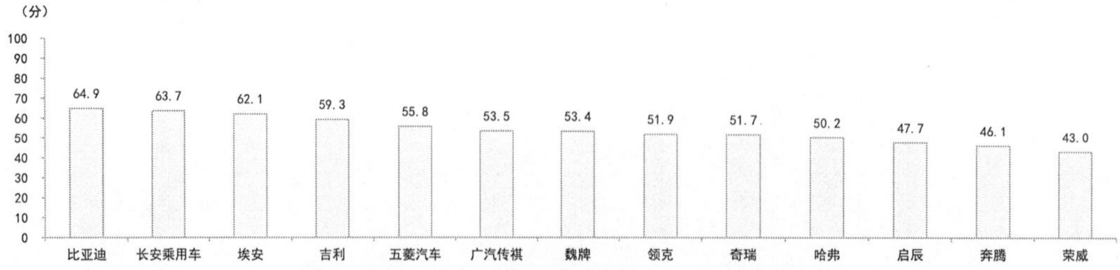


图28　2022年品牌竞争力榜单——主流自主品牌

# 第四部类

# 新能源汽车市场

DISIBULEI | XINNENGYUANQICHESHICHANG

# 2022年中国新能源汽车市场

2022年我国新能源汽车市场持续向好发展，产销规模自2015年起连续八年位居世界首位，全球销量占比由2021年的51.1%增长至61.2%，市场出现新亮点：一是新能源汽车销量跃升至688.7万辆，二是新能源汽车出口实现67.9万辆，三是新能源汽车市场渗透率突破25%，四是中国品牌新能源乘用车市场占比接近80%，呈现出量质双升的良好发展局面。分车型结构来看，新能源乘用车由高低两端向中端主流市场靠拢，新能源客车销量实现7.9%同比增长，新能源货车电动化步伐加快。分动力类型来看，纯电动车型仍占据我国新能源汽车市场主导地位，插电式混合动力汽车销量实现1.5倍的同比增长，燃料电池车型及产品进一步丰富。分领域来看，2022年我国新能源乘用车私人消费占比达78%，非限购地区销量占比达76%。展望未来，新能源汽车作为新增长点，有望在促消费、稳经济方面发挥更大作用。在政策利好、产品丰富等有利因素推动下，多领域有望出现新增量。同时，在整体市场趋稳背景下，市场结构正由增量发展向存量竞争转变，市场竞争更趋激烈化、复杂化。

## 一、市场规模：连续八年位居全球首位，2022年全球占比超过60%

2022年我国新能源汽车销量达688.7万辆，同比增长93.4%，新能源汽车新车销量占比由2021年的13.4%快速提升至25.6%。市场规模连续八年位居世界首位，全球占比进一步提升，由2021年的51.1%增长至61.2%。截至2022年底，我国新能源汽车保有量达1310万辆，占汽车总量的4.1%。此外，根据海关数据统计，2022年我国新能源汽车出口67.9万辆，同比增长1.2倍，占汽车总出口量的21.8%，较2021年提升了6.4个百分点，成为我国外贸出口新亮点（见图1）。

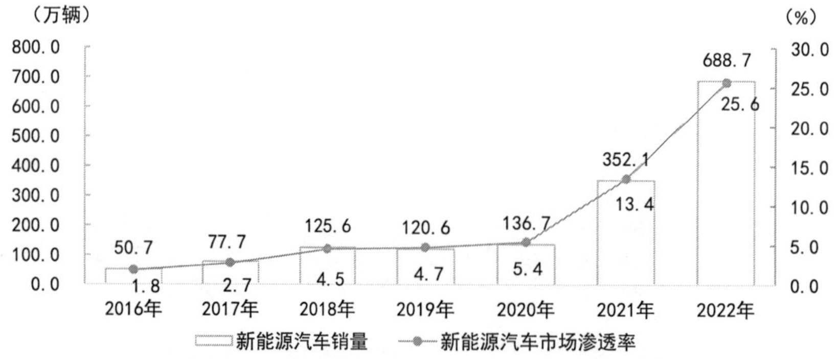


图1 2016—2022年中国新能源汽车销量及渗透率

资料来源：中国汽车工业协会

## 二、车型结构：乘用车结构持续优化，商用车市场实现增长

### （一）新能源乘用车市场向中端靠拢，中系品牌占比近八成

#### 1.乘用车整体销量快速增长，插电比例明显提升

根据中国汽车工业协会统计，2022年我国新能源乘用车销量为654.8万辆，同比增长94.3%，占整体新能源汽车销量的比例由2021年的94.7%提升至95.1%。分动力类型来看，2022年纯电动、插电式混合动力乘用车销量分别为503.3万辆和151.5万辆，同比分别增长81.7%和152.4%，受比亚迪DM-i等热销车型带动，插电式混合动力乘用车销量占比由2021年的17.8%提升至23.1%（见图2）。

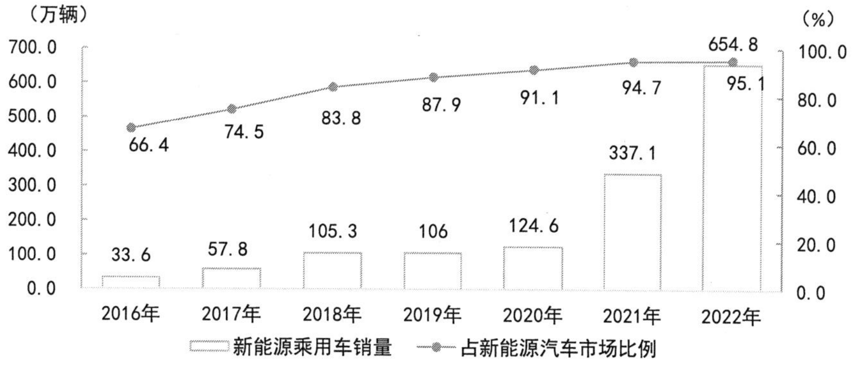


图2　2016—2022年中国新能源乘用车销量及占比

资料来源：中国汽车工业协会

### 2. 前十企业销量占比超七成，车型产品不断丰富

根据机动车上险数据统计，2022年，中系、美系、欧系、日系品牌新能源乘用车国内市场销量占比分别为77.9%、9.5%、6.9%和1.9%，中系品牌销量同比提升5.4个百分点。分企业来看，2022年我国新能源乘用车销量前十企业分别为比亚迪、上汽通用五菱、特斯拉、吉利、长安、广汽、奇瑞、合众、理想、小鹏，前十企业销量合计372.1万辆，占整体新能源乘用车销量的71.1%，市场集中度较高。其中，比亚迪、上汽通用五菱、特斯拉三家企业2022年新能源乘用车销量分别为158.3万辆、44.8万辆和44.2万辆，占比分别为30.3%、8.6%和8.4%，合计占比达47.3%。

分车型来看，2022年我国在售的新能源乘用车车型已超400款，新能源乘用车销量前十车型分别为上汽通用五菱宏光MINI EV、比亚迪宋PLUS、特斯拉Model Y、比亚迪秦PLUS/汉/海豚/元PLUS、特斯拉Model 3、比亚迪唐、广汽AION S，其中比亚迪宋PLUS、秦PLUS、汉、唐包含PHEV车型，其余销量前十车型均为纯电动汽车（见图3）。

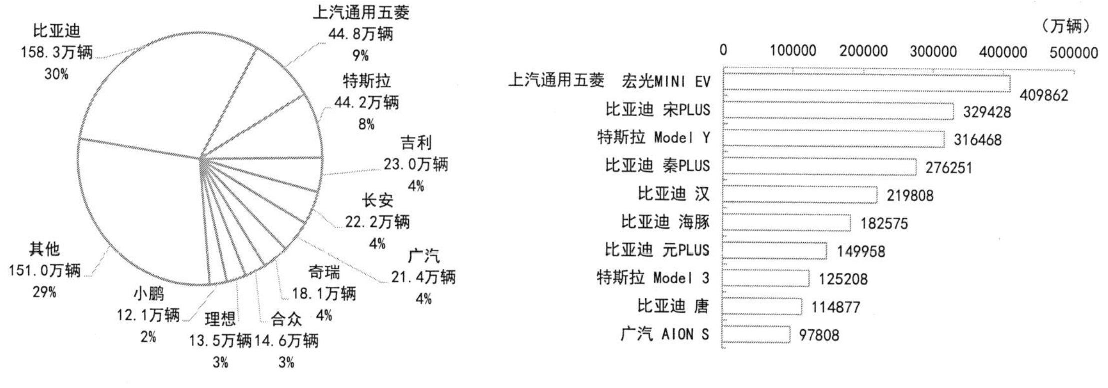


图3　2022年新能源乘用车前十企业及车型销量分布

资料来源：机动车保险数据

### 3. 紧凑型车销量增长，带动乘用车市场向中端靠拢

根据机动车保险数据统计，2022年，比亚迪宋PLUS/秦PLUS/元PLUS、广汽AION S、比亚迪海豚、欧拉好猫等A0级和A级车热销，带动新能源乘用车市场由高低两端为主向中端靠拢，2022年，A00级、A0级、A级、B级、C级及以上车型（含轿车与SUV）销量分别为101.4万辆、43.8万辆、198.9万辆、104.9万辆和74.1万辆，同比分别提升23.2%、4.1倍、1.7倍、19.0%和1倍，占比分别为19.4%、8.4%、38.0%、20.0%和14.2%。其中，A0级和A级车增长明显超过平均涨幅，市场份额也由2021年的3.0%和25.8%提升至8.4%和38.0%，同比分别增长5.4个百分点和12.2个百分点（见图4）。

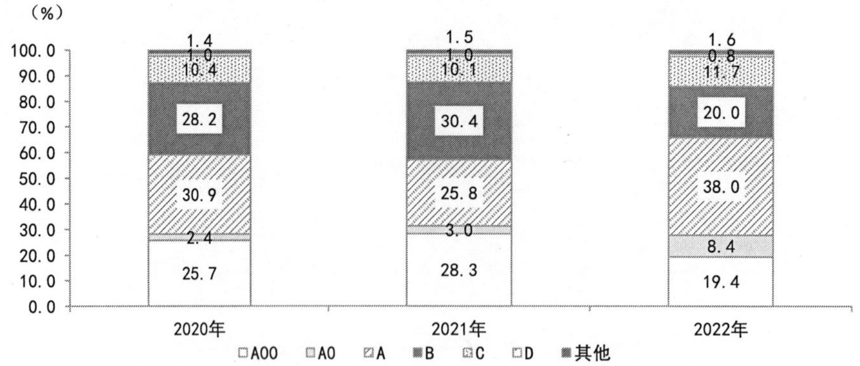


图4 2020—2022年新能源乘用车车型级别分布

资料来源：机动车上险数据

## （二）新能源客车销量回升，但渗透率仍处于低位

### 1. 客车销量同比增长7.9%，市场渗透率达13%

根据机动车保险数据统计，2022年，我国新能源客车销量为5.2万辆，同比增长7.9%，占整体客车销量的比例由2021年的10% 回升至13%，但仍低于2020年及之前的销量占比水平。考虑到一二线城市公交电动化替代基本完成、长途客运等领域电动化推进较慢等因素，新能源客车销量将持续处于低位（见图5）。

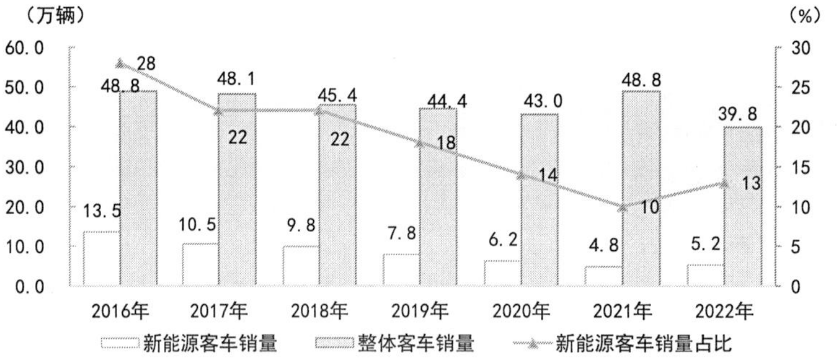


图5 2016—2022年新能源客车销量及占比

资料来源：中国汽车工业协会、机动车上险数据

### 2. 客车头部企业份额较高，前十企业销量占比超六成

根据机动车保险数据统计，2022年，我国有销量的新能源客车企业约71家，前十企业销量合计3.5万辆，占整体新能源客车销量的66.5%。其中，宇通客车销量达10482辆，市场占比达20.1%，领先优势明显。苏州金龙、中通客车、厦门金龙、中车电动、比亚迪销量均超2500辆，分别位居新能源客车销量第二至第六位。从动力类型来看，新能源客车前十企业均以纯电动车型为主，销量合计3.3万辆，占前十企业新能源客车总销量的93.8%；此外，宇通客车、苏州金龙、中通客车、厦门金龙、厦门金旅、南京金龙、申沃客车、北汽福田等企业均加大燃料电池车型布局。2022年，我国燃料电池客车销量达1259辆，同比增长20%（见表1）。

表1 2022年新能源客车前十企业销量分布　　单位：辆，%

| 企业名称 | BEV 销量 | PHEV 销量 | FCEV 销量 | 总计 | 占比 |
|---|---|---|---|---|---|
| 宇通客车 | 9944 | 316 | 222 | 10482 | 20.1 |
| 苏州金龙 | 4144 | — | 151 | 4295 | 8.2 |
| 中通客车 | 3314 | 117 | 90 | 3521 | 6.7 |
| 厦门金龙 | 2566 | 109 | 104 | 2779 | 5.3 |
| 中车电动 | 2610 | — | — | 2610 | 5.0 |

续表

| 企业名称 | BEV 销量 | PHEV 销量 | FCEV 销量 | 总计 | 占比 |
|---|---|---|---|---|---|
| 比亚迪 | 2509 | — | — | 2509 | 4.8 |
| 厦门金旅 | 2357 | — | 102 | 2459 | 4.7 |
| 南京金龙 | 2369 | — | 8 | 2377 | 4.6 |
| 申沃客车 | 1794 | 22 | 24 | 1840 | 3.5 |
| 北汽福田 | 945 | 793 | 84 | 1822 | 3.5 |
| 合计 | 32552 | 1357 | 785 | 34694 | 66.5 |
| 总计 | 49286 | 1636 | 1259 | 52181 | 100.0 |

资料来源：机动车保险数据

3. 客车主要应用于城市公交领域，车长以8～12（含）米为主

从车长分布来看，2022年我国新能源客车仍以8～12（含）米为主，其中8～10（含）米、10～12(含)米新能源客车产量分别为2万辆和2.7万辆，占比分别为35.2%和48.5%。随城乡客运、园区接驳、"最后一公里"通勤班线用车、旅游景区摆渡车等应用场景的拓展，8米及以下客车产量稳步提升，占比由2021年15.2%增长至16.1%（见图6）。

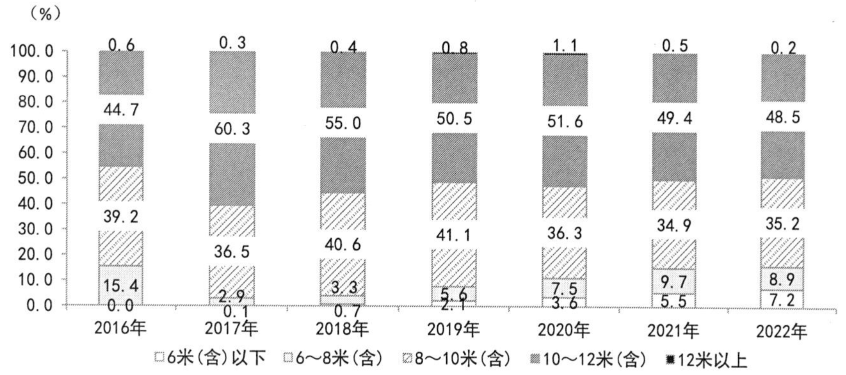


图6　2016—2022年新能源客车细分车长产量分布

资料来源：机动车产量数据

## （三）新能源货车规模快速增长，中重型货车规模提升

1. 货车电动化步伐加快，新能源物流车仍为主要车型

根据机动车上险数据统计，2022年我国新能源货车（含专用车）销量为28.2万辆，同比增长1.1倍，占整体货车销量的比例由2021年的3.7%快速提升至10.8%。其中，新能源物流车销量为25.4万辆，占新能源货车整体销量的90%；环卫、工程等其他用途的专用车销量为2.9万辆，占比10%（见图7）。

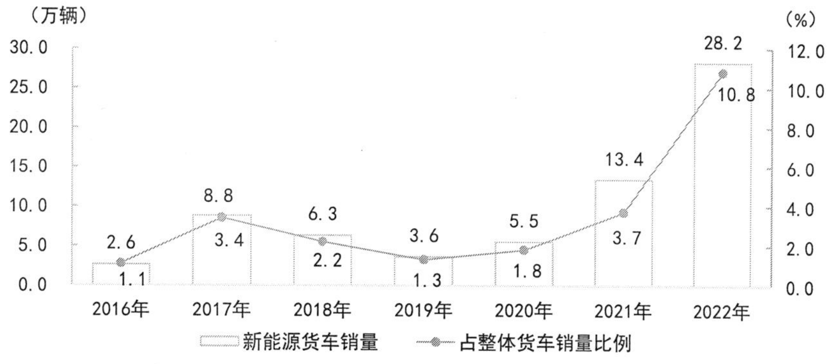


图7　2016—2022年新能源货车销量及占比

资料来源：机动车上险数据

### 2. 货车尾部企业布局较为分散，前十企业集中度不足60%

根据机动车保险数据统计，2022年我国有销量的新能源货车企业约208家，前十企业销量合计16.8万辆，占整体新能源货车销量的59.5%。从企业排名来看，瑞驰汽车、华晨鑫源、吉利四川商用车销量均超2万辆，分别位列新能源货车销量第一至第三位；奇瑞商用车、东风汽车、北汽福田、上汽大通、广西汽车销量均超1万辆，分别位列新能源货车销量第四至第八位，此外也有约60家企业全年新能源货车销量不足10辆（见表2）。

表2 2022年新能源货车前十企业销量分布 单位：辆，%

| 企业名称 | 微型 | 轻型 | 中型 | 重型 | 总计 | 占比 |
|---|---|---|---|---|---|---|
| 瑞驰汽车 | — | 29100 | — | — | 29100 | 10.3 |
| 华晨鑫源 | — | 23024 | — | — | 23024 | 8.2 |
| 吉利四川商用车 | — | 22401 | 2 | 16 | 22419 | 7.9 |
| 奇瑞商用车 | — | 17189 | 6 | 133 | 17328 | 6.1 |
| 东风汽车 | — | 17225 | — | — | 17225 | 6.1 |
| 北汽福田 | 9 | 13861 | 120 | 979 | 14969 | 5.3 |
| 上汽大通 | — | 13413 | 2 |  | 13415 | 4.8 |
| 广西汽车 | — | 11112 | — | — | 11112 | 3.9 |
| 长安客车 | — | 9929 | — | — | 9929 | 3.5 |
| 山西新能源 | — | 9336 | — | — | 9336 | 3.3 |
| 合计 | 9 | 166590 | 130 | 1128 | 167857 | 59.5 |
| 总计 | 1532 | 253643 | 1790 | 25052 | 282017 | 100.0 |

资料来源：机动车保险数据

### 3. 轻型货车依然占据主要地位，中、重型货车车型日益丰富

轻型货车长期占据我国新能源货车市场主要地位，2022年我国新能源微型、轻型、中型、重型货车产量分别为0.4万辆、26.4万辆、0.2万辆和2.8万辆，轻型货车占比达88.7%。

根据2022年1～12批《新能源汽车推广应用推荐车型目录》统计，中型、重型新能源货车车型数量已分别达212款和785款，同比分别增长9.8%和67.7%。一批换电式及燃料电池货车车型已开始进入目录，2020年换电式货车车型仅为8款，2021年增长至159款，2022年进一步增长至320款，同比增长101%。徐工汽车、上汽红岩、汉马科技等换电式纯电动半挂牵引车销量均已突破1000辆。2022年燃料电池货车车型达到214款，同比增长55.1%。佛山飞驰、北汽福田、宇通集团、一汽集团、苏州金龙等燃料电池货车销量也均超过100辆（见图8）。

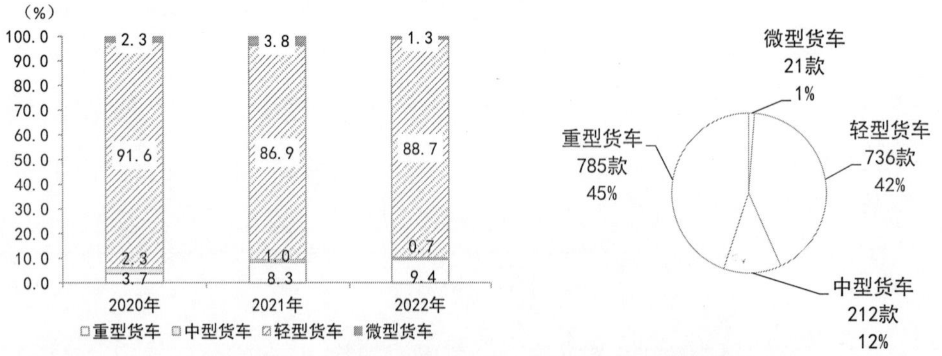


图8 2020—2022年新能源货车细分吨位产量占比及2022年推荐车型目录细分吨位车型分布

资料来源：机动车产量数据、《新能源汽车推广应用推荐车型目录》

## 三、动力类型：纯电动车型占据主流，插电式、燃料电池市场向好

### （一）纯电动车型仍占据主导地位，插电式车型有明显增长

2022年，我国纯电动汽车、插电式混合动力汽车、燃料电池汽车销量分别为536.5万辆、151.8万辆、3397辆，占比分别达77.9%、22%和0.1%。受到比亚迪宋PLUS DM-i、秦PLUS DM-i、汉DM-i等一批热销车型带动，插电式混合动力汽车销量实现明显增长，同比增长达151.6%，高于纯电动汽车及燃料电池汽车81.6%和112.8%的同比增幅。据公安部数据统计，截至2022年底，我国纯电动汽车、插电式混合动力汽车保有量分别为1045万辆和265万辆，占新能源汽车总量的79.8%和20.2%（见图9）。

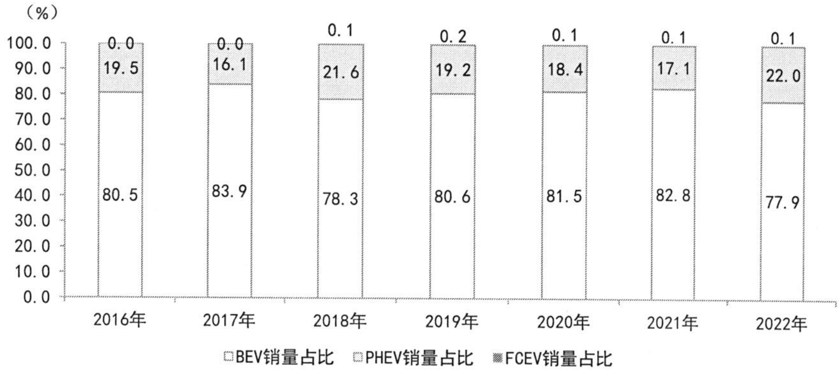


图9　2016—2022年新能源汽车细分动力类型销量占比

资料来源：中国汽车工业协会

### （二）插电式车型以乘用车为主，比亚迪车型领先优势明显

当前插电式混合动力汽车仍主要集中在乘用车领域，2022年我国插电式混合动力汽车销量为151.8万辆，其中乘用车销量为151.5万辆，占比达99.8%。根据机动车上险数据统计，2022年我国有销量的插电式混合动力乘用车企业约51家，主要车型包括比亚迪宋PLUS DM-i/秦PLUS DM-i/汉DM-i/唐DM-i/宋Pro DM-i、理想ONE、赛力斯问界M5、比亚迪驱逐舰05、理想L9、奔驰E350 eL等，销量合计97.2万辆，占整体插电式混合动力乘用车销量的77%（见图10）。

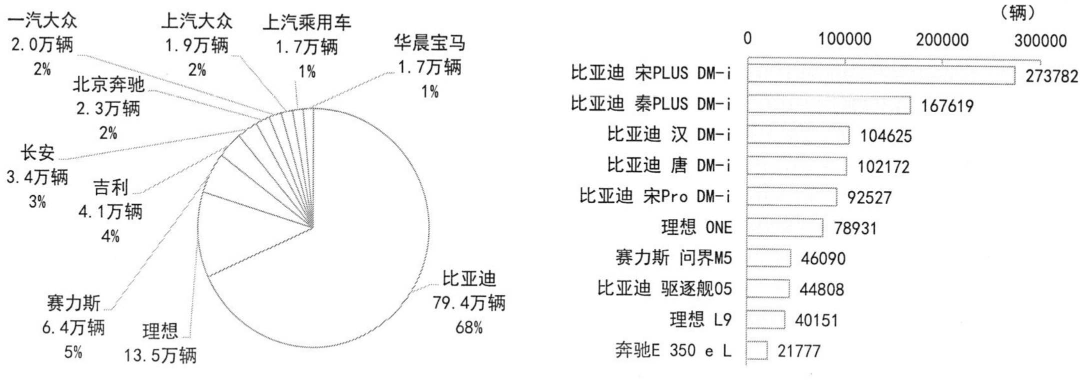


图10　2022年插电式混合动力乘用车销量前十企业及车型销量分布

资料来源：机动车保险数据

### （三）燃料电池汽车以商用车为主，乘用车市场起步

2022年，我国燃料电池汽车销量为3397辆，同比增长113%。根据机动车上险数据统计，2022年我国有销量的燃料电池汽车企业约57家，其中宇通、北汽福田、佛山飞驰、上汽大通、苏州金龙销量均超300辆，位居第一至第五位。从车辆类型来看，燃料电池乘用车销量由2021年的9辆增长至2022年的204辆，同比实现明显增长，车型主要为上汽大通EUNIQ 7、丰田Mirai、

红旗 H5 FCEV 等；燃料电池客车销量为1182辆，车型主要为燃料电池城市客车、低入口城市客车等；燃料电池货车销量为2011辆，车型主要为燃料电池半挂牵引车、冷藏车、自卸车、厢式运输车、保温车等。2022年冬奥会期间，共计投入使用816辆氢燃料电池汽车作为主运力开展示范运营服务（见图11）。

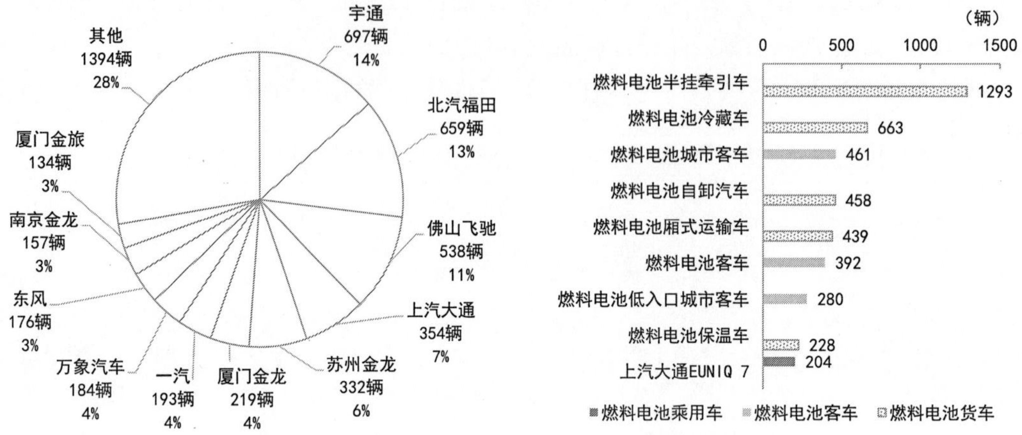


图11　2022年燃料电池汽车销量前十企业及车型销量分布

资料来源：机动车保险数据

## 四、领域分布：消费市场逐步下沉，私人消费占比明显提升

### （一）主销区域由限购省市进一步向非限购地区下沉

根据机动车上险数据统计，2022年我国新能源汽车前十省市销量合计386.1万辆，占全国新能源汽车销量的69%。广东、浙江、江苏、山东、上海销量均超35万辆，分别位居第一至第五位。从区域分布来看，非限购城市新能源乘用车销量占比由2020年的60%快速提升至2022年的76%，非限购城市的消费需求进一步释放，市场内驱力显现（见图12）。

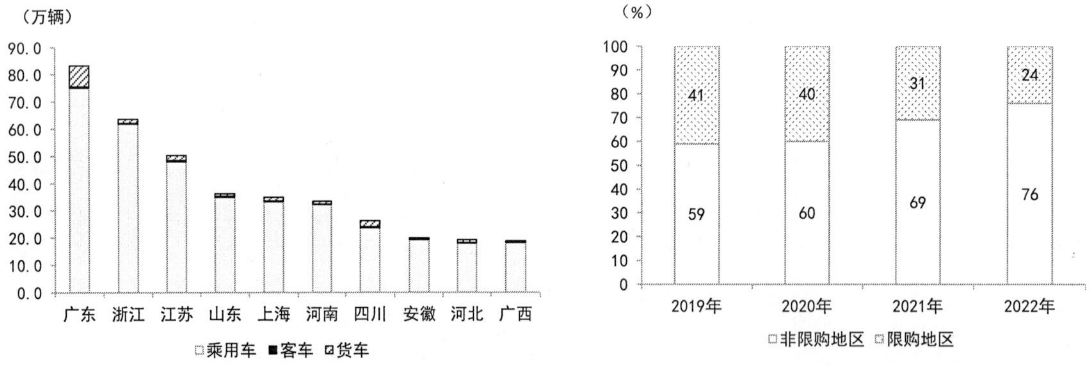


图12　2022年新能源汽车销量前十省市及2020—2022年新能源乘用车销量分布区域

资料来源：机动车保险数据

### （二）市场结构持续优化，私人消费占比近八成

经过多年市场培育和积累，我国新能源汽车私人消费市场已经打开，私人消费占比保持较高水平。2022年，新能源乘用车私人消费占比达78%，与2021年基本持平，但明显高于2020年及之前水平。非私人消费方面，市场主要集中在出租租赁、企事业单位用车、运输类货车、城市公交、环卫工程车等领域，2022年，销量分别为60万辆、55.5万辆、25.4万辆、4.6万辆和2.9万辆。

立足城市、城际及农村等不同场景的市场需求，客车企业加强新能源客车产品的规划和开发，实现城市公交和公路客运领域的产品升级。如宇通客车完成了宇威全系列10～18米纯电公交产品、12米新能源公路产品布局，并推出6米微循环纯电公交产品；中通客车设计7.5米高端纯电动微巴，同时积极面向海外市场布局全系列产品。此外，在客车市场趋于饱和、逐步下行的背景下，原以客车业务为主的宇通、金龙、中车电动等企业，逐步拓展货车和专用车业务领域，形成了覆盖环卫、城市物流配送、工程车等新能源产品结构，全面发力新能源货车市场。2021年，紧跟燃料电池、换电等新技术、新模式发展形势，宇通、厦门金龙、南京金龙等积极推出燃料电池重卡、换电重卡产品，据2021年《新能源汽车推广应用推荐车型目录》统计，三家企业共推出17款燃料电池货车和专用车车型、25款换电货车车型，涉及牵引车、自卸车等车型，占相应车型总数量的12%和16%（见图13）。

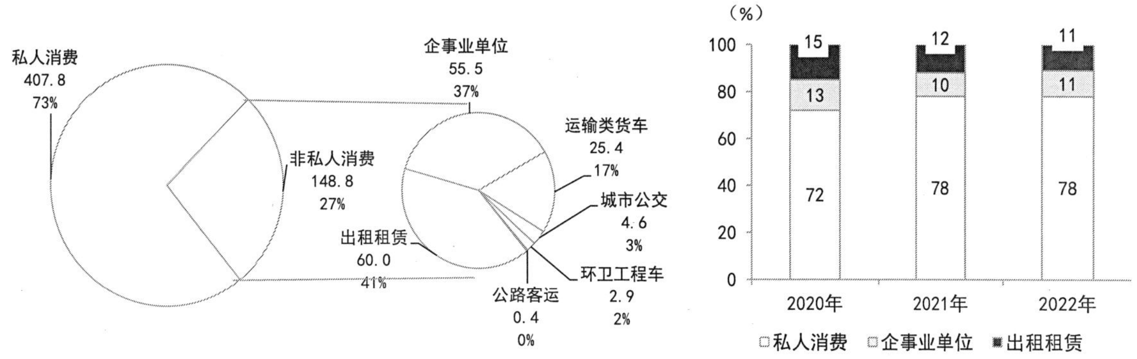


图13 2022年新能源汽车销量前十省市及2020—2022年新能源乘用车销量分布区域

资料来源：机动车保险数据

（中国汽车技术研究中心有限公司 刘可歆）

注：转载自中国汽车技术研究中心、日产（中国）投资有限公司、东风汽车有限公司编著的《新能源汽车蓝皮书——中国新能源汽车产业发展报告（2023）》。

# 2022年全球新能源汽车市场

2022年，全球新能源汽车销量达1126.7万辆，同比增长63.5%。分动力类型来看，纯电动车型依旧占据主力，插电式混合动力、燃料电池车型销量也有明显增长。分区域来看，以东亚、欧洲、北美为主的“三足鼎立”区域发展格局基本形成，中国、美国、德国、英国、法国等国新能源汽车销量分别完成688.7万辆、99.5万辆、84.4万辆、38.6万辆和35.5万辆，位列全球新能源汽车销量前五。

当前全球新能源汽车区域格局基本稳定，欧美等主要国家进一步强化发展新能源汽车的战略定位，市场有望进一步增长。同时，主要国家正不断增强产业链掌控能力，并强化新技术研发，全球供应链体系或向区域化、多元化方向发展，市场竞争也将扩展至产业链、技术链、价值链等各领域。

## 一、整体概况：全球新能源汽车市场快速增长，总体规模不断扩大

### （一）2022年全球销量超过1100万辆，增量再创历史新高

2022年，全球新能源汽车市场实现大幅增长，全年销量达1126.7万辆，同比增长63.5%，增量达437.7万辆。截至2022年底，全球新能源汽车累计销量超过2900万辆，全球新能源汽车市场渗透率快速提升，由2021年的8.3%增长至2022年的14.2%，提升5.9个百分点（见图1）。

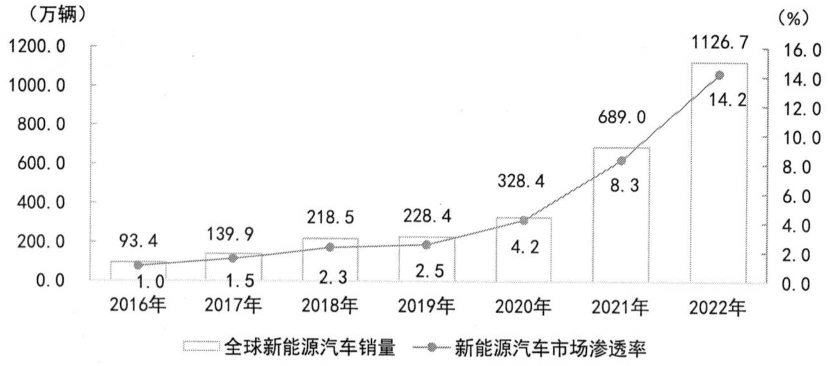


图1　2016—2022年全球新能源汽车销量及市场渗透率

资料来源：EV Volumes，中国汽车工业协会

### （二）纯电动车型依旧占据主力，市场占比稳步提升

从动力类型分布来看，2022年全球纯电动汽车、插电式混合动力汽车、燃料电池汽车销量分别为838.7万辆、286.1万辆和1.9万辆，同比分别增长69.4%、48.8%和9.7%，市场占比分别为74.4%、25.4%和0.2%。

2022年以来，部分企业加强纯电动产品布局，吉利几何纯电动车型销量提升，宝马 iX、i7、i4，奔驰 EQS、EQB、EQE 等纯电动车型上市量产，奥迪 Q4e-tron、Q5e-tron 规模不断提升，福特纯电动皮卡 F-150Lightning、纯电动货车 E-Transit 实现批量交付。2022年，吉利、宝马、奔驰、奥迪、福特等主要企业纯电动车型销量占集团整体新能源汽车销量的比例分别提升了22个、21个、15个、11个及11个百分点，带动全球纯电动汽车份额提升2.5个百分点（见图2）。

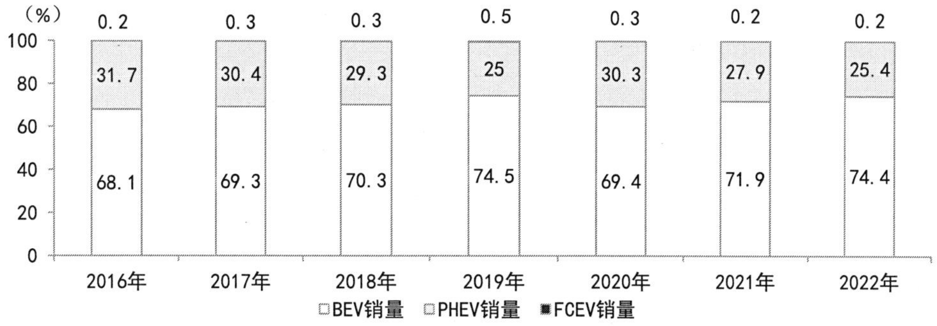


图2　2016—2022年全球新能源汽车动力类型分布

资料来源：EV Volumes，中国汽车工业协会

## （三）乘用车市场结构明显调整，商用车份额平稳提升

从车辆类型分布来看，2022年全球新能源乘用车、商用车销量分别为1074万辆和52.7万辆，同比分别增长62.3%和81.8%，市场占比分别为95.3%和4.7%。2020年以来，新能源乘用车市场份额稳定在95%左右，2022年新能源商用车市场规模提升，市场占比较2021年的4.2%提升0.5个百分点（见图3）。

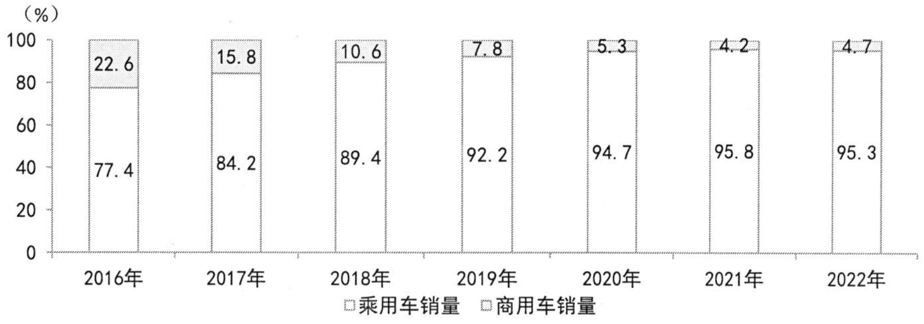


图3　2016—2022年全球新能源汽车车型分布

资料来源：EV Volumes，中国汽车工业协会

从全球新能源乘用车车型级别分布来看，2022年全球新能源乘用车中，A00级、A0级、A级、B级、C级及以上新能源乘用车销量分别为145.9万辆、67.2万辆、369.1万辆、288.8万辆和203万辆，同比分别增长15.5%、73.0%、70.4%、54.5%和68.7%（见图4）。

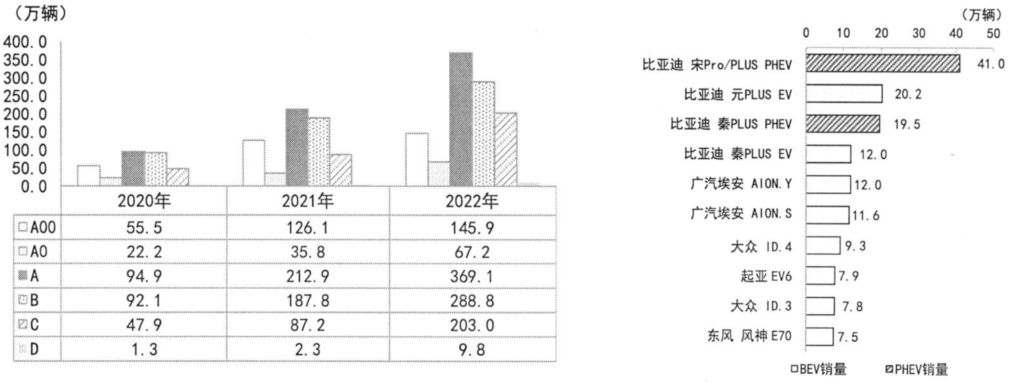


| | 2020年 | 2021年 | 2022年 |
|---|---|---|---|
| A00 | 55.5 | 126.1 | 145.9 |
| A0 | 22.2 | 35.8 | 67.2 |
| A | 94.9 | 212.9 | 369.1 |
| B | 92.1 | 187.8 | 288.8 |
| C | 47.9 | 87.2 | 203.0 |
| D | 1.3 | 2.3 | 9.8 |

图4　2020—2022年全球新能源乘用车分车型级别销量分布及主要A级乘用车销量情况

资料来源：EV Volumes

其中，A级乘用车增幅明显，市场份额由2021年的33.2%增长到36.6%，同比增长3.4个百分

点，比亚迪宋Pro/Plus、元Plus、秦Plus、广汽Aion Y、Aion S等A级新能源乘用车销量均超过10万辆。C级及以上乘用车市场份额也有增长，市场份额由2021年的13%增长到13.7%，同比增长0.7个百分点，比亚迪汉、理想ONE、极氪001、小鹏P7、奥迪e-tron Quattro等C级及以上新能源乘用车全球销量均超过5万辆。

## 二、市场结构：头部企业集中度较高，一批中系品牌进入前列

### （一）主要系别企业销量均有增长，中系企业占比提升

全球新能源汽车企业一直以中系、欧系、美系为主，2022年，中系、欧系、美系企业全球新能源汽车销量分别达到509.8万辆、225.6万辆和169.4万辆，同比分别增长95.8%、17.4%和41.8%，销量占比分别为50.4%、22.3%和16.7%，合计占比达89.4%。其中，中系企业新能源汽车销量占比明显提升，由2020年的30.1%、2021年的39.8%增长至2022年的50.4%，同比增长10.6个百分点。韩系、日系企业新能源汽车销量也分别实现47.4万辆和54.2万辆，同比增长15.4%和43.1%，但占比均在10%以下（见图5）。

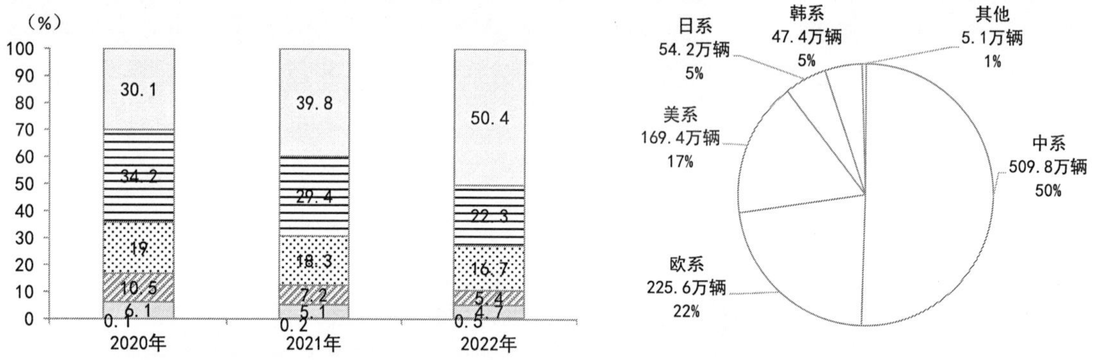


图5 2020—2022年全球新能源乘用车分系别销量占比及2022年分系别销量分布

### （二）新能源乘用车市场集中度较高，前十企业占比超六成

2022年，全球新能源乘用车销量前十企业合计销售720.8万辆，市场占比达64%。比亚迪、特斯拉、上汽集团位列前三位，销量分别为184.9万辆、131.4万辆和75.5万辆，全球市场占比分别为16.4%、11.7%和6.7%（见图6）。

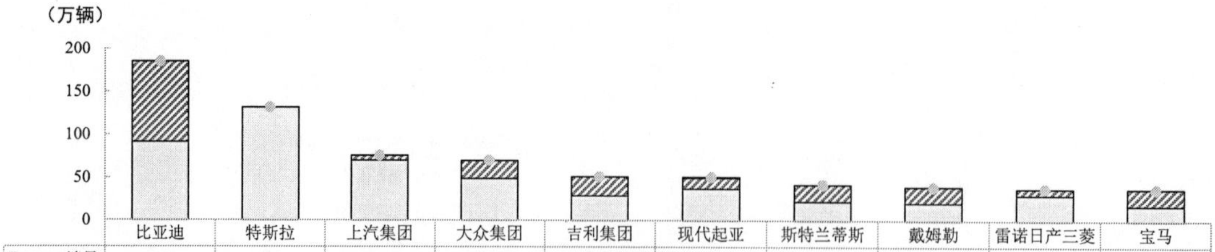


| | 比亚迪 | 特斯拉 | 上汽集团 | 大众集团 | 吉利集团 | 现代起亚 | 斯特兰蒂斯 | 戴姆勒 | 雷诺日产三菱 | 宝马 |
|---|---|---|---|---|---|---|---|---|---|---|
| FCEV销量 | 0.0 | 0.0 | 0.0 | 0.0 | 0.0 | 1.1 | 0.0 | 0.0 | 0.0 | 0.0 |
| PHEV销量 | 93.5 | 0.0 | 5.3 | 21.1 | 22.3 | 12.6 | 19.5 | 19.0 | 7.7 | 19.8 |
| BEV销量 | 91.4 | 131.4 | 70.2 | 48.8 | 29.0 | 37.3 | 22.6 | 20.7 | 30.0 | 17.5 |
| 总销量 | 184.9 | 131.4 | 75.5 | 69.9 | 51.3 | 51.0 | 42.1 | 39.7 | 37.7 | 37.3 |

图6 2022年全球新能源乘用车销量企业排名情况

资料来源：EV Volumes

大众集团、吉利集团、现代起亚、斯特兰蒂斯、戴姆勒、雷诺日产三菱、宝马分别位列全球新能源汽车销量第四至第十位，销量均超过35万辆，全球市场占比均超过3%。分技术路线来看，全球销量前十企业基本实现纯电动和插电式混合动力多技术路线布局，其中特斯拉全部为纯电动车型；上汽集团、大众集团、现代起亚、雷诺日产三菱以纯电动车型为主，销量占比超

过70%；吉利集团、斯特兰蒂斯、戴姆勒技术路线布局相对均衡，纯电动与插电式混合动力车型销量比例接近1∶1，但仍以纯电动车型为主；比亚迪、宝马插电式混合动力车型占比相对更高。

**（三）产品日益丰富，一批中系车型进入全球前列**

2022年，全球在售的新能源乘用车车型超过500款，其中纯电动车型约340款，插电式混合动力车型约180款，燃料电池车型7款。排名前二十车型销量合计409.6万辆，市场占比达40.6%。特斯拉Model Y、特斯拉Model 3、上汽通用五菱宏光MINI EV、比亚迪宋Pro/PLUS PHEV、比亚迪海豚位列全球新能源乘用车销量前五名。此外，比亚迪元PLUS EV、比亚迪秦PLUS PHEV、比亚迪汉EV、比亚迪汉PHEV、比亚迪唐PHEV、比亚迪秦PLUS EV、广汽埃安AION.Y、广汽埃安AION.S、现代Ioniq 5、长安奔奔E-Star、奇瑞QQ冰淇淋、奇瑞eQ1、合众哪吒V等中系品牌车型也进入全球新能源乘用车销量前二十（见图7）。

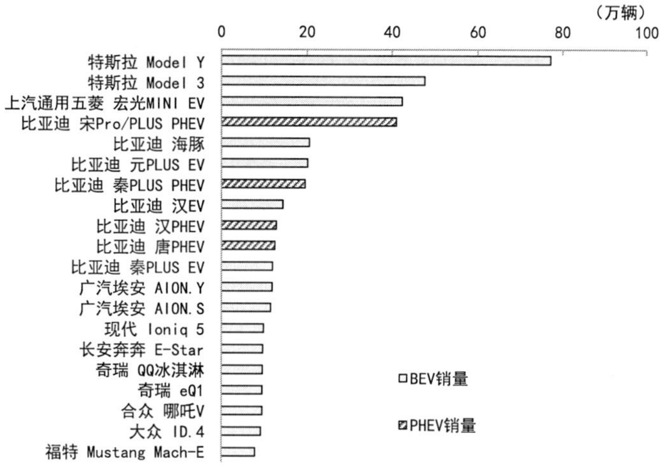


图7　2022年全球销量排名前二十新能源乘用车车型

资料来源：EV Volumes

## 三、区域特征：区域发展格局基本形成，欧美市场驱动力增强

**（一）"三足鼎立"区域发展格局基本形成，中欧美仍为主要市场**

全球新能源汽车市场主要集中在东亚、欧洲、北美三个区域，新能源汽车销量合计占比长期维持在95%以上。2022年，东亚、欧洲、北美新能源汽车销量分别为645.7万辆、271.3万辆和110.9万辆，全球占比继续提升至97.3%，"三足鼎立"区域发展格局基本形成（见图8）。

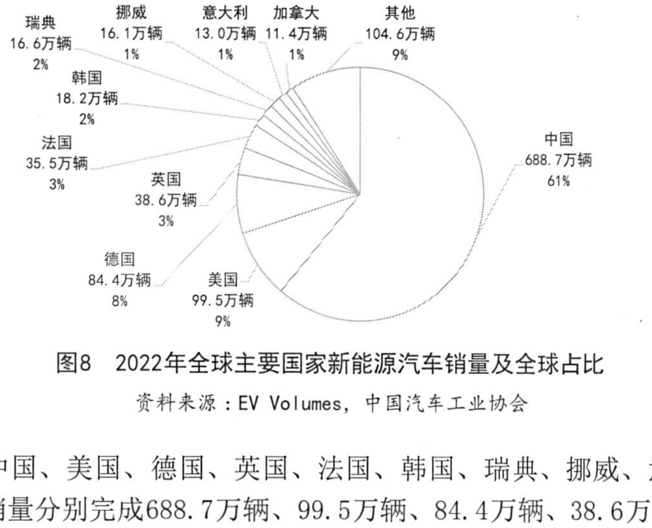


图8　2022年全球主要国家新能源汽车销量及全球占比

资料来源：EV Volumes，中国汽车工业协会

分国家来看，中国、美国、德国、英国、法国、韩国、瑞典、挪威、意大利、加拿大等国2022年新能源汽车销量分别完成688.7万辆、99.5万辆、84.4万辆、38.6万辆、35.5万辆、18.2

万辆、16.6万辆、16.1万辆、13.0万辆和11.4万辆，位列全球前十位，合计占比达91%。其中，中国新能源汽车销量同比增长93.4%，全球销量占比由2021年的51%增长至61%，同比增长10个百分点。美国、德国也分别实现49.6%和22.2%的同比增长，美国反超德国，自2019年后重新成为全球销量第二的国家。

**（二）欧洲市场稳中有升，政策持续推动但生产及使用成本增高**

2022年，欧洲新能源汽车销量达271.3万辆，同比增长15.2%。其中，德国、英国、法国、瑞典、挪威位列欧洲新能源汽车销量前五国家，销量分别为84.4万辆、38.6万辆、35.5万辆、16.6万辆和16.1万辆，合计占欧洲新能源汽车总销量的71%。力度较强的财税支持政策、积极的产品布局，推动欧洲市场保持稳步增长态势，但大宗商品价格上涨等因素，也导致欧洲市场增幅出现下滑。

从支持政策来看，2022年多数国家的补贴政策延续或开始温和退坡。考虑到新能源汽车使用经济性较强，能源使用环节税负成本小，补贴政策变动对于销量的冲击有限。其中，德国仍为购买电动汽车的消费者提供最高9000欧元的单车补贴；英国自2022年6月宣布取消补贴后，新能源汽车销量和渗透率并没有出现显著下滑，表现出较大韧性；法国宣布对于售价低于4.7万欧元的车型，个人补贴金额由6000欧元增加至7000欧元，企业补贴金额由4000欧元增加至5000欧元；意大利延续现有补贴政策，并计划对年收入低于3万欧元的个人购车补贴也上涨1000～1500欧元。

但欧洲大宗商品价格走高叠加能源价格上涨，新能源汽车生产及使用成本均出现明显上升。受俄乌冲突影响，欧洲车企面临较大程度的芯片、线束等汽车零部件短缺和价格上涨，部分车企难以转嫁原材料、能源及物流等成本上涨带来的冲击，选择停工停产，产能损失较大。同时煤炭、天然气及原油价格走高也导致电价上涨，推升新能源汽车终端使用成本。欧洲批发电价根据择优顺序机制，主要由天然气发电厂的边际定价决定，因此天然气价格的上涨推升欧洲电价的边际上升。2022年12月英国电力价格达到每兆瓦时2585.80英镑的历史新高，比平日每兆瓦时674.78英镑增长了近3倍。供需两端成本压力增大，一定程度抑制了欧洲新能源汽车市场持续快速发展（见图9）。

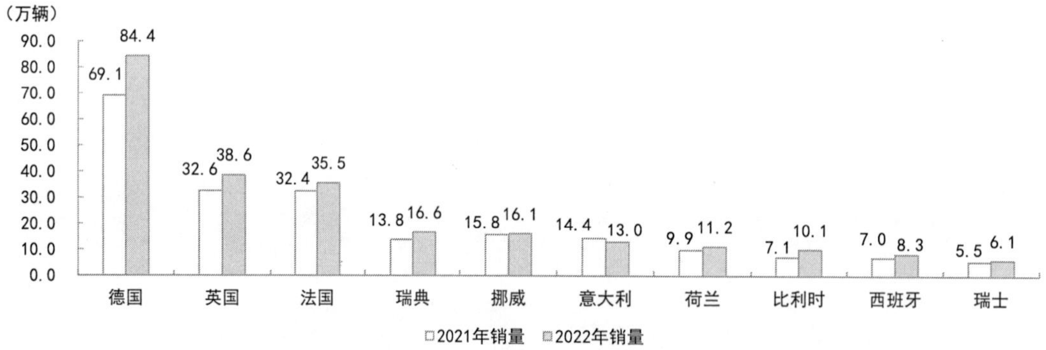


图9 2022年欧洲主要国家新能源汽车销量及同比增长情况

资料来源：EV Volumes

**（三）美国企业加快电动化步伐，本地市场优势明显**

2022年，美国新能源汽车销量达99.5万辆，同比增长49.6%，成为除中国外增量最大的新能源汽车市场。拜登政府上台后将“应对气候变化”作为其执政计划的重点，将发展新能源汽车列为实现其气候计划的重要任务之一。根据2022年8月出台的《通胀削减法案》，美国明确将于2023年至2032年（至少）继续为符合条件的纯电动汽车、插电式混合动力汽车和燃料电池汽车提供最高7500美元（约人民币5.2万元）的个税抵免补贴，并取消了单个车企累计销售20万辆后抵免金额2年内完成退坡的限制。同时，对电动汽车个税抵免优惠设置了关键原材料来源地和北美本地化等条件，加大力度推动电动汽车产业链回流。

以上措施极大促进了美国本地企业的电动化转型热情。从企业分布来看，特斯拉、现代起亚、福特、斯特兰蒂斯（含吉普及克莱斯勒）、宝马位居美国新能源汽车销量前五位。前五企业中包括三家美系品牌，合计占比达65.2%，其中仅特斯拉就占据了51.6%的市场份额，领先优势明显。从主销车型来看，特斯拉Model Y、Model 3、吉普牧马人PHEV、福特Mustang Mach-E、特斯拉Model S、雪佛兰Bolt、特斯拉Model X分别位列美国新能源汽车销量前七，且均为美系品牌（见图10）。

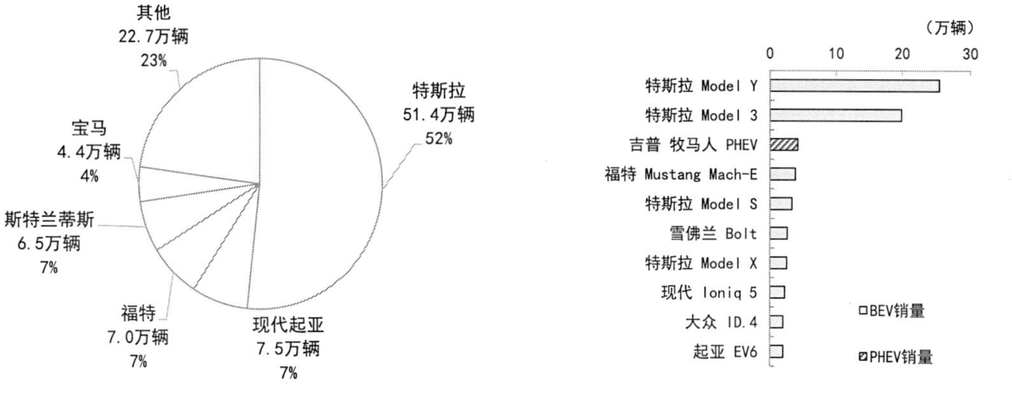


图10　2022年美国新能源汽车企业及主销车型销量分布

资料来源：EV Volumes

近年来，国际形势和疫情冲击给产业链、供应链带来重大挑战，产业安全受到各国高度重视，全球产业链分工布局也由一体化，开始向区域化、多元化方向转变。欧盟通过碳边境调节机制及新电池法案对电池及部分进口商品碳排放进行约束，以推动形成技术性贸易壁垒。美国对享受所得税抵免政策支持的产品，设定整车及动力电池本地化制造及原材料来源地要求，加速产业链、制造链回流。欧美等主要国家正加紧构建本地化供应链体系，未来或将形成东亚、欧洲、美洲三大新能源汽车供应链集群。

此外，新一轮科技革命和产业变革进入加速突破期，汽车电动化、智能化、网联化融合发展成为必然趋势，新能源汽车正从以电动化为核心的技术竞争，转变为电动化、网联化、智能化三者融合发展的竞争，全球新能源汽车产业也正迎来新的发展节点。欧美等汽车大国积极加大对新能源汽车产业的扶持力度，不仅注重刺激市场消费，同时紧抓产业变革趋势，强化对下一代智能化新能源汽车所需技术的支持。预计全球新能源汽车市场规模将持续增长，竞争也将更加激烈，并扩展至产业链、技术链、价值链等各领域。

（中国汽车技术研究中心有限公司　刘可歆）

注：转载自中国汽车技术研究中心、日产（中国）投资有限公司、东风汽车有限公司编著的《新能源汽车蓝皮书——中国新能源汽车产业发展报告（2023）》。

# 2022年中国新能源乘用车市场

2022年是中国新能源汽车产业的重要一年，也是中国实施“十四五”规划的第二年。在国家政策的引导和市场需求的推动下，中国新能源乘用车市场保持了高速增长的态势，产销量连续八年位居全球第一。根据乘联会的数据，2022年全年中国新能源乘用车批发销量达到649.8万辆，同比增长96.3%，占整体乘用车市场份额的28%，较2021年提升了14个百分点。

中国新能源乘用车市场的快速发展得益于多方面的因素，其中政府的政策支持、消费者的环保意识、技术的进步和成本的降低起到了关键作用。未来，随着这些因素的持续发挥和其他有利条件的出现，如基础设施建设、产品多样化、品牌形象等，中国新能源乘用车市场将继续保持较快增长。

## 一、2022年新能源乘用车市场

### （一）2022年新能源汽车批发量持续走强

2022年，新能源乘用车市场走势呈现持续上行态势。从4月的低点28万辆逐步拉升，12月新能源乘用车批发销量达到75万辆，同比增长48%，环比增长3%。在车购税减半政策下，新能源车不仅没有受到影响，反而持续走强（见图1）。

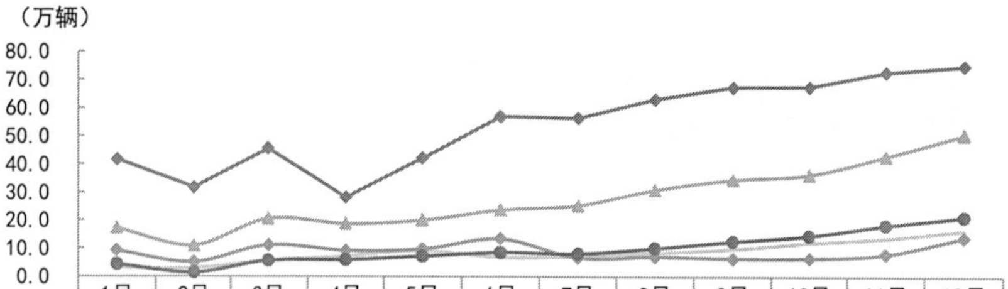


| | 1月 | 2月 | 3月 | 4月 | 5月 | 6月 | 7月 | 8月 | 9月 | 10月 | 11月 | 12月 |
|---|---|---|---|---|---|---|---|---|---|---|---|---|
| 2018 | 3.2 | 2.9 | 5.5 | 7.1 | 9.2 | 6.8 | 7.2 | 8.4 | 9.8 | 12.0 | 13.6 | 16.4 |
| 2019 | 9.1 | 5.1 | 11.1 | 9.2 | 9.7 | 13.4 | 6.7 | 7.1 | 6.5 | 6.6 | 7.9 | 13.8 |
| 2020 | 4.3 | 1.4 | 5.6 | 5.9 | 7.1 | 8.5 | 8.1 | 10.1 | 12.5 | 14.5 | 18.2 | 21.1 |
| 2021 | 17.1 | 10.9 | 20.5 | 18.6 | 19.9 | 23.6 | 25.2 | 30.9 | 34.6 | 36.4 | 42.9 | 50.5 |
| 2022 | 41.8 | 31.7 | 45.5 | 28.1 | 42.2 | 57.0 | 56.4 | 63.2 | 67.5 | 67.6 | 72.8 | 75.0 |

图1 2018—2022年中国新能源乘用车月度批发量

资料来源：乘用车市场信息联席会（以下图表资料来源相同，不再赘述）

2022年，新能源乘用车批发649万辆，同比增长96%。2022年以来由于锂和镍等原材料涨价导致动力电池价格上涨的速度大大出乎业内预期，因此动力电池涨价后的车企压力非常大，只能通过涨价来缓解成本压力。（见表1）。

表1 2017—2022年中国新能源乘用车批发量及增速 单位：万辆，%

| 新能源乘用车批发 | 第一季度 | | 第二季度 | | 第三季度 | | 第四季度 | | 全年 | |
|---|---|---|---|---|---|---|---|---|---|---|
| | 销量 | 同比增速 | 销量 | 同比增速 | 销量 | 同比增速 | 销量 | 同比增速 | 销量 | 同比增速 |
| 2017年 | 5 | 25 | 11 | 34 | 15 | 70 | 24 | 107 | 55.6 | 69 |
| 2018年 | 12 | 135 | 23 | 112 | 25 | 65 | 42 | 72 | 102 | 84 |
| 2019年 | 25 | 117 | 32 | 39 | 20 | -20 | 28 | -33 | 106 | 4 |
| 2020年 | 11 | -56 | 22 | -33 | 31 | 51 | 54 | 90 | 117 | 10 |
| 2021年 | 48 | 331 | 62 | 189 | 91 | 197 | 130 | 141 | 331 | 183 |
| 2022年 | 119 | 145 | 127 | 105 | 187 | 106 | 216 | 66 | 649 | 96 |

2022年，新能源乘用车批发649万辆，同比增长96%。2022年以来由于锂和镍等原材料涨价导致动力电池价格上涨的速度大大出乎业内预期，因此在动力电池涨价后的车企压力非常大，只能通过涨价来缓解成本压力。

前期两轮的新能源汽车价格上涨的影响暂时不明显，12月的涨价也没有明显影响。第一个原因是新能源车的销售模式是订单销售，目前各车企手里有较多的未涨价前的订单，导致3—5月基本是消化前期订单，6月各地促消费政策推动，其中对新能源车都有特殊优待，12月提早宣布涨价导致目前新能源销量进一步火爆。

第二个原因是新能源插混对燃油车市场的分流，高油价导致新能源的优势加大。现在油价高企的情况下，新能源车的性价比得到了明显的提升，但传统车市场就更艰难了。

第三个原因是新能源车的消费者的刚性需求较强，价格敏感度相对较低，因此小幅的价格变化不会明显影响消费者对新能源车的需求。

第四个原因是新能源车涨价前的订单价格锁定，形成早订车的锁定价格便宜的结果，引发更多消费者理性或跟风抢订的新局面，车企对疑似黄牛炒订单现象也采取措施规范秩序。

## （二）2022年新能源车零售增速强劲

2022年新能源乘用车零售保持趋势性上升走势。12月新能源乘用车零售销量达到64万辆，同比增长35%，环比增7%（见图2）。

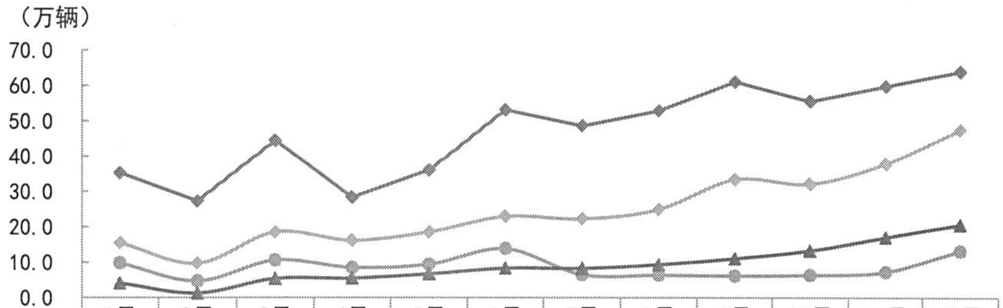


| | 1月 | 2月 | 3月 | 4月 | 5月 | 6月 | 7月 | 8月 | 9月 | 10月 | 11月 | 12月 |
|---|---|---|---|---|---|---|---|---|---|---|---|---|
| 2019 | 9.8 | 4.7 | 10.6 | 8.5 | 9.4 | 13.9 | 6.5 | 6.4 | 6.1 | 6.4 | 7.2 | 13.2 |
| 2020 | 4.1 | 1.2 | 5.4 | 5.5 | 6.7 | 8.3 | 8.3 | 9.3 | 11.0 | 13.3 | 17.0 | 20.6 |
| 2021 | 15.5 | 9.7 | 18.5 | 16.1 | 18.5 | 23.0 | 22.2 | 24.9 | 33.4 | 32.1 | 37.8 | 47.5 |
| 2022 | 35.2 | 27.3 | 44.5 | 28.3 | 36.0 | 53.1 | 48.6 | 52.9 | 61.1 | 55.6 | 59.8 | 64.0 |

图2　2019—2022年中国新能源乘用车月度零售量

2022年新能源乘用车国内零售567万辆，同比增长89%。2022年形成趋势性上升走势，目前的年累增速依然保持高位。

## （三）传统车与新能源车形成反差

近几年的乘用车市场需求出现分化，传统燃油车占比持续下降，伴随着新能源车占比持续提升，形成国内车市的结构性增长态势。传统燃油车产品面临较大的增长压力，而新能源车产品的电动化与智能化的社会供应链体系仍在创新上升阶段（见表2）。

表2　2017—2022年中国新能源乘用车批发与零售结构　　单位：%

| 类型 | 新能源乘用车批发结构 | | | | 新能源乘用车零售结构 | | | |
|---|---|---|---|---|---|---|---|---|
| | 常规 | 混合动力 | 插混 | 纯电动 | 常规 | 混合动力 | 插混 | 纯电动 |
| 2017年 | 97.4 | 0.4 | 0.4 | 1.8 | 97.4 | 0.4 | 0.4 | 1.8 |
| 2018年 | 94.9 | 0.7 | 1.1 | 3.4 | 94.9 | 0.7 | 1.1 | 3.4 |
| 2019年 | 93.7 | 1.3 | 1.0 | 4.0 | 93.7 | 1.3 | 1.0 | 4.0 |
| 2020年 | 92.2 | 2.0 | 1.0 | 4.7 | 92.2 | 2.0 | 1.0 | 4.7 |
| 2021年 | 81.4 | 2.9 | 2.7 | 13.0 | 82.1 | 3.0 | 2.7 | 12.1 |
| 2022年 | 68.4 | 3.5 | 6.4 | 21.7 | 68.7 | 3.7 | 6.9 | 20.7 |

世界新冠肺炎疫情暴发后，疫情带来的环境变化对有车群体和无车群体的影响存在显著差异，消费分级的背后折射出不同群体抗风险能力，或在后疫情时代影响车市规模变化。

部分有车族群体能很快从疫情的财产损失中恢复过来，保住工作，并使资产升值。大部分有车群体属于中产阶层，其家庭资产丰厚，疫情下的避险心态导致中产家庭第二辆车的需求强力释放，拉动高端 B 级电动车的强势增长。从企业的新品计划看，国内新能源头部企业2022年投放重点均在中大型标杆车型，有利于夯实中国新能源市场技术积累，为产业持续升级积蓄力量。

无车族群体，比如第三产业就业群体，则在疫情中工作收入损失较大，原本正常消费升级的购车能力暂时受阻，使传统燃油车的入门级购买需求下降，这也使自主品牌和合资品牌入门级车型的销量明显下降，传统车企总体表现下降。

### （四）全国新能源渗透率——批发

2022年，新能源车厂商批发渗透率28%，较2021年的渗透率提升12个百分点。行业分化严重，12月自主品牌新能源车渗透率50.6%；豪华车中的新能源车渗透率26.8%；而主流合资品牌新能源车渗透率仅有5.0%（见表3）。

表3　2022年新能源乘用车批发量分品牌渗透率　　单位：%

| 新能源批发 | 2022 年 12 月渗透率 | 2022 年渗透率 |
|---|---|---|
| 豪华 | 26.8 | 27.3 |
| 主流合资 | 5.0 | 4.2 |
| 自主 | 50.6 | 45.8 |
| 总体 | 33.7 | 28.0 |

近几年的全国乘用车市场的批发渗透率相对超强，这也是国内外两个市场的新能源需求较强的结果。2022年持续提升渗透率，12月新能源车厂商批发渗透率33.7%，较2021年12月21.3%的渗透率提升12.4个百分点（见图3）。

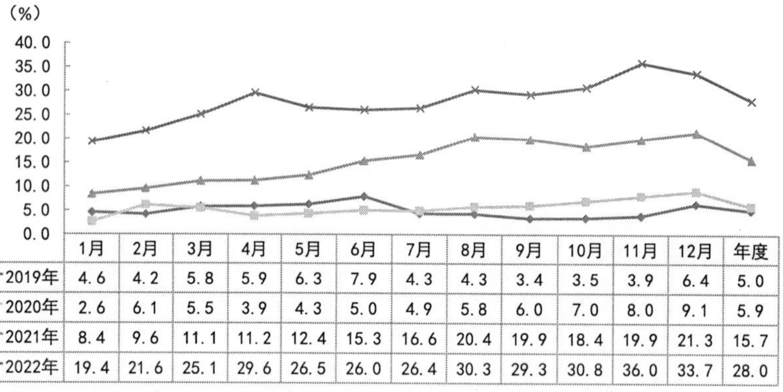


| | 1月 | 2月 | 3月 | 4月 | 5月 | 6月 | 7月 | 8月 | 9月 | 10月 | 11月 | 12月 | 年度 |
|---|---|---|---|---|---|---|---|---|---|---|---|---|---|
| 2019年 | 4.6 | 4.2 | 5.8 | 5.9 | 6.3 | 7.9 | 4.3 | 4.3 | 3.4 | 3.5 | 3.9 | 6.4 | 5.0 |
| 2020年 | 2.6 | 6.1 | 5.5 | 3.9 | 4.3 | 5.0 | 4.9 | 5.8 | 6.0 | 7.0 | 8.0 | 9.1 | 5.9 |
| 2021年 | 8.4 | 9.6 | 11.1 | 11.2 | 12.4 | 15.3 | 16.6 | 20.4 | 19.9 | 18.4 | 19.9 | 21.3 | 15.7 |
| 2022年 | 19.4 | 21.6 | 25.1 | 29.6 | 26.5 | 26.0 | 26.4 | 30.3 | 29.3 | 30.8 | 36.0 | 33.7 | 28.0 |

图3　2019—2022年中国新能源乘用车月度批发量渗透率

### （五）全国新能源渗透率——零售

2022年，新能源零售渗透率持续提升。12月自主品牌中的新能源车渗透率51%，豪华车中的新能源车渗透率22.8%，而主流合资品牌中的新能源车渗透率仅有4.9%（见表4）。

表4　2022年新能源乘用车零售量分品牌渗透率　　单位：%

| 新能源批发 | 2022 年 12 月渗透率 | 2022 年渗透率 |
|---|---|---|
| 豪华 | 22.8 | 20.1 |
| 主流合资 | 4.9 | 4.3 |
| 自主 | 51.0 | 49.6 |
| 总体 | 29.5 | 27.6 |

12月新能源车国内零售渗透率29.5%，较2021年12月22.6%的渗透率提升6.9个百分点。近几年新能源车国内零售率走势持续走强，超预期发展，尤其是近几年上半年的新能源渗透率提升明显，2022年的3月渗透率已经超过28%的高位，随后进入顶部波动期，12月实现近30%的新突破（见图4）。

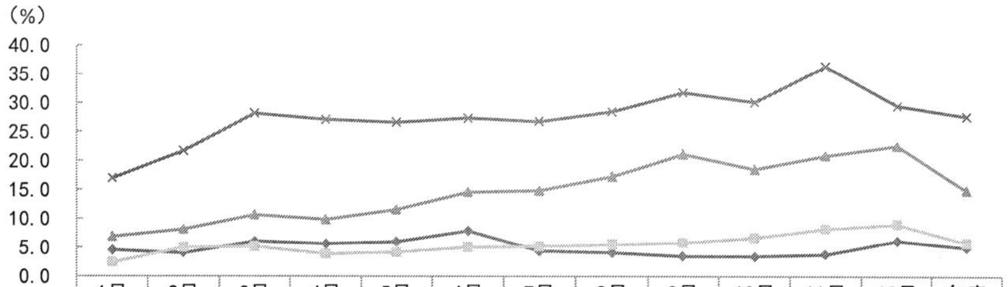


| | 1月 | 2月 | 3月 | 4月 | 5月 | 6月 | 7月 | 8月 | 9月 | 10月 | 11月 | 12月 | 年度 |
|---|---|---|---|---|---|---|---|---|---|---|---|---|---|
| 2019年 | 4.5 | 4.0 | 6.0 | 5.6 | 5.9 | 7.8 | 4.4 | 4.1 | 3.5 | 3.4 | 3.8 | 6.1 | 5.0 |
| 2020年 | 2.4 | 5.0 | 5.1 | 3.8 | 4.2 | 5.0 | 5.2 | 5.5 | 5.8 | 6.7 | 8.2 | 9.0 | 5.7 |
| 2021年 | 6.8 | 8.1 | 10.6 | 9.8 | 11.6 | 14.6 | 14.8 | 17.3 | 21.1 | 18.5 | 20.8 | 22.6 | 14.8 |
| 2022年 | 17.0 | 21.7 | 28.2 | 27.1 | 26.6 | 27.3 | 26.7 | 28.4 | 31.8 | 30.1 | 36.3 | 29.5 | 27.6 |

图4　2019—2022年中国新能源乘用车月度零售量渗透率

## 二、新能源乘用车市场结构分析

2022年，纯电动批发销量501万辆，同比增长83%；插电混动销量148万辆，同比增长157%，插混新能源车占比23%，占比较同期增加6个百分点。纯电动的主力车型仍是轿车为主，插混是SUV为主，形成差异化走势。插混的SUV车型价格较高，而SUV价格本身利润较高，也有一定的促进（见表5）。

表5　2019—2022年中国新能源乘用车分车型销量及市场份额　　单位：万辆，%

| 新能源类别 | 车型 | 销量 | | | | 市场份额 | | | |
|---|---|---|---|---|---|---|---|---|---|
| | | 2019年 | 2020年 | 2021年 | 2022年 | 2019年 | 2020年 | 2021年 | 2022年 |
| 纯电动 | 轿车 | 60.3 | 73.3 | 193.7 | 308.0 | 71 | 76 | 71 | 61 |
| | MPV | 0.1 | 0.7 | 3.7 | 6.7 | 0 | 1 | 1 | 1 |
| | SUV | 25.0 | 22.0 | 76.2 | 186.5 | 29 | 23 | 28 | 37 |
| 纯电动合计 | | 85.4 | 96.0 | 273.7 | 501.2 | 80 | 82 | 83 | 77 |
| 插混 | 轿车 | 11.0 | 9.7 | 23.3 | 52.4 | 53 | 46 | 40 | 35 |
| | MPV | 0.9 | 0.5 | 0.6 | 3.1 | 4 | 2 | 1 | 2 |
| | SUV | 8.8 | 11.0 | 33.7 | 92.8 | 42 | 52 | 58 | 63 |
| 插电混动合计 | | 20.7 | 21.2 | 57.6 | 148.3 | 20 | 18 | 17 | 23 |
| 新能源乘用车 | | 106.1 | 117.2 | 331.3 | 649.5 | 100.0 | 100.0 | 100.0 | 100.0 |

### （一）新能源车的级别——各级别相对均衡

随着世界新能源车的浪潮，国际新能源车企对中国新能源汽车市场也日益重视。奔驰、宝马和奥迪等豪华车企的纯电动车型开始全面量产，其市场表现仍待验证。

2022年，B级电动车销量135万辆同比增长71%，占纯电动份额27%。纯电动市场的A00+A0级经济型电动车市场崛起，其中A00级批发销量140万辆，同比增长42%，占纯电动份额28%；A0级批发销量91万辆，占纯电动份额18%；A级电动车126万辆，占纯电动份额25%；各级别电动车销量相对均衡化（见表6）。

表6　2019—2022年中国新能源乘用车分级别销量及市场份额　　单位：万辆，%

| 新能源类别 | 级别 | 销量 | | | | 市场份额 | | | |
|---|---|---|---|---|---|---|---|---|---|
| | | 2019年 | 2020年 | 2021年 | 2022年 | 2019年 | 2020年 | 2021年 | 2022年 |
| 纯电动轿车 | A00 | 22.8 | 31.8 | 98.5 | 139.9 | 27 | 33 | 36 | 28 |
| | A0 | 13.3 | 7.8 | 29.4 | 91.2 | 16 | 8 | 11 | 18 |
| | A | 45.9 | 32.1 | 62.5 | 126.1 | 54 | 33 | 23 | 25 |
| | B | 2.5 | 23.2 | 78.9 | 135.2 | 3 | 24 | 29 | 27 |
| | C | 0.9 | 1.1 | 4.2 | 8.9 | 1 | 1 | 2 | 2 |
| 纯电动乘用车合计 | | 85 | 96 | 274 | 501.2 | 80 | 82 | 83 | 77 |
| 插电混动轿车 | A0 | 0.1 | 0.2 | 0.9 | 0.7 | 1 | 1 | 2 | 0 |
| | A | 11.0 | 7.6 | 30.5 | 86.2 | 53 | 36 | 53 | 58 |
| | B | 6.7 | 10.1 | 22.3 | 52.2 | 32 | 48 | 39 | 35 |
| | C | 2.9 | 3.2 | 4.1 | 9.2 | 14 | 15 | 7 | 6 |
| 插电混动乘用车合计 | | 20.7 | 21.2 | 57.6 | 148.3 | 20 | 18 | 17 | 23 |

### （二）新能源车的自主和新势力表现走弱

自主品牌的纯电动市场占据较大优势，特斯拉是主要高端车，自主新能源新势力表现偏弱，近期插混的自主车型日益占据主导优势。从月度国内零售份额看，自主加新势力占比达到86%，合资总体比不过特斯拉（见表7）。

表7　2019—2022年中国新能源乘用车分品牌销量及市场份额　　单位：万辆，%

| 新能源类别 | 品牌 | 销量 | | | | 市场份额 | | | |
|---|---|---|---|---|---|---|---|---|---|
| | | 2019年 | 2020年 | 2021年 | 2022年 | 2019年 | 2020年 | 2021年 | 2022年 |
| 纯电动 | 外资 | 0 | 14 | 48 | 71 | 0 | 14 | 18 | 14 |
| | 豪华 | 0 | 1 | 4 | 8 | 0 | 1 | 1 | 2 |
| | 主流合资 | 3 | 6 | 13 | 26 | 4 | 6 | 5 | 5 |
| | 新势力 | 8 | 14 | 45 | 68 | 9.1 | 14.5 | 16.4 | 13.5 |
| | 自主 | 74 | 62 | 163 | 329 | 87 | 65 | 60 | 66 |
| 纯电动合计 | | 85 | 96 | 274 | 501 | 80 | 82 | 83 | 77 |
| 插混 | 豪华 | 3 | 4 | 5 | 6 | 16 | 17 | 8 | 4 |
| | 主流合资 | 5 | 6 | 7 | 7 | 26 | 27 | 12 | 5 |
| | 新势力 | 0 | 3 | 10 | 21 | 0 | 16 | 17 | 14 |
| | 自主 | 12 | 8 | 36 | 114 | 57 | 40 | 63 | 77 |
| 插混合计 | | 21 | 21 | 58 | 148 | 20 | 18 | 17 | 23 |

蔚来、哪吒、理想、零跑等新势力车企销量同比和环比表现总体仍较强，尤其是第二阵营的哪吒、零跑等表现较强，这也是细分市场赛道的优势。

12月起售价10万元以下新能源车占比21.4%，较去年12月下降9个百分点；10万～20万元占比43%，增长3个百分点；20万～30万元占比27%，同比增长6个百分点；30万～40万元占比5%，下降1.5个百分点；40万元以上占比3.8%，增长1.5个百分点（见表8）。

表8　2021—2022年中国新能源乘用车分价格段销量及增速　　单位：万辆，%

| 类型 | | 2022 年 12 月 | 环比 | 同比增长 | 2022 年 | 同比增长 | 2021 年 | 同比增长 |
|---|---|---|---|---|---|---|---|---|
| 纯电动 | 40 万元以上 | 7303 | -28 | 63 | 6 | 99 | 3 | 122 |
| | 30 万～ 40 万元 | 25135 | 46 | 100 | 14 | 48 | 10 | 192 |
| | 20 万～ 30 万元 | 103301 | -11 | 5 | 88 | 68 | 52 | 156 |
| | 15 万～ 20 万元 | 73744 | 10 | 29 | 70 | 108 | 34 | 113 |
| | 10 万～ 15 万元 | 110316 | 8 | 47 | 99 | 117 | 46 | 152 |
| | 5 万～ 10 万元 | 81992 | 6 | 56 | 75 | 93 | 39 | 101 |
| | 5 万元以下 | 53731 | 13 | -42 | 72 | 19 | 61 | 384 |
| 纯电动合计 | | 455522 | 4 | 16 | 425 | 74 | 244 | 168 |
| 插混 | 40 万元以上 | 15281 | 19 | 234 | 9 | 111 | 4 | 26 |
| | 30 万～ 40 万元 | 22782 | 56 | 26 | 16 | 61 | 10 | 178 |
| | 20 万～ 30 万元 | 47316 | 10 | 108 | 37 | 123 | 17 | 90 |
| | 15 万～ 20 万元 | 17615 | -76 | -5 | 45 | 310 | 11 | 285 |
| | 10 万～ 15 万元 | 81544 | 323 | 340 | 34 | 173 | 13 | 711 |
| 插混合计 | | 184538 | 13 | 124 | 142 | 160 | 54 | 171 |

## 三、2022年新能源车主力厂家分化

### （一）历年逐月新能源车主力厂家销量走势

2022年，新能源乘用车市场创历史新高，比亚迪纯电动与插混双驱动夯实自主品牌新能源领先地位；比亚迪186万辆、上汽通用五菱61万辆、特斯拉（中国）71万辆、吉利汽车33万辆、长安汽车24万辆、上汽乘用车23万辆、广汽埃安27万辆、理想汽车13万辆、蔚来汽车12.25万辆（见图5）。

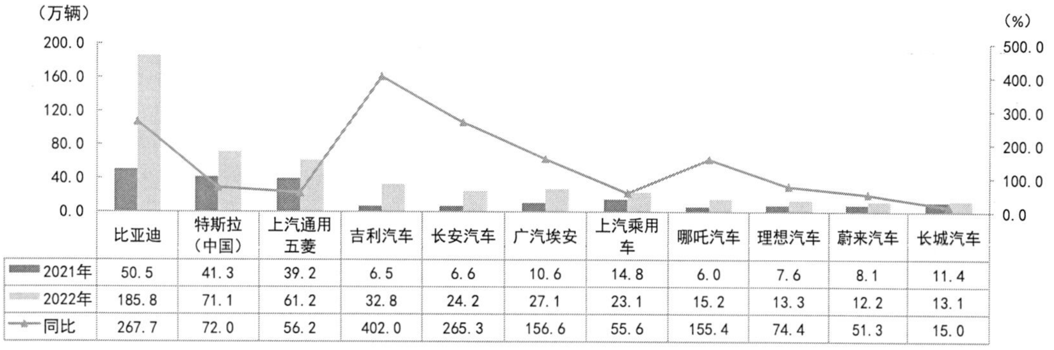


| | 比亚迪 | 特斯拉（中国） | 上汽通用五菱 | 吉利汽车 | 长安汽车 | 广汽埃安 | 上汽乘用车 | 哪吒汽车 | 理想汽车 | 蔚来汽车 | 长城汽车 |
|---|---|---|---|---|---|---|---|---|---|---|---|
| 2021年 | 50.5 | 41.3 | 39.2 | 6.5 | 6.6 | 10.6 | 14.8 | 6.0 | 7.6 | 8.1 | 11.4 |
| 2022年 | 185.8 | 71.1 | 61.2 | 32.8 | 24.2 | 27.1 | 23.1 | 15.2 | 13.3 | 12.2 | 13.1 |
| 同比 | 267.7 | 72.0 | 56.2 | 402.0 | 265.3 | 156.6 | 55.6 | 155.4 | 74.4 | 51.3 | 15.0 |

图5　2021—2022年新能源乘用车主力厂家销量及增速

### （二）历年纯电动主力厂家销量走势

近几年，在限购的特大城市新能源乘用车需求较强。2021年12月新能源乘用车在特大城市，占到总销量的29%，较2020年下降11个百分点，这也说明限购城市的新能源车市场规模逐步稳定。近期的县乡市场新能源逐步启动。

近几年以来纯电动乘用车市场仍然是以比亚迪、特斯拉和传统自主品牌为主的格局。2022年新能源乘用车市场多元化发力，大集团新能源表现分化。12月纯电动车企表现强劲的是比亚迪、五菱汽车，均呈现强势增长；特斯拉暂时调整产能；而吉利汽车和上汽广汽乘用车等的走势也很好；长安新能源12月销量较好。

新势力的总体走势分化，蔚来、理想较好，但一线主力地位下降明显，广汽埃安超越小鹏汽车，零跑、哪吒等后劲很强（见图6）。

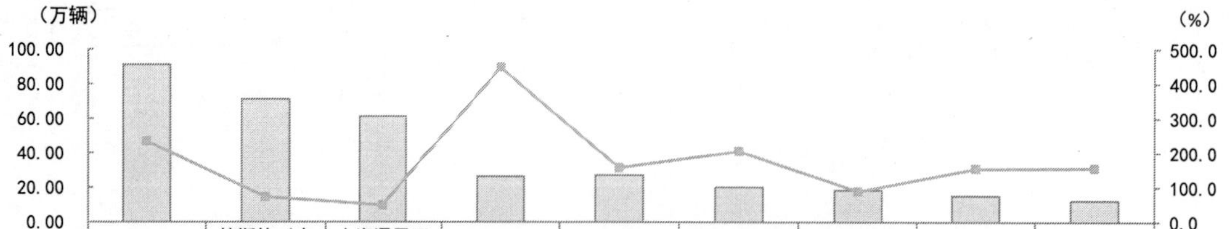


| | 比亚迪 | 特斯拉（中国） | 上汽通用五菱 | 吉利汽车 | 广汽埃安 | 长安汽车 | 上汽乘用车 | 哪吒汽车 | 蔚来汽车 |
|---|---|---|---|---|---|---|---|---|---|
| 销量 | 91.11 | 71.09 | 61.21 | 26.23 | 27.12 | 20.14 | 18.40 | 15.10 | 12.25 |
| 同比 | 234.3 | 72.0 | 48.1 | 447.8 | 156.6 | 204.6 | 88.1 | 153.6 | 155.4 |

图6 2022年纯电动主力厂家销量及增速

## （三）插电混新能源车企业

2022年，插电混动市场走势分化，主要的厂家是比亚迪，处于绝对领先。吉利汽车、长城汽车等跟进比亚迪发展插混速度在加速，近期吉利和长城新品的插混产品很有竞争力。

赛力斯新能源、理想汽车共同推动插混增长。近期赛力斯的纯电动也开始启动，形成差异特色。

合资车企插混市场表现相对较弱。由于产业链差异，插电混动动力车型的部分合资企业表现相对优秀。欧系的上汽大众近期插混较强，豪华车的插混较弱（见图7）。

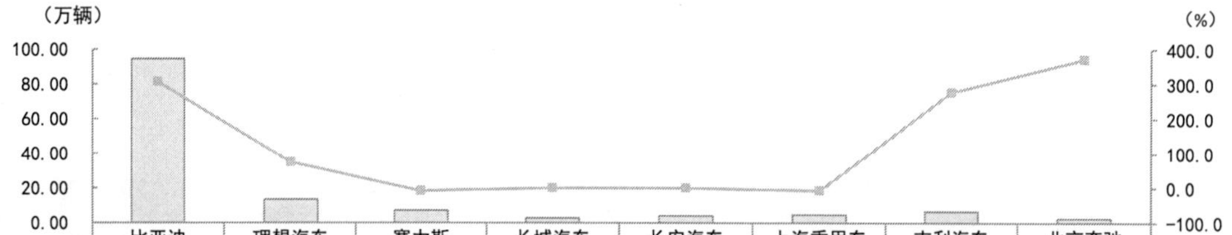


| | 比亚迪 | 理想汽车 | 赛力斯 | 长城汽车 | 长安汽车 | 上汽乘用车 | 吉利汽车 | 北京奔驰 |
|---|---|---|---|---|---|---|---|---|
| 销量 | 94.64 | 13.32 | 7.02 | 2.83 | 4.01 | 4.68 | 6.57 | 2.51 |
| 同比 | 306.8 | 74.4 | -8.1 | 0.0 | 0.0 | -7.4 | 276.5 | 371.3 |

图7 2022年插电混动主力厂家销量及增速

## （四）混合动力企业表现较强

2022年，普通混合动力乘用车批发表现平稳。混合动力的自主品牌逐步走强。

2022年，混合动力车型日系4家的表现相对较强，丰田和本田两个品牌为绝对主体，其中丰田表现优秀，广汽丰田品牌表现相对较强，总量相对均衡，走势平稳。

混动车型品种随着日产新品进入而呈现更充分竞争格局，丰田与本田抱团发展市场的特色逐步改变。自主品牌加速混动发展，东风、吉利、广汽传祺、长城等更多新品上市拉动混动的持续走强（见图8）。

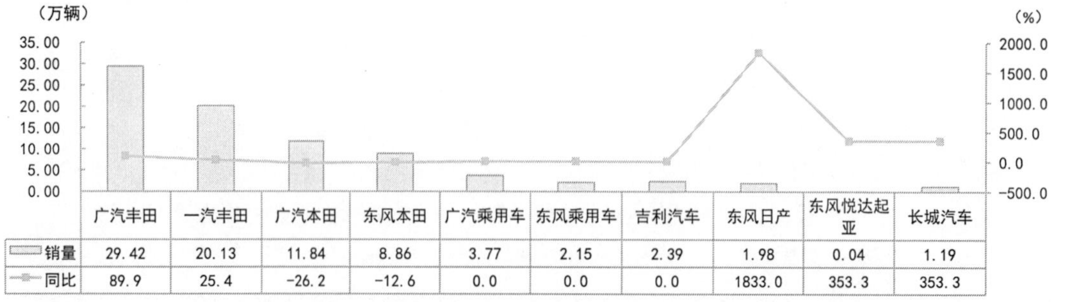


| | 广汽丰田 | 一汽丰田 | 广汽本田 | 东风本田 | 广汽乘用车 | 东风乘用车 | 吉利汽车 | 东风日产 | 东风悦达起亚 | 长城汽车 |
|---|---|---|---|---|---|---|---|---|---|---|
| 销量 | 29.42 | 20.13 | 11.84 | 8.86 | 3.77 | 2.15 | 2.39 | 1.98 | 0.04 | 1.19 |
| 同比 | 89.9 | 25.4 | -26.2 | -12.6 | 0.0 | 0.0 | 0.0 | 1833.0 | 353.3 | 353.3 |

图8 2022年混合动力主力厂家销量及增速

## 四、2022年新能源车主力车型销量表现较强

### （一）2022年新能源车型批发量均较好

2022年，乘用车批发前三名：五菱宏光MINI、比亚迪宋、ModelY，新能源系列总体乘用车销量前三位。领军新能源车五菱宏光较燃油车领军车型速腾销量均高出1倍。

年度销量第一的五菱宏光MINI与Model Y高端等不需要补贴支持，因此市场化的拉动更强；比亚迪宋的零售同比暴增，比亚迪秦和比亚迪汉较强，车市主力格局逐步形成（见图9）。

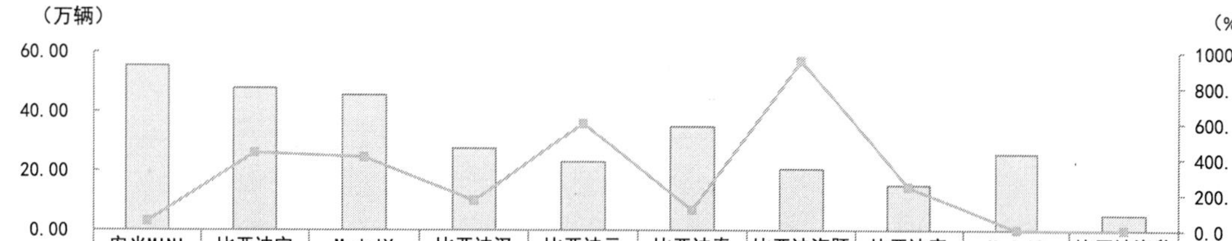


| | 宏光MINI | 比亚迪宋 | ModelY | 比亚迪汉 | 比亚迪元 | 比亚迪秦 | 比亚迪海豚 | 比亚迪唐 | Model3 | 比亚迪海豹 |
|---|---|---|---|---|---|---|---|---|---|---|
| 销量 | 55.41 | 47.81 | 45.51 | 27.40 | 22.90 | 34.91 | 20.54 | 15.08 | 25.58 | 5.12 |
| 同比 | 49.4 | 433.2 | 407.5 | 163.6 | 597.7 | 112.8 | 949.0 | 241.1 | 0.0 | 0.0 |

图9 2022年新能源乘用车主力车型销量及增速

### （二）12月纯电动车型批发量均较好

2022年，纯电动车型表现相对较强的是五菱宏光MINI、特斯拉Model Y、比亚迪元、海豚、Model 3、比亚迪汉、埃安等产品。

微型电动车的五菱一枝独秀，产品力超强，也符合入门需求，但近期压力较大。微型电动车的长安lumin、奇瑞EQ、QQ冰淇淋等新品表现不错，新势力的私人市场开拓较好（见图10）。

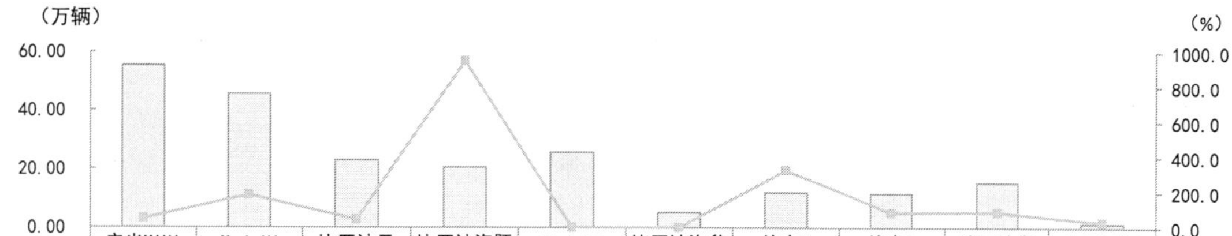


| | 宏光MINI | ModelY | 比亚迪元 | 比亚迪海豚 | Model3 | 比亚迪海豹 | 埃安Y | 埃安S | 比亚迪秦 | 比亚迪汉 |
|---|---|---|---|---|---|---|---|---|---|---|
| 销量 | 55.41 | 45.51 | 22.90 | 20.54 | 25.58 | 5.12 | 11.97 | 11.57 | 15.37 | 1.34 |
| 同比 | 49.4 | 185.2 | 43.5 | 949.0 | 0.8 | 0.0 | 326.1 | 84.1 | 88.1 | 30.5 |

图10 2022年纯电动主力车型销量及增速

### （三）插电混动车型批发走势

插电混合动力车型体现传统内资企业为主的特色。近期比亚迪宋、秦PLUS、汉、唐等销量较好。欧美豪华插混车型的市场接受度不足，销量走势也相对平稳（见图11）。

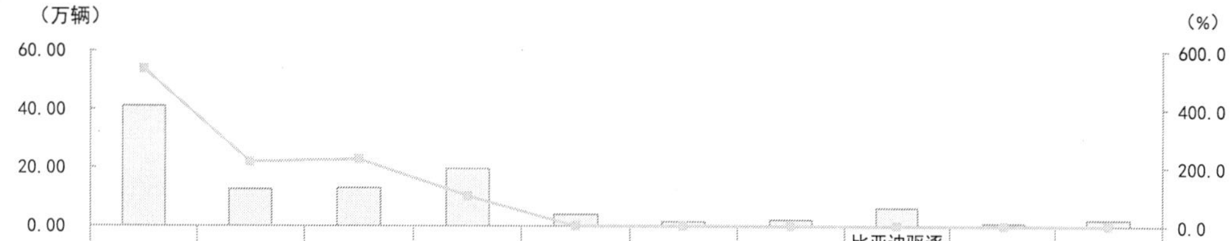


| | 比亚迪宋 | 比亚迪唐 | 比亚迪汉 | 比亚迪秦 | 理想L9 | 理想L8 | 深蓝SL03 | 比亚迪驱逐舰05 | 腾势D9 | 问界M7 |
|---|---|---|---|---|---|---|---|---|---|---|
| 销量 | 41.10 | 12.57 | 12.94 | 19.54 | 3.90 | 1.55 | 2.19 | 6.22 | 0.98 | 2.12 |
| 同比 | 538.4 | 218.6 | 227.9 | 101.8 | 0.0 | 0.0 | 0.0 | 0.0 | 0.0 | 0.0 |

图11 2022年插电混动主力车型销量及增速

增程式电动车的理想L9的表现明显较强，而且问界M7也表现较好，说明消费者对高端电动

车还是有很好的接受度，增程式的如果消除顾虑也是被接受的。近期纯电动和插混出口车型走向欧洲市场的表现较好，上汽荣威等出口较多，形成欧洲新能源市场对中国插混的拉动。

## 五、2022年纯电动车型分价位段主力车型

### （一）10万元以下纯电动车型

纯电动车的10万元以下市场主要竞争格局还是以小车为主的特征，尤其是A00级的宏光MINI，还有奔奔以及哪吒V、长安路米系列等车型表现相对较强，而A0级的10万元高端的像比亚迪元、东风EX1等也都表现不错（见图12）。

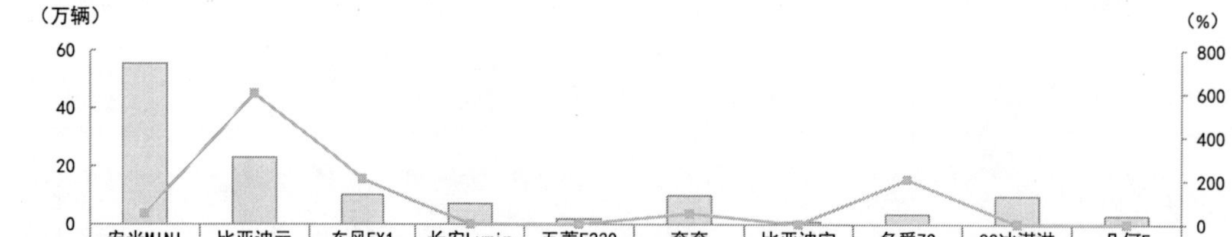


| | 宏光MINI | 比亚迪元 | 东风EX1 | 长安Lumin | 五菱E230 | 奔奔 | 比亚迪宋 | 名爵ZS | QQ冰淇淋 | 几何E |
|---|---|---|---|---|---|---|---|---|---|---|
| 销量 | 55.41 | 22.9 | 10.1 | 7.03 | 1.87 | 9.86 | 0.84 | 3.47 | 9.65 | 2.94 |
| 同比 | 49 | 598 | 208 | 0 | 0 | 49 | 0 | 206 | 0 | 0 |

图12　2022年10万元以下纯电动主力车型销量及增速

### （二）10万～20万元纯电动主力车型批发走势

10万～20万元纯电动市场，比亚迪占据着绝对优势的地位，比亚迪秦、海豚表现相对较强，而埃安S、埃安Y等车型表现也是持续走强的状态，中低端的木兰、几何A等表现较强，潜力巨大（见图13）。

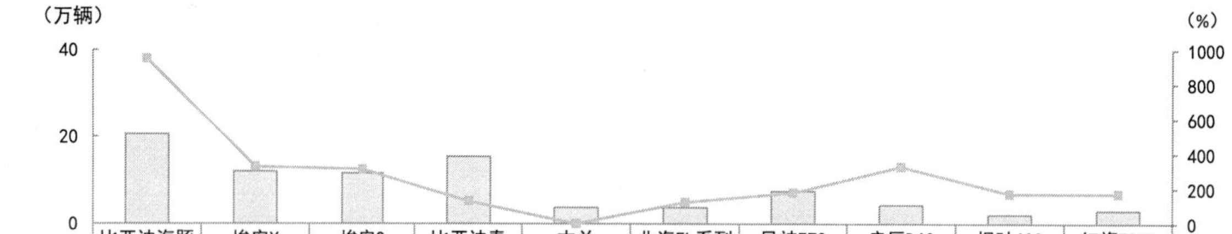


| | 比亚迪海豚 | 埃安Y | 埃安S | 比亚迪秦 | 木兰 | 北汽EL系列 | 风神E70 | 启辰D60 | 枫叶60S | 红旗EQMB |
|---|---|---|---|---|---|---|---|---|---|---|
| 销量 | 20.54 | 11.97 | 11.57 | 15.37 | 3.76 | 3.75 | 7.45 | 4.28 | 2.06 | 3.07 |
| 同比 | 949 | 326 | 312 | 129 | 0 | 123 | 178 | 327 | 171 | 171 |

图13　2022年10万～20万元纯电动主力车型销量及增速

### （三）20万～30万元车型批发销量表现较好

20万～30万元市场纯电动车型，主力车型仍然是Model Y、Model3，然后还有比亚迪汉、极氪001等车型，尤其是Model Y销量（含出口）11月已经达到了超高的水平，12月是偏低水平，同比也是负增长状态。未来来看，Model Y的销量仍然是在20万～30万元区间绝对领军的车型，而比亚迪汉的销量也是相对比较强的走势特征，而极氪001等吉利车型的表现也都不错，像小鹏P7等仍需努力（见图14）。

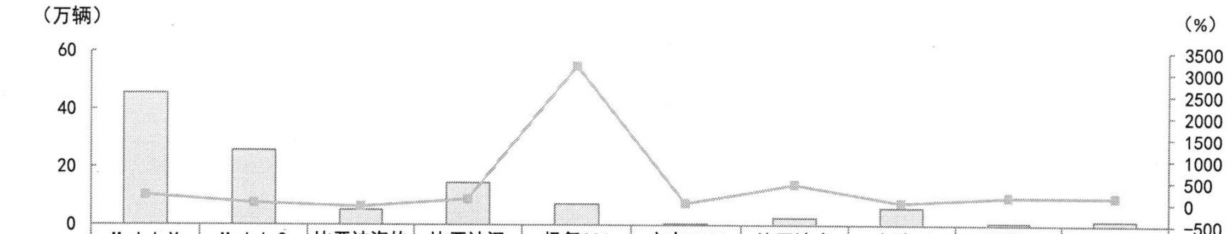


| | Model Y | Model 3 | 比亚迪海的 | 比亚迪汉 | 极氪001 | 广丰bZ4X | 比亚迪唐 | 小鹏P7 | 问界M | MARVELR |
|---|---|---|---|---|---|---|---|---|---|---|
| 销量 | 45.51 | 25.58 | 5.12 | 14.47 | 7.19 | 0.44 | 2.51 | 5.91 | 0.8 | 1.6 |
| 同比 | 185 | 1 | -80 | 88 | 3154 | 0 | 428 | 11 | 140 | 140 |

图14　2022年20万～30万元纯电动主力车型销量及增速

## （四）30万～40万元市场较强

30万～40万元市场里，有蔚来ET5、蔚来ES6、宝马X3等表现相对较强，蔚来品牌高端车型较强，ET5产能提升后销量表现或能进一步提升。目前总体来看，市场竞争表现体现自主新势力与豪华全面竞争的特征（见图15）。

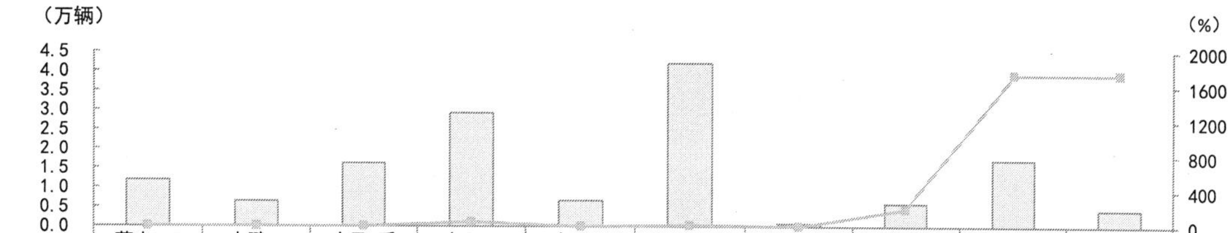


| | 蔚来ET5 | 小鹏G9 | 宝马3系 | 宝马X3 | 奥迪Q4 | 蔚来ES6 | 阿维塔11 | 比亚迪E6 | 蔚来EC6 | 奔驰ECB |
|---|---|---|---|---|---|---|---|---|---|---|
| 销量 | 1.18 | 0.64 | 1.62 | 2.92 | 0.66 | 4.2 | 0.08 | 0.59 | 1.71 | 0.43 |
| 同比 | 0 | 0 | 0 | 51 | 0 | 15 | 0 | 199 | 1739 | 1739 |

图15　2022年30万～40万元纯电动主力车型销量及增速

## （五）40万元以上纯电动主力车型

40万元以上的纯电动市场，近期销量不断走强。领军车型主要由蔚来ES7、蔚来ET7、蔚来ES8、红旗HS9以及奔驰和凯迪拉克锐歌等车型组成，近期蔚来ES7、ET7和红旗HS9、凯迪拉克锐歌上市后起步表现不错，40万元以上高端市场呈现蔚来等自主较强的新特征（见图16）。

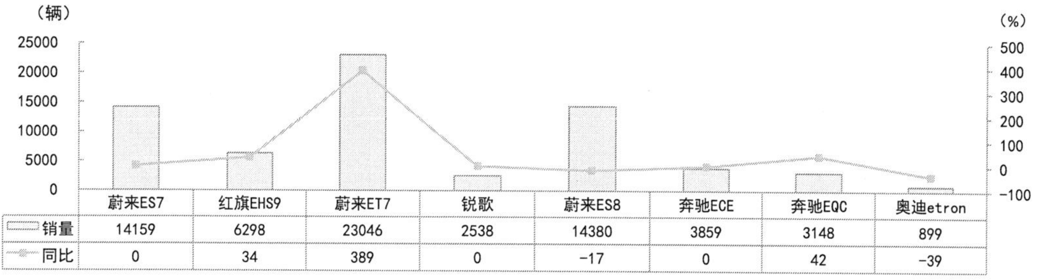


| | 蔚来ES7 | 红旗EHS9 | 蔚来ET7 | 锐歌 | 蔚来ES8 | 奔驰ECE | 奔驰EQC | 奥迪etron |
|---|---|---|---|---|---|---|---|---|
| 销量 | 14159 | 6298 | 23046 | 2538 | 14380 | 3859 | 3148 | 899 |
| 同比 | 0 | 34 | 389 | 0 | -17 | 0 | 42 | -39 |

图16　2022年40万元以上纯电动主力车型销量及增速

2022年，中国新能源乘用车市场的快速发展得益于多方面的因素，主要包括以下几个方面。

1. 政策支持

国家出台了一系列鼓励新能源汽车发展的政策措施，包括延长补贴政策至2022年底、提高补贴标准、降低购置税、增加牌照配额、加强充电基础设施建设等。这些政策有效降低了新能源汽车的购买成本和使用难度，提高了消费者的认可度和信心。政府提供了对新能源乘用车购买者和使用者的补贴和优惠，如免征购置税、减免车辆使用税、免费或优惠的停车位和充电桩等。

2. 技术进步

中国新能源汽车产业经过多年的技术积累和创新，已经形成了较为完善的产业链和技术体系，涌现出了一批具有国际竞争力的企业和产品。尤其是在电池、电机、电控等核心零部件方面，中国企业已经取得了显著的技术优势和市场份额。同时，中国企业也在智能网联、自动驾驶等前沿领域不断探索和创新，提升了新能源汽车的智能化水平和用户体验。

3. 市场需求

随着消费者对环保、节能、舒适、个性等需求的不断提升，以及对新能源汽车性能、安全、续航等方面的认知和信任的不断增强，中国新能源乘用车市场呈现出旺盛的需求。尤其是在一线城市和部分二线城市，由于牌照限制、尾号限行等因素，新能源汽车成为消费者的首选。同时，随着国内外碳中和目标的提出和落实，以及油价的上涨，新能源汽车也具有了更强的社会效益和经济效益。

4. 品牌竞争

中国新能源乘用车市场呈现出多元化和分化的品牌竞争格局，各类企业都在积极布局和创新，传统整车企业如上汽集团。

新能源汽车是指以新型动力系统为主要动力，或者以新型动力系统和传统动力系统为联合动力的汽车，包括纯电动汽车、插电式混合动力汽车和燃料电池汽车等。新能源汽车具有节能减排、低碳环保、高效智能等优点，是未来汽车产业的发展方向。

5. 环保意识提升

消费者的环保意识也是促进中国新能源乘用车市场发展的重要因素。随着中国经济的发展和城市化的进程，汽车保有量和使用量不断增加，导致空气污染和温室气体排放等环境问题日益严重。越来越多的消费者意识到传统燃油汽车对环境造成的负面影响，并开始寻求更清洁、更节能、更低碳的出行方式。新能源乘用车作为一种替代传统燃油汽车的交通工具，具有零或低排放、高效率、低噪声等优点，符合消费者的环保需求和期望。

（中国汽车流通协会汽车市场研究分会　崔东树）

# 2022年全国新能源汽车后市场发展

2022年，新能源汽车持续爆发式增长，逐步进入全面市场化拓展期，迎来新的发展和增长阶段。中国汽车工业协会统计数据显示，2022年，我国新能源汽车总销量为688.7万辆，同比增长93.4%，市场占有率提升至25.6%（见图1）。

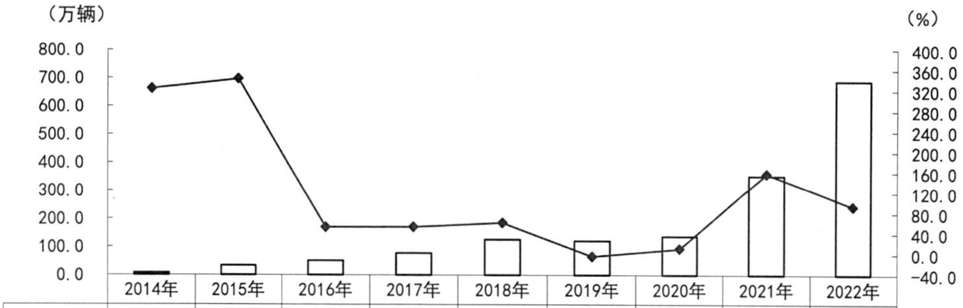


| | 2014年 | 2015年 | 2016年 | 2017年 | 2018年 | 2019年 | 2020年 | 2021年 | 2022年 |
|---|---|---|---|---|---|---|---|---|---|
| 销量 | 7.5 | 33.1 | 50.7 | 77.7 | 125.6 | 120.6 | 136.7 | 352.1 | 688.7 |
| 增长率 | 323.8 | 342.9 | 53.0 | 53.3 | 61.7 | -4.0 | 10.9 | 157.5 | 93.4 |

**图1　2014—2022年全国新能源汽车销量及增速**

资料来源：中国汽车工业协会

据公安部统计，2022年全国机动车保有量达4.17亿辆，其中汽车3.19亿辆；新注册登记机动车3478万辆，新注册登记汽车2323万辆。

截至2022年底，全国新能源汽车保有量达1310万辆，占汽车总量的4.10%，扣除报废注销量比2021年增加526万辆，增长67.13%。其中，纯电动汽车保有量1045万辆，占新能源汽车总量的79.78%。2022年，全国新注册登记新能源汽车535万辆，占新注册登记汽车总量的23.05%，与上年相比增加240万辆，增长81.48%。新注册登记新能源汽车数量从2018年的107万辆到2022年的535万辆，呈高速增长态势。

## 一、新能源汽车配套设施发展概况

数据显示，截至2022年底，我国已建设充电基础设施累计总量约为521万台，能够基本适应新能源汽车的快速发展形势。

2022年，充电基础设施增量为259.3万台，同比增加99.1%。桩车增量比为1∶2.7，充电基础设施建设能够基本满足新能源汽车的快速发展。其中，公共充电桩增量同比上涨91.6%；随车配建私人充电桩增量为194.2万台，同比上升225.5%。至2022年底，随车配建的充电桩保有量为341.2万台。

2022年，全国充电总电量为213.2亿度。充电电量主要集中于广东、江苏、四川、浙江、河北、福建、上海、陕西、湖南、北京等省份。电量流向以公交车和乘用车为主，环卫物流车、出租车等其他类型车辆占比较小。

从公共充电桩分布区域来看，Top10地区建设的公共充电桩占比达71.3%。广东38.3万台、江苏13万台、浙江12.6万台、上海12.2万台、北京11万台、湖北10.1万台、山东9万台、安徽8.4万台、河南6.8万台、福建6.7万台。

Top10地区建设的公共充电站：广东21.7万座、江苏0.9万座、浙江0.88万座、北京0.73万座、上海0.7万座、山东0.65万座、四川0.43万座、河北0.42万座、天津0.4万座、河南0.37万座。

截至2022年底，充电运营商及其运营的充电桩数量Top15分别为特来电36.3万台、星星充电34.3万台、云快充25.9万台、国家电网19.6万台、小桔充电9.4万台、蔚景云7.3万台、深圳车电网6.9万台、南方电网6.1万台、万城万充4.8万台、汇充电4.6万台、依威能源4.2万台、万马爱充2.6万台、上汽安悦2.4万台、中国普天2.3万台、蔚蓝快充1.9万台。

排名前15位的充电桩运营商市场份额为93.8%，其余的运营商占总量的6.2%。前5位市场占有率为67.1%（见图2）。

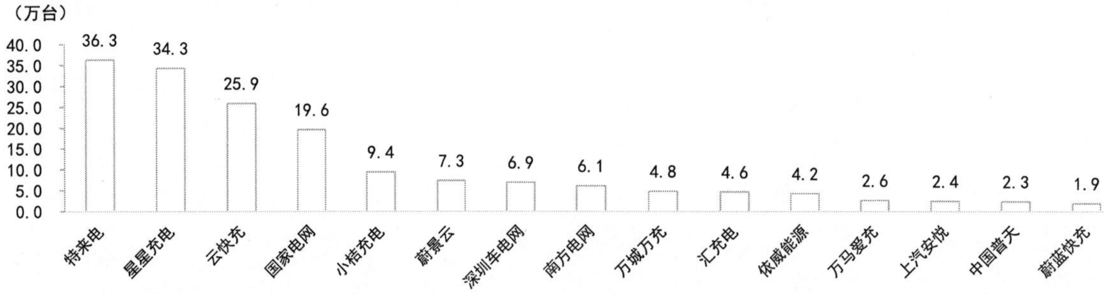


图2 公共充电桩保有量 Top15企业

资料来源：中国电动汽车充电基础设施促进联盟

## 二、新能源汽车后市场特征

新能源的电动汽车与燃油车相比，其结构和技术都发生了根本性的改变，面对智能电动汽车规模化应用，高集成、智能化、电动化让新能源汽车的维保对于技师维修技术有了更高的要求，传统的“机修、钣金、电气、涂漆”四大工种的分类、人员技能以及从业人员的教育培训已经不适应新的发展需求。工信部预计，到2025年，节能与新能源汽车的人才总量预计达到120万人，但人才缺口预计可达103万人。其中，新能源汽车维修领域将面临80% 的人才空白。

新能源售后服务市场要沿着正确方向发展，必须立足产业基础，发挥市场活力，使有为政府和有效市场相互促进。

根据国家《新能源汽车产业发展规划（2021—2035年）》要求，到2035年，新能源汽车的占比要达到50%，高度自动驾驶汽车实现规模化应用。鼓励动力电池和智能系统供应商、社会投资者等更多的市场主体参与到售后维修的市场竞争。新能源汽车的持续增量，促使了汽车后市场的扩容与转型。

目前，新能源车的售后市场还处于早期阶段的现实，提前暴露了行业的一些发展痛点。比如各企业售后服务分别独立的规范之间存在较大差异，配套的售后服务体系不完善、维修网点少；新能源汽车配件贵、维修工时贵，造车新势力无法长期独立覆盖所有的相关成本；新能源车维修人才本就短缺，技术与配件又一直在升级，需要提供更专业的后市场服务等。

与此同时，新能源车企凭借对新能源汽车成熟市场的判断，正在努力抓住并解决消费者痛点，使售后服务成为新能源汽车健康发展的保障。一些车企逐渐展现了自身的服务诚意和品牌力。如蔚来汽车宣称向首任车主提供“免费终身质保”“免费终身道路救援”“终身免费车联网”三大基本权益，并推出“服务无忧”“保险无忧”“能量无忧”增值服务，前两者围绕用户在保险、维修和年检代办等用车场景设计，满足维保需要，将车主与4S 店“强性”捆绑。

除了主机厂家，还有三电核心企业入局售后市场。部分动力电池企业与主要零部件企业共同建立售后服务网点。因为配套主机厂家数量比较庞大，宁德时代一方面针对机构用车在国内已经建立了售后服务网点，另一方面在国外开始加速售后服务对C 端的服务。未来，随着新能源渗透率的不断提升，整个售后市场还有许多的发展机会与挑战。

# 第五部类

# 汽车进出口市场

DIWUBULEI | QICHEJINCHUKOUSHICHANG

# 2022年中国汽车出口市场

## 一、汽车产品出口概况

2022年，中国汽车出口再次实现历史性突破。根据海关数据，中国整车（含成套散件）出口首次突破300万辆规模（332.12万辆），同比增长56.8%；出口金额601.56亿美元，同比增长74.7%。汽车零部件出口额956.88亿美元，同比增长6.4%。中国汽车出口持续提升，主要与海外汽车供应相对不足、中国汽车产业链快速恢复、中国品牌汽车海外竞争力提高、车企海外本地化水平提升以及新能源汽车出口大幅增长等因素有关（见图1）。

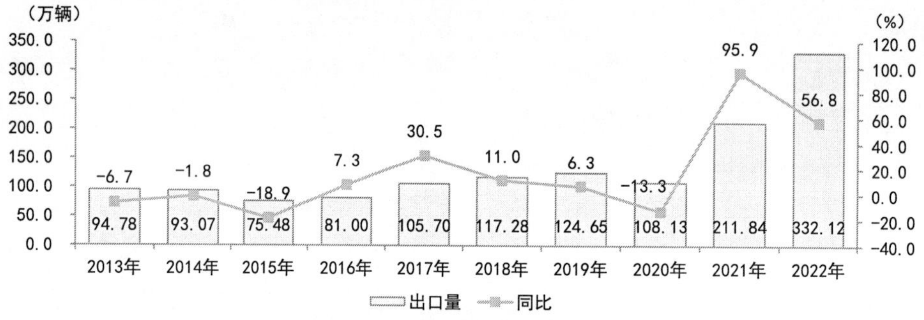


图1　2013—2022年中国汽车整车出口情况

资料来源：海关统计数据

## 二、汽车产品出口现状

### （一）整车出口

从出口车型来看，所有车型均实现增长，乘用车继续保持出口主体地位。根据海关数据，2022年，乘用车出口267.18万辆，同比增长62.8%，占中国汽车出口总量的80.4%（见表1）。

表1　2022年中国整车（分车型）出口情况　　单位：万辆，亿美元，%

| 车型 | | 出口数量 | 同比增长 | 出口金额 | 同比增长 |
|---|---|---|---|---|---|
| 乘用车 | 小轿车 | 74.77 | 34.1 | 82.35 | 30.1 |
| | 四驱越野车 | 4.24 | 30.6 | 8.53 | 53.9 |
| | 9座及以下小客车 | 92.94 | 70.9 | 131.15 | 90.0 |
| | 其他乘用车 | 0.78 | 12.2 | 1.95 | 402.4 |
| | 电动乘用车 | 94.46 | 89.1 | 200.89 | 133.7 |
| | 乘用车合计 | 267.18 | 62.8 | 424.86 | 89.5 |
| 商用车 | 客车 | 4.06 | 10.9 | 13.54 | 2.8 |
| | 半挂式牵引车 | 6.84 | 41.0 | 27.94 | 65.3 |
| | 特种用途车 | 2.44 | 37.9 | 20.34 | 51.5 |
| | 载货汽车（非公路自卸车除外） | 46.94 | 30.3 | 80.68 | 36.6 |
| | 非公路自卸车 | 0.99 | 73.8 | 10.35 | 89.3 |
| | 装有引擎的汽车底盘 | 0.63 | 44.6 | 3.85 | 0.7 |
| | 新能源商用车 | 3.04 | 521.4 | 20.00 | 140.1 |
| | 商用车合计 | 64.93 | 35.8 | 176.70 | 47.1 |
| 总计（包括成套散件） | | 332.12 | 56.8 | 601.56 | 74.7 |

资料来源：海关统计数据

各类乘用车型出口均保持增长。其中，旅行小客车出口92.94万辆，同比增长70.9%，分别占中国汽车出口总量和乘用车出口总量的28.0%和34.8%。小轿车和旅行小客车共计出口167.71万辆，占乘用车出口总量的62.8%。电动乘用车出口94.46万辆，同比增长89.1%。载货汽车是出口量最大的商用车车型。2022年，共计出口载货汽车46.94万辆，同比增长30.3%，占中国商用车出口总量的72.3%。

从出口市场来看，对“一带一路”等新兴市场国家及对欧洲澳新等发达国家和地区的汽车产品出口均实现大幅增长。根据海关数据，2022年，墨西哥、沙特阿拉伯和智利位列中国出口量前三位。而比利时、澳大利亚、英国则分列汽车出口的第四位、第六位、第七位。对美国出口实现增长，排名第15位，较上年提升2位。2022年，中国对“一带一路”国家出口汽车210.26万辆，同比增长45.4%，占中国汽车出口总量的63.3%，占比下降5.0%；出口额338.66亿美元，占中国汽车出口总额的56.3%，占比下降0.03%。但对“一带一路”前20位国家出口量、出口额集中度分别为79.7%和72.7%，同比分别增长4.4%和7.1%（见表2）。

表2　2022年中国整车（分国别前15位）出口情况　　单位：万辆，亿美元，%

| 排序 | 国家（地区） | 出口数量 | 同比增长 | 出口金额 | 同比增长 |
|---|---|---|---|---|---|
| 1 | 墨西哥 | 25.45 | 169.2 | 28.09 | 200.1 |
| 2 | 沙特阿拉伯 | 22.24 | 67.1 | 31.44 | 71.2 |
| 3 | 智利 | 21.18 | 10.7 | 24.56 | 32.9 |
| 4 | 比利时 | 20.70 | 86.6 | 55.81 | 81.1 |
| 5 | 俄罗斯 | 16.21 | 33.4 | 40.26 | 103.3 |
| 6 | 澳大利亚 | 15.97 | 66.7 | 30.03 | 82.8 |
| 7 | 英国 | 14.75 | 87.9 | 42.94 | 91.5 |
| 8 | 菲律宾 | 14.55 | 148.8 | 13.27 | 43.7 |
| 9 | 马来西亚 | 9.57 | 113.5 | 8.54 | 94.8 |
| 10 | 阿联酋 | 9.32 | 269.2 | 20.45 | 348.8 |
| 11 | 泰国 | 8.80 | 81.5 | 7.02 | 239.4 |
| 12 | 秘鲁 | 7.63 | 29.9 | 8.19 | 32.1 |
| 13 | 越南 | 6.90 | 19.8 | 13.58 | 5.8 |
| 14 | 厄瓜多尔 | 6.76 | 47.5 | 7.06 | 46.0 |
| 15 | 美国 | 6.64 | 52.7 | 15.55 | 53.1 |
| 其他合计 | | 125.63 | 38.1 | 254.87 | 65.1 |
| 总计 | | 332.30 | 56.9 | 601.66 | 74.7 |

资料来源：海关统计数据

从出口主体来看，中国品牌骨干企业出口实现快速增长。根据中汽协会数据，整车出口前十位企业中，上汽、奇瑞出口规模分别首次突破90万辆/年和45万辆/年，长安、东风出口量首次突破20万辆/年，前十大出口企业同比增速均实现两位数增长。其中，中国品牌车企共计出口乘用车185.34万辆，同比增长59.9%。外资企业调整全球战略布局，中国在全球供应格局中的地位不断提升，日渐成为多个国际品牌车企全球重要的出口基地，出口车型不断丰富。2022年，特斯拉、上汽通用、易捷特、东风悦达等外资车企共出口乘用车67.52万辆，同比增长48.6%，占乘用车出口总量的26.7%（见表3、表4）。

表3　2022年中国主要汽车企业出口情况　　单位：万辆，%

| 序号 | 企业名称 | 出口数量 | 同比增长 |
| --- | --- | --- | --- |
| 1 | 上海汽车集团股份有限公司 | 90.63 | 51.5 |
| 2 | 奇瑞控股集团有限公司 | 45.17 | 67.7 |
| 3 | 特斯拉（上海）有限公司 | 27.11 | 65.9 |
| 4 | 重庆长安汽车股份有限公司 | 24.92 | 56.6 |
| 5 | 东风汽车集团有限公司 | 24.23 | 57.4 |
| 6 | 浙江吉利控股集团有限公司 | 19.82 | 72.4 |
| 7 | 长城汽车股份有限公司 | 17.32 | 21.3 |
| 8 | 安徽江淮汽车集团有限公司 | 11.46 | 55.7 |
| 9 | 北京汽车集团有限公司 | 10.95 | 35.0 |
| 10 | 中国重型汽车集团有限公司 | 8.28 | 48.6 |
| 11 | 比亚迪股份有限公司 | 5.87 | 261.1 |
| 12 | 大庆沃尔沃汽车制造有限公司 | 3.65 | -3.7 |
| 13 | 中国第一汽车集团有限公司 | 3.57 | 48.6 |
| 14 | 陕西汽车控股集团有限公司 | 3.44 | 80.3 |
| 15 | 广州汽车工业集团有限公司 | 3.30 | 59.5 |
| 16 | 华晨宝马汽车有限公司 | 3.00 | 37.6 |
| 17 | 华晨鑫源重庆汽车有限公司 | 1.91 | 74.8 |
| 18 | 厦门金龙汽车集团股份有限公司 | 1.50 | -14.3 |
| 19 | 河北中兴汽车制造有限公司 | 0.82 | 40.0 |
| 20 | 宇通客车股份有限公司 | 0.57 | 15.6 |

资料来源：中国汽车工业协会

表4　2021—2022年中国主要乘用车外资企业出口情况　　单位：万辆，%

| 车型 | 2021年 | 2022年 | 同比增长 |
| --- | --- | --- | --- |
| 特斯拉（中国） | 16.34 | 27.11 | 65.9 |
| 上汽通用 | 10.5 | 13.62 | 29.7 |
| 易捷特新能源 | 3.67 | 6.37 | 73.8 |
| 东风悦达 | 3.64 | 4.2 | 15.6 |
| 江铃股份 | 1.89 | 4.19 | 121.9 |
| 东风神龙 | 1.32 | 3.71 | 182.0 |
| 大庆沃尔沃 | 3.79 | 3.65 | -3.7 |
| 华晨宝马 | 2.18 | 3.0 | 37.6 |
| 长安福特 | 1.04 | 1.64 | 58.1 |
| 上汽大众 | 0.05 | 0.02 | -54.0 |
| 北京现代 | 1.03 | 0 | -100.0 |
| 广汽菲克 | 0 | 0 | -100.0 |
| 外资出口合计 | 45.42 | 67.52 | 48.6% |

资料来源：中国汽车工业协会

### （二）汽车零部件出口

2022年，中国汽车零部件出口整体实现微增，但对主要发达国家出口下降，增量主要来自新兴市场。根据海关数据，2022年中国汽车零部件出口金额达956.88亿美元，同比增长6.4%。作为中国汽车零部件的主要出口市场，发达国家出口额占比达五成以上，为52.3%。美国仍是第一大出口市场，出口额180.92亿美元，同比下降0.3%，占出口总额的18.9%，占比下降1.3%；第二是日本，出口额61.37亿美元，同比下降8.2%，占出口总额的6.4%，占比下降1.0%。对沙特、马来西亚、印尼、巴西、墨西哥等新兴市场出口额实现较大幅度增长（见图2）。

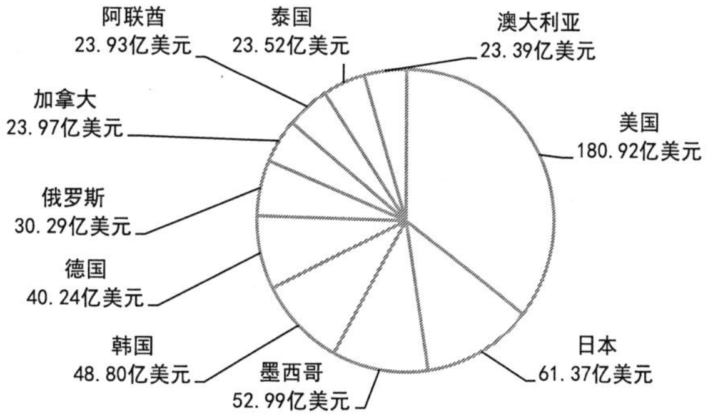


图2　2022年中国汽车零部件出口前十位国家

资料来源：海关统计数据

从产品来看，中国汽车零部件出口金额前20种产品的出口额均实现增长。主要出口产品为轮胎、车身零件及附件、轮毂及零部件、发动机零部件、照明装置、制动及悬挂系统零部件、线束等。在芯片短缺及俄乌冲突造成全球汽车产业链不稳定等不利因素影响下，中国车企积极力保国内市场稳定供给的同时，也为全球汽车产业链供应链安全稳定作出了重要贡献（见表5）。

表5　2022年我国汽车零部件出口金额前20位产品情况　　单位：亿美元，%

| 序号 | 商品 | 产品描述 | 出口额 | 同比增长 |
|---|---|---|---|---|
| 1 | 客车或货运机动车辆用新的充气橡胶轮胎 | 91.89 | 14.7 | 43.69 |
| 2 | 品目 8701 至 8704 所列其他车辆用未列名零件、附件 | 73.62 | 25.4 | 21.46 |
| 3 | 车身（包括驾驶室）的未列名零件、附件 | 71.48 | −16.9 | 25.84 |
| 4 | 机动小客车用新的充气橡胶轮胎 | 67.40 | 10.1 | 43.88 |
| 5 | 未列名机动车辆用其他制动器及其零件 | 50.46 | 24.3 | 33.91 |
| 6 | 铝合金制的未列名机动车辆用车轮及其零件、附件 | 48.21 | 1.9 | 41.00 |
| 7 | 其他点燃式活塞内燃发动机的零件 | 45.01 | 6.6 | 24.97 |
| 8 | 品目 8703 所列车辆用悬挂系统及零件（含减震器） | 35.24 | 13.2 | 38.65 |
| 9 | 机动车辆用电气照明装置 | 29.45 | 8.2 | 35.82 |
| 10 | 机动车辆用点火布线组及其他布线组 | 27.06 | 4.0 | 18.63 |
| 11 | 其他机动车辆用转向盘、柱、器及零件 | 26.16 | 17.1 | 30.51 |
| 12 | 挂车及半挂车或其他非机械驱动车辆的零件 | 22.50 | 4.6 | 32.64 |
| 13 | 未列名非机械驱动车辆 | 21.98 | 1.5 | 48.42 |
| 14 | 品目 8703 所列车辆用自动换挡变速箱及其零件 | 15.55 | 17.6 | 32.48 |
| 15 | 品目 8512 所列装置的零件 | 15.24 | 1.0 | 31.72 |
| 16 | 未列名柴油机的零件 | 14.80 | 12.0 | 41.54 |
| 17 | P ≥ 132.39kw（180hp）柴油机的零件 | 13.52 | 18.4 | 62.55 |
| 18 | 机动车辆用无线电导航设备 | 12.16 | 18.8 | 28.92 |
| 19 | 装在蹄片上的制动摩擦片 | 12.06 | 17.7 | 41.98 |
| 20 | 机动车辆的消声器、排气管及其零件 | 11.99 | 3.3 | 54.32 |
| 前 20 位合计 | | 705.80 | 8.4 | 34.06 |
| 总计 | | 956.88 | 6.4 | 35.11 |

资料来源：根据海关总署数据整理

（中国汽车技术研究中心有限公司　沈庆　刘艳）

# 2022年中国二手车出口市场

2021年以来，我国出台全面取消二手车限迁、加快二手车交易便利化改革等一系列利好政策，以促进国内二手车流通，同时二手车出口便利化和支持政策日益完善。与此同时，新车出口量以每年新增100万辆的规模高速增长，带动了二手车出口同步发展。

## 一、2022年总体情况回顾

2019年到2021年，我国分两批开放30个地区153家企业开展二手车出口业务，2022年12月6日又新增第三批14个地区开展二手车出口业务，积极有序扩大二手车出口，以推动外贸保稳提质发展。

### （一）二手车出口业务情况

根据商务部通报数据，2019—2022年上半年我国二手车出口业务快速发展，出口量及出口金额均呈现逐年大幅增长态势（见图1）。

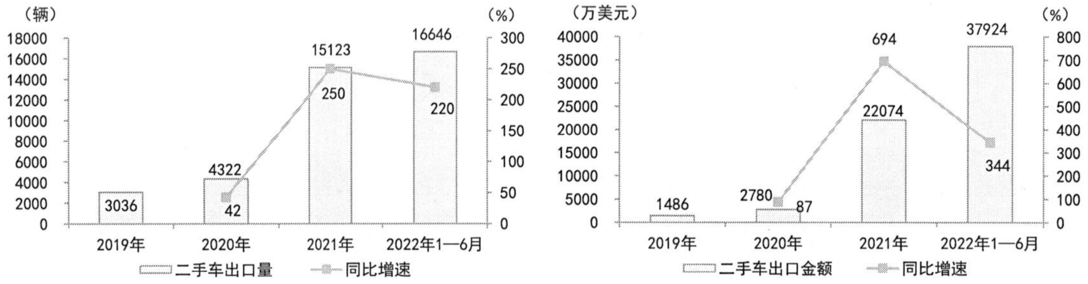


图1 2019—2021年中国二手车出口总量及出口金额

资料来源：商务部（以下图表资料来源相同，不再赘述）

2022年我国二手车出口实现出口规模跨越式增长，1—6月二手车出口16646辆，出口金额达到37923.7万美元，均已超过2021年全年。据不完全了解（28个地区），2022年全年出口量有望超过6.9万辆、出口金额超过16亿美元，分别比2021年增长356%、625%，呈现新车出口的高速倍增态势。综合来看，这得益于中国新能源汽车新车出口大涨的带动，其中平行出口车（新车以二手车名义出口）占比超过70%，而真正的二手车出口量虽有所增长，但仍存在较多问题及挑战，处于积极探索发展的阶段。

### （二）出口产品结构

中国二手车出口产品总体结构大幅改善，主要得益于新能源乘用车准新车出口量大幅提升。2020年二手乘用车出口1811辆，占比42%；2021年出口9522辆，同比增长426%，占比63%；2022年1—6月出口14744辆，同比增长210%，占比总量88.6%，逐步占据主导地位（见表1）。

表1 2021—2022年上半年中国二手车出口分车型情况

| 二手车出口车型 | 出口量（辆） | 出口量占比 | 出口金额（万美元） | 出口金额占比（%） | 平均单价（美元） |
|---|---|---|---|---|---|
| 乘用车 | 24266 | 76.4% | 54330.2 | 90.6 | 22389 |
| 商用车 | 7503 | 23.6% | 5667.2 | 9.4 | 7553 |
| 合计 | 31769 | — | 59997.4 | — | 18885 |
| 其中：新能源汽车 | 23305 | 73.4% | 52684.5 | 87.8 | 22606 |

2020年二手商用车出口2511辆，占比58%；2021年出口5601辆，同比增长123%，占比37%；2022年1—6月出口1902辆，占比11.4%，逐步与国内销量占比接近。新能源汽车2021—2022年上半年出口23305辆、出口金额52684.5万美元。

在出口平均单价方面，2021年二手乘用车平均单价为19183美元／辆，比2020年的3101美元／辆增长519%，2022年平均单价提升至22389美元／辆，主要是因为较多新能源乘用车新车以二手车名义出口。与此同时，二手商用车出口平均单价也有所增长，2021年为6798美元／辆，比2020年的5601美元／辆提升21%，2022年平均单价提升到7553美元／辆。由此可知，新能源乘用车已成为出口主力，中国新能源汽车保有量增长以及新车海外出口加速，将促进新能源汽车海外品牌宣传、销售及售后渠道完善，并带动真正的新能源二手车出口增长。

### （三）出口市场

从出口市场来看，“一带一路”沿线的发展中国家是我国当前主要的二手车出口市场。此类国家和地区处于经济发展高速期，在交通出行、基础设施建设等方面对汽车有较大需求，但其本土汽车产业不发达，且人均收入水平较低，因此二手车进口需求较大，是我国二手车出口的主要目标市场。2021年我国二手车已销往全球近80个国家和地区，前十大市场分别为阿联酋、约旦、乌兹别克斯坦、乌克兰、尼日利亚、蒙古国、白俄罗斯、埃及、加纳、吉尔吉斯斯坦。

2022年我国二手车出口市场不断扩张，出口至近140个国家和地区，较2021年大幅增长。从具体国家来看，2021—2022年上半年，阿联酋、约旦、乌兹别克斯坦、乌克兰、尼日利亚是我国前五大二手车出口市场，累计出口数达21848辆，占总出口量的68.8%，出口金额48257.1万美元，占总出口金额的80.4%。其中乌兹别克斯坦出口均价最高（25782美元／辆），尼日利亚出口均价最低（8912美元／辆）。2022年受俄乌冲突因素影响，出口乌克兰的销量明显下滑，出口额排名由第三位降至第四位。此外，2022年上半年中国对希腊出口明显提升，出口二手车329辆、出口金额845.5万美元，出口额排名升至第五位（见表2）。

表2　2021—2022年上半年中国二手车出口金额前五位目标市场

| 国家 | 出口量（辆） | 占比（%） | 出口金额（万美元） | 占比（%） | 平均单价（美元） |
|---|---|---|---|---|---|
| 阿联酋 | 9797 | 30.8 | 23650.7 | 39.4 | 24140.8 |
| 约旦 | 5111 | 16.1 | 11533.4 | 19.2 | 22565.8 |
| 乌兹别克斯坦 | 2851 | 9.0 | 7350.5 | 12.3 | 25782.2 |
| 乌克兰 | 2063 | 6.5 | 3916.8 | 6.5 | 18985.9 |
| 尼日利亚 | 2026 | 6.4 | 1805.7 | 3.0 | 8912.6 |
| 合计 | 21848 | 68.8 | 48257.1 | 80.4 | 22087.7 |

### （四）国内区域出口情况

从区域看，我国沿海地区有外贸和港口等优势，在二手车出口方面占据绝对优势地位。出口金额位列前五的分别为浙江、上海、山东、广东、福建，均为沿海地区，五大地区二手车出口累计达到43922.8万美元，占总出口金额的73.2%；二手车出口量21816辆，占总出口量的68.7%（见表3）。

表3　2021—2022年上半年中国二手车出口金额前十位地区

| 序号 | 地区 | 出口量（辆） | 出口金额（万美元） | 平均单价（美元） |
|---|---|---|---|---|
| 1 | 浙江省 | 10709 | 22587.7 | 21092.3 |
| 2 | 上海市 | 3741 | 7965.4 | 21292.2 |
| 3 | 山东省 | 3575 | 6458.6 | 18066 |
| 4 | 广东省 | 2340 | 3604.4 | 15403.4 |
| 5 | 福建省 | 1451 | 3306.7 | 22789.1 |

续表

| 序号 | 地区 | 出口量（辆） | 出口金额（万美元） | 平均单价（美元） |
|---|---|---|---|---|
| 6 | 天津市 | 1635 | 3207.9 | 19620.2 |
| 7 | 四川省 | 1738 | 2938.8 | 16909.1 |
| 8 | 安徽省 | 2108 | 2078.1 | 9858.2 |
| 9 | 河北省 | 746 | 1708.1 | 22896.8 |
| 10 | 新疆维吾尔自治区 | 450 | 1198.2 | 26626.7 |
| | 合计 | 28493 | 55053.9 | — |
| 占总出口量/总出口金额比例 | | 89.70% | 91.80% | — |

从出口企业来看，前期两批大部分企业仍处于摸索、试探海外市场的阶段，甚至部分企业仅抱着“占个位置”的想法，取得资质后并无实质性动作，因此基本都没有实际出口量。各地纷纷末位淘汰，更换了不少不作为的出口企业。另一方面，部分国企以及汽车经销商则凭借其雄厚的实力、丰富的新车资源、当地政府的大力扶持，在平行出口车方面取得佳绩（见表4）。

表4 2022年上半年中国二手车出口金额前十企业

| 序号 | 企业名称 | 出口量（辆） | 占比（%） | 出口金额（万美元） | 占比（%） | 平均单价（美元） |
|---|---|---|---|---|---|---|
| 1 | 浙江中大元通国际贸易有限公司 | 1678 | 10.1 | 4504.2 | 11.9 | 26842.5 |
| 2 | 台州市隆通汽车销售服务有限公司 | 2035 | 12.2 | 3854.0 | 10.2 | 18938.4 |
| 3 | 青岛国际汽车口岸管理有限公司 | 857 | 5.1 | 2416.4 | 6.4 | 28196.6 |
| 4 | 浙江方林进出口贸易有限公司 | 892 | 5.4 | 2356.3 | 6.2 | 26415.4 |
| 5 | 上海汽车国际商贸有限公司 | 965 | 5.8 | 2348.8 | 6.2 | 24340.2 |
| 6 | 浙江方林二手车市场有限公司 | 975 | 5.9 | 2296.7 | 6.1 | 23555.8 |
| 7 | 上海磊银汽车服务有限公司 | 767 | 4.6 | 2154.3 | 5.7 | 28087.0 |
| 8 | 广东广物优车科技有限公司 | 890 | 5.3 | 2100.2 | 5.5 | 23597.4 |
| 9 | 厦门现代通商汽车服务有限公司 | 668 | 4.0 | 1760.9 | 4.6 | 26360.5 |
| 10 | 成都速骓进出口有限公司 | 557 | 3.3 | 1116.3 | 2.9 | 20041.3 |

## 二、2022年相关政策

2022年4月25日，国务院办公厅发布《关于进一步释放消费潜力促进消费持续恢复的意见》（国办发〔2022〕9号），全面取消二手车限迁政策，落实小型非营运二手车交易登记跨省通办措施。

2022年5月20日，商务部发布《批准〈二手乘用车出口质量要求〉等7项行业标准的公告》。《二手乘用车出口质量要求 WM/T 8-2022》《二手商用车辆及挂车出口质量要求 WM/T 9-2022》等两项标准也于2022年12月1日正式实施。

2022年5月26日，国务院办公厅发布《关于推动外贸保稳提质的意见》（国办发〔2022〕18号），支持国外消费者购买中国品牌汽车。支持更多地区开展二手车出口业务，扩大二手车出口规模，提升二手车出口质量。

2022年11月29日，商务部、公安部、海关总署发布《关于进一步扩大开展二手车出口地区范围的通知》（商贸函〔2022〕537号），新增14个地区开展二手车出口业务。

（中国汽车流通协会二手车出口分会　廖智勇）

# 2022年中国进口乘用车市场

进口市场方面，延续着近十年来进口车市场需求相对平稳、销量振幅平缓，海关进口量及供应侧波动较大的特点。2022年，我国实现进口汽车87.8万辆，同比下滑6.5%。受2022年上半年外部环境的拖累，如芯片供应短缺，疫情阻碍了生产、运输等环节导致市场供给不能及时满足需求，市场销售情况在下半年释放不及预期，全年达成销量仅为76.7万台，同比下滑超一成。

在进口乘用车市场中，非豪华品牌销量的下滑是造成进口乘用车总体市场萎缩的主要原因，其受到自主品牌向上发展和豪华品牌价格下探的双重挤压，面临生存空间逐渐缩小的困境。非豪华品牌的销量自2019年起连续四年下滑，尤其2020—2022年疫情的三年间销量年均降幅达到40%，占进口乘用车的份额由2012年的37%，下降到了2022年的9%。

反观进口乘用车市场中的其他阵营，豪华品牌需求呈现相对理性的波动性增长，2020—2022年销量年均降幅为7%，而超豪华品牌需求则始终保持较高的增长速度，2020—2022年销量年均增长20%。可见，进口乘用车市场呈现出了明显的“升级”趋势，“豪华化”急速攀升，2022年豪华品牌销量占比已超过九成。在国产化大潮背景下，进口市场日趋高端、奢华以及小众化，服务的客户群体也将呈现高端、精英、个性化等特质。

## 一、供需不平衡长期存在　疫情三年波动趋于平缓

近十年来，进口车市场需求相对平稳，销量振幅平缓。而海关进口量波动较大，年度增长最高达到21.6%（2014年），最低仅为-24.2%（2015年），围绕需求曲线上下波动，供需增速差值最大达到15%（2017年），其他年份基本维持5～8个百分点的差值，较大幅度的波动一定程度上影响了进口汽车行业的健康发展（见图1）。

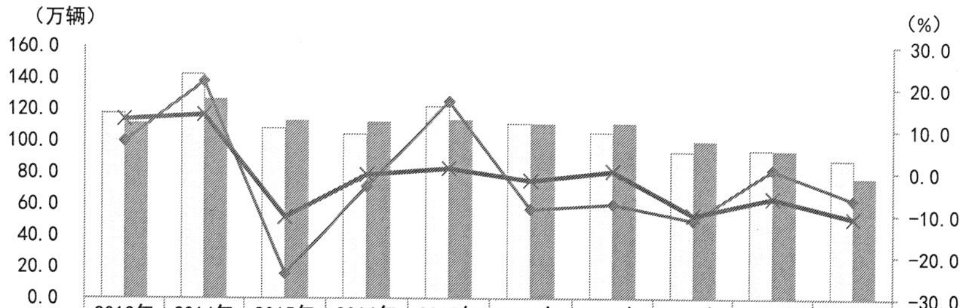


| | 2013年 | 2014年 | 2015年 | 2016年 | 2017年 | 2018年 | 2019年 | 2020年 | 2021年 | 2022年 |
|---|---|---|---|---|---|---|---|---|---|---|
| 汽车进口量 | 117.1 | 142.3 | 107.8 | 104.1 | 121.6 | 110.8 | 105.0 | 93.0 | 94.0 | 87.8 |
| 进口车销量 | 111.2 | 126.3 | 112.8 | 112.1 | 113.1 | 110.8 | 111.1 | 99.7 | 93.9 | 76.7 |
| 进口同比 | 7.3 | 21.6 | -24.2 | -3.4 | 16.8 | -8.8 | -7.6 | -11.4 | 0.6 | -6.5 |
| 销量同比 | 12.5 | 13.6 | -10.7 | -0.6 | 0.9 | -2.0 | 0.2 | -10.2 | -6.1 | -10.8 |

图1　2009—2021年中国汽车进口量及增速

资料来源：中国进口汽车市场数据库

2013—2017年，乘用车海关进口量增幅波动明显，出现供需增长不同步，供给波动走弱的特点。2018年以后虽渐趋平稳但仍呈下滑态势，2021年实现微增长，2022年再次进入负增长，全年累计进口87.8万辆，下滑6.5%。进口乘用车销量增幅自2016年以后相对平稳，但2022年表现明显弱于进口量，全年仅达成销量76.7万台，一定程度反映疫情后的供需预期存在一定差值，即厂商对于市场的预期要好于实际需求的恢复。同时，受2022年上半年外部环境的拖累，如芯片供应短缺，疫情阻碍了生产、运输等环节导致市场供给不能及时满足需求，市场销售情况在下半年释放不及预期。

## 二、2020年以来进口乘用车需求连续走弱　弱于同期国产乘用车

从近十年的数据来看，进口乘用车市场需求的变化可以划分为四个阶段：2012—2014年为持续攀升阶段，增速与国产乘用车基本相当；2015—2016年为分化阶段，国产乘用车大幅增长，而进口车则出现了较大幅度下滑；2017—2019年为相对稳定阶段，增速多数时期高于国产乘用车市场；2020—2022年因遭受疫情和芯片短缺的冲击，市场出现较大幅度地下滑，尤其是国产豪华新能源车分流了部分需求，致使进口车销量增速与国产乘用车整体销量增速的差异日趋明显，尤以2022年为甚，进口乘用车全年销量仅为76.7万辆，同比下降10.8%，远低于国产乘用车产销表现（见表1）。

表1　2012—2022年中国进口 / 国产乘用车销量数据对比　　单位：万辆，%

| | 2012年 | 2013年 | 2014年 | 2015年 | 2016年 | 2017年 | 2018年 | 2019年 | 2020年 | 2021年 | 2022年 |
|---|---|---|---|---|---|---|---|---|---|---|---|
| 国产销量 | 1193 | 1391 | 1566 | 1767 | 2269 | 2286 | 2110 | 2028 | 1885 | 2015 | 1973 |
| 进口销量 | 98 | 111 | 126 | 112 | 107 | 113 | 112 | 112 | 100 | 94 | 77 |
| 销量总计 | 1291 | 1502 | 1692 | 1880 | 2376 | 2399 | 2222 | 2140 | 1985 | 2109 | 2050 |
| 国产市场份额 | 92.4 | 92.6 | 93 | 94 | 96 | 95 | 95 | 95 | 95 | 96 | 96 |
| 进口市场份额 | 7.6 | 7.4 | 7.4 | 6.0 | 4.5 | 4.7 | 5.0 | 5.2 | 5.0 | 4.5 | 3.7 |
| 国产同比增长 | — | 16.7 | 13.0 | 13.0 | 28.0 | 0.7 | -8.0 | -4.0 | -7.0 | 6.9 | -2.0 |
| 进口同比增长 | — | 13.3 | 13.0 | -11.0 | -5.0 | 5.3 | -1.0 | -1.0 | -10.0 | -6.0 | -11.0 |
| 总体同比增长 | — | 16.4 | 13.0 | 11.0 | 26.0 | 0.9 | -7.0 | -4.0 | -7.0 | 6.3 | -3.0 |

资料来源：终端销售数据

## 三、品牌阵营分化明显　非豪华品牌需求大幅下降

在进口乘用车市场中，非豪华品牌需求的快速下滑，是造成进口乘用车总体需求萎缩最主要的原因。在经济下行的大环境下，非豪华品牌的消费人群是最直接的受害者，购买力严重受限。同时，非豪华品牌也由于受到自主品牌向上发展和豪华品牌价格下探的双重挤压，而面临生存空间逐渐缩小的困境。非豪华品牌的销量自2019年起连续四年下滑，2020—2022年疫情的三年间，销量年均降幅达到40%，占进口乘用车的份额也由2012年的37%，下降到2022年的9%（见图2）。

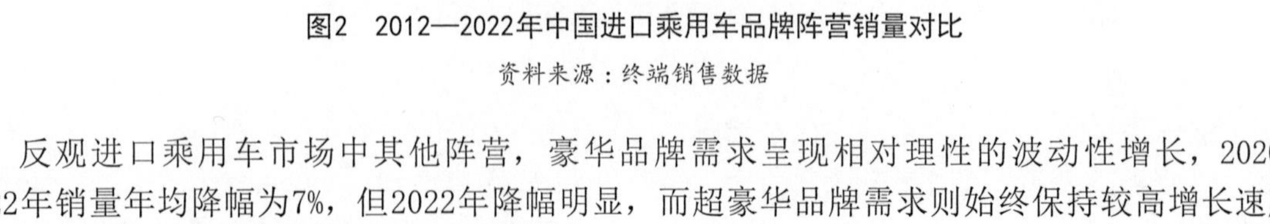


图2　2012—2022年中国进口乘用车品牌阵营销量对比

资料来源：终端销售数据

反观进口乘用车市场中其他阵营，豪华品牌需求呈现相对理性的波动性增长，2020—2022年销量年均降幅为7%，但2022年降幅明显，而超豪华品牌需求则始终保持较高增长速度，2020—2022年销量年均增长20%（见图3）。

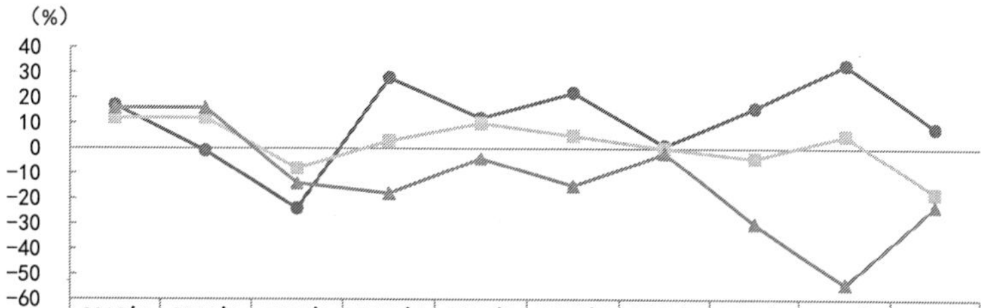


| | 2013年 | 2014年 | 2015年 | 2016年 | 2017年 | 2018年 | 2019年 | 2020年 | 2021年 | 2022年 |
|---|---|---|---|---|---|---|---|---|---|---|
| 超豪华 | 17 | −1 | −24 | 28 | 12 | 22 | 1 | 16 | 33 | 8 |
| 豪华 | 12 | 12 | −8 | 3 | 10 | 5 | 0 | −4 | 5 | −18 |
| 非豪华 | 16 | 16 | −14 | −18 | −4 | −15 | −2 | −30 | −54 | −23 |

图3　2013—2022年中国进口乘用车品牌阵营销量增速对比

资料来源：终端销售数据

进口乘用车市场呈现出明显的“升级”趋势，“豪华化”急速攀升，2022年豪华品牌销量占比已超过九成（见图4）。

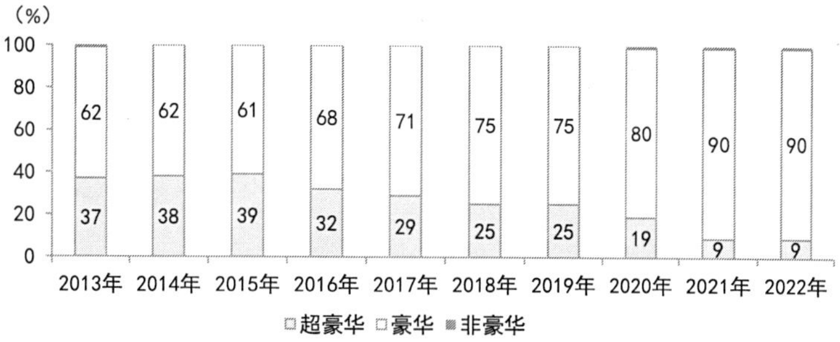


图4　2013—2022年中国进口乘用车品牌阵营销量构成

资料来源：终端销售数据

注：本文中所列“豪华品牌”仅包含奥迪、宝马、奔驰、MINI、捷豹、凯迪拉克、雷克萨斯、路虎、讴歌、沃尔沃、英菲尼迪、保时捷、玛莎拉蒂、阿斯顿•马丁、宾利、法拉利、兰博基尼、劳斯莱斯、迈凯伦和特斯拉，下同）。

## 四、豪华进口车加权平均价上涨　支撑进口乘用车价格加速上涨

从市场价格监测数据来看，自2020年以来，豪华车和进口乘用车成交价格均呈上涨趋势。2022年，豪华车和进口乘用车加权平均成交价格分别上涨5.9万元和5.8万元（见图5）。

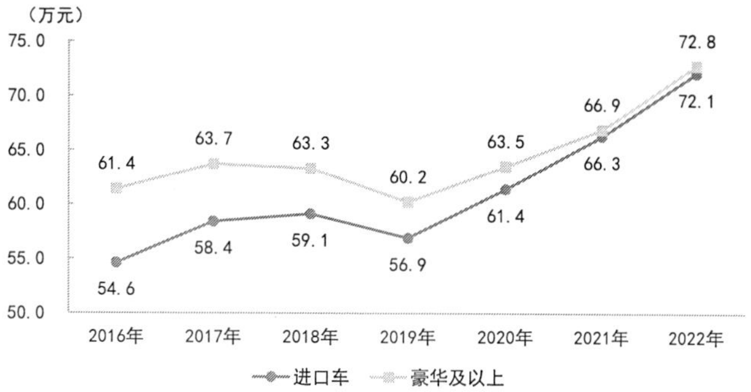


图5　2016—2022年中国进口乘用车成交价格

资料来源：终端销售数据

## 五、进口汽车全行业库存高企　厂商经营压力巨大

伴随着2019—2020年供给小于需求，进口汽车全行业库存深度出现明显下滑；2021年供需基本平衡，但销量有所下滑；截至2022年库存深度维持在3个月以上，处于较高位水平，年底更

是由于部分商场对于需求复苏的预期过于乐观，以及前期延迟的资源到货，导致整体库存大幅攀升至5个月以上水平，厂商的销售压力巨大（见图6）。

图6 2014—2022年进口乘用车库存深度

资料来源：中国进口汽车市场信息联席会

注：全行业库存包含进口主机厂和经销商库存。

## 六、进口新能源汽车销售波动 特斯拉国产化后降幅明显

新能源汽车渗透率快速攀升，进口量并未随之爆发，主要原因不言而喻。自主品牌在新能源市场地位不断巩固，外资品牌新能源化相对步调缓慢，2016—2018年进口新能源汽车销售在1.5万～2.0万辆之间，在Model 3的带动下，2019年进口新能源汽车销售暴增至6万辆，同比增长191%，占进口汽车总量的5.4%；随着特斯拉车型国产，2020年销售规模回落至2.75万辆，随着PHEV的贡献，2021年销售同比增长26.2%，2022年1—12月数据NEV销售31088辆，同比下滑10.54%，12月销售3979辆，同比下降5.93%，其中纯电车型销售1583辆，同比上涨16.91%（见图7）。

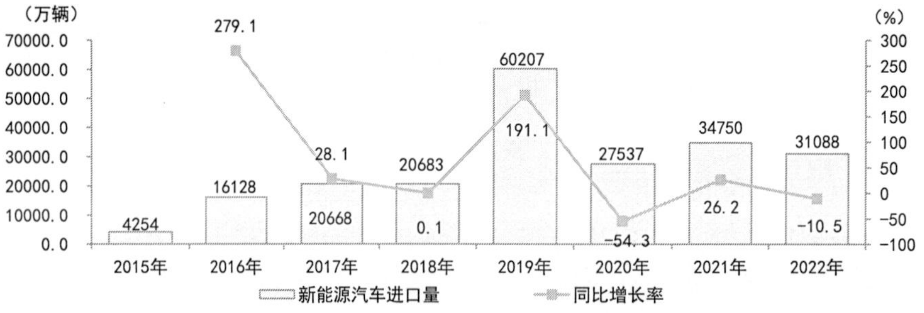


图7 2015—2022年进口新能源汽车趋势

资料来源：中国进口汽车市场信息联席会

（中国车辆进出口有限公司 王存）

# 2022年世界汽车市场

根据FOURIN统计的分品牌销量数据，全球84国汽车销量（含部分推测值）进行统计之后发现，2022年世界汽车销量同比减少1.3%降至8145万辆。虽然并未像2020年（7886万辆）那样跌破8000万辆大关，但仍比疫情前的2019年减少一成以上（10.7%），按销量则减少了972万辆。亚洲新兴国家的销售形势较好，但欧美发达国家在供应链混乱和产品短缺的同时，又叠加了物价和通胀率上涨、地缘政治风险上升等因素，呈现出经济发展停滞的状况。

分国家来看，位居首位的中国同比增长2.2%达到2686万辆，比2019年还高出4.1%。印度同比增长25.8%达到475.7万辆，首次超过日本（同比减少5.6%降至420.1万辆）夺得第3位，比2019年增长23.7%，美国同比减少7.7%降至1421万辆，重新跌破了1500万辆大关，德国也同比减少0.4%以293万辆延续着300万辆以下水平。排名前5位国家虽与上年相同，但发达国家与新兴国家对比明显。从第5位以下来看，俄罗斯因俄乌冲突影响而同比减少53.4%降至85.0万辆，从上年的第9位后退至第16位。与此同时，印度尼西亚同比增长18.1%以104.8万辆恢复百万规模，马来西亚（增长38.4%达70.4万辆）、沙特阿拉伯（增长12.3%达63.7万辆）均比疫情前水平高出15%以上（见图1、图2）。

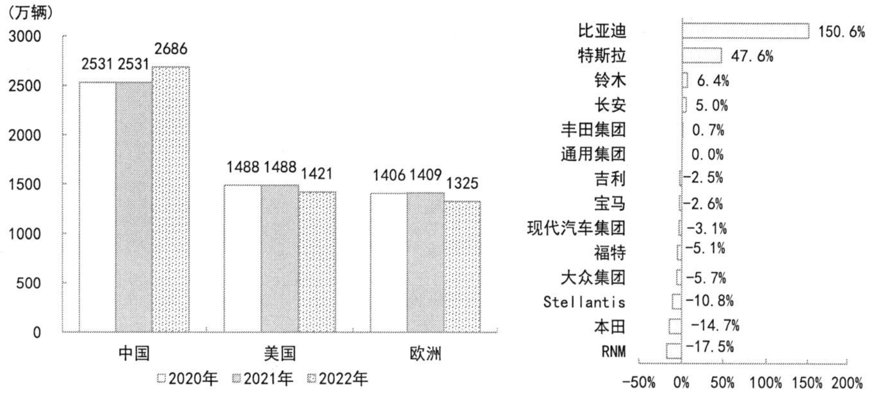


**图1　2020—2022年世界各主要国家／地区的汽车销量比较**

资料来源：FOURIN根据公开资料整理（以下图表来源相同，后文不再赘述）

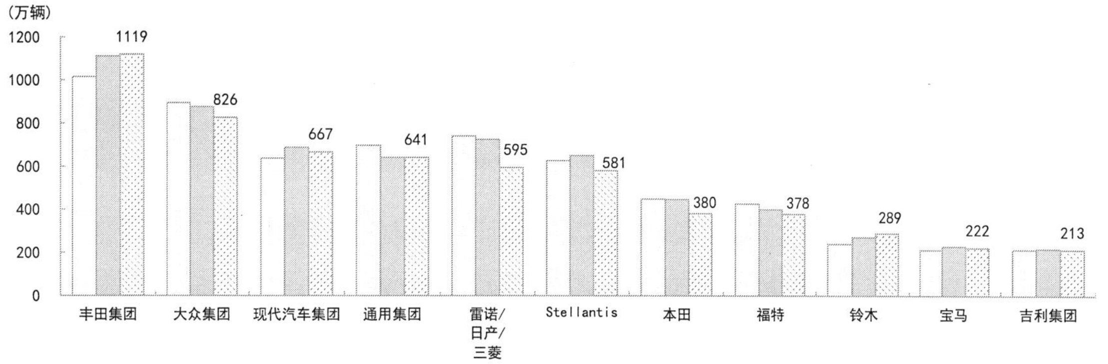


**图2　2020—2022年世界各主要集团的汽车销量比较**

注：丰田集团在2020年以后包括斯巴鲁。

从集团品牌来看，超过1000万辆的只有丰田（含斯巴鲁）。其后，大众达800万辆以上，现代汽车、通用、雷诺/日产/三菱、Stellantis 则形成了分别具备600万辆规模的集团。丰田同比增长0.7%以1118.6万辆连续3年位居首位，但第2位的大众则同比减少5.7%，以825.9万辆延续降势，与丰田的差距已从上年的235万辆扩大至293万辆。第3位以下的排序有所变动，同比微降3.1%的现代汽车集团以666.7万辆跃居第3位，与上年保持相同水平的通用集团以641.2万辆跃居第4位，原曾长期稳居第3位的雷诺/日产/三菱则同比减少18.0%，以594.5万辆后退至第5位。考虑到雷诺/日产/三菱的销量曾在2019年达到1000万辆规模的情况，2022年已减少四成。除了日产（含三菱等）同比减少14.9%、雷诺（含达西亚等）同比减少23.4%，分别出现两位数减少的萧条情况，2022年5月出售 Lada 使得销量规模损失40万辆左右也是较大原因之一。Stellantis 同比减少10.8%降至580.5万辆，从上年的第5位后退至第6位。

从最新动向来看，以电动汽车为主力的制造商实现了跨越式进步。特斯拉同比大幅增长1.5倍达到189.1万辆，特斯拉同比大幅增长47.6%达到150.2万辆，排序分别上升至第15位和第16位（上年分别为第23位、第21位）（见表1、图3、表2、表3、图4、表4）。

表1　2018—2022年世界汽车销量——前20位国家的销量　　单位：辆，%

| 排名 | 国家 | 2018年 | 2019年 | 2020年 | 2021年 | 2022年 | 同比增长 | 构成比 |
|---|---|---|---|---|---|---|---|---|
| 1 | 中国[1] | 28080577 | 25796931 | 25311069 | 26274820 | 26863745 | 2.2 | 33.0 |
| 2 | 美国[2] | 17701402 | 17480004 | 14878657 | 15388525 | 14210243 | -7.7 | 17.4 |
| 3 | 印度[3] | 4440631 | 3847132 | 2954711 | 3782948 | 4757459 | 25.8 | 5.8 |
| 4 | 日本 | 5272067 | 5195216 | 4598615 | 4448340 | 4201320 | -5.6 | 5.2 |
| 5 | 德国 | 3783333 | 3978439 | 3240803 | 2943621 | 2931140 | -0.4 | 3.6 |
| 6 | 巴西 | 2566433 | 2787850 | 2058437 | 2119851 | 2104461 | -0.7 | 2.6 |
| 7 | 英国 | 2783231 | 2740022 | 1967563 | 2049179 | 1945116 | -5.1 | 2.4 |
| 8 | 法国 | 2692746 | 2755695 | 2100020 | 2142275 | 1926554 | -10.1 | 2.4 |
| 9 | 韩国 | 1818024 | 1788518 | 1889929 | 1730688 | 1689484 | -2.4 | 2.1 |
| 10 | 加拿大[2] | 2040261 | 1972502 | 1580253 | 1705785 | 1566592 | -8.2 | 1.9 |
| 11 | 意大利 | 2122078 | 2132629 | 1564620 | 1669340 | 1505052 | -9.8 | 1.8 |
| 12 | 墨西哥 | 1468274 | 1360008 | 977650 | 1046705 | 1125738 | 7.6 | 1.4 |
| 13 | 澳大利亚 | 1153111 | 1062867 | 916968 | 1049831 | 1081429 | 3.0 | 1.3 |
| 14 | 印度尼西亚 | 1151308 | 1030126 | 532027 | 887202 | 1048040 | 18.1 | 1.3 |
| 15 | 西班牙 | 1563614 | 1501244 | 1030746 | 1034064 | 958811 | -7.3 | 1.2 |
| 16 | 俄罗斯[4] | 2007434 | 2000885 | 1938408 | 1821511 | 849600 | -53.4 | 1.0 |
| 17 | 泰国 | 1041739 | 1007552 | 792146 | 759119 | 849388 | 11.9 | 1.0 |
| 18 | 土耳其[5] | 635299 | 487830 | 791037 | 760678 | 813792 | 7.0 | 1.0 |
| 19 | 马来西亚 | 598598 | 604281 | 529514 | 508883 | 704342 | 38.4 | 0.9 |
| 20 | 沙特阿拉伯 | 411223 | 536903 | 457148 | 567174 | 636746 | 12.3 | 0.8 |

注：[1] 国产车出厂量，不含进口量。[2] 不含客车。[3] 针对未纳入印度汽车工业协会（SIAM）发布统计中的品牌销量，采用了各公司公布资料和当地报道的数值或者推测值。[4] 商用车采用工厂出厂量。小型商用车有可能存在双重计算。[5] 不含中大型商用车的进口销量。

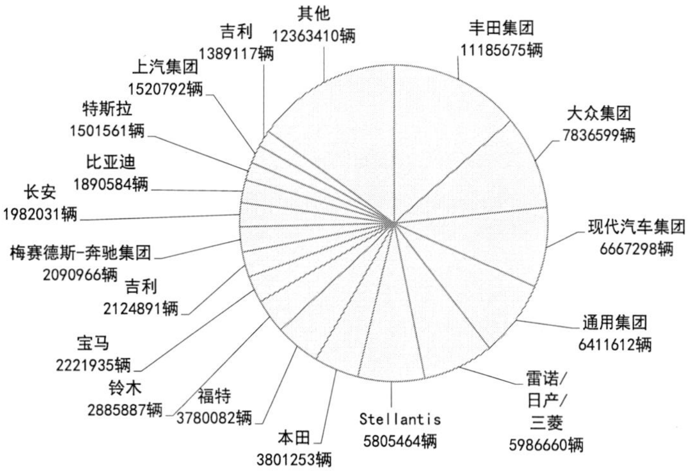


图3　2022年世界汽车销量排名——各集团市场份额构成

注：统计对象为全球80国/地区。

表2　2020—2022年世界汽车销量——排名前20位品牌　　单位：辆，%

| 排名 | 品牌 | 2020年 | 2021年 | 2022年 | 同比增长 |
|---|---|---|---|---|---|
| 1 | Toyota[1] | 7788264 | 8686938 | 8774689 | 1.0 |
| 2 | VW | 5564404 | 4951064 | 4799640 | -3.1 |
| 3 | Ford | 4135857 | 3887624 | 3685660 | -5.2 |
| 4 | Honda | 4297130 | 4265283 | 3673109 | -13.9 |
| 5 | Hyundai | 3592800 | 3817631 | 3629536 | -4.9 |
| 6 | Chevrolet | 3273652 | 2743021 | 3004558 | 9.5 |
| 7 | Nissan | 3583346 | 3562799 | 2906355 | -18.4 |
| 8 | Kia | 2657196 | 2862218 | 2830855 | -1.1 |
| 9 | Mercedes-Benz[2] | 2219792 | 2056458 | 2069266 | 0.6 |
| 10 | BMW | 1863278 | 2022277 | 1969075 | -2.6 |
| 11 | BYD | 436383 | 754318 | 1890584 | 150.0 |
| 12 | Chana | 1305566 | 1589932 | 1755726 | 10.4 |
| 13 | Maruti | 1237167 | 1397249 | 1613625 | 15.5 |
| 14 | Audi | 1612415 | 1605777 | 1548919 | -3.5 |
| 15 | Tesla | 424749 | 1017326 | 1501561 | 47.6 |
| 16 | Renault | 1772574 | 1647508 | 1420217 | -13.8 |
| 17 | Wuling | 1184088 | 1470784 | 1408084 | -4.3 |
| 18 | Suzuki | 1159608 | 1315130 | 1272262 | -3.3 |
| 19 | Fiat | 1198612 | 1315087 | 1193293 | -9.3 |
| 20 | Geely | 1168383 | 1149041 | 1124282 | -2.2 |

注：统计对象为世界84国/地区。[1]由于不含Scion品牌，与下表数值不同。[2]仅指小型。

表3　2018—2022年世界汽车销量——前20位汽车集团的销量　　单位：辆，%

| 集团 | 品牌 | 2018年 | 2019年 | 2020年 | 2021年 | 2022年 | 同比增长 | 份额 |
|---|---|---|---|---|---|---|---|---|
| 丰田集团 | Toyota/Scion | 8698607 | 8824635 | 7788266 | 8686942 | 8774689 | 1.0 | 10.8 |
| | Lexus | 509706 | 532850 | 469194 | 505787 | 419975 | -17.0 | 0.5 |
| | 丰田计 | 9208313 | 9357485 | 8257460 | 9192729 | 9194664 | 0.0 | 11.3 |
| | Daihatsu | 850514 | 837655 | 684603 | 739603 | 779407 | 5.4 | 1.0 |
| | Perodua | 227442 | 240543 | 220290 | 190339 | 282108 | 48.2 | 0.3 |
| | 大发计 | 1077956 | 1078198 | 904893 | 929942 | 1061515 | 14.1 | 1.3 |
| | Subaru | （单独） | （单独） | 854717 | 839096 | 785899 | -6.3 | 1.0 |
| | Hino | 190291 | 180260 | 132987 | 145786 | 143597 | -1.5 | 0.2 |
| | 集团计 | 10476560 | 10615943 | 10150057 | 11107553 | 11185675 | 0.7 | 13.7 |
| | 参考：除 Perodua | 10249118 | 10375400 | 9929767 | 10917214 | 10903567 | -0.1 | 13.4 |
| 斯巴鲁 | Subaru | 1037143 | 1012783 | 丰田 | 丰田 | 丰田 | — | — |
| 大众集团 | VW | 6758728 | 6667974 | 5564404 | 4951064 | 4799640 | -3.1 | 5.9 |
| | Audi | 1762299 | 1757106 | 1612415 | 1605777 | 1548919 | -3.5 | 1.9 |
| | Skoda | 1258726 | 1275512 | 1018697 | 871036 | 734566 | -15.7 | 0.9 |
| | SEAT | 500595 | 559992 | 418021 | 416105 | 281465 | -32.4 | 0.3 |
| | Porsche | 168001 | 182536 | 175129 | 196358 | 199901 | 1.8 | 0.2 |
| | MAN/Neoplan | 88466 | 99980 | 90064 | 116923 | 103594 | -11.4 | 0.1 |
| | Cupra | - | - | 2226 | 36610 | 90742 | 150.0 | 0.1 |
| | Scania | 71085 | 82064 | 56466 | 77598 | 67839 | -12.6 | 0.1 |
| | Bentley | 4373 | 4455 | 4219 | 5068 | 6549 | 29.2 | 0.0 |
| | Lamborghini | 1917 | 3028 | 2925 | 3099 | 3384 | 9.2 | 0.0 |
| | VW 集团计 | 10614190 | 10632647 | 8944566 | 8279638 | 7836599 | -5.4 | 9.6 |
| | JAC 江淮 /Ankai 安凯 | JAC | JAC | JAC | 478562 | 422371 | -11.7 | 0.5 |
| | 集团计 | 10614190 | 10632647 | 8944566 | 8758200 | 8258970 | -5.7 | 10.1 |
| 现代汽车集团 | Hyundai | 4406141 | 4366446 | 3592800 | 3817631 | 3629536 | -4.9 | 4.5 |
| | Kia | 2763433 | 2759287 | 2657196 | 2862218 | 2830855 | -1.1 | 3.5 |
| | Genesis | 74243 | 80743 | 127439 | 200231 | 206907 | 3.3 | 0.3 |
| | 集团计 | 7243817 | 7206476 | 6377435 | 6880080 | 6667298 | -3.1 | 8.2 |
| 通用集团 | Chevrolet | 4246913 | 3991059 | 3273652 | 2743021 | 3004558 | 9.5 | 3.7 |
| | Buick | 1296222 | 1089036 | 1085316 | 1025699 | 794318 | -22.6 | 1.0 |
| | GMC | 668967 | 670234 | 610030 | 582404 | 627716 | 7.8 | 0.8 |
| | Cadillac | 403308 | 388606 | 378400 | 374305 | 374052 | -0.1 | 0.5 |
| | Holden | 73794 | 55197 | 22609 | 154 | 1 | -99.4 | 0.0 |
| | Saturn/Pontiac/Hummer | 16 | 11 | 11 | 9 | 20 | 120.0 | 0.0 |
| | GM 计 | 6689220 | 6194143 | 5370018 | 4725592 | 4800665 | 1.6 | 5.9 |
| | Wuling/Baojun | 2077009 | 1682351 | 1606638 | 1685731 | 1610947 | -4.4 | 2.0 |
| | 集团计 | 8766229 | 7876494 | 6976656 | 6411323 | 6411612 | 0.0 | 7.9 |
| 雷诺 / 日产 / 三菱 | Nissan | 4998440 | 4585199 | 3583346 | 3562799 | 2906355 | -18.4 | 3.6 |
| | Venucia（启辰） | 132068 | 117745 | 80531 | 81292 | 100900 | 24.1 | 0.1 |
| | Infiniti | 210600 | 179514 | 119398 | 79780 | 61573 | -22.8 | 0.1 |
| | Datsun | 38250 | 34795 | 25598 | 1017 | 15 | -98.5 | 0.0 |
| | Mitsubishi | 1211780 | 1206059 | 829974 | 908083 | 872654 | -3.9 | 1.1 |
| | 日产计 | 6591138 | 6123312 | 4638847 | 4632971 | 3941497 | -14.9 | 4.8 |
| | Renault | 2380177 | 2287811 | 1772574 | 1647508 | 1378841 | -16.3 | 1.7 |
| | Dacia | 675020 | 718047 | 504356 | 531644 | 569678 | 7.2 | 0.7 |
| | Samsung | 90369 | 86859 | 95939 | 61102 | 52621 | -13.9 | 0.1 |
| | Alpine | 360 | 645 | 307 | 2013 | 2642 | 31.2 | 0.0 |

续表

| 集团 | 品牌 | 2018 年 | 2019 年 | 2020 年 | 2021 年 | 2022 年 | 同比增长 | 份额 |
|---|---|---|---|---|---|---|---|---|
| 雷诺/日产/三菱 | Lada | 392975 | 401452 | 396964 | 374750 | 单独 | — | — |
| | Renault 计 | 3538901 | 3494814 | 2770140 | 2617017 | 2003782 | -23.4 | 2.5 |
| | 集团计 | 10130039 | 9618126 | 7408987 | 7249988 | 5945279 | -18.0 | 7.3 |
| Stellantis | Fiat | 1454249 | 1395414 | 1198612 | 1315087 | 1193293 | -9.3 | 1.5 |
| | AlfaRomeo | 114748 | 78277 | 60326 | 51066 | 51262 | 0.4 | 0.1 |
| | Lancia | 48596 | 58779 | 43060 | 43744 | 41029 | -6.2 | 0.1 |
| | Maserati | 13442 | 9940 | 12323 | 16938 | 17846 | 5.4 | 0.0 |
| | Abarth | 8853 | 9226 | 6959 | 3730 | 4958 | 32.9 | 0.0 |
| | 原 FCAItaly 计 | 1639888 | 1551636 | 1321280 | 1430565 | 1308388 | -8.5 | 1.6 |
| | Jeep | 1536463 | 1443291 | 1198950 | 1235541 | 1083782 | -12.3 | 1.3 |
| | Dodge | 699937 | 821218 | 732074 | 741102 | 654714 | -11.7 | 0.8 |
| | Ram | 548641 | 498461 | 318250 | 254146 | 229757 | -9.6 | 0.3 |
| | Chrysler | 220231 | 181377 | 146779 | 161872 | 148573 | -8.2 | 0.2 |
| | 原 FCAUS 计 | 3005272 | 2944347 | 2396053 | 2392661 | 2116826 | -11.5 | 2.6 |
| | 原 FCA 计 | 4645160 | 4495983 | 3717333 | 3823226 | 3425214 | -10.4 | 4.2 |
| | Peugeot | 1562540 | 1455082 | 1141263 | 1217044 | 1067800 | -12.3 | 1.3 |
| | Citroën | 1026340 | 995676 | 733823 | 790107 | 699710 | -11.4 | 0.9 |
| | Opel/Vauxhall | 1014934 | 953443 | 631792 | 636255 | 564722 | -11.2 | 0.7 |
| | DS | 48381 | 48878 | 41023 | 43077 | 48018 | 11.5 | 0.1 |
| | 原 PSA 计 | 3652195 | 3453079 | 2547901 | 2686483 | 2380250 | -11.4 | 2.9 |
| | 集团计 | 8297355 | 7949062 | 6265234 | 6509709 | 5805464 | -10.8 | 7.1 |
| 本田 | Honda | 5073482 | 4988001 | 4297130 | 4265283 | 3673109 | -13.9 | 4.5 |
| | Acura | 192004 | 195068 | 164659 | 182181 | 116616 | -36.0 | 0.1 |
| | Everus/Ciimo(理念/思铭) | 100 | 2823 | 8955 | 8562 | 11528 | 34.6 | 0.0 |
| | 集团计 | 5265586 | 5185892 | 4470744 | 4456026 | 3801253 | -14.7 | 4.7 |
| 福特集团 | Ford | 5464871 | 5057376 | 4135857 | 3887624 | 3685660 | -5.2 | 4.5 |
| | Lincoln | 114094 | 123088 | 114347 | 97564 | 94422 | -3.2 | 0.1 |
| | 集团计 | 5578965 | 5180464 | 4250204 | 3985188 | 3780082 | -5.1 | 4.6 |
| 铃木 | Maruti | 1751919 | 1511611 | 1237167 | 1397249 | 1613625 | 15.5 | 2.0 |
| | Suzuki | 1501711 | 1432150 | 1159608 | 1315130 | 1272262 | -3.3 | 1.6 |
| | 集团计 | 3253630 | 2943761 | 2396775 | 2712379 | 2885887 | 6.4 | 3.5 |
| 宝马集团 | BMW | 1936195 | 2023364 | 1863278 | 2022277 | 1969075 | -2.6 | 2.4 |
| | MINI | 329480 | 318443 | 256216 | 258894 | 251575 | -2.8 | 0.3 |
| | Rolls-Royce | 751 | 938 | 805 | 1205 | 1285 | 6.6 | 0.0 |
| | 集团计 | 2266426 | 2342745 | 2120299 | 2282376 | 2221935 | -2.6 | 2.7 |
| 吉利汽车 | Geely 吉利 | 1420020 | 1260620 | 1168383 | 1149041 | 1128637 | -1.8 | 1.4 |
| | VolvoCar | 672299 | 699025 | 671917 | 668375 | 616448 | -7.8 | 0.8 |
| | Lynk&Co | 120414 | 128066 | 175456 | 226464 | 203430 | -10.2 | 0.2 |
| | Polestar | 1 | 1 | 9965 | 22801 | 44078 | 93.3 | 0.1 |
| | Proton | 64890 | 100259 | 108571 | 111773 | 136145 | 21.8 | 0.2 |
| | Lotus | 995 | 643 | 727 | 719 | 508 | -29.3 | 0.0 |
| | 集团计 | 2278619 | 2188614 | 2135019 | 2179173 | 2129246 | -2.3 | 2.6 |
| 梅赛德斯-奔驰集团 | M-Benz 小型汽车/Maybach | 2348906 | 2457828 | 2219793 | 2056459 | 2069266 | 0.6 | 2.5 |
| | smart | 105813 | 118846 | 28169 | 37126 | 21700 | -41.6 | 0.0 |
| | 集团计 | 2454719 | 2576674 | 2247962 | 2093585 | 2090966 | -0.1 | 2.6 |

续表

| 集团 | 品牌 | 2018年 | 2019年 | 2020年 | 2021年 | 2022年 | 同比增长 | 份额 |
|---|---|---|---|---|---|---|---|---|
| 长安汽车 | Chana 长安 | 1219637 | 1165809 | 1305566 | 1589932 | 1755726 | 10.4 | 2.2 |
| | JMC/Landwind 江铃/陆风 | 360845 | 280606 | 293603 | 297478 | 226305 | -23.9 | 0.3 |
| | 集团计 | 1580482 | 1446415 | 1599169 | 1887410 | 1982031 | 5.0 | 2.4 |
| 比亚迪 | BYD/Denza 腾势 | 530330 | 470204 | 436423 | 754511 | 1891082 | 1.5倍 | 2.3 |
| 特斯拉 | Tesla | 197888 | 289114 | 424749 | 1017326 | 1501561 | 47.6 | 1.8 |
| 上汽集团 | MG 名爵 | 284911 | 349257 | 435785 | 719763 | 937047 | 30.2 | 1.2 |
| | Roewe 荣威 | 460215 | 417735 | 377028 | 353558 | 286458 | -19.0 | 0.4 |
| | Maxus 大通 | 129038 | 156782 | 197476 | 249769 | 238376 | -4.6 | 0.3 |
| | SAIC/Yuejin 跃进 | 94870 | 85689 | 111457 | 96432 | 40237 | -58.3 | 0.0 |
| | LDV | 8758 | 8776 | 11420 | 18530 | 18674 | 0.8 | 0.0 |
| | 集团计 | 977792 | 1018239 | 1133166 | 1438052 | 1520792 | 5.8 | 1.9 |
| 奇瑞汽车 | Chery 奇瑞 | 566626 | 532337 | 533879 | 835762 | 1083435 | 29.6 | 1.3 |
| | Jetour 捷途 | - | 139025 | 130750 | 158813 | 184330 | 16.1 | 0.2 |
| | Exeed 星途 | - | 15994 | 18251 | 37154 | 66198 | 78.2 | 0.1 |
| | Cowin 凯翼等 | 137152 | 58262 | 47030 | 30354 | 55154 | 81.7 | 0.1 |
| | 集团计 | 703778 | 745618 | 729910 | 1062083 | 1389117 | 30.8 | 1.7 |
| 马自达 | Mazda | 1600946 | 1485205 | 1244638 | 1258979 | 1104650 | -12.3 | 1.4 |
| 长城汽车 | Haval 哈弗 | 770758 | 782904 | 775996 | 837910 | 691321 | -17.5 | 0.8 |
| | GreatWall 长城 | 173386 | 177637 | 245459 | 271499 | 228819 | -15.7 | 0.3 |
| | WEY 魏派 | 139486 | 100043 | 78500 | 58363 | 36384 | -37.7 | 0.0 |
| | Ora 欧拉 | - | 38865 | 56261 | 135035 | 104216 | -22.8 | 0.1 |
| | 集团计 | 1083630 | 1099449 | 1156216 | 1302807 | 1060740 | -18.6 | 1.3 |
| 东风汽车 | DongfengMotor 东风 | 960153 | 937912 | 937862 | 927363 | 656254 | -29.2 | 0.8 |
| | Fengshen/Liuzhou 风神/柳州 | 95656 | 77120 | 70201 | 130600 | 226330 | 73.3 | 0.3 |
| | KAMA | 48786 | 54274 | 63250 | 69236 | 54549 | -21.2 | 0.1 |
| | 集团计 | 1104595 | 1069306 | 1071313 | 1127199 | 937133 | -16.9 | 1.2 |
| 其他 | | 9269453 | 8207696 | 7322056 | 8034174 | 8875044 | 10.5 | 10.9 |
| 合计 | | 94712172 | 91160927 | 78861578 | 82508121 | 81445817 | -1.3 | 100.0 |

注：统计对象为FOURIN能够统计到分品牌销量的84国/地区。

集团分类标准截至2022年年末指该集团的核心公司，当向其他公司出资20%以上时，将该制造商/品牌纳入该集团。不过，针对从2018年年初至2021年年末期间的资本变化情况，若发生于1—6月则在当年、若发生于7—12月则自次年变更了集团。

丰田：2020年2月丰田将对斯巴鲁的出资比率提升至20%，2020年以后将后者纳入丰田集团。大众：截至2020年年末已将对JAC（江淮汽车）的出资比率提升至75%，2021年以后将后者纳入大众集团。雷诺/日产：2022年5月雷诺已出售了伏尔加(AvtoVAZ)，2022年不包括Lada品牌。同时，雷诺的俄罗斯事业也在同月不再是合并对象，2022年年末将其纳入雷诺。日产的俄罗斯事业在2022年10月才实施转让，仍将其纳入同年数据。吉利汽车（Geely）：2017年9月获得宝腾（Proton）49.9%的股份，自2018年包括Proton和Lotus品牌。菲亚特克莱斯勒（FCA）、标致雪铁龙（PSA）：2021年1月合并成立Stellantis。戴姆勒（Daimler）:2021年分割为负责小型汽车事业梅赛德斯-奔驰集团（Mercedes-Benz Gr.），以及负责货车事业的Daimler Trucks。

Rolls-Royce等超豪华车品牌销量不详的国家较多，实绩有可能与上表数值大为不同，包括推测值。同时，当各国销量中的排名前列以外品牌数据不详时，将其计入其他。为此，该部分数值未统计在分集团分制造商销量之内（本文后面其他表格相同）。

墨西哥、丹麦、希腊等15国：中大型商用车的分品牌销量不详。意大利：2022年商用车的分品牌销量为推测值。列支敦士登、克罗地亚、塞尔维亚：仅指乘用车实绩。波多黎各、白俄罗斯：2022年分品牌销量中除排名前列车型以外，其余不详。

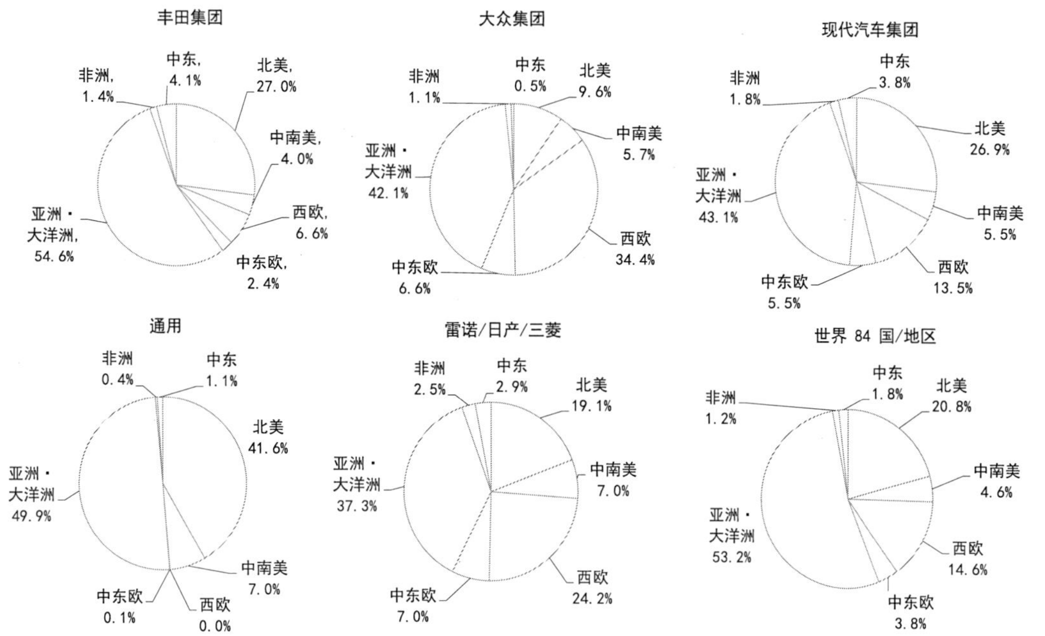


图4　2022年世界汽车销量——排名前5位集团的分地域销量构成

表4　2018—2022年世界81国／地区——分地域分国家／地区汽车销量　　　　单位：辆，%

| 地域 | 国家 | 车种 | 2018 年 | 2019 年 | 2020 年 | 2021 年 | 2022 年 | 同比增长 | 构成比 |
|---|---|---|---|---|---|---|---|---|---|
| 北美 | 美国 | 全[1] | 17701402 | 17480004 | 14878657 | 15388525 | 14210243 | -7.7 | 17.4 |
| | 加拿大 | 全[1] | 2040261 | 1972502 | 1580253 | 1705785 | 1566592 | -8.2 | 1.9 |
| | 墨西哥 | 全 | 1468274 | 1360008 | 977650 | 1046705 | 1125738 | 7.6 | 1.4 |
| | 3 国计 | | 21209937 | 20812514 | 17436560 | 18141015 | 16902573 | -6.8 | 20.8 |
| 中南美 | 巴西 | 全 | 2566433 | 2787850 | 2058437 | 2119851 | 2104461 | -0.7 | 2.6 |
| | 智利 | 全 | 434076 | 389224 | 272107 | 434347 | 445937 | 2.7 | 0.5 |
| | 阿根廷 | 全 | 793168 | 452200 | 334316 | 370357 | 395540 | 6.8 | 0.5 |
| | 哥伦比亚 | 全 | 255985 | 263223 | 188336 | 250497 | 262595 | 4.8 | 0.3 |
| | 秘鲁 | 全 | 165802 | 168647 | 125090 | 174751 | 177543 | 1.6 | 0.2 |
| | 波多黎各 | 小型汽车 | 108458 | 106652 | 95020 | 129145 | 123604 | -4.3 | 0.2 |
| | 厄瓜多尔 | 全 | 135822 | 131642 | 81645 | 119316 | 139517 | 16.9 | 0.2 |
| | 玻利维亚 | 全 | 48654 | 51565 | 29110 | 42681 | 43823 | 2.7 | 0.1 |
| | 乌拉圭 | 全 | 45471 | 42322 | 36398 | 51737 | 55056 | 6.4 | 0.1 |
| | 巴拉圭 | 全 | 38399 | 30735 | 23479 | 29731 | 35748 | 20.2 | 0.0 |
| | 10 国计 | | 4592268 | 4424060 | 3243938 | 3722413 | 3783824 | 1.6 | 4.6 |
| 西欧 | 德国 | 全 | 3783333 | 3978439 | 3240803 | 2943621 | 2931140 | -0.4 | 3.6 |
| | 英国 | 全 | 2783231 | 2740022 | 1967563 | 2049179 | 1945116 | -5.1 | 2.4 |
| | 法国 | 全 | 2692746 | 2755695 | 2100020 | 2142275 | 1926554 | -10.1 | 2.4 |
| | 意大利 | 全 | 2122078 | 2132629 | 1564620 | 1669340 | 1505052 | -9.8 | 1.8 |
| | 西班牙 | 全 | 1563614 | 1501244 | 1030746 | 1034064 | 958811 | -7.3 | 1.2 |
| | 比利时 | 全 | 638392 | 642753 | 510322 | 461903 | 430583 | -6.8 | 0.5 |
| | 荷兰 | 全 | 539232 | 537777 | 426996 | 402803 | 384841 | -4.5 | 0.5 |
| | 瑞典 | 全 | 417817 | 418190 | 330008 | 343882 | 329770 | -4.1 | 0.4 |
| | 瑞士 | 全 | 341355 | 356038 | 275366 | 279826 | 261408 | -6.6 | 0.3 |
| | 奥地利 | 全 | 394038 | 382033 | 291833 | 306176 | 244416 | -20.2 | 0.3 |

续表

| 地域 | 国家 | 车种 | 2018 年 | 2019 年 | 2020 年 | 2021 年 | 2022 年 | 同比增长 | 构成比 |
|---|---|---|---|---|---|---|---|---|---|
| 西欧 | 挪威 | 全 | 193227 | 189824 | 180885 | 214330 | 207903 | -3.0 | 0.3 |
| | 葡萄牙 | 全 | 273239 | 267828 | 176992 | 180277 | 185291 | 2.8 | 0.2 |
| | 丹麦 | 小型汽车 | 257974 | 264254 | 233211 | 221921 | 181021 | -18.4 | 0.2 |
| | 爱尔兰 | 全 | 153708 | 145104 | 112122 | 136389 | 131400 | -3.7 | 0.2 |
| | 希腊 | 小型汽车 | 110336 | 122081 | 87842 | 111337 | 114947 | 3.2 | 0.1 |
| | 芬兰 | 全 | 140392 | 133514 | 112972 | 115293 | 96641 | -16.2 | 0.1 |
| | 卢森堡 | 全 | 58926 | 60553 | 50814 | 50153 | 47487 | -5.3 | 0.1 |
| | 冰岛 | 全 | 20412 | 13478 | 10602 | 14281 | 18604 | 30.3 | 0.0 |
| | 列支敦士登 | 乘用车 | 1849 | 1953 | 1510 | 1627 | 1524 | -6.3 | 0.0 |
| | 圣马力诺 | 小型汽车 | 1244 | 1156 | 861 | 889 | 756 | -15.0 | 0.0 |
| | 20 国计 | | 16487143 | 16644565 | 12706088 | 12679566 | 11903265 | -6.1 | 14.6 |
| 中东欧 | 俄罗斯 | 全 [2] | 2007434 | 2000885 | 1938408 | 1821511 | 849600 | -53.4 | 1.0 |
| | 土耳其 | 全 [3] | 635299 | 487830 | 791037 | 760678 | 813792 | 7.0 | 1.0 |
| | 波兰 | 全 | 633265 | 656258 | 510152 | 554613 | 518049 | -6.6 | 0.6 |
| | 捷克 | 全 | 292759 | 281423 | 228834 | 236221 | 219198 | -7.2 | 0.3 |
| | 罗马尼亚 | 全 | 158278 | 189024 | 146385 | 145400 | 151976 | 4.5 | 0.2 |
| | 匈牙利 | 全 | 165571 | 189383 | 153343 | 149399 | 134881 | -9.7 | 0.2 |
| | 斯洛伐克 | 全 | 111865 | 113863 | 84909 | 87349 | 90074 | 3.1 | 0.1 |
| | 斯洛文尼亚 | 小型汽车 | 85544 | 84354 | 61710 | 63675 | 53478 | -16.0 | 0.1 |
| | 乌克兰 | 全 | 96302 | 102542 | 98986 | 122156 | 45708 | -62.6 | 0.1 |
| | 克罗地亚 | 乘用车 | 60041 | 62938 | 36084 | 45289 | 44088 | -2.7 | 0.1 |
| | 立陶宛 | 全 | 44960 | 58683 | 47821 | 42986 | 38914 | -9.5 | 0.0 |
| | 保加利亚 | 小型汽车 | 40614 | 41356 | 28393 | 31193 | 33489 | 7.4 | 0.0 |
| | 塞尔维亚 | 小型汽车 | 30624 | 34182 | 26185 | 30554 | 28842 | -5.6 | 0.0 |
| | 爱沙尼亚 | 全 | 32538 | 33279 | 23307 | 27835 | 25572 | -8.1 | 0.0 |
| | 拉脱维亚 | 全 | 21034 | 22185 | 16458 | 18500 | 21139 | 14.3 | 0.0 |
| | 白俄罗斯 | 小型汽车 | 52835 | 65256 | 53537 | 47483 | 17234 | -63.7 | 0.0 |
| | 塞浦路斯 | 全 | 14937 | 14634 | 12008 | 12654 | 13741 | 8.6 | 0.0 |
| | 波黑 | 小型汽车 | 10990 | 10924 | 7830 | 8819 | 9309 | 5.6 | 0.0 |
| | 摩尔多瓦 | 小型汽车 | 6340 | 6831 | 5233 | 6853 | 7780 | 13.5 | 0.0 |
| | 北马其顿 | 小型汽车 | 6651 | 7242 | 5119 | 5545 | 4918 | -11.3 | 0.0 |
| | 20 国计 | | 4507881 | 4463072 | 4275739 | 4218713 | 3121782 | -26.0 | 3.8 |
| 亚洲大洋洲 | 中国 | 全 [4] | 28080577 | 25796931 | 25311069 | 26274820 | 26863745 | 2.2 | 33.0 |
| | 印度 | 全 [5] | 4440631 | 3847132 | 2954711 | 3782948 | 4757459 | 25.8 | 5.8 |
| | 日本 | 全 | 5272067 | 5195216 | 4598615 | 4448340 | 4201320 | -5.6 | 5.2 |
| | 韩国 | 全 | 1818024 | 1788518 | 1889929 | 1730688 | 1689484 | -2.4 | 2.1 |
| | 澳大利亚 | 全 | 1153111 | 1062867 | 916968 | 1049831 | 1081429 | 3.0 | 1.3 |
| | 印度尼西亚 | 全 | 1151308 | 1030126 | 532027 | 887202 | 1048040 | 18.1 | 1.3 |
| | 泰国 | 全 | 1041739 | 1007552 | 792146 | 759119 | 849388 | 11.9 | 1.0 |
| | 马来西亚 | 全 | 598598 | 604281 | 529514 | 508883 | 704342 | 38.4 | 0.9 |
| | 越南 | 全 | 340343 | 405041 | 394836 | 383444 | 462569 | 20.6 | 0.6 |

续表

| 地域 | 国家 | 车种 | 2018 年 | 2019 年 | 2020 年 | 2021 年 | 2022 年 | 同比增长 | 构成比 |
|---|---|---|---|---|---|---|---|---|---|
| 亚洲大洋洲 | 中国台湾地区 | 全 | 435131 | 439835 | 457453 | 449855 | 429738 | -4.5 | 0.5 |
| | 菲律宾 | 小型汽车 | 401809 | 416628 | 248184 | 293336 | 364296 | 24.2 | 0.4 |
| | 乌兹别克斯坦 | 小型汽车[6] | 203695 | 267952 | 276378 | 235000 | 318000 | 35.3 | 0.4 |
| | 巴基斯坦 | 全 | 264398 | 192767 | 127939 | 242881 | 232762 | -4.2 | 0.3 |
| | 新西兰 | 全 | 161478 | 154449 | 119372 | 165228 | 164813 | -0.3 | 0.2 |
| | 哈萨克斯坦 | 小型汽车 | 58083 | 71868 | 89940 | 114281 | 120546 | 5.5 | 0.1 |
| | 新加坡 | 全 | 93862 | 86879 | 54911 | 57737 | 42005 | -27.2 | 0.1 |
| | 16 国计 | | 45514854 | 42368042 | 39293992 | 41383593 | 43329936 | 4.7 | 53.2 |
| 非洲 | 南非 | 全 | 552327 | 535801 | 380752 | 464743 | 529482 | 13.9 | 0.7 |
| | 埃及 | 全 | 193662 | 182668 | 219687 | 277278 | 174538 | -37.1 | 0.2 |
| | 摩洛哥 | 小型汽车 | 177359 | 165911 | 133267 | 173270 | 161410 | -6.8 | 0.2 |
| | 突尼斯 | 全 | 51348 | 49216 | 49648 | 61659 | 55455 | -10.1 | 0.1 |
| | 阿尔及利亚 | 小型汽车 | 127300 | 125121 | 20571 | 31219 | 25402 | -18.6 | 0.0 |
| | 毛里求斯 | 全 | 11317 | 11302 | 8711 | 9562 | 12273 | 28.4 | 0.0 |
| | 6 国计 | | 1113313 | 1070019 | 812636 | 1017731 | 958560 | -5.8 | 1.2 |
| 中东 | 沙特阿拉伯 | 全 | 411223 | 536903 | 457148 | 567174 | 636746 | 12.3 | 0.8 |
| | 以色列 | 小型汽车 | 281777 | 268220 | 226117 | 303948 | 280452 | -7.7 | 0.3 |
| | 阿联酋 | 全 | 219269 | 215977 | 152235 | 192521 | 218057 | 13.3 | 0.3 |
| | 科威特 | 全 | 99926 | 109605 | 83629 | 101839 | 113430 | 11.4 | 0.1 |
| | 阿曼 | 全 | 123983 | 110112 | 72014 | 72190 | 64760 | -10.3 | 0.1 |
| | 卡塔尔 | 全 | 45463 | 45344 | 37411 | 41848 | 56668 | 35.4 | 0.1 |
| | 约旦 | 全 | 29707 | 31017 | 29295 | 29679 | 34543 | 16.4 | 0.0 |
| | 巴林 | 全 | 34865 | 28880 | 23813 | 24709 | 24082 | -2.5 | 0.0 |
| | 黎巴嫩 | 全 | 40563 | 32597 | 10963 | 11182 | 17139 | 53.3 | 0.0 |
| | 9 国计 | | 1286776 | 1378655 | 1092625 | 1345090 | 1445877 | 7.5 | 1.8 |
| 合计 | | | 94712172 | 91160927 | 78861578 | 82508121 | 81445817 | -1.3 | 100.0 |

注：“车种”一栏，若统计数据中包括乘用车、小型商用车、中大型商用车标注“全”，若仅为乘用车、小型商用车则标注“小型汽车”，若仅为乘用车则标注“乘用车”。

[1] 不含客车。[2] 商用车以工厂出厂量代替。小型商用车有可能存在双重计算。[3] 不含中大型商用车的进口销量。[4] 国产车出厂量。由于包括出口量，部分国家有可能存在双重计算。同时，不含进口销量。[5] 针对印度汽车工业协会(SIAM) 公布数据中没有的分品牌销量，采用了各公司公布的资料和当地报道的数值、或者推测值。[6] 以占据大部分销量的 UzAuto Motors(原 GM Uzbekistan) 以国内出厂量代替。为此，在分品牌销量表中，将所有数据纳入了 Chevrolet。

（北京富欧睿汽车咨询有限公司　周锦程　李永兴）

# 2022年欧洲电动车市场

## 一、欧洲电动汽车销量2022年同比增长14.6%

2022年欧洲电动汽车销量同比增长14.6%达到258.9万辆（欧洲指从欧盟/EFTA加盟国+英国中除去马耳他和列支敦士登的30国，电动汽车指包括BEV+PHEV+增程式EV+FCEV在内的ECV）。欧洲电动汽车销量的增幅，从欧盟增强新车平均碳排放量限值（2020年适用于95%的新车，自2021年扩大至全部新车）的2020年的增长1.4倍，到不再享受“阶段性适用（Phase-in）”政策的2021年增长65.7%，同比增幅已呈缩小趋势。

除了供应链混乱（疫情封城措施、俄乌冲突等）导致供货短缺之外，由于2020—2024年碳排放量限制保持不变，各OEM普遍都想把比内燃机车利润率更低的BEV销量控制在能够达标的最小规模。分种类（2022年）来看，BEV销量同比增长29.3%以157.5万辆（占乘用车总销量的比率同比增长3.7达14.0%）保持了增势，而PHEV销量却同比减少2.7%降至101.4万辆（同比增长0.1个百分点至9.0%）。

从西欧18国（欧盟14国+EFTA 3国+英国）的分系列分品牌BEV市场份额来看，2022年10—12月中国系（中国系品牌总计）的占比已达7.7%，首次超过了韩国系（6.9%）。从中国系品牌的西欧BEV销量来看，截至2022年年底9成左右由MG和Polestar品牌所垄断，但在比亚迪和长城汽车正式涉足当地业务之后，中国系品牌的市场份额将进一步扩大。

如英国已在2022年内废止BEV购车补贴（乘用车），德国作为欧洲最大市场也自2023年1月减少了补贴等，主要欧洲国家均已出现针对购买私家车用途BEV减少扶持政策的趋势。比如在英国，2022年7—12月BEV销量呈现连续同比两位数增长的情况，有人认为，BEV没有补贴也能卖出去。该国能保持销量增势的一大背景原因在于，插电汽车中能够享受税制优惠的公司用车销量稳定（见图1、图2、图3）。

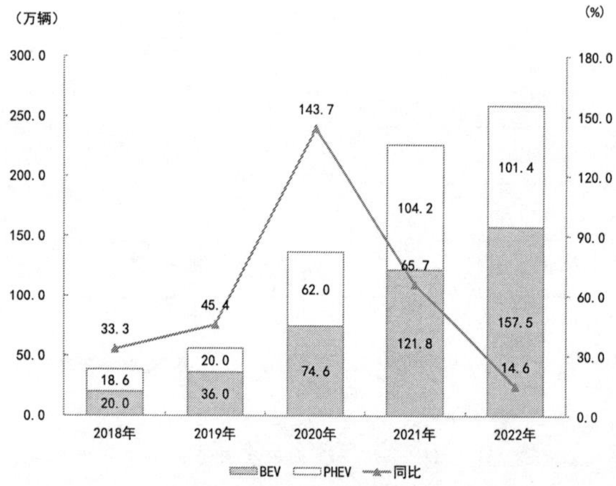


图1　2018—2022年欧洲乘用车——ECV销量及增速

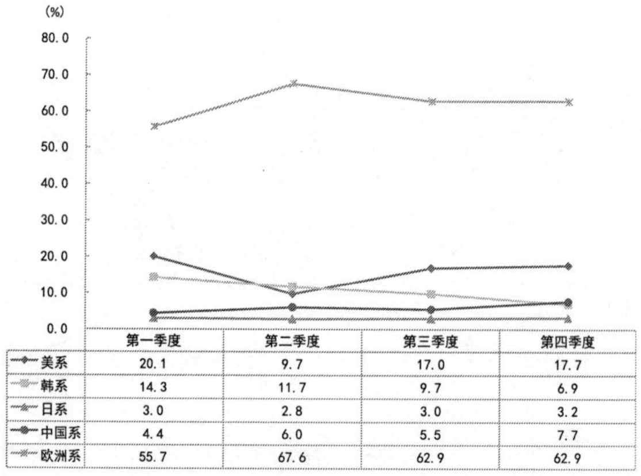


| | 第一季度 | 第二季度 | 第三季度 | 第四季度 |
|---|---|---|---|---|
| 美系 | 20.1 | 9.7 | 17.0 | 17.7 |
| 韩系 | 14.3 | 11.7 | 9.7 | 6.9 |
| 日系 | 3.0 | 2.8 | 3.0 | 3.2 |
| 中国系 | 4.4 | 6.0 | 5.5 | 7.7 |
| 欧洲系 | 55.7 | 67.6 | 62.9 | 62.9 |

图2　2022年西欧18国BEV/PHEV月度占比

资料来源：FOURIN根据ACEA、Schmidt Automotive Research数据整理

注：ECV=Electric Chargeable Vehicles、BEV+FCEV+PHEV+EREV（增程式EV）。BEV包括FCEV。PHEV包括EREV。同比以ECV整体为对象。统计国家数2019—2021年为30国（从欧盟/EFTA加盟国+英国中除去马耳他和列支敦士登）、2017年为26国、2018年为27国，统计对象为欧盟14国+EFTA 3国+英国，BEV与PHEV在月度乘用车总销量中的占比。

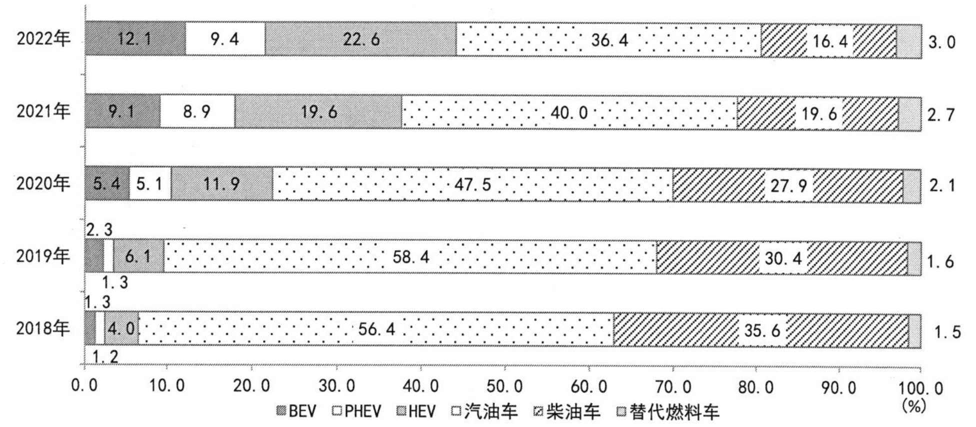


**图3　2018—2022年欧洲30国分动力总成乘用车市场份额构成比**

资料来源：根据ACEA数据整理

注：统计国家数2019—2021年为30国，2017年为26国，2018年为27国。BEV包括FCEV；PHEV包括EREV（增程式EV）；HEV包括MHEV；替代燃料车指天然气车、LPG车、乙醇燃料车等。

## 二、ECV销量：德国位居首位，英国保持第二

从欧洲30国的分国家ECV销量来看，德国作为最大市场同比增长22.2%达到83.3万辆。英国紧随其后，增长20.7%达到36.9万辆。从ECV占乘用车总销量的比率来看，在挪威（增长2.4个百分点达88.6%）、瑞典（增长11.1个百分点达56.1%）等财力相对雄厚、ECV购车补贴较多的欧洲北部地区，ECV比率较高。与此同时，从排名前列国家的乘用车ECV占比情况来看，德国增长5.4个百分点达到31.4%，英国增长4.3个百分点升至22.8%。

从分国家BEV销量来看，首位的德国同比增长32.3%达到47.1万辆。考虑到BEV购车补贴将自2023年开始减少，渴望在能享受最多补贴的2022年内交车的消费者带来了提前消费需求。与此同时，英国（增长40.1%）等主要国家出现了连续两位数增长的情况。另一方面，意大利减少26.9%降至4.9万辆，成为欧洲30国中唯一减少的国家，这反映出该国BEV购车补贴政策出台较晚的情况（见图4、图5、表1、表2、表3）。

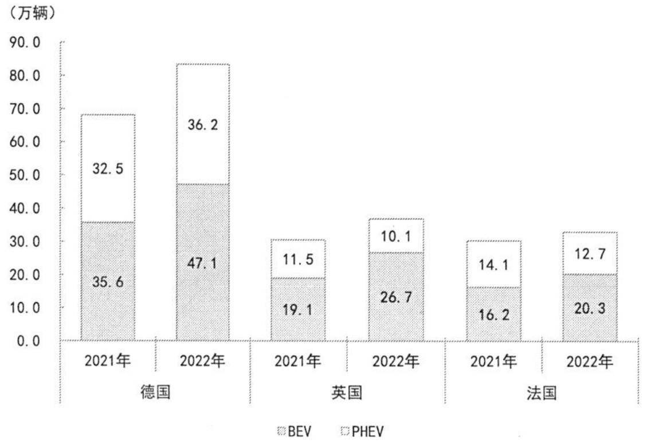


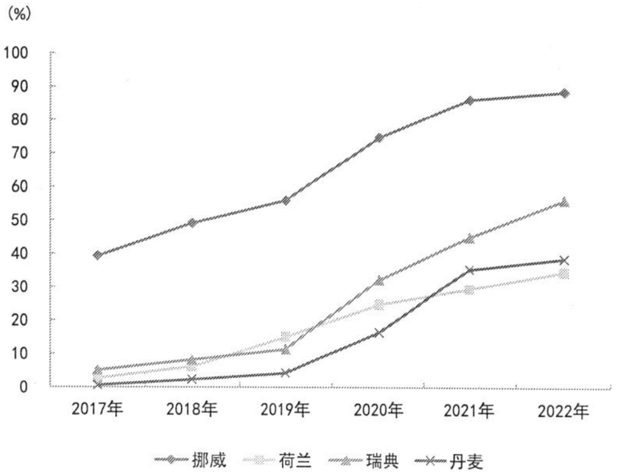


**图4　2022年欧洲ECV销量排名前列国家分种类销量　　图5　2022年欧洲主要国家乘用车市场上的ECV占比**

资料来源：FOURIN根据ACEA公布资料整理

注：ECV=Electric Chargeable Vehicles、BEV+FCEV+PHEV+EREV（增程式EV），BEV包括FCEV，PHEV包括EREV，选取了具备5万辆以上ECV销量、且ECV占比较高的国家。

表1　2018—2022年欧洲分国家ECV销量　　单位：辆，%

| 国家 | 2018年 | 2019年 | 2020年 | 2021年 | 2022年 | 同比增长 | 欧洲ECV市场份额 | 各国市场份额 |
|---|---|---|---|---|---|---|---|---|
| 德国 | 67658 | 108839 | 394940 | 681874 | 833487 | 22.2 | 32.2 | 31.4 |
| 法国 | 45623 | 61419 | 185719 | 303168 | 329669 | 8.7 | 12.7 | 21.6 |
| 意大利 | 28979 | 40406 | 94078 | 135326 | 161649 | 19.5 | 6.2 | 56.1 |
| 瑞典 | 9748 | 17170 | 59909 | 137118 | 114759 | -16.3 | 4.4 | 8.7 |
| 荷兰 | 27187 | 66607 | 87896 | 94771 | 107906 | 13.9 | 4.2 | 34.6 |
| 比利时 | 13243 | 17737 | 46688 | 70430 | 96919 | 37.6 | 3.7 | 26.5 |
| 西班牙 | 11814 | 17474 | 41236 | 66916 | 78333 | 17.1 | 3.0 | 9.6 |
| 丹麦 | 4916 | 9415 | 32518 | 65474 | 57297 | -12.5 | 2.2 | 38.6 |
| 奥地利 | 9022 | 11417 | 23627 | 48006 | 47447 | -1.2 | 1.8 | 22.1 |
| 芬兰 | 7849 | 12681 | 19697 | 28920 | 33843 | 17.0 | 1.3 | 21.7 |
| 葡萄牙 | 5708 | 7863 | 17475 | 30293 | 30701 | 1.3 | 1.2 | 37.6 |
| 爱尔兰 | 1972 | 4790 | 6505 | 16537 | 23356 | 41.2 | 0.9 | 22.2 |
| 卢森堡 | — | 1899 | 5158 | 9093 | 10240 | 12.6 | 0.4 | 24.3 |
| 希腊 | 299 | 480 | 2135 | 6961 | 8320 | 19.5 | 0.3 | 7.9 |
| 欧盟14国计 | 234018 | 378197 | 1017581 | 1694887 | 1933926 | 14.1 | 74.7 | 23.8 |
| 挪威 | 72689 | 79640 | 105713 | 151918 | 154411 | 1.6 | 6.0 | 88.6 |
| 瑞士 | 9497 | 17451 | 33974 | 53679 | 58600 | 9.2 | 2.3 | 25.9 |
| 冰岛 | 2583 | 2138 | 4215 | 6987 | 9318 | 33.4 | 0.4 | 55.9 |
| EFTA 3国计 | 84769 | 99229 | 143902 | 212584 | 222329 | 4.6 | 8.6 | 53.3 |
| 英国 | 59947 | 72834 | 175339 | 305281 | 368617 | 20.7 | 14.2 | 22.8 |
| 西欧18国计 | 378734 | 550260 | 1336822 | 2212752 | 2524872 | 14.1 | 97.5 | 24.8 |
| 波兰 | 1379 | 2717 | 8184 | 16304 | 20998 | 28.8 | 0.8 | 5.0 |
| 罗马尼亚 | 605 | 1506 | 3881 | 6342 | 11638 | 83.5 | 0.4 | 9.0 |
| 匈牙利 | 2070 | 2939 | 6042 | 8548 | 9584 | 12.1 | 0.4 | 8.6 |
| 捷克 | 981 | 1229 | 5265 | 6391 | 7455 | 16.6 | 0.3 | 3.9 |
| 斯洛文尼亚 | 293 | 367 | 957 | 2271 | 2947 | 29.8 | 0.1 | 3.7 |
| 克罗地亚 | 660 | 214 | 1686 | 2031 | 2883 | 41.9 | 0.1 | 6.2 |
| 斯洛伐克 | — | 259 | 676 | 1750 | 2205 | 26.0 | 0.1 | 5.1 |
| 立陶宛 | 143 | 162 | 453 | 1558 | 2024 | 29.9 | 0.1 | 7.9 |
| 爱沙尼亚 | 90 | 98 | 380 | 551 | 1369 | 150.0 | 0.1 | 8.2 |
| 拉脱维亚 | 118 | 97 | 417 | 723 | 1157 | 60.0 | 0.0 | 5.4 |
| 保加利亚 | 220 | 237 | 180 | 550 | 1143 | 110.0 | 0.0 | 4.0 |
| 塞浦路斯 | — | 23 | 125 | 182 | 631 | 250.0 | 0.0 | 5.4 |
| 欧盟新加盟12国 | 6559 | 9848 | 28246 | 47201 | 64034 | 35.7 | 2.5 | 5.7 |
| 欧洲30国合计 | 385293 | 560108 | 1365068 | 2259953 | 2588906 | 14.6 | 100.0 | 22.9 |
| 欧盟26国 | 240577 | 388045 | 1045827 | 1742088 | 1997960 | 14.7 | 77.2 | 21.6 |
| 欧盟26国+英国 | 300524 | 460879 | 1221166 | 2047369 | 2366577 | 15.6 | 91.4 | 21.8 |

资料来源：根据ACEA数据整理

注：ECV=Electric Chargeable Vehicles、BEV+FCEV+PHEV+EREV（增程式EV），统计国家数2019—2021年为30国、2017年为26国、2018年为27国，欧洲ECV市场份额指各国在欧洲30国ECV销量中的占比，各国市场份额指ECV在各国包括内燃机车在内的乘用车总销量中的占比。

表2　2018—2022年欧洲分国家BEV销量　单位：辆，%

| 国家 | 2018年 | 2019年 | 2020年 | 2021年 | 2022年 | 同比增长 | 欧洲BEV市场份额 | 各国市场份额 |
|---|---|---|---|---|---|---|---|---|
| 德国 | 36216 | 63491 | 194471 | 356425 | 471394 | 32.3 | 29.9 | 17.8 |
| 法国 | 31095 | 42827 | 111127 | 162167 | 203122 | 25.3 | 12.9 | 13.3 |
| 意大利 | 4999 | 10685 | 32502 | 67283 | 95035 | 65.4 | 6.0 | 33.0 |
| 瑞典 | 23998 | 61703 | 73005 | 64149 | 73394 | 15.1 | 4.7 | 23.5 |
| 荷兰 | 7083 | 15596 | 27973 | 57489 | 49179 | -26.9 | 3.1 | 3.7 |
| 比利时 | 6764 | 9261 | 15986 | 33380 | 37638 | 66.0 | 2.4 | 10.3 |
| 西班牙 | 1745 | 5532 | 14275 | 25000 | 34179 | 2.4 | 2.2 | 15.9 |
| 丹麦 | 5983 | 10042 | 17927 | 23690 | 30855 | 23.4 | 2.0 | 20.8 |
| 奥地利 | 3648 | 8837 | 14994 | 22677 | 30545 | 28.9 | 1.9 | 3.8 |
| 芬兰 | 4073 | 6883 | 7830 | 13260 | 17817 | 34.4 | 1.1 | 11.4 |
| 葡萄牙 | 776 | 1897 | 4244 | 10152 | 15678 | 81.3 | 1.0 | 14.9 |
| 爱尔兰 | 1233 | 3444 | 4013 | 8646 | 14530 | 43.1 | 0.9 | 17.8 |
| 卢森堡 | — | 986 | 2473 | 4650 | 6393 | 37.5 | 0.4 | 15.2 |
| 希腊 | 88 | 190 | 679 | 2176 | 2827 | 29.9 | 0.2 | 2.7 |
| 欧盟14国计 | 127701 | 241374 | 521499 | 851144 | 1082586 | 27.2 | 68.7 | 13.3 |
| 挪威 | 46143 | 60345 | 76804 | 113751 | 138287 | 21.6 | 8.8 | 79.3 |
| 瑞士 | 5138 | 13190 | 19545 | 31889 | 40245 | 26.2 | 2.6 | 17.8 |
| 冰岛 | 687 | 925 | 2356 | 3561 | 5566 | 56.1 | 0.4 | 33.4 |
| EFTA 3国计 | 51968 | 74460 | 98705 | 149201 | 184098 | 23.4 | 11.7 | 44.2 |
| 英国 | 15510 | 37850 | 108205 | 190727 | 267203 | 40.1 | 17.0 | 16.6 |
| 西欧18国计 | 195179 | 353684 | 728409 | 1191072 | 1533887 | 28.8 | 97.4 | 15.1 |
| 波兰 | 620 | 1491 | 3679 | 7164 | 11638 | 83.5 | 0.7 | 9.0 |
| 罗马尼亚 | 605 | 1506 | 2845 | 6342 | 11334 | 58.2 | 0.7 | 2.7 |
| 匈牙利 | 1300 | 1833 | 3046 | 4312 | 4710 | 9.2 | 0.3 | 4.2 |
| 捷克 | 703 | 756 | 3284 | 2701 | 3895 | 46.7 | 0.2 | 2.0 |
| 斯洛文尼亚 | 467 | 186 | 1647 | 1722 | 2293 | 33.1 | 0.1 | 4.9 |
| 克罗地亚 | — | 192 | 533 | 1475 | 1391 | 25.9 | 0.1 | 1.8 |
| 斯洛伐克 | 143 | 162 | 453 | 1155 | 1369 | 1.3 | 0.1 | 3.2 |
| 立陶宛 | 293 | 165 | 918 | 1105 | 1358 | 17.3 | 0.1 | 5.3 |
| 爱沙尼亚 | 85 | 80 | 342 | 484 | 1068 | 160.0 | 0.1 | 6.4 |
| 拉脱维亚 | 73 | 86 | 307 | 425 | 1002 | 130.0 | 0.1 | 3.5 |
| 保加利亚 | 194 | 181 | 139 | 321 | 731 | 51.0 | 0.0 | 3.4 |
| 塞浦路斯 | — | 23 | 42 | 82 | 403 | 380.0 | 0.0 | 3.5 |
| 欧盟新加盟12国 | 4483 | 6661 | 17235 | 27288 | 41192 | 51.3 | 2.6 | 3.7 |
| 欧洲30国合计 | 199662 | 360345 | 745644 | 1218360 | 1575079 | 29.3 | 100.0 | 14.0 |
| 欧盟26国 | 132184 | 248035 | 538734 | 878432 | 1123778 | 28.0 | 71.3 | 12.1 |
| 欧盟26国+英国 | 97852 | 147694 | 285885 | 646939 | 1390981 | 30.2 | 88.3 | 12.8 |

资料来源：根据ACEA数据整理

注：包括FCEV。统计国家数量在2019—2021年为30国、2017年为25国、2018年为27国。保加利亚采用ACEA推测值；欧洲BEV市场份额指各国在欧洲30国BEV销量中的占比。各国市场份额指BEV在各国包括内燃机车在内的乘用车总销量的占比。

表3 2018—2022年欧洲分国家PHEV销量

单位：辆，%

| 国家 | 2018年 | 2019年 | 2020年 | 2021年 | 2022年 | 同比增长 | 欧洲PHEV市场份额 | 各国市场份额 |
|---|---|---|---|---|---|---|---|---|
| 德国 | 31442 | 45348 | 200469 | 325449 | 362093 | 11.3 | 35.7 | 13.7 |
| 法国 | 14528 | 18592 | 74592 | 141001 | 126547 | -10.3 | 12.5 | 8.3 |
| 意大利 | 21896 | 24810 | 66105 | 77842 | 66614 | -14.4 | 6.6 | 23.1 |
| 瑞典 | 4749 | 6485 | 27407 | 70472 | 65580 | -6.1 | 6.5 | 5.0 |
| 荷兰 | 9595 | 8900 | 31694 | 47761 | 59281 | 24.1 | 5.9 | 16.2 |
| 比利时 | 5831 | 7432 | 23309 | 43226 | 47788 | 10.6 | 4.7 | 5.9 |
| 西班牙 | 3171 | 3883 | 18243 | 40478 | 34512 | 11.4 | 3.4 | 11.1 |
| 丹麦 | 3189 | 4904 | 14891 | 31016 | 26442 | -34.7 | 2.6 | 17.8 |
| 奥地利 | 4932 | 5966 | 13231 | 20139 | 16171 | -19.7 | 1.6 | 19.8 |
| 芬兰 | 3776 | 5798 | 11867 | 15660 | 16026 | 2.3 | 1.6 | 10.3 |
| 葡萄牙 | 2258 | 2156 | 7641 | 14626 | 13268 | -9.3 | 1.3 | 6.2 |
| 爱尔兰 | 739 | 1346 | 2492 | 7891 | 7678 | -2.7 | 0.8 | 7.3 |
| 卢森堡 | 211 | 290 | 1456 | 4785 | 5493 | 14.8 | 0.5 | 5.2 |
| 希腊 | — | 913 | 2685 | 4443 | 3847 | -13.4 | 0.4 | 9.1 |
| 欧盟14国计 | 106317 | 136823 | 496082 | 844789 | 851340 | 0.9 | 84.0 | 10.5 |
| 挪威 | 26546 | 19295 | 28909 | 38166 | 18355 | -15.8 | 1.8 | 8.1 |
| 瑞士 | 4359 | 4261 | 14429 | 21790 | 16124 | -57.8 | 1.6 | 9.2 |
| 冰岛 | 1896 | 1213 | 1859 | 3420 | 3752 | 9.6 | 0.4 | 22.5 |
| EFTA 3国计 | 32801 | 24769 | 45197 | 63376 | 38231 | -39.7 | 3.8 | 9.2 |
| 英国 | 44437 | 34984 | 67134 | 114554 | 101414 | -11.5 | 10.0 | 6.3 |
| 西欧18国计 | 183555 | 196576 | 608413 | 1022719 | 990985 | -3.0 | 97.8 | 9.8 |
| 波兰 | 759 | 1226 | 4505 | 9269 | 9664 | 5.8 | 1.0 | 2.3 |
| 匈牙利 | 770 | 1106 | 2996 | 4236 | 4874 | 15.1 | 0.5 | 4.4 |
| 捷克 | 278 | 473 | 1981 | 3907 | 3560 | -4.7 | 0.4 | 1.9 |
| 罗马尼亚 | — | — | 1036 | 2630 | 1556 | 33.4 | 0.2 | 2.0 |
| 克罗地亚 | — | 67 | 143 | 399 | 836 | 110.0 | 0.1 | 1.9 |
| 斯洛伐克 | — | 202 | 39 | 191 | 666 | 66.5 | 0.1 | 2.6 |
| 斯洛文尼亚 | 193 | 28 | 39 | 191 | 590 | 91.6 | 0.1 | 1.3 |
| 爱沙尼亚 | 33 | 17 | 75 | 167 | 426 | 78.2 | 0.0 | 2.0 |
| 拉脱维亚 | 17 | 12 | 73 | 144 | 301 | 120.0 | 0.0 | 1.8 |
| 保加利亚 | 26 | 56 | 41 | 97 | 228 | 130.0 | 0.0 | 2.0 |
| 塞浦路斯 | — | — | 83 | 97 | 141 | 20.5 | 0.0 | 0.5 |
| 欧盟新加盟12国 | 2076 | 3187 | 11835 | 22303 | 22842 | 14.4 | 2.3 | 2.0 |
| 欧洲30国合计 | 185631 | 199763 | 620248 | 1045022 | 1013827 | -2.7 | 100.0 | 9.0 |
| 欧盟26国 | 108393 | 140010 | 507917 | 867092 | 874182 | 1.2 | 86.2 | 9.4 |
| 欧盟26国+英国 | 152830 | 174994 | 575051 | 981646 | 975596 | -0.3 | 96.2 | 9.0 |

资料来源：根据ACEA数据整理

注：包括EREV（带增程器的EV）。罗马尼亚2020/2021年采用ACEA推测值。其中，罗马尼亚的2017—2019年、塞浦路斯的2017—2019年、克罗地亚的2017/2018年、斯洛伐克的2017/2018年、捷克的2017年，PHEV均纳入BEV销量之中；立陶宛2017—2021年的PHEV纳入HEV之中。欧洲PHEV市场份额指各国在欧洲30国PHEV销量中的占比，各国市场份额指PHEV在各国包括内燃机车在内的乘用车总销量中的占比。

## 三、西欧：特斯拉保持 BEV 销量首位，中国品牌份额扩大

从西欧18国（欧盟14国 +EFTA 3国 + 英国）的2022年分品牌 BEV 销量来看，特斯拉同比增长37.1% 以22.8万辆保持首位（市场份额增长0.9个百分点至14.9%）。虽因上海工厂疫情期间停止出货而造成同年5月销量同比减少八成，但得益于德国工厂（2022年3月投产）正式启用，Model Y 同比增长4.1% 达到13.6万辆。分集团来看，大众集团同比增长15.5% 以34.3万辆保持首位。尽管 VW 品牌减少0.6% 降至16.1万辆，但 Audi 品牌（增长44.9% 至8.1万辆）由 Q4拉动、SEAT 品牌（增长1.4倍至3.2万辆）由 Cupra Born 拉动而获得较好销量。与此同时，中国品牌占比已从上年的3.9% 扩大至6.2%。随着比亚迪等车企正式涉足欧洲事业，中国品牌的占比仍然有望进一步提高。

从 PHEV 的分品牌销量来看，无论是首位的 M-Benz（同比减少11.6% 至12.5万辆），还是第2位的 BMW（减少7.5% 至11.4万辆）等，排名前列品牌均因总销量萎缩而出现低于上年实绩的情况。

从 ECV（BEV/PHEV）占主要集团（除特斯拉）乘用车销量的比率来看，梅赛德斯 - 奔驰以35.3%（14.8%/20.5%）夺得最高。其后分别是大众集团的20.8%（13.9%/6.9%）、Stellantis 的19.7%（11.9%/7.8%）（见表4、图6、表5、图7、表6、表7、表8）。

**表4　2021—2022年西欧18国分集团分品牌插电汽车销量**　　单位：辆，%

| 集团 | 品牌 | 2021 年 | 市场份额 | 2022 年 | 同比增长 | 市场份额 | BEV 构成比 | PHEV 构成比 |
|---|---|---|---|---|---|---|---|---|
| 大众 | VW | 222596 | 10.1 | 213447 | -4.1 | 8.4 | 14.7 | 4.7 |
| | Audi | 128664 | 5.8 | 139281 | 8.3 | 5.5 | 14.0 | 10.1 |
| | Škoda | 78240 | 3.5 | 65951 | -15.7 | 2.6 | 13.3 | 3.8 |
| | SEAT[1] | 56778 | 2.6 | 64327 | 13.3 | 2.5 | 9.9 | 10.0 |
| | Porsche | 30292 | 1.4 | 31224 | 3.1 | 1.2 | 21.7 | 16.8 |
| | 集团计 | 516570 | 23.3 | 514232 | -0.5 | 20.4 | 13.9 | 6.9 |
| Stellantis | Peugeot | 119211 | 5.4 | 121500 | 1.9 | 4.8 | 12.8 | 7.8 |
| | Opel/Vauxhall | 52388 | 2.4 | 70665 | 34.9 | 2.8 | 14.4 | 3.4 |
| | Fiat | 43170 | 2.0 | 65165 | 50.9 | 2.6 | 17.1 | 0.0 |
| | Jeep | 31699 | 1.4 | 44366 | 40.0 | 1.8 | 0.0 | 46.3 |
| | Citroën | 27167 | 1.2 | 40342 | 48.5 | 1.6 | 6.0 | 5.4 |
| | DS | 17883 | 0.8 | 26783 | 49.8 | 1.1 | 7.6 | 48.2 |
| | 集团计 | 291518 | 13.2 | 368983 | 26.6 | 14.6 | 11.9 | 7.8 |
| 宝马 | BMW | 167910 | 7.6 | 205214 | 22.2 | 8.1 | 15.1 | 19.0 |
| | MINI | 43443 | 2.0 | 47073 | 8.4 | 1.9 | 20.3 | 7.9 |
| | 集团计 | 211353 | 9.5 | 252288 | 19.4 | 10.0 | 16.2 | 17.4 |
| 现代 / 起亚 | 起亚 | 101385 | 4.6 | 123098 | 21.4 | 4.9 | 15.3 | 11.4 |
| | 现代 | 96245 | 4.3 | 116931 | 21.5 | 4.6 | 18.8 | 7.8 |
| | 集团计 | 197630 | 8.9 | 240029 | 21.5 | 9.5 | 17.0 | 9.8 |
| 特斯拉（Tesla） | | 166529 | 7.5 | 228229 | 37.1 | 9.0 | 100.0 | 0.0 |
| 梅赛德斯 - 奔驰 | M-Benz | 178260 | 8.1 | 193723 | 8.7 | 7.7 | 11.7 | 21.3 |
| | smart | 36664 | 1.7 | 21291 | -41.9 | 0.8 | 100.0 | 0.0 |
| | 集团计 | 214924 | 9.7 | 215014 | 0.0 | 8.5 | 14.8 | 20.5 |
| 雷诺 / 日产 / 三菱 | Renault | 129002 | 5.8 | 107133 | -17.0 | 4.2 | 17.1 | 2.7 |
| | Dacia | 23539 | 1.1 | 40269 | 71.1 | 1.6 | 10.5 | 0.0 |
| | 日产 | 35372 | 1.6 | 32622 | -7.8 | 1.3 | 14.7 | 0.0 |

续表

| 集团 | 品牌 | 2021 年 | 市场份额 | 2022 年 | 同比增长 | 市场份额 | BEV 构成比 | PHEV 构成比 |
|---|---|---|---|---|---|---|---|---|
| 雷诺 / 日产 / 三菱 | 三菱 | 20825 | 0.9 | 26948 | 29.4 | 1.1 | 0.0 | 50.1 |
| | 集团计 | 208738 | 9.4 | 206971 | -0.8 | 8.2 | 13.8 | 3.5 |
| 吉利 | Volvo Car | 122421 | 5.5 | 129219 | 5.6 | 5.1 | 19.3 | 37.6 |
| | Polestar | 18995 | 0.9 | 32284 | 70.0 | 1.3 | 99.8 | 0.2 |
| | Lynk & Co. | 5951 | 0.3 | 25962 | 340.0 | 1.0 | 0.0 | 100.0 |
| | 集团计 | 147367 | 6.7 | 187465 | 27.2 | 7.4 | 26.7 | 39.0 |
| 福特 (Ford) | | 73491 | 3.3 | 82966 | 12.9 | 3.3 | 5.1 | 12.3 |
| 上汽集团 | MG | 32657 | 1.5 | 66457 | 100.0 | 2.6 | 45.4 | 15.3 |
| 捷豹路虎 (JLR)[2] | Land Rover | 24037 | 1.1 | 20598 | -14.3 | 0.8 | 0.0 | 22.7 |
| | Jaguar | 10752 | 0.5 | 9927 | -7.7 | 0.4 | 26.9 | 14.6 |
| | 集团计 | 34789 | 1.6 | 30525 | -12.3 | 1.2 | 5.6 | 21.0 |
| 丰田 | 丰田 /Lexus | 25537 | 1.2 | 29455 | 15.3 | 1.2 | 1.0 | 3.5 |
| 马自达 | | 10418 | 0.5 | 16076 | 54.3 | 0.6 | 4.5 | 8.7 |
| 本田 | | 3297 | 0.1 | 1997 | -39.4 | 0.1 | 3.4 | 0.0 |
| 其他 | | 78323 | 3.5 | 85814 | 9.6 | 3.4 | — | — |
| 合计 | | 2213140 | 100.0 | 2526502 | 14.2 | 100.0 | — | — |

资料来源：FOURIN 根据 Schmidt Automotive Research 数据整理

注：插电汽车指 BEV 和 PHEV 的合计值。合计值有所差异，但采用原资料。市场份额指各集团 / 品牌在西欧18国插电汽车销量中的占比。BEV 构成比 /PHEV 构成比指各集团 / 品牌的 BEV/PHEV 在其插电汽车销量中的占比。[1] 包括 Cupra 品牌车。[2]2020年采用 Fiat 和 Jeep 的合计值。

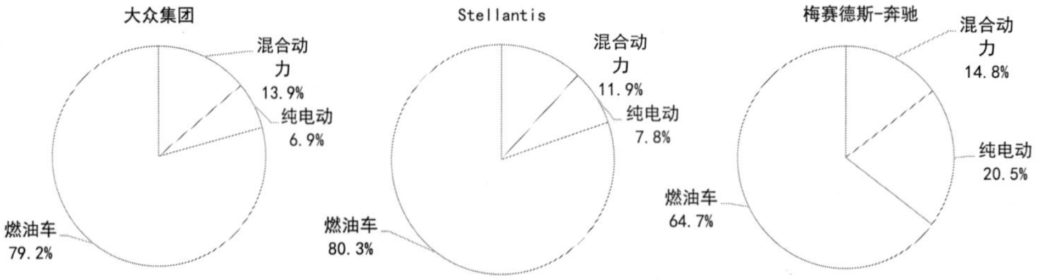


图6 2022年西欧18国 Top3汽车集团的分种类乘用车销量构成比

资料来源：FOURIN 根据 ACEA 数据制作

表5 2020—2022年西欧18国分集团分品牌 BEV 销量 单位：辆，%

| 集团 | 品牌 | 2020 年 | 市场份额 | 2021 年 | 市场份额 | 2022 年 | 同比增长 | 市场份额 |
|---|---|---|---|---|---|---|---|---|
| 大众 | VW | 113014 | 15.5 | 162474 | 13.6 | 161419 | -0.6 | 10.5 |
| | Audi | 35016 | 4.8 | 55964 | 4.7 | 81070 | 44.9 | 5.3 |
| | Skoda | 11692 | 1.6 | 49283 | 4.1 | 51308 | 4.1 | 3.3 |
| | SEAT[1] | 7400 | 1.0 | 13113 | 1.1 | 31983 | 140.0 | 2.1 |
| | Porsche | 10862 | 1.5 | 16405 | 1.4 | 17603 | 7.3 | 1.1 |
| | 集团计 | 177984 | 24.4 | 297239 | 25.0 | 343383 | 15.5 | 22.4 |
| 特斯拉 Tesla | | 96402 | 13.2 | 166529 | 14.0 | 228229 | 37.1 | 14.9 |
| Stellantis | Peugeot | 43134 | 5.9 | 69557 | 5.8 | 75483 | 8.5 | 4.9 |
| | Fiat | 6416 | 0.9 | 43153 | 3.6 | 65165 | 51.0 | 4.3 |
| | Opel/Vauxhall | 19081 | 2.6 | 42274 | 3.6 | 57267 | 35.5 | 3.7 |
| | Citroën | 2790 | 0.4 | 12650 | 1.1 | 21278 | 68.2 | 1.4 |

续表

| 集团 | 品牌 | 2020 年 | 市场份额 | 2021 年 | 市场份额 | 2022 年 | 同比增长 | 市场份额 |
|---|---|---|---|---|---|---|---|---|
| Stellantis | DS | 4703 | 0.6 | 3639 | 0.3 | 3634 | -0.1 | 0.2 |
| | 集团计 | 76124 | 10.5 | 171273 | 14.4 | 222827 | 30.1 | 14.5 |
| 雷诺 / 日产 | Renault | 102020 | 14.0 | 94500 | 7.9 | 92618 | -2.0 | 6.0 |
| | Dacia | 1722 | 0.2 | 23539 | 2.0 | 40269 | 71.1 | 2.6 |
| | 日产 | 31440 | 4.3 | 35372 | 3.0 | 32622 | -7.8 | 2.1 |
| | 集团计 | 135182 | 18.6 | 153411 | 12. 9 | 165509 | 7.9 | 10. 8 |
| 现代 / 起亚 | 现代 | 59187 | 8.1 | 71701 | 6.0 | 82539 | 15.1 | 5.4 |
| | 起亚 | 37808 | 5.2 | 61627 | 5.2 | 70480 | 14.4 | 4.6 |
| | 集团计 | 96995 | 13.3 | 133328 | 11.2 | 153019 | 14.8 | 10.0 |
| 宝马 | BMW | 22093 | 3.0 | 44264 | 3.7 | 90821 | 110.0 | 5.9 |
| | MINI | 15671 | 2.2 | 29038 | 2.4 | 33899 | 16.7 | 2.2 |
| | 集团计 | 37764 | 5.2 | 73302 | 6.2 | 124720 | 70.1 | 8.1 |
| 梅赛德斯 - 奔驰 | M-Benz | 16664 | 2.3 | 37062 | 3.1 | 68733 | 85.5 | 4.5 |
| | smart | 26675 | 3.7 | 36664 | 3.1 | 21291 | -41.9 | 1.4 |
| | 集团计 | 43339 | 6.0 | 73726 | 6.2 | 90024 | 22.1 | 5.9 |
| 吉利 | VolvoCar | 4626 | 0.6 | 14590 | 1.2 | 43856 | 200.0 | 2.9 |
| | Polestar | 9757 | 1.3 | 19146 | 1.6 | 32227 | 68.3 | 2.1 |
| | 集团计 | 14383 | 2.0 | 33736 | 2.8 | 76083 | 130.0 | 5.0 |
| 上汽集团 | MG | 13129 | 1.8 | 23576 | 2.0 | 49737 | 110.0 | 3.2 |
| 福特 Ford | | 263 | 0.0 | 22968 | 1.9 | 24293 | 5.8 | 1.6 |
| 丰田 | 丰田 /Lexus | 335 | 0.0 | 3431 | 0.3 | 6469 | 88.5 | 0.4 |
| JLR[2] | Jaguar | 12986 | 1.8 | 7882 | 0.7 | 6425 | -18.5 | 0.4 |
| 马自达 | | 8939 | 1.2 | 10418 | 0.9 | 5486 | -47.3 | 0.4 |
| 本田 | | 3777 | 0.5 | 3297 | 0.3 | 1997 | -39.4 | 0.1 |
| 其他 | | 10358 | 1.4 | 16542 | 1.4 | 33940 | 110.0 | 2.2 |
| 合计 | | 727960 | 100.0 | 1190658 | 100.0 | 1532141 | 28.7 | 100.0 |
| 欧洲系品牌 | | 456565 | 62. 7 | 756051 | 63.5 | 964122 | 27.5 | 62.9 |
| 美系品牌 | | 96665 | 13. 3 | 189497 | 15.9 | 252522 | 33.3 | 16.5 |
| 韩系品牌 | | 96995 | 13. 3 | 133341 | 11.2 | 153714 | 15.3 | 10.0 |
| 中国系品牌 | | 23879 | 3. 3 | 46526 | 3.9 | 94938 | 100.0 | 6.2 |
| 日系品牌 | | 44491 | 6. 1 | 52518 | 4.4 | 47619 | -9.3 | 3.1 |

资料来源：FOURIN 根据 Schmidt Automotive Research 数据整理

注：市场份额指各集团 / 品牌在西欧18国插电汽车销量中的占比。[1] 包括 Cupra 品牌车。[2]2020年采用 Fiat 和 Jeep 的合计值。

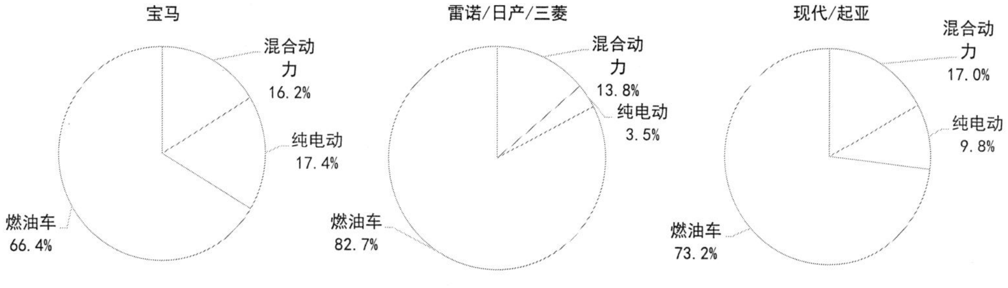


图7　2022年西欧18国主要集团的乘用车销量分种类构成比

资料来源：FOURIN 根据 ACEA 数据制作

表6 2022年西欧18国分集团分品牌PHEV销量 单位：辆，%

| 集团 | 品牌 | 2022年 | 同比增长 | 市场份额 |
|---|---|---|---|---|
| 大众 | Audi | 58211 | -19.9 | 5.9 |
| | VW | 52028 | -13.6 | 5.2 |
| | SEAT[1] | 32344 | -25.9 | 3.3 |
| | Škoda | 14643 | -49.4 | 1.5 |
| | Porsche | 13621 | -1.9 | 1.4 |
| | 集团计 | 170849 | -22.1 | 17.2 |
| Stellantis | Peugeot | 46017 | -7.3 | 4.6 |
| | Jeep | 44366 | 40.0 | 4.5 |
| | DS | 23149 | 62.5 | 2.3 |
| | Citroën | 19064 | 31.3 | 1.9 |
| | Opel/Vauxhall | 13398 | 32.5 | 1.3 |
| | 集团计 | 145994 | 21.4 | 14.7 |
| 宝马 | BMW | 114393 | -7.5 | 11.5 |
| | MINI | 13174 | -9.3 | 1.3 |
| | 集团计 | 127568 | -7.7 | 12.8 |
| 梅赛德斯-奔驰 | | 124990 | -11.6 | 12.6 |
| 吉利 | VolvoCar | 85363 | -20.8 | 8.6 |
| | Lynk&Co. | 25962 | 340.0 | 2.6 |
| | Polestar | 57 | 14.3 | 0.0 |
| | 集团计 | 111382 | -2.2 | 11.2 |
| 现代/起亚 | 起亚 | 52618 | 32.3 | 5.3 |
| | 现代 | 34392 | 40.1 | 3.5 |
| | 集团计 | 87010 | 35.3 | 8.8 |
| 福特 Ford | | 58673 | 16.1 | 5.9 |
| 雷诺/日产/三菱 | 三菱 | 26948 | 29.4 | 2.7 |
| | Renault | 14515 | -57.9 | 1.5 |
| | 集团计 | 41462 | -25.1 | 4.2 |
| JLR | LandRover | 20598 | -14.3 | 2.1 |
| | Jaguar | 3502 | 22.0 | 0.4 |
| | 集团计 | 24100 | -10.4 | 2.4 |
| 丰田 | 丰田/Lexus | 22986 | 1.9 | 2.3 |
| 上汽集团 SAIC | MG | 16720 | 84.1 | 1.7 |
| 马自达 | | 10590 | — | 1.1 |
| 其他 | | 52036 | -14.2 | 5.2 |
| 合计 | | 994361 | -2.7 | 100.0 |

资料来源：FOURIN根据Schmidt Automotive Research数据整理

注：市场份额指各集团/品牌在西欧18国PHEV销量中的占比。构成比指PHEV在各集团/品牌包括内燃机车在内的乘用车销量中的占比。[1] 包括Cupra品牌车。

表7　2021—2022年西欧BEV乘用车销量排名前20位车型　　单位：辆，%

| 排名 | 车型 | 2021年 | 2022年 | 同比增长 | 市场份额 |
|---|---|---|---|---|---|
| 1 | Tesla ModelY | 26402 | 135897 | 410.0 | 8.9 |
| 2 | Tesla Model3 | 139573 | 89387 | -36.0 | 5.8 |
| 3 | VW ID.4 | 52603 | 71326 | 35.6 | 4.7 |
| 4 | Fiat 500 | 43153 | 64414 | 49.3 | 4.2 |
| 5 | VW ID.3 | 67831 | 52578 | -22.5 | 3.4 |
| 6 | Skoda Enyaq | 42349 | 48936 | 15.6 | 3.2 |
| 7 | Peugeot 208 | 41978 | 45758 | 9.0 | 3.0 |
| 8 | Audi Q4 | 20483 | 41286 | 100.0 | 2.7 |
| 9 | Dacia Spring | 23539 | 40262 | 71.0 | 2.6 |
| 10 | Hyundai Kona | 41757 | 40203 | -3.7 | 2.6 |
| 11 | Kia Niro | 45727 | 37646 | -17.7 | 2.5 |
| 12 | Hyundai Ioniq5 | 20875 | 36548 | 75.1 | 2.4 |
| 13 | Renault Zoe | 70340 | 35212 | -49.9 | 2.3 |
| 14 | Mini Cooper | 29038 | 33899 | 16.7 | 2.2 |
| 15 | Audi e-tron | 30954 | 33701 | 8.9 | 2.2 |
| 16 | Polestar 2 | 19146 | 32227 | 68.3 | 2.1 |
| 17 | Cupra Born | 3390 | 31846 | 840.0 | 2.1 |
| 18 | Renault MeganeE | 45 | 31836 | 70650.0 | 2.1 |
| 19 | Volvo XC40 | 15000 | 30507 | 100.0 | 2.0 |
| 20 | Kia EV6 | 7767 | 27914 | 260.0 | 1.8 |

资料来源：上海二手车交易中心（以下图表资料来源相同，不再赘述）

注：市场份额指各车型在西欧18国纯电动销量中的占比。

表8　2021—2022年西欧18国插电混动乘用车销量排名前15位车型　　单位：辆，%

| 排名 | 车型 | 2021年 | 2022年 | 同比增长 | 市场份额 |
|---|---|---|---|---|---|
| 1 | FordKuga | 44749 | 56215 | 25.6 | 5.7 |
| 2 | BMW3系 | 35214 | 33355 | -5.3 | 3.4 |
| 3 | VolvoXC40 | 40722 | 30360 | -25.4 | 3.1 |
| 4 | Peugeot3008 | 40486 | 27944 | -31.0 | 2.8 |
| 5 | HyundaiTucson | 26545 | 27931 | 5.2 | 2.8 |
| 6 | MitsubishiEclipseCross | 8640 | 26859 | 210.0 | 2.7 |
| 7 | VolvoXC60 | 29946 | 26438 | -11.7 | 2.7 |
| 8 | Lync&Co01 | 6979 | 25962 | 270.0 | 2.6 |
| 9 | JeepCompass | 16506 | 25584 | 55.0 | 2.6 |
| 10 | M-BenzGLC | 36070 | 22695 | -37.1 | 2.3 |
| 11 | M-BenzGLE | 21600 | 22516 | 4.2 | 2.3 |
| 12 | CupraFormentor | 16571 | 21567 | 30.1 | 2.2 |
| 13 | BMWX5 | 22281 | 21214 | -4.8 | 2.1 |
| 14 | AudiQ3 | 17002 | 21095 | 24.1 | 2.1 |
| 15 | M-BenzA级 | 29273 | 21018 | -28.2 | 2.1 |

资料来源：FOURIN根据Schmidt Automotive Research数据整理

注：市场份额指各车型在西欧18国PHEV销量中的占比。2020年BMW X1、Renault Captur、SEAT Leon、Audi A3、丰田RAV4、M-Benz GLE都采用了汽车数据分析公司Inovev的数据且不具有连续性，仅供参考。此外，SEAT Leon中包括Cupra Leon。

## 四、混合动力销量：2022 年增幅停留于个位数

欧洲30国的混合动力（含 MHEV）销量在2022年同比增长8.5%达到263.9万辆。虽然同比增幅从原来的两成以上降至2022年的个位数，但整体规模自2018年以来已增长3.2倍（见图8、图9）。

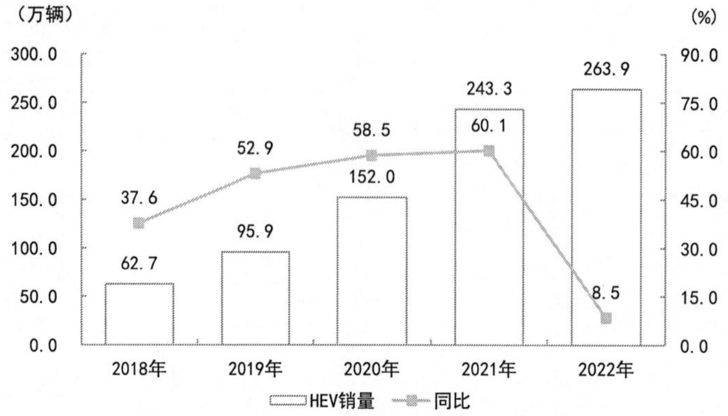


图8　2018—2022年欧洲混合动力销量增速

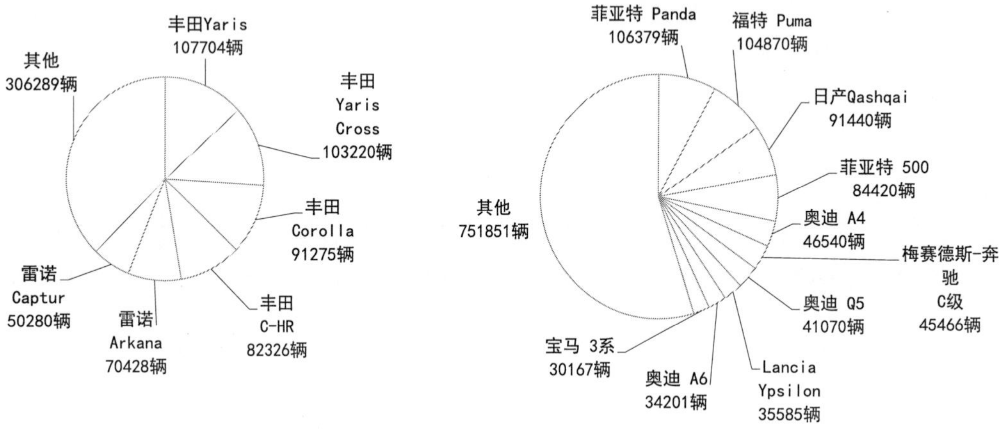


图9　2022年西欧16国混合动力／轻度混合动力在售车型构成比

资料来源：FOURIN 根据 Inovev 数据整理

注：包括轻度混合动力。统计国家数2019—2021年为30国、2017年为26国、2018年为27国。从欧盟14国 +EFTA 3国 + 英国等18国中除去卢森堡、冰岛，总计16国。

分国家来看，英国作为最大市场同比增长8.1%达到48.0万辆。德国（增长8.4%达46.5万辆）、意大利（增长6.4%达45.0万辆）也保持了增势。法国增长14.8%以33.3万辆实现两位数增长，这得益于该国品牌旗下的 Renault Captur、Austral 等2021年以后投放的 HEV 销量增长（见表9）。

从西欧16国（欧盟14国 +EFTA 3国 + 英国等18国中减去卢森堡和爱尔兰）的2022年分品牌／分车型销量来看，HEV 由丰田占据过半份额的结构并未发生改变，但丰田车占比已从上年的64.8%降至57.3%。从 MHEV 来看，继 Fiat Panda、Ford Puma 之后，日产 Qashqai 跃升至第3位。

表9　2018—2022年欧洲分国家 HEV 销量　　单位：辆，%

| 国家 | 2018 年 | 2019 年 | 2020 年 | 2021 年 | 2022 年 | 同比增长 | 欧洲 ECV 市场份额 | 各国市场份额 |
|---|---|---|---|---|---|---|---|---|
| 德国 | 98816 | 193902 | 327395 | 429139 | 465228 | 8.4 | 17.6 | 17.5 |
| 意大利 | 82020 | 109929 | 221931 | 422845 | 449993 | 6.4 | 17.1 | 34.2 |
| 法国 | 91815 | 106781 | 168873 | 289837 | 332669 | 14.8 | 12.6 | 21.8 |

续表

| 国家 | 2018 年 | 2019 年 | 2020 年 | 2021 年 | 2022 年 | 同比增长 | 欧洲 ECV 市场份额 | 各国市场份额 |
|---|---|---|---|---|---|---|---|---|
| 西班牙 | 75773 | 108683 | 137425 | 219426 | 239471 | 9.1 | 9.1 | 29.4 |
| 荷兰 | 22984 | 28829 | 47583 | 71539 | 77888 | 8.9 | 3.0 | 25.0 |
| 奥地利 | 7143 | 14349 | 26026 | 41970 | 40858 | -2.6 | 1.5 | 19.0 |
| 希腊 | 3898 | 6601 | 11751 | 23382 | 29019 | 24.1 | 1.1 | 27.6 |
| 丹麦 | 10747 | 9855 | 9637 | 31686 | 28254 | -10.8 | 1.1 | 19.1 |
| 比利时 | 15276 | 17242 | 15204 | 19580 | 27472 | 40.3 | 1.0 | 7.5 |
| 芬兰 | 11855 | 15572 | 18726 | 28108 | 25709 | -8.5 | 1.0 | 31.5 |
| 瑞典 | 20810 | 25209 | 22355 | 22195 | 25509 | 14.9 | 1.0 | 8.9 |
| 葡萄牙 | 7230 | 9424 | 11902 | 19082 | 24079 | 26.2 | 0.9 | 15.4 |
| 爱尔兰 | 6927 | 10194 | 10986 | 19247 | 21252 | 10.4 | 0.8 | 20.2 |
| 卢森堡 | — | 2245 | 3797 | 7225 | 8035 | 11.2 | 0.3 | 19.1 |
| 欧盟 14 国计 | 455294 | 658815 | 1033591 | 1645261 | 1795436 | 9.1 | 68.0 | 22.1 |
| 瑞士 | 11283 | 22010 | 32148 | 52181 | 56107 | 7.5 | 2.1 | 24.8 |
| 挪威 | 16323 | 17547 | 12246 | 9780 | 10158 | 3.9 | 0.4 | 5.8 |
| 冰岛 | 906 | 1045 | 1174 | 2272 | 2989 | 31.6 | 0.1 | 17.9 |
| EFTA 3 国计 | 28512 | 40602 | 45568 | 64233 | 69254 | 7.8 | 2.6 | 16.6 |
| 英国 | 94844 | 174123 | 289992 | 444024 | 479992 | 8.1 | 18.2 | 29.7 |
| 西欧计 | 578650 | 873540 | 1369151 | 2153518 | 2344682 | 8.9 | 88.9 | 23.1 |
| 波兰 | 23902 | 41878 | 66251 | 130354 | 136948 | 5.1 | 5.2 | 32.6 |
| 匈牙利 | 5642 | 9170 | 31772 | 48145 | 42499 | -11.7 | 1.6 | 38.1 |
| 罗马尼亚 | 3845 | 7467 | 14271 | 30706 | 34410 | 12.1 | 1.3 | 26.6 |
| 捷克 | 4553 | 7873 | 12769 | 25580 | 28195 | 10.2 | 1.1 | 14.7 |
| 斯洛伐克 | 2434 | 4307 | 7233 | 15148 | 17355 | 14.6 | 0.7 | 22.0 |
| 克罗地亚 | n.a. | 1533 | 2180 | 6440 | 8174 | 26.9 | 0.3 | 19.0 |
| 爱沙尼亚 | 1566 | 2693 | 2715 | 6321 | 7189 | 13.7 | 0.3 | 33.3 |
| 斯洛文尼亚 | 1459 | 2462 | 1719 | 6181 | 6170 | -0.2 | 0.2 | 13.3 |
| 立陶宛 | 2351 | 3355 | 8293 | 4231 | 4738 | 12.0 | 0.2 | 18.5 |
| 拉脱维亚 | 972 | 1479 | 1895 | 3228 | 4347 | 34.7 | 0.2 | 26.0 |
| 塞浦路斯 | — | 1052 | 1408 | 2475 | 3479 | 40.6 | 0.1 | 29.9 |
| 保加利亚 | 1600 | 1975 | 429 | 662 | 713 | 7.7 | 0.0 | 2.5 |
| 欧盟新加盟 12 国 | 48324 | 85244 | 150935 | 279471 | 294217 | 5.3 | 11.1 | 26.2 |
| 欧洲 30 国合计 | 626974 | 958784 | 1520086 | 2432989 | 2638899 | 8.5 | 100.0 | 23.4 |
| 欧盟 26 国 | 503618 | 744059 | 1184526 | 1924732 | 2089653 | 8.6 | 79.2 | 22.6 |
| 欧盟 26 国 + 英国 | 598462 | 918182 | 1474518 | 2368756 | 2569645 | 8.5 | 97.4 | 23.6 |

资料来源：FOURIN 根据 ACEA 公布资料整理

注：包括MHEV。统计国家数量在2019—2022年为30国，但2018年为27国。保加利亚、爱沙尼亚、拉脱维亚采用了ACEA推测值，罗马尼亚包括PHEV；欧洲HEV市场份额指各国在欧洲30国HEV总销量中的占比。各国市场份额占各国HEV在乘用车总销量中的占比。

（北京富欧睿汽车咨询有限公司　周锦程　李永兴）

# 第六部类

# 二手车市场

DILIUBULEI | ERSHOUCHESHICHANG

# 2022年中国二手车市场综述

2022年，二手车市场发展的体制机制性障碍全部清除，二手车流通行业迎来了最好的政策环境，但受多种因素叠加影响，二手车交易量出现了近年来少有的负增长，市场恢复需要足够的驱动力。国家统计局发布的数据显示，2022年社会消费品零售总额为43.97万亿元，同比下降0.2%，其中上半年消费总额同比下降0.7%，这样的需求收缩是近10年来除2020年外第二次出现的年份。在大的经济环境背景下，二手车市场出现了负增长，也是有统计数据以来下降幅度最大的年份。据中国汽车流通协会发布的数据，2022年全国共交易二手车1602.8万辆，同比下降8.9%，交易额累计10595.9亿元，同比下降6.4%（见图1）。

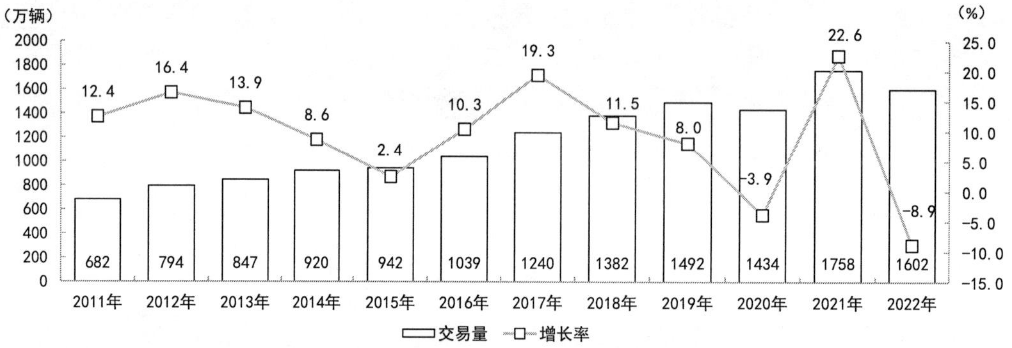


图1 2011—2022年二手车交易量与增长率

资料来源：中国汽车流通协会（以下图表资料来源相同，不再赘述）

## 一、二手车市场主要运行特点

### （一）2022年年初出现短暂反弹

2021年二手车市场发展很好，市场增长超过20%。但从各月份的交易数据看，在2021年的第四季度开始出现弱势状态，二手车交易量也从2021年的10月开始出现负增长，而且是连续3个月的下降。虽然2022年的1月、2月出现了短暂的反弹，但在后续的时间里，二手车交易一路下行，连续10个月负增长，市场活跃度明显下降（见图2）。

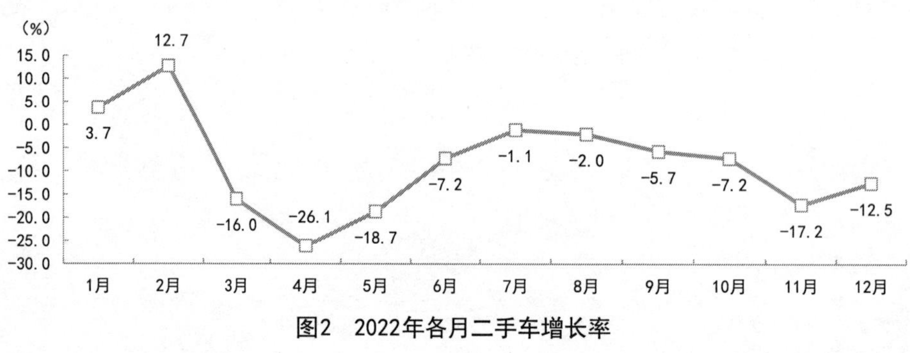


图2 2022年各月二手车增长率

### （二）市场疲弱的主要成因

一是受新冠肺炎疫情频繁袭扰，二手车市场正常秩序被打破。11月8日，中国汽车流通协会对全国部分二手车交易市场开展了一次政策落地执行情况调查（以下简称调研），这份调研共收集210份样本，涉及30个省（市、区），81个城市。调查报告显示，2022年受疫情影响停业时间超过10天的占73.2%，其中34.1%的企业停业10到30天，22.9%的企业停业30到60天，16.2%的企业停业时间超过60天。二手车交易的有效时间被大幅度压缩，直接影响了二手车交易的节奏。

二是宏观经济“需求收缩、供给冲击、预期转弱”向二手车市场传递的结果。据国家统计局发布的数据显示，2022年社会消费品零售额出现了0.2%的负增长，为近年罕见。大消费出现下降，反映到二手车市场我们可以用客流量来衡量。据中国汽车流通协会对车商摸底调查结果显示（这份调查从10月开始，12月初结束，共有215家车商参与调研，以下简称车商调研），有95.9%的企业反映客流量出现明显下降。其中25.6%企业客流下降20%～50%，60.5%的企业反映客流下降50%以上。可见宏观经济下行压力在二手车市场表现得更为突出。

三是二手车终端零售价格大幅度下降，企业销量下滑，亏损面加大。据中国汽车流通协会统计，2022年12月二手车平均交易价格与2021年12月相比，下降了1.25万元，下降幅度达到17.4%。另据车商调研结果显示，有98.1%的企业销量下降，其中81.4%的企业销量减少了20%以上，47.4%的企业业务量锐减50%以上，82.8%的企业出现亏损，其中49.8%的车商出现严重亏损，整体行业处于低谷，二手车市场疲软情况超出预期。

### （三）各车型交易情况与份额变化

据中国汽车流通协会统计数据，2022年乘用车共交易1288.2万辆，同比下降了7.8%。在乘用车中，轿车共交易952.4万辆，同比下降10.1%；MPV交易96.9万辆，同比下降3.96%，SUV交易203.8万辆，同比增长3.1%，是主流车型中增长的主力车型；微型客车共交易35.1万辆，同比下降11.7%。商用车交易233.6万辆，与上年相比，交易量有较大幅度的减少，同比下降15.8%。商用车出现较大幅度下降，表明经济活跃度出现明显下降。摩托车交易量达33.5万辆，同比增长14.6%。摩托车增长与近年摩托车升温相关，但不属于主力车型，表1为2021—2022年二手车各车型市场份额（见表1）。

表1　2021—2022年二手车各车型市场份额

单位：%

| 车型分类 | 乘用车 | | | | 商用车 | | 其他车 | 农用车 | 挂车 | 摩托车 |
|---|---|---|---|---|---|---|---|---|---|---|
| | 轿车 | MPV | SUV | 微客 | 货车 | 客车 | | | | |
| 2021年 | 60.2 | 5.7 | 11.2 | 2.3 | 8.2 | 7.5 | 2.0 | 0.3 | 0.8 | 1.7 |
| 2022年 | 59.4 | 6 | 12.7 | 2.2 | 8.1 | 6.5 | 2 | 0.3 | 0.7 | 2.1 |

### （四）各区域市场表现

2022年度交易量排名前十的省市除四川、江苏增长外，大部分区域都有不同程度的下降，前十名单也有所变化。其中，四川与江苏位置互换，上年度排名第十的辽宁由于下降幅度太大，同比负增长36%，从而跌出了前十。云南以51.6万辆的交易量首次晋级前十。在交易量排前十以外的区域中，山西、贵州、青海、宁夏、黑龙江等区域市场也有一定的增长，出现交易量增长的区域包括上述省市区全国总共只有7个，其余区域均有不同程度的下降。其中天津、安徽、辽宁、吉林、陕西、甘肃、西藏、新疆等8个省市区交易量下降幅度超过了20%（见图3）。

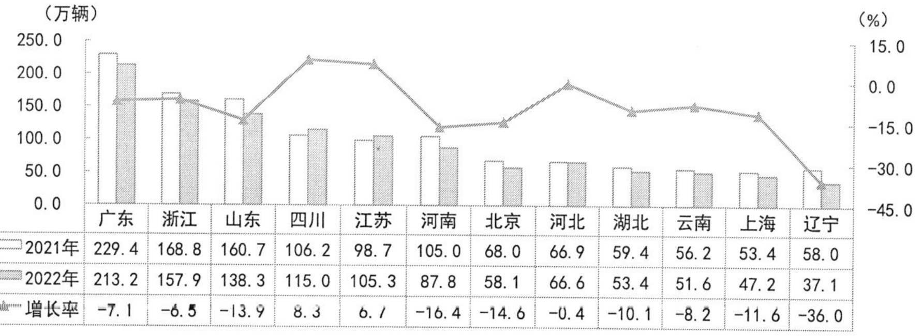


| | 广东 | 浙江 | 山东 | 四川 | 江苏 | 河南 | 北京 | 河北 | 湖北 | 云南 | 上海 | 辽宁 |
|---|---|---|---|---|---|---|---|---|---|---|---|---|
| 2021年 | 229.4 | 168.8 | 160.7 | 106.2 | 98.7 | 105.0 | 68.0 | 66.9 | 59.4 | 56.2 | 53.4 | 58.0 |
| 2022年 | 213.2 | 157.9 | 138.3 | 115.0 | 105.3 | 87.8 | 58.1 | 66.6 | 53.4 | 51.6 | 47.2 | 37.1 |
| 增长率 | -7.1 | -6.5 | -13.9 | 8.3 | 6.7 | -16.4 | -14.6 | -0.4 | -10.1 | -8.2 | -11.6 | -36.0 |

图3　2022年排名前十的省市二手车市场情况

### （五）二手车平均交易价格变化

2022年全年的二手车平均交易价格为66109元，比2021年平均价格64355元还高出了1754元。但是由于交易价格是从年初的高点一路跌下来，让一线经营者叫苦不迭。这是由于经营者从收购到销售一般都会有一个月左右的库存周期，可就在这一个月的时间，终端交易价格下降，经营者亏损，越是亏损，车商越是舍不得卖，亏损的也就越多。如前述，2022年12月的二手车平均交易价格比2021年12月的交易价格下降了1.25万元，下降幅度达到了17.4%，而且，越是价格高的高端车，市场零售价格下降的幅度就越大。在上年度的文章中，笔者提到受芯片短缺影响，二手车价格飙升，经营利润丰厚。在利益驱使下，很多车商囤足了货源，提高了库存量。然而，随着芯片供应问题的缓解，新车市场车源供给平稳，终端零售价格稳中有降。反映到二手车市场，二手车交易价格逐渐恢复到正常状态，同时，随着需求减弱，客流锐减，二手车价格甚至低于正常水平，很多经营者只能赔钱出货，亏损经营（见图4）。

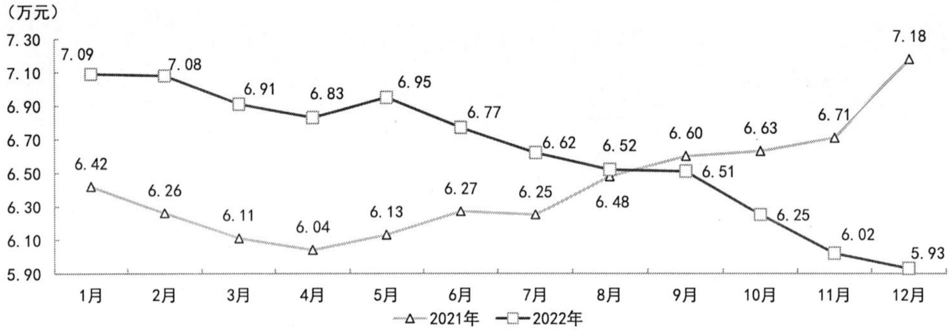


图4　2022年各月二手车平均交易价格变化

### （六）各价位区间比例情况

对比一下近年各价位区间的比例，从总体情况看，2022年，8万元以上的车型比例有所下降，从上年度的28.33%下降到27.49%，接近一个百分点，说明整体市场购买力下降。这里需要解释的是，平均交易价格的变动情况不代表具体车型价格变动，据从事超豪华车辆经营的车商反映，超豪华车终端零售价格在2022年变化较快，相当比例的车商在这类车的经营过程中损失不小（见图5）。

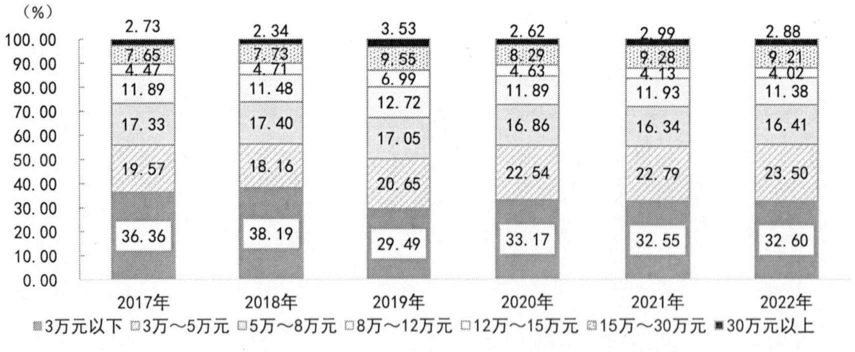


图5　2017—2022年各价位二手车分布

### （七）车龄结构变化

数据显示，2022年使用年限在3年以内的准新车占总交易量的30%，相比2021年同期大增2.6个百分点；使用年限在3～6年的“中年”车龄的车辆占总交易量的40.2%，占比与上年同期相比提高了4.1个百分点；7～10年车龄的车辆占总量的19.7%，占比下降了4.4个百分点；10年以上的老旧车占总交易量的10.1%，这一比例也比上年同期下降了6.1个百分点。从数据反映出，6年车是个分界线，6年以下的二手车比例从上年度的59.7%提高到了70.2%，大涨了10.5个百分点，比较罕见。从2022年二手车的车龄结构变化来看，与往年相比有些反常，理论上讲，由于保有车龄的逐年提升，二手车的车龄结构应该呈逐年向高龄转化。但是2022年却是个例外，低龄比例突然大比例升高，高龄的车大幅度下降。我们在分析二手车价格时曾经提到，一方面，绝大多数豪华车价格大幅度下降，但在年度的平均交易价格上却比上年度还要高；另一方面，各价位区间的比例却没有明显变化，这显然相互矛盾。车龄结构由“旧”转“新”可以解释这个矛盾。结合价位结构与车龄结构两个维度来分析，价格没变，车龄新了，说明终端市场价格下降了不少（见图6）。

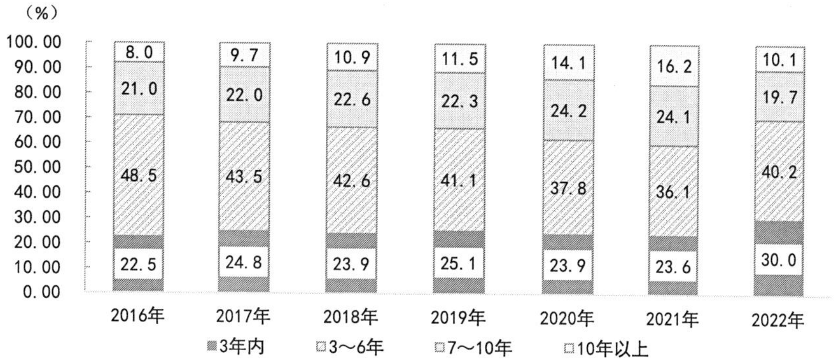

图6　2016—2022年各价位二手车分布

## （八）二手车跨区域交易情况

2022年二手车跨地区交易总量为401万辆，比上年同期减少了80.4万辆，占总交易量的25%，比上年同期下降了2.9个百分点。从各月的情况看，2022年跨地区交易可以用起伏不定来形容，也可以从转籍比例的变化上看到新冠肺炎疫情对二手车交易的影响。数据显示，2022年2月、3月、4月、5月、11月，转籍率都在25%以下，说明这几个月全国范围内受到疫情影响较严重，其中，3月、4月、5月、11月二手车交易量下降均超过10%，11月下降幅度最高，达到17%。疫情期间，人流与车流都受到限制，特别是疫情严重的地区，物流无法送达，二手车跨城市交易更无从谈起。不仅是跨城市交易受到限制，正常的二手车交易秩序也被打乱。目前，我国绝大多数交易都是在二手车交易市场内完成的，特别是办理交易手续更离不开交易市场的一站式。因此，二手车交易市场也成为人群聚集的场所，一旦有疫情传播，交易市场就要临时关闭，以防疫情扩散。据中国汽车流通协会12月二手车交易市场经营情况摸底调查显示，2022年全年临时闭市时间10天以上的交易市场占60.2%，其中闭市时间超过一个月的占31.2%（见图7）。

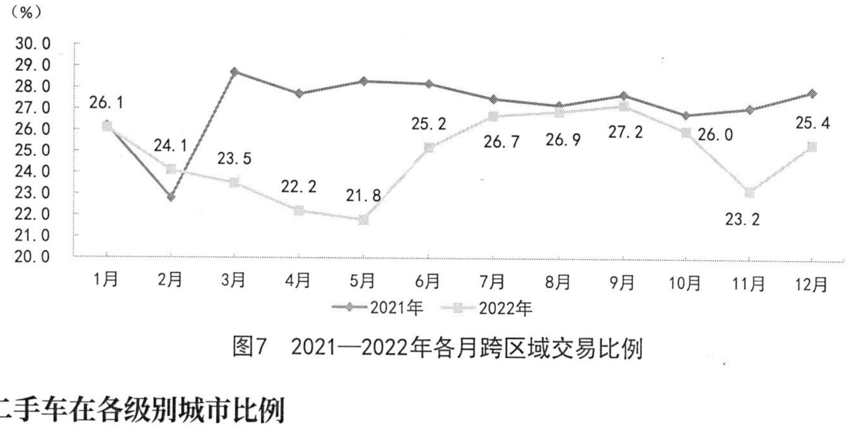

图7　2021—2022年各月跨区域交易比例

## （九）二手车在各级别城市比例

从跨区域交易的数据中我们还能够分析到，二手车市场发源于一线城市，并逐渐向下游城市延展，二手车流通一般情况下也是从中心城市向末端城市流转。但是豪华、超豪华车则是逆向流通的，即由低级别城市向高级别城市流通。2022年各级别城市占全国二手车交易总量占比情况如图8所示，从图中可以看出，各级别城市占比变化不是很大，但是，一线城市份额持续下降，五线城市的占比连续增长。5年间，一线城市占比下降了3.03个百分点，五线城市提高了2.07个百分点。说明县乡地区的二手车市场开始启动，将成为二手车市场新的增长点（见图8）。

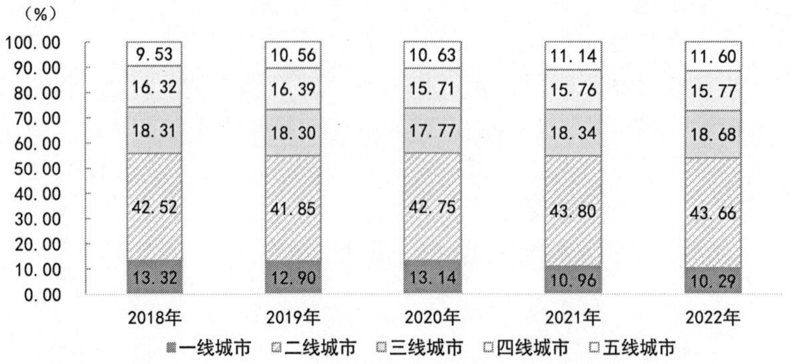


图8 2018—2022年各级别城市份额变化情况

注：样本包含全国338个分级城市，其中一线城市4个，北京、上海、广州、深圳；二线城市45个，三线城市70个，四线城市90个，五线城市129个。

### （十）全国范围取消国五限迁后，对二手车市场的影响

按照国务院常务工作会议精神，以及17部委文件要求，自2022年10月1日起，全国取消对国五排放限制。原实施限迁的区域，除北京外，全部解除对国五排放二手车的迁入限制。这项政策对于原实施限迁的大型城市来讲，二手车流通从单向转为双向流通，也就是说从单纯的输出变为中低端、长年份二手车以输出为主，对于短年份、高端二手车能够回流，特别是对于河北以及长三角、珠三角、京津冀三个区域内的欠发达地区二手车市场发展无疑是强劲利好，因为这部分区域的二手车，依赖中心城市车源，限迁的时候外部车源无法流入，经营资源受限，取消国五限迁后，将会有大量车源流入，丰富当地市场的车源结构。我们看一下市场中各排放标准车辆占比的变化情况（见图9）。

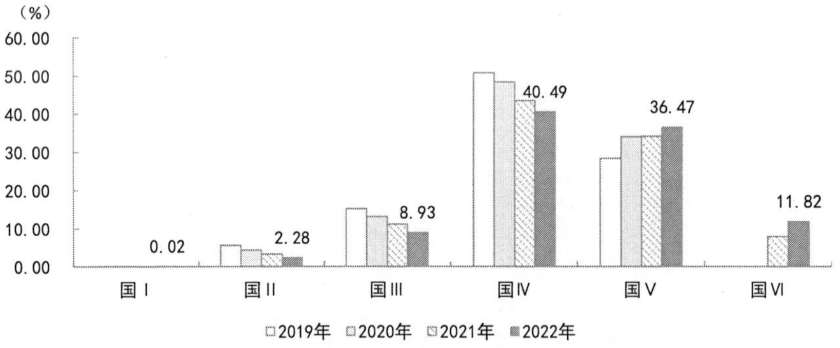


图9 2019—2022年二手车各排放标准车辆占比

数据显示，2022年国一、国二排放标准的二手车仅占总交易量的2.3%，比上年减少了1.02个百分点；国五、国六排放的车辆占比达到了48.29%，几乎占到了整体二手车市场的半壁江山，也比上年度提升了6.25个百分点。其中，国五车占总交易量的36.47%。相信随着国五、国六车在保有中的比例逐年提高，用不了几年，将成为主力排放车型。因此，放开国五限迁，相当于一半左右的二手车可以不受限制地自由流动，对于提升二手车市场活力具有非常重要的作用。

### （十一）二手车经理人指数情况

反映二手车市场景气度的一个重要指标是二手车经理人指数。这个指数50为荣枯线，50以上代表市场进入景气区间，50以下代表市场呈弱势状态。2022年经理人指数显示，全年只有9月在荣枯线上，其余11个月均在50线以下。其中有6个月的指数在40以下，表明这6个月的二手车

市场形势比较严峻。从2022年各月二手车交易量数据看，9月达到了全年的峰值，因此经理人指数超过了50线。我们还是再看这个指数在第4季度的表现，10月、11月、12月的指数分别为49.6、40.3、39.3，呈逐月下降的态势。造成二手车经理人指数下降的因素来自多个方面：一是新政策落地，经营者有一个适应过程；二是新冠肺炎疫情不但关停店面，更重要的是消费者也被关在了家里；三是二手车价格的持续下降，买卖双方观望情绪较重；四是流量转换从线下流量向线上和私域转化也需要适应的过程；五是大批新进入者源源不断，竞争日益激烈等。不过从以上的五个因素可以判断，都属于短期因素，不会对二手车市场产生长期效用（见图10）。

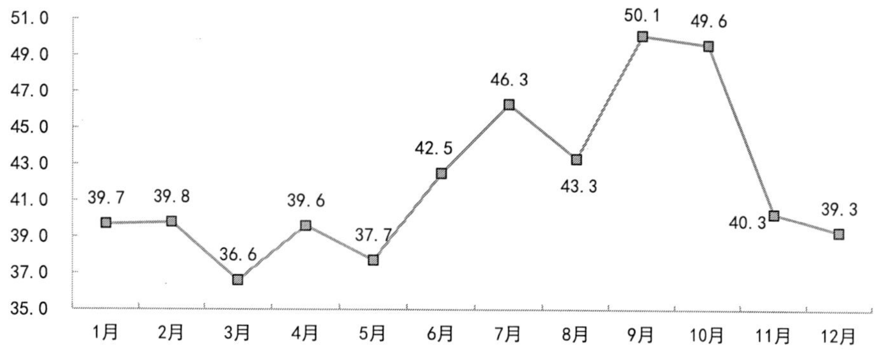

图10　2022年二手车经理人指数变化

## 二、2022年出台的新政策以及对行业的影响

2022年是有史以来政府出台二手车行业发展政策最密的一年，政策全面、系统，随着新政策的全面落地实施，长期困扰行业健康发展的堵点和痛点的问题将会逐步得到全面解决。

### （一）二手车系列政策出台时间与内容

4月20日，国务院办公厅下发了《国务院办公厅关于进一步释放消费潜力促进消费持续恢复的意见》（国办发〔2022〕9号），明确提出了“全面取消二手车限迁政策，落实小型非营运二手车交易登记跨省通办措施”。

5月24日，《国务院关于印发扎实稳住经济一揽子政策措施的通知》（国发〔2022〕12号），提出了“全面取消二手车限迁政策，在全国范围取消对符合国五排放标准小型非营运二手车的迁入限制，完善二手车市场主体登记注册、备案和车辆交易登记管理规定”。

6月22日，国务院常务会议研究确定活跃二手车市场的政策措施，提出了“活跃二手车市场，促进汽车更新消费。对小型非营运二手车，8月1日起全面取消符合国五排放标准车的迁入限制，10月1日起汽车销售企业申请办理转移登记时实行单独签注管理、核发临时号牌”。

7月7日，《商务部等17部门关于搞活汽车流通 扩大汽车消费若干措施的通知》（以下简称17部委文件），从6个方面对二手车流通政策进行了进一步的明确。一是取消对开展二手车经销的不合理限制，明确登记注册住所和经营场所在二手车交易市场以外的企业可以开展二手车销售业务。二是对从事新车销售和二手车销售的企业，经营范围统一登记为“汽车销售”。三是自2022年10月1日起，对已备案汽车销售企业从自然人处购进二手车的，允许企业反向开具二手车销售统一发票并凭此办理转移登记手续。四是将购进并用于销售的二手车按照“库存商品”科目进行会计核算。自2022年10月1日起，已备案汽车销售企业申请办理小型非营运二手车转移登记时，公安机关实行单独签注管理，核发临时号牌。五是自2022年8月1日起，在全国范围（含国家明确的大气污染防治重点区域）取消对符合国五排放标准的小型非营运二手车的迁入限制。六是自2023年1月1日起，对自然人在一个自然年度内出售持有时间少于1年的二手车达到3辆及以上的受到限制。

**（二）新政策需要把握的三个时间节点**

17部委文件，其实是对国办发〔2022〕9号、国发〔2022〕12号文件，以及国务院常务工作会议精神具体落地执行的具体措施，按照对文件的理解，可以归纳为3个时间节点的3个重要规定。

第一个时间节点是2022年8月1日，全国范围内取消对国五排放二手车的迁入限制，包括此前享受豁免的3个区域。目前，除北京外，全国所有城市都放开了对国五二手车的限制。

第二个时间节点是2022年10月1日，已经备案的二手车销售企业从个人收购车辆可以反向开票，对收购的车辆进行“二手车待销售”单独签注，并按照“库存商品”进行会计核算。这项实施就是把二手车从过去的“资产管理”改为“商品管理”，实现商品流、资金流的统一，有利于提升企业价值，实现规模经营。

第三个时间节点是2023年1月1日，对自然人持有车辆不足一年的，从第3辆开始不得交易。通过限制自然人交易数量，倒逼二手车经营者从以个人背户为主要方式的经纪模式向公司化经营转化。

**（三）车商的转型**

车商群体数量庞大，但从规模上看，总体呈小散弱情况，而且长期以来没有改观。据中国汽车流通协会对车商2022年营商环境调查显示，年销售量在100辆以下的企业占74%，人员规模小于10人的占89.1%。从企业性质上看，个体工商户占55.4%，企业性质为经销公司的占33.6%，这种经营者结构比例与两年前没有太大变化。另据中国汽车流通协会2022年12月对车商政策落地实施情况调研结果显示，个体工商户的比例为21.6%，经销企业比例为60.6%，与年初所做调查结果相比有了明显改观。也就是说，个体户比例大幅度下降，经销企业的比例明显提高。虽然采样的维度不同，但随着政策在各地的落地，车商开始向经销企业转型的趋势非常明显。

**（四）交易市场遇到新问题**

长期以来，二手车交易市场由于能够将众多小微车商聚集经营，形成其特有的“防火墙”。其中包括：一是独享的部分政府职能，交易市场唯一真正能为交易双方开具发票的机构，实现交易、过户一站式，几乎所有的交易都需要到二手车交易市场办理。但随着二手车新政的落地实施，交易市场独享的二手车发票权下放到了汽车经销企业，包括4S店和二手车经销公司，大量的二手车交易发票将从交易市场端转向了经营端，其中有车商也有4S店，原来以开具二手车交易发票，收取“服务费”的盈利模式将会消失。二是集客优势。由于交易市场有一定的知名度和品牌影响力，形成了线下集客能力，车商在交易市场中经营，不需要投入太多的广告费。但随着互联网营销，以及视频营销的兴起，交易市场的集客优势也受到了挑战。为此，交易市场围绕着留住商户、留住消费为核心内容的转型将全面展开。如开展网络信息系统的数字化改造提升交易服务效率，成立二手车销售平台以解决个体经营者的经营资质问题，搭建直播平台为商户引流等多种新的玩法和尝试。

**（五）4S店将在二手车业务上发力**

据“2022年中国汽车经销商集团百强排行榜”数据显示，2022年百强集团二手车交易达到了142万辆，与上年相比下降了9万辆。这个数据看似数据不小，但与市场总量相比，不到十分之一。另据对中国汽车流通协会经销商集团二手车业务摸底调查显示，2021年度限购城市置换率为23.5%，非限购城市12.9%，均比上年度有1个百分点的提升。如果按照平均15%的置换率测算，2021年度经销商应该可以产生390万辆二手车，实际与测算结果有239万辆的差距。当然，零售指标更不好看，零售比非限购城市30.2%，限购城市11.7%，这一指标与上年同期基本持平。之所以经销商二手车零售业务推进较慢，与二手车政策的系统性有关。虽然2020年5月1日开始，对于经销企业实施增值税减按0.5%征收政策，但由于二手车仍然按照资产交易管理，4S店收车还需要到交易市场开具发票，在大多数城市4S店开具的销售发票不给办理转移登记，企业仍需通过员工“背户”的形式经营，存在财务和道德风险，所以政策赋予经销企业的“红利”大部分4S店经销商无法兑现。但随着2022年10月1日二手车商品属性政策的落地，相信早已摩拳擦掌的4S店，将会全力进入二手车流通领域，成为二手车市场中的有生力量，只不过苦于缺乏经验和实用型人才。当然这需要一定时间的积累。之所以说4S店会成为有生力量，是因为我国汽车市场已经进入存量阶段，置换需求已经成为新车消费的第一大动力，在4S店置换是广大消费者的首选，这就形成了二手车经营的先天优势。

**（六）围绕为交易赋能成为服务主体成长主线**

随着二手车新政策贯彻实施，二手车市场质与量都会有大幅度提升，围绕二手车交易的各环节，如为商家经营资源调配的B2B拍卖公司、为商家收车、为消费者买车提供车况检测的鉴定评估机构、为经营者与消费者提供车辆背景信息查询的信息服务提供商、帮助经营者进行传播导流线索促成交易的电商平台等服务主体，随着二手车市场规范化、规模化、品牌化发展，以及市场规模的不断扩容也将通过不断自我调整和完善，为二手车交易赋能，并实现快速成长。

**（七）广大消费者不再为买卖二手车纠结**

过去买卖二手车都是与自然人进行交易，因为几乎所有的经营主体，包括车商、4S店收售车辆也都是通过经纪的方式，遇到纠纷，变成了自然人之间的纠纷，维权困难。新政实施后，二手车经营主体逐步实现规模化、规范化、品牌化，信息透明、公平交易、诚信经营将成为主旋律，二手车消费环境将得到极大改善，广大消费者买卖二手车不用再担心上当受骗，购买二手车也能享受到与新车消费一样的待遇和服务。

## 三、政策实施中遇到的新问题

**（一）新政策能够加速企业成长**

对于大多数已经实现转型的经销企业来讲，通过单独签注、临时号牌等政策简化了交易手续，不但省去了一进一出两次到交易市场办理过户跑腿与时间成本，也节约了交易成本，有利于企业成长。我们注意到，新政策实施后，二手车经销商收购车辆，通过反向开票单独登记在企业名下，商品所有权属性变得清晰，为银行等金融机构开展二手车库存金融业务奠定了基础，这将加速二手车经销企业规模化经营的步伐。其实国内的多数银行都在关注二手车政策变化，研究适合二手车流通的金融产品，相信不用太久，金融将加持二手车流通。当然，这也需要一个过程，估计2023年内将会实现。

**（二）部分车商没跟上政策的变化**

新政策的最后一项，对自然人交易数量的限制，随着2023年新年的钟声开始实施了。政策规定个人名下持有时间不足一年的，只能交易2辆车，从第3辆车开始就不予办理转移登记手续了。其实7月初17部委文件发布到2023年1月1日，已经给经营主体留出了足够的时间办理企业化转型、备案登记，并通过单独签注或挂靠等方式将个人名下的车辆减持。但在前几个月，有一定比例的经营者持有观望的态度，有的还抱有幻想，临近年尾，才开始紧张起来。据中国汽车流通协会2022年12月对91家二手车交易市场调研结果显示，在交易市场经营的车商，还是以个体户以及经纪公司为主，经销公司占多数的市场仅占22%；65%的驻场车商对于单独签注的态度是观望和未办。随着2023年的到来，没有将个人名下二手车减持到2辆以下的车商开始慌了神。笔者也收到过很多咨询的电话，问政府是否给一个缓冲期，如果政策不松动的情况下砸在手里的车该如何办等。笔者在若干平台也给这类的车商支了个招，用融资租赁的方式销售，可以缓解由于没有按照政策要求去做而带来的困局。

出现部分经营不认真落实个人3辆车政策的原因主要是，长期从事二手车个体经营者们都习惯了简单的自由经营、不用纳税、不用记账、没有内控的经营方式，转成二手车经销公司后，还需要面对一系列的新问题。比如财务记账、增值税、所得税的缴纳，金融机构融资，公司化治理等，对于大家都是全新的课题。企业化转型说起来容易，可做起来就没那么简单了，对于大多数车商来说，绝对是一全新的课题。政策调整对于个体经营户以及经纪公司来讲，需要尽快度过阵痛期。

### （三）新政策完全发挥效能尚需时日

当然，新政策出台，所有与之相关的群体都需要一个学习过程，职能机构也不例外。通过会员企业反映和中国汽车流通协会调研，我们看到一些地方政府机构在政策理解与把握上也存在一定的差异。中国汽车流通协会12月初对车商政策执行情况调查结果显示，没有在登记机关做好经销增项的占52%，58.6%的车商没有完成备案，73%的车商不能从自然人处收车反向开票；80%的车商未开展单独签注；57%的车商开具的统一销售发票不能办理车辆转移登记。出现这些问题的主要原因，第一是企业自身不了解政策；第二是地方政府不了解政策；第三是疫情影响，可见政策的持续宣贯对政策落地执行非常重要。

有的地方虽然车商完成经销备案，但税务只给申领税务发票，不给二手车统一销售发票；还有的地方对统一销售发票有限额，有的经营者不得不卖一辆车要开若干张发票。在一些限购城市以“中转指标”为名，不能办理单独签注。国家层面政策制定得非常好，但具体到地方执行时出现了部分偏差，新政策的宣传与贯彻需要市场主体与政府机构同步推进。

（中国汽车流通协会　罗磊）

# 2022年中国二手车区域市场

## 2022年北京市二手车市场

2022年，受新冠肺炎疫情频发、消费需求收缩等综合因素影响。全国二手车市场累计交易量1602.78万辆，同比下降8.86%。

2022年，北京市二手车交易量为581365辆，同比下降14.5%，相比较前几年的小幅波动，首次出现了两位数的下滑，降幅高于全国水平（见图1）。

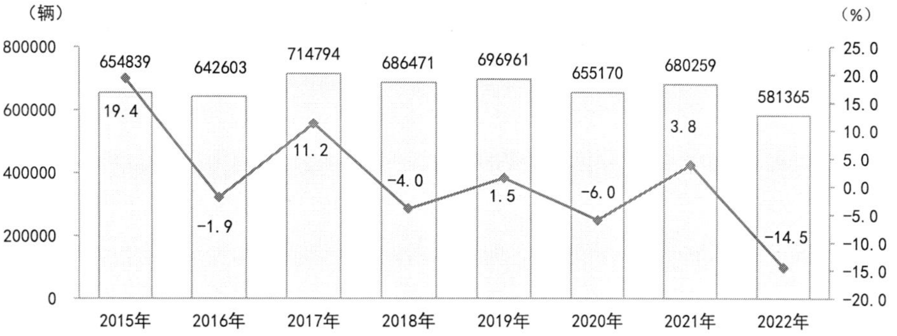


图1　2015—2022年北京市二手车交易量

资料来源：中国汽车流通协会（以下图表资料来源相同，不再赘述）

从月度走势看，2022年北京市二手车市场高开低走，5月是全年交易量最低的月份，第三季度市场回暖，交易量反弹上升，9月出现年度小高点，第四季度又一路向下。5月交易量大幅下降的主要原因是受疫情反弹、优化管控措施及新车交易冲击等因素叠加影响所致。第四季度表现欠佳，是因为消费需求发生变化，本地交易竞争加剧，交易成本大幅提高（见图2）。

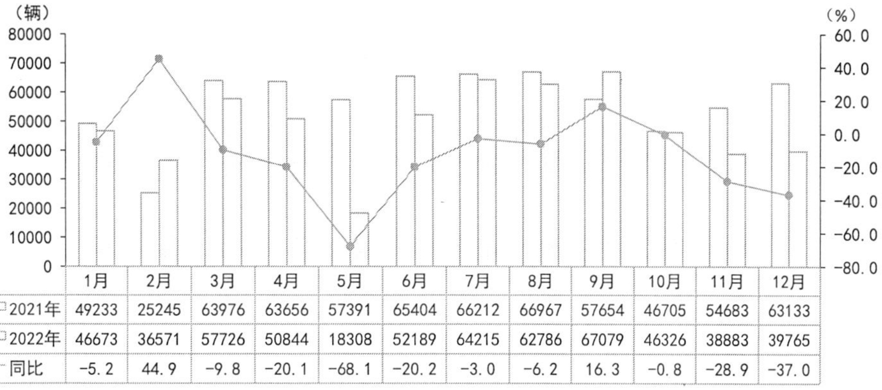


| | 1月 | 2月 | 3月 | 4月 | 5月 | 6月 | 7月 | 8月 | 9月 | 10月 | 11月 | 12月 |
|---|---|---|---|---|---|---|---|---|---|---|---|---|
| 2021年 | 49233 | 25245 | 63976 | 63656 | 57391 | 65404 | 66212 | 66967 | 57654 | 46705 | 54683 | 63133 |
| 2022年 | 46673 | 36571 | 57726 | 50844 | 18308 | 52189 | 64215 | 62786 | 67079 | 46326 | 38883 | 39765 |
| 同比 | -5.2 | 44.9 | -9.8 | -20.1 | -68.1 | -20.2 | -3.0 | -6.2 | 16.3 | -0.8 | -28.9 | -37.0 |

图2　2021—2022年北京二手车月度销量与同比增速

2022年新能源汽车补贴、北京地方政府置换补贴等政策接近尾声，新车厂家及经销商年底“冲量”调整商务政策，运用各种补贴手段方式开展促销活动，因此，新车市场尤其是新能源汽车市场表现较强，抢夺了二手车市场的份额。

分车型看，2022年北京市二手SUV市场保持了增长态势，同比增长22.6%。与此同时，轿车、MPV和交叉型乘用车为负增长，其中MPV降幅最大，同比下降29.8%，轿车市场同比下降20.8%（见图3）。

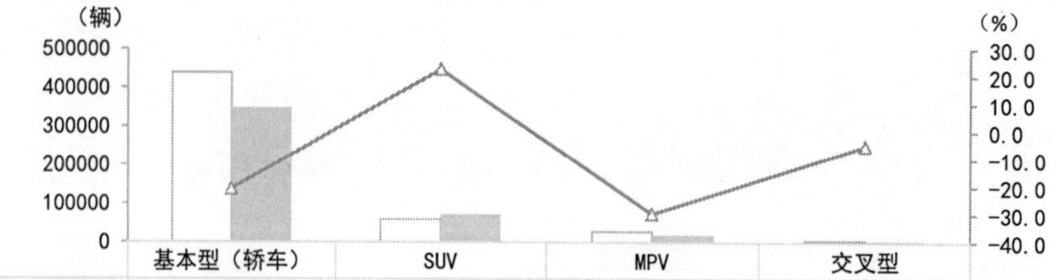


| | 基本型（轿车） | SUV | MPV | 交叉型 |
|---|---|---|---|---|
| 2021年 | 437815 | 58199 | 26824 | 4669 |
| 2022年 | 346959 | 71345 | 18835 | 4431 |
| 同比 | -20.8 | 22.6 | -29.8 | -5.1 |

图3　2021—2022年北京二手车分车型销量

2022年7月，商务部会同工业和信息化部、住房和城乡建设部等16部门发布了《关于搞活汽车流通 扩大汽车消费的若干措施》，要求各地区严格落实全面取消二手车限迁政策，自2022年8月1日起，在全国范围（含国家明确的大气污染防治重点区域）取消对符合国五排放标准的小型非营运二手车的迁入限制，促进二手车自由流通，便利企业跨区域经营，方便群众异地买卖二手车。

政策利好改变了二手车市场的颓势，北京市二手车市场在8月、9月实现了同比正增长，但疫情反弹导致市场闭市、进出京困难，整体经营受到一定影响，市场交易活跃度出现较大波动；加上二手车活跃区域，如山东、河南等省市对于北京二手车的需求减少，而东北、内蒙古等地由于经济和消费影响，对北京二手车需求也出现一定变化，河北、天津地区等北京周边市场趋于饱和，消化能力有限，整体增长空间不大。

2022年，全国转籍比例排名前五的省份是北京、湖北、上海、山东、安徽。其中湖北、山东转籍率较去年有所增加，北京、上海、安徽3个省份同比有所减少。北京转籍率为40.85%，同比下降3.9%，转籍量为23.75万辆，下降22%。

# 2022年上海市二手车市场

2022年，上海市二手车交易量为479623辆，同比上年下降10.52%；交易总额486.07亿元，同比上年下降13.69%；平均单价为10.13万元，同比上年减少了3.62%。

市区号牌二手车过户交易量171372辆，同比上年上升了5.15%；沪C号牌二手车交易量为145654辆，同比上年下降22.45%（其中退牌上沪C号牌二手车交易量为78057辆，同比上年下降24.89%）；转出市外二手车交易量为146705辆，同比上年下降19.72%；占交易总量之比为30.59%，同比上年减少了3.50%（见图1）。

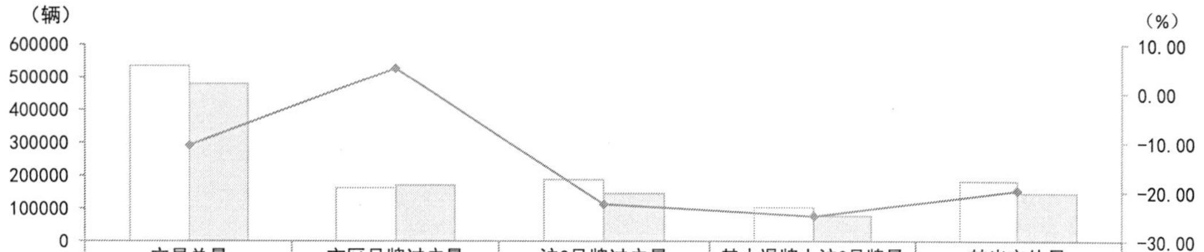


| | 交易总量 | 市区号牌过户量 | 沪C号牌过户量 | 其中退牌上沪C号牌量 | 转出市外量 |
|---|---|---|---|---|---|
| 2021年 | 535984 | 162979 | 187827 | 103922 | 182742 |
| 2022年 | 479623 | 171372 | 145654 | 78057 | 146705 |
| 同比 | -10.52 | 5.15 | -22.45 | -24.89 | -19.72 |

**图1　2021—2022年上海市二手车分车型交易量**

资料来源：上海二手车交易中心（以下图表资料来源相同，不再赘述）

汽车交易总量443192辆，同比上年下降9.97%。其中：客车交易量417126辆，同比上年下降9.36%（其中轿车交易量为276284辆，同比上年下降11.02%）。货车交易量26066辆，同比上年下降18.70%。摩托车交易量18209辆，同比上年下降21.24%。其他类车辆交易量18222辆，同比上年下降11.49%（见图2）。

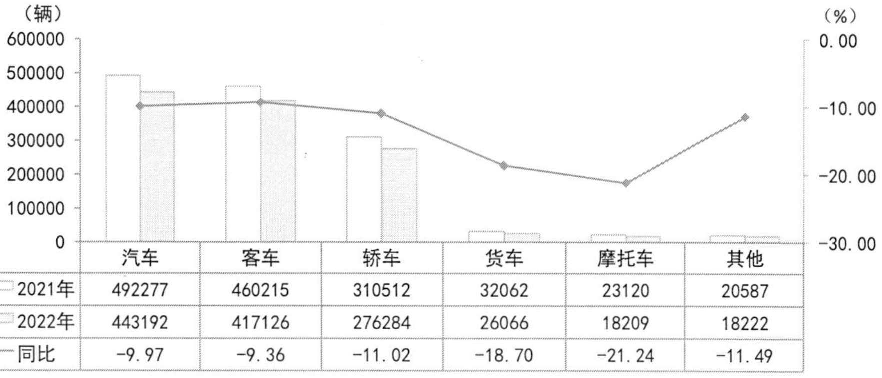


| | 汽车 | 客车 | 轿车 | 货车 | 摩托车 | 其他 |
|---|---|---|---|---|---|---|
| 2021年 | 492277 | 460215 | 310512 | 32062 | 23120 | 20587 |
| 2022年 | 443192 | 417126 | 276284 | 26066 | 18209 | 18222 |
| 同比 | -9.97 | -9.36 | -11.02 | -18.70 | -21.24 | -11.49 |

图2　2021—2022年上海市二手车品种大类与上年同期对比

2022年上海二手车市场数据显示，私人车辆302811辆，占交易总量63.14%；单位车辆176812辆，占交易总量36.86%。国产车辆395128辆，占交易总量82.38%；进口车辆84495辆，占交易总量17.62%。非营运车辆429470辆，占交易总量89.54%；营运车辆37578辆，占交易总量7.83%；特种车辆12575辆，占交易总量2.62%（见图3）。

从消费者角度看，私人购车310781辆，占交易总量64.80%；单位购车168842辆，占交易总量35.20%（见图4）。

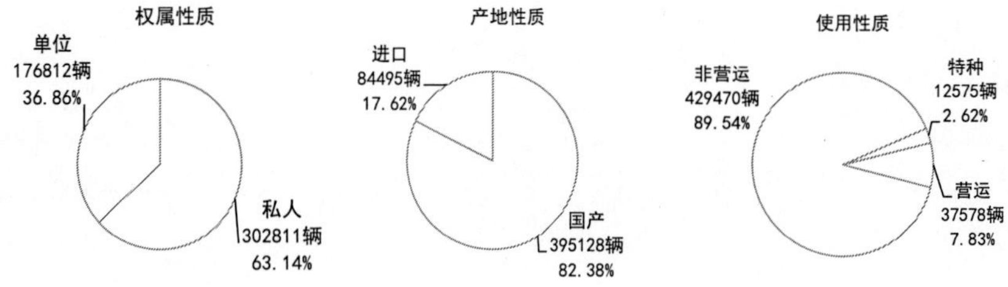


图3 2022年上海市二手车交易量特征

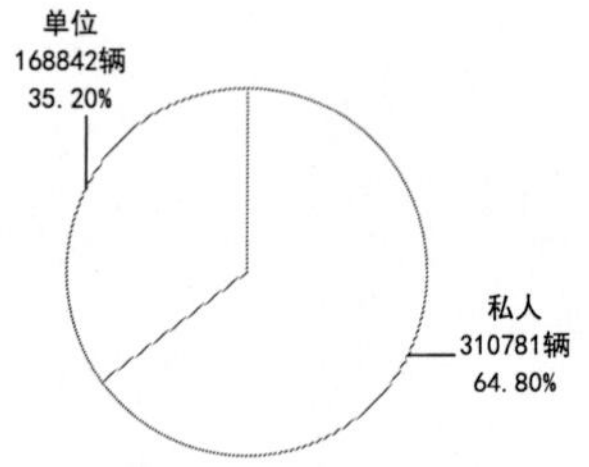


图4 2022年购车对象分析

2022年，启用年份3年内（含3年）的86721辆，占交易总量的18.70%；4—5年的68490辆，占交易总量的14.77%；6—7年的85692辆，占交易总量的18.48%；8—9年的67361辆，占交易总量的14.53%；10年及以上的155468辆，占交易总量的33.52%（见图5）。

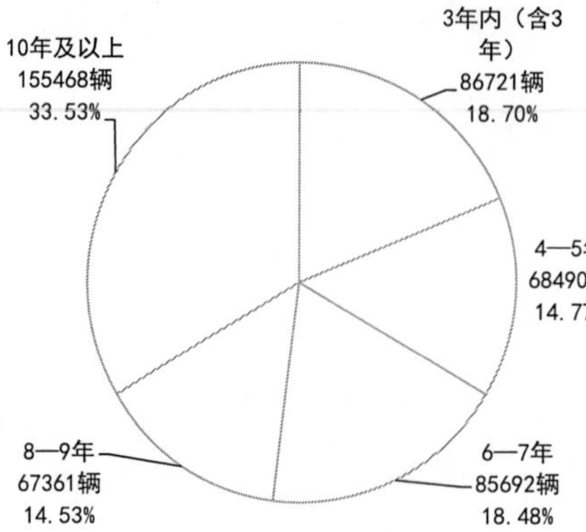


图5 2022年上海市二手车分使用年限交易量及占比

2022年，上海市二手车流通转出的主要省份为山东、安徽、江苏、河南、辽宁、浙江、黑龙江和江西。其中，山东省占比最高，市场份额为27.74%（见表1）。

表1 2022年上海市二手车转出流通　　单位：辆，%

| 转入地 | 数量 | 市场份额 |
|---|---|---|
| 山东 | 40699 | 27.74 |
| 安徽 | 14847 | 1012 |
| 江苏 | 13563 | 9.25 |
| 河南 | 8467 | 5.77 |
| 辽宁 | 8230 | 5.61 |
| 浙江 | 8223 | 5.61 |
| 黑龙江 | 6762 | 4.61 |
| 江西 | 4990 | 3.40 |
| 转出总量 | 146705 | 100.00 |

2022年，上海市各二手车交易市场经营状况，其中，二手车交易中心交易量最高，全年共交易二手车88569辆，交易额共计1056861万元（见表2、表3）。

表2 2022年上海市各交易市场二手车交易量与上年同期对比 单位：辆，%

| 交易市场 | 交易量 | | | 汽车 | | | 摩托车 | | |
|---|---|---|---|---|---|---|---|---|---|
| | 2021年 | 2022年 | 同比增长 | 2021年 | 2022年 | 同比增长 | 2021年 | 2022年 | 同比增长 |
| 总计 | 535984 | 479623 | -10.52 | 492277 | 443192 | -9.97 | 23120 | 18209 | -21.24 |
| 二手车交易中心 | 104953 | 88569 | -15.61 | 102789 | 87283 | -15.09 | 457 | 449 | -1.75 |
| 市旧车市场 | 100489 | 85251 | -15.16 | 100489 | 82333 | -18.07 | 3136 | 2786 | -11.16 |
| 莘庄市场 | 49482 | 40876 | -17.39 | 44888 | 36259 | -19.22 | 528 | 741 | 40.34 |
| 浦东市场 | 83779 | 70342 | -16.04 | 74057 | 63308 | -14.51 | 9178 | 6800 | -25.91 |
| 呼兰市场 | 19876 | 17643 | -11.23 | 10870 | 10008 | -7.93 | 2088 | 1770 | -15.23 |
| 崇明市场 | 10371 | 8803 | -15.12 | 5463 | 4847 | -11.28 | 1534 | 1267 | -17.41 |
| 百联联合市场 | 22813 | 28598 | 25.36 | 22330 | 27829 | 24.63 | 16 | 31 | 93.75 |
| 口岸市场 | 11106 | 10427 | -6.11 | 10789 | 10127 | -6.14 | 9 | 7 | -22.22 |
| 安悦市场 | 17563 | 16901 | -3.77 | 12632 | 13384 | 5.95 | 4892 | 3508 | -28.29 |
| 亿联市场 | 11088 | 10532 | -5.01 | 10733 | 10209 | -4.88 | 81 | 84 | 3.7 |
| 松江市场 | 14151 | 12017 | -15.08 | 13847 | 11834 | -14.54 | 184 | 96 | -47.83 |
| 车市市场 | 57958 | 59578 | 2.8 | 56841 | 58476 | 2.88 | 29 | 45 | 55.17 |
| 大众交通市场 | 22052 | 20471 | -7.17 | 19967 | 18020 | -9.75 | 805 | 510 | -36.65 |
| 金山市场 | 10303 | 9615 | -6.68 | 9953 | 9275 | -6.81 | 183 | 115 | -37.16 |

表3 2022年上海市各交易市场二手车交易额与上年同期对比 单位：万元，%

| 交易市场 | 交易额 | | | 平均单价 | | |
|---|---|---|---|---|---|---|
| | 2021年 | 2022年 | 同比增长 | 2021年 | 2022年 | 同比增长 |
| 总计 | 5631804.4 | 4860695.8 | -13.69 | 10.5 | 10.1 | -3.55 |
| 二手车交易中心 | 1280239.0 | 1056860.8 | -17.45 | 12.2 | 11.9 | -2.18 |
| 市旧车市场 | 1392166.8 | 1150599.0 | -17.35 | 13.9 | 13.5 | -2.58 |
| 莘庄市场 | 455995.3 | 368475.8 | -19.19 | 9.2 | 9.0 | -2.18 |
| 浦东市场 | 744079.5 | 614346.3 | -17.44 | 8.9 | 8.7 | -1.66 |
| 呼兰市场 | 189158.2 | 152968.4 | -19.13 | 9.5 | 8.7 | -8.9 |
| 崇明市场 | 63214.8 | 52182.8 | -17.45 | 6.1 | 5.9 | -2.75 |
| 百联联合市场 | 227927.4 | 275947.4 | 21.07 | 10.0 | 9.6 | -3.42 |
| 口岸市场 | 168622.5 | 153033.5 | -9.24 | 15.2 | 14.7 | -3.34 |
| 安悦市场 | 181324.4 | 151722.1 | -16.33 | 10.3 | 9.0 | -13.05 |
| 亿联市场 | 77220.7 | 70787.7 | -8.33 | 7.0 | 6.7 | -3.49 |
| 松江市场 | 122831.6 | 115981.5 | -5.58 | 8.7 | 9.7 | 11.19 |
| 车市市场 | 453247.6 | 474799.5 | 4.75 | 7.8 | 8.0 | 1.91 |
| 大众交通市场 | 191002.6 | 145070.0 | -24.05 | 8.7 | 7.1 | -18.18 |
| 金山市场 | 84774.0 | 77921.2 | -8.08 | 8.2 | 8.1 | -1.51 |

2022年上半年全市受疫情封控影响，交易量仅为145790辆，同比下降了44.07%。下半年7—12月全市交易量得到恢复性增长，全市二手车交易量333833辆，同比增长21.26%。从二手车交易业务类型数据分析来看，转籍交易量和转移登记后上沪C号牌照交易量同比下降。一是疫情影响导致人员无法流动，造成二手车销售低迷。二是异地转移登记政策的实施，相当数量的本市牌照车辆在异地办理转移登记；沪C交易量下降的主要原因是本市对沪C交易限制政策的影响。转移登记后上有额度牌照交易量增长的主要原因是额度到期转期的刚性需求导致；异地转入交易开票量的大幅增长，得益于本市于8月1日放开国五排放标准转入限制。

（上海二手车行业协会）

# 2022年重庆市二手车市场

## 一、重庆市二手车市场概况

### （一）行业规模分析

#### 1. 行业经营情况

2022年，面临内外部各种挑战和困难，需求萎缩、供给冲击、预期转弱三重压力在行业表现得尤为突出，汽车经销商亏损面不断扩大、资金链持续紧绷。无论是汽车产销规模、技术水平，还是产业业态集聚程度，重庆都是主力城市。目前，重庆二手车市场已经从增量市场进入存量市场。2021年推行二手车转移登记跨省通办，重庆为首批试点城市之一。2022年5月，国务院印发《扎实稳住经济的一揽子政策措施》；7月，商务部等17部门联合印发《关于搞活汽车流通 扩大汽车消费若干措施的通知》；8月，市商务委等21部门联合印发《关于搞活汽车流通 扩大汽车消费若干措施的通知》；9月，市商务委转发《商务部办公厅公安部办公厅关于完善二手车市场主体备案和车辆交易登记管理的通知》。协会迅速行动起来，调研行业诉求，据市车管所统计数据显示，各项政策措施已经发力见效，二手车在困难环境中努力恢复增长。

截至2022年年底，全市机动车保有量890.5万辆、增长6.47%。2022年全市二手车转移登记64.8万辆，其中市内直接转移登记56万辆（见表1）。

表1　2021—2022年重庆市汽车流通行业数据汇总表　　单位：辆，%

| 数据类别 | 2021年 | 2022年 | 同比增长 |
|---|---|---|---|
| 机动车保有量 | 8363690 | 8905163 | 6.47 |
| 其中：汽车保有量 | 5454175 | 5763997 | 5.68 |
| 再其中：（1）乘用车保有量 | 4839893 | 5142432 | 8.76 |
| （2）商用车保有量 | 529225 | 541418 | 9.60 |
| 新能源汽车保有量 | 132158 | 259534 | 96.18 |
| 摩托车保有量 | 2861980 | 3093267 | 8.08 |
| 机动车新注册数量 | 891941 | 785974 | -11.88 |
| 其中：汽车新注册数量 | 550437 | 461000 | -16.25 |
| 再其中：（1）乘用车新注册数量 | 480185 | 420769 | -15.07 |
| （2）商用车新注册数量 | 68609 | 47772 | -33.07 |
| 新能源汽车新注册数量 | 72446 | 134371 | 93.88 |
| 摩托车新注册数量 | 335547 | 322910 | -3.77 |
| 二手车转移登记量 | 710059 | 648992 | -12.01 |
| 其中：（1）市外转入登记量 | 76651 | 83869 | 5.02 |
| （2）市内转出登记量 | 63921 | 4177 | -93.83 |
| （3）市内直接转移登记量 | 569487 | 560946 | -4.92 |

资料来源：重庆市二手车流通协会（以下图表资料来源相同，不再赘述）

#### 2. 市场分布情况

重庆市二手车行业始于20世纪80年代中期。1985年5月，重庆市第一家二手车市场南坪旧车市场（现重庆市旧车交易市场的前身）建立，它是全国第一批建立的二手车市场。2014年年末至今全市主要有26个规模二手车交易市场，重庆主城都市圈共有8家汽车交易市场。

3. 就业情况

根据协会统计的数据显示，2021年从业人员63856人，2022年从业人员增长到64623人（不含二手车电商平台从业人员），同比增长1.2%。二手车交易量总体在增长的同时，二手车从业人员的数量也在增长。

**（二）行业结构分析**

二手车交易市场作为单个独立的市场存在，其经营宗旨是提供固定场所和设施，并为客户提供办理二手车鉴定评估、转移登记、保险、纳税等手续的服务。各市场纷纷建立二手车信息平台，该平台涵盖车辆的维修保养、抵押贷款、保险、人员征信等信息，并提供相关信息的查询服务。目前各二手车市场的交易普遍都在平稳运行。重庆主城区主要有8个市场，其他的市场均在远郊区县，覆盖面较广，布局较零散，难以统一规模化管理。行业的特殊性原因，使得经纪类企业仍是市场主体，由于国家相关行业标准的出台、市场消费需求以及业务服务的提升，鉴定评估类企业占比有所上升。二手车企业经营业务大同小异，主要是收车、整备、卖车，所谓的经营模式的差异化表现并不明显，只能根据业务规模的大小来做分类。大致可分以下几类。

① 无门面的二手车商，俗称“小黄牛”。

② 有小门面的二手车商，聚集在二手车交易市场内，这类占据的市场份额比最大。

③ 场内精品展厅二手车商，交易市场精品展厅区域或者交易市场内的独立展厅，依然依托于传统有形市场。

④ 没有依托交易市场而独立运作的，在场外展厅的二手车商。这类大多数都是从交易市场内搬出去的，实力较强、有先进的生意头脑，很大程度上是因为交易市场的服务体系满足不了自身的发展要求，因而才选择了在地段优越、成本更高的位置单独开店。

⑤ 连锁二手车商，也称为4S 店。有汽车品牌的优势，同时也涉及更多的资本运作。

⑥ 二手车电商。依托“互联网 +”在二手车行业的渗透，打破时间、空间的制约，将线下车源汇集至线上传播及交易。

⑦ 共享展厅的二手车商。共享品牌、共享资金、共享场地、共享资源、共享系统。

⑧ 商超展厅体验店。人流密集的 CBD 进驻商超有两种形式。一种是商场进行展车摆放，类似于小型室内车展厅；另一种形式，是将品牌体验店开进商场，选择客流量集中的位置建设固定门店。优势在于商超的客流量大、曝光度高，容易打造和树立品牌形象。劣势是场地费用高，成本转嫁到销售价格中，不利于促进销售。

**（三）行业效益分析**

中国二手车市场历经30年发展从散、小、弱到统一大市场的发展，重庆第一家二手车市场始于1985年，租金和开票是传统市场的主要收入来源。一方面，由于竞争环境的加剧，固有收入结构受到冲击；另一方面，车商和消费者对市场服务的多元化需求，也在倒逼市场由物业型向服务型转变，车源、客源、资金是影响利润和规模的主要因素。

近几年，重庆市二手车交易日趋活跃，成交量和成交金额均稳步上升（见表2）。

表2　2015—2022年度重庆市二手车交易情况统计表　　单位：辆，亿元，%

| 年份 | 成交量 | 增减 | 成交金额 | 增减 |
| --- | --- | --- | --- | --- |
| 2015 年 | 167103 | -7.8 | 116 | 23.5 |
| 2016 年 | 211042 | 26.3 | 149 | 25.8 |
| 2017 年 | 237806 | 12.1 | 170 | 14.0 |
| 2018 年 | 266438 | 12.0 | 181 | 6.56 |
| 2019 年 | 300310 | 12.7 | 205 | 13.8 |
| 2020 年 | 342716 | 14.1 | 254 | 23.9 |
| 2021 年 | 385764 | 11.7 | 285 | 12.1 |
| 2022 年 | 39700 | 2.6% | 311 | 9.2% |

据市二手车流通协会统计，2022年全市二手车交易量39700辆，同比增长2.6%，二手车交易额311亿元，同比增长9.2%（见表3、表4）。

表3　2021—2022年二手车交易市场销量情况统计　　单位：万辆，%

| 类别 | | 2021年 | 2022年 | 同比增长 |
|---|---|---|---|---|
| 二手车交易量 | | 38 | 39 | 1.84 |
| （一）按车型分 | 乘用车 | 29 | 30 | 1.72 |
| | 其中：基本型 | 23 | 24 | 2.17 |
| | 多功能型（MPV） | 2 | 2 | 0.00 |
| | 运动型多用途（SUV） | 3 | 3 | 0.00 |
| | 交叉型 | 1 | 1 | 0.00 |
| | 商用车 | 9 | 9 | 2.22 |
| | 其中：客车 | 4 | 4 | 0.00 |
| | 货车 | 4 | 4 | 5.00 |
| | 其他 | 1 | 1 | 0.00 |
| （二）按使用年限分 | 3年以下 | 14 | 14 | 1.43 |
| | 4—10年 | 23 | 24 | 2.17 |
| | 11年及以上 | 1 | 1 | 0.00 |
| （三）按产地性质分 | 国产车 | 33 | 34 | 1.52 |
| | 进口车 | 5 | 5 | 4.00 |

表4　2019—2022年二手车交易市场经营情况统计

| 基本指标 | 2019年 | 2020年 | 2021年 | 2022年 | 同比增长 |
|---|---|---|---|---|---|
| 市场数量（个） | 81 | 85 | 89 | 91 | 2.25 |
| 资产总额（亿元） | 168.6 | 193.6 | 216.4 | 240.68 | 11.24 |
| 固定资产总额（亿元） | 7.25 | 8.16 | 9.21 | 10.36 | 12.49 |
| 负债总额（亿元） | 11.02 | 11.26 | 11.38 | 11.59 | 1.85 |
| 总营业面积（万平方米） | 358.68 | 398.56 | 438.26 | 485.63 | 10.81 |
| 交易大厅面积（万平方米） | 8.96 | 10.13 | 11.83 | 12.06 | 1.94 |
| 二手车交易额（亿元） | 205 | 254 | 285 | 312 | 9.27 |
| 市场营业收入（亿元） | 5.23 | 5.24 | 5.26 | 5.24 | -0.25 |
| 市场营业利润（亿元） | 0.142 | 0.151 | 0.153 | 0.149 | -0.76 |

## 二、重庆市二手车行业发展特征

### （一）行业现代化程度

#### 1. 电商平台

自2022年8月1日起全国范围内取消“国五”二手车迁入限制，有力促进了二手车流通，尤其是“国五”二手车在全国范围内的自由高效流通。科技化、数字化是二手车行业未来发展的趋势，伴随着市场需求的变化，衍生出很大一批二手车电商平台。依托“互联网+”在二手车行业内渗透，打破二手车原有的时间、空间的制约，获得车源，将车源汇集至线上传播、交易，形成体系，以进一步地实现高流量、高销量。电商平台众多，目前主流的有优信二手车、瓜子二手车直卖网、人人车、天天拍车、汽车之家、易车网、懂车帝、58同城等。

2. 品牌二手车商

经营主体散是品牌二手车商的显著特点。商办消费函〔2022〕239号，《商务部办公厅　公安部办公厅关于完善二手车市场主体备案和车辆交易登记管理的通知》，解决了二手车临时产权登记制度，简化交易手续，销售企业完成主体信息备案由经纪转为经销模式后，二手车知名企业也将由大型的独立二手车展厅到二手车企业家的转变。同时，二手车非标准化的特殊属性和线下运营的交易特征，随着政策的改革，二手车连锁品牌应运而生，例如“卡乃驰”等模式。

3. 抖音直播行业

疫情之下，消费者对直播的需求升级，满足多元化的需求，抖音营销占据三大优势。第一，相比传统营销，传播速度快，曝光量高。第二，互动性。抖音带有评论、点赞、互动以及直播间的私信等功能，发布人可以第一时间了解客户真实的想法和痛点。第三，娱乐性。把日常收车、日常卖车、日常点点滴滴的生活，包括个人生活，融入二手车里面，穿插娱乐性进去，让客户在不知不觉中深深被主播的个人魅力或者企业文化吸引，最终对主播产生信任，对企业产生信任，从而产生转化。从目前行业所呈现的态势观察，多样化的直播场景，带来全新的购物模式体验感，通过更立体化、多维度化的呈现方式去了解商品细节。

4. 二手车金融

二手车行业是一个重资产行业，传统二手车交易是“一手交钱一手交货”。无论是二手车电商平台还是传统的二手车车商们，都躲不开现金流这个问题。尤其二手车金融在新兴的二手车电商平台及金融平台的助推下，随着新冠肺炎疫情后经济的复苏，行业金融渗透率提升明显。2022年，中国新车金融渗透率接近58%，二手车金融渗透率约为38%。

**（二）行业贡献度**

2022年，二手车行业既遇到了前所未有的困难和挑战，也迎来了重大变革的历史机遇，商务部等17部门联合印发了《关于搞活汽车流通　扩大汽车消费若干措施的通知》，对稳定经济一揽子措施中增加汽车消费的要求进行了细化落实，政策发力点覆盖了汽车生命周期的全环节和各领域，全力推动汽车消费潜力的释放，在史上最密集的汽车市场利好政策组合拳出台，历史性地全面破除所有的堵点。创造了汽车流通行业更加公平合理和有利于发展的良好政策环境。二手车市场一方面，进入数字经济时代，新技术革命带动大数据、智能网联迅速发展并深刻影响市场的发展方向；另一方面，受多重因素叠加影响，下行压力进一步加大并超出预期。

二手车的复苏和增长的不稳定及不确定因素显著增多，从数据可以看到，重庆机动车保有量由2012年的93.3万辆增长到2022年的890.5万辆。2022年新能源汽车保有量25.9万辆，2022年二手车交易量64.9万辆。

（重庆市二手车流通协会　胥佳君）

# 2022年武汉市二手车市场

2022年武汉市二手车交易量为264119辆，同比去年下降13.79%。12月二手车交易量为19133辆，环比上月增长25.07%，比去年同期下滑36.77%。1—12月武汉市二手车交易量，环比只有3月、9月和12月呈正向增长，从4月开始逐月基本上是缓慢下降趋势。2021年因汽车产业“缺芯”影响导致二手车市场异常火爆，湖北省二手车交易593523辆，武汉市二手车交易306380辆，均比2020年增长超过90%，二手车交易火爆导致二手车价格在高位。2022年二手车交易趋于正常价格回归，高价库存二手车需要一段时间消化，新能源汽车也逐步进入二手车市场，但是能源电池的残值认定存在一定范围的难度和市场需要时间逐步接受（见图1、图2）。

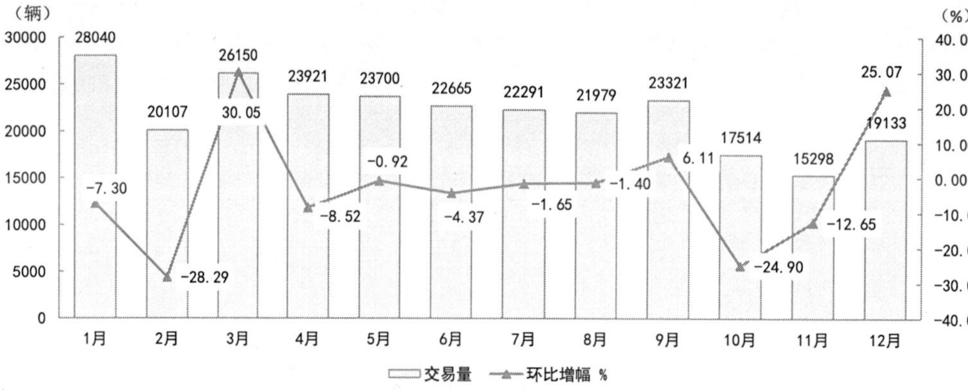


图1 2022年武汉市二手车月度交易量

资料来源：武汉汽车流通行业协会（以下图表资料来源相同，不再赘述）

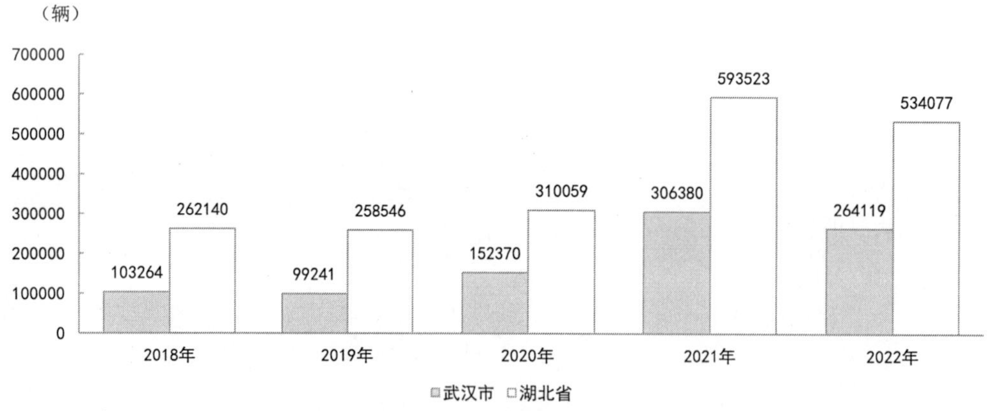


图2 2018—2022年武汉市二手车交易量

注：2017年之前武汉市二手车交易暂无数据统计

2017年汉西二手车交易市场拆迁对武汉市二手车交易产生一定影响，2021年全球“缺芯”和疫情以及国际贸易影响，新车车源紧张，导致二手车存量市场交易异常火爆，不少二手车（准新车）甚至比新车价格还要高，湖北省和武汉市交易量也随之增长超过90%。2022年市场回归正常，不少高价收购的二手车库存需要时间消化，已回归到二手车交易正常水平和价格。

（武汉市汽车行业流通协会　王治）

# 2022年山东省二手车市场

根据山东省二手车流通协会统计汇总，2022年山东省汽车保有量为2906.97万辆；新车上牌量为177.69万辆，同比增长5.24%；二手车交易量为293.56万辆，同比下降14.03%，同样受疫情影响，全省二手车交易量较2019年的254.59万辆同期增长了13.27%（见图1、图2、图3）。

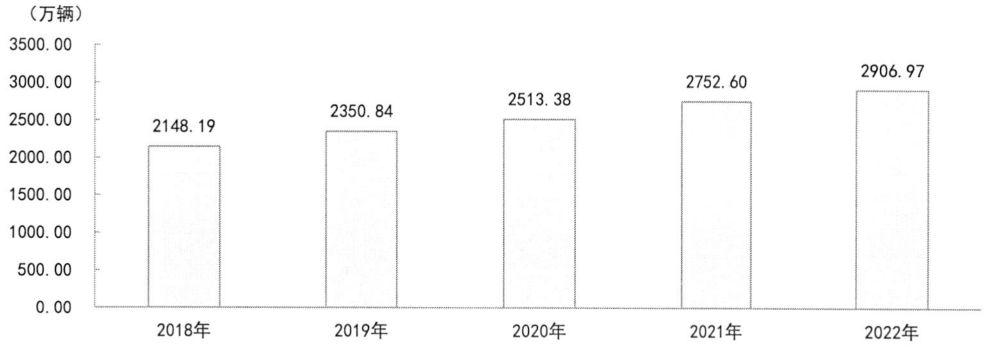


图1　2018—2022年山东省汽车保有量

资料来源：山东省二手车流通协会（以下图表资料来源相同，不再赘述）

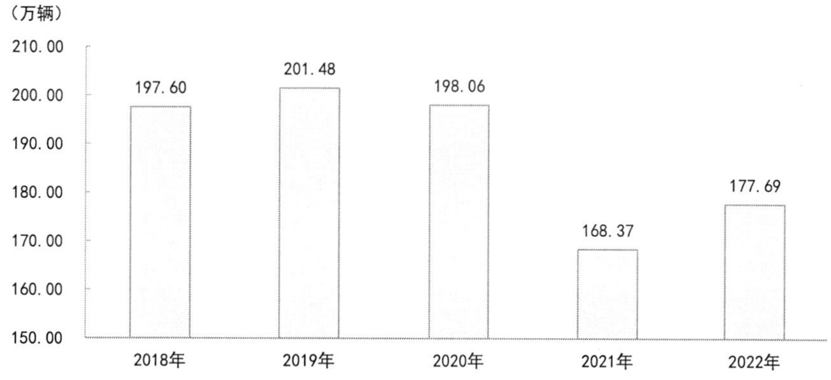


图2　2018—2022年山东省新车上牌量

图3　2018—2022年山东省二手车交易量

2022年因全国疫情频发，我省十六地市二手车交易均出现了不同程度的下降，主要原因是受疫情散发及去年同期基数较高的影响。历年来二手车交易的最高点均在11月，2022年与往年不同，交易量最高点在6月全省二手车交易量为37.7万辆，6月后整体平稳上行，10月开始迅速下跌。

从季度数据来看，2022年第一季度交易量为80.3万辆，第二季度交易量为74.79万辆，第三季度交易量为94.61万辆，第四季度交易量为43.85万辆。受疫情散发因素影响，二手车交易量第四季度下降明显，为近三年来交易最低点（见图4）。

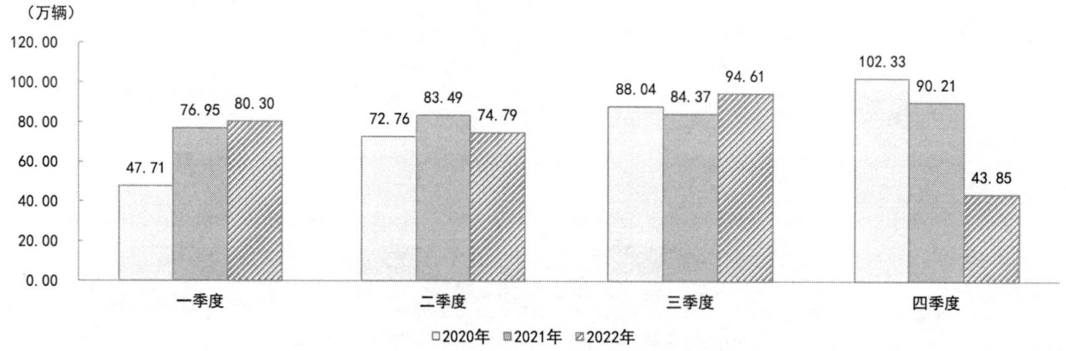


图4 2020—2022年山东省二手车季度交易量

随着全国二手车跨省通办的全面实施，各区域二手车流通的壁垒逐步消除，二手车全国自由流通越来越快捷，这一利好因素促使国内二手车交易在过去10年，转籍比例呈逐年上升趋势。2022年，山东省二手车转入量为59.86万辆，占总交易量的20.4%，山东省二手车来源主要是安徽、上海、浙江、北京、吉林等省份。

2022年山东省二手车交易量超过20万辆的地市有五个，分别是：临沂33.29万辆，同比下降19.72%；青岛32.56万辆，同比下降13.31%；潍坊30.24万辆，同比下降3.53%；济南24.33万辆，同比下降9.64%；烟台24.06万辆，同比下降10.65%（见图5）。

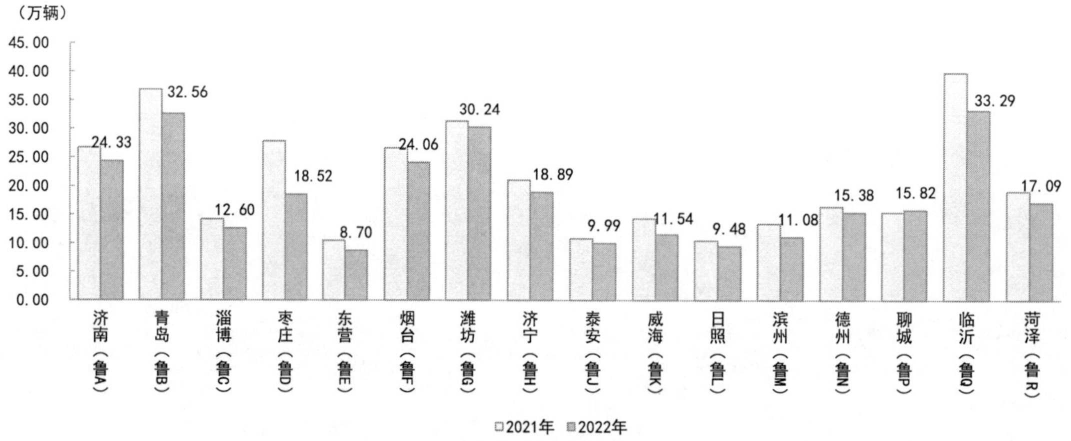


图5 2021—2022年山东省二手车分城市交易量

山东省十六地市除聊城市二手车交易同比增长2.64%，其他地市均为下降，其中下降超过20%的有四个地市：枣庄50.12%、威海23.85%、滨州21.02%、东营20.45%，全省十六地市二手车交易量平均同比下降14.43%。

（山东省二手车流通协会）

# 2022年江苏省二手车市场

2022年，受各地疫情多点频发和经济下行影响，全省汽车流通行业面临各种挑战和困难，需求收缩、供给冲击、预期转弱等压力尤为突出，同时也是省内二手车流通模式深度调整时期。全省二手车销售总计224.2万辆（开票量），同比下降3.5%，销售总额1663.6亿元，同比增长28.1%。其中，二手车交易市场上报交易量164.1万辆，同比增长2.1%；交易额948.5亿元，同比增长6.6%。南京大公二手车交易中心、无锡东方二手车交易市场、徐州银地二手车交易市场、苏州恩嘉壹汽车服务有限公司（在江苏投资运营多家二手车市场）、南通三六五二手车市场、连云港市旧机动车交易市场、扬州市旧机动车交易市场等7家企业被评为全国百强市场。在多方政策支持和全行业的共同努力下，全省逐步实现了流通模式的转型和稳步发展。

## 一、行业基本情况

### （一）行业规模分析

江苏省全年新增备案市场146家，有340家市场通过全国汽车流通信息系统主动报送2022年度经营信息。全年二手车交易市场上报交易量164.06万辆，同比增长2.1%；交易金额948.53亿元，同比增长6.6%；二手车交易市场资产总额59亿元，同比增长85.3%，经营总面积434.18万平方米（见表1）。

表1　2021—2022年全省二手车市场情况

| 序号 | 指标名称 | 2021年 | 2022年 | 同比增长 |
|---|---|---|---|---|
| 1 | 资产总额（万元） | 318866.89 | 590842.2033 | 85.3% |
| 2 | 负债总额（万元） | 120499.94 | 131687.67 | 9.3% |
| 3 | 经营面积（平方米） | 3376958.89 | 4341796.46 | 28.6% |
| 4 | 交易大厅面积（平方米） | 258649.63 | 549895.60 | 112.6% |
| 5 | 驻场企业数（个） | 6763 | 8435 | 24.7% |
| 6 | 二手车交易量（辆） | 1606446 | 1640620 | 2.1% |
| 7 | 二手车交易额（万元） | 8900252.47 | 9485343.93 | 6.6% |
| 8 | 市场营业收入（万元） | 40574.74 | 916474.15 | 2158.7% |
| 9 | 市场营业利润（万元） | 4373.98 | 116751.21 | 2569.2% |
| 10 | 应交税费（万元） | 2303.17 | 2015.34 | -12.5% |
| 11 | 市场内的从业人数（人） | 17543 | 19960 | 13.8% |

资料来源：江苏省汽车流通协会（以下图表资料来源相同，不再赘述）

### （二）行业结构分析

报备数据统计显示，2022年二手车交易市场和经销企业报备数量大幅增加，二手车流通管理规定得到较全面落实。截至年底，全省二手车交易市场申报数据企业为340家，较去年增长90.5%；有3658家主营二手车经销业务的汽车销售企业通过商务管理部门的备案审核。在各地各级商务管理部门和汽车行业的组织、宣传、推动下，按照省商务厅提出的“应备尽备、应报尽报”原则，实现了对经营主体的全覆盖备案管理（见表2）。

表2　二手车交易市场区域分布　　单位：家，%

| | 南京 | 无锡 | 徐州 | 常州 | 苏州 | 南通 | 连云港 | 淮安 | 盐城 | 扬州 | 镇江 | 泰州 | 宿迁 |
|---|---|---|---|---|---|---|---|---|---|---|---|---|---|
| 2022年 | 56 | 19 | 42 | 22 | 27 | 34 | 15 | 17 | 15 | 10 | 17 | 28 | 38 |

续表

| | 南京 | 无锡 | 徐州 | 常州 | 苏州 | 南通 | 连云港 | 淮安 | 盐城 | 扬州 | 镇江 | 泰州 | 宿迁 |
|---|---|---|---|---|---|---|---|---|---|---|---|---|---|
| 2021 年 | 47 | 13 | 2 | 14 | 23 | 24 | 3 | 10 | 14 | 8 | 14 | 1 | 8 |
| 同比增长 | 19.1 | 46.2 | 2000.0 | 57.1 | 17.4 | 41.7 | 400.0 | 70.0 | 7.1 | 25.0 | 21.4 | 2700.0 | 375.0 |

### 1.全省市场呈均衡发展态势，苏北地区份额逐步提升

全省340家交易市场中，苏北地区（徐州、连云港、淮安、盐城、宿迁）占128家，其全年交易43.4万辆，交易额280.09亿元，同比增长分别为70%和99.1%。苏中地区（南通、扬州、泰州）72家交易市场，全年交易28.19万辆，交易额148.36亿元，同比增长分别为11.5%和3.6%。苏南地区（南京、无锡、常州、苏州、镇江）141家交易市场，全年交易92.45万辆，交易额520.08亿元，同比分别为-14.1%和-15.6%。数据显示，苏北五市二手车交易市场数量和交易量大幅增长、份额逐步提升，苏南五市二手车交易量、交易额首次出现双降（见表3）。

表3　二手车交易市场区域分布　　单位：家，万辆，亿元，%

| 地区 | 市场数 | 占比 | 同比增长 | 交易量 | 占比 | 同比增长 | 交易额 | 占比 | 同比增长 |
|---|---|---|---|---|---|---|---|---|---|
| 全省 | 340 | 100 | 90.50 | 164.06 | 100 | 2.80 | 948.53 | 100 | 6.60 |
| 苏南 | 141 | 41.30 | 28.20 | 92.45 | 56.40 | -14.10 | 520.08 | 54.80 | -15.60 |
| 苏中 | 72 | 21.10 | 118.20 | 28.19 | 17.20 | 3.60 | 148.36 | 15.60 | 11.50 |
| 苏北 | 127 | 37.50 | 255.60 | 43.4 | 26.50 | 70.00 | 280.09 | 29.50 | 99.10 |

### 2.二手车交易市场的增加和搬迁影响规模化发展

全省340家二手车交易市场中，年交易台次1万辆以下的中等规模市场169家，同比增长57.9%；年交易1万～3万辆的市场45家，同比增长12.5%；年交易3万辆以上的市场10家，同比下降23.1%。根据连续两年上报经营信息的160家二手车交易市场数据分析，经营面积、驻场企业、交易量和从业人员4个重要指标都有明显下降。随着经营主体的增加以及地方规划调整导致二手车交易市场的搬迁等因素，原大型市场的发展受到一定的影响（见表4、表5、表6）。

表4　2020—2021年二手车交易市场交易量规模结构

| 类别 | 较大规模 | 中等规模 | 小微规模 | 没有交易量 |
|---|---|---|---|---|
| 年交易量（辆） | 3万以上 | 1万～3万 | 1万以下 | 0 |
| 2022 市场数（家） | 10 | 45 | 169 | 117 |
| 2021 市场数（家） | 13 | 40 | 107 | 19 |
| 占比（%） | 2.9 | 13.2 | 49.6 | 34.3 |
| 同比（%） | -23.1 | 12.5 | 57.9 | 515.8 |

表5　2021年二手车交易市场销量　　单位：辆，%

| 类别 | 较大规模 | 中等规模 | 小微规模 |
|---|---|---|---|
| 2022 年 | 394415 | 755769 | 490436 |
| 2021 年 | 565324 | 685115 | 353391 |
| 占比 | 24.0 | 46.1 | 29.9 |
| 同比 | -30.2 | 10.3 | 38.8 |

表6　2021—2022年江苏二手车交易市场经营数据对比（160家）

| 序号 | 指标名称 | 计量单位 | 2021 年 | 2022 年 | 同比增长 |
|---|---|---|---|---|---|
| 1 | 经营面积 | 平方米 | 3376958.89 | 2957788.09 | -12.40% |
| 2 | 驻场企业数 | 个 | 6763 | 5698 | -15.70% |
| 3 | 二手车交易量 | 辆 | 1606446 | 1340757 | -16.50% |
| 4 | 市场内的从业人数 | 人 | 17543 | 15591 | -11.10% |

3．受益于取消限迁政策的实施，长龄二手车略有上升

根据数据分析，使用4～10年的中等年限二手车占总交易量52.5%，仍是市场主流，使用11年以上的长龄二手车占总交易量19.2%，受益于取消限迁政策的实施，市场份额略有上升。按产地区分，国内生产车辆（含合资和国产品牌）在二手车交易中占比85.7%，同比呈小幅增长（见表7）。

表7　2021—2022年二手车交易类型分析

单位：辆，%

| 指标 | | 2021 年数量 | 2022 年数量 | 占比 | 同比增长 |
|---|---|---|---|---|---|
| 按使用年限分 | 3 年及以下 | 468681 | 463914 | 28.3 | -1.0 |
| | 4～6 年 | 835137 | 489066 | 29.8 | 3.1 |
| | 7～10 年 | — | 372166 | 22.7 | |
| | 11 年及以上 | 302628 | 315434 | 19.2 | 4.2 |
| 按产地性质分 | 国产车 | 1374223 | 1405412 | 85.7 | 2.3 |
| | 进口车 | 232223 | 235168 | 14.3 | 1.3 |

## 二、行业发展特点

### （一）县级商务部门负责备案核对促进了新政落实

为认真贯彻落实商务部等17部门联合印发的《关于搞活汽车流通 扩大汽车消费若干措施的通知》（商消费发〔2022〕92号）精神，省商务厅等17部门结合江苏省实际出台了关于进一步搞活汽车流通扩大汽车消费的18项政策举措，明确要求由县级商务管理部门落实二手车经营主体的报备核实和经营信息报送等工作，这有效促进了各项政策的全面贯彻落实。全省主动报备报送经营信息的二手车交易市场已由2017年的95家增至2022年的340家，五年来提升了244.4%。同时，有3658家主营二手车经销的汽车销售企业通过备案登记，各类经营主体基本上做到了在政府部门的政策指引下积极应对市场的各类变化。

### （二）全省汽车流通管理信息服务平台（二手车）基本建成

为深入落实中央关于网络强国的重要思想和数字政府建设的重要指示精神，按照全省数字经济发展要求，深化数字技术在各行业领域的融合应用，省商务厅联合公安、交通、税务部门印发《关于加强信息服务系统应用进一步便利二手车交易的通知》，鼓励各地市场在提供二手车交易服务时通过网络平台系统采集真实信息，指导行业组织建设全省汽车流通管理信息服务平台（二手车），现已建成并覆盖全省区域90%以上的二手车交易市场，并与省政务平台和全国汽车流通信息管理应用服务系统实现对接，从而实现了相关数据的共享。全省二手车交易服务效率和质量得到大幅提升。探索逐步开放车辆保险理赔、维修保养等数据查询，二手车信息的公开化、透明化程度得到了有力推进。

### （三）品牌化、规模化、企业化二手车经营主体正在形成

备案数据显示，全省有1358家汽车经销商（4S店）备案了二手车经销业务，占二手车经销企业备案数的37.1%。二手车商品属性的确立和税率统一为全行业提供了公平的竞争环境，给具有车源、资金优势和完善的售后服务体系的二手车经销企业带来更多的机遇，如江苏天泓二手车、南京市旧机动车交易中心、宿迁芒果二手车等品牌化、规模化运营的二手车经销企业正在形成。

### （四）新能源二手车快速走向市场

相关数据与资料显示，新能源车的淘汰周期、置换周期比燃油车更快更短，43.3%的新能源车不满3年就被置换，意味着新能源车在流通上更具活跃度。从二手车在线拍卖企业的数据来看，新能源二手车的成交规模正在快速扩张，全年新能源二手车成交量同比增长了65%。南京维真信息技术有限公司开发的新能源汽车监测服务项目在全国推广应用，适应和促进了新能源二手车市场的快速发展。

（江苏省汽车流通协会）

# 2022年广东省二手车市场

## 一、广东省二手车交易情况

### （一）二手车交易量和交易额

2022年广东省二手车交易量262.6万辆，同比下降1.1%；二手车交易额1791.7亿元，同比下降9.2%；交易均价6.8万元，同比下降8.2%（见图1）。

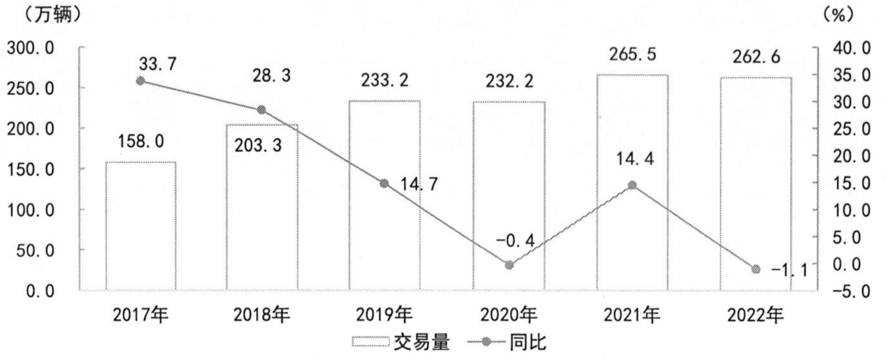


图1　2017—2022年广东省二手车交易量及同比增速

资料来源：广东省汽车流通协会（以下图表资料来源相同，不再赘述）

### （二）各地二手车交易情况

2022年广东省各地市二手车交易情况：深圳、广州、东莞、佛山、惠州排名前五。其中，深圳38.3万辆，同比下降0.3%；广州30.1万辆，同比下降0.6%；东莞29.2万辆，同比增长2.2%；佛山27.8万辆，同比增长2.5%；惠州16.1万辆，同比增长4.7%。珠三角地区总交易量178.1万辆，同比增长0.4%；非珠三角地区总交易量84.5万辆，同比下降4.1%。珠三角交易量是非珠三角的两倍多（见图2、图3、图4）。

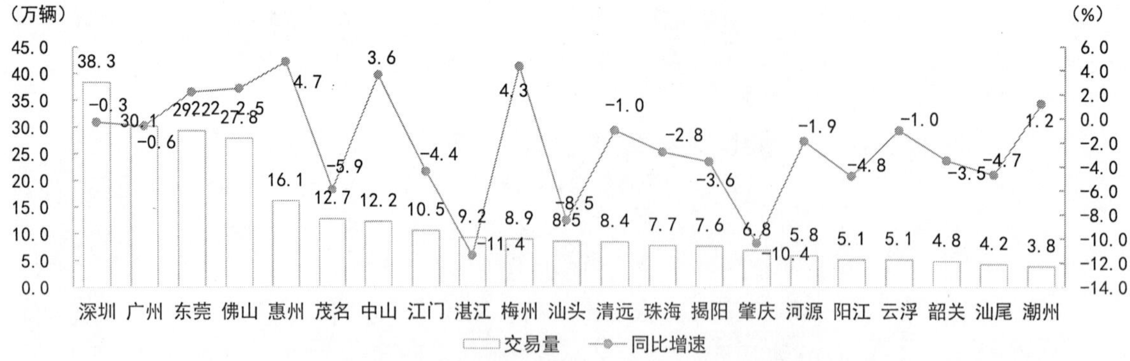


图2　2022年广东省各地市二手车交易量及同比增速

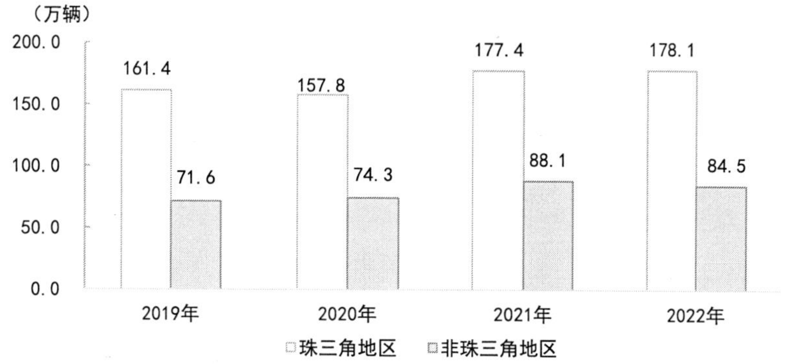


图3　2019—2022年广东省二手车交易情况（珠三角地区与非珠三角地区）

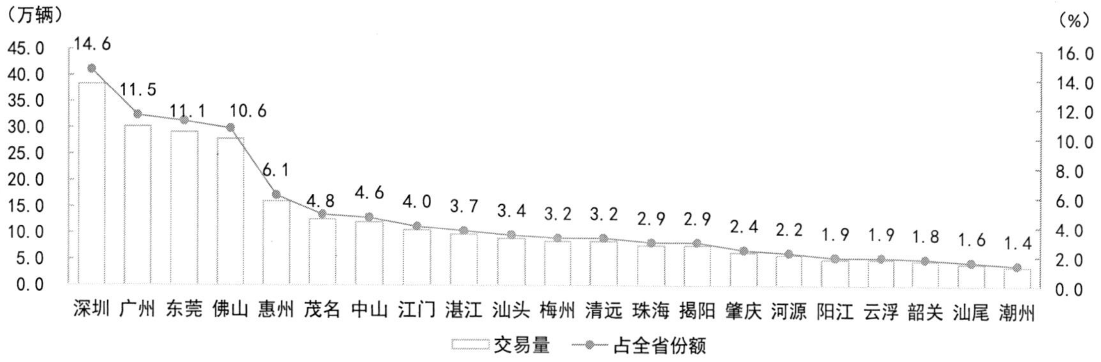


图4　2022年广东省各地市二手车交易量市场份额

## （三）二手车交易量月度走势

从二手车交易量月度走势来看，近三年的月度走势规律相似，每年2月受春节长假等因素影响，交易量占比小。2022年11月和12月市场交易量同比呈现两位数的下降，分别为15.0%和22.9%，主要原因一是疫情防控减少外出消费，二是市场上交易的二手车仍以燃油车为主，持续的油价上涨也让消费者产生观望情绪（见图5）。

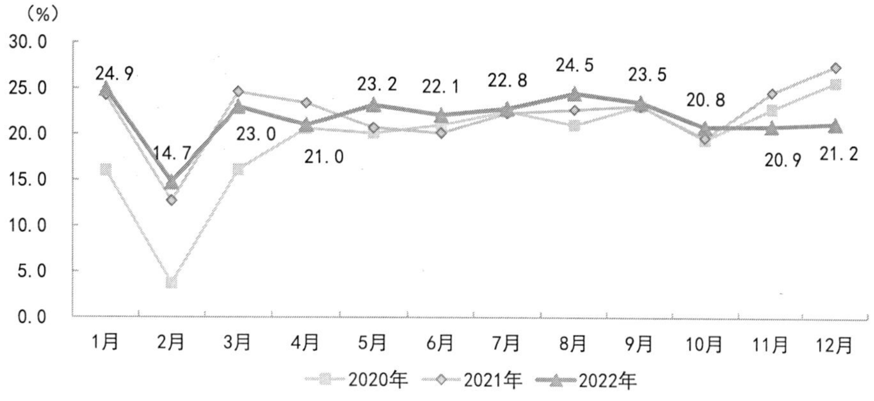


图5　2020—2022年广东省二手车交易量月度走势

## （四）二手车交易价格

2022年广东省二手车交易均价为6.8万元/辆，较去年下降8.2%，创了近两年来的新低。从二手车的均价来看，整体价格波动较大。自6月起，广东省取消珠江三角洲对符合国五排放标准小型非营运二手车的迁入限制，外省车源迁入，整体车源增多，拉低本地二手车交易价格。四季度，受新车促销、客流量减少、车商库存压力等因素影响，二手车交易价格持续走低（见图6）。

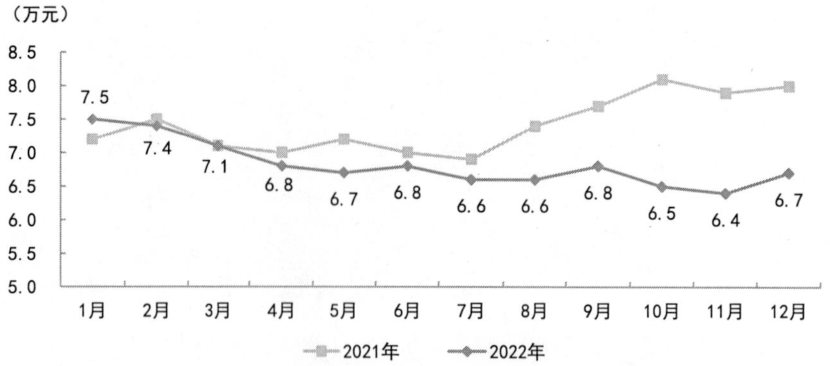


图6 2021—2022年广东省各月二手车交易均价

二手车价格区间交易量以10万元以下车辆为主，占比72.5%。5万～10万元和10万～20万元价格区间的车辆交易量同比增长，20万元以上同比下降幅度较大（见图7）。

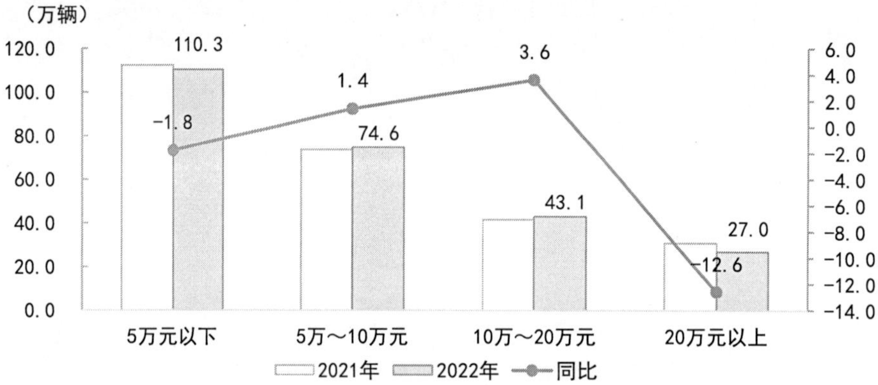


图7 2021—2022年二手车各价格段交易量及同比增速

## （五）二手车车型结构

车型结构方面，二手车交易以乘用车为主，占比84.6%，乘用车交易以基本型车型为主，交易量为173.4万辆，占比80.4%；SUV在交易市场比重上升，同比增长11.0%。商用车的客车与货车交易比例均衡（见图8）。

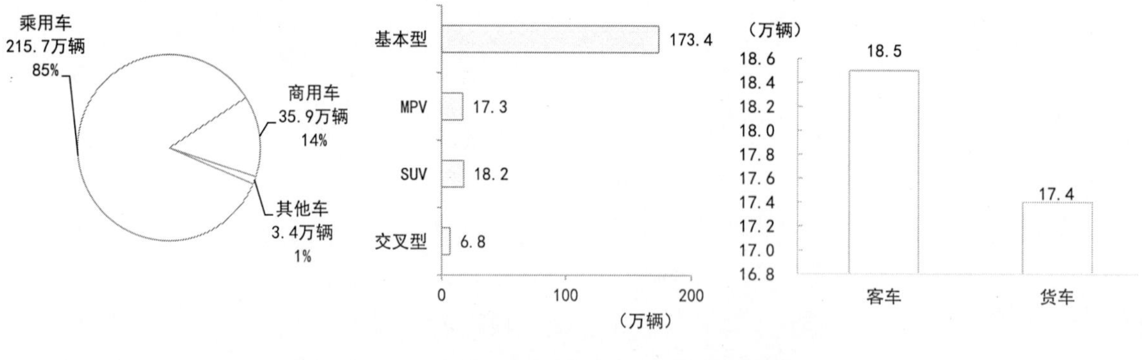


图8 2022年广东省各地区二手车分车型交易量

## （六）二手车车辆使用年限

从车辆使用年限分布状况看，3～10年区间的二手车交易量占比较大，占总交易量的三分之二。其中3～6年的二手车交易量为79.2万辆，占比31.1%，同比增长4.1%；7～10年的二手车交易量为78.7万辆，占比31.0%，同比下降5.6%（见图9）。

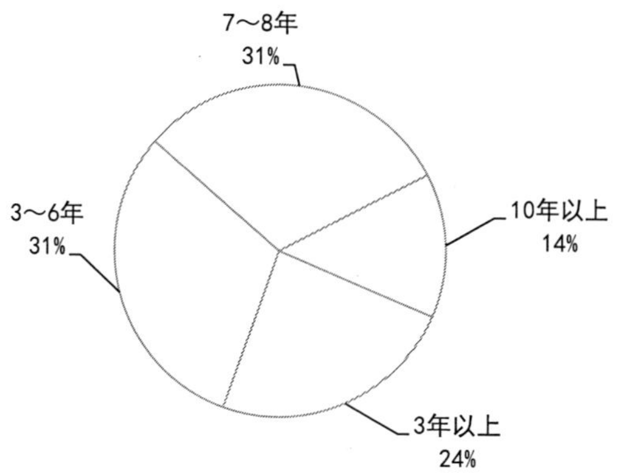


图9　2022年广东省二手车交易使用年限分布

### （七）二手车能源类型（燃油、混动、纯电动）

按能源类型分类，2022年燃油二手车占比88.6%，同比上升；混动二手车占比1.6%，同比上升；纯电动占比9.7%，同比下降。新能源二手车还处于起步阶段，2022年新能源新车频繁调价，消费者在购买新能源二手车更慎重。随着市场对新能源汽车认知度、认可度逐步增强，叠加市场增购、换购需求，新能源二手车的交易和流通将会更加活跃（见图10）。

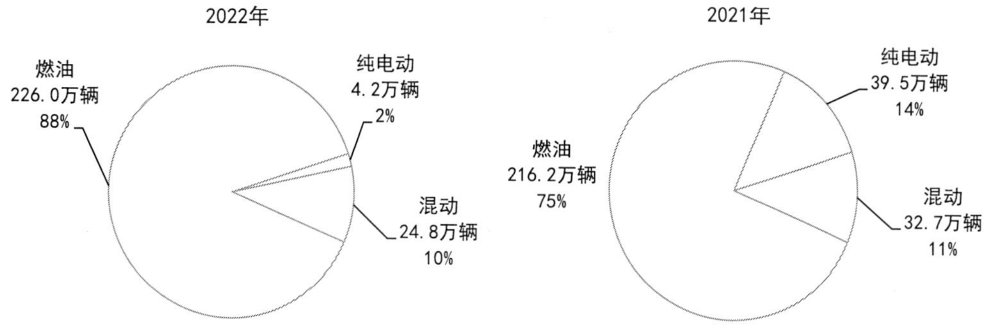


图10　2021—2022年广东省二手车交易各能源类型销量及占比

## 二、广东省二手车流通总体情况

2022年二手车市场迎来重大利好，新政频出，6月，随着取消“国五”二手车的限迁政策出台，全省二手车流通的壁垒逐步消除，二手车流通越来越便捷。2022年广东省二手车转出总量为84.7万辆，转出比例32.3%，二手车转出数量比例明显上升，同比增长20.5%，跨区域流通活跃，创了近年来新高（见图11、图12）。

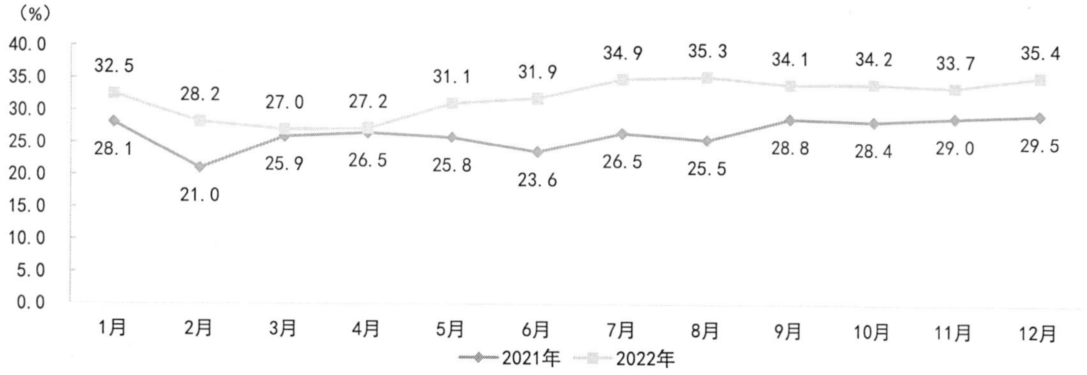


图11　2021—2022年广东省二手车转出量占比

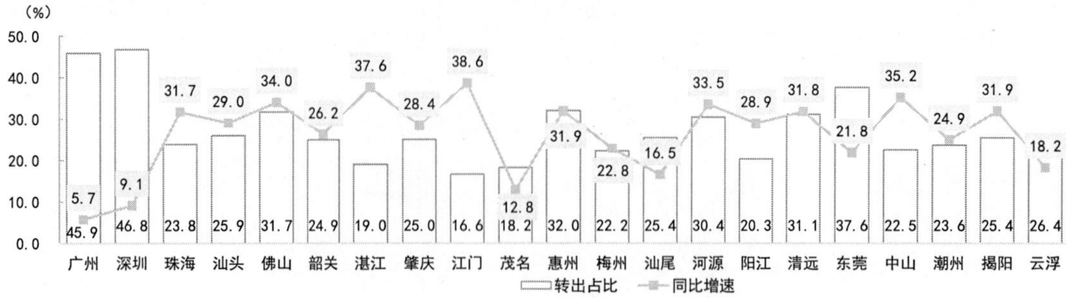


图12 2022年广东省各地区二手车转出量占比及同比

二手车流向趋势，2022年全省二手车本地过户177.9万辆，本地过户依然占主流，占总交易量67.7%，同比下降8.4%，转出84.7万辆，同比增长18.8%（见图13）。

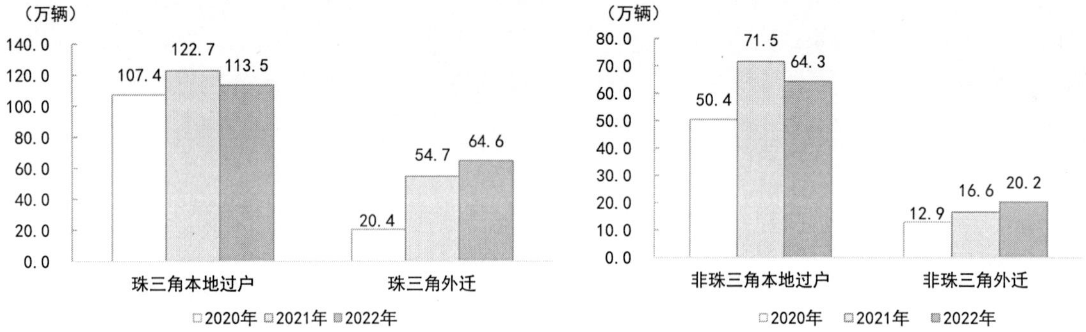


图13 2020—2022年广东省二手车转出及本地交易量（珠三角地区和非珠三角地区）

2022年，广东坚持稳中求进工作总基调，高效统筹疫情防控和经济社会发展。汽车行业，是国民经济重要的战略性、支柱性产业，是稳定经济大盘的“压舱石”。面对国内宏观经济下行、疫情反复、芯片短缺、油价和原料价格高涨等多重因素冲击，政府及时推出“减征部分乘用车车辆购置税”“广东省2021年汽车以旧换新专项行动”“广东省新能源汽车购置补贴活动”等一系列稳增长、促消费政策，有力拉动了广东省汽车消费，汽车销售在逆境中实现正增长。新能源汽车实现持续爆发式增长，成为广东省汽车市场增长的最大亮点。

二手车流通行业，6月全面落实取消二手车限迁政策，二手车行业进入新旧政策过渡期，市场形成价格落差，带来全省二手车交易量小幅下降。2023年1月，二手车新政全部正式实施，商务部提出建设全国性二手车信息共享平台，规范二手车交易流程，进一步释放汽车消费潜力，活跃二手车市场，加速汽车更新换代，促进梯次消费、循环消费。二手车流通行业发展，未来可期。

（广东省汽车流通协会）

# 第七部类

# 汽车后市场

DIQIBULEI | QICHEHOUSHICHANG

# 2022年我国售后零部件市场

2022年，全球消费行业都不是非常景气，比较可喜的是，从我国汽车产业全年数据看，汽车行业整个数据相对其他品类还是比较亮眼的。随着我国汽车市场的不断扩大、平均车龄的不断提高和汽车保有量的快速增长，驱动我国汽车后市场需求不断提升，汽车后市场及零配件市场规模不断扩大，汽车售后零部件行业也逐步向好。

## 一、我国汽车售后零部件行业现状及发展特点

### （一）汽车售后零部件市场相关数据分析

#### 1. 汽车保有量及机动车驾驶人数

据公安部统计，截至2022年年底，全国机动车保有量达4.17亿辆，扣除报废注销量比2021年增加2129万辆，增长5.39%;其中汽车保有量达3.19亿辆，比2021年增加1752万辆，增长5.81%；新能源汽车保有量达1310万辆，占汽车总量的4.10%，扣除报废注销量比2021年增加526万辆，增长67.13%。其中，纯电动汽车保有量1045万辆，占新能源汽车总量的79.78%。

机动车驾驶人达5.02亿人，其中汽车驾驶人4.64亿人，占驾驶人总数的92.54%；新注册登记汽车2323万辆，新领证驾驶人2923万人。

#### 2. 汽车售后零部件、汽车维修企业数量

中国汽车工业协会数据显示，截至2022年年底，全国规模以上汽车零部件制造企业1.3万家。

根据中国汽车流通协会售后零部件分会2022年年底调研分析，全国汽车售后零部件制造企业约12万家，正常经营中的汽车零配件经销服务企业约30万家。

中国汽车维修协会数据显示，至2022年年底，正常经营中的汽车维修企业达38万家，其中一类企业约1.5万家，属于汽车生产厂授权企业，二类企业约6.9万家，三类维修企业30万家。

#### 3. 汽车后市场、汽车售后零部件市场规模等数据

随着我国汽车保有量逐年提升、平均车龄的持续增长，“车龄＋保有量”双效驱动，汽车后市场规模、售后配件市场规模、汽车售后维保需求逐年攀升。随着近年来我国新能源汽车的强势发展，我国的乘用车平均车龄缓慢增长，至2022年年底，我国平均车龄已达7年，汽车后市场规模已突破1.3万亿，汽车售后配件市场规模达到8000亿元，我国汽车后市场维保行业规模不断扩大并持续以超过10% 的增长率快速增长，预计在2025年我国汽车后市场维保市场将达到17.4亿元。汽车后市场的规模在我国汽车产业中日益重要，它已成为我国汽车市场的一大支柱和增长点。

### （二）我国汽车售后零部件制造业状况分析

#### 1. 国家政策和市场空间助推汽车零配件行业健康成长

国家汽车产业政策和我国汽车市场空间，为本土零部件企业发展壮大提供了长期的光明前景。从总体上看，国家正在促进我国汽车零部件行业调整升级，鼓励研发制造高质量、高技术水平产品，对新能源相关产品保持着较大的扶持力度。同时也对零部件产业提出了更高的要求。面对新一轮产业变革升级和格局重塑，行业洗牌加剧，企业两极分化趋势越发凸显，各细分领域头部企业在危与机的交织中脱颖而出，而产业的未来也在不断探索与引领中逐渐清晰。

#### 2. 我国汽车零部件主营业务收入不断扩大、出口保持两位数增长

我国新车生产为我国新车零部件配套市场的发展提供了发展空间，同时不断增长的汽车保有量和车龄，以及二手车的活跃，汽车维修与改装对零部件的需求也在不断增长，促使我国汽车零部件行业不断壮大。

据中国汽车工业协会整理的海关总署数据显示，2022年1—10月，汽车零部件出口金额765.9亿美元，同比增长11.7%，占汽车商品出口总额的58.9%。在汽车零部件主要出口品种中，与上年同期相比，发动机出口金额小幅下降，其他三大类汽车零部件品种继续保持增长。

**3. 各细分领域头部企业销售额进一步提升，竞争优势凸显**

总体来看，头部企业的规模化能力在增强。对内，强化系统管理，以经典的企业管理哲学、现代企业管理方式为基础，不断培养和提升企业产品质量控制、智慧供应链管理、数智化营销服务管理、风险控制等能力，构建高效率的生产组织方式，控制产品及服务成本。对外，供货方式逐渐由单一零部件向总成、系统、模块化供货、品牌化、差异化方向发展；与此同时，持续开拓国际、国内市场，形成国际市场、国内售后与整车配套市场双轮驱动。

2022年年底，中国汽车流通协会售后零部件分会调研数据显示，汽车售后零部件制造、经销服务企业，平均销售额较2019年下降约30%，但头部企业销售额较2019年增幅超过30%，部分企业更高。尾部企业市场份额严重挤压，生存艰难，有些甚至难以为继。

2022年中国汽车流通协会售后零部件分会面向汽车售后零部件及相关行业开展典型案例遴选活动，年度发布91家推荐汽配供应商（服务商）、60个典型案例，涵盖零部件制造、供应链平台、经销及相关服务。零配件制造企业特征如下。

（1）84%的零配件制造企业业务高度聚焦，产品市场覆盖率高于90%，同时开展主机配套、国际一线品牌代工、国际国内售后业务。

（2）逆向开发、多品种、小批量、柔性化生产能力很强，产品性价比高。

（3）零配件数据建设、线上线下营销服务、数字化运营领先于行业。

（4）产品模块化平台化运营、项目化服务升级、加装改装、新能源等领域已奠定较好的基础。

**4. 专业深耕，创新合作成为共识**

当前，我国汽车零部件行业发展依然存在技术、人才瓶颈，尤其是在智能网联汽车零部件、新能源汽车零部件和节能汽车核心零部件技术方面。为了突破瓶颈，零部件企业在加强自身产品研发投入及人才建设、深耕专业的同时，也在积极寻求与相关单位的合作。如毅合捷与清华大学合作开办企业大学，法拉达与宁德时代合作新能源项目，与赛车队合作改装项目，95%的头部企业都在与数据公司、研究机构、院校合作，传统汽车零部件投资并购业务也是趋向于大型并购、龙头企业并购、合作的方向开展。

**5. 零配件企业小而多的局面依然存在，业务结构不平衡，缺乏品牌效应**

（1）国内零部件企业约12万家，中小型企业占比80%以上，大型零部件企业不到10%。国内零部件行业平均利润率6%至8%，而外资、合资企业的利润率则超过15%。我国9万多家零部件企业的产品占据了国内零部件的80%，销售额却不到25%。

（2）我国大部分汽车零部件企业业务结构不平衡。目前我国汽车零部件企业，根据业务分布，分为主机配套类、售后类、外贸出口三大类，三类业务特征非常明显，短期也很难平衡。配套企业习惯于按计划组织交付生产，售后市场车型复杂、小批量、多品种，使用安装环境复杂多变，对品质要求、关联零部件的特性都要很了解，才能做出对应的产品，所以主机配套的企业，是很难适应这样的多变生产模式。出口介于主机和售后之间，相对有计划性和规范的市场基础，因受外部市场环境、汇率的影响比较大，所以订单和利润的受控性相对国内要差。业务结构不平衡，必将带来发展风险，部分企业着手调整业务布局，且取得较好效果。比如西格迈、戈尔德、胜地等之前主要是做出口，现在也开始组建了国内售后营销团队，国内市场独立团队运作，主机配套也在进入，公司在集中资源调配平衡市场结构。国内市场转出口的企业如人本、冠盛、瑞立等，之前做国内主机或者售后市场比较好，这几年也加大海外市场的布局。

（3）多数出口型零配件企业是以贴牌代工为主，缺乏品牌效应。通过自主品牌出口的占比非常小，随着我国人口红利的减弱，政策结构的调整，慢慢将失去出口的竞争力。就拿浙江玉环举例，出口的球头悬挂玉环占比超过一半，但是真正以自己品牌出口的企业不超过10%，其他都是贴牌代工。国内售后市场每个产品主力工厂就8～10家，而很多企业都是以出口代工为主。

6. 汽车零部件再制造业务启动，市场运营体系尚待完善

国家规定，在“五大总成”方面实现再制造解禁，为汽车再制造行业健康发展、推动再制造产业链的建设奠定了基础。目前汽车零部件再制造产品有一定的市场需求，但在产品标准宣贯、认证体系建设、交易规范、新旧替换、就近回收等方面还处于启动状态，市面流通的多数属于拆车件，并非再制造件，也难以达到再制造件要求。

## （三）我国汽配流通业状况分析

1. 传统汽配经销企业二类易损件市场份额达90%，仍是目前独立售后汽配流通的主渠道

我国的车型多、更新换代快，主机原厂数据管控，导致本就万国车市场的车型和配件数据非常庞杂，而且传统汽配经销商经营手段原始、数字化程度低、规模体量小，汽车售后市场非常分散，粗略统计全国仍有超过500家汽配城，30万家汽配经销商，企业规模能上亿的不多。根据中国汽车流通协会售后零部件分会2023年3月调研数据，传统汽配经销商二类易损件市场份额达90%，仍是目前独立售后汽配流通的主渠道。

2. 传统汽配企业分化明显，头部企业进化加速

传统汽配经销商变革的手段之一就是抱团取暖，形成区域联盟，增强对上游的议价能力，降低库存压力，同时提升对下游修理厂的服务能力。另一大联盟，是和下游修理厂客户结盟，希望形成一个闭环。但目前从联盟体整体发展的情况来看，成功的案例非常少。疫情加速传统汽配经销商的两极分化，缺乏人财物的传统汽配经销商难以为继，而潜心细分领域、专业能力强、备货充裕、企业运营管理领先、客户体验和人均工作效率高的企业，如阳光德众、青岛建邦、迪科、庆聚、鑫隆、华利等脱颖而出。2022年中国汽车流通协会售后零部件分会案例遴选的传统汽配经销企业特征如下。

（1）传统汽配经销服务商已构建信息化、供应商品质把控体系，享有服务品牌，具备提供模块化产品＋项目化服务＋驻点落地服务的能力，凭借深谙行业和扎实的线下服务能力，获得汽配新势力、汽车经销商的青睐。

（2）管理标准化、服务创新、专业团队已成为企业的核心竞争优势。

（3）对市场先知先觉，率先创造本企业及业务伙伴共赢的盈利项目。

（4）与业务伙伴建立紧密的战略合作关系，联合开发用户，共建稳定的商业价值链。

（5）80%企业提炼了系统、标准的业务流程及激励机制，不仅提升本企业效率，还惠及合作伙伴。

（6）快速驾驭新工具，快速应变，逆势中赢得先机。

3. 汽配供应链平台推动行业信息化、数字化进程

具体见邦邦汽服提供的《基于保险理赔构建品质供应链体系 推动产业在数字化时代实现高质量发展》案例、开思提供的《后疫情时代如何通过平台实现低频配件的高效流通》案例、壹账通创配提供的《修配数字一体化的实践与意义》案例。

4. 随着授权体系（主机厂——汽车经销商）发力二手车业务，品牌件需求将稳步提升

授权体系（主机厂——汽车经销商）新车销售下滑、售后服务价格高、市场下沉缺网点、客户外流缺手段等方面的挑战。面对国内汽车后市场的空间及趋势，传统的汽车厂商、造车新势力、汽车经销商集团，都在涉足后市场领域，充分利用产品及服务品质、人才、技术、管理、设备、场地等方面优势，围绕客户全生命周期，建设集整车制造、新车二手车销售、核心零部件、加装改装、售后服务等汽车后市场为一体的生态体系。随着主机、汽车经销商集团二手车及综合维修业务的拓展，对通过产品质量认证、具备溯源体系的品牌件、再制造件的需求将会稳步提升。

## （四）汽车后市场数字化实践取得突破性进展

总体来说，数字化是各行各业确定性的发展趋势，汽车后市场也不例外。回顾2022年，数字化在本行业却取得了不小的进步。在上游生产商和下游修理厂端的数字化实践（部分领域）取

得突破性进展，被业界将其确立为成功要件，并将被更广泛地推广应用。中游经销商端的数字化进展虽相对较慢，也处于突变前夜，不少有特色的数字化应用如智能配件柜正在探索验证之中。

1. 上游厂商端的数字化进程

售后市场的汽配生产商，分散度非常高，10亿元以上销售收入的工厂屈指可数，除了胜地等少数工厂有机器人自动化生产线的投资外，大部分的工厂还是比较传统的生产模式，距离智能制造还有一定距离，销售与反馈过程的数字化也还无从谈起。目前，厂商端的数字化最大的突破在于重新定义了产品——从纯配件硬件产品到配件硬件产品+数字化产品，配件数字化产品即数字化产品目录已在易损件品类得到普及，国内数字化产品目录的应用目前在世界范围内处于领先地位。

2. 中游贸易商端的数字化进程处于突破性发展的前夜

传统分销模式下的贸易商，不管是批发商和面向修理厂的零售商（或批零兼营），数字化进展缓慢，还处于升级ERP信息化建设的初期阶段。对于获得融资支持的连锁机构，在ERP的仓库管理、库存管理和品类管理上有较大的提升，部分连锁机构能将ERP和品牌厂商的数字目录对接起来，在报价订单处理效率上，有较大的提升。

3. 新业态服务商的数字化进程

新业态服务商，传统生产商、贸易商、修理厂服务商的模式不同，通过新技术工具的使用来跨界或跨服务对象的新模式机构。新业态服务商共有至少三大类型，即：以新康众（康众、天猫养车、F6）为代表的电商+数字化服务加盟店+开放配件供应链模式，以途虎养车为代表的电商+数字化服务加盟店+自有封闭供应链模式，以开思为代表的全车件B2B撮合贸易平台模式。

新业态的服务商，有一个共性的特点，就是利用新技术数字化运营来提升运营效率。这些新业态公司的探索和推动，对于后市场的数字化进程起到了重要的推动和示范作用。从厂商端—流通端—修理厂服务端—车主C端的不同环节，不同类型的公司在数字化突破方面各显特色。途虎养车对C端车主心智的理解最深入，通过2C运营的标准化来拉动修理厂数字化运营水平，提升了服务标准化水平和服务质量水平。因此在2C数字化运营，以及"修理厂服务端—车主C端"这两个领域确立了自己的领先地位。新康众（天猫养车、康众供应链、F6）是为数不多的从厂商端到C端全链路都有数字化工具和数字化运营能力的机构。新康众在供应链方面有着独特优势，加上天猫的数字化技术加持，因此在流通端—修理厂服务端的数字化进展迅速。F6无论对修理厂的日常运营还是采购供应链协同都有出色表现。开思是全车件B2B在线交易平台的领先者，不断提升修理厂与全车件供应链之间的交易效率，过去一年推动了更多的修理厂和全车件经销商体验数字化带来的价值。

**（五）我国汽车售后市场存在有待逾越的鸿沟**

都说独立售后市场规模有着上万亿的大蛋糕，各方力量也都想啃一口，但仔细梳理要想吃一口且稳定享有发展红利也是不容易的。

1. 下沉难

对于终端维修企业来说，首先是下沉难。目前这几家头部企业，都大多集中在一、二线城市，向三、四、五线城市下沉的难度比较大。2021年9月中旬，新康众提出了城市合伙人模式，以天猫总部为大总部，入股到区域的小总部，利用区域合伙人的一些资源，发展更多的加盟连锁店，这一举措也是希望利用社会人脉和资源能深入到三线、四线、五线城市，途虎养车亦碰到同样的问题，目前大家都还在抢夺一线、二线城市的资源。

2. 养车容易修车难

配件供应链方面易损件标准化程度高，SKU少，难度低，因此保养业务容易切入，快修快保业务操作流程相对容易标准化。这也是为什么连锁门店都打着养车概念的牌子。

天猫养车的前身是天猫车站，定位于一站式服务，发现难度太大，调整战略到天猫养车；途虎也是定位于养车；京东京车会，2021年注册京东养车商标，重新梳理业务模型；小拇指从最早油漆修补业务调整到汽车保养项目；百顺养车专注于汽车保养业务等。综合维修厂门槛高、连锁难度大。快速进入售后服务领域最好方式无一不是从快修快保项目切入，但长久战略一定会随着车龄的增加向维修拓延。另外，随着新能源车保有量增大，这块售后业务的扩充也正在成为各家竞争的支点。

反观修车难的问题有几个特点：维修业务标准化程度很低，客户体验不好；配件供应难度大，SKU 多而复杂；从售后体系来说，维修技术和维修资料都由主机厂垄断并做了分割，各品牌商都各自为政掌握着自己的技术，即使几年前反垄断法多次提出要求主机厂公开数据，但关于公开什么数据等细节却没有统一的标准。从主机厂角度出发，开放得越多就意味着自己的竞争优势越低，所以这一问题至今没有解决。当然，即便是主机厂／汽车集团涉足独立售后维修的也碰到同样问题，即只有自己品牌的配件匹配数据和维修资料，尽管大家都想去独立售后市场拓展更多汽车品牌业务，但在业务模式方面兜兜转转，配件供应还停留在易损件业务上，也只能是快修快保自己的品牌车系，很难跨越。

## 三、我国汽车售后零部件行业发展趋势

### （一）技术升级

随着汽车产业的快速发展，新技术的不断涌现，汽车售后零部件行业也将迎来技术升级的机遇。例如，智能化、电动化、网联化、自动化等技术的应用将推动汽车售后零部件行业的快速升级。智能化的出现，让汽车售后零部件行业的服务更加便捷，例如车辆保养、故障维修等。电动化的出现，让售后市场需求增加，例如电池、电机、电控等。网联化的出现，让售后零部件与车辆信息共享，例如导航、车联网等。自动化的出现，让售后零部件更加智能化和高效化，例如自动检测、自动维修等。随着新能源汽车的普及，电池、电机、电控等相关零部件的需求将急剧增加。

### （二）线上渠道发展

随着互联网和电子商务的快速发展，线上渠道将成为汽车售后零部件行业的新热点。未来，越来越多的消费者将通过线上平台购买汽车配件和维修服务，这将带来新的商业模式和发展机遇。随着线上渠道的发展，传统的实体店将面临更多的竞争。因此，汽车售后零部件企业需要加强线上渠道的建设和优化，以提供更加便捷和优质的服务，提升消费者的满意度和忠诚度。

### （三）环保和能源问题

环保和能源问题是全球性的问题，也是我国汽车售后零部件行业未来的发展趋势。随着政策的推动和消费者环保意识的提高，未来将有越来越多的环保和节能汽车配件出现，而企业也将加强环保和节能方面的研发和生产。例如，随着国家标准 VI 的实施，汽车尾气排放标准将更加严格，企业将需要开发符合新标准的配件和技术，以满足市场需求。

### （四）品牌化和服务化

汽车售后零部件企业将更加注重品牌化和服务化，并提供更优质、更专业、更便捷的服务，以赢得消费者的信任和满意度。同时，企业将积极拓展品牌影响力，提升品牌竞争力，实现可持续发展。

### （五）跨界合作

汽车售后零部件企业将与其他行业进行跨界合作，拓展新的业务领域。例如，与互联网企业合作开展智能汽车维修服务，与能源企业合作推广新能源汽车；与改装企业、汽车经销商等合作开拓改装件业务等。总体来说，我国汽车售后零部件行业正处于快速发展的阶段，未来还有很大的发展潜力。然而，行业也面临一些挑战，例如市场竞争加剧、技术创新压力增加、环保和能源问题等，企业需要及时调整策略和加强自身实力，以应对市场的变化和挑战。

（中国汽车流通协会售后零部件分会）

# 2022年我国汽车消费者体验报告

历经三年新冠肺炎疫情的洗礼，以及体验到众多品牌的产品质量、技术齐飞跃的过程，消费者在购车、用车过程中体现得更加理性，服务体验的优劣不仅体现在选择经销商方面，已经影响到了对汽车品牌的选择。中国汽车售后服务质量监测大数据平台（CADA 云数聚）通过“汽车消费者360° 洞察体系”，分析2022年超10万名消费者的服务评价，发布了《2022年中国汽车消费者体验报告》。展示消费者在选车、购车、用车、置换过程中的体验结果，旨在为汽车主机厂、经销商及相关服务企业在提升服务质量过程中起到参考、分析的价值。

## 一、消费者选车体验分析

同其他商品一样，汽车的传播渠道在近三年几乎实现线上全覆盖，消费者可以便捷地获取到购车相关的各类信息。从“在以下的信息渠道中，对促进您选择本车作用最大的渠道有哪些？”指标中，认为作用最大的是“视频媒体”，占比53.23%，其次是占比46.29%的“朋友推荐”，“4S 店”排在了第三位，占比45.16%，这三项是对消费者了解信息最为重要的渠道。“车展／品牌活动”相比其他方面，对消费者获取信息的重要性是最弱的（见图1）。

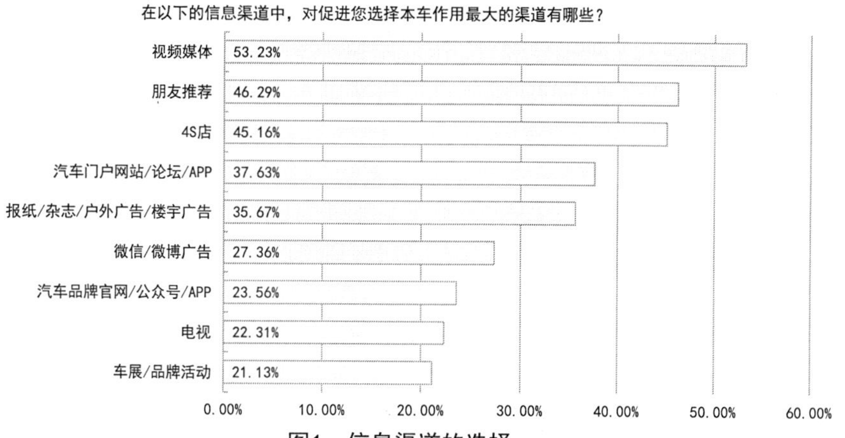


图1　信息渠道的选择

资料来源：CADA 云数聚（以下图表资料来源相同，不再赘述）

## 二、销售服务体验分析

销售服务评价综合得分为93.25分。将汽车品牌分为豪华品牌组、合资品牌组、自主品牌组三个组别进行对比，其中自主品牌组得分最低，仅有91.46分，合资品牌组为93.44分，在三个组别中得分最高（见图2）。

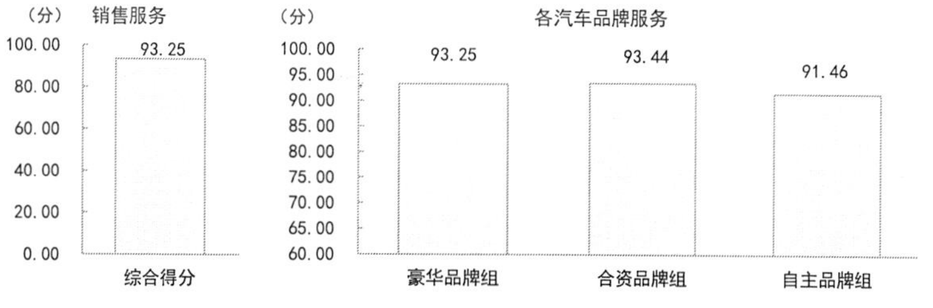


图2　销售服务评价得分

在销售服务的细项指标中，“销售顾问有没有向您介绍以下产品或服务？”得分最低，仅为86.75分，其次是“在购车过程中，以下哪些环节让您感觉满意？”，为87.04分（见图3）。

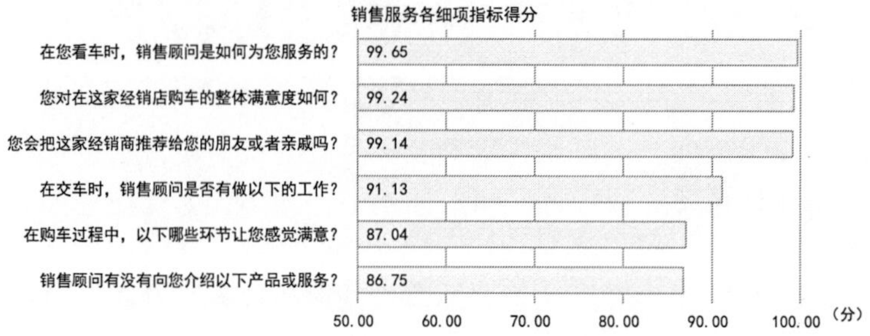


图3　销售服务细项得分

“销售顾问有没有向您介绍以下产品或服务？”指标中，共涵盖了“汽车保险”“汽车贷款／分期付款”“精品／配置／附件（如踏板、脚垫、汽车养护用品等）”“延长保修期服务”“二手车服务（包括交易、置换等）”“汽车装潢／改装”六项内容。

其中“汽车贷款／分期付款”几乎是各经销商按要求需要推广的服务内容，但从消费者评价结果来看，覆盖率为88.92%，仍有提升的空间，贷款分期产生的收益已是经销商在新车收益中的重要部分（见图4）。

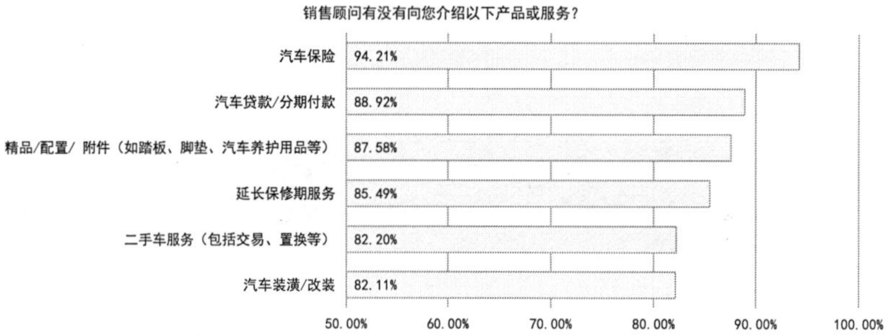


图4　销售产品或服务

购车过程中分为销售顾问、环境设施、试乘试驾、交易过程、金融贷款和交车过程六个环节让消费者进行评价。

在销售顾问环节，22.04%的消费者认为“对需求和疑问的响应不及时”；环境设施环节，30.90%的消费者对“店外观及设施（布局不合理、不整洁等）”不满意；试乘试驾环节，30.12%的消费者认为“试驾路况单一，不足以体验车辆性能”；交易过程环节，33.86%的消费者表示“改变原有商定的价格”；金融贷款环节，43.38%的消费者表示“金融贷款产品不符合需求”；交车过程环节，28.09%的消费者“不满意交车仪式的形式”（见图5）。

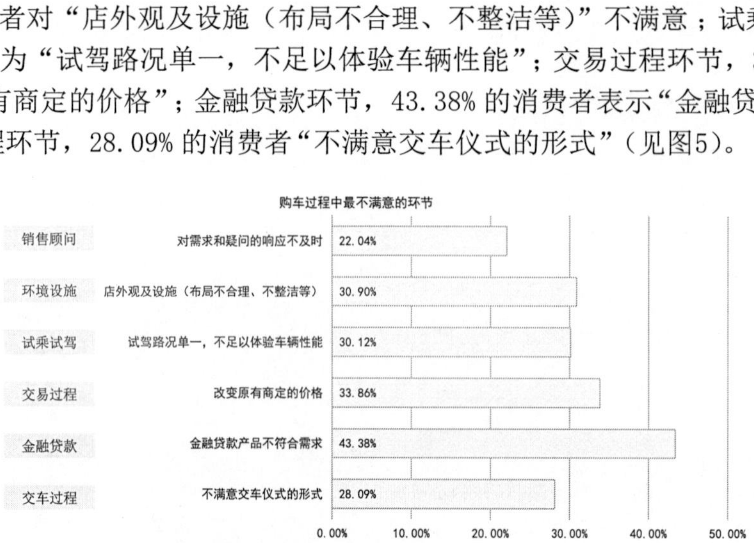


图5　购车过程中最不满意的环节

在销售顾问环节中，不同性别的消费者有着明显的评价差异，女性消费者最不满意的是“购买建议不合理（不了解购车需求、过度推销等）”，占比25.97%，而男性消费者最不满意的是“对需求和疑问的响应不及时”，占比23.13%。说明经销商需要从女性消费者购车需求出发，给出更合理的购车建议（见图6）。

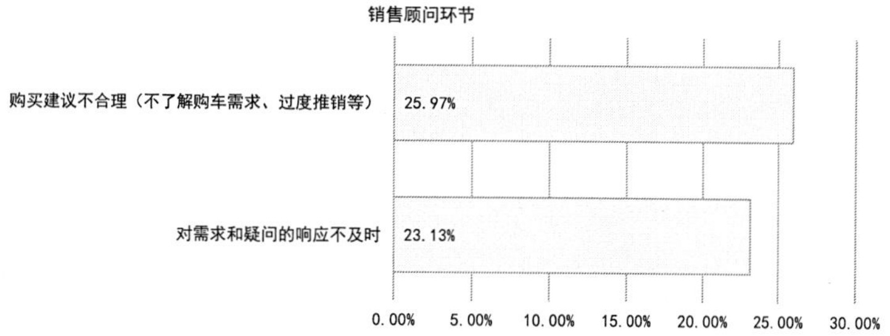


图6　不同性别消费者的明显差异

## 三、售后服务体验分析

售后服务评价综合得分94.80分。在汽车品牌组方面，得分依次为合资品牌组95.53分、自主品牌组95.50分、豪华品牌组93.49分（见图7）。

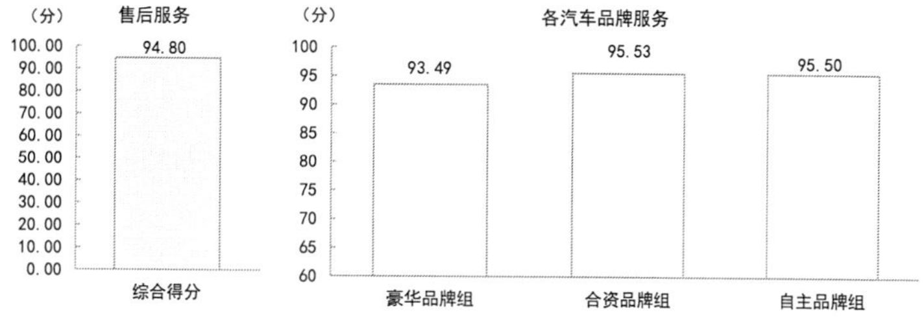


图7　售后服务评价得分

由于售后服务涉及体验环节较多，因此分为服务顾问、服务设施、维修质量、维修时间和维修价格五个维度由消费者进行评价。

行业综合得分方面，90.28分的维修时间维度最需改善。在汽车品牌组方面，合资品牌组在服务顾问维度、维修质量维度、维修价格维度的评价得分最高；服务设施维度和维修时间维度，自主品牌组的评价得分最高。由于豪华品牌的消费者服务期望不同，影响到了豪华品牌组与合资品牌组、自主品牌组之间得分的差异（见图8）。

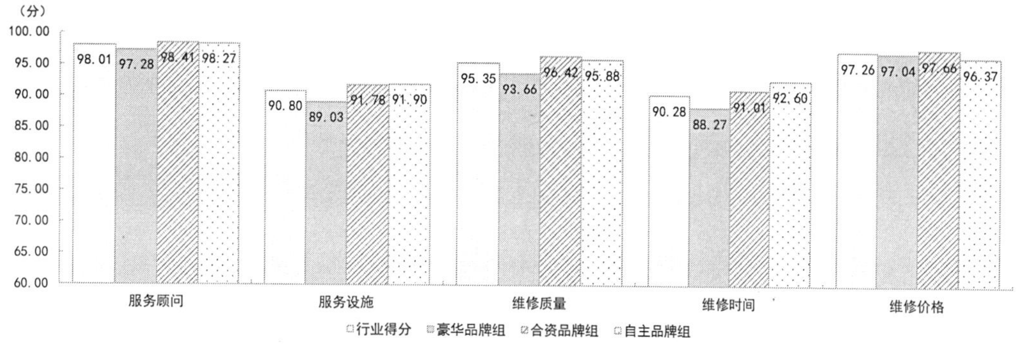


图8　售后服务五维度得分

### （一）服务顾问维度分析

在服务顾问维度各细项指标中，“您对服务顾问接车检查时的哪些服务内容感到满意”

得分最低，为92.85分。“您觉得服务顾问的态度是”为97.72分（见图9）。

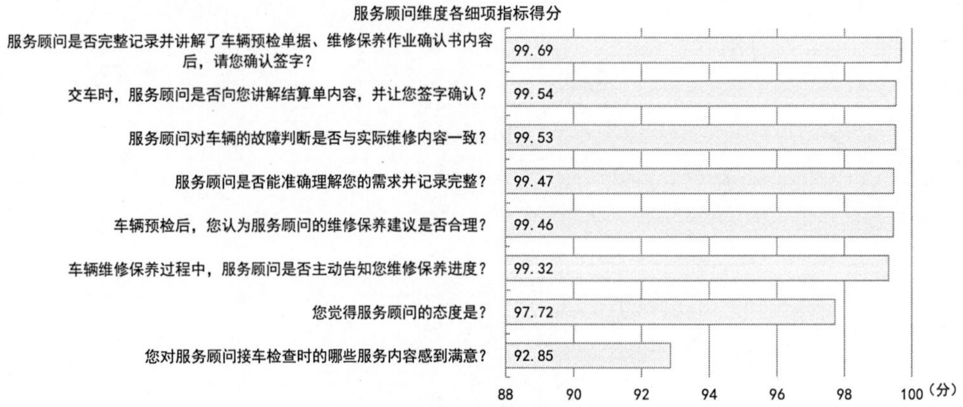


图9 服务顾问维度细项指标

继续分析“您对服务顾问接车检查时的哪些服务内容感到满意”指标，“环车检查”方面消费者认为最不满意，满意占比为89.78%，其次是“铺装防护用品”，满意占比为91.35%（见图10）。

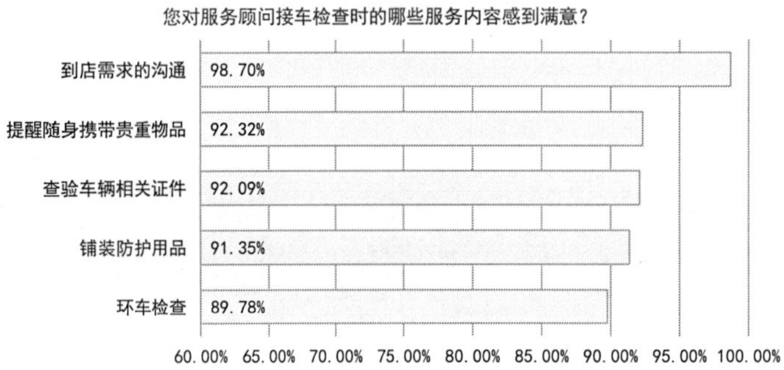


图10 接车检查时的服务内容

### （二）服务设施维度分析

服务设施维度各细项指标中，最需要改进的指标是“以下哪种情况最符合您进店后的体验”，得分是80.79分。“在服务过程中，您对以下哪些环境设施感到满意”指标为88.91分，也是消费者评价得分较低的方面（见图11）。

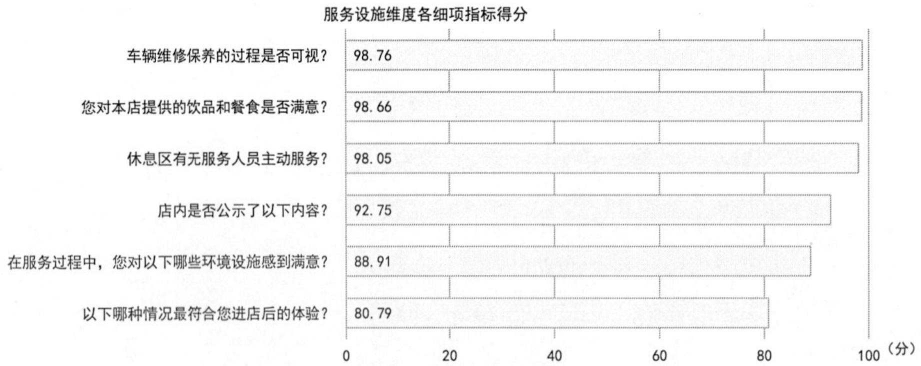


图11 服务设施维度细项指标

在“以下哪种情况最符合您进店后的体验”指标中，仅62.16%的消费者在进店时“有服务人员询问进店意向并引导停车”，有0.58%的消费者是“自行停车进入服务接待区”。当消费者进店时有工作人员询问进店意向及引导停车，是在消费者心里建立第一印象的重要节点（见图12）。

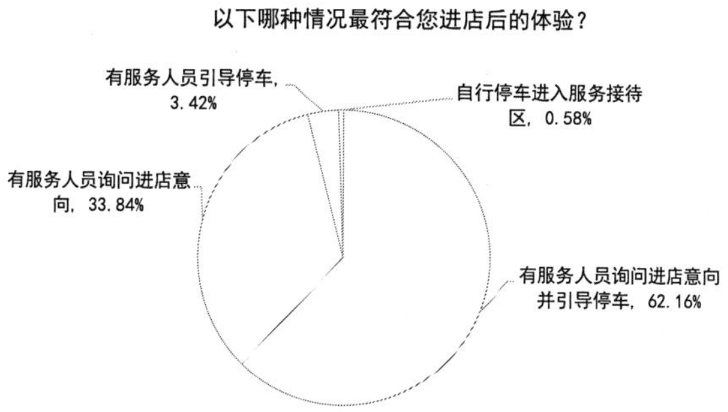


图12　消费者进店后的体验

“在服务过程中，您对以下哪些环境设施感到满意”指标中，“卫生间”的满意占比仅为81.14%，“维修区”和“用餐区”的满意占比分别是87.02%、85.96%。在近几年的服务评价中，卫生间环境始终是消费者最不满意的方面（见图13）。

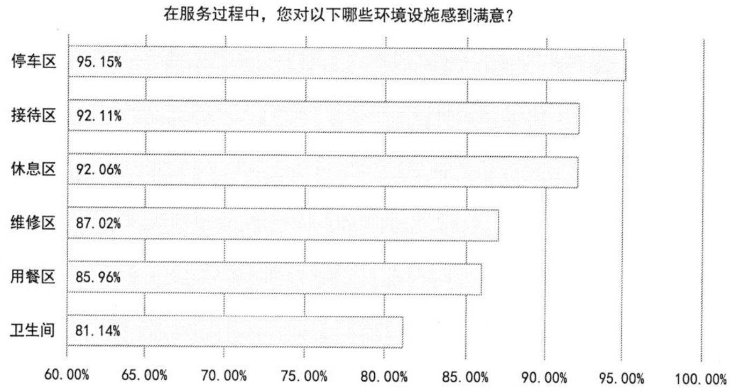


图13　环境设施各环节满意度

## （三）维修质量维度分析

“交车时以下哪些服务，符合您的情况”指标是维修质量维度中得分最低的指标，为91.42分。“您是否因为本店的服务进行过投诉”得分为93.67分，也是需要改善的方面（见图14）。

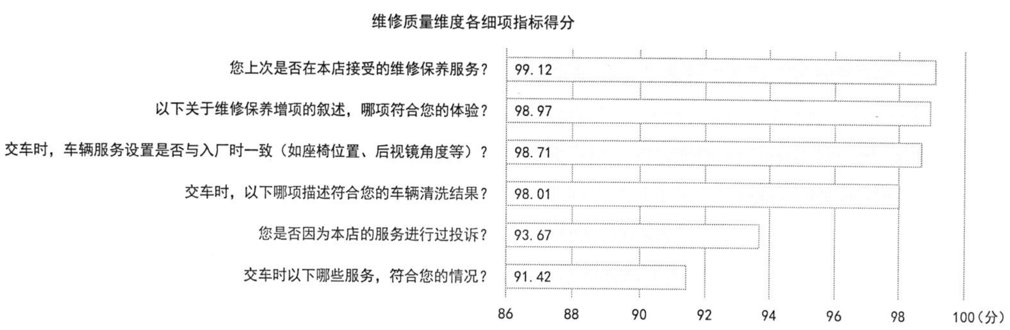


图14　维修质量维度细项指标

深入分析“交车时以下哪些服务，符合您的情况”指标，“告知维修质量保证期”的比例最低，为87.36%，而“服务顾问主动告知合理的用车建议”比例也只有89.44%，交车时的服务内容需要重点关注，此时是加深消费者服务印象的关键节点（见图15）。

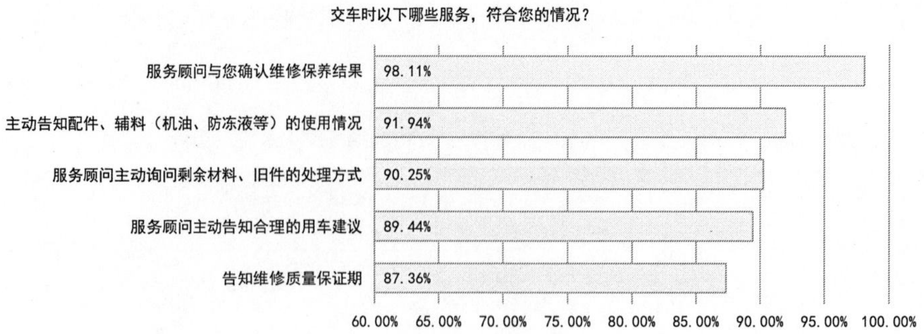


图15　交车时的服务内容

在消费者投诉方面，有6.33%的消费者表示“因为店里的服务进行过投诉”，而在投诉反馈的问题处理方面，有3.82%的比例是“已解决，但对结果不满意”，还有0.86%的比例是“未解决”（见图16）。

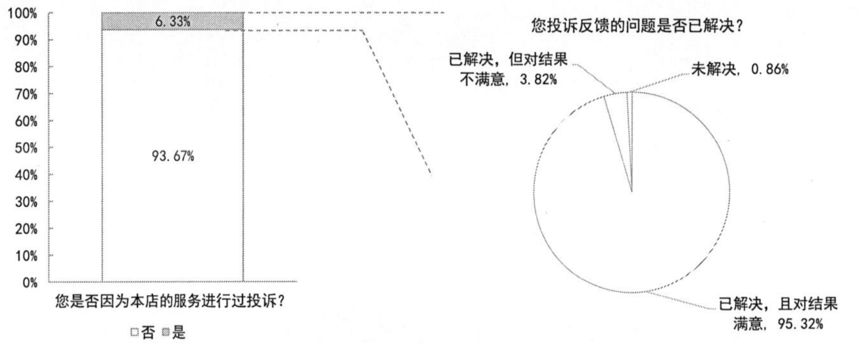


图16　消费者投诉情况

从消费者角度探查“关于维修质量哪一方面最需要改进”指标，“洗车质量”是消费者认为最需要改进的方面，占比达47.13%，“一次性解决车辆问题”的比例是36.49%。“是否提供洗车”还是部分门店考虑要不要做的服务内容，但现在已有大比例的消费者表示洗车质量已是最需改进的方面（见图17）。

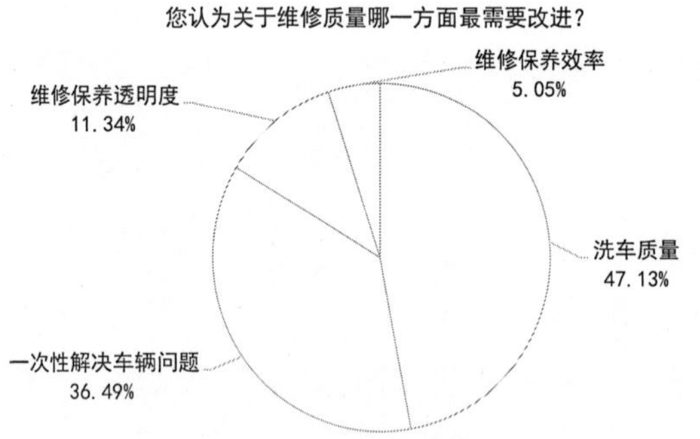


图17　维修质量需改进方面

## （四）维修时间维度分析

在售后服务过程中，主要会在进入接待区、维修作业工单派发后等待派工、完工交车时和付款结算时产生等待，其中进入服务接待区的等待始终是消费者最为关注的，得分为88.88分，“维修保养作业工单派发后，是否仍需要等待”得分为91.23分（见图18）。

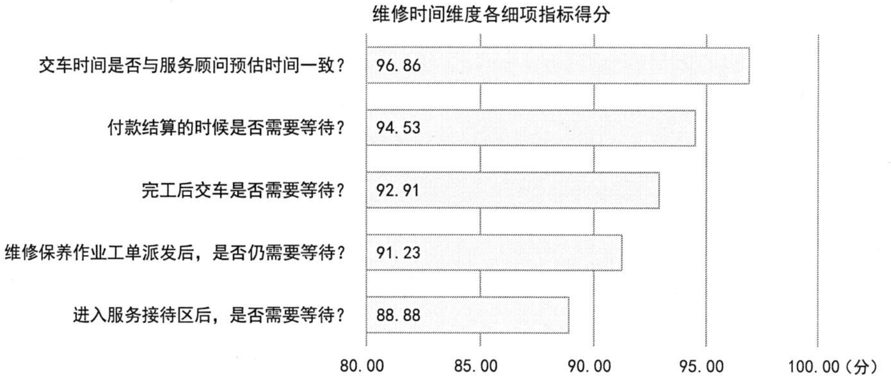


图18　维修时间维度细项指标

分析不同性别消费者之间的评价差异后发现，在维修时间方面，相比女性消费者，男性消费者对时间的关注度更高、接受度更低（见图19）。

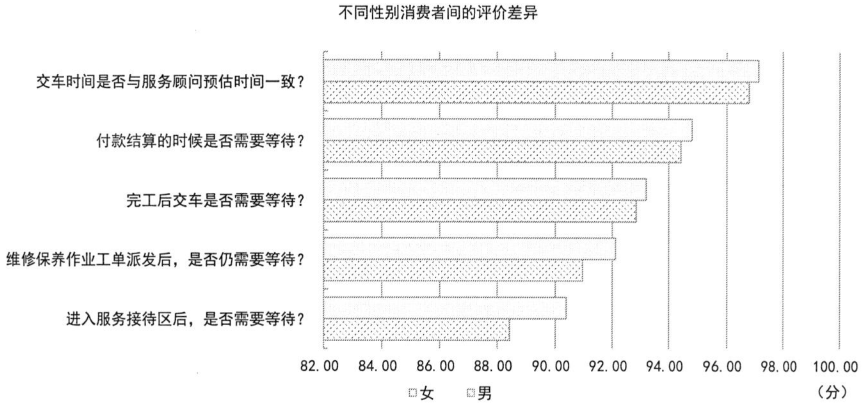


图19　不同性别消费者间的差异

探查“在服务接待区等待多久您可以接受”指标，有72.34%的消费者几乎是不能接受等待的。到店等待服务顾问接车的过程是消费者最不能接受的服务节点（见图20）。

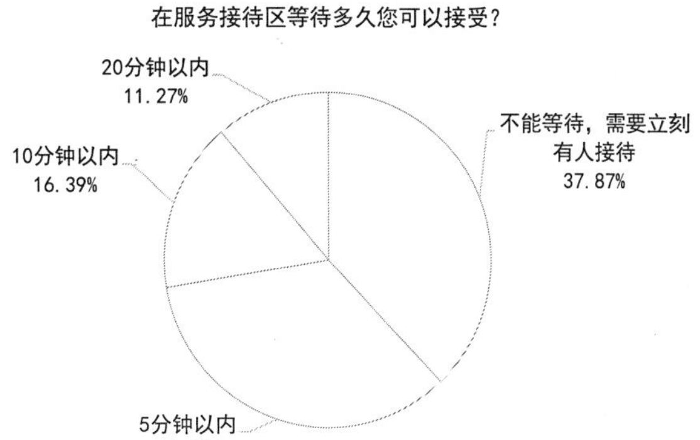


图20　接待区等待接受度

继续探查消费者“在本次维修保养无增项的情况下，您能接受超出预估时间多久”指标，有13.56%的消费者表示“不能接受，会考虑换店或投诉”，另外有48.37%的消费者表示仅能接受“10分钟以内”（见图21）。

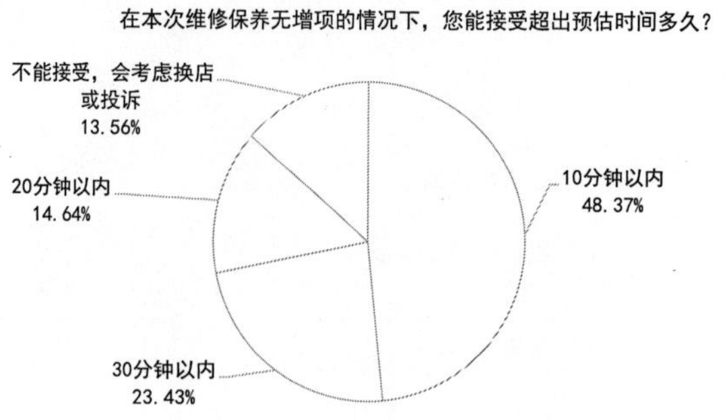


图21　维修时长的接受度

## （五）维修价格维度分析

在维修价格维度中，仅在“以下关于车辆多种配件选择的叙述，哪项符合您的体验”方面，消费者评价得分最低，为87.00分（见图22）。

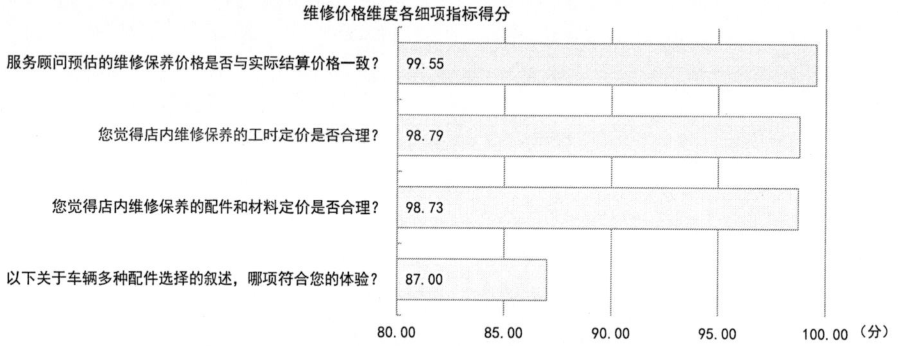


图22　维修价格维度细项指标

在车辆多种配件选择方面，83.41%的消费者表示“店内提供多种配件选择（如原厂件、品牌件等）”，未提供多种配件选择的比例中，有12.71%的消费者表示不需要原厂件之外的种类，3.89%的消费者表示希望提供该服务（见图23）。

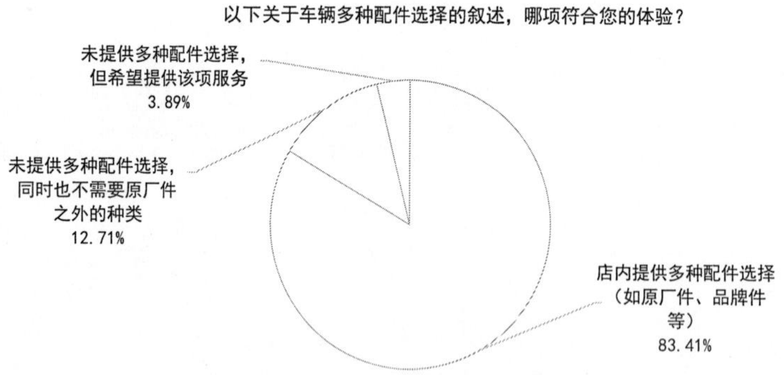


图23　车辆多种配件的选择

探查“您希望门店提供哪类优惠服务或活动”指标，其中42.21%的消费者都选择“赠送礼品”，选择“价格折扣”的比例为27.74%（见图24）。

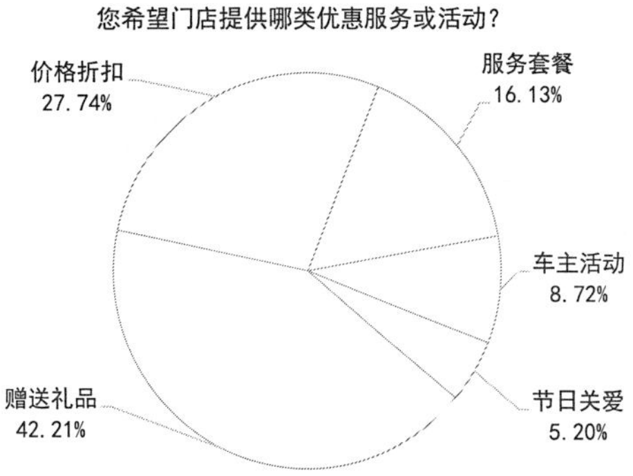

图24　希望提供的优惠服务或活动

## 四、置换服务体验分析

探查“您的置换车辆实际行驶了多少里程”指标，其中表示“3万公里以下”的比例为35.71%，占比最多，选择占比最低的是“15万～20万公里”，仅为0.87%。从该数据可判断，经销商接触到的准新车比例是很高的（见图25）。

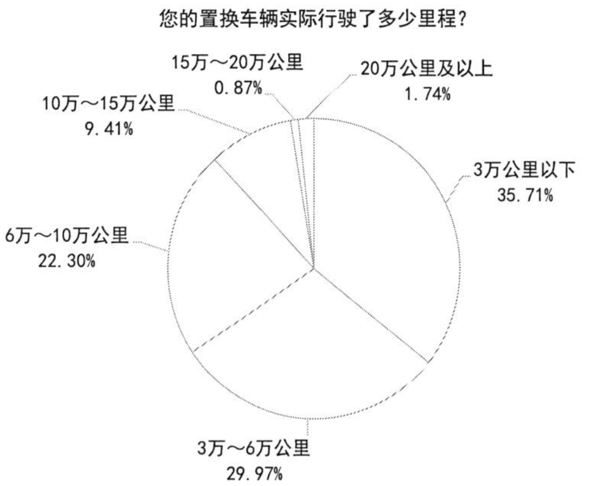

图25　置换时行驶里程

探查“您主要通过哪些渠道了解有关旧车处置的信息（并进行询价）”指标可发现，90.07%的消费者都是通过“品牌4S店”了解相关信息，车商的占比为55.23%。结合二手车行业新政的变化，经销商是获得优质一手车源的最佳渠道，也是经销商开展二手车业务的天然优势（见图26）。

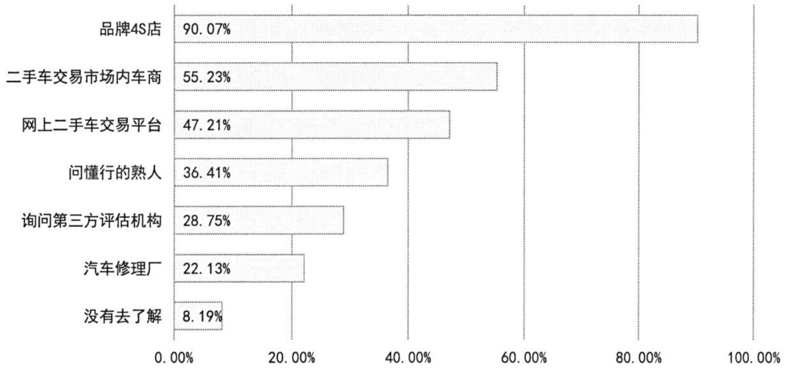

图26　了解旧车处置的渠道

继续探查“您最终是怎样处置这辆车的”指标，89.20%的消费者都选择了“店内置换新车”，和询问旧车处置信息的比例几乎一致。需要说明的是，由于参与评价的消费者是到经销商接受服务的消费者，所以该指标的比例和二手车整体的数据情况存在差异。但同样说明在经销商接受服务的消费者，置换车辆时约90%的消费者都会选择在经销商进行置换，前提是经销商需要保持服务质量（见图27）。

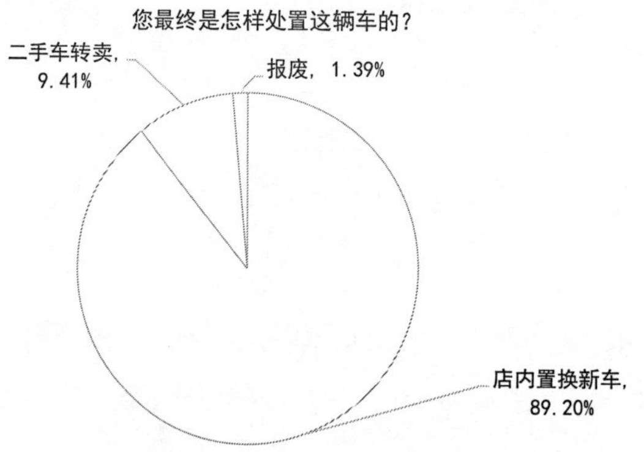


图27 最终处置车辆的方式

最后分析“您选择置换而不是自行出售的原因是”指标，有90.43%的消费者认为是“交易安全”（见图28）。

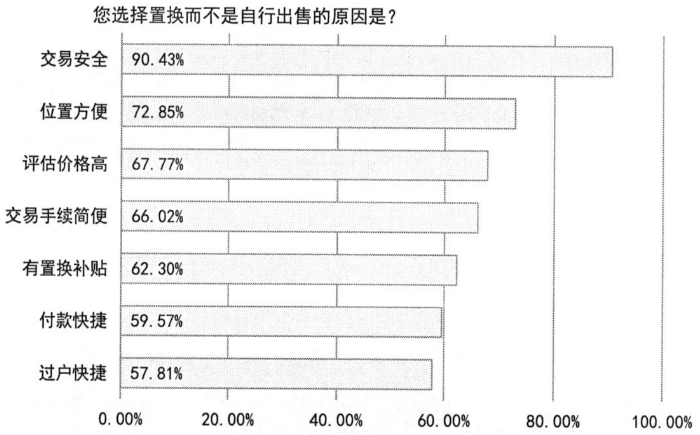


图28 选择置换的原因

（中国汽车售后服务质量监测大数据平台—CADA云数聚）

# 2022年我国汽车投诉状况

车质网2022年共受理消费者针对汽车产品质量及服务问题有效投诉134571宗（含95宗针对第三方平台投诉，8宗后装轮胎投诉），较2021年上涨27.5%。其中，共涉及255个国内汽车品牌的近1400款车型。同时，随着车企对车质网发送的消费者实名投诉问题的重视程度日益提高，2022年共有139个品牌受理了车质网发送的投诉，其中投诉回复率达100%的品牌共74个，较2021年增加了5个。

## 一、年投诉量跨越式增长，连续八个月投诉量破万

2022年，车质网受理的有效投诉实现跨越式增长，创纪录地突破13万宗。从近十年投诉量对比来看，始终保持着逐年递增的态势，自2021年开始，年投诉量进入“10万宗”时代（见图1）。

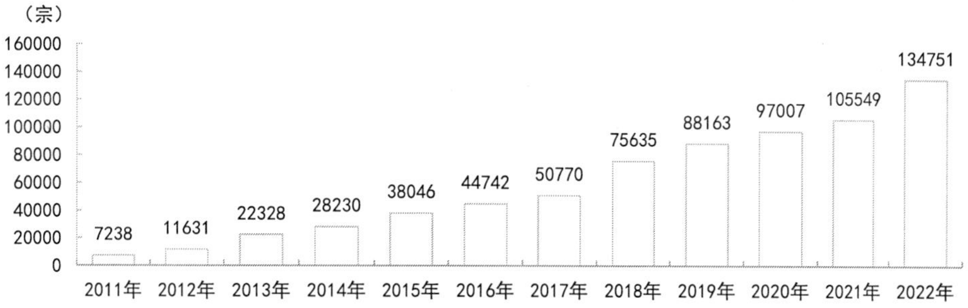


图1　2011—2022年投诉量及增长率对比

资料来源：车质网（以下图表资料来源相同，不再赘述）

从2022年和2021年各月投诉量对比来看，除11月和12月外，2022年其余各月的投诉量均高于2021年同期。其中8月涨幅最大，同比上涨80.5%。2022年共性投诉情况依然频发，部分日系和德系品牌车型投诉量持续保持在高位。从2022年各月投诉量走势可以看出，自5月开始，月投诉量连续8个月破万，其中8月的投诉量再次刷新车质网月投诉量历史纪录（见图2）。

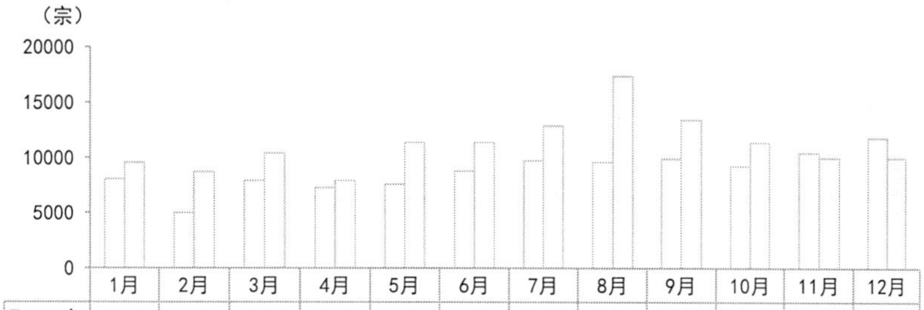


| | 1月 | 2月 | 3月 | 4月 | 5月 | 6月 | 7月 | 8月 | 9月 | 10月 | 11月 | 12月 |
|---|---|---|---|---|---|---|---|---|---|---|---|---|
| 2021年 | 8091 | 5006 | 7917 | 7305 | 7620 | 8801 | 9748 | 9624 | 9914 | 9235 | 10467 | 11821 |
| 2022年 | 9573 | 8728 | 10436 | 7934 | 11408 | 11398 | 12872 | 17372 | 13447 | 11380 | 10016 | 10007 |

图2　2021—2022年月度投诉量及增长率对比

## 二、自主品牌投诉占比提升，德系品牌投诉量再破纪录

车质网数据显示，2022年自主、合资和进口品牌的投诉量均较2021年出现明显增长，其中进口品牌涨幅最大，同比上涨68.8%，投诉占比也略有提升。相比之下，合资品牌虽投诉量有所增长，但投诉占比却下降了1.3个百分点（见图3）。

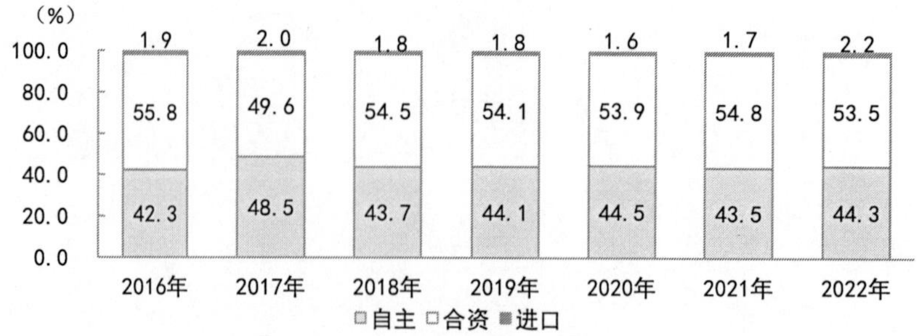


图3 2016—2022年品牌属性投诉量占比

细分到国别统计数据显示，2022年自主、德系、日系和欧系品牌投诉量同比出现增长，其余各国别品牌的投诉量均出现不同程度回落。其中，德系品牌投诉量持续攀升，较2021年上涨99.8%，与部分德系豪华品牌热销车型投诉量持续高企有关。相比之下，韩系品牌同比降幅最大，较2021年下降45.8%（见图4）。

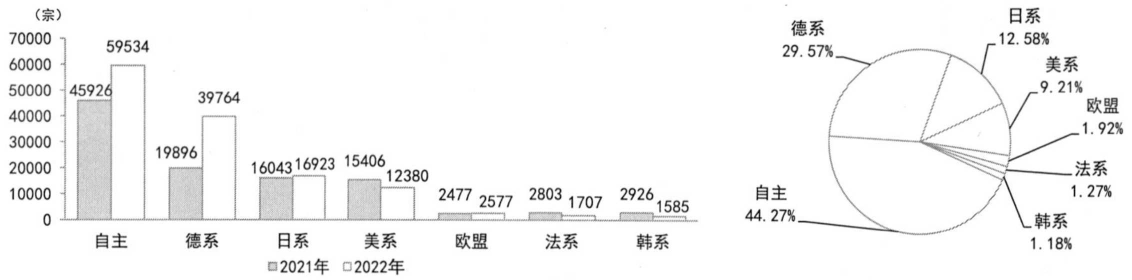


图4 2022年分国别投诉量与占比

## 三、中大型车投诉量爆发，微型车投诉持续攀升

2022年，SUV车型投诉再次刷新历史纪录，投诉量较2021年大涨49.9%。值得注意的是，本年度中大型车投诉迎来爆发，投诉量首次突破8000宗，同比翻倍增长，成为2022年投诉量增幅最大的车型。此外，微型车延续了2021年的涨势，投诉量同比上涨62.2%，创造了新的历史纪录。相比之下，小型车投诉量同比出现大幅回落（见表1）。

表1 2015—2022年车型属性投诉量

单位：宗

| 车型 | 2015年 | 2016年 | 2017年 | 2018年 | 2019年 | 2020年 | 2021年 | 2022年 |
|---|---|---|---|---|---|---|---|---|
| SUV | 10195 | 16443 | 19068 | 35364 | 38257 | 44922 | 45673 | 68481 |
| 紧凑型车 | 16386 | 19234 | 21045 | 26225 | 30836 | 28260 | 30158 | 31318 |
| 中型车 | 6436 | 4842 | 4907 | 7188 | 9808 | 15234 | 15506 | 17336 |
| 小型车 | 2515 | 2029 | 1741 | 2015 | 2452 | 2101 | 4907 | 2442 |
| MPV | 594 | 647 | 1974 | 1746 | 2025 | 1817 | 1994 | 1491 |
| 中大型车 | 481 | 391 | 841 | 1155 | 2023 | 2041 | 2986 | 8460 |
| 其他 | 269 | 162 | 332 | 682 | 1031 | 1163 | 1714 | 1118 |
| 微面 | 788 | 501 | 535 | 670 | 660 | 439 | 434 | 413 |
| 微型车 | 283 | 308 | 357 | 478 | 940 | 910 | 1979 | 3209 |
| 大型车 | 67 | 62 | 86 | 64 | 86 | 85 | 91 | 169 |
| 跑车 | 32 | 35 | 58 | 48 | 45 | 35 | 35 | 33 |

## 四、2021款车型投诉量同比翻倍，新车型口碑持续转差

从车型年款的角度分析发现，绝大部分车型年款的投诉量同比出现下降，但2020款、2021款和2022款车型的投诉量较2021年有明显增长，其中2022款车型涨幅最大，同比暴涨约28.5倍。值得注意的是，2021款成为本年度投诉量最高的车型年款，投诉量创纪录地突破了40000宗，远高于其他各年款车型，投诉量集中在部分自主和德系品牌热销车型（见表2）。

表2　2015—2022年车型年款投诉量　　单位：宗

| 年款 | 2015年 | 2016年 | 2017年 | 2018年 | 2019年 | 2020年 | 2021年 | 2022年 |
|---|---|---|---|---|---|---|---|---|
| 2014 | 10124 | 9029 | 5901 | 4935 | 5050 | 3259 | 2916 | 1389 |
| 2015 | 6465 | 13414 | 11361 | 11629 | 10852 | 5654 | 4714 | 2551 |
| 2016 | 188 | 8411 | 13891 | 15941 | 14402 | 9960 | 7628 | 4456 |
| 2017 | — | 479 | 8054 | 22413 | 17998 | 12379 | 9736 | 5710 |
| 2018 | — | — | 307 | 8674 | 16779 | 12400 | 10479 | 6823 |
| 2019 | — | — | — | 587 | 11853 | 26511 | 16615 | 11782 |
| 2020 | — | — | — | — | 704 | 15238 | 21332 | 24276 |
| 2021 | — | — | — | — | — | 1218 | 20331 | 44215 |
| 2022 | — | — | — | — | — | — | 811 | 23945 |

从出现问题时间段投诉占比情况来看，购车1个月出现问题的投诉量同比上涨65.8%，投诉占比提高了6.2个百分点。购车1年以内出现问题的投诉占比之和接近总量的六成，较2021年有所提高，新车口碑持续转差（见图5）。

在2022年车辆行驶里程投诉占比统计中，行驶里程在20000公里以内的投诉占比之和超过了总量的一半，其中行驶里程0～3000公里的投诉量同比大幅上涨68.9%，投诉占比提高5.9个百分点，投诉量和投诉占比均达到了近六年来的最高点。相比之下，行驶里程50000公里以上的投诉占比之和进一步被压缩（见图6）。

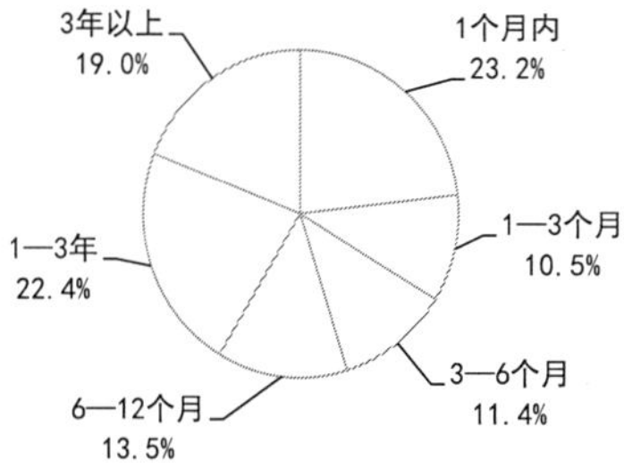


图5　2022年投诉问题时间段占比

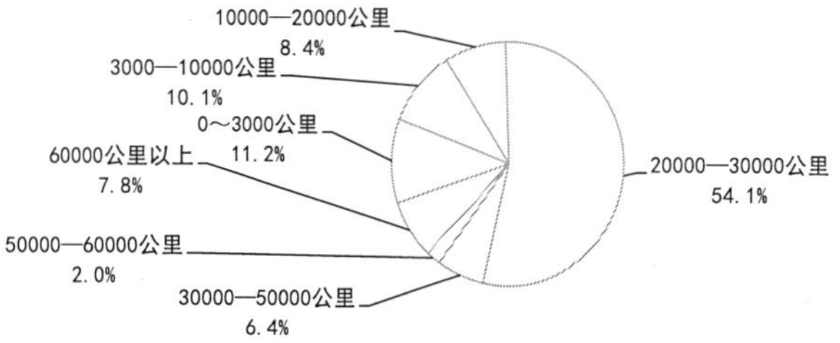


图6　2022年首次故障里程投诉量占比

## 五、三个省份投诉量破万宗，“影音系统故障”投诉持续攀升

从投诉区域上看，2022年投诉超过3500宗的地区共12个，较2021年增加2个。广东省、江苏省和山东省依旧是投诉量最为集中的省份，且三个省份的投诉量均超过了10000宗。其中，广东省和江苏省的投诉占比较2021年有所提升，而山东省则略有下降。从这三个省份的质量问题投诉来看，“影音系统故障”依旧是投诉最为集中的故障问题点。此外，“仪表台开裂”问题表现突出，在广东省和江苏省的典型故障问题中均排名第二位，特别是在广东省，该故障问题投诉量首次突破千宗。而在服务问题方面，三个省份排名前三的投诉问题保持一致，投诉量从高到低依次为“与宣传不符”“不按约交车”“原车配套不全”，其中“与宣传不符”成为山东省投诉涨幅最大的服务问题，投诉量同比暴涨约4.1倍。

## 六、单纯服务问题投诉占比创新高，质量问题投诉有所回落

车质网投诉类型分为质量问题、服务问题、其他问题和综合问题投诉四部分。在2022年车质网接到的投诉中，单纯质量问题的投诉量和投诉占比均较2021年有所下降，其中投诉占比已降至近十年来的最低点。相比之下，单纯服务问题的投诉量首次突破40000宗，较2021年出现翻倍增长，投诉占比提高了22.5个百分点，已超过总量的1/3，侧面表明国内汽车消费者对于企业和经销商在售前/售后服务的关注度在逐年提升，对其出现问题的容忍度则在逐年降低（见图7）。

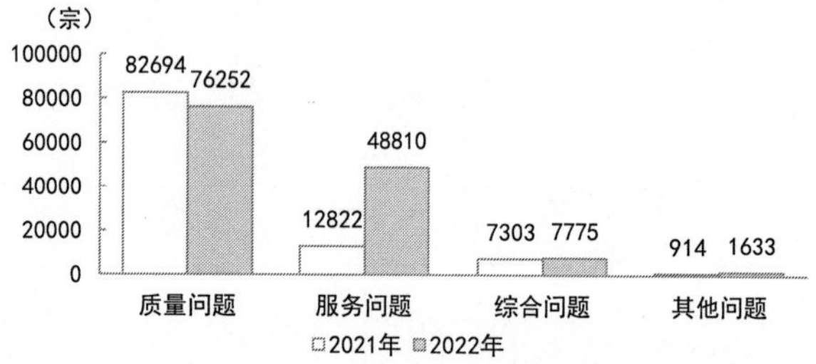


图7　2021—2022年投诉类别对比

## 七、车身附件及电器占比破纪录，“仪表台开裂”投诉量飙升

据车质网数据显示，2022年车身附件及电器的投诉故障数再创造历史新高，且投诉故障数占比历史上首次超过五成，较2021年提高了7.5个百分点。此外，其他各系统故障问题数均较2021年有不同程度的下降（见图8）。

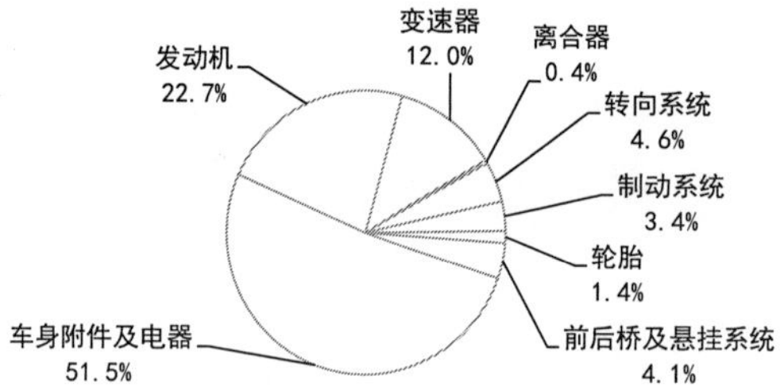


图8　2022年八大系统投诉故障数占比

在2022年质量问题Top20排名中，共有4个新上榜故障点，较2021年增加了1个。“仪表台开裂”投诉量同比出现大幅增长，较2021年上涨50.9%，排名上升至第二位。值得注意的是，本年度新上榜的故障点中有3个与车身附件及电器有关，其中“部件老化”投诉量同比暴涨9.4倍，排名飙升至榜单第8位，投诉集中在部分日系品牌中型车，成为2022年质量问题投诉新增长点（见表3）。

表3　2022年质量问题Top20

单位：个，%

| 排名 | 故障名称 | 故障数量 | 占比 |
|---|---|---|---|
| 1 | 影音系统故障 | 9747 | 8.60 |
| 2 | 仪表台开裂 | 4065 | 3.59 |
| 3 | 漆面起泡开裂 | 3870 | 3.41 |
| 4 | 变速箱顿挫 | 3202 | 2.82 |
| 5 | 排气故障 | 3163 | 2.79 |
| 6 | 车身生锈 | 2984 | 2.63 |
| 7 | 变速箱异响 | 2896 | 2.55 |
| 8 | 部件老化 | 2707 | 2.39 |
| 9 | 空调问题 | 2525 | 2.23 |
| 10 | 油耗高 | 2459 | 2.17 |
| 11 | 部件开裂 | 2451 | 2.16 |
| 12 | 发动机/电动机异响 | 2407 | 2.12 |
| 13 | 发动机/电动机故障灯亮 | 2247 | 1.98 |

续表

| 排名 | 故障名称 | 故障数量 | 占比 |
|---|---|---|---|
| 14 | 转向系统异响 | 2097 | 1.85 |
| 15 | 发动机 / 电动机噪声大 | 1980 | 1.75 |
| 16 | 发动机 / 电动机抖动 | 1969 | 1.74 |
| 17 | 电瓶故障 | 1932 | 1.70 |
| 18 | 车载互联故障 | 1810 | 1.60 |
| 19 | 车身共振 | 1709 | 1.51 |
| 20 | 制动系统异响 | 1693 | 1.49 |

车质网数据显示，2022年自主、合资和进口品牌质量问题投诉故障数均较2021年有所下降。车身附件及电器依旧是三类品牌投诉故障数最集中的系统，其中自主品牌的车身附件及电器投诉故障数占比已超过总量的六成。值得注意的是，进口品牌的转向系统投诉故障数同比有明显提升，占比提高了3个百分点，投诉增量来自特斯拉 Model Y 和 Model 3两款新能源车型（见图9）。

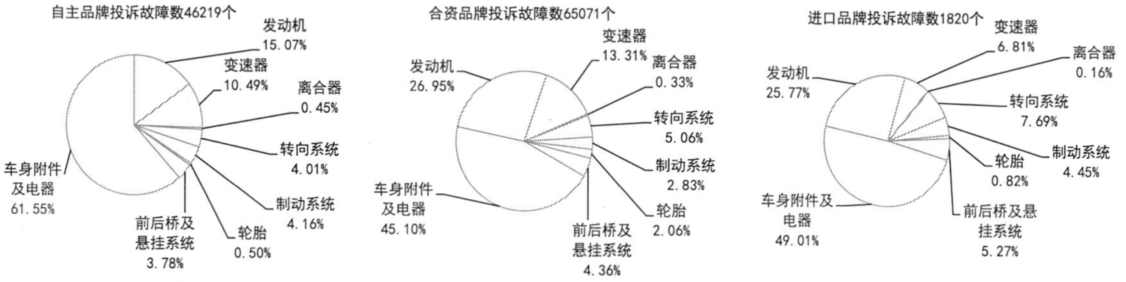


图9　2022年品牌属性八大系统投诉故障数量对比

从国别质量问题投诉故障数占比来看，法系品牌“连中三元”表现抢眼，在发动机 / 电动机、转向系统和前后桥及悬挂系统的占比领先于其他各国别品牌。通过对比来看，除法系品牌外，各国别品牌投诉故障数占比最高的部分均为车身附件及电器，其中自主品牌车身附件及电器的占比依旧明显高于其他各国别品牌（见表4）。

表4　2022年各国别八大系统投诉故障数量占比　　单位：%

| 故障部位 | 自主 | 美系 | 日系 | 德系 | 法系 | 欧系 | 韩系 |
|---|---|---|---|---|---|---|---|
| 发动机 / 电动机 | 15.12 | 19.61 | 22.46 | 35.14 | 38.86 | 17.90 | 22.56 |
| 变速箱 | 10.48 | 13.57 | 7.85 | 16.72 | 5.90 | 22.65 | 16.42 |
| 离合器 | 0.46 | 0.46 | 0.08 | 0.39 | 0.09 | 0.15 | 1.67 |
| 转向系统 | 4.01 | 10.60 | 3.47 | 2.49 | 15.13 | 2.34 | 8.67 |
| 制动系统 | 4.17 | 3.08 | 2.55 | 3.12 | 1.26 | 2.83 | 3.72 |
| 轮胎 | 0.50 | 0.49 | 2.57 | 2.68 | 0.77 | 1.24 | 1.78 |
| 前后桥及悬挂系统 | 3.78 | 6.56 | 4.93 | 2.60 | 7.79 | 2.94 | 2.96 |
| 车身附件及电器 | 61.48 | 45.64 | 56.08 | 36.86 | 30.21 | 49.94 | 42.22 |

从车型属性质量问题投诉故障数占比来看，跑车和其他车型（卡车、客车及特种车辆等）的发动机 / 电动机投诉故障数占比最高，其余车型则主要集中在车身附件及电器部分。其中，大型车的车身附件及电器投诉故障数占比超过七成，在横向对比中领先于其他车型（见表5）。

表5　2022年车型属性八大系统故障数量占比　　单位：%

| 故障部位 | 微型车 | 小型车 | 紧凑型车 | 中型车 | 中大型车 | 大型车 | SUV | MPV | 微面 | 跑车 | 其他 |
|---|---|---|---|---|---|---|---|---|---|---|---|
| 发动机 / 电动机 | 12.86 | 27.07 | 15.99 | 14.55 | 13.52 | 20 | 28 | 22.97 | 16.81 | 42.50 | 43.92 |
| 变速箱 | 2.10 | 9.19 | 12.58 | 16.07 | 7.68 | 1.43 | 11.18 | 12.42 | 19.03 | 22.50 | 9.79 |
| 离合器 | 0.00 | 1.13 | 0.52 | 0.40 | 0.06 | 0.00 | 0.23 | 0.86 | 1.33 | 0.00 | 2.29 |

续表

| 故障部位 | 微型车 | 小型车 | 紧凑型车 | 中型车 | 中大型车 | 大型车 | SUV | MPV | 微面 | 跑车 | 其他 |
|---|---|---|---|---|---|---|---|---|---|---|---|
| 转向系统 | 7.79 | 4.89 | 7.80 | 3.16 | 4.12 | 0.95 | 3.42 | 5.60 | 2.43 | 0.00 | 4.03 |
| 制动系统 | 7.91 | 5.93 | 2.79 | 2.94 | 3.25 | 2.86 | 3.63 | 3.95 | 2.21 | 0.00 | 4.21 |
| 轮胎 | 0.49 | 0.50 | 2.40 | 0.80 | 0.76 | 0.95 | 1.19 | 1.08 | 0.44 | 0. 00 | 0.55 |
| 前后桥及悬挂系统 | 6.67 | 3.84 | 3.96 | 6.09 | 3.50 | 2.38 | 3.38 | 6.82 | 5.31 | 5.00 | 10.25 |
| 车身附件及电器 | 62.18 | 47.45 | 53.96 | 56.00 | 67.11 | 71.43 | 48.97 | 46.30 | 5243.96 | 30.00 | 24.98 |

从车型年款质量问题投诉故障数占比来看，各年款车型投诉故障数占比最高的部分均为车身附件及电器。2022款车型的质量问题投诉故障数在制动系统中占比最高，领先于其他各年款车型（见表6）。

表6　2022年分年款八大系统故障数量占比　　单位：%

| 故障部位 | 2017 年款 | 2018 年款 | 2019 年款 | 2020 年款 | 2021 年款 | 2022 年款 |
|---|---|---|---|---|---|---|
| 发动机 / 电动机 | 20.53 | 17.39 | 22.33 | 33.12 | 20.49 | 22.59 |
| 变速箱 | 25.58 | 18.73 | 14.09 | 11.45 | 7.63 | 8.93 |
| 离合器 | 1.03 | 0.94 | 0.36 | 0.19 | 0.11 | 0.31 |
| 转向系统 | 6.31 | 7.40 | 5.51 | 3.02 | 3.08 | 3.76 |
| 制动系统 | 2.71 | 3.10 | 3.96 | 3.59 | 3.60 | 4.86 |
| 轮胎 | 0.69 | 1.64 | 5.03 | 1.15 | 0.83 | 0.84 |
| 前后桥及悬挂系统 | 5.25 | 8.22 | 6.08 | 3.76 | 3.41 | 3.51 |
| 车身附件及电器 | 37.90 | 42.59 | 42.63 | 43.72 | 60.84 | 55.20 |

从车辆出现问题时间段和行驶里程质量问题投诉故障数占比来看，车身附件及电器依旧是投诉故障数占比最高的系统问题，其中购车6～12个月和行驶里程3000～10000公里在车身附件及电器部分投诉故障数占比最高，均超过了五成。值得注意的是，通过横向对比来看，购车1～3年出现问题的投诉故障数占比除车身附件及电器外，其余七大系统的占比均高于其他各时间段（见表7、表8）。

表7　2022年出现问题时间段八大系统故障数量占比　　单位：%

| 故障部位 | 1 个月内 | 1—3 个月 | 3—6 个月 | 6—12 个月 | 1—3 年 | 3 年以上 |
|---|---|---|---|---|---|---|
| 发动机 / 电动机 | 20.36 | 25.78 | 26.61 | 22.56 | 45.52 | 17.82 |
| 变速箱 | 9.27 | 11.17 | 10.14 | 8.94 | 21.03 | 17.21 |
| 离合器 | 0.24 | 0.27 | 0.25 | 0.20 | 0.72 | 0.64 |
| 转向系统 | 3.89 | 3.49 | 3.74 | 3.07 | 9.27 | 6.50 |
| 制动系统 | 5.24 | 3.70 | 3.50 | 2.91 | 6.42 | 2.30 |
| 轮胎 | 0.41 | 0.82 | 0.91 | 1.65 | 5.85 | 0.59 |
| 前后桥及悬挂系统 | 3.94 | 3.44 | 3.57 | 3.43 | 11.19 | 3.29 |
| 车身附件及电器 | 56.65 | 51.33 | 51.27 | 57.23 | 45.52 | 51.66 |

表8　2022年车辆行驶里程八大系统故障数量占比　　单位：%

| 故障部位 | 0—3000 公里 | 3000—10000 公里 | 10000—20000 公里 | 20000—30000 公里 | 30000—50000 公里 | 50000—60000 公里 | 60000 公里以上 |
|---|---|---|---|---|---|---|---|
| 发动机 / 电动机 | 21.82 | 23.97 | 25.61 | 22.14 | 20.44 | 22.20 | 18.60 |
| 变速箱 | 7.98 | 7.80 | 9.86 | 11.64 | 15.94 | 19.32 | 16.17 |
| 离合器 | 0.30 | 0.16 | 0.17 | 0.41 | 0.61 | 0.76 | 0.55 |
| 转向系统 | 3.50 | 3.16 | 3.32 | 4.34 | 6.19 | 7.68 | 6.42 |
| 制动系统 | 5.45 | 3.11 | 3.29 | 4.60 | 3.40 | 3.15 | 1.98 |
| 轮胎 | 0.92 | 0.94 | 1.76 | 2.89 | 2.51 | 1.31 | 0.28 |
| 前后桥及悬挂系统 | 3.08 | 2.72 | 3.64 | 5.57 | 6.87 | 5.42 | 3.65 |
| 车身附件及电器 | 56.96 | 58.14 | 52.35 | 48.40 | 44.04 | 40.17 | 52.34 |

## 八、销售欺诈投诉持续高企，“与宣传不符”依旧是投诉焦点

数据显示，2022年服务问题投诉为59055个，同比出现翻倍增长。其中，销售欺诈依旧是投诉点占比最高的服务问题，投诉问题点和占比与2021年相比出现大幅增长，其中占比已超过总量的四成。此外，服务流程不完善的投诉问题点同比大幅增长，占比提高9.5个百分点（见图10）。

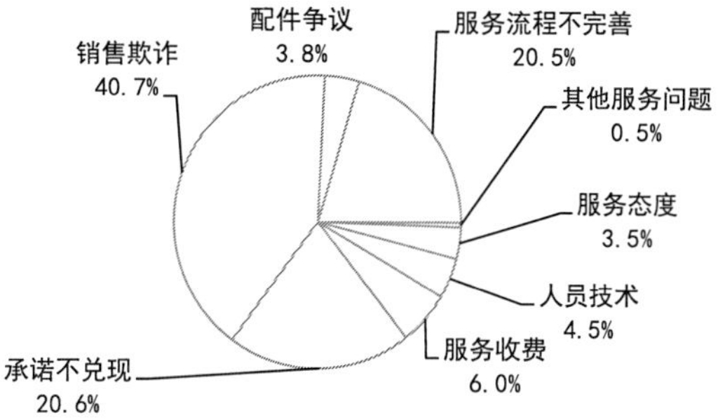


图10　2022年服务问题投诉问题点占比

从2022年服务问题 Top20排名来看，“与宣传不符”仍高居第一位，投诉量同比涨幅约3.5倍，占比已超过总量的1/3。“原车配套不全”问题成为新上榜问题，位列榜单第三位，投诉量同比暴涨约161.2倍，投诉集中在部分自主和德系品牌车型。此外，“系统升级问题”投诉量持续攀升，较2021年出现翻倍增长，排名下降一位（见表9）。

表9　2022年质量问题 Top20　　单位：宗，%

| 排名 | 投诉问题点 | 投诉量 | 占比 |
|---|---|---|---|
| 1 | 与宣传不符 | 20078 | 36.10 |
| 2 | 不按约交车 | 8569 | 15.41 |
| 3 | 原车配套不全 | 7624 | 13.71 |
| 4 | 系统升级问题 | 3629 | 6.53 |
| 5 | 销售承诺不兑现 | 2084 | 3.75 |
| 6 | 变相收费 | 1911 | 3.44 |
| 7 | 无零配件 | 1627 | 2.93 |
| 8 | 定（订）金纠纷 | 994 | 1.79 |
| 9 | 出售问题车 | 881 | 1.58 |
| 10 | 服务承诺不兑现 | 834 | 1.50 |
| 11 | 操作不规范 | 724 | 1.30 |
| 12 | 不解决问题 | 681 | 1.22 |
| 13 | 修出新问题 | 672 | 1.21 |
| 14 | 隐瞒相关信息 | 607 | 1.09 |
| 15 | 态度蛮横 | 508 | 0.91 |
| 16 | 维修技术差 | 411 | 0.74 |
| 17 | 配件质量差 | 291 | 0.52 |
| 18 | 其他 | 284 | 0.51 |
| 19 | 不予索赔 | 279 | 0.50 |
| 20 | 故意拖延 | 272 | 0.49 |

从2022年品牌属性服务问题投诉问题点占比可以看出，自主、合资和进口品牌的投诉问题点同比均出现翻倍增长，其中进口品牌涨幅最大。自主品牌服务问题投诉集中在承诺不兑现和服务流程不完善，两者占比之和已经超过了六成。相比之下，合资品牌和进口品牌服务问题的占比情况较2021年发生较大变化，销售欺诈成为两者最集中的服务问题，且占比均超过了七成（见图11）。

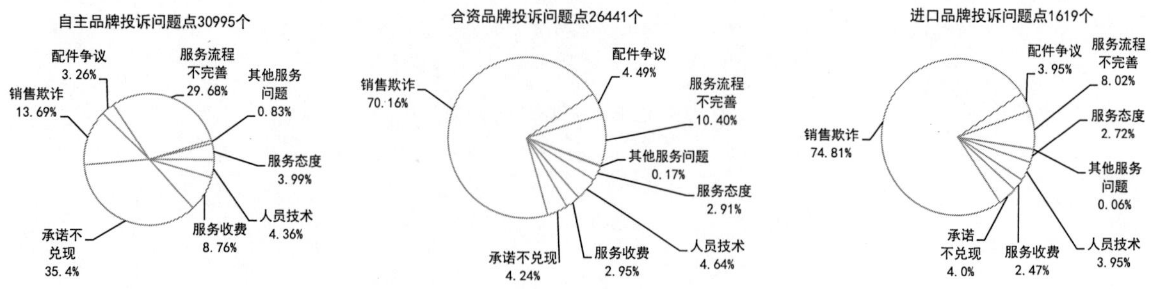


图11　2022年品牌属性服务问题投诉问题点占比对比

从各国别服务问题投诉问题点占比来看，除自主、德系和欧系品牌外，其余各国别品牌所涉及的人员技术问题均在服务问题投诉问题点中占比最大。通过各项服务问题横向比较发现，自主品牌有2个服务问题投诉问题点占比领先于其他各国别品牌，依旧是承诺不兑现和服务流程不完善。值得注意的是，德系品牌在销售欺诈问题上的投诉问题点占比高达76.61%，远高于其他各国别品牌。此外，日系品牌有3个服务问题的投诉问题点占比领先于其他各国别品牌，除服务收费外，较2021年新增了服务态度和其他服务问题（见表10）。

表10　2022年各国别服务问题投诉问题点占比　　单位：%

| 投诉问题点 | 自主 | 美系 | 日系 | 德系 | 法系 | 欧系 | 韩系 |
|---|---|---|---|---|---|---|---|
| 服务态度 | 3.72 | 10.88 | 13.15 | 1.74 | 9.48 | 6.82 | 8.82 |
| 人员技术 | 4.08 | 17.56 | 22.58 | 2.14 | 35.34 | 8.96 | 24.26 |
| 服务收费 | 8.71 | 12.12 | 13.21 | 1.77 | 6.90 | 10.02 | 11.76 |
| 承诺不兑现 | 35.85 | 15.48 | 16.16 | 3.17 | 10.34 | 13.43 | 14.71 |
| 销售欺诈 | 12.71 | 9.55 | 11.99 | 76.61 | 12.07 | 42.22 | 17.28 |
| 配件争议 | 3.03 | 23 | 12.57 | 2.55 | 12.07 | 12.15 | 16.91 |
| 服务流程不完善 | 31.17 | 10.93 | 8.08 | 11.90 | 13.79 | 5.97 | 6.25 |
| 其他服务问题 | 0.73 | 0.49 | 2.25 | 0.13 | 0.00 | 0.43 | 0.00 |

从车型年款服务问题投诉问题点占比来看，2020款之后的车型，普遍在承诺不兑现和销售欺诈两类服务问题投诉问题点占比较高，而2020款（含）之前的车型，投诉问题点占比较高的服务问题主要集中在服务态度、人员技术和配件争议。通过横向对比可以发现，上市时间不长的2023款车型在服务收费问题上占比最高，而其自身投诉占比最高的服务问题是承诺不兑现。相比之下，2021款作为本年度投诉量最高的年款车型，则在服务流程不完善上占比最高，远超其他各车型（见表11）。

表11　2022年分年款服务问题投诉问题点占比　　单位：%

| 投诉问题点 | 2017 年款 | 2018 年款 | 2019 年款 | 2020 年款 | 2021 年款 | 2022 年款 |
|---|---|---|---|---|---|---|
| 服务态度 | 18.53 | 15.33 | 10.39 | 2.43 | 2.48 | 2.72 |
| 人员技术 | 26.92 | 21.89 | 16.40 | 3.02 | 2.82 | 2.79 |
| 服务收费 | 8.57 | 6.11 | 23.55 | 3.87 | 4.63 | 7.21 |
| 承诺不兑现 | 9.44 | 11.56 | 8.60 | 4.83 | 20.70 | 39.07 |
| 销售欺诈 | 2.45 | 5.33 | 14.14 | 65.29 | 36.55 | 30.74 |
| 配件争议 | 19.06 | 21.11 | 13.97 | 3.02 | 2.46 | 2.61 |
| 服务流程不完善 | 13.99 | 18.56 | 12.56 | 17.45 | 29.54 | 14.47 |
| 其他服务问题 | 1.05 | 0.11 | 0.38 | 0.10 | 0.82 | 0.38 |

从车辆出现问题时间段和行驶里程服务问题投诉问题点占比来看，在购车1个月内和行驶里程0—3000公里的用车初期，投诉问题点占比主要集中在销售欺诈和承诺不兑现。而服务态度、

人员技术和服务收费投诉问题点则在购车3年以上和行驶里程60000公里以上占比最高。可见，车主在车辆过了三包期后，维权重心逐步转移到服务态度、人员技术和服务收费等问题，容忍度持续降低（见表12、表13）。

表12　2022年出现问题时间段服务问题投诉问题点占比　　单位：%

| 投诉问题点 | 1个月内 | 1—3个月 | 3—6个月 | 6—12个月 | 1—3年 | 3年以上 |
|---|---|---|---|---|---|---|
| 服务态度 | 2.28 | 2.73 | 1.85 | 3.21 | 5.70 | 13.39 |
| 人员技术 | 1.78 | 2.78 | 2.87 | 4.52 | 7.77 | 23.40 |
| 服务收费 | 6.00 | 4.78 | 2.94 | 4.74 | 9.41 | 13.77 |
| 承诺不兑现 | 11.61 | 36.19 | 50.45 | 17.35 | 5.64 | 9.84 |
| 销售欺诈 | 54.47 | 30.16 | 17.98 | 29.19 | 50.93 | 6.20 |
| 配件争议 | 1.27 | 2.37 | 2.12 | 3.76 | 8.14 | 20.79 |
| 服务流程不完善 | 22.29 | 20.68 | 21.31 | 35.77 | 12.07 | 11.99 |
| 其他服务问题 | 0.29 | 0.31 | 0.48 | 1.47 | 0.3.4 | 0.62 |

表13　2022年车辆行驶里程服务问题投诉问题点占比　　单位：%

| 投诉问题点 | 0—3000公里 | 3000—10000公里 | 10000—20000公里 | 20000—30000公里 | 30000—50000公里 | 50000—60000公里 | 60000公里以上 |
|---|---|---|---|---|---|---|---|
| 服务态度 | 2.50 | 2.74 | 3.10 | 3.70 | 5.29 | 8.32 | 11.14 |
| 人员技术 | 1.81 | 3.68 | 4.81 | 5.59 | 7.48 | 13.03 | 17.70 |
| 服务收费 | 7.57 | 3.09 | 5.47 | 7.25 | 7.00 | 7.14 | 7.58 |
| 承诺不兑现 | 48.41 | 6.94 | 4.91 | 4.21 | 3.45 | 3.87 | 7.82 |
| 销售欺诈 | 20.56 | 37.61 | 52.69 | 64.99 | 64.07 | 52.61 | 24.86 |
| 配件争议 | 1.43 | 3.16 | 4.35 | 4.75 | 6.76 | 9.92 | 18.87 |
| 服务流程不完善 | 17.45 | 41.69 | 23.92 | 9.37 | 5.73 | 4.79 | 11.84 |
| 其他服务问题 | 0.27 | 1.09 | 0.75 | 0.14 | 0.22 | 0.34 | 0.19 |

## 九、“疑似减配”投诉占比超五成，合资品牌受波及明显

据车质网数据显示，2022年其他问题投诉问题点为1830个，较2021年上涨30.7%。从投诉问题点占比情况来看，“疑似减配”问题占比升至第一位，与2021年相比提高了20.8个百分点。侧面也反映出，车主对于“疑似减配”问题重视程度逐年提升，大部分车主对此持“零容忍”态度（见图12）。

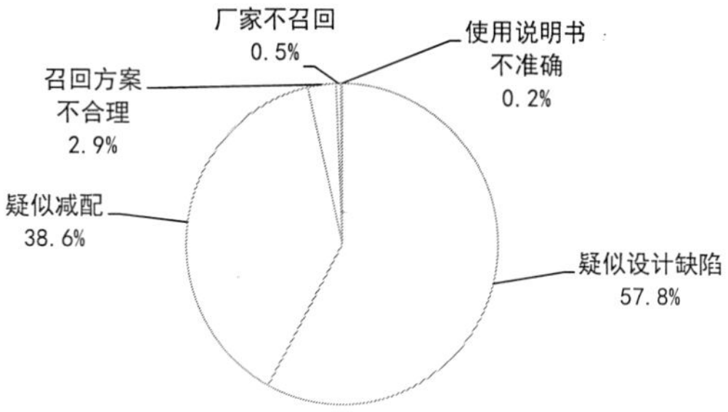


图12　2022年其他问题投诉问题点占比

从2022年品牌属性其他问题投诉问题点占比来看，进口品牌“疑似减配”问题点占比提升最为明显，较2021年提高了26个百分点。而自主品牌和合资品牌该问题点的占比也均有大幅提升，特别是合资品牌，占比已超过总量的六成（见图13）。

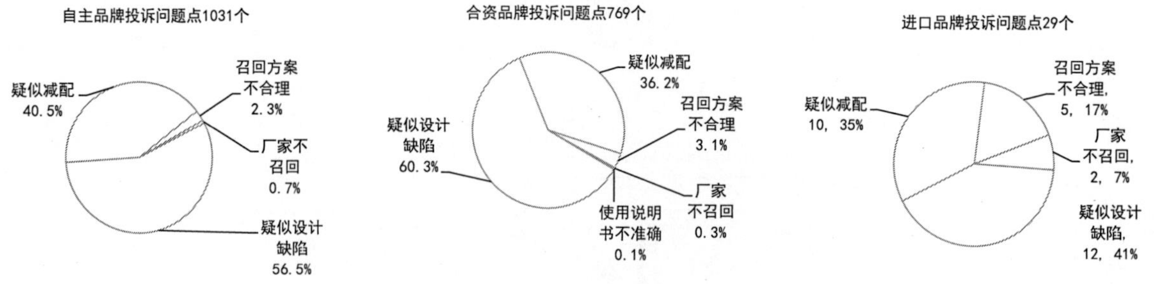


图13 2022年品牌属性其他问题投诉问题点占比

## 十、厂家针对投诉回复积极，投诉满意度入榜品牌增加

据车质网数据统计，2022年共有139个品牌受理了车质网发送的客户投诉，较2021年减少1个。其中，这些品牌针对投诉问题的回复数超过了11万条，较2021年增加了15917条，品牌回复率达84.1%。可见，随着国内汽车投诉总量的不断攀升，车企（包括轮胎生产企业）对于消费者诉求的重视程度也日益提升。车质网作为第三方实名客诉信息收集平台，已成为消费者与车企（包括轮胎生产企业）之间的重要桥梁，在消除汽车消费领域服务信息不对等、为消费者提供行之有效的解决渠道、帮助企业重新赢得消费者信任等方面，不断发挥着积极的作用（见图14）。

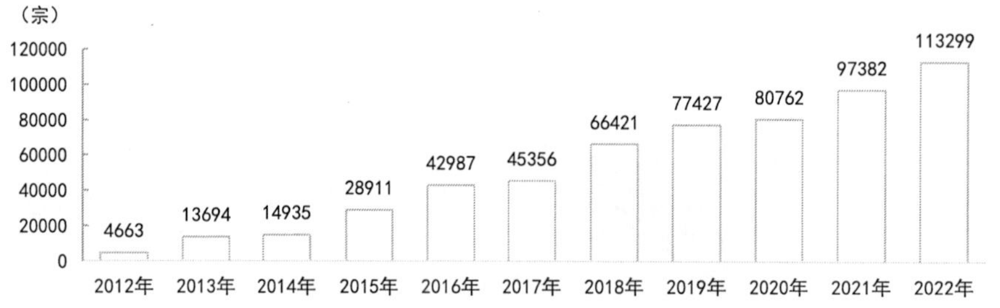


图14 2012—2022年投诉厂家回复情况对比

2022年投诉回复率达到了100%的品牌共74个，较2021年增加了5个，其中新上榜车型品牌为21个。2022年车质网接到的投诉中已得到消费者评分的品牌达198个，其中满意度评分达3分及以上的品牌共37个，较2021年增加了1个，其中有12个品牌的满意度排名较2021年有所提升。

从车质网投诉数据来看，2022年共性投诉情况依旧多发，部分品牌车型投诉量持续高企，2022年总投诉量再次刷新历史纪录。从2022年的投诉类型来看，单纯服务问题的投诉量和投诉占比达到了历史峰值，其中投诉量首次突破4万宗，投诉占比超过了总量的1/3。从具体的投诉问题来看，超四成来自销售欺诈问题，多与企业售前服务有关。从近几年服务问题投诉的变化来看，现阶段服务问题的投诉焦点已由过去的服务态度、人员技术等向销售欺诈、承诺不兑现以及服务流程不完善等转变，其中“与宣传不符”“不按约交车”“原车配套不全”已成为国内汽车消费者维权的新焦点。相比之下，2022年单纯质量问题的投诉量和占比有所回落，特别是投诉占比，已降至历史最低点。从本年度车辆出现质量问题的时间段与行驶里程可以发现，车辆出现故障的时间明显有所提前，新车阶段出现问题的概率进一步加大。

从2022年发生的共性投诉情况中可以发现，消费者维权意识和渠道日趋理性，同时，部分车企对于消费者通过车质网提出的诉求重视程度在不断提升，并积极通过车质网平台及时、有效地解决消费者提出的诉求，及时消除了对于车企的负面影响。

（中国法学会消费者权益保护法学研究会 郝庆丰）

# 2022年我国汽车安全与召回状况

2022年，市场监管总局坚持统筹发展与安全，强化召回监管，切实维护消费者权益和社会公共安全。同时针对技术发展新趋势，出台多项政策，鼓励企业技术创新，倡导最佳安全设计实践，促进行业高质量发展。根据《缺陷汽车产品召回管理条例》《消费品召回管理暂行规定》《机动车排放召回管理规定》，现将2022年全国汽车和消费品召回有关情况通告如下。

## 一、2022年汽车安全召回情况

2022年，我国共实施汽车召回204次，涉及车辆448.8万辆，分别比上年降低12.4%和48.6%。受市场监管总局缺陷调查影响召回26次，涉及车辆175.9万辆，占全年召回总数量的39.2%（见图1）。

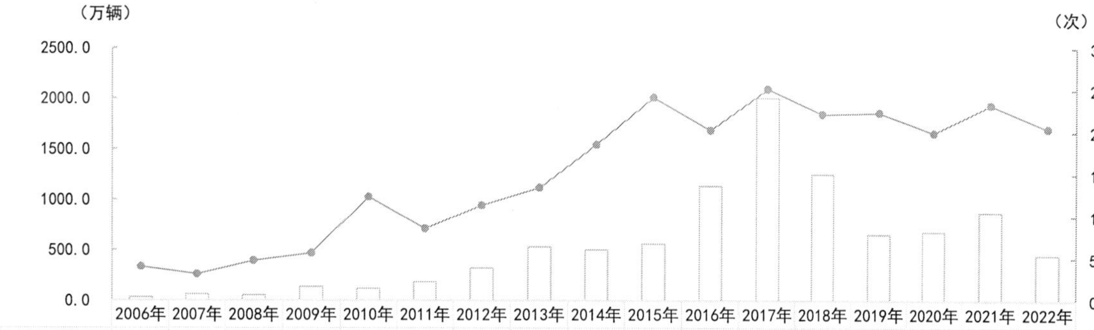


| | 2006年 | 2007年 | 2008年 | 2009年 | 2010年 | 2011年 | 2012年 | 2013年 | 2014年 | 2015年 | 2016年 | 2017年 | 2018年 | 2019年 | 2020年 | 2021年 | 2022年 |
|---|---|---|---|---|---|---|---|---|---|---|---|---|---|---|---|---|---|
| 召回数量 | 33.6 | 60.5 | 53.9 | 136.1 | 117.7 | 182.8 | 320.4 | 531.1 | 501.9 | 558.6 | 1133.5 | 2004.8 | 1251.3 | 653.0 | 678.2 | 873.6 | 448.8 |
| 召回次数 | 40 | 31 | 47 | 56 | 123 | 85 | 113 | 134 | 185 | 241 | 202 | 251 | 221 | 223 | 199 | 232 | 204 |

图1　2006—2022年汽车产品召回的次数与数量

资料来源：市场监管总局（以下图表资料来源相同，不再赘述）

随着新能源汽车保有量增加，新能源汽车召回数量创历史新高，全年共实施新能源汽车召回47次，涉及车辆121.2万辆，占全年召回总数量的27.0%，同比增长31.5%。远程升级（OTA）逐渐成为车辆安全改进的重要方式，实施OTA召回17次，涉及车辆88.7万辆，占全年召回总数量的19.8%。截至2022年年底，我国已累计实施汽车召回2628次，涉及车辆9578.7万辆。

从缺陷原因看，因制造原因召回105次，涉及车辆172.8万辆，占总召回数量的38.5%，较上年增加23.1%；因设计原因召回95次，涉及车辆275.7万辆，占总召回数量的61.4%；因标识原因召回5次，涉及车辆0.3万辆，占总召回数量的0.1%（见图2）。

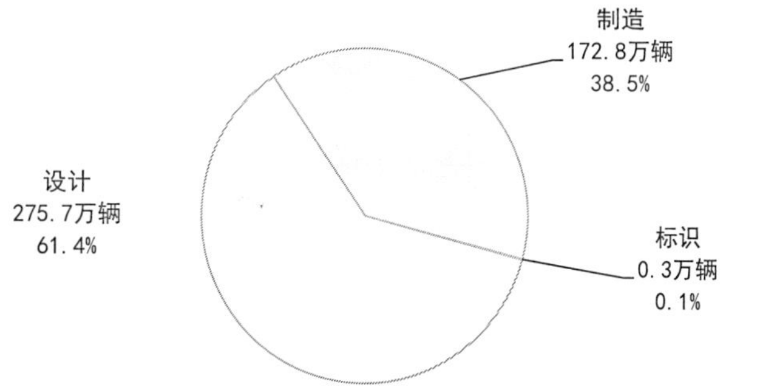


图2　2022年汽车产品召回缺陷原因分类

从缺陷线索看，2022年市场监管总局收到消费者提供的汽车缺陷线索报告35896例，涉及发动机总成（占30.7%）、电气设备（占23.3%）、车身（占18.1%）、传动系（占12.5%）等。其中，新能源汽车缺陷线索报告4300例，反映动力电池、电机、电控系统问题占新能源汽车缺陷线索报告的41.9%。

从缺陷涉及的总成看，电子电器和传动系统是主要缺陷产生部件，占总召回数量的67.1%。涉及发动机问题的召回明显偏少，占比较上年减少33.8%。因电子电器缺陷实施召回54次，涉及车辆219.1万辆，占总召回数量的48.8%；因传动系统缺陷实施召回15次，涉及车辆82.2万辆，占总召回数量的18.3%；因制动系缺陷实施召回16次，涉及车辆48.5万辆，占总召回数量的10.8%（见图3）。

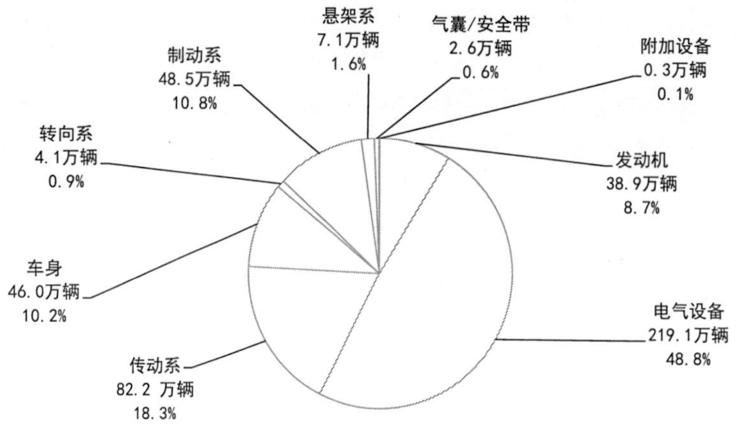


图3 2022年汽车产品召回缺陷涉及总成召回数量及占比

## 二、2022年机动车排放召回情况

2022年，市场监管总局与生态环境部密切合作，加强排放信息的互通与共享，建立联合技术会商机制，推动机动车排放召回工作步入正轨。2022年，市场监管总局收集排放危害相关线索1662条，联合组织专家技术会商3次，启动相关案件调查4例，督促生产者实施排放召回11次，涉及车辆4634辆。截至2022年年底，我国实施排放召回车辆已达146.3万辆。

一是健全召回工作体系。完善全国统一管理、分级实施的召回管理机制，加强对地方消费品召回工作的指导监督。二是突出召回工作重点。围绕新能源、智能网联汽车，聚焦消费品召回重点监控目录相关产品，提升缺陷技术分析和应急处置能力，加大缺陷调查力度。三是创新安全监管方式。在汽车后市场阶段，针对车辆应用的前沿技术，探索汽车安全沙盒监管制度，发布《关于试行汽车安全沙盒监管制度的通告》（市场监管总局等五部委2022年第6号）和《市场监管总局办公厅关于启动汽车安全沙盒监管试点申报的通知》（市监质函〔2022〕1708号），在坚守安全底线的前提下，充分激发企业创新活力。在消费品领域，完善网上销售消费品召回监管，引导电商平台加强在线销售产品安全管理，开展网络平台经营企业产品安全与召回承诺，健全产品追溯体系，强化召回信息提示，防止缺陷产品继续销售，推进网上销售消费品召回共治合作。

（市场监管总局）

# 2022年我国汽车金融发展综述

2022年是疫情反复的一年，也是我国汽车流通行业震荡回暖的一年。新冠肺炎疫情散发频发造成多地汽车产业供应链中断，叠加芯片结构性短缺、动力电池原材料价格高位运行、国际局势动荡加剧等诸多不利因素影响，我国汽车市场面临供给受阻、需求转弱双重挑战。汽车行业齐心协力，在全力攻坚保生产的同时，紧抓购置税减半政策红利促消费，使全国汽车销量自6月起迅速恢复并保持较快增长。其中，新能源汽车的持续爆发式增长和国产汽车出口的量价齐升成为新亮点。我国汽车市场在逆境中整体复苏向好，并实现正增长，展现出汽车产业的强大发展韧性。2022年车辆销售全年实现2686万辆，保住大盘微增2%，尤其是新能源汽车、出口、中国品牌取得了较为亮眼的成绩。

面对更加复杂的市场形势，2022年对于汽车金融来说是蓄势破局的一年，更是竞争加剧、变化调整的一年。广大汽车金融服务商深入贯彻落实国家有关政策，采取多种措施助力汽车产业发展，为促进推动汽车消费、助力畅通汽车产业链、支持稳定宏观经济大盘发挥了积极作用。在供应链金融服务上，银行仍是最主要的资金服务商，全年投放规模相对稳定，保证了广大经销商的经营所需，是2022年全年汽车市场回暖的重要支撑。同时，随着二手车利好政策出台，二手车供应链金融也迎来了新的发展机遇。在消费金融服务上，银行和主机厂金融是最主要的服务商，整体服务进入更加激烈的渠道比拼阶段，更多的服务主体入局，特别是二手车金融也已经进入红海竞争阶段。在保险服务上，综合费率改革进入深水期，全年车辆保费规模维持相对稳定，新能源保险异军突起，中间费用收费已成大势所趋。多元化非车险成为越来越多行业企业的增收来源。此外，车主贷市场呈现出更加火爆的局面，不论是参与主体数量还是整体资产规模均实现大幅增长。

## 一、当下汽车金融市场现状

### （一）汽车供应链金融：新车供应链金融稳定发展，二手车供应链金融开始发力

汽车供应链金融仍是汽车流通市场回暖的重要支撑，特别是在疫情反复期间，以银行、主机厂金融为代表的广大汽车金融服务商为行业提供了很多支持，这对于疫情期间广大的经销商的正常经营来说至关重要。

从新车业务来看，银行仍是最主要的新车供应链资金服务商，“厂商银三方库融”与“银商两方库融”是最主要的供应链金融服务产品，其中中信银行、平安银行、光大银行仍稳居新车库融投放前三名，投放规模相对稳定，2022年总体投放规模仍稳定在两万亿元水平，从而保证了广大经销商的经营所需。同时，为了确保经营稳定并确保疫情突发下的资金安全，其他多元化资金支持方案也成为广大经销商企业的新助力。

从二手车业务来看，目前二手车供应链金融的主要服务主体仍以第三方金融与地方民营金融服务商为主，总体资金成本也相对较高，二手车库存融资需求旺盛，缺口大。当下银行等主流机构的二手车供应链金融规模不大，因规范化等原因，仍主要服务授权经销商二手车业务，与新车库融共用额度。对于授权经销商以外的二手车供应链金融服务，目前仅建设银行、中信银行等机构在小规模尝试，且主要采用普惠金融产品服务模式。随着二手车商品化等行业政策落地，将有更多主流银行机构布局二手车供应链金融。

### （二）汽车消费金融：渠道竞争激烈，渠道政策成为市场竞争的重要手段

宏观经济下行，叠加疫情影响，房市收缩，汽车消费已经成为打造双循环、拉动内需的关键行业，汽车金融也受到了越来越多金融机构的重视与参与，各类型市场主体因其不同的资源

禀赋，选择了不同的方向与市场策略。随着金融监管的加强及市场竞争的加剧，银行因其资金及网点优势已经成为最大的汽车消费金融服务商。因主机厂背书，主机厂金融与该品牌汽车销售情况保持一致，特别是受到银行机构的冲击，经营压力增大。融资租赁企业因为融资困难，纷纷转变为助贷机构，成为资方拓展业务的渠道商。

疫情三年，汽车消费金融逆势增长，成绩瞩目。当前的新车消费金融渗透率达到65%的水平，二手车消费金融渗透率也已经突破50%。截至2022年年末，全国25家汽车金融公司资产规模达到9891.95亿元，总体保持稳定；零售贷款余额为7852.58亿元，同比略降3.51%；库存批发贷款余额为1126.9亿元，同比上升8.73%;融资租赁余额61.5亿元，增长29.45%。同时，经济下行，消费金融信用风险抬头，选择更加有效的展业渠道已成为广大汽车消费金融服务商的重要工作。从目前的市场来看，广大授权经销商、大助贷平台均是比较优质的汽车消费金融展业渠道，更多的资方要抢占有效的展业渠道，就需要提供更好的渠道返佣政策。特别是一些国有大行下场，对原来市场造成相当的冲击。此外，高收高返成为很多资金方抢占市场渠道的主要手段，但是这种手段并不利于行业的健康可持续发展，未来将纳入监管范围。

**（三）保险及其他**

在“法定”三责险的带动下，商业车险随之崛起，公车、拖拉机、私家车逐步成为车险保费增长的主要驱动，2022年汽车保险市场规模达到2931亿元，同比增长14.17%。新能源汽车专属保险的整体逻辑是降低保费，发生在一些品牌身上的保费增长现象并不会持续太长时间。随着新能源汽车专属保险产品保费规模的扩大，实践积累越来越多，理赔技术会快速迭代与升级，承保定价精细化管理等问题也会逐渐得到改善，这都将推动新能源汽车赔付率回归至合理水平。

车主贷作为汽车金融的补充业务，一直都有逆周期的特征。目前的主要玩家仍是银行、融资租赁公司，其中平安银行、新网银行是头部玩家。随着疫情的反复回暖，车主贷进入高速增长阶段，全年总体规模约在900亿元。同时我们也要关注风险，如何控制降低风险，提升企业运营风控能力是所有车主贷企业的核心课题。

## 二、汽车金融行业政策分析

近年来，政府和金融监管部门对汽车产业和汽车金融公司的发展给予了持续关注和支持，修订和完善了行业相关政策，对汽车金融行业的稳健发展产生了积极影响。

新能源政策方面，国家继续将新能源汽车作为大力支持的重点领域，在供给端出台的双积分、税收优惠等政策进一步完善顶层设计、强化完善行业标准、推动车企加大研发投入，以支持“双碳”目标达成；在消费端延续新能源汽车免征购置税、开展新能源汽车下乡等政策以释放消费潜力。据中国汽车工业协会发布数据显示，2022年新能源汽车全年产销分别达到705.8万辆和688.7万辆，同比分别大幅增长96.9%和93.4%。绿色金融是推动“双碳”目标实现的重要抓手，金融监管部门持续完善绿色金融领域政策框架，通过发布绿色金融指引、建立完善绿色金融评价体系，鼓励金融机构将更多资源投入绿色低碳发展领域，切实提升绿色金融服务质效。汽车金融公司将绿色金融纳入公司战略规划，积极推出针对新能源汽车的专属产品和风控体系，并积极尝试绿色融资，多家公司在2022年发行了绿色ABS和绿色金融债。

二手车政策方面，商务部、公安部等多部委相继出台二手车利好政策，主要围绕确定二手车商品属性、提升流通便利、规范企业经营、完善交易闭环等四个方面，着力解决二手车市场长期存在的痛点问题，进一步引导二手车市场的规范化和规模化发展。这些政策的落地解决了二手车汽车金融业务中的一些堵点，二手车金融迎来了发展的快车道。

公司治理政策方面，基于银保监会发布的多项监管政策，目前已形成了覆盖总体治理要求、董监事履职、股东行为监管、关联交易管理、公司治理考核评估等全方位监管法规体系，为促进整个行业的合规经营和稳健发展奠定了有力基础。各家汽车金融服务商积极完善公司治理三会一层架构，贯彻各项新规要求，进一步完善对股东的制度约束，优化董事、监事履职环境。

消费者权益保护政策方面，2022年12月，银保监会发布了《银行保险机构消费者权益保护管理办法》，并在收费管理、个人信息保护、非银机构投诉处理等方面出台了专项通知要求，各家汽车金融公司均积极响应，将消费者权益保护纳入公司治理和企业文化建设范畴，持续完善制度体系，强化投诉处理和信息披露，并开展了多样化的金融宣教活动。

## 三、新市场下企业创新实践及机会点

面对汽车行业高质量发展转型变革、汽车金融市场份额争夺愈加激烈等新趋势，汽车金融服务商始终聚焦主业、坚守初心，为适应新环境、新局面，主动作为、创新求变。

一是通过总体战略转型重塑竞争优势，多家公司在战略转型方面做了较大的变革，逐步向“生态”“科技”“综合服务提供”方向创新发展，把数字化转型作为实现战略目标的主要抓手，转型实践成果逐步显现。

二是持续强化协同创新，通过与主机厂、经销商、渠道商在合作模式、联合营销、金融产品开发等全方位的协同创新，为主机厂、经销商和消费者提供更好的增值服务和金融支持。

三是加快新模式新场景的创新实践，多家汽车金融企业在线上新媒体营销场景、保客营销促进增购 / 复购等方面均做了较大创新与实践。

四是以金融科技提升运营效率，汽车金融企业通过贷前、贷中、贷后的数字化流程优化，有效提升客户服务体验，通过运营平台及核心系统的数字化升级实现提质增效。

五是多措并举加强风控和资产管理，2022年，受疫情持续散发等影响，信贷资产逾期上升所带来的催收及资产管理工作较以往有所加重，多家汽车金融企业从贷前的反欺诈风控到贷后的资产管理积极采取多种措施，使总体资产质量保持在较高水平。

六是主动发力新能源汽车和二手车金融，汽车金融企业把握汽车产业发展趋势，在探索新能源汽车直销、车电分离新模式、解决残值焦虑、推动绿色出行发展等方面不断探索实践，并结合二手车的利好政策，继续加强二手车渠道合作及管理、优化二手车金融业务流程及产品，取得积极成效。

面对更加激烈的市场竞争，汽车金融机遇与挑战并存。

### （一）在供应链端，二手车供应链金融与汽车出口金融将是最具成长性的板块

随着二手车商品化政策、限迁政策及税负改革落地，二手车行业政策堵点得以疏通，二手车业务运营成本降低，二手车经营主体日益规范，这都为二手车供应链金融发展提供了很好的市场土壤，也给主流金融机构进入二手车供应链提供了可能。

2022年汽车出口继续保持较高水平，屡创月度历史新高，自8月以来月均出口量超过30万辆，全年出口突破300万辆，有效拉动了行业整体增长。高速增长的汽车出口，也带来了大量的汽车出口金融服务需求，目前的服务机构主要是银行。

### （二）在消费端，新能源消费金融仍将是行业热点

2022年，我国新能源汽车销售688.7万辆，同比增长93.4%，占到全球销量的61.2%。新能源汽车新车销量占汽车新车总销量的25.6%，提前三年完成2025年规划目标。有别于传统燃油车，新能源汽车消费金融除了购车金融以外，还涉及家用充电设施融资。并且基于新能源车车电物理分离的可行性，可让汽车消费金融商有更多的创新空间。随着新能源汽车保有量的快速增长，将有更多的金融机构投身到新能源汽车金融创新，推出更个性化的更有竞争力的服务产品。汽车金融行业已经成为我国汽车流通市场高质量可持续发展的核心驱动力，面对更加激烈的市场竞争、更加规范的监管趋势，坚持客户需求为根本，不断完善创新服务能力，已是广大汽车金融服务企业的生存之本。当下，正值我国汽车流通市场结构化转型的关键阶段，汽车金融行业主动求变，顺应市场大势，应该也必须能为行业发展提供更加坚实的支撑与助力。

（中国汽车流通协会汽车金融分会）

# 2022年我国汽车物流行业发展综述

2022年，面对需求收缩、供给冲击、预期转弱三重压力，我国汽车市场在逆境下整体复苏向好，持续保持恢复增长态势，全年汽车产销稳中有增，展现出强大的发展韧性，为稳定我国经济发展起到了重要作用。随着汽车市场逐渐恢复，2022年汽车物流行业整体运行稳定，主要表现在以下几个方面。

## 一、2022年汽车物流市场总体运行平稳

### （一）全年汽车产销保持恢复增长态势

汽车产业是国民经济重要的支柱性产业，产业链长、涉及面广、带动性强，被称为稳定宏观经济大盘的“压舱石”。据中国汽车工业协会统计，2022年，我国汽车产销分别完成2702.1万辆和2686.4万辆，同比增长3.4%和2.1%，全年实现小幅增长。与2021年相比，产量增速持平，销量增速下降1.7个百分点。纵观2022全年汽车市场，1—2月走势良好，产销稳定增长；3—5月受上海和吉林的疫情影响，部分地区汽车供应链受阻，汽车产销出现大幅下滑；6月产销迅速恢复，增长明显；2022年上半年汽车产销整体呈现U形走势。在下半年，7—9月，随着疫情防控优化调整，购置税优惠政策落地以及去年同期因芯片短缺造成的基数较低等因素，汽车销量迅速恢复并实现较高的同比增长。进入四季度，受疫情冲击，消费者购车需求释放受阻，终端消费市场增长乏力，汽车产销增速回落。2022年我国汽车产业经受住了年中的波动震荡，在克服诸多不利因素的同时，持续保持了恢复增长的态势，对于稳定我国工业经济增长发挥了重要作用。作为汽车产业的重要支撑，受汽车市场的影响，2022年我国汽车物流市场运行总体稳定（见图1）。

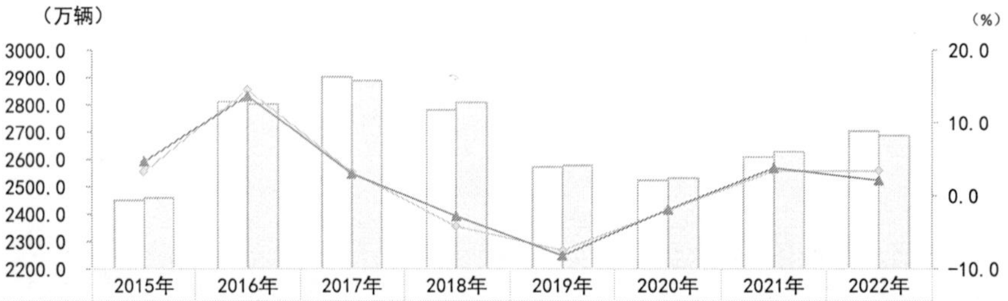


| | 2015年 | 2016年 | 2017年 | 2018年 | 2019年 | 2020年 | 2021年 | 2022年 |
|---|---|---|---|---|---|---|---|---|
| 汽车年产量 | 2450.3 | 2811.9 | 2901.5 | 2780.9 | 2572.1 | 2522.5 | 2608.2 | 2702.1 |
| 汽车年销量 | 2459.8 | 2802.8 | 2887.9 | 2808.1 | 2576.9 | 2531.1 | 2627.5 | 2686.4 |
| 产量同比增长 | 3.3 | 14.5 | 3.2 | -4.2 | -7.5 | -2.0 | 3.4 | 3.4 |
| 销量同比增长 | 4.7 | 13.7 | 3.0 | -2.8 | -8.2 | -1.9 | 3.8 | 2.1 |

图1 2015—2022年中国汽车年产销量及其增速

资料来源：中国汽车工业协会

### （二）乘用车市场涨幅明显

据中国汽车工业协会统计，2022年我国乘用车产销分别完成2383.6万辆和2356.3万辆，同比增长11.2%和9.5%，增速高于行业总体。自2020年以来，我国汽车市场已出现连续正增长，尤其是乘用车销量市场，已连续8年超过2000万辆。在乘用车主要品种中，与上年同期相比，基本型乘用车（轿车）和运动型多用途乘用车（SUV）产销呈现较快增长，继续占据主导地位；其他两大类车型呈现不同程度的下降。值得一提的是，2022年我国自主品牌乘用车企业积极推动汽车电动化和智能化，得到消费者认可，市场占有率增长明显。2022年我国自主品牌乘用车销量1176.6万辆，同比增长22.8%，市场份额达到49.9%，增长5.4个百分点。伴随居民收入水平提

高，全年汽车市场整体呈现出“传统燃油车高端化，新能源车全面化”的发展特征，消费升级趋势明显，但增速有所放缓。2022年，高端品牌乘用车销量388.6万辆，同比增长11.1%，占乘用车销量的16.5%，占比高于上年0.7个百分点。汽车产业消费升级也将带动汽车物流行业服务效率与质量的快速提升。

**（三）新能源汽车市场保持高速增长**

2022年，我国新能源汽车产销分别达到705.8万辆和688.7万辆，同比增长96.9%和93.4%，市场占有率达到25.6%，较去年增长12.2%，产销连续8年位居全球第一，保持快速发展态势。仅2022年12月当月，新能源汽车产销分别达到79.5万辆和81.4万辆。细分来看，在新能源汽车主要品种中，纯电动汽车、插电式混合动力汽车和燃料电池汽车产销继续保持高速增长。2022年，纯电动汽车销量536.5万辆，同比增长81.6%;插电式混合动力汽车销量151.8万辆，同比增长1.5倍。近年来，在国家宏观政策大力支持，关键技术有效突破，品牌竞争力持续提升，配套设施日益优化的影响下，我国新能源汽车已经逐步进入全面市场化拓展期，发展势头强劲，而围绕新能源汽车开展的物流服务也将拥有广阔的发展空间。

**（四）商用车需求放缓，低位运行**

受前期环保和治超政策的需求透支，叠加疫情影响和油价上涨的影响，2022年，我国商用车产销分别完成318.5万辆和330万辆，同比下降31.9%和31.2%，呈现两位数下滑，商用车整体需求放缓。在商用车主要品种中，与上年同期相比，四大类货车品种产销均呈两位数下降，其中重型货车和中型货车降幅更为明显；在客车主要品种中，与上年同期相比，大型客车产销实现小幅增长，中型客车和轻型客车产销明显下降。2022年，货车产销分别完成277.8万辆和289.3万辆，同比分别下降33.4%和32.6%；客车产销分别完成40.7万辆和40.8万辆，同比分别下降19.9%和19.2%，全年客车和货车产销均呈较快下降。

**（五）二手车市场活力略有下降**

据中国汽车流通协会统计，2022年1—12月全国二手车累计交易1602.78万辆，同比下降8.86%。其中，低龄和低价二手车交易活跃，整体二手车市呈现“低车龄化”和“低价化”特征。在细分市场方面，基本型乘用车共交易952.37万辆，同比下降10.1%；SUV共交易203.83万辆，同比增长3.1%；MPV共交易96.92万辆，同比下降3.9%；交叉型乘用车共交易35.07万辆，同比下降12.8%。从跨区域流通性角度来看，2022年全年转籍总量为401万辆，同比下降了17%。全国转籍比例排名前五的省份是北京转籍率为40.85%，同比下降3.9%，转籍量为23.75万辆，下降22%；湖北转籍率为31.89%，同比增长1.1%，转籍量为17.03万辆，下降6.9%；上海转籍率为30.88%，同比下降3.4%，转籍量为14.58万辆，下降20.3%;山东转籍率为29.58%，同比增长3.1%，转籍量为40.92万辆，下降3.7%；安徽转籍率为28.96%，同比下降6.2%，转籍量为6.58万辆，下降40%。目前来看，与发达国家相比，我国二手车市场还有很大的发展空间。随着疫情防控“新十条”的颁布，2023年我国二手车市场消费信心将得到有效恢复，市场活力将大幅提升，这也为汽车物流企业提供了更多的发展机遇（见图2、图3）。

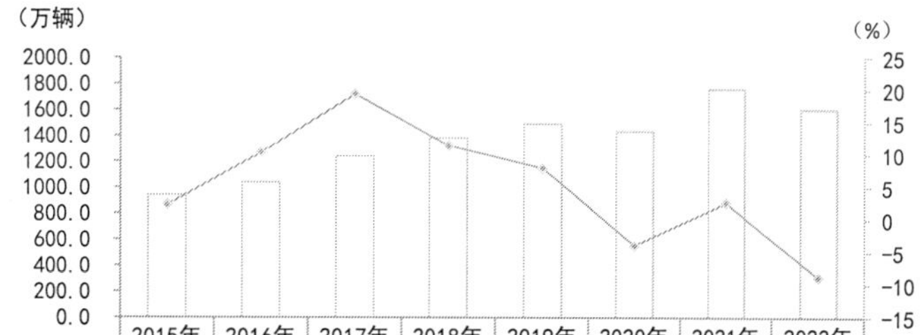


| | 2015年 | 2016年 | 2017年 | 2018年 | 2019年 | 2020年 | 2021年 | 2022年 |
|---|---|---|---|---|---|---|---|---|
| 二手车市场交易量 | 942.0 | 1039.1 | 1240.9 | 1382.0 | 1492.3 | 1434.1 | 1758.5 | 1602.8 |
| 增长率 | 2.3 | 10.3 | 19.4 | 11.5 | 8.0 | -3.9 | 2.6 | -8.9 |

图2　2015—2022年中国二手车市场交易量情况

资料来源：中国汽车流通协会

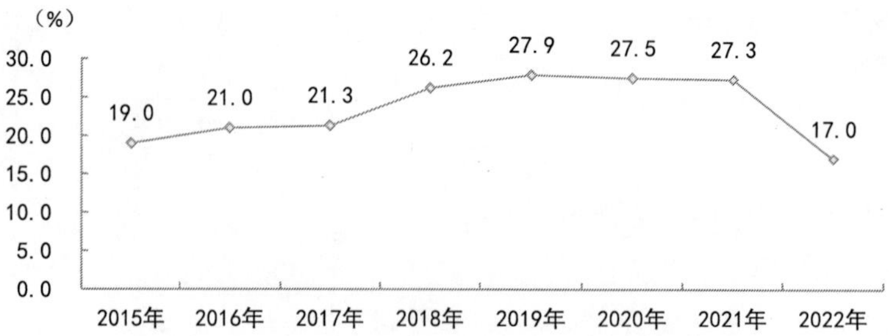


图3　2015—2022年中国二手车异地转移登记比例

资料来源：中国汽车流通协会

## 二、整车物流综合服务能力提升

我国汽车整车物流的方式主要分为公路运输、铁路运输和水路运输。近年来，随整车物流运输结构持续优化，公铁水路运输各自发挥其优势，逐渐形成高效节能的汽车整车综合运输网络。2022年，汽车整车铁路发运共计641万辆，约占乘用车市场运量的27%。汽车整车滚装运输量308.3万辆，约占乘用车市场运量的13.1%。其中沿海滚装200.2万辆，长江滚装108.1万辆(见图4)。

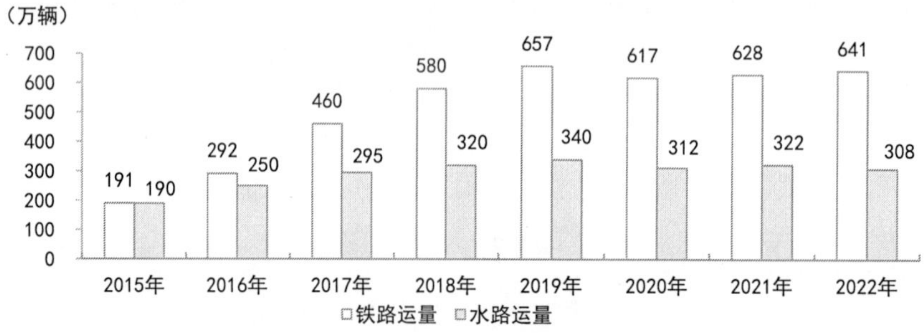


图4　2015—2022年中国汽车整车铁路和水路运输量

资料来源：中铁特货运输有限责任公司

2022年，汽车中物联物流分会对行业内整车物流承运商的自有运力进行了调查，共有109家整车物流承运商参与统计调查。经统计，109家调查样本共有16022辆自有车辆运输车，其中平头车1150辆，约占调查总车辆的7.2%；尖头车2668辆，约占调查总车辆的16.7%；中置轴车12204辆，约占调查总车辆的76.1%。在企业自有车辆数量方面，拥有400辆以上的企业，约占调研企业数量的14%；拥有200—400辆的企业，约占调研企业数量的16%；拥有100—200辆的企业，约占调研企业数量的34%；拥有50—100辆的企业，约占调研企业数量的22%；50辆以下的企业，约占调研企业数量的15%。调研中，约有42.7%的企业，其单车单趟平均运距小于500公里。未来，将有越来越多的整车物流承运商将业务集中在短途支线运输，公路运输在干线运输的份额将逐渐缩减。

铁路方面，截至2022年，作为我国整车铁路运输的主要承担者，中铁特货物流股份有限公司在全国拥有商品汽车装卸作业点200余个，55个物流基地，总面积近500万平方米。目前拥有JSQ5、JSQ6、JSQ7、JSQ8、JNA1等商品汽车专用运输车近2万辆，能够匹配各类商品汽车运输需求，年运输能力达700万辆以上。

水运方面，截至2022年底，我国汽车船公司滚装船共计93艘，其中江船57艘，海船及远洋36艘，在役船舶总计15.36万车位数。其中2022年无新增下水船舶，2艘船舶退出市场（1艘江船拆解退出、1艘海船出售退出）。此外，滚装船在建工程36艘，受中国汽车出口呈现强劲增长，远洋滚装船需求极为迫切，滚装船在建工程全为远洋滚装船，其中2021年下单2艘，2022年下单34艘。滚装船在建工程预计18.34万车位数，计划于2024年陆续交付。

随着铁水运输装备数量的逐年增加，我国铁水运能持续扩大，这也将进一步推动整车物流综合运输体系的快速发展。

## 三、汽车供应链服务体系逐渐完善

汽车作为典型的工业供应链产品，具有供应链层级多，节点散，需求广的特点。零部件供应链上任何一个小波动都会影响汽车生产企业的正常生产秩序，所以汽车零部件物流一直是汽车供应链中不可忽视的重要部分。

### （一）零部件产业规模持续扩大

2022年，我国共有10家零部件供应商进入全球零部件百强企业名单，较去年增长2家，分别是延锋、北京海纳川、中信戴卡、德昌电机、五菱工业、诺博汽车系统、敏实集团、安徽中鼎、宁波拓普和德赛西威。2022年上榜的100家企业分别来自14个国家，我国与韩国各有10家企业上榜，并列第四，前三名分别是日本22家、美国21家和德国18家。我国汽车零部件产业规模较之以往明显扩大，经济效益显著提高，基本摆脱了原有数量多、规模小、质量差的格局，正向着全球汽车价值链的中高端不断迈进，不仅为建设有国际竞争力的现代化汽车产业体系提供了重要支撑，同时也带动了我国汽车零部件物流市场持续增长。

### （二）维护汽车供应链安全稳定

2022年，受疫情散发、芯片短缺、地缘冲突等因素干扰，我国汽车供应链屡受冲击，严重影响我国汽车产业的正常运行。因此维护汽车供应链的安全稳定是汽车产业健康发展的基础。2022年3月我国部分城市暴发疫情。由于上海、吉林等地是我国重要的汽车工业城市，聚集着大量关键零部件供应商，受疫情地区停工、停运的影响，我国汽车供应链处于高度紧张甚至部分断裂状态，严重限制了汽车企业的生产和销售能力。以主机厂为代表的汽车供应链上下游企业，通过加强供应链风险防控体系建设，推动供应链体系本地化、多元化、标准化发展，提升了供应链的控制能力。同时汽车零部件物流企业通过开发运输新路线，调整安全库存，制订紧急方案等方式努力维护汽车供应链稳定运行。

### （三）汽车供应链数字化升级

近年来，我国数字经济迅猛发展，新业态、新模式层出不穷，成为推动中国经济高质量发展的新引擎。在“十四五”规划中明确提出了“分行业做好供应链战略设计和精准施策，形成具有更强创新力、更高附加值、更安全可靠的产业链供应链”。数字技术已经从多方向、多维度渗透进汽车产业供应链中。汽车供应链上下游企业可通过物联网、大数据、云计算、人工智能等多种数字技术的融合与创新应用，进行全流程、全链条、全要素的改造。数字化技术在行业中的广泛深入应用，为汽车供应链转型升级带来新契机，汽车物流行业将向专业化、协同化、智能化方向快速发展，同时也将加速汽车制造业向智能制造方向迈进。

### （四）汽车售后服务备件物流前景广阔

据公安部统计，2022年全国机动车保有量达4.17亿辆，其中汽车3.19亿辆。我国已成为全球汽车保有量最大的国家。巨大的汽车存量市场对售后服务备件物流也提出了更高的要求。售后服务水平也成为各主机厂保持品牌竞争力的重要手段，而高效的物流体系是汽车售后服务的支撑和保障。由于汽车售后服务备件物流具有随机性大、批量小、频次高、品种多、网点分散的特点，其物流需求有明显的不确定性，客户对时效性要求较高，所以企业需要具备良好的物流服务能力。随着我国新能源汽车产业加速发展，市场越发成熟，其保有量已达到1300万辆。与新能源汽车充电桩解决方案及售后服务有关的一体化供应链物流服务需求也不断增长，这也给汽车售后市场带来新的发展机遇。新能源汽车的生产和销售多采取“线上＋线下”模式，导致其销售及售后服务渠道呈现碎片化，这也对物流公司的服务能力提出了更高的要求。由于新能源汽车售后服务的复杂性、专业性要求，产业链上下游需要有效协同、融合发展，因此，新能源汽车售后服务备件物流体系发展任重而道远。

## 四、汽车国际物流机遇与挑战并存

近年来，我国汽车与全球汽车产业互动越发频繁，深度参与融入全球分工中，缔造了“中国制造”“中国创新”的高光时刻。我国汽车产业在拉动全球汽车产业链供应链畅通运行的同时，积极提升国际物流服务能力，抢抓国际市场的发展机遇。

### （一）海外汽车市场再创新高

据中国汽车工业协会统计，2022年，我国车企出口竞争力持续增强，全年累计出口超300万辆，达到311.1万辆，同比增长54.4%，成为全球第二大汽车出口大国，有效拉动了行业整体增长。继去年8月单月出口30.8万辆后，汽车出口持续保持较高水平，连续5个月月均出口量超过30万辆。其中，去年10月汽车企业出口创下33.7万辆的历史新高。从细分车型来看，2022年我国乘用车出口252.9万辆，同比增长56.7%；商用车出口58.2万辆，同比增长44.9%。新能源汽车出口67.9万辆，同比增长1.2倍。其中，在11月新能源汽车出口15.3万辆，环比增长5.5%，创下单月出口量新高。整车出口的强劲态势同样带动了相关零部件走出国门。据海关总署数据统计，2022年汽车产业链上下游出口额超过1400亿美元。其中整车（包括底盘）出口额601亿美元，同比大涨74.4%；汽车零配件出口额810亿美元，同比增长7.4%。快速增长的海外汽车市场充分体现了我国汽车产业链强劲的韧性与优势。为了保障海外汽车市场的发展，需要行业企业提供更加优质丰富的国际物流服务，这对我国汽车物流企业提出了全新的挑战（见图5）。

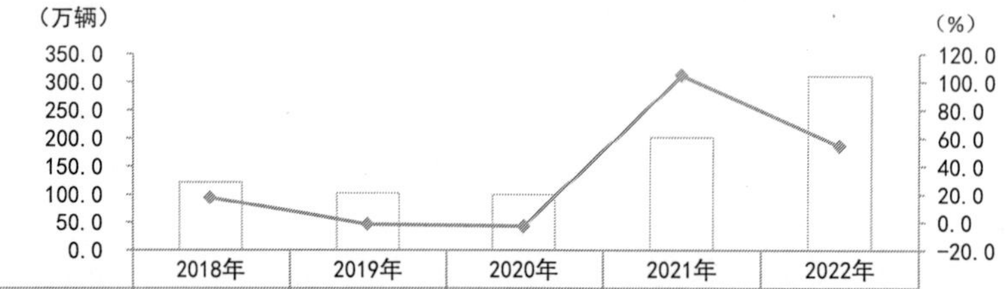


| | 2018年 | 2019年 | 2020年 | 2021年 | 2022年 |
|---|---|---|---|---|---|
| 销量 | 121.6 | 102.4 | 99.5 | 201.5 | 311.1 |
| 增长率 | 17.6 | -1.6 | -2.9 | 104.6 | 54.4 |

图5 2018—2022年中国汽车出口销量及增速

资料来源：国家统计局

### （二）国际航运能力亟待提升

随着我国汽车出口爆发式增长，市场覆盖范围迅速扩大，行业需要更加高质量的国际物流服务作为支撑。目前，我国汽车出口主要有远洋汽车滚装船、集装箱船，中欧班列，公路汽车等运输方式，并以远洋滚装运输为主。但与国际航运企业相比，我国远洋滚装船舶数量少，船型小，额定车位数少，远洋滚装能力明显不足。从船舶数量上来看，我国目前拥有远洋滚装船10艘，而国际知名的船运公司均拥有30艘以上的远洋滚装船，其中以华伦威尔森（WWL）远洋滚装船数量最多，达到近130艘。从额定车位数方面来看，我国远洋滚装船共拥有额定车位数47956位，年运输能力为17.5万辆。我国最大的滚装船是中远海运集团的“玉衡先锋”号，额定车位数为5380辆。全球最大的滚装船是礼诺航运的“礼诺旅行者”号，额定车位数为8500辆，远大于我国的“玉衡先锋”号。所以与超300万辆的汽车出口数量相比，无论从船舶数量还是年运输能力方面，我国汽车出口在海运上正面临“供小于求”的局面，运力不足和船期的不确定性，对我国汽车企业的海外交付周期、生产计划和海外战略产生严重影响。

海外汽车市场的蓬勃发展，使得我国海运能力不足的短板越发凸显，如何把握汽车出口快速发展机遇，已成为当前车企、船公司和汽车物流企业积极布局的重点。如，中远海运计划从2024年下半年起陆续投入15艘7000—8600车位的双燃料大型滚装船；招商轮船将建造6艘9000车位的双燃料滚装船；比亚迪将建造4艘9400车位以及2艘7000车位的双燃料汽车滚装船；上汽集团旗下的安吉物流订购了3艘7800车位、2艘7600车位和7艘8900车位多燃料汽车运输船；安徽省港航集团与奇瑞、江淮共同成立国际滚装运输公司。随着新船陆续下水，我国国际船运运力将得到快速补充，汽车出口物流水平也将迅速增长。除远洋滚装运输外，2022年集装箱运输凭借批量灵活、班期密度高、覆盖范围广的特点，作为我国海运运力的有效补充，保障了我国汽车出口供应链的稳定运行。以中远海运集运为例，公司全年累计完成整车出口运输7万多辆，其中，新能源汽车超过2万辆。公司通过创新开发的多用途船专用框架运输商品车、集装箱运输整车等新模式，以及优质的服务，积极助力我国汽车品牌拓展海外市场。

**（三）国际铁路运输取得新成效**

据国铁集团数据显示，2022年开行中欧班列1.6万列、发送160万标箱，同比分别增长9%、10%，充分发挥中欧班列战略通道作用；西部陆海新通道班列发送货物75.6万标箱，同比增长18.5%。2022年，载有来自阿联酋原装进口汽车的西部陆海新通道铁海联运班列从广西钦州港东站出发，驶向甘肃兰州。标志着西部陆海新通道“阿联酋—钦州—兰州”进口汽车铁海联运线路顺利开通，这也是中东进口汽车首次通过西部陆海新通道销往我国。近年来，随着中欧班列项目逐渐成熟，运输线路愈加丰富，集疏运基础设施不断完善，口岸通关效能显著提升，这对于我国发展汽车国际贸易，提升汽车物流国际服务能力有推动作用。除中欧班列以外，2022年我国汽车首次通过铁路笼车（JSQ型）运输形式出口，这标志着中欧商品汽车班列采用JSQ型车运输方面取得成效，迈出了铁路商品汽车国际联运业务重要一步。国际铁路运输多点开花，有效提升了我国汽车进出口的供应链保障能力。

## 五、行业企业深化合作互利共赢

近年来，汽车物流行业企业发展迅速，规模持续扩大。2022年共有3家企业入选“2022年度中国物流企业50强”，分别是上汽安吉物流股份有限公司、一汽物流有限公司和中都物流有限公司；3家企业入选“2022年度中国民营物流企业50强”，分别是北京长久物流股份有限公司、保定市长城蚂蚁物流有限公司和浙江吉速物流有限公司；还有多家企业获评“5A”级物流企业，涌现一批行业领军企业，行业内良好的竞争格局已经形成。同时，行业内企业积极开拓外部合作，如大众汽车、一汽物流与上汽安吉物流合资成立供应链管理公司——得联供应链管理（北京）有限公司；长安民生物流与华通汽车物流开展全面深化合作，双方一致同意建立长期、全面、高质量的合作伙伴关系，共同努力深耕汽车物流网络，全力打造汽车产业链新生态；中远海运与一汽集团签署战略合作框架协议，以促进双方形成更加稳定的全球供应链合作关系，以实现世界一流企业发展目标；北京普田物流与北京诚通物流开展战略合作，以促进区域合作，提高运输效率，降低运营成本，共同搭建节能高效的汽车物流服务体系；安吉航运与远海汽车船在运力协同、航线布局、海外供应链物流方面，依托各自资源，展开更加深入的合作。通过企业间的深化合作，能够最终达到拓展业务，延伸服务范围，提高服务质量，以达到互利共赢的目的。

## 六、汽车物流标准体系不断完善

2022年，汽车物流行业标准工作持续推进，《电动汽车动力蓄电池物流服务规范》与《汽车零部件入厂物流质损判定及处理规范》两项行业标准召开了标准审查会，进入报批阶段，对已发布的4项标准，包括《整车出口物流标识规范》（GB/T 34393—2017）国家标准以及《乘用车水路运输服务规范》（WB/T 1067—2017）、《乘用车物流质损判定及处理规范》（WB/T 1068—2017）、《乘用车运输服务通用规范》（WB/T 1069—2017）三项行业标准进行了实施情况评估，并依据《标准化法》以及国家发改委《关于对开展物流行业标准复审工作的复函》相关规定，完成了标准复审工作。经过广泛、客观的评估和复审后，认为四项标准在内容制定方面科学合理，具有较强的实用价值，在当下行业运行中，由于标准内容没有明确的不适用性，后期按继续有效执行。汽车物流标准体系的持续完善，有利于推动汽车物流行业健康有序发展。

（中国物流与采购联合会汽车物流分会 张晋姝）

# 2022年我国汽车改装市场发展综述

## 一、2022年我国汽车改装市场政策法规逐步完善

2022年较以往最大的行业发展变化体现在行业合力推进汽车改装市场的合规化进程。不仅出台了多部团体标准还对一些品牌产品进行了质量认证。

2022年7月，中国汽车流通协会发布了《汽车用品销售及售后服务规范第一部分通用要求》。

2022年11月29日，中国消费品质量安全促进会批准发布T/CPQS A0013—2022《小型汽车牵引连接装置安装与使用技术要求》团体标准。2022年12月29日，又发布T/CPQS A0014—2022《汽车改装用尾翼》团体标准，自2022年12月30日起正式实施。汽车合规改装联合推进办公室与中汽研华诚认证（天津）有限公司为MG XPOWER旗下改装产品之MG6 XPOWER轮毂进行了产品认证。

由中国汽车工业协会汽车改装分会组织召开的《乘用车外包围改装指南》《乘用车悬架系统改装指南》《乘用车制动系统改装指南》《乘用车排气系统改装指南》的相关标准制定正在有序推进，《乘用车车轮改装指南》团体标准也经中国企业工业协会审核通过并批准发布。

## 二、2022年我国汽车保有量现状

据公安部统计，2022年全国机动车保有量达4.17亿辆，其中汽车3.19亿辆；机动车驾驶人达5.02亿人，其中汽车驾驶人4.64亿人。

新能源汽车保有量达1310万辆，全年新注册登记535万辆。截至2022年年底，全国新能源汽车保有量达1310万辆，占汽车总量的4.10%，扣除报废注销量比2021年增加526万辆，增长67.13%。其中，纯电动汽车保有量1045万辆，占新能源汽车总量的79.78%。

中国汽车市场正发生着巨变。目前汽车保有量达到了峰值，销售趋于平缓甚至开始下滑，传统的4S店和维修保养企业是否能跟上这波变化，及时调整经营策略，这一问题关乎了整个汽车后市场维修企业的经营态势与未来的行业业态发展。

## 三、后疫情时代汽车改装消费市场特点

### （一）汽车改装行为的阶段已向个性化发展

近年来，我国汽车消费已经从私有化向个性化发展，汽车保有量逐年增加。现有车辆车型的更新换代，已经不足以满足消费者对于车辆个性化的需求。消费者对私有车辆的个性化追求成为目前我国汽车改装行为的原动力。这一点已与日美德基于实用使用层面的循序渐进的汽车改装文化不同，我国汽车改装文化层面对车辆个性化的需求是爆发式的。

### （二）改装车消费理念娱乐化

更多的消费行为已经从购买大牌或进口品牌的“面子工程”变为“娱乐心态”。改着玩，是新消费理念的代表，在消费中完成自我塑造，重视性价比，不再拘泥于性价比是新的改装车消费理念的一个重要变化。消费理念更替，兴趣多元化，为小众爱好支付溢价的比例越来越高，成为目前我国汽车改装消费的主流方向。其性质与手办、模型相似，限定款、稀少款的配件、车型，都已经提升到收藏的级别。

### （三）汽车改装消费人群更加年轻化

我国汽车改装行为发展趋势的最大特点是改装车购车群体“年轻化”。2019年，我国改装车购车群体18—30岁占全部比例的72%，2020年这一比例提高到83%。这一点与现在我国改装车主的收入水平提高，现有新车型的高性价比有关，有统计表明76%的消费者月收入基数都已经超过

万元，“领克”“五菱”“小蚂蚁”等亲民价位车型加入我国民族品牌改装车型当中，使得消费者能够选择的原厂“基调”车有更多的选择。

**（四）改装消费人群的社交性及女性用户增加**

首先是消费人群年轻化趋势源于其消费动机。其一，改装消费群体的社交属性。随着互联网时代的崛起，互联网时代打造的诸多互联网平台使得人们获取信息和认识彼此的渠道多了起来，且更容易，进入Z时代消费者是互联网的第一批受益者，互联网社交成为绝对主流。汽车领域的群体社交属性，是其在线上组织、线下聚集交流的最重要最直观的方式。所以，完成改装车群体的社交，是改装车年青一代消费的动机之一。其二，改装消费群体的个性化追求。新的改装车玩家群体，不再刻意模仿和追求日美德系改装风格的纯粹，而是单纯地追求自我，从我想成为谁，变为我是谁，到我就是我的最终人物性格设立的全过程。其三，消费动机时效性。年青一代奉行“及时”原则，认为错过就不再有，拥有过即可。在改装车消费领域，无论是配件还是整车只要拥有过就可以。这一动机使得其在消费时具有极大的刺激性，“我先买了，我先用，然后再卖掉”。

另外，女性改装车主占比在增加，女性车主对改装车辆个性化要求更加感性。相比男性而言，车辆整体各方面的平衡对于女性车主更重要。例如，外形要符合女性车主的审美，女性元素要有，漆面的保护和颜色，车辆动力和性能要求，甚至包括内饰、香氛、行车时的细节，女性的要求要远远高于男性车主，女性改装车主的占比增加为车辆改装和后市场消费大大提高了消费空间。

**（五）消费者对个性轻改的偏好还是主流**

2020年汽车改装消费行为调查报告显示：新车改装成为主流思想，60%的车主在拿到新车时就会动手对新车加以改装，且改装车主在选择改装项目的时候，会以提升车辆性能为第一诉求，追求的是高性能驾驶乐趣，同时也在寻求车主的个性化表达，希望自己的作品达到艺术品层次。当然调查样本中很多采样数据都是热爱赛车的改装玩家，对于传统小白改装用户，更多是对原车外观进行个性化定制的比例更高，比如改色贴膜、氛围灯、轮毂、小尾翼，等等。

新能源汽车在这两年随着销售量的增加，改装比例大幅提升，新能源汽车的购买群体年轻化程度高，他们对个性化需求更高，接受新鲜事物更快，不论改色贴膜或提升操控或舒适性等方面，新能源车的改装热度天生都比传统车型要高。

**（六）抑制汽车改装消费的因素**

对于目前市场上抑制汽车改装消费的因素加以分析，大致分为如下几类。

① 受疫情影响，经济大环境下滑，收入减少，汽车相关消费欲望有所下降。

② 受到泛文化、亚文化因素及传统教育理念的影响，大众人群普遍主观认为改装车车主与飙车炸街的是同一类人，并将其直接与不文明用车行为、品行不端者画等号。

③ 汽车改装领域，产品质量良莠不齐，价格不透明，山寨产品多，车主担心上当受骗，也是其对改装领域畏惧的一种原因。

④ 受到各地车辆管理办法、验车、上路和各种法规政策限制，使得车主对改装产生了抵触。

## 四、汽车改装消费市场服务主体现状

国内现有汽车改装门店大多都在汽配城内，相对低端，进入门槛较低。只有一些做大做高端的改装门店会单独开会所形式的门店，大多数门店都是守株待兔的经营模式，很多改装店没有专职销售人员，也没有专职市场营销人员，客源不稳定，基本靠老客户带新客户的口碑传播，客户积累速度慢，门店一般无库存无现货，很多都需要根据客户的改装需求单独订货，资金量不够充足，员工不太稳定导致技术服务不够标准化。目前改装店的营销方式主要靠抖音或快手等视频平台，改装门店没有相关规范也缺少第三方认证。

2021年商务部发布的《商务领域促进汽车消费工作指引》中，第15、17条要求培养汽车文旅消费、汽车赛道建设，依法有序发展汽车改装市场、组织论坛、改装展览、改装赛事等，营造改装文化氛围。在此基础之上，2022年国务院发布了《关于进一步释放消费力促进消费持续恢复的意见》，要求推动汽车等消费品由购买管理向使用管理转变，建立健全汽车改装行业管理机制，加快发展汽车后市场。

宝马M、大众ABT、奔驰AMG、丰田TRD、日产的Nismo等汽车主机厂品牌，一直都有改装定制升级业务，并在各大国际车展上都有展出自家品牌的改装车。最近几年国产自主汽车品牌中，长城、领克、上汽MG、广汽传祺、五菱等厂家更是以改装定制车的呈现方式，充分利用各种营销模式在各大车展上赚尽眼球的同时也赢得了消费者的钱包。

由于4S店和维修企业不做改装升级业务，用户个性化定制的需求无法满足，于是出现了像超境汽车这样的设计公司与长城共同开发、且能够满足用户需求的定制款前装车型。也就有了运良、穿越、顶火和勇达行这样的改装店开始与主机厂合作，产出更多个性化的汽车来满足年轻消费人群。时至今日，也有了更多的造车新势力采用直销模式，使得用户在手机APP端就可以直接进行车辆升级或定制产品销售。

随着消费人群越来越年轻化，女性用户比例越来越高，当个性鲜明的00、95后开始成为购车主力时，在他们眼里，汽车不仅是代步工具，更是用来展示自己个性的特殊生活品位，甚至是自己的亲密伙伴。当汽车被赋予了人的价值观、情感需求和生活形态之后，其实就形成了我国当下特有的汽车文化了，而传统的4S店卖的不仅是一台代步工具，而是一种文化。

未来的汽车改装服务不仅是依靠改装门店进行汽车升级服务与售后，在外观领域，高端汽车美容养护服务企业已经开始全面进军汽车改装服务市场，途虎养车、京车会、天猫养车等连锁平台不仅增加了改装相关业务和产品而且开设了认证门槛，以求拓展线下改装服务机构的布局。因此，汽车维修企业与汽车经销商在拓展改装定制业务时，尤其要注重外观和性能的改装。

不论是汽车维修企业还是经销商，最终都是要回归线下门店进行服务履约，但是基于早年间的大众点评或是如今热火朝天的小红书或抖音，众多线上平台提供的本地化服务，使得汽车维修改装商家都能够借助互联网O2O服务于车主。数据显示：2022年1月到9月期间，抖音汽车后市场本地生活商家的点击量复合增速达到23%，并保持蓬勃增长的态势，更多用户接受认可本地生活服务，2022年6月到9月期间，抖音汽车后市场本地生活订单量复合增速达到13%。

（改联网创始人　吴中华）

# 第八部类

# 汽车报废

DIBABULEI | QICHEBAOFEI

# 2022年报废汽车回收拆解行业发展综述

## 一、2022年行业发展概况

### （一）《报废机动车回收管理办法》发布

2005年原《报废汽车回收管理办法》（国务院令第307号）修订工作开始启动，经过十四年的漫长艰辛努力，2019年6月1日，修订后的《报废机动车回收管理办法》（国务院令第715号）正式公布实施。随后的两年中，《报废机动车回收拆解企业技术规范》（GB 22128—2019）、《报废机动车回收管理办法实施细则》（商务部令2020年第2号）等有关报废机动车回收拆解行业的法律法规、规范等文件也相继出台。从政策层面上取消了总量控制，利用实施“先照后证”的模式，取消报废机动车收购价格参照废旧金属市场价格计价规定，改为市场主体自主协商定价，放开报废汽车回收价格参照；取消不必要的行政许可，减少政府对市场的干预，并简化办事流程、减轻企业负担，加强事中事后监管；允许将具备再制造条件的“五大总成”出售给再制造企业予以循环利用。同时鼓励报废机动车回收拆解行业向市场化、专业化、集约化发展，推动完善报废机动车回收利用体系，提高回收利用效率和服务水平。

2020年4月9日，商务部消费促进司负责人在介绍报废机动车回收拆解管理工作进展时说：“报废汽车回收是汽车流通的最终环节和末端‘出口’，畅通汽车报废回收渠道，对置换新车消费空间，加强环境保护和资源循环利用，保障道路交通安全具有重要意义。”报废机动车回收拆解行业在推动汽车更新换代、促进汽车产业调整结构、转变发展方式、建设生态文明、促进可持续发展中发挥了重要作用。

### （二）全行业报废机动车回收经营情况

2019年国务院正式发布《报废机动车回收管理办法》，取消了总量控制，实行报废机动车市场定价，放开五大总成拆解业务，显著推进了报废机动车回收拆解行业的市场进程。报废汽车回收拆解量逐年提高，2022年全行业报废机动车回收量和报废汽车回收量突破历史新高，分别回收399.1万辆，同比增长32.5%；回收343.9万辆，同比增长38.4%；其中，新能源汽车回收达到5.6万辆，同比增长68.2%（见表1）。

表1 2020—2022年报废机动车回收情况　　单位：万辆，%

| 时间 | 机动车回收量 | 同比增长 | 汽车回收量 | 同比增长 | 新能源汽车回收量 | 同比增长 |
|---|---|---|---|---|---|---|
| 2020年 | 249.6 | 8.4 | 215.3 | 10.0 | 1.5 | — |
| 2021年 | 301.2 | 20.6 | 248.5 | 15.4 | 3.1 | 106.6 |
| 2022年 | 399.1 | 32.5 | 343.9 | 38.4 | 5.6 | 80.6 |

2022年，尽管国内疫情面加大、市场环境与经济走弱的影响，全行业克服车辆回收与再生资源等市场价格飙升、废钢铁价格下跌、拆解成本加大等诸多因素，取得了较好成绩。

### （三）行业发展总体态势良好

#### 1. 行业基本情况

截至2021年年末，全国报废机动车回收企业达929家，较2020年年底增长18.2%。回收网点1701个，同比下降27.3%；经营场地总面积为2743万平方米，同比上升10.3%；行业资产总额为316亿元，同比上升5.3%；从业人员28230人，同比增长10.7%（见表2）。

表2　2019—2021年全国报废机动车回收企业情况

| 指标 | 2019年 | 2020年 | 2021年 |
|---|---|---|---|
| 企业数量（家） | 755 | 775 | 929 |
| 回收网点（家） | 2371 | 2339 | 1701 |
| 场地面积（万平方米） | 2248 | 2486 | 2743 |
| 资产总额（亿元） | 267.9 | 300.9 | 316 |

2. 企业经营效益情况分析

由表3可知，2021年全国报废汽车回收拆解企业销售额为808.9亿元，同比增长172%，其中，回用件销售额9.7亿元，同比下降91%；营业收入246.0亿元，同比下降17.1%；企业营业利润不高，而且大幅度下降79%；纳税额完成25.9亿元，同比上升26%（见表3）。

表3　2020—2021年报废汽车回收拆解行业经营效益情况　　单位：亿元，%

| 时间 | 销售额 | 其中：回用件销售额 | 营业收入 | 营业利润 | 纳税额 |
|---|---|---|---|---|---|
| 2020年 | 297.2 | 108.9 | 296.8 | 31.6 | 20.6 |
| 2021年 | 808.9 | 9.7 | 246.0 | 6.5 | 25.9 |
| 同比 | 172.0 | -91.0 | -17.1 | -79.0 | 26.0 |

3. 再生资源利用效率提高

全行业企业做到应收尽收，节约社会资源，减少工业对自然矿物开采的依赖。2022年回收废钢铁1719.5万吨，废有色金属199.2万吨。废塑料、废橡胶等再生资源超过687.8万吨，近309.5万吨燃料油。同时，报废汽车尾气催化净化器（三元催化器）中含有国家战略资源稀贵金属铂、钯、铑金，行业的回收可使这几类国家战略资源有效循环利用。减少二氧化碳排放量548.63万吨；减少氮氧化物8597.5吨；减少可吸入颗粒物（PM2.5）6878吨；减少氟利昂排放6.87吨。为我国节能减碳，实现“双碳”目标作出积极贡献。

**（四）老企业重新认证**

按照实施细则要求，《报废机动车回收管理办法》发布之前已获得资格认证的企业，给予2年升级改造时间，2022年9月之前重新资格认定。在环保、消防、企业用地、机械化、危险废物储存、资金等方面的严格验收标准下，企业克服资金投入大、环保要求高、土地使用证明繁杂等因素，75%以上的老企业完成了升级改造，获得了重新认证资格。虽然商务部等17部门发布受疫情影响，老企业升级改造验收时间延长至2023年3月1日，但是仍然有一部分企业没有完成升级改造，同时也有一部分企业面临资金投入和市场环境选择退出。

**（五）新企业的大量涌入**

截至2022年年底，全国报废机动车回收资质企业已达1361家，较715号令实施前增加了606家，增长幅度为44.5%。

到目前为止，山东省获得报废汽车回收资质的新企业共计125家，加上原有的老企业28家，全省报废汽车回收拆解资质企业153家，是全国拥有资质企业最多的省份。

据了解，2022年全国机动车保有量4.17亿辆，其中汽车保有量3.19亿辆；报废汽车实际回收量343.9万辆，实际回收率仅为1.07%。如果按照汽车报废率3%理论数字来计算，2022年应该有957万辆汽车报废，1222家企业平均只能回收拆解7831辆报废汽车。目前全国报废机动车回收拆解行业拆解能力已达到2410万辆，企业产能远远超过汽车报废量。

## 二、报废汽车回收市场出现的问题

### （一）多视角看待问题的实质

目前，我国汽车回收利用存在的主要问题可从产业链的视角，从前端、中间、后端三方面来说明，即前端收不回来、中间利用不好、后端卖不出去。

#### 1. 前端收不回来

收不回来主要表现为应依法报废的车辆流失严重，正规资质企业“吃不饱”。其主要原因是报废汽车回收企业被市场上的“黄牛”（非法渠道）所绑架，从车辆回收、价格的确定都由“黄牛”主导，一个正规的企业门外有多个“黄牛”蹲守，他们拿到车后给多个企业打电话问价格，进行价格比较从中牟利。最后交到正规企业的报废汽车多为“三不带”，即：没有三元催化、没有电瓶、没有轮毂，如果是新能源汽车就没有动力电池。虽然看上去企业回收数量较大，但是报废汽车上有价值的部件已被拆空。

#### 2. 中间利用不好

收不回来就导致正规回收拆解企业精细化拆解应用程度低，拆解的成品以废钢等大宗商品为主。企业利润低、规模小、税收高，甚至难以为继。由于回收企业在报废汽车回收过程中无法取得进项税专用发票加以抵扣，需要全额交纳13% 的增值税。虽然财政部、税务总局公告2021年第40号规定，可以按照简易征收的办法享受3% 的增值税政策（小规模纳税人），但是据调查，当企业报废汽车回收量达到880辆时，就属于一般纳税人，就要按照一般纳税人规定全额纳税。企业缺乏精细化拆解能力，科技含量低、工艺技术水平能力差，上市融资都出现困难。

#### 3. 后端卖不出去

随着报废汽车“回用件”的使用越来越广泛，汽车的“四门两盖”等非关键性零部件得到了市场的关注，一些价值低、零件小的“回用件”给报废汽车回收企业经营开辟了新渠道。但是报废汽车的发动机、变速箱等“五大总成”甚至卖不出去。报废汽车企业回收车型基本为老旧车型或是绝版车型，市场上多数再制造零部件为高端车型及新款车型，可用于再制造的车型仅占10%左右，加之国人的保守观念，不接受“回用件”和再制造的旧件，再制造行业与报废汽车关联度有限。80% 以上的报废汽车回收企业仍然按照传统的经营模式以销售废钢铁为主，2022年以来废钢铁市场低迷，废钢铁等原料市场价格还存在深度下跌风险。

### （二）回收市场乱象频出

在对企业调研中发现，2022年报废机动车回收企业实际回收数量与信息系统回收量有所差距。据了解，目前行业中非法拆解严重，代开回收证明数量普遍增多，而且出现了远程办理回收证明注销车辆业务，无车报废、车辆“灭失”、异地报废等违法现象频出。

#### 1. 代开或远程办理注销证明

《报废机动车回收管理办法》第九条第二款中明确规定：任何单位或者个人不得买卖或者伪造、变造《报废机动车回收证明》。办法第十条还规定，报废机动车回收企业对回收的报废机动车，应当逐车登记机动车的型号、号牌号码、发动机号码、车辆识别代号等信息。但是，近一段时间以来，对异地注销、无车报废车辆缺乏有效管理机制，广告打上街头。多数地区出现不核对车辆信息，代开或未按规定办理异地车辆报废手续行为。加强对资质企业回收证明的管理，尤其是新企业，不懂回收管理操作规程，不遵守行业自律守则，法律意识不强，容易被非法人员蒙骗。

#### 2. 大批量异地报废

报废汽车中含有大量的危险废物和垃圾，跨省市长途托运，脱离监管，油污遗洒，造成环境污染，增加了跨区域收车后批量倒卖的风险防控。陕西省2022年1—11月，异地报废车总量为9712辆，占回收总量的22.80%。异地车辆在长途托运、转运中有些不法人员，将有利用价值的零部件拆卸后，将废车丢弃在山里或农田里，环保部门在农田土壤里检测到剧毒有机污染物的存在，有的污染影响范围甚至达到数十平方公里，在污染区采集的稻米、蔬菜、鱼、鸡、鸭等食物样品中也出现此类污染物。由此可见，车辆的不当处理将会对我国发展循环经济和环境保护形成长期的、深远的、难以估量的恶性影响。

3. 车辆“灭失”情况大量出现

车辆灭失，是指车主的车辆已经达到报废标准，但是在办理报废手续时，车主不交车，只需要到车辆管理部门写出车辆灭失理由，并为其担保。安徽的一家企业负责人说，每个月都有十几辆车的“车主”来办理灭失，说自己的车丢失了。河北省一个月办理灭失车辆7000多辆。新疆库尔勒地区一年灭失20000多辆。灭失车辆基本上是载货车，车辆有可能改头换面继续上路行驶，也有可能通过非法拆解私下倒卖“五大总成”等拼装后倒卖，从而大大增加交通安全的隐患，致使人民群众的生命财产安全受到威胁。2022年3月9日，新疆发生了一起“灭失”车辆重新上路运输，致使10人死亡的恶性事故；2019年内蒙古西乌珠穆沁旗银漫矿业有限责任公司使用已经报废的客车，超员承载违规车辆运送工人时，发生井下车辆重大生产安全事故，造成22人死亡、28人受伤。助长此行为势必造成行业混乱，也给车辆管理造成麻烦，给盗抢车辆、作案车辆都留下极大的犯罪空间。

### （三）不公平环境下的市场竞争

新企业在申请资质或老企业升级改造中，多则投入上亿元，少则投入几千万。从场地建设、设备购置、危险废物处置、消防安全等投入大量人力、物力、财力，同时还要面对环保的要求、法律的约束、税负的压力、社会的责任。资格企业经营成本较高，而社会上非法企业成本低，他们没有场地，没人监督，更不交税，他们以污染环境为代价，与资格企业比价格、比成本、比场地、比自由度，他们无所顾忌地抢夺市场。市场竞争在不公平环境下进行，往往资格企业处于不利地位。

## 三、企业经营情况

根据2020—2021年报废汽车回收拆解行业经营效益情况数据来看，虽然2021年全国报废汽车回收拆解企业销售额808.9亿元，同比增长172%，但是回用件销售额9.7亿元，同比下降91%；营业收入246.0亿元，同比下降17.1%；企业营业利润不仅不高，而且大幅度下降79%；纳税额完成25.9亿元，同比上升26%。据了解2022年企业经营状况更加艰难，营业利润呈现逐年下降态势，甚至出现全行业亏损。据协会对15家大型企业调查了解，2022年报废机动车回收数量较去年同期有所增加，但是企业没有盈利，平均亏损300万元。造成亏损原因，一是废钢价格大幅度下跌；二是车辆回收价格虚高，企业运行成本加大；三是回收到的车辆状况极差，可利用价值高的都被拆掉。正规企业投入大，20年也收不回成本，正规企业对此很无奈。

## 四、政策及建议

报废汽车回收拆解既可以促进节能减排和循环经济发展，也有利于保障交通安全，减轻环境污染，缓解资源紧张，同时又是汽车产业链上的重要一环，对于促进汽车消费，拉动经济发展起到积极作用。规范有序开展报废机动车回收拆解企业资质认定，依法查处非法拆解行为，对推动行业健康有序发展，具有重要的意义。

1. 进一步明确行业定位，打击非法市场

近两年，机动车报废拆解全行业不断探索绿色环保拆解模式，部分企业加大了升级改造或搬迁改造力度，在硬件设施、软件管理、拆解能力、生产工艺与环境保护等诸多方面取得了较大进步。但由于未明确报废汽车行业的属性和功能定位，有一些部门存在报废机动车拆解是污染行业的误解，未将报废机动车回收拆解场地建设纳入城市规划建设用地，在一定程度上阻碍了全行业提质升级的项目建设进度。报废机动车回收拆解首先是为保护环境而存在，其次才是资源再生利用，因此，建议商务部会同公安、交通、环境、城管等部门出台相应的措施，行业协会牵头成立工作机制，坚决打击非法拆解，让更多的报废汽车进入正规的回收拆解企业进行处置，在保护环境的同时提高资质企业的营收能力，提高企业升级改造的动力。

2. 研究推动减轻企业税费负担

随着我国机动车保有量逐年增多，报废机动车拆解后的可再生、再利用材料也将会大幅增长，拆解企业希望得到国家税收扶持政策的支持。建议以报废汽车核销的相关手续如《报废机动车回收证明》为凭证和依据，进行财政补贴或对企业已经缴纳的增值税进行一定比例的税收返还，由此杜绝资质企业虚开增值税发票的问题，增强资质企业竞争力，净化行业生产环境。

3. 实施区域发展总体战略

区域发展总体战略是指同一产业，或相关产业乃至不同产业，在一定地域内集中与聚合，它是多领域联系，多学科交叉、多层次链接、多元化发展的具有持续竞争优势的合作体。实施区域发展总体战略和主体功能区战略，构筑区域经济优势互补、主体功能定位清晰、国土空间高效利用、人与自然和谐相处的区域发展格局。以发展报废汽车产业为切入点和着力点，积极搭建产业集群发展平台，建设区域性循环经济产业基地，拉长产业链条，扩展产业网络，优化生产力空间布局，深化产品生产向高端迈进，形成特色鲜明、竞争力强、优势互补、上下联动、低碳发展的新格局。

4. 建立技术创新机制

当今世界，科学技术成为经济增长的主导力量，发挥着关键作用。科学技术转化速度和推广应用不断加快，这将造就新的追赶和跨越机会。长期以来，再生资源行业的传统生产方式基本没有改变，其重要原因之一，就是受技术“瓶颈”制约、受技术“梗阻”影响。因此，要加快建立以废旧汽车产业为重点的产学研结合的技术创新体系，围绕循环经济产业发展，建立区域性重点实验室，工程技术中心和创新服务平台，建立区域性产业技术创新联盟，把构建和提升产业技术创新链作为重点，瞄准一批共性关键技术进行联合攻关，针对一批专用设备和生产线进行研制生产。通过依靠科技进步，加大投入力度，增强合作力量，提高自主创新能力，这是对产业结构调整和转变发展方式的重要支撑，是实现循环经济产业跨越发展的根本途径。

5. 加强装备制造业的建设

长期以来，我国再生资源回收利用的传统落后方式和粗放型生产经营方式没有重大的转变，重要原因是工艺技术设备落后、自主创新能力薄弱、低层次低水平重复生产，这就直接制约了再生资源回收利用产业的发展。报废机动车回收拆解行业的竞争，在很大程度上是技术和装备的竞争，谁占据了技术和装备的制高点，谁就抓住了市场竞争的主动权。我们要坚持科学发展的主题，以加快转变发展方式为主线，依托国家制订的汽车使用全生命周期管理规划，积极发展以报废汽车拆解为重点的装备制造产业，加大研发、研制投入，加大引进、引驻高端制造企业力度，增强自主创新能力，大幅度提高基础配套件和基础工艺水平，大幅度提高整机制造和生产线配套生产水平，通过整合融合和设备更新换代，促进产业结构升级，全面提升产业竞争力。

6. 充分发挥行业协会作用

在商务等主管部门的大力支持下，进一步发挥行业协会的桥梁纽带作用，使其在信息统计、价格指数、数据分析等方面承担责任，为政府部门决策提供依据。同时在行业自律、自查、自纠、自控、自理上发挥出更大能量，动员起全行业更多力量，携手抵御非法行为，协助政府部门建立起更加规范的报废机动车回收体系。

（中国物资再生协会　高延莉）

# 第九部类

# 汽车流通核心企业

DIJIUBULEI | QICHELIUTONGHEXINQIYE

# 汽车经销商营销创新案例

## 河南合众汽车集团
## ——经销商集团探索新媒体获客之路

扩大品牌声浪，提高市占率，提升营收是厂家和经销商都需要面对的重要课题，品销合一也是各行各业市场侧一直的追求。随着互联网的普及与发展，对于企业品牌形象的树立提供了不少宣传渠道，产品的质量和口碑，是树立品牌形象的根基。对于大众企业来说，往往只重视盈利，不重视品牌影响力，而汽车行业这些大型企业对于品牌影响力还是非常重视的。汽车行业过往的主要营销手段是主机厂大手笔进行曝光投放、参与车展、投放搜索广告、信息流广告等形式，近几年随着自媒体的兴起，用户对 KOL、KOC 种草的偏爱逐年上升，在新媒体平台获取各行业资讯的习惯已培养成熟，以抖音为首的短视频平台成为新的流量阵地。

### 一、积极探索，大胆尝试

截至2022年年底，合众集团通过新媒体平台累计达成新车成交5000多台，线索获取50多万批次，实现200多亿次曝光，孵化主播1000多人。其所代理品牌如一汽 - 大众、领克、沃尔沃、捷达、AITO 中新媒体运营数据稳居各品牌体系头部。

#### （一）合众集团新媒体发展历程

2019年随着抖音的迅猛发展，合众集团董事总经理张春雷先生以敏锐的市场嗅觉预判到接下来的机会将集中在线上，经销商必须要顺应时代的发展，主动探索新的营销模式。随即组织各门店成立新媒体团队，起初由销售兼职主播岗位，2019年2月合众集团开始运营第一个短视频账号，同年6月合众集团通过短视频售卖出第一台新车，全网累计粉丝30多万；12月开始在懂车帝平台直播首秀，迅速吸粉近70万。2020年1月，疫情突然暴发对行业的冲击巨大，集团决定各门店优化新媒体团队架构，设置专职主播、优化绩效考核制度、广纳人才，大力发展新媒体业务，历经上万场直播；合众集团的新媒体团队通过自主探索、反复打磨直播技能，沉淀了丰富的汽车行业新媒体运营经验，掌握了一套体系化打造新媒体团队及业务运营的方法论。2020年12月合众集团完善全平台新媒体账号矩阵、业务矩阵，成为汽车行业新媒体领跑者。

据一汽 - 大众主机厂统计数据，截至2022年，由合众集团直播所产生的异地线索已达成10000多成交台次。

#### （二）多点收益，探索汽车行业营销渠道新方向

流量在哪钱就在哪。通过对新媒体平台的业务探索，2021年合众集团成立独立子公司河南音量文化传播有限公司，打造出了一支更专业的汽车行业新媒体业务铁军，以更专业的方法赋能集团新车、二手车销售，售后及精品改装等业务板块的新媒体工作，以抖音、快手、小红书等时下主流新媒体平台为主阵地搭建各业务板块账号矩阵，通过短视频及直播的形式与用户交互；除了通过公域运营，还将粉丝沉淀至私域，搭建企业护城河，增强粉丝黏性。与此同时，音量文化传播有限公司也在积极拓展业务板块，从汽车行业新媒体团队人才的选、育、留，到账号的运营都有一套独到的体系及方法论，目前业务覆盖新媒体培训、直播基地运营、直播电商、知识付费等板块。

## 二、运营有道，探索可复制模式

### （一）“专业”与“流量”的均衡发展模式

不能变现的流量都是耍流氓。对自媒体运营没有深刻理解和经验累积的商家往往只追求曝光，直播场馆、线索数量成了主要的目标，而线索质量却被忽略，低质线索数量随着线索量的增加而增加，有效率持续降低，获客成本持续上升。在汽车经销商多数直播依靠“丝袜”“美女送礼物”等自嗨的方式博取流量的时候，合众集团以务实的态度要求新媒体团队，坚持以口播形式持续输出专业的卖车内容，深刻理解新媒体平台的算法逻辑，“标签”对“标签”聚焦精准流量，粉丝画像精准，直播线索有效率可达70%以上，大幅节省了线索转化后链路的成本，提升了工作效率。

### （二）用数据说话，多维度分析

聚焦“数据”。从懂车帝统计数据，用户的平均留资周期为14天，2022年1—9月则增加至14.3天，增加了0.3天。用户从选车到最终留资不再一蹴而就，而是会花费更多的时间，浏览更多的资讯，了解更多的因素，用户在最终留资前，浏览路径会经历感知、好奇、多轮询问了解等环节，以实现最终留资行为。直播内容是否优质、专业对最终的用户转化起着至关重要的影响；从直播间的点击率、场观、在线人数、人均停留、留资率、留咨有效率、线索转化率等客观数据进行分析，从直播场景、直播脚本、直播话术的每一处细节中找到问题、分析问题、解决问题，以此逐步提升新媒体的运营能力，真正掌握玩转流量的能力，并达到我们的最终目的——变现。

### （三）主机厂与经销商携手共赢

汽车行业新媒体业务的发展，绝非倚靠某一主播或者某一环节的一己之力一蹴而就的，是需要从主机厂、经销商、新媒体团队每个层面，每个环节的共同配合、一同发力携手共赢的。主机厂需要搭建一整套的新媒体运营体系、制定新媒体商务政策并对其进行指导赋能才能带领经销商在新媒体领域超尘拔俗，提升业绩。一汽－大众自2019年就十分重视新媒体业务的开展，搭建体系，不断优化考核指标，调整新媒体运营策略，制定新媒体商务政策，带领经销商在新媒体领域取得了不菲的成绩。

## 三、顺应时代，以变应变，破局创新

新媒体直播不仅已经成为主机厂和经销商集团的必做项目，也是新增量的新渠道，而且是一条品效合一的高质量营销道路。建立新媒体体系的标准化运营模式，树立头部标杆，占领先机尤为重要。面对艰巨的市场环境，我们要保持信心，了解业务，了解对手，钻研业务，多维度、多视角在危机中洞察市场中存在的机会，敢于挑战，不怕试错，勇于抓住时代赋予的机会。音量传播垂直于汽车行业新媒体，全体成员均在汽车新媒体行业有着丰富的实战经验，愿意与行业一起成长交流突破，共同促进汽车行业的发展。

# 惠通陆华集团
## ——线上系列联合营销方案案例分享

北京惠通陆华汽车销售有限公司（以下简称“惠通陆华”）创建于2000年，是我国汽车流通行业具有影响力豪华汽车经销商品牌之一，于2001年正式签约成为世界豪华SUV汽车品牌路虎在中国大陆地区首家授权代理商。历经20多年的砥砺前行，惠通陆华现已发展成为捷豹路虎品牌在中国大陆地区合作历史最长的经销商集团，并先后代理奔驰、沃尔沃、雷克萨斯、猛士等高端品牌。自2008年起，惠通陆华连续多年名列中国汽车经销商百强集团，并蝉联中国汽车流通行业百亿俱乐部成员、中国汽车维修协会优秀会员单位。

惠通陆华主营服务网络，覆盖北京、天津、河北、内蒙古、四川、陕西、广东等省、直辖市、自治区，涉及20个重点城市，拥有品牌授权28家4S店。其中22家为捷豹路虎品牌授权服务网点。

在过去的三年疫情中惠通陆华集团通过整体包装策划，打造每年3场大型联合线上营销活动，其主要目的如下。

1. 引流

线上与线下的融合，通过线上整体联合运营有效吸纳实体的门店客流功能，并提升整体的关注度。

2. 销售

旨在将线上推广转为线下销售，均以销售为主要目的，最终实现提升销量，产生直接盈利。

3. 客户黏性

增强品牌知名度，增强客户黏性。以多种信息传播及沟通方式，增加客户互动性，产生客户黏性。

4. IP 打造

塑造一个品牌IP活动，并形成有标志性与系列性的长期营销活动，实现项目产品迭代营销。

惠通陆华集团每年3场联合大型线上活动分别为3月启程线上联合活动；618精品购物节、二手车特卖节、双十一特供节三大IP线上联合活动。以上已经持续3年，形成惠通陆华独有的IP，例如双十一特供行动，形成系列化、主题化、任务连续性等特点，23年将开启第四季。

以上项目均通过集团视频号进行直播，集团视频已经拥有将近20万粉丝量，每场在线观看量均突破1万以上，成交环比增长200%。

疫情虽然已经远去，但线上联合营销活动方案这种形式有效地将全国各店联合在一起，形成一定声势，最终集结目标客户促成成交。惠通陆华集团还打造了全国8站高尔夫巡回赛已经在行业内形成一定的品牌知名度。未来，惠通陆华集团还将不断开拓创新，紧跟时代步伐，尝试运用最有效的、最直接的方式积极进行新模式的营销探索，不断实现突破，最终保持在营销理念上的持续践行与创新。

# 厦门建发汽车集团
## ——私域流量客户数字化运营

当增量市场转变为存量市场、当线索成本逐年提升、当信息触达效能持续下降、当客户习惯逐渐发生改变、当消费信心持续走低……面对形势严峻的后疫情时代，建发汽车集团是如何凭借客户运营频频“出圈”的？

建发汽车集团是中国500强厦门建发股份有限公司旗下的集团公司，主营业务包括乘用车品牌销售和售后服务；汽车金融、保险、精品、二手车、汽车生活馆服务；汽车和汽配产品LIFT增值的国际供应链服务；汽车和汽配内贸供应链、新能源汽车产业链、二手车市场和平台服务、商用车服务和船舶服务等新模式、新业务探索。经营规模和经济效益连续多年在福建省汽车经销商中名列前茅。4S店经销服务网点涉及以福建为核心的海峡西岸经济区和云南、广西、辽宁、广东、陕西、吉林等全国多个省市，其他板块业务涉及国内外多个城市和地区。

## 一、构建私域护城河，初尝私域流量红利

对于汽车经销商集团来说，客户才是最重要的资产。

基于低成本流量解决业务痛点的需求以及主机厂数字化转型对旗下经销商的要求，建发汽车集团确立了具有前瞻性的战略规划，开始了数字化转型的全新探索。构建私域流量客户数字化运营解决方案——域建平台，利用企业微信、小程序、公众号、视频号等工具矩阵，实现公私域全渠道集客，以高效、低打扰、低成本的模式，结合内容与在线互动对客户进行持续影响，借助创新的数字触点，数字化连接上下游，构建客户360°画像，精准营销，实现数字化赋能业务（见图1）。

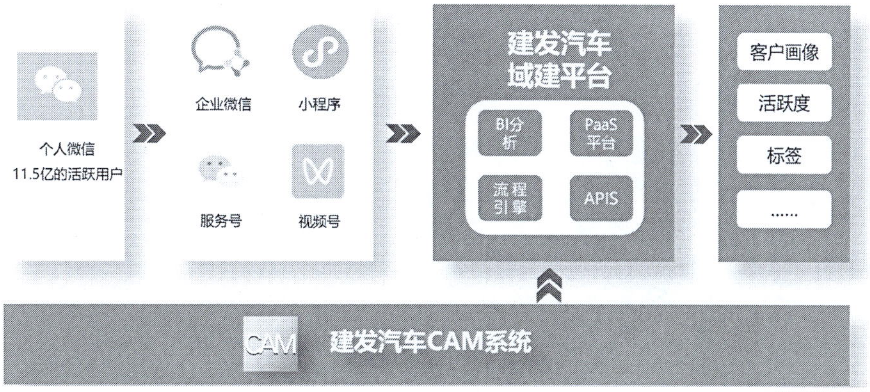


图1　域建平台架构

建发汽车私域平台——域建平台，已为集团旗下宾利、保时捷、迈凯伦、阿斯顿马丁、路虎、捷豹、奥迪、林肯等13个品牌34家门店实现数字化赋能，已构建超27万名高端客户的私域池，私域小程序访问量超200万次，在线订单超过2.7万单，豪华车客户转化率达7%，超行业均值2倍以上，平台订单贡献了超5个亿的营业收入，助力建发汽车驶入数字化转型赋能、提质增效的超车道。

运营两年，该项目已获得“汽车行业数字化典范案例奖”“2022中国汽车经销商数字化转型优秀案例”等多项行业专业奖项。

## 二、聚焦客户体验提升，强化精准营销理念

构建私域池，活跃私域池客户，赋能业务实现降本增效。建发汽车以客户为中心，根据客户全生命周期的各个触点，对客户开展精细化运营，制定精准营销策略，在提升服务质量的同时，助力门店业务增长。域建平台打通了建发汽车核心业务系统，开发了自动化标签、线上订单业财一体化、自动SOP、触点提醒等多项功能，大大提升了私域运营效能（见图2）。

图2　建发汽车核心业务系统

通过一系列的运营探索和数字化改造，建发汽车已构建完备的运营体系，并将运营指南整理成册辅助门店运营工作开展。当前，建发汽车私域池已沉淀27万的高端客户，标签覆盖度超过93%，各门店已熟练使用精准营销策略，并将客户分层运营理念落实到与客户建立链接的各个触点上（见图3）。

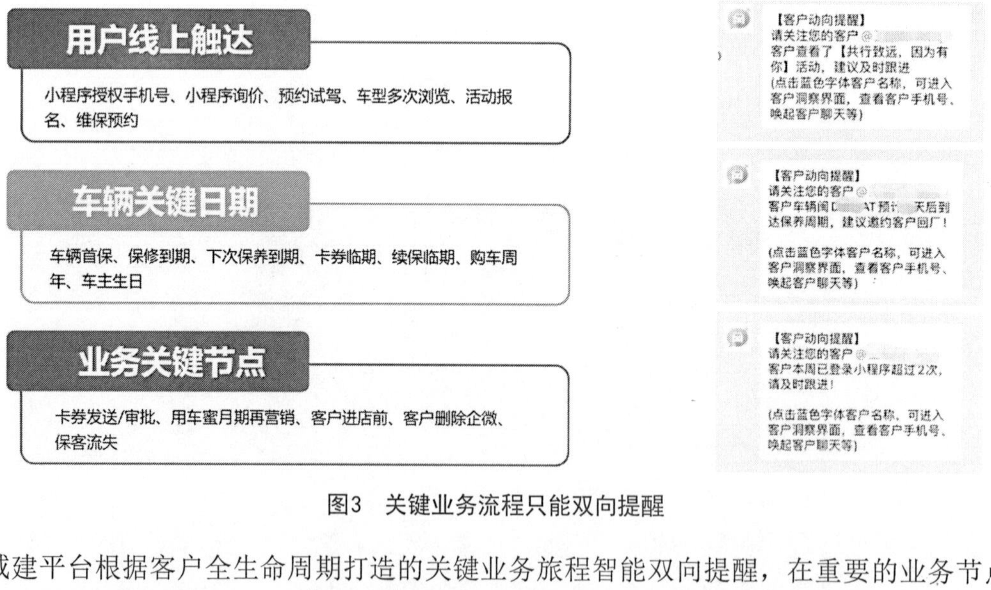


图3　关键业务流程只能双向提醒

域建平台根据客户全生命周期打造的关键业务旅程智能双向提醒，在重要的业务节点和用户触点上，提醒员工和客户，实现员工与客户“双向奔赴”的体验（见图4）。

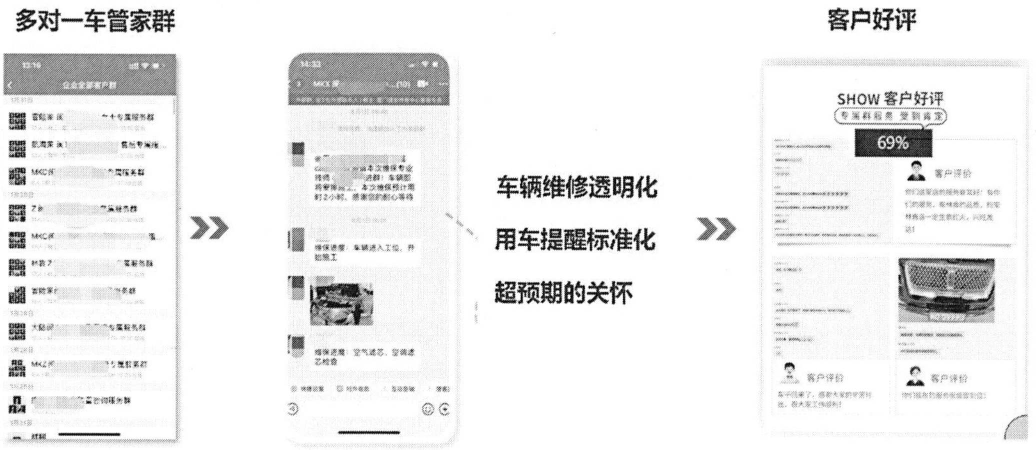


图4　多对一车管家群

促进业务增长的前提，是更好的客户体验，这也是建发汽车开展私域运营的初衷。为了更好地服务客户，建发汽车为车主创建多对一车管家群，结合群SOP及业务流程，实现车辆维修透明化、用车提醒标准化，以及超预期的客户关怀，提升车主满意度，减少客户流失。

同时，域建平台打通数据壁垒，实现高效精细的私域运营数据看板，为运营人员提供更有效的数据支撑，以实现真正的数据可视化、数字化赋能业务。

## 三、流量回归用户，私域走向全域

建发汽车向内不断强化客户导向思维，并在集团成立客户运营部专项负责客户运营工作，致力于提升客户运营质量，进一步推动业务发展。

为打造差异化的核心竞争力，建发汽车基于用户视角，将构建全新、全域的运营体系，基于域建平台沉淀与运营私域客户，通过大会员平台激励与回馈客户，结合新媒体、线下活动，建发汽车将奋力迎接以全域经营为目标、线上与线下融合、品牌与渠道融合、公私域互相反哺的私域3.0时代。

# 捷通达汽车集团股份有限公司
## ——数字化内控转型

捷通达汽车集团股份有限公司是一家以投资汽车4S店为主业的集团化企业，主营业务包括汽车销售、售后服务、汽车配件、二手车、平行进口汽车、汽车租赁、汽车衍生服务等，公司坐落于天津市西青经济开发区大寺高新技术产业园储源道018号。2001年8月捷通达集团第一家汽车4S店正式运营，集团已与29个国内外知名汽车品牌建立经销合作业务，在天津、云南建成汽车4S店及各类门店120余家，现有员工近4600名，服务将近85万车主。

### 一、捷通达数字化转型历程

2015—2016年波士顿咨询——五年战略明确“数字化转型”战略，开始信息化建设；2017—2019年，SAP系统实施业务、财务一体化管理，奠定数字化转型基础；2020年，全面启动数字化转型，运营效率提升系统建设，客户运营系统建设；2021—2022年，全面启动数字化转型，运营效率提升系统建设，客户运营系统建设；2023年完成在线商城营销工具升级。优化保险系统、CRM系统、客户运营二手车系统。同时提升BI数据分析支持及风控管理，完善SAP二手车模块、优化HR、OA系统管控规范。

### 二、数字化内控转型项目背景

业务挑战：以投资汽车4S店为主业的集团化企业，随着规模的扩大，跨品牌、跨地域管理幅度增大，面临着巨大的内控挑战。大量的业务流程管理不规范，运营风险无法及时准确识别，跑冒滴漏甚至贪污违法等现象，大大增加了企业经营风险、管理成本，从而降低了工作效率。

#### （一）解决思路

管理标准化、流程标准化、标准统一化、业财一体化，将所有的管控点、风险点严格管理起来，杜绝跑冒滴漏的事情发生，同时构建及时准确的经营数据分析体系，全面提升各级管理者的决策效率。

引入实施SAP系统，重新梳理了流程278条，增加管控123个，对接OA与资金系统，结合集团管理权限体系，使所有业务流程实现可查、可追溯，杜绝了业务不规范的事情发生，同时实时获取一线的经营数据，植入分析模型，提升管理决策效能。

#### （二）数字化内控转型目标

全面监督与监察。通过数字化手段，对流程与数据进行全面监督，针对关键管控点进行专项监察。

流程标准化、规范化。通过SAP系统建设，将业务流程、审批流程、账务处理、人力管理、资金管理等标准化、规范化，并植入系统。

风险识别与预警。通过数据模型，对经营中的风险实时监控，及时识别和预警。

### 三、数字化内控体系设计

以ERP为核心的主干系统建设。SAP系统实施了业务、财务、人力BI系统，并与OA系统、资金系统、库存扫码系统等进行对接，构建完整的主干系统，形成了流程规范与经营数据的基础。

业务关键管控点的自动审批。针对经营中的关键管控点，在流程中预设审批流程，最大限度地杜绝风险发生（见图1）。

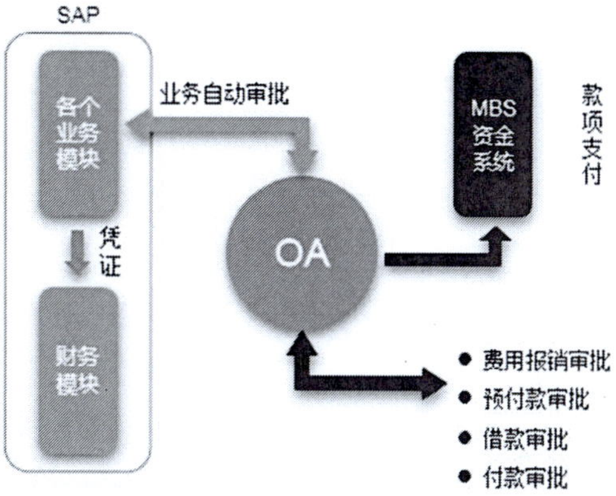


图1　案例—整车滚动进销存管理（模型设计）

基于风控模型的预警。基于经营数据，建立重点风控项目的分析模型，预设预警机制，及时识别经营风险。

各业务条线的监察整改体系。汇总各条线的内控需求，集中设计监察分析方案，以月为周期进行系统监察，按结果下发、申诉、整改方案提报、对结果评估的流程进行管理（见图2、图3）。

| 车型名称 | 颜色名称 | 历史年度销量 | 平均月销量 | 当前库存 | 库存状态 |
|---|---|---|---|---|---|
| 速腾1.4T自动舒适型 | 极地白 | 9 | 0.75 | 22 | 可能滞销 |
| CC 2.0T豪华型 | 极地白 | 2 | 0.17 | 2 | 可能滞销 |
| CC 2.0T豪华型 | 极地白 | 1 | 0.08 | 2 | 可能滞销 |
| 宝来NF1.4T自动豪华型 | 镭射金 | 1 | 0.08 | 1 | 可能滞销 |
| 宝来NF1.6L手动时尚型 | 极地白 | 4 | 0.33 | 8 | 可能滞销 |
| 宝来NF1.6L手动舒适型 | 极地白 | 21 | 1.75 | 45 | 可能滞销 |
| 宝来NF1.6L自动舒适型 | 极地白 | 7 | 0.58 | 35 | 可能滞销 |
| 全新一代迈腾280TSI 舒适型 | 幻影黑 | 1 | 0.08 | 1 | 可能滞销 |
| 全新一代迈腾330TSI 豪华型 | 极地白 | 1 | 0.08 | 3 | 可能滞销 |
| 全新一代迈腾330TSI 领先型 | 凯撒金 | 2 | 0.17 | 5 | 可能滞销 |
| 全新一代迈腾330TSI 领先型 | 雅士银 | 1 | 0.08 | 1 | 可能滞销 |
| 蔚领1.4T自动舒适型 | 极地白 | 1 | 0.08 | 4 | 可能滞销 |
| 新捷达1.4L手动时尚型 | 糖果白 | 4 | 0.33 | 5 | 可能滞销 |
| 新捷达1.5L手动舒适型 | 糖果白 | 4 | 0.33 | 4 | 可能滞销 |
| 新捷达1.5L自动豪华型 | 闪光银 | 1 | 0.08 | 2 | 可能滞销 |

□通过历史销售情况与库存的匹配，可以看出现有库存车辆有些品牌可能滞销，并成为超期库存风险

注：此数据为历史年度数据

图2　整车滚动进销存管理（模型设计）

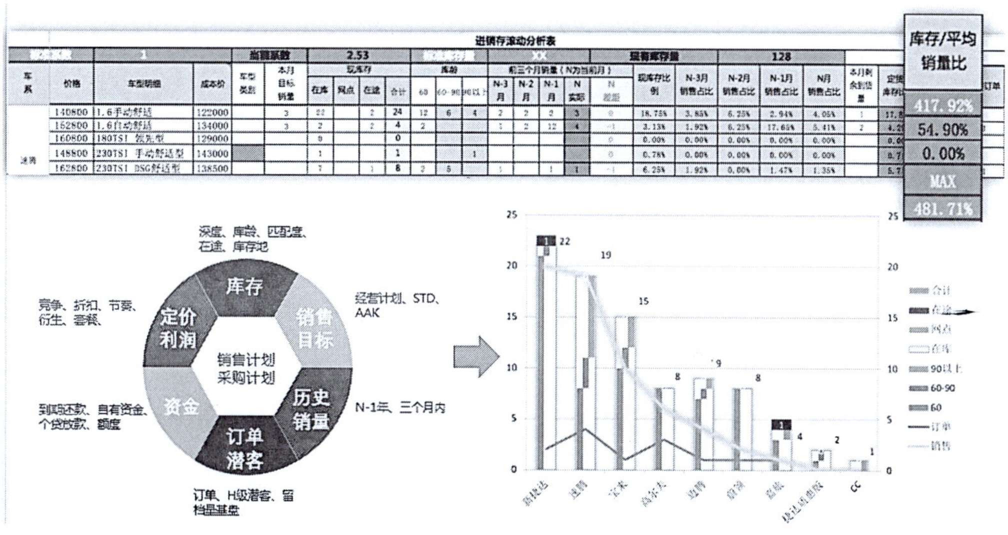


图3　整车滚动进销存管理（BI 植入）

通过滚动进、销、存模型的设计，并植入系统，管理人员可以实时看到库存匹配情况，快速识别风险，为整车采购计划、销售计划和销售策略等的制订提供有效支持，也为进一步的内控数字化管控提供基础。

## 四、业务条线的监察整改体系

一是周期性监察。汇总整车销售、售后服务、财务管理等条线的管控需求，设计监察方案，按月度进行监察。

二是下发与申诉。下发监察问题文件店面申诉管理。

三是整改与监督。下属店面提报说明和整改方案监督整改结果。

清华经济管理学院总结捷通达汽车集团股份有限公司数字化内控的四个效果及评价如下。

一是实时监控库存数据，降低库存积压风险。

二是实时监控全业务流程财务数据，降低高杠杆销售模式下的资金风险。

三是监测员工岗位行为，降低人员管理风险。

四是监测门店经营状况，降低集团整体管控风险。

许多同类企业与捷通达一样，在库存、业务流程、人员岗位和门店经营中率先推进数字化风控，选择先在与本企业经营水平提升密切相关的若干重点领域建立起数字化风控体系。未来，多种风险在企业各个环节、各种经营行为中会普遍存在，新型数字化手段所具有的数据驱动、可视化、实时化、可预警、可联动、可智能处理等显著优势，必将使数字化风控在企业获得更为广泛的应用。借助数字化转型，企业的风险控制正在由以往的“粗略”估计走向更为“精确”的评价，由普遍的“被动应对”转为更多的“主动识别”。企业的风控工作，正在因数字化而跃上新台阶。

# 欧龙汽车贸易集团
## ——用户全生态管理

欧龙汽车贸易集团有限公司成立于1995年，发展至今已经拥有70多家品牌汽车授权店，汽车关联产业3家，涵盖迈巴赫、梅赛德斯－奔驰、捷豹、路虎、比亚迪、林肯、红旗、一汽－大众、广汽丰田、广汽本田等知名品牌，经营区域覆盖浙江、江苏、山东、江西、安徽、福建等省份，位列中国服务业企业500强第334名，浙江省服务业百强企业，集团现有员工超3000人，客户数量累计超60万人。

欧龙集团企业宗旨为“追求卓越，共创幸福”，专注于汽车销售服务业与汽车消费新模式转型，在经营区域深耕，持续打造汽车销售服务商行业典范。

汽车行业已由产品市场进入服务市场，服务的质量和产品一样重要，只有满足客户的期望值，在同质化竞争当下，欧龙集团持续打造“用心服务＆共创美好”客户信赖的服务品牌，持续提升服务，优化服务体验，建立与客户之间的新关系，依托覆盖汽车全生命周期的产业链布局，在市场和客户心中塑造了“专注于心，专业于行”的高品质服务形象及良好的品牌口碑，通过创新的客户维护与丰富多彩的客户权益活动，为广大车主提供美好的汽车生活。

在整体的品牌营销建设上，倡导以用户为导向，驱动品牌价值，基于体验，重构产品组合模式，为用户用车、出行提供特色体验，欧龙集团打通经营区域内各品牌保客互动权益，建立区域共享俱乐部，旨在激发圈层共鸣与共进形成与客户之间的新关系。

我们推崇让用户成为服务品牌代言人，开展用户活动、共建资源共享平台、携手公益等多元化的与用户共创的营销方法，实现传播内容的联动共创，提升服务品牌口碑。

同时我们联动客户资源定期开展“百企千店”移动展厅形式贴近客户生活圈，链接触点主动走向客户，拉近与客户间的距离。

欧龙集团共享俱乐部，整合保有客户的资源需求提供嫁接平台，通过跨界论坛分享会、行业交流会等落地活动，为客户之间交流形成顺畅通道、以用户为中心的共享平台化经营提供新机遇。

欧龙汽车集团秉承“追求卓越，共创幸福”的核心价值，始终坚守“专注于心，专业于行”的经营理念，专注汽车及汽车相关事业稳健发展，坚持“务实、责任、高效、创新”的行为准则开展诚信经营活动，持续打造“用心服务＆共创美好”值得客户信赖的欧龙服务品牌。

# 四川港宏智电集团营销创新项目
## ——智电世界 · 蔚蓝中心

四川港宏集团倾情打造的创新型新能源电动车集成中心——智电世界·蔚蓝中心坐落于成都市天府大道与华府大道交界处，于2022年1月1日正式开业，建筑面积约7500㎡，是全国首家新能源专属沉浸式体验集合中心，汇集smart成都旗舰中心、极狐品牌中心、小鹏、上汽智己、上汽飞凡、上汽ID.Store、一汽ID.Hub、东风猛士、东风岚图、东本e:NS、广汽昊铂、广汽埃安、吉利雷达13大热门电动车品牌，更有亚洲藏品最多的穆夏艺术馆、毕加索亲笔签名版画、智读书屋、100% Action健身馆、穆夏繁花咖啡 & 轻餐，以及各类收藏级潮玩，是一个集智能制造、潮玩文化、经典艺术跨界相结合的打卡胜地。

港宏集团于1992年成立，于1997年将汽车销售服务作为经营主业，引入先进的多位一体经营模式，成为西南首批汽车经销商集团。至今保留了林肯、东风本田、上汽大众、一汽-大众、斯巴鲁、广汽本田、广汽传祺、长安马自达、上汽荣威等9大传统汽车品牌的代理权。同时还被授权为上汽、长安的认证二手车，极氪和smart的置换授权经销商，是通用德科、CUSCO、BRIDE、汇利堡等多个知名汽车配件、改装件和通用车工坊四川独家服务代理商。已形成了销售、售后服务、国际品牌零配件批发、二手车、汽车金融等汽车销售服务相关的产业链布局。

成都智电世界商业管理有限公司（简称智电商管）是由港宏集团控股股东及核心管理团队出资成立的专注于运营电车新零售业务的管理公司，拥有为新零售量身定制的管理架构和企业文化。通过运用创新的商业思维、复合型的人才、有竞争力的薪酬体系等，激发企业的创造力、团队的凝聚力，以达到提升新零售、新能源店的管理专注度和专业度，力争管理聚焦、人才聚焦，形成新零售业务在行业内的核心竞争力，以用户为中心，打造现代化、多元化、服务品牌化的新零售连锁企业（见图1）。

图1　港宏新能源品牌smart、小鹏、一汽ID、福特电马

智电商管至今取得了小鹏、smart、上汽智己、上汽飞凡、上汽ID.Store、一汽ID.Hub、东风猛士、东风岚图、东本e:NS、广汽埃安、广汽昊铂、北汽极狐、吉利雷达等13个新能源品

牌，是一家拥有50个电车新零售网点的全国性新能源连锁集团，同时形成了电动汽车跨境电商、全场景用车租赁、智电二手车（上汽、长安、极氪和smart、岚图认证二手车授权服务商）、智电物业（物业资源管理）、智聪电（充电桩运营）、智电云集（新媒体运营）、智电生态（赛道、公园、体育运营）等新能源汽车销售服务及用户社交和圈层运营相关的产业链布局及运营管理。

港宏在燃油车经营时代的精耕细作基础上不断创新，促使企业凸显新能源的经营优势，港宏智电商管在业界取得了一系列社会荣誉，以及各品牌主机厂颁发的众多大奖，成为全国新能源领域的佼佼者。近期再度荣获中国汽车流通协会颁发的2023年中国汽车经销商集团百强排行榜新能源10强和营销创新奖等殊荣。

近年来，中国新能源快速崛起，新能源销量和市场占有率飞速增长，众多新能源品牌在经营初期纷纷选择进驻商超，因其客流大，在品牌导入期，起到了较好的品牌曝光和提升大众认知的作用。但随着新能源汽车不断抢驻商超的发展态势，导致商超租金昂贵，且存在租期短、成交率低、人员能效低的明显弊端。结合新能源汽车新人群、新消费的特征来看，他们对颜值要求高、有社交分享需求；其需求更多元，对新品牌、新产品、新体验的接受度高；并且愿意为个性化、定制、原创的内容和服务买单。基于以上的情况，港宏智电世界·蔚蓝中心应运而生。

智电世界·蔚蓝中心是时尚而多元的新能源汽车聚集地，这里究竟藏了多少的惊喜？创造了多少人文艺术特色？有多少不为人知的奥秘？为何在汽车时尚圈中如此地盛名远扬？下面，我们来深度探索一下它的魅力所在吧！

首先，来看看这里集结的新能源汽车品牌，品味新能源汽车与经典艺术、鉴赏智能制造与潮玩文化的完美结合。

港宏智电世界·蔚蓝中心，不仅集结上述13个新能源品牌汽车，更有亚洲藏品最多的穆夏艺术馆、毕加索亲笔签名版画、收藏级潮玩、科比、梅西亲笔签名照等。接下来，让我们走进艺术中的智电世界，一起感受殿堂级艺术藏品带来的震撼。

毕加索亲笔签名版画，现存于世的毕加索亲笔签名版画共有8幅，这两幅版画是其中的两幅，在巴黎拍卖所得，并附有法国文化部颁发的艺术护照。

港宏智电世界·蔚蓝中心也和多类企业深度合作，相互引流，互为呈现。为客户提供多形态的线下互动深度体验、客户对购车的感知，增加客户到店频次，增加黏性，最终促进成交。

在不久的未来，港宏智电世界·蔚蓝中心将开启2.0版的渠道创新模式，集用车、生活、休闲、度假于一体，期待港宏智电的再度创新。

# 厦门信达国贸汽车集团股份有限公司
## ——数智化转型与创新

在“数字中国”的国家战略驱动下，数字创新，是实体经济做大做强的根本支撑与培养壮大的新动能。推动实体经济创新发展，首先要积极运用新技术提升传统产业，加快实体产业数字化升级；其次要构建网络化、智能化、服务化的产业生态系统，推动实体经济朝着数智化方向转型；最后，在数字时代，数字技术正在重塑商业环境，唯有实现数字化转型，公司才能实现高质量发展，引领优质汽车美好生活。

### 一、项目目标

信达国贸汽车立足自身实际及依据外部环境与行业变化情况，智慧营销与运营数智化平台项目围绕“以客户为中心”的建设总体目标，秉承“利于业务，便于内务，守于财务，终于客户”的原则，实现4S经销全流程、多方位和全领域的一体化全面管控。建设总体目标定义如下。

其一，建立集团统一的财务核算体系，规范集团全生态链业务的财务信息收集，提高集团财务信息收集效率。通过系统自动结算，可实现财务和业务一体化，强化集团本部对下属门店的收入管控，提高集团报表编制效率，为集团决策提供准确的财务数据支持。

其二，为汽车集团的营销获客、客户管理、车辆采购管理、车辆库存管理、车辆销售管理、衍生业务管理、售后维修管理、精品及配件管理、二手车管理、道路救援管理、供应链管理等全生态链业务，搭建集成统一的内部运作平台，以此提高集团的运营质量、业务管理水平与决策效率，强化集团本部的经营管控与资源和业务协同。

其三，通过深入的业务主题分析、销售漏斗管理、关键经营指标监控和运营模型分析，提供决策层报表分析，通过丰富的管理和业务分析，快速、准确地为集团管理层提供业务营运数据、财务数据，为管理层进行决策提供经营决策相关的数据支撑。

其四，通过对客户及会员的统一管理及整合，帮助有效辨识优质客户和激活客户，通过有针对性的客户服务，提高客户满意度和公司效益。

其五，平台可实现在线预约（售后、保险等）、线索自动分配、市场营销活动推广、线上商城、衍生测算、合同签订、售后智能救援管理、第三方对账、客户服务提醒以及可供客户进行业务进程查询、满意度评价和客户互动等功能，以提升公司效能与客户体验感。

其六，系统可实现流程自动化和办公移动化。

### 二、战略规划（蓝图）

信达国贸汽车的智慧营销与运营数智化管理平台以实现行业领先为目标，围绕“业务赋能、流程智能、决策智慧、数据增值”为目标，涵盖4S门店的整车销售、售后维修管理、二手车管理、精品集采、财务管理、客户服务、市场营销等全业务链条各个环节，利用云计算、大数据、AI、区块链、物联网等新技术实现公司的“集团管控一体化、业务运营一体化、业财税金一体化、线上线下一体化”四个一体化管理，支持企业运营“实时在线、及时分析、智能管理”，助力公司的业务敏捷发展和良好的客户体验感，也为公司的标准化建设、规范化运作、精细化管理、贴心化服务提供坚实的数字化底座保障（见图1）。

图1　整车滚动进销存管理（模型设计）

## 三、行动路线图

第一步：实现全面数字化。

依托主流分布式技术架构，重塑汽车全业务价值链数字化平台，梳理优化业财税金一体管控体系。

第二步：进行数字治理与应用。

推进数据治理、构建管理与决策分析平台。充分利用客户数据，精准推进营销平台。

第三步：做好业务拓展支撑。

利用数字化平台，做好业务横向、纵向的数字化赋能，通过敏捷迭代快速响应业务拓展支撑。

第四步：提升精益管理能力。

持续引入数字化新技术，提升数字化应用水平，围绕客户运营＋全业务链精益管理，以全面提升盈利水平。

## 四、项目实施效果

汽车行业近两年因疫情叠加“缺芯”等因素影响，面临着更多的挑战，包括客户的购车需求、用车方式都发生了较大的改变。始终秉承“以客户为中心”服务理念的信达国贸汽车顺应时代趋势，积极求变，也早已实现从重视“以市场为导向”转变为重视“以员工和客户体验为导向”的经营管理理念。从2020年开始，信达国贸汽车就在数字化转型浪潮下，紧抓数字化机遇，通过微信云平台和线上直播等方式布局数字化营销工作，借助公域、私域的数字化服务能力，打造线上线下一体化的客户服务新体系。经过2年的优化升级，信达国贸汽车全新升级中的智慧营销与运营数智化平台已经重塑企业价值体系和数智化生态体系。

## 五、项目难度及复杂度

管理要求对数据录入精细程度、准确性和及时性提出更高的要求。利用数字化技术提升员工工作效率，避免重复性机械工作。

针对不同品牌和地理区域管理模式差异度上的矛盾，进行了多角度调研，多层面整合与兼容，如支持哪些层面上的集团一体化，哪些层面上的门店或业务个性化等。

克服不同数据来源渠道和技术平台集成的困难。如OA系统、资金平台、税企平台、差旅费控平台等内部平台的数据交互要求、第三方平台营销资源的引流导入等大量数据交互需求等。

通过选择一个兼容性和扩展性强的平台统一处理，以实现一个核心，周边融入，去芜存菁。

## 六、项目创新点

在战略上，聘请专业的第三方进行数字化战略规划；在执行上，由董事长亲自挂帅，亲自负责，制定公司级的数字化转型战略，以实现对公司的数字化转型进行全面、系统和整体的规划布局。

在运营上，规范指标体系架构及分析维度，实现场景可视化及报表敏捷化，搭建全周期的管控体系。做到“事前可管、事中可控、事后可查”，以标准统一、质量可靠的数据，支撑各业务领域创新应用与流程协同，实现数据驱动的业务决策及分析。建立公司数字化运营平台。强化公司运营、管理、财务、资产等各个方面的数据采集、融合和分析能力，以推动公司日常运营管理的智能化水平。

在服务上，以“员工体验感”为基础，以“客户为中心”为目标。推动公司客户管理和客户服务流程，强化数字技术对客户价值创造、客户体验优化以及与客户协同发展的全生态链业务、全触点感知、全场景体验和全天候服务的数字化客户服务体系。

在商业模式上，实现以数据共享为基础的业务协同。对内实现4S 业务、售后救援、精品配件、二手车管理、车辆进出口、汽车供应链业务等业务模式创新，对外实现与主机厂、供应商、银行、保险、商家等有效链接，进而构建相互协同、相互赋能，形成完整、多样、双赢的全生态链优质服务体系。

在技术上，以“运营平台、数据平台、管理支撑平台”三大平台模式，打造以“客户为中心”和“大数据驱动”的客户运营服务平台。将互联网、移动互联网、大数据、人工智能、区块链、云计算、物联网等各类技术，进行统筹管理，以推动各项技术在公司数字化转型中的实时响应、有力支撑、高效应用。

## 七、未来1—3年，企业数智化转型的布局重点

根据公司的“十四五”战略和数字化转型战略，秉承国贸控股“一流引领、真实担当、奋斗为本、共创共享”的核心价值观，弘扬创先文化。未来将在“数据链通、治理与应用，智慧门店运营工具设计，综合盈利管理平台建设”三大方面继续发力，以此推动公司的引擎打造、精益运营和高质量发展。

# 盈众控股集团
## ——数字化精准营销平台的构建与应用

中国车市由增量市场变为存量市场，增量变存量意味着蛋糕更小、竞争更激烈，汽车市场进入保客争夺阶段。在车市由增量向存量时代转变的形势下，客户对产品和服务质量的需求必将发生迭代。4S店想要防止客户流失，必须与客户建立长远的忠诚关系，提升客户维系水平，优化客户体验，增强客户黏度。

集团围绕客户全生命周期，着力打造支撑客户运营水平升级的数字化营销工具。通过提升客户体验以及搭建客户运营体系，实现全业务链精益管理能力，挖掘增值服务与价值产出，最终建成面向未来的行业领先的客户运营体系。

### 一、项目建设历程

#### （一）设计研发数字化营销系统

2018年，公司围绕客户运营的整体部署，开始筹建数字化营销平台CPCT系统，并于2019年6月完成首期建设并投入使用，经过多版本的迭代升级，已完成搭建集“大数据”与“精准营销”于一体的数字化服务营销体系，包含客户画像、决策分析、个性化推荐、标签管理、精准营销等功能，并配套营销策划、产品升级、组织绩效、服务升级等。

2021年开始建设基于企业微信的SCRM系统，将现有的精准营销的渠道（呼叫中心、员工端、短信、APP等）拓展到企业微信端，以实现企微与CPCT精准营销系统的深度融合，并实现私域流量运营的升级应用（见图1）。

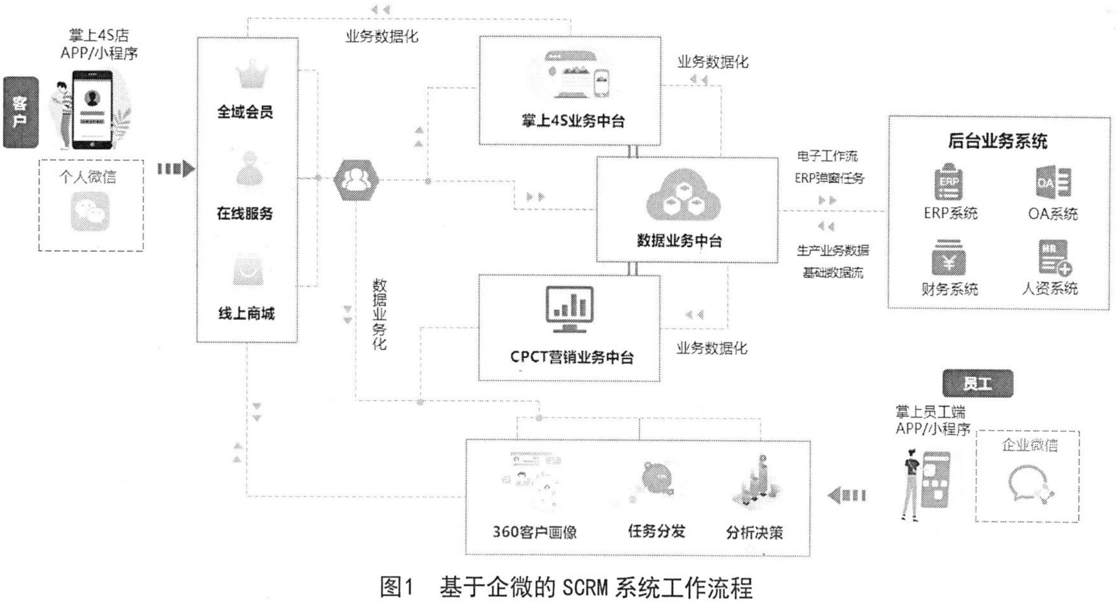


图1　基于企微的SCRM系统工作流程

#### （二）从0—1构建客户运营管理体系

集团通过多年的努力，定义了汽车服务行业客户运营指标体系，实现了客户的精准运营、服务、营销及连接，建成了全生命周期客户价值运营体系（见图2）。

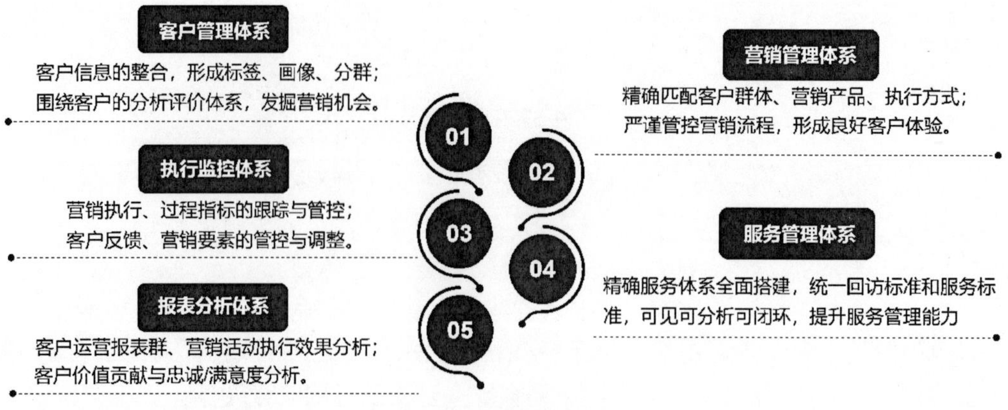


图2　五大客户运营体系

### （三）依托系统开展覆盖全业务流程的客户运营工作

集团通过6个节点环节，8个场景再现，赋能客户全生命周期运营（见图3）。

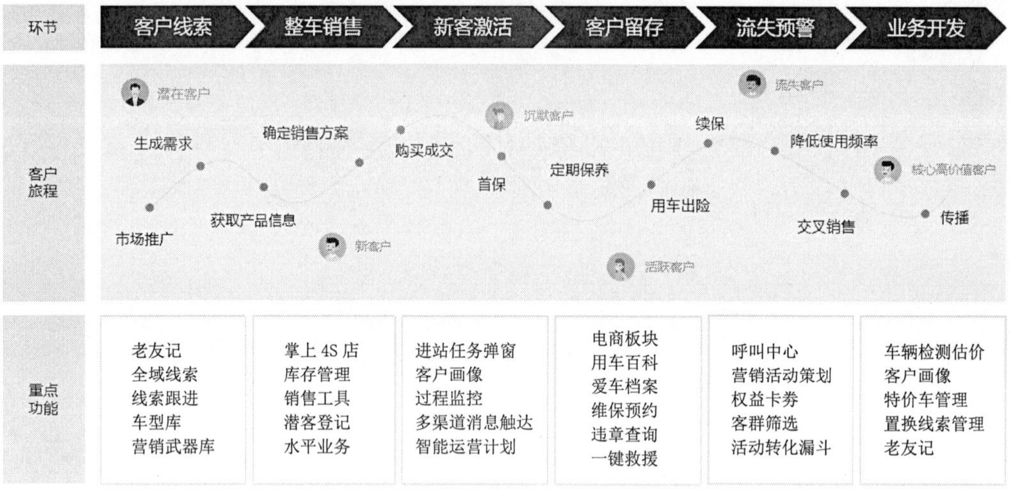


图3　客户运营的全业务流程场景应用

## 二、项目应用成果

### （一）搭建汽车行业深度定制的客户画像，助力营销

借助CPCT平台搭建1000+汽车行业深度定制的客户标签及特征项，使公司的营销策划人员可以在系统上实现快速精准的客群筛选与建立，以达到在“合适的时机”、由“合适的人”通过“合适的渠道”、为“合适的客户”、提供“合适的产品和服务”的精准营销效果（见图4）。

图4　客户画像示例图

## （二）集团开展统一的客户运营竞赛，使营销成果可视化

集团统一的 CPCT 营销活动竞赛，不仅调动了全部门店全员参与的积极性，而且跟踪过程清晰，营销成果可视。以某次竞赛数据为例，大众进口品牌某店续保成交率由75% 提升至90%，福特品牌某店预流失邀约成功率由12% 提升至37%，奥迪品牌某店划痕险进站开发由15% 提升至33%，一汽－大众品牌某店保养套餐进站开发成交率由10% 提升至26%，上汽大众品牌某店流失客户招揽成交率由3% 提升至11%（见图5）。

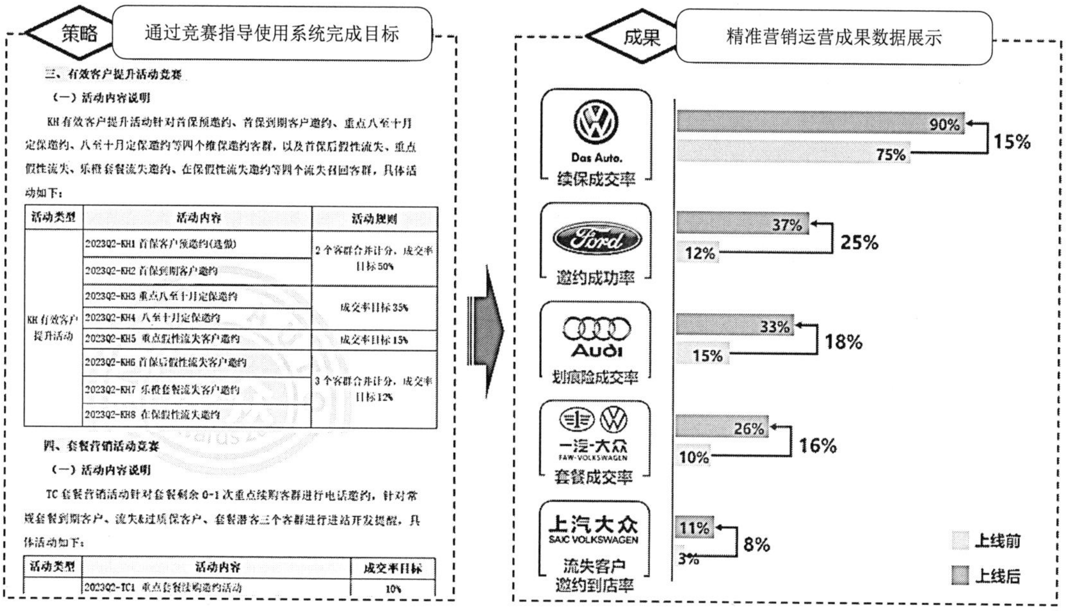


图5　精准营销运营与成果

# 永达集团
## ——新媒体发展之路

2020年是极不平凡的一年，面对新冠肺炎疫情的冲击，汽车行业面临客流、线索和销量紧缩的不利局面，永达集团率行业之先立即成立了新媒体事业部，开启了汽车行业新媒体探索发展之路。

2020年2月，永达集团在集团层面成立了新媒体事业部，牵头开展和管理整个集团的新媒体工作，在每个企业立即成立了新媒体工作小组，由企业总经理牵头开展企业新媒体工作。永达集团新媒体三年的工作主要体现在“三个量”上，即“唱响品牌声量、打造标杆数量、提高运营质量”三个方面。

在“唱响品牌声量”方面，2023年永达集团新媒体粉丝规模已达2175万。从2019年开始，永达部分企业已经提前开展新媒体工作，2020年年初集团总粉丝量45.8万，这是永达新媒体发展的基础。在新媒体事业部成立后，2020年年底集团总粉丝量300万，2021年年底达到1200万，2022年年底成功突破2000万。

在“打造标杆数量”方面，永达旗下代理的保时捷、宝马、阿斯顿马丁、捷豹路虎、凯迪拉克、上汽大众、MINI、一汽丰田、荣威9个品牌的企业账号做到粉丝量全网第一，其中保时捷和上汽大众品牌账号的粉丝量达100万。并在抖音官方和中国汽车流通协会举办的“抖音百大汽车经销商大赛”中，代理保时捷品牌的合肥包河店荣获全国第一，共有10家集团旗下的企业跻身百强。

在“提高运营质量”方面，永达在2020年9月通过抖音直播营销，成功成交了一台价值370万元的宾利新欧陆 GT 一台；在2021年年初，在小红书平台相继成交一台价值220万元的阿斯顿马丁一台，其中370万元的宾利也是当时通过新媒体渠道实现单台新车成交的最高金额案例。最终在2022年，永达通过新媒体渠道的成交量也成功突破10000台。

自2020年新冠肺炎疫情暴发以来，永达集团率行业之先布局汽车新媒体领域，工作核心围绕三个“动”，即“线上线下的联动、大屏小屏的互动、客户心动到行动”。全体以三个“力”为新媒体工作目标，不但要成为线下经销商中的佼佼者，也要成为线上新媒体中的领先者，即将新媒体线上的“影响力”化为客户到店的“吸引力”，最终成为汽车销售源源不断的“生产力”（见图1）。

图1 新媒体发展策略

# 汽车经销商集团最佳雇主案例

## 大昌行汽车控股集团有限公司
## ——数字化转型之变革与提升

大昌行汽车控股集团有限公司（以下简称“大昌行汽车”）秉承“提供优质产品和服务，连接你我美好生活”的愿景，倡导“合作共赢，以终为始，诚信至上，拥抱变化，全力以赴”核心价值观，以打造人才工厂，并以党委、工会和义工三支队伍形成“铁三角”，共同搭建员工发展平台，增强凝聚力，助力运营管理。同时秉承“取之于民，用之于民”的理念，积极践行社会主义核心价值观，承担企业社会责任。

### 一、培训学院：打造人才工厂

大昌行汽车基于胜任力建立了多元、全面的梯队人才发展培养体系，覆盖各层级、各职能、各地区的员工，重视人才、培养人才、发展人才，让不同层级梯队的员工获得技能提升，建立畅通的职业发展通道。在梯队人才培养方面，公司实施了各层级接班人计划如猎鹰、菁鹰训练营等助力梯队人才的赋能成长、中信优才计划、阳光育才、新羽计划等。在人员培训方面，公司举办了将才研习班、知识教练与共生组织管理者培养、户外拓展体验式培训、业务精英与技师队伍双通道、各项Workshop、业务技能竞赛等培训活动。大昌行汽车培训学院的线上线下课程（年培训时长约22万课时），也为员工提供了培训及成长的机会和平台。

### 二、特色党建：强化红色引领，凝聚奋进力量

大昌行党委聚焦“一个方向，双擎驱动”，通过组织学习、促进交流，强化红色引领，凝聚奋进力量；从党员、党支部、党委三个层面发挥作用，构建高质量发展新格局，用一系列特色活动诠释党建强企，追求卓越。引领党员聚焦中心，较好地完成了全年各项任务指标。同时充分发挥党员的模范作用，重视人才培养，将党员发展对象与经营管理挂钩，优先发展有重大贡献的员工如优秀管理人员、业务精英，打造一支发挥模范作用的党员队伍。

组织开展系列特色党建活动：红色之旅学习党史、责任文化短视频竞赛、“七一”表彰大会、责任文化讲堂、观看红色电影、我为党做实事、“一支一品”党建品牌发布会等，通过组织学习、促进交流，强化红色引领，凝聚奋进力量。

### 三、员工关爱：员工利益的守护者

公司工会以企业运营的支持者和员工利益的守护者为定位，公司工会不断完善各项员工福利制度，制订员工关爱年度计划，开展丰富多彩的员工关爱及团建活动，以丰富员工业余生活，增强凝聚力。

一是举办员工同乐日活动。总部协同各区域各单位，以区域为单位组织员工同乐日活动，活动路线多样，使员工得到了有效放松，加强了公司间、员工间的沟通与了解。

二是举办定期多样活动。员工生日会与下午茶活动每月组织，点滴小事温暖人心。组织瑜伽／健身操课程每周开课，帮助员工强健体魄；开展春节慰问及基本生活、医疗、子女教育等

方面的困难救济，充分体现公司对员工的关爱；年度活动约6000场次，累计参与人数80000人次。

三是举办员工运动会。在深圳区域、华东区域、云南区域均组织召开员工运动会，参与人员约3000人，以此增强员工凝聚力和团队向心力。2023年大昌行华东区亲子趣味运动会，各业务板块300多位员工及近200位家属参加。

四是举办员工子女活动。开展多次职工子女活动，以提升职工自豪感和凝聚力，让员工及家属切身感受大昌行大家庭的温暖关怀。

五是大力弘扬劳模精神和工匠精神。营造劳动光荣、技能宝贵、创造伟大的时代风尚，大昌行汽车近些年每年均有员工荣获市及省的五一劳动奖章等荣誉，并已成立2个劳模创新工作室，着力造就一支爱岗敬业、技艺精湛、善于创造性解决工艺实操难题的高技能人才队伍。

## 四、社会责任：义路同行，爱予世界

大昌行将公益作为一种企业文化，鼓励每个大昌行人将公益作为一种生活方式，积极践行社会主义核心价值观，承担企业社会责任。

一是“麦苗行动”。2021年至2022年大昌行汽车捐助3个麦苗班3年，合计155名山区儿童和家庭受益，让这些孩子的未来有更多的可能。

二是关爱特殊儿童。大昌行汽车义工队通过多种方式关爱自闭症家庭，如组织线下公益活动，通过义工陪伴自闭症儿童的方式为自闭症儿童父母提供喘息服务，还助力大龄自闭症者实现就业机会，通过公益与商城相结合的自闭症自助项目，为大龄自闭症者探索多元化的就业支持，以助力他们自力更生，走出困境。

三是积极抗疫，热血奉献。2020年至2022年期间，新冠肺炎疫情不断反复，严峻时刻，大昌行没有忘记回馈社会，积极履行社会职责，义工队帮扶点对点小区，参与核酸检测、疫苗接种等志愿者活动。支援社区抗疫10余场次，服务10000多人；举办“党旗引领大昌前行，热血奉献点燃生命”主题献血活动月，共有371人参与献血，191人符合标准，总献血量达59130毫升。

四是定点帮扶。大昌行汽车发挥自身资源优势，全力支持中信集团定点帮扶的元阳县、屏边县、黔江区和申扎县，助农帮扶项目80余项，助农帮扶服务累计创收超1200万元。

大昌行坚持以人为本，对员工负责，重视对人才的发展和培养、加强企业文化建设；同时积极探索更多的公益行动，勇于承担社会责任。

# 北京惠通陆华汽车销售有限公司

北京惠通陆华汽车销售有限公司（以下简称“惠通陆华”）创建于2000年，是我国汽车流通行业具有影响力的豪华汽车经销商品牌之一，于2001年正式签约成为世界豪华SUV汽车品牌路虎在中国大陆地区首家授权代理商。历经20多年的砥砺前行，惠通陆华现已发展成为捷豹路虎品牌在中国大陆地区合作历史最长的经销商集团，并先后代理奔驰、沃尔沃、雷克萨斯、猛士等高端品牌。自2008年起，惠通陆华连续多年名列中国汽车经销商百强集团，并蝉联中国汽车流通行业百亿俱乐部成员、中国汽车维修协会优秀会员单位。

惠通陆华主营服务网络覆盖北京、天津、河北、内蒙古、四川、陕西、广东等省、直辖市、自治区，涉及20个重点城市，拥有品牌授权29家4S店。其中22家为捷豹路虎品牌授权服务网点。

惠通陆华集团有其自己一套核心的价值观体系，围绕着“敬天爱人，和谐共赢”为中心，以秉承“客户为尊，服务至上，持续满足和创造客户需求”的经营理念，致力于成为我国最具价值的汽车服务商宗旨；以“德才兼备，以德为先”“赢在学习、胜在改变”“培养有梦想、有激情、有才干、有责任”的惠通陆华人等企业人才观，为企业文化的核心价值体系。

惠通陆华在“敬天爱人，和谐共赢”企业文化指导之下，高度重视对人才的培养与能力的提升，尤其是对于技术型人才更是集团人才培养的重中之重。集团售后技术人才委员会作为惠通陆华人才培养最高权威机构，遵循人才是企业发展的源动力这一发展规律，聚焦售后人才培养。该机构下辖6大组织：技术支持组、技术培训组、认证评级组、绩效管理组、任用评价组、员工关爱组，用以服务全集团600多售后技师（见图1）。

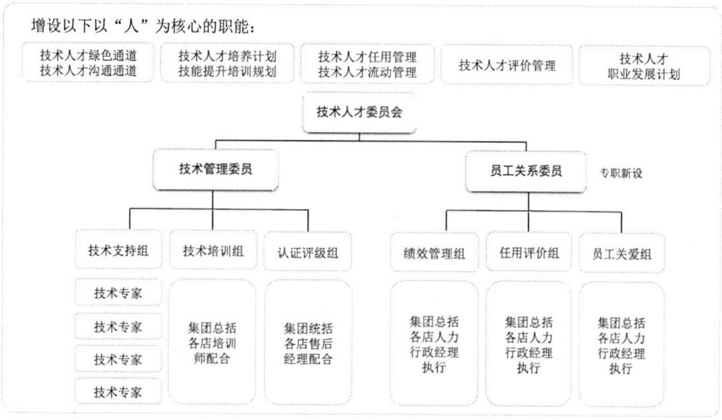


**图1　惠通陆华人才培养计划**

以历年举办的“匠悦杯”竞赛以及捷豹路虎厂家全球竞赛作为载体，用以检验售后人才的培养成果。集团创建学习型组织，内部人才赋能，于2014年全面启动售后人才培养计划，先后举办了10届“匠悦杯”售后技能大赛，大赛模块先后涉及机电诊断、车身整形、喷涂、机电诊断&养护、喷漆、售后服务、喷涂彩绘等技能。

在行业内，惠通陆华被业界称为捷豹路虎技师的“黄埔军校”，在厂家举办的技能个人赛和团体赛中多次获得冠军，并多次代表大中华区参加全球技能竞赛，也取得了不俗的成绩。在过往厂家评定的42名精英技师中，惠通陆华占了19名，占比高达42%。惠通陆华走出的技师在别的经销商大都担当技术主管一职，还有多名技术人员离开后在厂家担当在线技术支持工程师和区域技术经理，所有这些都得益于惠通陆华日复一日坚持不懈地修炼内功所致。

# 厦门建发汽车有限公司

厦门建发汽车有限公司（以下简称“建发汽车集团”）是汽车产业上下游的综合服务商，主营业务包括乘用车品牌销售和售后服务；汽车金融、保险、精品、二手车和信息服务；汽车贸易和供应链运营服务，汽车文化、商用车、新能源汽车产业链服务等，为大型厦门市属国有企业。

建发汽车集团依托母公司“专业共进生生不息”的品牌理念，重视人才的系统性培养，持续做强人才生态链，厚植人才成长沃土，不断开拓企业和个人的成长空间。重视人才的系统性培养，以及领导力的累积和发展，从人才梯队建设和专业人才培养入手，双通道两方面建立健全建发汽车集团人才培养体系。

人才梯队建设以“启动新引擎，领航创未来”为主线，并围绕干部队伍年轻化的主旨，进行人才分层培养。推出以管理认知、业务创新能力提升为主题的一级经理储备项目“新引擎计划”，以健全经营管理素养、快速适应管理岗位为主题的新转任干部“领航计划”，重点关注年轻干部管理素养及领导力提升。

专业化人才培养以传统经销商向成为“中国汽车产业优秀综合服务商”战略转型为指引，紧贴业务需求，按岗位技能、业务导向和学习转化三个重点展开。在私域流量运营、二手车营销以及新能源关键技术等方面持续提升领先优势；同时通过供应链业务力、风控力、国际化系列课程导入，重点培育及储备产业供应链人才。

建发汽车集团是福建省人社局认可的企业职业技能等级认证单位；同时也是厦门市教育局、人社局、工信局等四部门联合评定的厦门市产教融合型企业试点单位。为支持技能技艺精湛、具有创新创造能力和较强带徒传技能力的高技能人才发展，企业投入资金、设备、场地，向省、市人社部门及市总工会推荐高技能领军人才建设技能大师工作室。2016年“厦门（钣金 / 喷漆方向）技能大师工作室”，系厦门市首批十家大师工作室之一；2018年经厦门市总工会批准成立了“杨成祥技术创新工作室”；2019年5月，厦门（钣金 / 喷漆方向）技能大师工作室由市级升级为“福建省技能大师工作室”；2022年两名领军人才申报机电方向，再次获评“厦门市汽车维修工技能大师工作室”。建发汽车集团为高技能领军人才在技能大师工作室建设工作上给予资金支持，提供相应场所、设施、设备，以满足教学和技艺传授及技术攻关、技术创新工作要求，推行“传帮带”“师带徒”等多种措施，极大提升了领军人才创新攻关积极性。

建立双通道体系有助于保留、吸引优秀专业人才，提升员工能力水平，并盘活现有人力资源。也向员工在专业化方面提出了更高的期待与要求。重视“专业”，聚焦核心主业的专业化提升，关注“共进”，以与员工打造价值共同体为使命，“生生不息”则表达了建发人对绵延不绝生命力的孜孜追求，它不仅表达了追求高质量发展的内涵，更是关照了员工持续提升、社会永续发展这一更宏大的命题。

建发汽车集团的人才培养体系充分体现出“年轻化”“国际化”的志向，展示出现代化的新国企形象，以走出去，迎接战略转型作为人才建设目标，打造具有国际视野的人才梯队，迈向创建行业一流企业的新征程。

# 欧龙汽车贸易集团有限公司

欧龙汽车贸易集团有限公司是一家专注于汽车销售服务为主体的综合性汽车集团公司，位列2023年中国汽车百强经销商集团24名。集团以“追求卓越，共创幸福”为企业使命，秉承“尊重人性，让员工实现自我价值，让客户更加信赖企业”，通过“悦文化、促成长、强竞赢”等多维度构筑“幸福企业”，提升员工幸福指数。

## 一、悦文化

欧龙始终将人才作为企业的核心要素，用心缔造欧龙特色文化，为员工提供舒适良好的工作环境，打造和谐友好的团队气氛。通过多年不断探索，集团创建了涵盖4板块12大类的员工关怀体系，从人文角度出发，致力于打造更贴近员工、满足员工所需的关怀体系。每年由集团牵头覆盖全区域性地为员工开展各类欧龙特色活动，如欧龙家宴、欧龙仲夏之旅、欧龙悦跑、欧龙好声音、欧龙篮球赛、欧龙家庭日等。欧龙旨在通过更具活力的员工活动与更全面的企业关怀举措，提升员工归属感与幸福感，打造健康向上的企业文化氛围。欧龙还大力提倡员工劳逸结合、张弛有度地工作生活，以提高企业的凝聚力，提升员工的满意度。

## 二、促成长

人才是第一生产力，企业发展离不开员工的成长。为不断提升员工的专业能力与管理水平，满足员工学习进阶的需求，集团以“欧龙管理学院”为人才培养的重要抓手，建立了一套专业、规范的培训体系。并积极创新与引进各类课程，根据不同需求层次开展精准培训，力求打造“学习型”组织，形成内外部结合、训练一体化的企业培训模式，通过多举措并行的方式实现人才赋能的目标。同时，结合人事关怀体系，推行靶向育人机制，以健全的岗位辅导员体系、定期轮岗制、欧龙C计划等人才发展制度，多向并行不断促进员工职业成长，增强组织活力，构建员工职业发展平台，促进企业可持续发展（见图1）。

图1　欧龙管理学院

## 三、强竞赢

“肯定员工能力，尊重员工价值”是欧龙始终坚持的人才发展理念，集团发挥内外部优势，积极为员工搭建各类竞赢平台，以满足员工的精神与物质需求。集团定期举办技术等级评定暨欧龙工匠技能大比武活动，开展“开心一夏竞赛”“开门红竞赛”、客服竞技赛，财能竞技赛等，设置荣誉头衔，给予专项奖励，凸显优势员工实力，鼓励全员争先。结合富有竞争力的薪酬体系，打造活力绩效模型，多维度激励员工成长。五级三通道是极具欧龙特色的人才梯队培养模式，根据不同职业类型、职业阶段人员特点，赋予不同通道培养模式，以实现员工职业生涯发展与自我价值实现（见图2）。

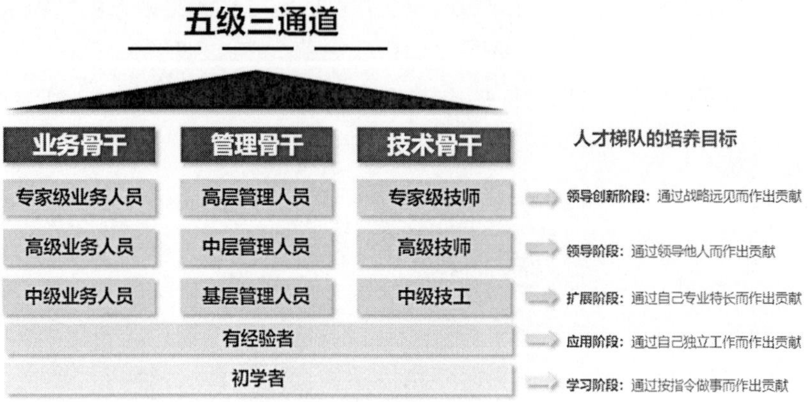


图2　五级三通道

欧龙汽车集团始终坚守“专注于心，专业于行”的经营理念，始终履行自身社会责任与担当，不断完善集团管理体系，健全人才培育模式，全面打造一个具有核心竞争力的企业，让欧龙集团发展成为厂商认可、顾客信赖、员工满意的汽车服务集团品牌。

# 河南威佳汽车贸易集团有限公司

河南威佳汽车贸易集团有限公司（以下简称威佳集团）成立于2000年2月，注册资金10亿元人民币。集团始终秉承“客户需求至上，服务质量第一”的服务宗旨，坚持“追求卓越，尽善尽美”的经营理念，立足河南市场，致力于为河南人民提供360°的专业汽车服务，打造河南汽车销售服务首选品牌。服务项目包括汽车销售、汽车维修、汽车金融保险、汽车装饰美容、汽车救援、汽车融资租赁、二手车交易等，为河南人民提供购车、用车、修车、换车的全方位服务。

威佳集团自2016年以来，每年的主题年均为“心为客户”，而心为客户的前提条件，是公司要先做到心为员工。人才是企业的核心资产，威佳集团始终秉持“以发展吸引人，以事业凝聚人，以工作培养人，以业绩考核人”的用人理念，坚持为员工提供超越期望的晋升空间和薪酬福利。

在人才的培育方面，威佳集团成立之初，一直以强担当的社会责任和对人才的高度重视，通过联合办学和组建威佳商学院来持续培养、造就内部的核心骨干，完善人才梯队建设。威佳商学院除提供围绕业务需要的线上课程外，年度承接集团内部线下培训学习达100场左右，总培训人次超5000人。在人才的选拔方面，因人制宜因材施教，提供专业化人才晋升通道和管理类人才晋升通道，确保每一位员工都能在威佳集团完成自己的职业生涯，实现自己的职业梦想。成立四大人才俱乐部之销售冠军俱乐部、销售顾问“千台俱乐部”、维修专家俱乐部、服务顾问冠军俱乐部，授予俱乐部成员五星激励政策，享受诸如年假特殊薪资保障、关爱体检、目标责任制分红、拓展旅游等福利，重视核心骨干的人才培养。

在员工的福利保障方面，威佳集团承诺每月15号准时发放工资，从成立至今信守承诺从未延迟或拖欠员工工资，以确保员工薪酬发放有保障，同时还成立了威佳“佳基金”，在员工遭遇重大危急情况时，帮助员工度过危难时刻。对工作20年 /15年 /10年员工进行表彰，并奖励汽车、金条、银条及荣誉徽章，感谢他们对威佳发展作出的重大贡献。奖励优秀员工及其父母带薪国内双飞豪华旅游，让优秀员工及其父母为选择威佳而放心与骄傲，奖励优秀员工父母年度健康体检，让员工在前端为工作拼搏时无后顾之忧。

保障员工可持续发展的同时，威佳集团也积极履行社会责任。威佳集团慈善捐资建设南阳七里坪希望小学，用爱心托举希望，促进基础教育发展。每年通过联动河南省18个地市的专营店进行无偿献血、呵护留守儿童、关爱环卫工人等活动积极履行社会责任，并荣获“中国汽车流通行业社会责任榜样企业”称号。心为客户勇向前，威佳集团领先半步成立了由员工组成的“威佳公益救援队”，2022年威佳公益救援队共实施救援899台次，获得了客户的高度赞许。96998客户专线24小时运营，为客户提供河南省18个地市的免费救援服务，从而保障客户用车更无忧。

威佳集团承诺，未来将持续秉承心为员工、心为客户的发展理念，致力于为员工持续提供超越员工期望的发展空间和报酬，让员工骄傲；为客户提供超越客户期望的多种产品和服务，让客户信赖；为社会持续提供超越社会期望的领先文明和进步，让社会赞许；为股东持续提供超越股东期望的精神和利润回报，让股东满意。

# 运通汽车集团

运通汽车集团始创于20世纪80年代，长期致力于汽车行业的发展，现已形成集团化、跨地域经营、品牌化管理的全新模式。2023年度运通汽车集团被评选为“最佳雇主集团”，显示了专业机构对运通汽车集团管理理念的认可。能够获此殊荣，主要依赖于运通汽车集团长期以来高水平的员工敬业度；多层次、全方位的人才发展体系；从未停歇的公益活动；正能量企业文化。

## 一、高水平的员工敬业度

运通汽车集团始终给员工创造一个满意舒适的工作环境，并给予员工鼓励和支持，让员工在发挥自己优势的基础之上，延伸出一种责任感，这种主人公意识，会让员工更加敬业地投入工作。2022年集团整体敬业度为90.1%，持续三年保持攀升水平。其中沟通、客户导向、持续改进与创新、战略方向与领导力等方向均高于平均水平。

在公司整体感受方面，90.4%的员工表示以在公司工作为荣，90.3%的员工表示将在集团继续工作一年以上，85.5%的员工表示公司是一个良好的工作场所，并愿意推荐身边的人加入运通。

在职业发展与培训方面，89.9%的员工非常了解公司所鼓励的能力素质要求；85%的员工非常清楚公司内有哪些适合自身发展的职业通道。84.4%的员工认为，工作表现越好，在集团内部就越能获得更多的发展机会。从以上数字可以看出，运通集团员工在工作中能够受到鼓舞且能在公司实现自我价值，并最终将自身目标与企业目标相结合。

## 二、多层次、全方位的人才发展体系

通过建立各级人才发展计划，设计多层次、全方位的人才发展体系，形成人力资源的“活源泉”，从而达到不间断的人才继任目标，进而促进推动公司专业化、规范化、高效化发展战略的达成，以此保证集团的永续经营。设置应届生培养项目、继任者计划、总监候选人项目、总经理候选人项目等人才发展项目，同时开展新员工入职培训、领导力培训、综合经理培训等培训项目。

## 三、从未停歇的公益活动

作为一家拥有社会责任感的企业，希望用运通汽车集团的实际行动，去帮助更多需要帮助的人们，尽企业的一份责任。同时，也希望通过企业的爱心传递，能够影响和带动更多有爱心、有责任感的企业和个人加入慈善公益事业。

## 四、正能量企业文化

企业文化是一个企业的核心价值观所在，对外它是一张展示企业的形象名片，对内它能够凝聚员工的向心力。它为企业的发展指明了方向，为员工奋斗作出了指引，给予了员工精神上的极大鼓励。为推动企业文化建设工作，宣导企业文化践行中的正能量，展示员工及团队精神风貌，启动了运通集团企业文化践行积分方案。各种奖励、荣誉称号、客户表扬等正向行为都可以获得相应积分，集团每季度、半年度、年度将公布践行积分排行榜及进行积分兑换，以此积极宣传正能量。运通汽车集团也会在丰富多彩的员工活动中不断向员工传递积极正向的核心价值观，让运通集团核心价值观内化于心、外化于行！“塑百年品牌，创百年企业”的美好愿景将时刻激励着运通人勇于攀登再创辉煌！坚守这一美好愿景，运通将持续打造幸福企业，为人才提供广阔发展舞台，为社会创造更多美好价值，共创幸福事业，共享幸福成就。

# 重庆百事达汽车集团

重庆百事达汽车集团自1998年成立以来，不断探索，与时俱进，现已成为重庆本土最大的民营汽车经销集团，通过聚焦重庆主城核心区域和永川、涪陵、万州、黔江四大二级中心城市，打造区域市场优势，依靠4S 店与区县店共同布局形成良好的客户服务网络。2021年新能源汽车市场快速增长，集团快速转变思想，积极转型，拥抱新能源、新模式，把新能源汽车作为企业发展的重点战略，并在积极发展新能源品牌的同时，继续深耕已有代理品牌。百事达汽车一直致力于打造更好的客户服务能力，建立基于客户需求的服务体系，将持续领先，打造令客户和员工向往的汽车经销服务品牌作为中长远战略规划。

百事达汽车始终坚持人才与团队建设，积极营造健康向上的企业文化，在多年的发展中形成了具有企业特色的管理文化和价值观，“让员工在军队、学校、家庭的团队氛围中成为快速学习者并快乐工作”是这种文化和价值观的核心。集团创始人杨敏从企业创立之初就提出始终将员工和客户放在首位，员工是伙伴、是家人，要时刻关心员工的感受，努力营造家庭氛围。在百事达汽车内部并不强调等级，员工对公司的各项意见、建议可以直接反映到董事长。公司经常开展各项特色关怀活动，如入职周年祝福短信、员工生日会、节日慰问、亲子活动、总经理家访，对于有困难的员工及时帮扶等，这些活动紧密联系了公司、员工及员工家属。公司还不断改善工作环境、员工餐等，设计个性化的福利政策和激励，建立了良好稳固的员工关系。

汽车流通行业员工流动率较高，人力资源短缺的现象较为明显。董事长杨奕针对员工招聘选拔，强调首先看重的不是经验如何，而是员工是否有快速学习的能力。百事达汽车通过新员工入职培训、晋升员工的老带新培训、晨夕会的在职培训、系统技能竞赛、外派培训等多种方式，引导员工掌握发展所需的关键技能，平均培训频次9～10次。百事达汽车坚持优先内部晋升，90% 以上的管理岗位是从集团内部产生，当公司有职位空缺时会优先考虑内部员工，为员工提供更多职业选择和发展的机会。百事达汽车鼓励业务创新，对表现优秀的员工设立表彰奖项，如月度、季度标兵，年度集团优秀员工，优秀服务案例奖励等，并结合员工需求采取多种形式的表彰。通过关注员工的能力提升与职业发展，成功吸引并留住了企业所需的人才，提升了关键核心岗位员工的留任率，使员工具有较高的敬业度。

百事达汽车重视企业文化宣传，成立了企业文化巡视小组，深入店端宣传讲解，深度倾听员工心声，及时解决员工反映的问题，使企业价值观得到了较好的传递与认同。同时，努力为员工创造快乐工作的环境，鼓励员工享受工作和生活，开展形式多样的团建活动，如年会、新年晨会、员工旅游、摄影比赛、跑团、足球队、读书会以及各类兴趣小组等，使团队凝聚力得以提升。

百事达汽车努力为员工创造高效工作的条件，减少一切不必要的表单流程，杜绝文山会海、教条主义，强调现地现物，多年坚持公司效益增、员工收入增的“双增政策”，引导员工提高工作效能。通过设立高绩效目标、进行有效的指导、合理的评估和奖励，使员工清楚如何与企业共同发展，并获得良好的回报。

百事达汽车发挥党建引领作用，积极开展党建活动。集团成立了党委和四个支部，共有70名党员，绝大部分党员都在公司担任重要岗位工作，发挥了先锋模范带头作用。集团积极履行社会责任，参与脱贫攻坚战，参加公益活动，树立了良好的社会形象。

百事达汽车坚持企业文化与管理理念的传承，重视员工在企业中的作用，建立了忠诚、专业、高效的团队，员工队伍稳定，在企业服务五年以上的员工占集团总人数的23%，十年以上的员工占集团总人数的30%，企业与员工建立了良好的互信和共同发展关系。

# 第十部类

# 政策法规和标准

DISHIBULEI | ZHENGCEFAGUIHEBIAOZHUN

# 2022年汽车行业相关政策法规

| 发布时间 | 政策类别 | 政策名称 | 发文机关 | 原文 |
|---|---|---|---|---|
| 1月7日 | 市场准入 | 《推进多式联运发展优化调整运输结构工作方案（2021—2025年）》 | 国务院办公厅 | |
| 7月8日 | CCC政策 | 《关于增加汽车产品强制性认证依据标准的公告》 | 国家认证认可监督管理委员会 | |
| 1月18日 | 国家政策 | 《关于印发“十四五”现代综合交通运输体系发展规划的通知》 | 国务院 | |
| 1月22日 | | 《关于加快废旧物资循环利用体系建设的指导意见》 | 国家发展改革委、商务部、工业和信息化部、财政部、自然资源部、生态环境部和住房城乡建设部 | |
| 1月24日 | | 《“十四五”节能减排综合工作方案》 | 国务院 | |
| 1月30日 | | 《关于完善能源绿色低碳转型体制机制政策措施的意见》 | 国家发展改革委、国家能源局 | |
| 2月11日 | | 《关于印发“十四五”推进农业农村现代化规划的通知》 | 国务院 | |
| 2月18日 | | 《关于印发促进工业经济平稳增长的若干政策的通知》 | 国家发展改革委、工业和信息化部、财政部、人力资源社会保障部、自然资源部、生态环境部、交通运输部、商务部、人民银行、税务总局、银保监会、能源局 | |

续表

| 发布时间 | 政策类别 | 政策名称 | 发文机关 | 原文 |
|---|---|---|---|---|
| 3月21日 | 国家政策 | 《市场准入负面清单（2022年版）》 | 国家发展改革委、商务部 | |
| 3月22日 | | 《“十四五”现代能源体系规划》 | 国家发展改革委、国家能源局 | |
| 4月25日 | | 《关于进一步释放消费潜力促进消费持续恢复的意见》 | 国务院办公厅 | |
| 8月19日 | | 《关于加快建立统一规范的碳排放统计核算体系实施方案》的通知 | 国家发展改革委、国家统计局、生态环境部 | |
| 12月14日 | | 《扩大内需战略规划纲要（2022—2035年）》 | 国务院 | |
| 12月15日 | | 《“十四五”现代物流发展规划》 | 国务院办公厅 | |
| 1月21日 | 交通营运政策 | 《绿色交通“十四五”发展规划》 | 交通运输部 | |
| 2月23日 | | 新版《道路运输车辆动态监督管理办法》 | 交通运输部、公安部、应急管理部 | |
| 3月14日 | | 《多式联运示范工程管理办法（暂行）》 | 交通运输部、国家发展改革委 | |

续表

| 发布时间 | 政策类别 | 政策名称 | 发文机关 | 原文 |
|---|---|---|---|---|
| 3月16日 | | 《城市绿色货运配送示范工程管理办法》 | 交通运输部、公安部、商务部 | |
| 3月17日 | | 《交通强国建设评价指标体系》 | 交通运输部 | |
| 3月30日 | | 《推动“十四五”规划交通运输重大工程项目实施工作方案》 | 交通运输部办公厅 | |
| 4月8日 | | 《关于进一步加强交通运输安全生产体系建设的意见》 | 交通运输部 | |
| 4月11日 | 交通营运政策 | 《加快推进冷链物流运输高质量发展的实施意见》 | 交通运输部、铁路局、民航局、邮政局、国铁集团 | |
| 5月10日 | | 《大别山革命老区综合交通运输“十四五”发展规划》 | 交通运输部 | |
| 8月10日 | | 《绿色交通标准体系（2022年）》 | 交通运输部办公厅 | |
| 9月28日 | | 《关于修改〈道路运输车辆技术管理规定〉的决定》 | 交通运输部 | |
| 9月30日 | | 《关于做好阶段性减免收费公路货车通行费有关工作的通知》 | 交通运输部、财政部 | |

续表

| 发布时间 | 政策类别 | 政策名称 | 发文机关 | 原文 |
|---|---|---|---|---|
| 10 月 24 日 | 交通营运政策 | 《交通运输智慧物流标准体系建设指南》 | 交通运输部、国家标准化管理委员会 | |
| 6 月 13 日 | 节能政策 | 《减污降碳协同增效实施方案》 | 生态环境部、国家发展改革委、工业和信息化部、住房城乡建设部、交通运输部、农业农村部、国家能源局 | |
| 8 月 18 日 | | 《科技支撑碳达峰碳中和实施方案 2022— 2030 年）》 | 科技部、国家发展改革委、工业和信息化部、生态环境部、住房城乡建设部、交通运输部、中科院、工程院、国家能源局 | |
| 5 月 31 日 | 消费政策 | 《关于减征部分乘用车车辆购置税的公告》 | 财政部、税务总局 | |
| 7 月 7 日 | | 《关于搞活汽车流通 扩大汽车消费若干措施的通知》 | 商务部等 17 部门 | |
| 9 月 6 日 | | 《关于完善二手车市场主体备案和车辆交易登记管理的通知》 | 商务部办公厅、公安部办公厅 | |
| 1 月 10 日 | 新能源政策 | 《关于进一步提升电动汽车充电基础设施服务保障能力的实施意见》 | 国家发展改革委、国家能源局、工业和信息化部、财政部、自然资源部、住房和城乡建设部、交通运输部、农业农村部、应急部、市场监管总局 | |
| 2 月 10 日 | | 《关于加快推动工业资源综合利用的实施方案》 | 工业和信息化部、国家发展和改革委员会、科学技术部、财政部、自然资源部、生态环境部、商务部、国家税务总局 | |
| 5 月 31 日 | | 《关于开展 2022 新能源汽车下乡活动的通知》 | 工业和信息化部、农业农村部、商务部、国家能源局 | |

续表

| 发布时间 | 政策类别 | 政策名称 | 发文机关 | 原文 |
| --- | --- | --- | --- | --- |
| 8月25日 | 新能源政策 | 《加快推进公路沿线充电基础设施建设行动方案》 | 交通运输部、国家能源局、国家电网有限公司 、中国南方电网有限责任公司 | |
| 4月1日 | 一致性监管政策 | 《关于试行汽车安全沙盒监管制度的通知》 | 市场监管总局、工业和信息化部、交通运输部、应急部、海关总署 | |
| 6月24日 | | 《关于组织开展2022年度道路机动车辆生产企业及产品监督检查工作的通告》 | 工业和信息化部 | |
| 1月7日 | 智能网联政策 | 《关于开展网络安全技术应用试点示范工作的通知》 | 工业和信息化部办公厅、国家互联网信息办公室秘书局等 | |
| 2月25日 | | 《车联网网络安全和数据安全标准体系建设指南》 | 工业和信息化部 | |
| 7月7日 | | 《数据出境安全评估办法》 | 网信办 | |
| 8月15日 | | 《关于支持建设新一代人工智能示范应用场景的通知》 | 科技部 | |
| 8月30日 | | 《关于促进智能网联汽车发展维护测绘地理信息安全的通知》 | 自然资源部 | |

# 2022年汽车行业相关标准

| 标准法规 | | | |
|---|---|---|---|
| 标准代号 | 标准名称 | 发布日期 | 实施日期 |
| GB/T 41484—2022 | 汽车用超声波传感器总成 | 2022 年 4 月 15 日 | 2022 年 11 月 1 日 |
| GB/T 41481—2022 | 道路车辆 零部件和系统的清洁度 | 2022 年 7 月 11 日 | 2022 年 11 月 1 日 |
| GB/T 23336—2022 | 半挂车通用技术条件 | 2022 年 7 月 11 日 | 2022 年 11 月 1 日 |
| GB/T 41656—2022 | 道路车辆 尾部安装牵引杆连接器的牵引车与牵引杆挂车间的机械连接 互换性 | 2022 年 7 月 11 日 | 2022 年 11 月 1 日 |
| GB/T 40711. 1—2022 | 乘用车循环外技术 / 装置节能效果评价方法 第 1 部分：换挡提醒装置 | 2022 年 7 月 11 日 | 2022 年 11 月 1 日 |
| GB/T 41651—2022 | 道路车辆 前下部安装牵引杆连接器的牵引车和中置轴挂车间的机械连接 互换性 | 2022 年 7 月 11 日 | 2022 年 11 月 1 日 |
| GB/T 41590. 3—2022 | 道路车辆 基于 K 线的诊断通信 第 3 部分：应用层 | 2022 年 7 月 11 日 | 2023 年 2 月 1 日 |
| GB/T 41630—2022 | 智能泊车辅助系统性能要求及试验方法 | 2022 年 7 月 11 日 | 2023 年 2 月 1 日 |
| GB/T 41601—2022 | 旅居车辆 安全通风要求 | 2022 年 7 月 11 日 | 2022 年 11 月 1 日 |
| GB/T 41600—2022 | 汽车直线行驶稳定性试验方法 | 2022 年 7 月 11 日 | 2022 年 11 月 1 日 |
| GB/Z 41599—2022 | 车辆总质量监测 | 2022 年 7 月 11 日 | 2022 年 11 月 1 日 |
| GB/T 41590. 2—2022 | 道路车辆 基于 K 线的诊断通信 第 2 部分：数据链路层 | 2022 年 7 月 11 日 | 2023 年 2 月 1 日 |
| GB/T 41590. 1—2022 | 道路车辆 基于 K 线的诊断通信 第 1 部分：物理层 | 2022 年 7 月 11 日 | 2023 年 2 月 1 日 |
| GB/T 41590. 4—2022 | 道路车辆 基于 K 线的诊断通信 第 4 部分：排放相关系统要求 | 2022 年 7 月 11 日 | 2023 年 2 月 1 日 |
| GB/T 41588. 1—2022 | 道路车辆 控制器局域网（CAN） 第 1 部分：数据链路层和物理信令 | 2022 年 7 月 11 日 | 2023 年 2 月 1 日 |
| GB/T 41588. 2—2022 | 道路车辆 控制器局域网（CAN） 第 2 部分：高速媒介访问单元 | 2022 年 7 月 11 日 | 2023 年 2 月 1 日 |
| GB/T 41588. 3—2022 | 道路车辆 控制器局域网（CAN） 第 3 部分：低速容错、媒介相关接口 | 2022 年 7 月 11 日 | 2023 年 2 月 1 日 |
| GB/T 41588. 4—2022 | 道路车辆 控制器局域网（CAN） 第 4 部分：时间触发通信 | 2022 年 7 月 11 日 | 2023 年 2 月 1 日 |
| GB/T 41578—2022 | 电动汽车充电系统信息安全技术要求及试验方法 | 2022 年 7 月 11 日 | 2023 年 2 月 1 日 |
| GB 19239—2022 | 燃气汽车燃气系统安装规范 | 2022 年 8 月 31 日 | 2023 年 1 月 1 日 |

续表

| 标准法规 | | | |
|---|---|---|---|
| 标准代号 | 标准名称 | 发布日期 | 实施日期 |
| GB 16897—2022 | 制动软管的结构、性能要求及试验方法 | 2022年8月31日 | 2023年1月1日 |
| GB/T 41798—2022 | 智能网联汽车 自动驾驶功能场地试验方法及要求 | 2022年10月14日 | 2023年5月1日 |
| GB/T 41797—2022 | 驾驶员注意力监测系统性能要求及试验方法 | 2022年10月14日 | 2023年5月1日 |
| GB/T 41796—2022 | 商用车辆车道保持辅助系统性能要求及试验方法 | 2022年10月14日 | 2023年5月1日 |
| GB/T 18386.2—2022 | 电动汽车能量消耗量和续驶里程试验方法 第2部分：重型商用车辆 | 2022年10月14日 | 2023年5月1日 |
| GB/T 41722—2022 | 道路车辆 侧风敏感性 风机输入开环试验方法 | 2022年10月14日 | 2023年5月1日 |
| GB/T 41901.2—2022 | 道路车辆 网联车辆方法论 第2部分：设计导则 | 2022年10月14日 | 2023年5月1日 |
| GB/T 41901.1—2022 | 道路车辆 网联车辆方法论 第1部分：通用信息 | 2022年10月14日 | 2023年5月1日 |
| GB/T 41596—2022 | 道路车辆装载物固定装置 拉紧装置通用要求 | 2022年10月14日 | 2023年2月1日 |
| GB 15084—2022 | 机动车辆 间接视野装置 性能和安装要求 | 2022年12月29日 | 2023年7月1日 |
| GB 29743.1—2022 | 机动车冷却液 第1部分：燃油汽车发动机冷却液 | 2022年12月29日 | 2023年7月1日 |
| GB/T 29307—2022 | 电动汽车用驱动电机系统可靠性试验方法 | 2022年12月30日 | 2023年7月1日 |
| GB/T 42289—2022 | 旅居车辆 居住用电气系统安全通用要求 | 2022年12月30日 | 2023年7月1日 |
| GB/T 42284.5—2022 | 道路车辆 电动汽车驱动系统用电气及电子设备的环境条件和试验 第5部分：化学负荷 | 2022年12月30日 | 2023年7月1日 |
| GB/T 42284.4—2022 | 道路车辆 电动汽车驱动系统用电气及电子设备的环境条件和试验 第4部分：气候负荷 | 2022年12月30日 | 2023年7月1日 |
| GB/T 42284.3—2022 | 道路车辆 电动汽车驱动系统用电气及电子设备的环境条件和试验 第3部分：机械负荷 | 2022年12月30日 | 2023年7月1日 |
| GB/T 42284.1—2022 | 道路车辆 电动汽车驱动系统用电气及电子设备的环境条件和试验 第1部分：一般规定 | 2022年12月30日 | 2023年7月1日 |
| GB/T 42193.7—2022 | 道路车辆 车辆和外部设备之间排放相关诊断的通信 第7部分：数据链安全 | 2022年12月30日 | 2023年7月1日 |
| GB/T 42193.4—2022 | 道路车辆 车辆和外部设备之间排放相关诊断的通信 第4部分：外部测试设备 | 2022年12月30日 | 2023年7月1日 |
| GB/T 34590.10—2022 | 道路车辆 功能安全 第10部分：指南 | 2022年12月30日 | 2023年7月1日 |
| GB/T 42193.3—2022 | 道路车辆 车辆和外部设备之间排放相关诊断的通信 第3部分：诊断连接器和相关电路的要求及使用 | 2022年12月30日 | 2023年7月1日 |
| GB/T 34590.2—2022 | 道路车辆 功能安全 第2部分：功能安全管理 | 2022年12月30日 | 2023年7月1日 |
| GB/T 24554—2022 | 燃料电池发动机性能试验方法 | 2022年12月30日 | 2023年7月1日 |

续表

| 标准法规 | | | |
|---|---|---|---|
| 标准代号 | 标准名称 | 发布日期 | 实施日期 |
| GB/T 34590.12—2022 | 道路车辆 功能安全 第12部分：摩托车的适用性 | 2022年12月30日 | 2023年7月1日 |
| GB/T 34590.6—2022 | 道路车辆 功能安全<br>第6部分：产品开发：软件层面 | 2022年12月30日 | 2023年7月1日 |
| GB/T 34590.11—2022 | 道路车辆 功能安全 第11部分：半导体应用指南 | 2022年12月30日 | 2023年7月1日 |
| GB/T 42193.1—2022 | 道路车辆 车辆和外部设备之间排放相关诊断的通信<br>第1部分：一般信息和使用案例定义 | 2022年12月30日 | 2023年7月1日 |
| GB/T 34590.9—2022 | 道路车辆 功能安全 第9部分：以汽车安全完整性等级为导向和以安全为导向的分析 | 2022年12月30日 | 2023年7月1日 |
| GB/Z 42285—2022 | 道路车辆 电子电气系统ASIL等级确定方法指南 | 2022年12月30日 | 2023年7月1日 |
| GB/T 42193.2—2022 | 道路车辆 车辆和外部设备之间排放相关诊断的通信<br>第2部分：术语、定义、缩写和缩略语的指南 | 2022年12月30日 | 2023年7月1日 |
| GB/T 34590.1—2022 | 道路车辆 功能安全 第1部分：术语 | 2022年12月30日 | 2023年7月1日 |
| GB/T 34590.7—2022 | 道路车辆 功能安全<br>第7部分：生产、运行、服务和报废 | 2022年12月30日 | 2023年7月1日 |
| GB/T 34590.5—2022 | 道路车辆 功能安全<br>第5部分：产品开发：硬件层面 | 2022年12月30日 | 2023年7月1日 |
| GB/T 34590.3—2022 | 道路车辆 功能安全 第3部分：概念阶段 | 2022年12月30日 | 2023年7月1日 |
| GB/T 34590.8—2022 | 道路车辆 功能安全 第8部分：支持过程 | 2022年12月30日 | 2023年7月1日 |
| GB/T 34590.4—2022 | 道路车辆 功能安全<br>第4部分：产品开发：系统层面 | 2022年12月30日 | 2023年7月1日 |
| GB/T 12782—2022 | 汽车采暖性能要求和试验方法 | 2022年12月30日 | 2023年7月1日 |
| GB/T 25977—2022 | 除雪车 | 2022年12月30日 | 2023年7月1日 |
| GB/T 13043—2022 | 客车定型试验规程 | 2022年12月30日 | 2023年7月1日 |
| GB/T 3730.1—2022 | 汽车、挂车及汽车列车的术语和定义<br>第1部分：类型 | 2022年12月30日 | 2023年7月1日 |
| GB/T 42231—2022 | 综合客运枢纽通用要求 | 2022年12月30日 | 2022年12月30日 |
| GB/T 42230—2022 | 钢板卷道路运输捆绑固定要求 | 2022年12月30日 | 2022年12月30日 |
| GB/T 42183—2022 | 城市公共汽电车监管信息系统技术要求 | 2022年12月30日 | 2022年12月30日 |
| GB/T 4353—2022 | 载客汽车运行燃料消耗量 | 2022年12月30日 | 2022年12月30日 |
| GB/T 4352—2022 | 载货汽车运行燃料消耗量 | 2022年12月30日 | 2022年12月30日 |
| GB/T 42184—2022 | 货物多式联运术语 | 2022年12月30日 | 2022年12月30日 |

# 新能源汽车地方补贴和推广政策

| 区域 | | 政策类别 | 政策名称 |
|---|---|---|---|
| 北京 | | 新能源推广 | 《北京市“十四五”时期能源发展规划》 |
| | | 新能源推广 | 《关于开展 2021—2022 年度北京市燃料电池汽车示范应用项目申报的通知》 |
| | | 新能源推广 | 北京市大兴区发布《大兴区促进氢能产业发展暂行办法（2022 年修订版）》 |
| | | 新能源补贴 | 《关于 2022 年北京市第一批新能源汽车财政补助资金拟拨付清单的公示》 |
| | | 新能源配套设施 | 《关于对＜北京市氢能技术应用试点示范项目清单（第一批）进行公示的通知》 |
| | | 新能源配套设施 | 《关于印发＜“十四五”时期北京市新能源汽车充换电设施发展规划＞的通知》 |
| | | 新能源配套设施 | 《支持氢能产业发展的若干政策措施》 |
| | | 新能源补贴 | 《关于促进氢能产业高质量发展的若干措施》 |
| | | 新能源推广 | 《大兴区氢能产业发展行动计划（2022—2025 年）》 |
| | | 新能源配套设施 | 《北京市氢燃料电池汽车车用加氢站发展规划（2021—2025 年）》 |
| 上海 | | 新能源配套设施 | 《燃料电池汽车加氢站建设运营若干规定》 |
| | | 新能源补贴 | 《上海市新能源小型货运车辆专用营运额度投放通知》 |
| | | 新能源配套设施 | 《关于本市进一步推动充换电基础设施建设的实施意见》 |
| | | 新能源配套设施 | 《上海市能源发展“十四五”规划》 |
| | | 新能源配套设施 | 《上海市氢能产业发展中长期规划（2022—2035 年）》 |
| | | 新能源推广 | 《上海市瞄准新赛道促进绿色低碳产业发展行动方案（2022—2025 年）》 |
| | | 新能源推广 | 《关于开展 2022 年度上海市燃料电池汽车示范应用项目申报工作的通知》 |
| 天津 | | 新能源推广 | 《天津市能源发展“十四五”规划》 |
| | | 新能源推广 | 《关于印发在津推广新能源汽车生产企业及车型管理流程的通知》 |
| 重庆 | | 新能源补贴 | 《关于重庆市 2022 年度新能源汽车与充换电基础设施财政补贴政策的通知》 |
| | | 新能源配套设施 | 《重庆市新能源汽车换电模式应用试点工作方案》 |
| | | 新能源配套设施 | 《全市加快建设充换电基础设施工作方案》 |
| | | 新能源配套设施 | 《重庆市推进智能网联新能源汽车基础设施建设及服务行动计划（2022—2025 年）》 |
| | | 新能源推广 | 《重庆市促进绿色消费实施方案》的通知 |
| 河北 | 河北 | 新能源推广 | 《河北雄安新区新能源重卡推广应用实施方案（2022—2025 年）（试行）》 |
| | 保定 | 新能源推广 | 《保定市氢能产业发展“十四五”规划》 |
| | 石家庄 | 新能源配套设施 | 《关于印发＜关于进一步提升充电基础设施服务保障能力的实施意见＞的通知》 |
| 安徽 | 安徽 | 新能源动力电池回收利用 | 《新能源汽车动力蓄电池回收利用区域中心企业（站）试点名单》 |

续表

| 区域 | | 政策类别 | 政策名称 |
|---|---|---|---|
| 安徽 | 安徽 | 新能源推广 | 《支持新能源汽车和智能网联汽车产业提质扩量增效若干政策》 |
| | 安徽 | 新能源推广 | 《安徽省氢能产业发展中长期规划》 |
| | 合肥 | 新能源推广 | 《合肥市“十四五”新能源汽车产业发展规划》 |
| 四川 | 四川 | 新能源配套设施 | 《四川省“十四五”能源发展规划》 |
| | 四川 | 新能源推广 | 《“电动四川”行动计划（2022—2025 年）》 |
| | 四川 | 新能源动力电池回收利用 | 《关于组织开展动力新能源汽车蓄电池回收利用示范企业等创建工作的通知》 |
| | 四川 | 新能源配套设施 | 《四川省推进电动汽车充电基础设施建设工作实施方案》 |
| | 四川 | 新能源推广 | 《四川省电能替代推进方案 (2022—2025 年 )》 |
| | 成都 | 新能源补贴 | 《关于申报 2019 年及以前年度新能源汽车推广应用市级财政补贴的通知》 |
| | 成都 | 新能源配套设施 | 《成都市“十四五”新型基础设施建设规划》 |
| | 成都 | 新能源推广 | 《成都市优化交通运输结构促进城市绿色低碳发展政策措施》 |
| | 成都 | 新能源推广 | 《关于开展 2022—2023 年度成都市燃料电池汽车示范应用项目申报工作的通知》 |
| 广东 | 广东 | 新能源推广 | 《广东省能源发展“十四五”规划》 |
| | 广东 | 新能源补贴 | 《广东省新能源汽车购置补贴活动公告》 |
| | 广东 | 新能源推广 | 《广东省加快建设燃料电池汽车示范城市群行动计划（2022—2035 年）》 |
| | 广州 | 新能源推广 | 《广州市智能与新能源汽车创新发展“十四五”规划》 |
| | 广州 | 新能源补贴 | 《广州市加快个人领域新能源汽车推广应用工作指引》 |
| | 广州 | 新能源配套设施 | 《广州市氢能基础设施发展规划（2021—2030 年）》 |
| | 广州 | 新能源推广 | 《广州市能源发展“十四五”规划》 |
| | 广州 | 新能源配套设施 | 《广州市加快推进电动汽车充电基础设施建设三年行动方案（2022—2024 年）》的通知 |
| | 广州 | 新能源推广 | 《广州市燃料电池汽车示范应用工作方案（2022—2025 年》 |
| | 深圳 | 新能源配套设施 | 《新能源汽车停车收费减免优惠有关事项的通知》 |
| | 深圳 | 新能源补贴 | 《深圳市发展和改革委员会关于组织开展深圳市 2019 年及以前年度新能源汽车充电设施建设补贴申报工作的通知》 |
| | 深圳 | 新能源补贴 | 《深圳市促进新能源小汽车消费补贴申领实施细则》 |
| | 深圳 | 新能源推广 | 《深圳市促进绿色低碳产业高质量发展若干措施的通知》 |
| | 江门 | 新能源配套设施 | 《江门市加快推进新能源电动汽车充电基础设施建设三年行动计划（2022—2024 年）》 |
| | 东莞 | 新能源配套设施 | 《东莞市汽车能源基础设施“十四五”规划》 |
| | 东莞 | 新能源推广 | 《东莞市新能源产业发展行动计划（2022—2025 年）》 |
| | 中山 | 新能源推广 | 《中山市氢能产业发展规划（2022—2025 年》 |
| | 珠海 | 新能源补贴 | 珠海发布 2022 年新能源汽车消费补助申报细则 |
| | 珠海 | 新能源推广 | 《珠海市能源发展“十四五”规划》 |

续表

| 区域 | | 政策类别 | 政策名称 |
|---|---|---|---|
| 广东 | 珠海 | 新能源推广 | 《珠海市氢能产业发展规划（2022—2035 年）》 |
| | 佛山 | 新能源补贴 | 《佛山市新能源城市配送货车运营扶持资金管理办法》 |
| 福建 | 福建 | 新能源推广 | 《福建省新能源汽车产业发展规划（2022—2025 年）》 |
| | 福建 | 新能源推广 | 《福建省氢能产业发展行动计划（2022—2025 年）》 |
| | 福州 | 新能源推广 | 《关于印发福州市促进氢能产业发展扶持办法的通知》 |
| 甘肃 | 甘肃 | 新能源推广 | 《甘肃省新能源汽车产业发展实施意见》 |
| | 兰州 | 新能源配套设施 | 《兰州市氢能产业发展实施方案（2022—2025 年）》 |
| 广西 | 广西 | 新能源推广 | 《广西新能源汽车产业发展“十四五”规划》 |
| | 广西 | 新能源补贴 | 《广西壮族自治区新能源汽车推广应用三年行动财政补贴实施细则》 |
| | 广西 | 新能源推广 | 《广西“能源网”建设 2022 年工作推进方案》 |
| | 广西 | 新能源配套设施 | 《广西能源发展“十四五”规划》 |
| 贵州 | 贵州 | 新能源推广 | 《贵州省促进绿色消费实施方案》 |
| 海南 | 海南 | 新能源配套设施 | 《关于海南省 2022 年充电基础设施建设运营管理任务计划安排的函》 |
| | 海南 | 新能源推广 | 海南省发布 2022 年鼓励使用新能源汽车若干措施 |
| | 海南 | 新能源推广 | 《关于新能源汽车数据接入省新能源汽车监管平台的通知》 |
| | 海南 | 新能源配套设施 | 海南开展新能源汽车换电模式重点应用领域示范应用项目申报 |
| | 三亚 | 新能源配套设施 | 《三亚市新能源汽车换电模式应用试点建设方案》 |
| 浙江 | 浙江 | 新能源推广 | 《浙江省能源发展“十四五”规划》 |
| | 浙江 | 新能源配套设施 | 《浙江省加快推进公路沿线充电基础设施建设行动方案》 |
| | 温州 | 新能源推广 | 《温州市支持新能源汽车产业发展及推广应用若干政策措施》 |
| | 杭州 | 新能源补贴 | 杭州发文组织申报 2022 年第一批新能源补贴 |
| | 金华 | 新能源推广 | 《金华市能源发展“十四五”规划》 |
| 河南 | 新乡 | 新能源推广 | 新乡市发布新能源汽车产业发展的实施意见 |
| | 河南 | 新能源推广 | 《关于进一步加快新能源汽车产业发展的指导意见》 |
| | 河南 | 新能源推广 | 《河南省氢能产业发展中长期规划（2022—2035 年）》和《郑汴洛濮氢走廊规划建设工作方案》 |
| | 郑州 | 新能源推广 | 《关于加快新能源及智能网联汽车产业发展的实施意见》 |
| 湖北 | 湖北 | 新能源推广 | 《湖北省能源发展“十四五”规划》 |
| | 湖北 | 新能源推广 | 《关于支持氢能产业发展的若干措施》 |
| | 武汉 | 新能源推广 | 《支持氢能产业发展的意见》 |
| | 武汉 | 新能源配套设施 | 《武汉市新能源汽车换电模式应用试点实施方案（2022—2023 年）》 |
| | 武汉 | 新能源补贴 | 《武汉市促进新能源汽车消费工作方案》 |

续表

| 区域 | | 政策类别 | 政策名称 |
|---|---|---|---|
| 湖北 | 武汉 | 新能源补贴 | 《武汉市支持氢能产业发展财政资金管理办法》 |
| 湖南 | 湖南 | 新能源推广 | 《湖南省电力支撑能力提升行动方案（2022—2025 年）》 |
| | 湖南 | 新能源推广 | 《湖南省氢能产业发展规划》 |
| | 长沙 | 新能源配套设施 | 《关于新能源汽车停放服务收费优惠政策的通知》 |
| | 长沙 | 新能源推广 | 《关于加快推广新能源货车的实施意见》 |
| 吉林 | 吉林 | 新能源配套设施 | 《吉林省能源发展“十四五”规划》 |
| | 吉林 | 新能源推广 | 《“氢动吉林”中长期发展规划（2021—2035 年）》 |
| | 吉林 | 新能源配套设施 | 《吉林省电动汽车充换电基础设施发展规划（2021—2025 年）》 |
| 江苏 | 江苏 | 新能源推广 | 《江苏省“十四五”新能源汽车产业发展规划》 |
| | 江苏 | 新能源配套设施 | 《江苏省新能源汽车充（换）电设施建设运营管理办法》 |
| | 江苏 | 新能源推广 | 《江苏省纯电动重型卡车换电电池包系统技术规范》 |
| | 苏州 | 新能源推广 | 《关于进一步加快全市新能源汽车推广应用的实施意见》 |
| | 苏州 | 新能源配套设施 | 《苏州市“十四五”电动汽车公共充换电设施规划》 |
| | 南通 | 新能源推广 | 《南通市氢能与燃料电池汽车产业发展指导意见（2022—2025 年）》 |
| 江西 | | 新能源推广 | 《江西省“十四五”能源发展规划》 |
| 辽宁 | | 新能源配套设施 | 《辽宁省氢能产业发展规划（2021—2025 年）》 |
| 内蒙古 | | 新能源配套设施 | 《内蒙古自治区“十四五”能源发展规划》 |
| | | 新能源配套设施 | 《内蒙古自治区“十四五”氢能发展规划》 |
| | | 新能源配套设施 | 《内蒙古自治区“十四五”可再生能源发展规划》 |
| 宁夏 | | 新能源配套设施 | 《宁夏充电基础设施“十四五”规划》 |
| | | 新能源推广 | 《宁夏回族自治区氢能产业发展规划》 |
| 青海 | | 新能源配套设施 | 《青海省“十四五”能源发展规划》 |
| 山东 | 山东 | 新能源配套设施 | 《山东省人民政府办公厅关于推动城乡建设绿色发展若干措施的通知》 |
| | 山东 | 新能源推广 | 《关于印发〈关于加快推进全省行政事业单位新能源汽车推广应用的指导意见〉的通知》 |
| | 青岛 | 新能源推广 | 《青岛西海岸新区氢能产业发展规划（2021—2030 年）》 |
| 山西 | 山西 | 新能源推广 | 《氢能产业发展中长期规划（2022—2035 年）》 |
| 陕西 | 陕西 | 新能源配套设施 | 《电动汽车充电基础设施服务保障能力实施意见》 |
| 新疆 | 新疆 | 新能源推广 | 《关于进一步加快新能源汽车推广应用及产业发展的指导意见》 |
| 云南 | 云南 | 新能源动力电池回收利用 | 《云南省新能源电池产业发展三年行动计划（2022—2024 年）》 |
| | 昆明 | 新能源补贴 | 昆明发布 2022 年新能源汽车、充电基础设施财政补贴项目 |

# 第十一部类

# 统计数据

DISHIYIBULEI | TONGJISHUJU

表1　1982—2022年公路线路年末里程　　单位：万千米

| 年份 | 公路里程 | # 高速公路 |
|---|---|---|
| 1982 | 90.70 | — |
| 1983 | 91.51 | — |
| 1984 | 92.67 | — |
| 1985 | 94.24 | — |
| 1986 | 96.28 | — |
| 1987 | 98.22 | — |
| 1988 | 99.96 | 0.01 |
| 1989 | 101.43 | 0.03 |
| 1990 | 102.83 | 0.05 |
| 1991 | 104.11 | 0.06 |
| 1992 | 105.67 | 0.07 |
| 1993 | 108.35 | 0.11 |
| 1994 | 111.78 | 0.16 |
| 1995 | 115.70 | 0.21 |
| 1996 | 118.58 | 0.34 |
| 1997 | 122.64 | 0.48 |
| 1998 | 127.85 | 0.87 |
| 1999 | 135.17 | 1.16 |
| 2000 | 167.98 | 1.63 |
| 2001 | 169.80 | 1.94 |
| 2002 | 176.52 | 2.51 |
| 2003 | 180.98 | 2.97 |
| 2004 | 187.07 | 3.43 |
| 2005 | 334.52 | 4.10 |
| 2006 | 345.70 | 4.53 |
| 2007 | 358.37 | 5.39 |
| 2008 | 373.02 | 6.03 |
| 2009 | 386.08 | 6.51 |
| 2010 | 400.82 | 7.41 |
| 2011 | 410.64 | 8.49 |
| 2012 | 423.75 | 9.62 |
| 2013 | 435.62 | 10.44 |
| 2014 | 446.39 | 11.19 |
| 2015 | 457.73 | 12.35 |
| 2016 | 469.63 | 13.10 |
| 2017 | 477.35 | 13.64 |
| 2018 | 484.65 | 14.26 |
| 2019 | 501.25 | 14.96 |
| 2020 | 519.81 | 16.10 |
| 2021 | 528.07 | 16.91 |
| 2022 | 535.48 | 17.73 |

表2　公路线路年末里程（2022年底）（按地区分）　　单位：千米

| 地　区 | 总计 | 等级公路合计 | 公路等级 | | | | | 等外公路 |
|---|---|---|---|---|---|---|---|---|
| | | | 高速 | 一级 | 二级 | 三级 | 四级 | |
| 总　计 | 5354837 | 5162473 | 177252 | 134770 | 431591 | 475906 | 3942954 | 192364 |
| 北　京 | 22363 | 22363 | 1196 | 1429 | 3937 | 4141 | 11660 | — |
| 天　津 | 15230 | 15230 | 1358 | 1392 | 2024 | 1008 | 9448 | — |
| 河　北 | 209209 | 209183 | 8326 | 7882 | 22076 | 22955 | 147943 | 27 |
| 山　西 | 145469 | 144746 | 5859 | 3026 | 15882 | 22163 | 97818 | 723 |
| 内蒙古 | 216176 | 212601 | 7694 | 8765 | 21577 | 32208 | 142357 | 3575 |
| 辽　宁 | 131065 | 127834 | 4348 | 4273 | 18938 | 21219 | 79057 | 3231 |
| 吉　林 | 109761 | 106181 | 4395 | 2204 | 9942 | 9758 | 79882 | 3580 |
| 黑龙江 | 168958 | 146603 | 4659 | 3402 | 12546 | 33979 | 92017 | 22355 |
| 上　海 | 13005 | 13005 | 851 | 477 | 3879 | 2513 | 5285 | — |
| 江　苏 | 158000 | 158000 | 5087 | 16165 | 23899 | 17249 | 95601 | — |
| 浙　江 | 122918 | 122918 | 5290 | 8545 | 10885 | 10787 | 87411 | — |
| 安　徽 | 237967 | 237944 | 5477 | 6752 | 13837 | 21978 | 189900 | 23 |
| 福　建 | 112878 | 100780 | 5951 | 1565 | 11864 | 9869 | 71531 | 12098 |
| 江　西 | 210711 | 206208 | 6728 | 3246 | 12700 | 19481 | 164053 | 4502 |
| 山　东 | 291759 | 291759 | 8048 | 12770 | 27116 | 39671 | 204155 | — |
| 河　南 | 277482 | 273952 | 8009 | 5043 | 31247 | 22389 | 207263 | 3530 |
| 湖　北 | 302178 | 298942 | 7598 | 8209 | 24977 | 9093 | 249065 | 3236 |
| 湖　南 | 242420 | 231495 | 7331 | 3171 | 16761 | 7223 | 197009 | 10925 |
| 广　东 | 223081 | 223013 | 11211 | 13337 | 19122 | 25299 | 154045 | 67 |
| 广　西 | 172391 | 167280 | 8271 | 2065 | 16600 | 10037 | 130307 | 5111 |
| 海　南 | 41687 | 41572 | 1399 | 507 | 2241 | 1972 | 35453 | 115 |
| 重　庆 | 186137 | 175802 | 4002 | 1268 | 9616 | 7160 | 153756 | 10335 |
| 四　川 | 405390 | 393166 | 9180 | 4890 | 18133 | 17422 | 343542 | 12224 |
| 贵　州 | 209617 | 193886 | 8331 | 1528 | 11164 | 6383 | 166480 | 15731 |
| 云　南 | 316091 | 301324 | 10249 | 1753 | 13240 | 12369 | 263713 | 14767 |
| 西　藏 | 120852 | 102021 | 407 | 587 | 1089 | 15021 | 84917 | 18831 |
| 陕　西 | 185607 | 176666 | 6700 | 2314 | 10325 | 15540 | 141786 | 8941 |
| 甘　肃 | 157243 | 153543 | 5783 | 1618 | 10948 | 15015 | 120180 | 3700 |
| 青　海 | 87726 | 77175 | 3788 | 991 | 9126 | 5235 | 58035 | 10551 |
| 宁　夏 | 38347 | 38347 | 2079 | 1982 | 4261 | 5421 | 24604 | — |
| 新　疆 | 223118 | 198933 | 7647 | 3614 | 21642 | 31347 | 134683 | 24185 |

表3 2000—2022年公路营运汽车拥有量

| 年份 | 汽车总计（万辆） | 载客汽车 | | 载货汽车 | | | |
|---|---|---|---|---|---|---|---|
| | | 数量（万辆） | 客位（万客位） | 数量（万辆） | #普通载货汽车 | 吨位（万吨） | #普通载货汽车 |
| 2000 | 702.82 | 216.81 | 2524.45 | 486.02 | 475.24 | 1667.70 | 1573.73 |
| 2005 | 733.22 | 128.40 | 1859.28 | 604.82 | 580.28 | 2537.75 | 2282.15 |
| 2006 | 802.58 | 161.92 | 2312.41 | 640.66 | 598.43 | 2822.69 | 2343.13 |
| 2007 | 849.22 | 164.73 | 2428.81 | 684.49 | 648.01 | 3135.69 | 2643.74 |
| 2008 | 930.61 | 169.64 | 2560.36 | 760.97 | 720.18 | 3686.20 | 3139.76 |
| 2009 | 1087.35 | 180.79 | 2799.71 | 906.56 | 859.27 | 4655.23 | 4002.80 |
| 2010 | 1133.32 | 83.13 | 2017.09 | 1050.19 | 996.43 | 5999.82 | 5223.23 |
| 2011 | 1263.75 | 84.34 | 2086.66 | 1179.41 | 1116.36 | 7261.20 | 6273.51 |
| 2012 | 1339.89 | 86.71 | 2166.55 | 1253.19 | 1184.58 | 8062.14 | 6963.29 |
| 2013 | 1504.73 | 85.26 | 2170.26 | 1419.48 | 1080.75 | 9613.91 | 5008.34 |
| 2014 | 1537.93 | 84.58 | 2189.55 | 1453.36 | 1091.32 | 10292.47 | 5241.45 |
| 2015 | 1473.12 | 83.93 | 2148.58 | 1389.19 | 1011.87 | 10366.50 | 4982.50 |
| 2016 | 1435.77 | 84.00 | 2140.26 | 1351.77 | 946.03 | 10826.78 | 4843.83 |
| 2017 | 1450.22 | 81.61 | 2099.18 | 1368.62 | 902.90 | 11774.81 | 4868.40 |
| 2018 | 1435.48 | 79.66 | 2048.11 | 1355.82 | 816.76 | 12872.97 | 4791.21 |
| 2019 | 1165.49 | 77.67 | 2002.53 | 1087.82 | 489.77 | 13587.00 | 4479.25 |
| 2020 | 1171.54 | 61.26 | 1840.89 | 1110.28 | 414.14 | 15784.17 | 4660.76 |
| 2021 | 1231.96 | 58.70 | 1751.03 | 1173.26 | 406.94 | 17099.50 | 4923.43 |
| 2022 | 1222.08 | 55.42 | 1647.24 | 1166.66 | 387.69 | 16967.33 | 4716.19 |

表4　公路营运汽车拥有量（2022年底）（按地区分）

| 地　区 | 合计（辆） | 载客汽车 | | 载货汽车 | | | |
|---|---|---|---|---|---|---|---|
| | | 数量（辆） | 客位（个） | 数量（辆） | # 普通载货汽车 | 吨位（吨） | # 普通载货汽车 |
| 总　计 | 12220768 | 554157 | 16472394 | 11666611 | 3876861 | 169673342 | 47161902 |
| 北　京 | 131730 | 12567 | 571064 | 119163 | 59360 | 1083635 | 593746 |
| 天　津 | 123276 | 8523 | 357427 | 114753 | 20126 | 1636345 | 224298 |
| 河　北 | 1173660 | 16119 | 519071 | 1157541 | 188957 | 18835749 | 2492057 |
| 山　西 | 573767 | 9458 | 292479 | 564309 | 88119 | 8939750 | 1221065 |
| 内蒙古 | 272870 | 10230 | 343260 | 262640 | 70256 | 3412939 | 902822 |
| 辽　宁 | 528286 | 20035 | 747015 | 508251 | 162110 | 7283542 | 1694725 |
| 吉　林 | 243041 | 11763 | 389862 | 231278 | 92797 | 2808599 | 995948 |
| 黑龙江 | 350244 | 14991 | 486751 | 335253 | 145395 | 4504465 | 1744802 |
| 上　海 | 267342 | 9224 | 396117 | 258118 | 82396 | 3678195 | 893675 |
| 江　苏 | 774990 | 29744 | 1238289 | 745246 | 344764 | 10390193 | 3956903 |
| 浙　江 | 396312 | 17139 | 633556 | 379173 | 132385 | 5621256 | 1729852 |
| 安　徽 | 650977 | 14507 | 488579 | 636470 | 122239 | 9148146 | 1610882 |
| 福　建 | 240864 | 13270 | 413753 | 227594 | 70638 | 3694284 | 900754 |
| 江　西 | 421194 | 10821 | 333089 | 410373 | 137526 | 5171201 | 1602413 |
| 山　东 | 1397527 | 17406 | 645036 | 1380121 | 338619 | 21324200 | 4288583 |
| 河　南 | 833925 | 27987 | 878190 | 805938 | 214817 | 12358424 | 2988091 |
| 湖　北 | 359785 | 25468 | 665369 | 334317 | 150981 | 4754623 | 1842726 |
| 湖　南 | 299137 | 28757 | 736150 | 270380 | 126970 | 3843170 | 1462600 |
| 广　东 | 609991 | 32260 | 1282988 | 577731 | 206287 | 8941274 | 2748249 |
| 广　西 | 378290 | 20338 | 667477 | 357952 | 171485 | 5070187 | 2098072 |
| 海　南 | 36318 | 5341 | 176225 | 30977 | 13886 | 419958 | 138782 |
| 重　庆 | 257400 | 14322 | 364626 | 243078 | 137588 | 2935351 | 1379958 |
| 四　川 | 507379 | 45257 | 1014193 | 462122 | 241063 | 6432843 | 2922350 |
| 贵　州 | 113065 | 21420 | 508712 | 91645 | 54946 | 1125744 | 639322 |
| 云　南 | 287054 | 36932 | 643501 | 250122 | 160458 | 3259669 | 1871007 |
| 西　藏 | 52827 | 4321 | 81880 | 48506 | 38531 | 599545 | 461873 |
| 陕　西 | 291700 | 15981 | 477972 | 275719 | 96157 | 3965352 | 1150030 |
| 甘　肃 | 135810 | 15213 | 343100 | 120597 | 61389 | 1582928 | 730839 |
| 青　海 | 50012 | 4261 | 118297 | 45751 | 22068 | 631464 | 275267 |
| 宁　夏 | 135771 | 4084 | 125749 | 131687 | 22363 | 1749262 | 292389 |
| 新　疆 | 326224 | 36418 | 532617 | 289806 | 102185 | 4471049 | 1307824 |

注：1. 从2013年起，公路营运载客汽不再包含公路运输管理部门管理并注册登记的公共汽车和出租汽车，统计口径发生调整，数据与上年同期不可比。

2. 从2013年起，公路营运载货汽车包括货车、牵引车和挂车，统计口径发生调整，数据与上年同期不可比。

表5-1　1965—2022年全社会货运量　　单位：万吨

| 年份 | 总计 | 铁路 | 公路 | 水运 | | 民航 | 管道 |
|---|---|---|---|---|---|---|---|
| | | | | | # 远洋 | | |
| 1965 | 133253 | 49100 | 59995 | 24155 | — | 2.5 | — |
| 1970 | 167913 | 68132 | 72929 | 26848 | — | 3.7 | — |
| 1975 | 251593 | 88955 | 117633 | 38968 | — | 4.7 | 6032 |
| 1978 | 319431 | 110119 | 151602 | 47357 | 3659 | 6.4 | 10347 |
| 1980 | 310841 | 111279 | 142195 | 46833 | 4292 | 8.9 | 10525 |
| 1985 | 745763 | 130709 | 538062 | 63322 | 6627 | 19.5 | 13650 |
| 1986 | 853557 | 135635 | 620113 | 82962 | 7228 | 22.4 | 14825 |
| 1987 | 948229 | 140653 | 711424 | 80979 | 7984 | 29.9 | 15143 |
| 1988 | 982195 | 144948 | 732315 | 89281 | 8530 | 32.7 | 15618 |
| 1989 | 988435 | 151489 | 733781 | 87493 | 9027 | 31.0 | 15641 |
| 1990 | 970602 | 150681 | 724040 | 80094 | 9408 | 37.0 | 15750 |
| 1991 | 985793 | 152893 | 733907 | 83370 | 10567 | 45.2 | 15578 |
| 1992 | 1045899 | 157627 | 780941 | 92490 | 11191 | 57.5 | 14783 |
| 1993 | 1115902 | 162794 | 840256 | 97938 | 12508 | 69.4 | 14845 |
| 1994 | 1180396 | 163216 | 894914 | 107091 | 13421 | 82.9 | 15092 |
| 1995 | 1234938 | 165982 | 940387 | 113194 | 15251 | 101.1 | 15274 |
| 1996 | 1298421 | 171024 | 983860 | 127430 | 14213 | 115.0 | 15992 |
| 1997 | 1278218 | 172149 | 976536 | 113406 | 20287 | 124.7 | 16002 |
| 1998 | 1267427 | 164309 | 976004 | 109555 | 18892 | 140.1 | 17419 |
| 1999 | 1293008 | 167554 | 990444 | 114608 | 22621 | 170.4 | 20232 |
| 2000 | 1358682 | 178581 | 1038813 | 122391 | 22949 | 196.7 | 18700 |
| 2001 | 1401786 | 193189 | 1056312 | 132675 | 27573 | 171.0 | 19439 |
| 2002 | 1483447 | 204956 | 1116324 | 141832 | 29896 | 202.1 | 20133 |
| 2003 | 1564492 | 224248 | 1159957 | 158070 | 34002 | 219.0 | 21998 |
| 2004 | 1706412 | 249017 | 1244990 | 187394 | 39469 | 276.7 | 24734 |

续表

| 年份 | 总计 | 铁路 | 公路 | 水运 | | 民航 | 管道 |
|---|---|---|---|---|---|---|---|
| | | | | | # 远洋 | | |
| 2005 | 1862066 | 269296 | 1341778 | 219648 | 48549 | 306.7 | 31037 |
| 2006 | 2037060 | 288224 | 1466347 | 248703 | 54413 | 349.4 | 33436 |
| 2007 | 2275822 | 314237 | 1639432 | 281199 | 58903 | 401.8 | 40552 |
| 2008 | 2585937 | 330354 | 1916759 | 294510 | 42352 | 407.6 | 43906 |
| 2009 | 2825222 | 333348 | 2127834 | 318996 | 51733 | 445.5 | 44598 |
| 2010 | 3241807 | 364271 | 2448052 | 378949 | 58054 | 563.0 | 49972 |
| 2011 | 3696961 | 393263 | 2820100 | 425968 | 63542 | 557.5 | 57073 |
| 2012 | 4100436 | 390438 | 3188475 | 458705 | 65815 | 545.0 | 62274 |
| 2013 | 4098900 | 396697 | 3076648 | 559785 | 71156 | 561.3 | 65209 |
| 2014 | 4167296 | 381334 | 3113334 | 598283 | 74733 | 594.1 | 73752 |
| 2015 | 4175886 | 335801 | 3150019 | 613567 | 74685 | 629.3 | 75870 |
| 2016 | 4386763 | 333186 | 3341259 | 638238 | 79769 | 668.0 | 73411 |
| 2017 | 4804850 | 368865 | 3686858 | 667846 | 76030 | 705.9 | 80576 |
| 2018 | 5152732 | 402631 | 3956871 | 702684 | 76969 | 738.5 | 89807 |
| 2019 | 4713624 | 438904 | 3435480 | 747225 | 83243 | 753.1 | 91261 |
| 2020 | 4725862 | 455236 | 3426413 | 761630 | 380087 | 676.6 | 81907 |
| 2021 | 5298499 | 477372 | 3913889 | 823973 | 405095 | 731.8 | 82534 |
| 2022 | 5152571 | 498424 | 3711928 | 855352 | 415145 | 607.6 | 86260 |

注：1. 从 1984 年起，公路运输包括私营运输完成的数量；从 2008 年起，公路运输量统计范围原则上为营运车辆。水路运输量统计范围为在交通运输主管部门审批、备案的从事营业性旅客和货物运输生产的船舶（以下各表同）。

2. 1993 年及以后年份，铁路货物运输指标口径有调整，增加了行包运量（以下各表同）。

3. 本资料从 2012 年开始，将 1980 年以前的公路、水路货运历史数据按部门口径进行了调整（以下各表同）。

表5-2　2022年货运量构成

单位：%

| 总计 | 铁路 | 公路 | 水运 | | 民航 | 管道 |
|---|---|---|---|---|---|---|
| | | | | # 远洋 | | |
| 100.0 | 9.7 | 72.0 | 16.6 | 8.1 | 0.01 | 1.7 |

表6　各地区全社会货运量（2022年）　单位：万吨

| 地　区 | 总计 | 铁路 | 公路 | 水运 |
|---|---|---|---|---|
| 总　计 | 5152571 | 498424 | 3711928 | 855352 |
| 北　京 | 18918 | 368 | 18549 | — |
| 天　津 | 52898 | 11754 | 30382 | 10761 |
| 河　北 | 232136 | 30212 | 196727 | 5197 |
| 山　西 | 211540 | 104514 | 107024 | 1 |
| 内蒙古 | 211615 | 84906 | 126709 | — |
| 辽　宁 | 166281 | 22394 | 139403 | 4484 |
| 吉　林 | 46467 | 5654 | 40813 | — |
| 黑龙江 | 52119 | 12955 | 38616 | 547 |
| 上　海 | 141059 | 512 | 44846 | 95701 |
| 江　苏 | 279143 | 10010 | 159936 | 109197 |
| 浙　江 | 321583 | 5453 | 205935 | 110195 |
| 安　徽 | 394061 | 7912 | 245982 | 140167 |
| 福　建 | 169091 | 4816 | 106939 | 57336 |
| 江　西 | 196926 | 5200 | 178366 | 13360 |
| 山　东 | 334165 | 36174 | 276906 | 21085 |
| 河　南 | 259983 | 12156 | 230055 | 17772 |
| 湖　北 | 209475 | 6279 | 144979 | 58217 |
| 湖　南 | 213251 | 4827 | 186123 | 22301 |
| 广　东 | 351809 | 11707 | 242474 | 97628 |
| 广　西 | 213331 | 9805 | 163219 | 40307 |
| 海　南 | 30007 | 911 | 6844 | 22252 |
| 重　庆 | 135491 | 1899 | 111915 | 21678 |
| 四　川 | 186423 | 8045 | 172329 | 6049 |
| 贵　州 | 94999 | 6672 | 87870 | 456 |
| 云　南 | 145857 | 6009 | 139217 | 630 |
| 西　藏 | 4024 | 91 | 3934 | — |
| 陕　西 | 164723 | 43505 | 121188 | 30 |
| 甘　肃 | 72945 | 8861 | 64084 | — |
| 青　海 | 18467 | 3594 | 14874 | — |
| 宁　夏 | 48623 | 10160 | 38463 | — |
| 新　疆 | 88293 | 21068 | 67225 | — |
| 不分地区 | 86868 | — | — | — |

注：部分地区合计中包括民航完成607.61万吨，管道完成86260万吨。

表7-1　1970—2022年全社会货物周转量　　单位：亿吨 / 千米

| 年份 | 总计 | 铁路 | 公路 | 水运 | | 民航 | 管道 |
|---|---|---|---|---|---|---|---|
| | | | | | # 远洋 | | |
| 1970 | 4590.12 | 3495.95 | 153.95 | 939.85 | — | 0.35 | — |
| 1975 | 7594.20 | 4255.64 | 248.12 | 2827.83 | — | 0.60 | 262.00 |
| 1978 | 9928.19 | 5345.19 | 350.27 | 3801.76 | 2487.00 | 0.97 | 430.00 |
| 1980 | 11628.64 | 5717.53 | 342.87 | 5076.49 | 3532.00 | 1.41 | 491.00 |
| 1985 | 18365.11 | 8125.66 | 1903.00 | 7729.30 | 5329.00 | 4.15 | 603.00 |
| 1986 | 20147.44 | 8764.78 | 2118.00 | 8647.90 | 5948.00 | 4.76 | 612.00 |
| 1987 | 22228.51 | 9471.49 | 2660.40 | 9465.10 | 6576.00 | 6.52 | 625.00 |
| 1988 | 23825.71 | 9877.59 | 3220.40 | 10070.40 | 6966.00 | 7.32 | 650.00 |
| 1989 | 25591.71 | 10394.18 | 3374.80 | 11186.80 | 7689.00 | 6.93 | 629.00 |
| 1990 | 26207.56 | 10622.38 | 3358.10 | 11591.90 | 8140.86 | 8.18 | 627.00 |
| 1991 | 27986.49 | 10971.99 | 3428.00 | 12955.40 | 8990.40 | 10.10 | 621.00 |
| 1992 | 29217.57 | 11575.55 | 3755.40 | 13256.20 | 9034.00 | 13.42 | 617.00 |
| 1993 | 30646.81 | 12090.90 | 4070.50 | 13860.80 | 9133.90 | 16.61 | 608.00 |
| 1994 | 33435.48 | 12632.00 | 4486.30 | 15686.60 | 10267.70 | 18.58 | 612.00 |
| 1995 | 35908.88 | 13049.48 | 4694.90 | 17552.20 | 11938.00 | 22.30 | 590.00 |
| 1996 | 36589.79 | 13106.16 | 5011.20 | 17862.50 | 11254.00 | 24.93 | 585.00 |
| 1997 | 38384.69 | 13269.88 | 5271.50 | 19235.00 | 14874.70 | 29.10 | 579.21 |
| 1998 | 38088.71 | 12560.08 | 5483.38 | 19405.80 | 14920.28 | 33.45 | 606.00 |
| 1999 | 40567.64 | 12910.30 | 5724.30 | 21262.80 | 17014.40 | 42.34 | 627.90 |
| 2000 | 44320.51 | 13770.49 | 6129.40 | 23734.20 | 17073.00 | 50.27 | 636.15 |
| 2001 | 47709.94 | 14694.14 | 6330.44 | 25988.89 | 20873.00 | 43.72 | 652.75 |
| 2002 | 50685.85 | 15658.42 | 6782.46 | 27510.64 | 21733.00 | 51.55 | 682.78 |
| 2003 | 53859.18 | 17246.65 | 7099.48 | 28715.76 | 22304.77 | 57.90 | 739.39 |
| 2004 | 69445.04 | 19288.77 | 7840.86 | 41428.69 | 32255.00 | 71.80 | 814.92 |
| 2005 | 80258.10 | 20726.03 | 8693.19 | 49672.28 | 38552.00 | 78.90 | 1087.70 |
| 2006 | 88839.85 | 21954.41 | 9754.25 | 55485.75 | 42577.30 | 94.28 | 1551.17 |
| 2007 | 101418.81 | 23797.00 | 11354.69 | 64284.85 | 48686.00 | 116.39 | 1865.89 |
| 2008 | 110300.49 | 25106.29 | 32868.19 | 50262.74 | 32850.60 | 119.60 | 1943.68 |
| 2009 | 122133.31 | 25239.17 | 37188.82 | 57556.67 | 39524.12 | 126.23 | 2022.42 |
| 2010 | 141837.42 | 27644.13 | 43389.67 | 68427.53 | 45999.00 | 178.90 | 2197.19 |
| 2011 | 159323.62 | 29465.79 | 51374.74 | 75423.84 | 49355.40 | 173.91 | 2885.44 |
| 2012 | 173804.46 | 29187.09 | 59534.86 | 81707.58 | 53412.10 | 163.89 | 3211.04 |
| 2013 | 168013.80 | 29173.89 | 55738.08 | 79435.65 | 48705.37 | 170.29 | 3495.89 |
| 2014 | 181667.69 | 27530.19 | 56846.90 | 92774.56 | 55935.06 | 187.77 | 4328.28 |
| 2015 | 178355.90 | 23754.31 | 57955.72 | 91772.45 | 54236.09 | 208.07 | 4665.35 |
| 2016 | 186629.48 | 23792.26 | 61080.10 | 97338.80 | 58074.60 | 222.45 | 4195.87 |
| 2017 | 197372.65 | 26962.20 | 66771.52 | 98611.25 | 55083.86 | 243.55 | 4784.13 |
| 2018 | 204686.24 | 28820.99 | 71249.21 | 99052.82 | 51926.58 | 262.50 | 5300.72 |
| 2019 | 199394.33 | 30181.95 | 59636.39 | 103963.04 | 54057.47 | 263.20 | 5349.75 |
| 2020 | 201945.74 | 30514.46 | 60171.85 | 105834.44 | 89896.90 | 240.20 | 5184.79 |
| 2021 | 223600.38 | 33238.00 | 69087.65 | 115577.51 | 97841.51 | 278.16 | 5419.07 |
| 2022 | 231782.69 | 35945.69 | 68958.04 | 121003.14 | 101977.41 | 254.10 | 5621.73 |

表7-2　2022年货物周转量构成

单位：%

| 铁路 | 公路 | 水运 | | 民航 | 管道 |
|---|---|---|---|---|---|
| | | | # 远洋 | | |
| 15.5 | 29.8 | 52.2 | 44.0 | 0.11 | 2.4 |

表 8　各地区全社会货物周转量（2022 年）

单位：亿吨 / 千米

| 地　区 | 总计 | 铁路 | 公路 | 水运 |
|---|---|---|---|---|
| 总　计 | 231782.69 | 35945.69 | 68958.04 | 121003.14 |
| 北　京 | 1017.06 | 791.63 | 225.43 | — |
| 天　津 | 2665.83 | 574.34 | 604.87 | 1486.62 |
| 河　北 | 14234.21 | 5505.97 | 7890.34 | 837.90 |
| 山　西 | 6473.00 | 3308.74 | 3164.25 | 0.00 |
| 内蒙古 | 5220.71 | 3079.75 | 2140.96 | — |
| 辽　宁 | 4611.16 | 1304.53 | 2777.53 | 529.10 |
| 吉　林 | 1873.55 | 596.87 | 1276.68 | — |
| 黑龙江 | 1851.62 | 969.34 | 846.09 | 36.18 |
| 上　海 | 32369.69 | 20.69 | 844.42 | 31504.58 |
| 江　苏 | 11829.27 | 381.97 | 3207.63 | 8239.66 |
| 浙　江 | 13544.93 | 286.63 | 2650.38 | 10607.92 |
| 安　徽 | 11281.77 | 849.00 | 3695.98 | 6736.79 |
| 福　建 | 11340.31 | 206.39 | 1260.62 | 9873.30 |
| 江　西 | 5119.76 | 619.11 | 4086.42 | 414.23 |
| 山　东 | 14273.49 | 1896.69 | 7912.63 | 4464.17 |
| 河　南 | 11751.16 | 2748.05 | 7716.19 | 1286.93 |
| 湖　北 | 7544.17 | 1224.11 | 2058.76 | 4261.30 |
| 湖　南 | 2931.57 | 1015.61 | 1465.02 | 450.95 |
| 广　东 | 28078.11 | 362.74 | 2710.33 | 25005.04 |
| 广　西 | 5172.95 | 741.45 | 1885.63 | 2545.88 |
| 海　南 | 9963.70 | 13.00 | 39.52 | 9911.18 |
| 重　庆 | 3880.23 | 303.71 | 1063.30 | 2513.22 |
| 四　川 | 3202.04 | 1068.46 | 1857.99 | 275.59 |
| 贵　州 | 1417.27 | 680.18 | 722.91 | 14.18 |
| 云　南 | 1999.74 | 527.98 | 1463.38 | 8.39 |
| 西　藏 | 130.46 | 27.67 | 102.80 | — |
| 陕　西 | 4368.94 | 2497.87 | 1871.02 | 0.05 |
| 甘　肃 | 3680.54 | 1990.22 | 1690.33 | — |
| 青　海 | 702.64 | 527.38 | 175.26 | — |
| 宁　夏 | 873.75 | 275.96 | 597.79 | — |
| 新　疆 | 2503.24 | 1549.65 | 953.59 | — |
| 不分地区 | 5875.83 | — | — | — |

注：不分地区数据包括民航完成 254.1 亿吨 / 千米，管道完成 5621.73 亿吨 / 千米。

表9　2022年全社会客运量　　单位：万人

| 年份 | 总计 | 铁路 | 公路 | 水运 | 民航 |
|---|---|---|---|---|---|
| 1970 | 130056 | 52455 | 61812 | 15767 | 22 |
| 1975 | 192969 | 70465 | 101350 | 21015 | 139 |
| 1978 | 253993 | 81491 | 149229 | 23042 | 231 |
| 1980 | 341785 | 92204 | 222799 | 26439 | 343 |
| 1985 | 620206 | 112110 | 476486 | 30863 | 747 |
| 1986 | 688211 | 108579 | 544259 | 34377 | 996 |
| 1987 | 746422 | 112479 | 593682 | 38951 | 1310 |
| 1988 | 809592 | 122645 | 650473 | 35032 | 1442 |
| 1989 | 791374 | 113805 | 644508 | 31778 | 1283 |
| 1990 | 772682 | 95712 | 648085 | 27225 | 1660 |
| 1991 | 806048 | 95080 | 682681 | 26109 | 2178 |
| 1992 | 860855 | 99693 | 731774 | 26502 | 2886 |
| 1993 | 996634 | 105458 | 860719 | 27074 | 3383 |
| 1994 | 1092882 | 108738 | 953940 | 26165 | 4039 |
| 1995 | 1172596 | 102745 | 1040810 | 23924 | 5117 |
| 1996 | 1245357 | 94797 | 1122110 | 22895 | 5555 |
| 1997 | 1326094 | 93308 | 1204583 | 22573 | 5630 |
| 1998 | 1378717 | 95085 | 1257332 | 20545 | 5755 |
| 1999 | 1394413 | 100164 | 1269004 | 19151 | 6094 |
| 2000 | 1478573 | 105073 | 1347392 | 19386 | 6722 |
| 2001 | 1534122 | 105155 | 1402798 | 18645 | 7524 |
| 2002 | 1608150 | 105606 | 1475257 | 18693 | 8594 |
| 2003 | 1587497 | 97260 | 1464335 | 17142 | 8759 |
| 2004 | 1767453 | 111764 | 1624526 | 19040 | 12123 |
| 2005 | 1847018 | 115583 | 1697381 | 20227 | 13827 |
| 2006 | 2024158 | 125656 | 1860487 | 22047 | 15968 |
| 2007 | 2227761 | 135670 | 2050680 | 22835 | 18576 |
| 2008 | 2867892 | 146193 | 2682114 | 20334 | 19251 |
| 2009 | 2976898 | 152451 | 2779081 | 22314 | 23052 |
| 2010 | 3269508 | 167609 | 3052738 | 22392 | 26769 |
| 2011 | 3526319 | 186226 | 3286220 | 24556 | 29317 |
| 2012 | 3804035 | 189337 | 3557010 | 25752 | 31936 |
| 2013 | 2122992 | 210597 | 1853463 | 23535 | 35397 |
| 2014 | 2032218 | 230460 | 1736270 | 26293 | 39195 |
| 2015 | 1943271 | 253484 | 1619097 | 27072 | 43618 |
| 2016 | 1900194 | 281405 | 1542759 | 27234 | 48796 |
| 2017 | 1848620 | 308379 | 1456784 | 28300 | 55156 |
| 2018 | 1793820 | 337495 | 1367170 | 27981 | 61174 |
| 2019 | 1760436 | 366002 | 1301173 | 27267 | 65993 |
| 2020 | 966540 | 220350 | 689425 | 14987 | 41778 |
| 2021 | 830257 | 261171 | 508693 | 16337 | 44056 |
| 2022 | 558738 | 167296 | 354643 | 11627 | 25171 |

表10　各地区全社会客运量（2022年）　　单位：万人

| 地　区 | 总计 | 铁路 | 公路 | 水运 |
|---|---|---|---|---|
| 总　计 | 558738 | 167296 | 354643 | 11627 |
| 北　京 | 25055 | 3950 | 21105 | — |
| 天　津 | 8295 | 1311 | 6959 | 25 |
| 河　北 | 8410 | 4114 | 4296 | — |
| 山　西 | 6274 | 3716 | 2476 | 81 |
| 内蒙古 | 3557 | 1712 | 1844 | — |
| 辽　宁 | 17579 | 4184 | 13151 | 244 |
| 吉　林 | 7417 | 2052 | 5318 | 47 |
| 黑龙江 | 9203 | 3070 | 6016 | 118 |
| 上　海 | 7397 | 4313 | 2865 | 220 |
| 江　苏 | 47077 | 12842 | 32652 | 1582 |
| 浙　江 | 32659 | 12360 | 17938 | 2360 |
| 安　徽 | 14672 | 7301 | 7284 | 87 |
| 福　建 | 16567 | 6378 | 9651 | 538 |
| 江　西 | 16217 | 6386 | 9734 | 97 |
| 山　东 | 17536 | 8471 | 8247 | 818 |
| 河　南 | 26828 | 7512 | 19189 | 127 |
| 湖　北 | 26050 | 8433 | 17412 | 205 |
| 湖　南 | 38244 | 9779 | 27641 | 823 |
| 广　东 | 42329 | 17714 | 23730 | 884 |
| 广　西 | 20654 | 5974 | 14479 | 201 |
| 海　南 | 6688 | 1840 | 3447 | 1400 |
| 重　庆 | 19634 | 4824 | 14432 | 378 |
| 四　川 | 40221 | 9679 | 29816 | 726 |
| 贵　州 | 20323 | 4580 | 15537 | 205 |
| 云　南 | 16698 | 4724 | 11690 | 284 |
| 西　藏 | 630 | 240 | 390 | — |
| 陕　西 | 13372 | 4825 | 8496 | 50 |
| 甘　肃 | 8013 | 2444 | 5544 | 26 |
| 青　海 | 1118 | 366 | 721 | 31 |
| 宁　夏 | 2701 | 434 | 2195 | 71 |
| 新　疆 | 12149 | 1766 | 10384 | — |
| 不分地区 | 25171 | — | — | — |

注：不分地区数据为民航完成客运量25171万人。

表11 1970—2022年全社会旅客周转量

单位：亿人 / 千米

| 年份 | 总计 | 铁路 | 公路 | 水运 | 民航 |
|---|---|---|---|---|---|
| 1970 | 1031.05 | 718.19 | 240.06 | 71.01 | 1.79 |
| 1975 | 1434.55 | 954.09 | 374.48 | 90.59 | 15.39 |
| 1978 | 1743.06 | 1093.22 | 521.30 | 100.63 | 27.91 |
| 1980 | 2281.34 | 1383.16 | 729.50 | 129.12 | 39.56 |
| 1985 | 4435.39 | 2416.14 | 1724.88 | 178.65 | 115.72 |
| 1986 | 4896.51 | 2586.71 | 1981.74 | 182.06 | 146.00 |
| 1987 | 5415.47 | 2843.06 | 2190.43 | 195.92 | 186.06 |
| 1988 | 6209.38 | 3260.31 | 2528.24 | 203.92 | 216.91 |
| 1989 | 6074.56 | 3037.41 | 2662.11 | 188.27 | 186.77 |
| 1990 | 5628.35 | 2612.64 | 2620.32 | 164.91 | 230.48 |
| 1991 | 6178.32 | 2828.05 | 2871.74 | 177.21 | 301.32 |
| 1992 | 6949.38 | 3152.24 | 3192.64 | 198.38 | 406.12 |
| 1993 | 7858.00 | 3483.30 | 3700.70 | 196.40 | 477.60 |
| 1994 | 8591.42 | 3636.04 | 4220.30 | 183.50 | 551.58 |
| 1995 | 9001.90 | 3545.70 | 4603.10 | 171.80 | 681.30 |
| 1996 | 9164.80 | 3347.60 | 4908.79 | 160.57 | 747.84 |
| 1997 | 10055.48 | 3584.86 | 5541.40 | 155.70 | 773.52 |
| 1998 | 10636.74 | 3773.42 | 5942.81 | 120.27 | 800.24 |
| 1999 | 11299.74 | 4135.94 | 6199.20 | 107.30 | 857.30 |
| 2000 | 12261.09 | 4532.59 | 6657.42 | 100.54 | 970.54 |
| 2001 | 13155.13 | 4766.82 | 7207.08 | 89.88 | 1091.35 |
| 2002 | 14125.64 | 4969.38 | 7805.77 | 81.78 | 1268.70 |
| 2003 | 13810.50 | 4788.61 | 7695.60 | 63.10 | 1263.19 |
| 2004 | 16309.08 | 5712.17 | 8748.38 | 66.25 | 1782.28 |
| 2005 | 17466.74 | 6061.96 | 9292.08 | 67.77 | 2044.93 |
| 2006 | 19197.21 | 6622.12 | 10130.85 | 73.58 | 2370.66 |
| 2007 | 21592.58 | 7216.31 | 11506.77 | 77.78 | 2791.73 |
| 2008 | 23196.70 | 7778.60 | 12476.11 | 59.18 | 2882.80 |
| 2009 | 24834.94 | 7878.89 | 13511.44 | 69.38 | 3375.24 |
| 2010 | 27894.26 | 8762.18 | 15020.81 | 72.27 | 4039.00 |
| 2011 | 30984.03 | 9612.29 | 16760.25 | 74.53 | 4536.96 |
| 2012 | 33383.09 | 9812.33 | 18467.55 | 77.48 | 5025.74 |
| 2013 | 27571.65 | 10595.62 | 11250.94 | 68.33 | 5656.76 |
| 2014 | 28647.13 | 11241.85 | 10996.75 | 74.34 | 6334.19 |
| 2015 | 30058.90 | 11960.60 | 10742.66 | 73.08 | 7282.55 |
| 2016 | 31258.46 | 12579.29 | 10228.71 | 72.33 | 8378.13 |
| 2017 | 32812.80 | 13456.92 | 9765.18 | 77.66 | 9513.04 |
| 2018 | 34218.15 | 14146.58 | 9279.68 | 79.57 | 10712.32 |
| 2019 | 35349.24 | 14706.64 | 8857.08 | 80.22 | 11705.30 |
| 2020 | 19251.46 | 8266.19 | 4641.01 | 32.99 | 6311.28 |
| 2021 | 19758.15 | 9567.81 | 3627.54 | 33.11 | 6529.68 |
| 2022 | 12921.55 | 6577.53 | 2407.54 | 22.60 | 3913.87 |

表12 各地区全社会旅客周转量（2022年） 单位：亿人／千米

| 地 区 | 总计 | 铁路 | 公路 | 水运 |
|---|---|---|---|---|
| 总 计 | 12921.55 | 6577.53 | 2407.54 | 22.60 |
| 北 京 | 88.61 | 43.58 | 45.03 | — |
| 天 津 | 97.50 | 57.92 | 39.55 | 0.04 |
| 河 北 | 382.21 | 345.37 | 36.84 | — |
| 山 西 | 119.14 | 96.57 | 22.55 | 0.03 |
| 内蒙古 | 88.98 | 68.55 | 20.43 | — |
| 辽 宁 | 269.12 | 201.10 | 66.27 | 1.75 |
| 吉 林 | 122.48 | 81.48 | 40.97 | 0.03 |
| 黑龙江 | 126.26 | 91.73 | 34.39 | 0.15 |
| 上 海 | 76.11 | 42.24 | 33.47 | 0.39 |
| 江 苏 | 620.72 | 416.65 | 203.52 | 0.55 |
| 浙 江 | 490.73 | 347.97 | 139.23 | 3.53 |
| 安 徽 | 483.56 | 407.85 | 75.61 | 0.11 |
| 福 建 | 260.40 | 191.74 | 68.13 | 0.53 |
| 江 西 | 455.61 | 394.17 | 61.30 | 0.14 |
| 山 东 | 415.31 | 313.83 | 98.29 | 3.19 |
| 河 南 | 639.53 | 470.27 | 169.05 | 0.21 |
| 湖 北 | 474.66 | 377.61 | 96.24 | 0.80 |
| 湖 南 | 687.10 | 538.72 | 146.57 | 1.82 |
| 广 东 | 722.95 | 526.81 | 193.83 | 2.31 |
| 广 西 | 377.78 | 245.16 | 131.82 | 0.81 |
| 海 南 | 59.95 | 28.80 | 28.17 | 2.98 |
| 重 庆 | 206.60 | 127.41 | 77.94 | 1.25 |
| 四 川 | 392.57 | 223.11 | 168.59 | 0.87 |
| 贵 州 | 319.87 | 207.20 | 112.24 | 0.43 |
| 云 南 | 247.52 | 143.71 | 103.34 | 0.48 |
| 西 藏 | 21.65 | 11.56 | 10.10 | — |
| 陕 西 | 278.81 | 216.03 | 62.69 | 0.09 |
| 甘 肃 | 208.91 | 176.66 | 32.23 | 0.03 |
| 青 海 | 43.33 | 33.11 | 10.20 | 0.03 |
| 宁 夏 | 36.55 | 17.53 | 18.97 | 0.05 |
| 新 疆 | 193.12 | 133.11 | 60.01 | — |
| 不分地区 | 3913.87 | — | — | — |

注：不分地区数据为民航完成旅客周转量3913.87亿人／千米。

表13-1　2008—2022年民用汽车拥有量（载客）　　单位：万辆

| 年份 | 民用汽车总计 | 载客汽车 | 载客汽车类型 | | | |
|---|---|---|---|---|---|---|
| | | 总计 | 大型 | 中型 | 小型 | 微型 |
| 2008 | 5099.61 | 3838.92 | 100.39 | 143.19 | 3271.14 | 324.19 |
| 2009 | 6280.61 | 4845.09 | 107.95 | 145.80 | 4246.90 | 344.44 |
| 2010 | 7801.83 | 6124.13 | 116.44 | 146.07 | 5498.36 | 363.25 |
| 2011 | 9356.32 | 7478.37 | 126.54 | 147.41 | 6827.54 | 376.88 |
| 2012 | 10933.09 | 8943.01 | 128.13 | 131.78 | 8302.63 | 380.47 |
| 2013 | 12670.14 | 10561.78 | 131.38 | 117.06 | 9951.46 | 361.87 |
| 2014 | 14598.11 | 12326.70 | 139.61 | 112.06 | 11748.19 | 326.84 |
| 2015 | 16284.45 | 14095.88 | 140.07 | 89.66 | 13580.48 | 285.66 |
| 2016 | 18574.54 | 16278.24 | 146.03 | 83.82 | 15813.84 | 234.55 |
| 2017 | 20906.67 | 18469.54 | 152.94 | 78.95 | 18038.69 | 198.96 |
| 2018 | 23231.23 | 20555.40 | 158.33 | 75.40 | 20135.22 | 186.46 |
| 2019 | 25376.38 | 22474.27 | 160.58 | 72.08 | 22069.74 | 171.88 |
| 2020 | 27340.92 | 24166.18 | 157.01 | 68.29 | 23782.77 | 158.12 |
| 2021 | 29418.59 | 26015.84 | 153.00 | 65.45 | 25651.99 | 145.40 |
| 2022 | 31184.44 | 27715.55 | 147.57 | 61.91 | 27372.60 | 133.47 |

注：小轿车包括在载客汽车中（下表同）。

表13-2　2008—2022年民用汽车拥有量（载货）　　单位：万辆

| 年份 | 载货汽车 | 载货汽车类型 | | | | 其他汽车 |
|---|---|---|---|---|---|---|
| | 总计 | 重型 | 中型 | 轻型 | 微型 | |
| 2008 | 1126.07 | 200.84 | 249.73 | 644.96 | 30.54 | 134.62 |
| 2009 | 1368.60 | 315.08 | 262.21 | 765.33 | 25.97 | 66.92 |
| 2010 | 1597.55 | 394.80 | 269.75 | 911.88 | 21.12 | 80.14 |
| 2011 | 1787.99 | 460.58 | 267.80 | 1042.07 | 17.54 | 89.96 |
| 2012 | 1894.75 | 472.51 | 229.20 | 1179.65 | 13.40 | 95.33 |
| 2013 | 2010.62 | 501.97 | 196.40 | 1300.02 | 12.23 | 97.75 |
| 2014 | 2125.46 | 533.67 | 188.09 | 1385.77 | 17.93 | 145.95 |
| 2015 | 2065.62 | 530.05 | 148.87 | 1375.79 | 10.90 | 122.95 |
| 2016 | 2171.89 | 569.48 | 138.69 | 1455.29 | 8.43 | 124.41 |
| 2017 | 2338.85 | 635.41 | 130.68 | 1566.30 | 6.46 | 98.28 |
| 2018 | 2567.82 | 709.53 | 124.39 | 1728.53 | 5.37 | 108.00 |
| 2019 | 2782.84 | 761.70 | 116.27 | 1900.76 | 4.11 | 119.27 |
| 2020 | 3042.64 | 840.64 | 106.19 | 2092.72 | 3.09 | 132.09 |
| 2021 | 3258.47 | 907.09 | 95.88 | 2253.26 | 2.25 | 144.28 |
| 2022 | 3317.65 | 894.15 | 86.29 | 2335.60 | 1.61 | 151.24 |

表14-1　民用车辆拥有量（载客）（2022年底按地区分）　单位：辆

| 地　区 | 载客汽车 | 载客汽车类型 | | | |
|---|---|---|---|---|---|
| | 总计 | 大型 | 中型 | 小型 | 微型 |
| 总　计 | 277155467 | 1475733 | 619137 | 273725924 | 1334673 |
| 北　京 | 5638384 | 57689 | 83303 | 5475625 | 21767 |
| 天　津 | 3474490 | 24596 | 10599 | 3421335 | 17960 |
| 河　北 | 16720834 | 62855 | 17809 | 16443948 | 196222 |
| 山　西 | 7706981 | 35646 | 10818 | 7553572 | 106945 |
| 内蒙古 | 6129360 | 29897 | 11293 | 6041379 | 46791 |
| 辽　宁 | 9300311 | 67737 | 31786 | 9158890 | 41898 |
| 吉　林 | 4850500 | 34146 | 11407 | 4782797 | 22150 |
| 黑龙江 | 5417312 | 46092 | 19413 | 5330577 | 21230 |
| 上　海 | 4668267 | 44466 | 19410 | 4598639 | 5752 |
| 江　苏 | 21393932 | 103772 | 31761 | 21195424 | 62975 |
| 浙　江 | 18684190 | 69114 | 27954 | 18518629 | 68493 |
| 安　徽 | 9834197 | 52442 | 19159 | 9739741 | 22855 |
| 福　建 | 7344101 | 34227 | 17519 | 7269544 | 22811 |
| 江　西 | 6634487 | 28770 | 11480 | 6579792 | 14445 |
| 山　东 | 25590936 | 127954 | 36264 | 25172076 | 254642 |
| 河　南 | 17850972 | 69848 | 30085 | 17637884 | 113155 |
| 湖　北 | 9561092 | 58995 | 22558 | 9465940 | 13599 |
| 湖　南 | 10020838 | 58356 | 34892 | 9906194 | 21396 |
| 广　东 | 26005550 | 146255 | 39601 | 25763205 | 56489 |
| 广　西 | 7844951 | 35226 | 14101 | 7764302 | 31322 |
| 海　南 | 1604028 | 14133 | 4988 | 1581914 | 2993 |
| 重　庆 | 5183326 | 29973 | 9176 | 5139718 | 4459 |
| 四　川 | 13142663 | 70853 | 18532 | 13004194 | 49084 |
| 贵　州 | 5809667 | 28084 | 14880 | 5755824 | 10879 |
| 云　南 | 7758062 | 29139 | 16843 | 7676945 | 35135 |
| 西　藏 | 492477 | 4509 | 2634 | 483821 | 1513 |
| 陕　西 | 7600273 | 39294 | 13771 | 7507491 | 39717 |
| 甘　肃 | 3553183 | 23242 | 9258 | 3511808 | 8875 |
| 青　海 | 1190595 | 9378 | 5391 | 1171501 | 4325 |
| 宁　夏 | 1541329 | 9503 | 3233 | 1522275 | 6318 |
| 新　疆 | 4608179 | 29542 | 19219 | 4550940 | 8478 |

表14-2 民用车辆拥有量（载货）（2022年底按地区分） 单位：辆

| 地 区 | 载货汽车 | 载货汽车类型 | | | |
|---|---|---|---|---|---|
| | 总计 | 重型 | 中型 | 轻型 | 微型 |
| 总 计 | 33176495 | 8941540 | 862853 | 23355974 | 16128 |
| 北 京 | 584120 | 101589 | 15214 | 465195 | 2122 |
| 天 津 | 395162 | 89280 | 5906 | 299555 | 421 |
| 河 北 | 2437469 | 756133 | 26655 | 1654122 | 559 |
| 山 西 | 948576 | 377751 | 8287 | 562303 | 235 |
| 内蒙古 | 850775 | 258510 | 11497 | 580627 | 141 |
| 辽 宁 | 1145107 | 375262 | 38718 | 731042 | 85 |
| 吉 林 | 552521 | 182334 | 14715 | 355407 | 65 |
| 黑龙江 | 824436 | 249443 | 36483 | 538434 | 76 |
| 上 海 | 347646 | 222020 | 30987 | 94637 | 2 |
| 江 苏 | 1528774 | 594427 | 90543 | 843661 | 143 |
| 浙 江 | 1734184 | 333443 | 32318 | 1368179 | 244 |
| 安 徽 | 1381940 | 458691 | 26076 | 897008 | 165 |
| 福 建 | 917117 | 164258 | 15286 | 737542 | 31 |
| 江 西 | 890164 | 290559 | 25851 | 573667 | 87 |
| 山 东 | 3270395 | 982014 | 54138 | 2232722 | 1521 |
| 河 南 | 1967270 | 561451 | 21134 | 1384395 | 290 |
| 湖 北 | 1085442 | 292433 | 43141 | 749621 | 247 |
| 湖 南 | 968147 | 210516 | 36558 | 720902 | 171 |
| 广 东 | 2850541 | 553736 | 91311 | 2196720 | 8774 |
| 广 西 | 1026086 | 273692 | 34968 | 717256 | 170 |
| 海 南 | 209810 | 22664 | 8480 | 178645 | 21 |
| 重 庆 | 547630 | 168679 | 18115 | 360798 | 38 |
| 四 川 | 1400131 | 351809 | 47496 | 1000724 | 102 |
| 贵 州 | 761027 | 105313 | 17752 | 637935 | 27 |
| 云 南 | 1298285 | 189459 | 27536 | 1081223 | 67 |
| 西 藏 | 216809 | 43873 | 17872 | 155045 | 19 |
| 陕 西 | 804426 | 234995 | 13359 | 555876 | 196 |
| 甘 肃 | 702216 | 122238 | 18103 | 561852 | 23 |
| 青 海 | 238999 | 41271 | 6284 | 191423 | 21 |
| 宁 夏 | 411390 | 107255 | 6576 | 297539 | 20 |
| 新 疆 | 879900 | 226442 | 21494 | 631919 | 45 |

表15-1　2005—2022年私人汽车拥有量（载客）　　单位：万辆

| 年份 | 汽车总计 | 载客汽车 | 载客汽车类型 | | | |
|---|---|---|---|---|---|---|
| | | 总计 | 大型 | 中型 | 小型 | 微型 |
| 2005 | 1848.07 | 1383.93 | 7. 61 | 50. 88 | 1079. 78 | 245. 66 |
| 2006 | 2333.32 | 1823.57 | 11. 19 | 56. 20 | 1491. 18 | 265. 00 |
| 2007 | 2876.22 | 2316.91 | 7.91 | 55.73 | 1984.29 | 268.98 |
| 2008 | 3501.39 | 2880.50 | 8.57 | 57.97 | 2533.28 | 280.68 |
| 2009 | 4574.91 | 3808.33 | 8.72 | 59.96 | 3436.26 | 303.39 |
| 2010 | 5938.71 | 4989.50 | 9.34 | 61.00 | 4593.46 | 325.70 |
| 2011 | 7326.79 | 6237.46 | 9.99 | 62.34 | 5823.62 | 341.52 |
| 2012 | 8838.60 | 7637.87 | 8.26 | 55.43 | 7226.48 | 347.71 |
| 2013 | 10501.68 | 9198.23 | 6.95 | 46.95 | 8810.51 | 333.83 |
| 2014 | 12339.36 | 10945.39 | 7.70 | 42.10 | 10590.75 | 304.83 |
| 2015 | 14099.10 | 12737.23 | 8.27 | 28.89 | 12432.26 | 267.81 |
| 2016 | 16330.22 | 14896.27 | 4.99 | 24.84 | 14645.61 | 220.83 |
| 2017 | 18515.11 | 17001.51 | 4.58 | 22.17 | 16788.42 | 186.35 |
| 2018 | 20574.93 | 18930.29 | 4.48 | 20.39 | 18731.80 | 173.62 |
| 2019 | 22508.99 | 20710.58 | 4.21 | 18.99 | 20527.27 | 160.11 |
| 2020 | 24291.19 | 22333.81 | 3.82 | 17.65 | 22165.13 | 147.21 |
| 2021 | 26152.02 | 24074.19 | 3.24 | 16.66 | 23919.16 | 135.14 |
| 2022 | 27792.11 | 25662.21 | 2.77 | 15.35 | 25520.30 | 12.38 |

表15-2　2005—2022年私人汽车拥有量（载货）　　单位：万辆

| 年份 | 载货汽车 | 载货汽车类型 | | | | 其他汽车 |
|---|---|---|---|---|---|---|
| | 总计 | 重型 | 中型 | 轻型 | 微型 | |
| 2005 | 452.11 | 62. 50 | 100. 34 | 243. 29 | 45. 98 | 12. 04 |
| 2006 | 494.91 | 64. 23 | 108. 64 | 288. 94 | 33. 09 | 14. 84 |
| 2007 | 539.45 | 68.89 | 110.44 | 332.69 | 27.43 | 19.86 |
| 2008 | 596.39 | 73.28 | 115.68 | 384.12 | 23.31 | 24.50 |
| 2009 | 753.40 | 108.73 | 129.59 | 494.97 | 20.12 | 13.17 |
| 2010 | 931.52 | 141.44 | 140.52 | 632.77 | 16.78 | 17.69 |
| 2011 | 1067.43 | 164.28 | 144.52 | 744.39 | 14.24 | 21.90 |
| 2012 | 1175.63 | 168.13 | 128.51 | 867.64 | 11.35 | 25.09 |
| 2013 | 1275.49 | 174.39 | 111.85 | 978.73 | 10.52 | 27.95 |
| 2014 | 1352.78 | 182.68 | 104.90 | 1050.60 | 14.59 | 41.20 |
| 2015 | 1330.65 | 173.86 | 86.62 | 1060.70 | 9.47 | 31.22 |
| 2016 | 1401.16 | 184.82 | 79.77 | 1129.13 | 7.45 | 32.79 |
| 2017 | 1478.40 | 193.98 | 73.22 | 1205.66 | 5.54 | 35.19 |
| 2018 | 1605.10 | 208.78 | 68.59 | 1323.25 | 4.48 | 39.55 |
| 2019 | 1753.66 | 218.11 | 63.07 | 1469.04 | 3.44 | 44.76 |
| 2020 | 1907.28 | 222.62 | 55.58 | 1626.49 | 2.60 | 50.10 |
| 2021 | 2022.34 | 227.97 | 47.48 | 1745.07 | 1.82 | 55.49 |
| 2022 | 2072.26 | 229.27 | 41.41 | 1800.36 | 1.22 | 57.64 |

表16-1 私人车辆拥有量（载客）（2022年底按地区分） 单位：辆

| 地 区 | 载客汽车 | 载客汽车类型 | | | |
|---|---|---|---|---|---|
| | 总计 | 大型 | 中型 | 小型 | 微型 |
| 总 计 | 256622053 | 27732 | 153497 | 255202976 | 1237848 |
| 北 京 | 5014517 | 3243 | 53132 | 4936958 | 21184 |
| 天 津 | 3171178 | 817 | 3680 | 3149397 | 17284 |
| 河 北 | 15850659 | 3606 | 4538 | 15658839 | 183676 |
| 山 西 | 7239811 | 565 | 1756 | 7134811 | 102679 |
| 内蒙古 | 5815011 | 889 | 3757 | 5764627 | 45738 |
| 辽 宁 | 8648860 | 4595 | 12394 | 8591788 | 40083 |
| 吉 林 | 4508104 | 2599 | 3424 | 4480843 | 21238 |
| 黑龙江 | 5106467 | 4092 | 6910 | 5074992 | 20473 |
| 上 海 | 3948186 | 437 | 4345 | 3938167 | 5237 |
| 江 苏 | 18925236 | 183 | 5125 | 18863244 | 56684 |
| 浙 江 | 17103368 | 383 | 4263 | 17040423 | 58299 |
| 安 徽 | 9260639 | 346 | 3402 | 9234967 | 21924 |
| 福 建 | 6637657 | 187 | 2073 | 6614116 | 21281 |
| 江 西 | 6331638 | 125 | 898 | 6316821 | 13794 |
| 山 东 | 23744008 | 1972 | 12882 | 23499933 | 229221 |
| 河 南 | 17050061 | 320 | 2312 | 16936802 | 110627 |
| 湖 北 | 8937928 | 267 | 2152 | 8922654 | 12855 |
| 湖 南 | 9495441 | 344 | 3123 | 9471904 | 20070 |
| 广 东 | 23930447 | 1000 | 9048 | 23869786 | 50613 |
| 广 西 | 7491118 | 260 | 2446 | 7457523 | 30889 |
| 海 南 | 1455947 | 104 | 816 | 1452508 | 2519 |
| 重 庆 | 4799540 | 137 | 984 | 4794381 | 4038 |
| 四 川 | 12022629 | 261 | 1347 | 11982255 | 38766 |
| 贵 州 | 5478491 | 124 | 969 | 5466709 | 10689 |
| 云 南 | 7316550 | 218 | 1184 | 7280998 | 34150 |
| 西 藏 | 432716 | 39 | 241 | 431022 | 1414 |
| 陕 西 | 7077410 | 161 | 492 | 7038409 | 38348 |
| 甘 肃 | 3182605 | 89 | 1050 | 3174528 | 6938 |
| 青 海 | 1046103 | 35 | 698 | 1042531 | 2839 |
| 宁 夏 | 1451274 | 106 | 917 | 1444034 | 6217 |
| 新 疆 | 4148454 | 228 | 3139 | 4137006 | 8081 |

表16-2 私人车辆拥有量（载货）（2022年底按地区分） 单位：辆

| 地 区 | 载货汽车 | 载货汽车类型 | | | |
|---|---|---|---|---|---|
| | 总计 | 重型 | 中型 | 轻型 | 微型 |
| 总 计 | 20722621 | 2292674 | 414144 | 18003555 | 12248 |
| 北 京 | 309203 | 4752 | 1054 | 301907 | 1490 |
| 天 津 | 212003 | 4524 | 785 | 206452 | 242 |
| 河 北 | 1698969 | 327427 | 14448 | 1356665 | 429 |
| 山 西 | 526336 | 92401 | 2777 | 430967 | 191 |
| 内蒙古 | 637069 | 138536 | 6342 | 492074 | 117 |
| 辽 宁 | 684158 | 109364 | 22753 | 551978 | 63 |
| 吉 林 | 374035 | 80518 | 9190 | 284270 | 57 |
| 黑龙江 | 599032 | 121120 | 25345 | 452507 | 60 |
| 上 海 | 6081 | 1564 | 619 | 3898 | — |
| 江 苏 | 687431 | 181667 | 36153 | 469513 | 98 |
| 浙 江 | 1022156 | 30804 | 8565 | 982595 | 192 |
| 安 徽 | 738040 | 37503 | 10724 | 689684 | 129 |
| 福 建 | 560473 | 22131 | 5840 | 532483 | 19 |
| 江 西 | 510403 | 35372 | 13817 | 461148 | 66 |
| 山 东 | 1987830 | 108042 | 21359 | 1857775 | 654 |
| 河 南 | 1254975 | 63827 | 9281 | 1181620 | 247 |
| 湖 北 | 701994 | 101904 | 25433 | 574451 | 206 |
| 湖 南 | 762247 | 124920 | 27454 | 609724 | 149 |
| 广 东 | 1476864 | 82048 | 34845 | 1352659 | 7312 |
| 广 西 | 733009 | 104471 | 23404 | 605031 | 103 |
| 海 南 | 139712 | 7314 | 5741 | 126645 | 12 |
| 重 庆 | 303594 | 14829 | 7796 | 280954 | 15 |
| 四 川 | 839912 | 66737 | 20851 | 752251 | 73 |
| 贵 州 | 628772 | 49473 | 10470 | 568805 | 24 |
| 云 南 | 1104853 | 105374 | 20527 | 978916 | 36 |
| 西 藏 | 180454 | 37251 | 15956 | 127236 | 11 |
| 陕 西 | 563270 | 108635 | 6786 | 447671 | 178 |
| 甘 肃 | 486644 | 43511 | 11248 | 431879 | 6 |
| 青 海 | 170039 | 12513 | 3759 | 153748 | 19 |
| 宁 夏 | 328877 | 59710 | 4787 | 264363 | 17 |
| 新 疆 | 494186 | 14432 | 6035 | 473686 | 33 |

表17-1 2008—2022年民用汽车新注册情况（载客） 单位：辆

| 年份 | 载客汽车 | 载客汽车类型 | | | |
|---|---|---|---|---|---|
| | 总计 | 大型 | 中型 | 小型 | 微型 |
| 2008 | 6226814 | 112811 | 64024 | 5928095 | 121884 |
| 2009 | 10248554 | 114984 | 69548 | 9794452 | 269570 |
| 2010 | 12546891 | 148234 | 76519 | 12086273 | 235865 |
| 2011 | 13694540 | 163258 | 76472 | 13244774 | 210036 |
| 2012 | 15248801 | 163517 | 71013 | 14875884 | 138387 |
| 2013 | 17522965 | 168946 | 81160 | 17173792 | 99067 |
| 2014 | 19366787 | 151405 | 79646 | 19050695 | 85041 |
| 2015 | 21202815 | 191034 | 67080 | 20862002 | 82699 |
| 2016 | 24648115 | 194829 | 59767 | 24338735 | 54784 |
| 2017 | 24802416 | 171474 | 46657 | 24507374 | 76911 |
| 2018 | 23139385 | 155760 | 39514 | 22876458 | 67653 |
| 2019 | 21845871 | 133357 | 35844 | 21648138 | 28532 |
| 2020 | 19724444 | 86902 | 23424 | 19608897 | 5221 |
| 2021 | 21961429 | 81366 | 28291 | 21850635 | 1137 |
| 2022 | 20695447 | 66735 | 17677 | 20610868 | 167 |

表17-2 2008—2022年民用汽车新注册情况（载货） 单位：辆

| 年份 | 载货汽车 | 载货汽车类型 | | | |
|---|---|---|---|---|---|
| | 总计 | 重型 | 中型 | 轻型 | 微型 |
| 2008 | 1168226 | 236749 | 185338 | 733343 | 12796 |
| 2009 | 2148355 | 500593 | 242679 | 1391249 | 13834 |
| 2010 | 2637605 | 769644 | 238595 | 1614803 | 14563 |
| 2011 | 2442601 | 726854 | 173140 | 1535590 | 7017 |
| 2012 | 2386173 | 560063 | 139793 | 1681908 | 4409 |
| 2013 | 2689898 | 739027 | 133402 | 1814385 | 3084 |
| 2014 | 2542287 | 630588 | 104425 | 1805471 | 1803 |
| 2015 | 2043257 | 454979 | 72274 | 1513773 | 2231 |
| 2016 | 2507282 | 649352 | 77114 | 1779643 | 1173 |
| 2017 | 3087575 | 980068 | 66974 | 2037906 | 2627 |
| 2018 | 3238847 | 967089 | 49591 | 2220492 | 1675 |
| 2019 | 3434877 | 1041421 | 55776 | 2337472 | 208 |
| 2020 | 4102293 | 1436723 | 58835 | 2606241 | 494 |
| 2021 | 4038153 | 1370833 | 68424 | 2598107 | 789 |
| 2022 | 2379396 | 417423 | 36220 | 1924343 | 1410 |

表18-1 民用汽车新注册情况（载客）（2022年底按地区分） 单位：辆

| 地 区 | 载客汽车 | 载客汽车类型 | | | |
| --- | --- | --- | --- | --- | --- |
| | 总计 | 大型 | 中型 | 小型 | 微型 |
| 总 计 | 20695447 | 66735 | 17677 | 20610868 | 167 |
| 北 京 | 415486 | 3147 | 4464 | 407875 | — |
| 天 津 | 305905 | 414 | 261 | 305230 | — |
| 河 北 | 993057 | 2464 | 434 | 990158 | 1 |
| 山 西 | 437447 | 1230 | 304 | 435913 | — |
| 内蒙古 | 281393 | 1291 | 303 | 279799 | — |
| 辽 宁 | 491500 | 886 | 687 | 489927 | — |
| 吉 林 | 268411 | 1771 | 253 | 266387 | — |
| 黑龙江 | 267763 | 1729 | 184 | 265850— | — |
| 上 海 | 603795 | 3950 | 654 | 599191 | — |
| 江 苏 | 1868359 | 4924 | 1152 | 1862282 | 1 |
| 浙 江 | 1816831 | 4580 | 1660 | 1810591 | — |
| 安 徽 | 821610 | 2954 | 339 | 818317 | — |
| 福 建 | 569649 | 1863 | 541 | 567245 | — |
| 江 西 | 534896 | 1141 | 337 | 533418 | — |
| 山 东 | 1537533 | 5811 | 511 | 1531095 | 116 |
| 河 南 | 1159027 | 2313 | 424 | 1156290 | — |
| 湖 北 | 773191 | 3511 | 337 | 769343 | — |
| 湖 南 | 784369 | 2695 | 667 | 781006 | 1 |
| 广 东 | 2451376 | 6224 | 1106 | 2444024 | 22 |
| 广 西 | 522263 | 845 | 200 | 521199 | 19 |
| 海 南 | 167139 | 429 | 103 | 166607 | — |
| 重 庆 | 411236 | 1722 | 348 | 409165 | 1 |
| 四 川 | 1027542 | 4472 | 624 | 1022445 | 1 |
| 贵 州 | 457508 | 1007 | 303 | 456198 | — |
| 云 南 | 535916 | 1055 | 302 | 534554 | 5 |
| 西 藏 | 32389 | 51 | 39 | 32299 | — |
| 陕 西 | 551896 | 1262 | 340 | 550294 | — |
| 甘 肃 | 209095 | 1052 | 240 | 207803 | — |
| 青 海 | 49420 | 139 | 99 | 49182 | — |
| 宁 夏 | 88498 | 918 | 50 | 87530 | — |
| 新 疆 | 260947 | 885 | 411 | 259651 | — |

表18-2 民用汽车新注册情况（载货）（2022年底按地区分） 单位：辆

| 地区 | 载货汽车 | 载货汽车类型 | | | |
|---|---|---|---|---|---|
| | 总计 | 重型 | 中型 | 轻型 | 微型 |
| 总计 | 2379396 | 417423 | 36220 | 1924343 | 1410 |
| 北京 | 41571 | 6140 | 628 | 34619 | 184 |
| 天津 | 26453 | 5217 | 413 | 20813 | 10 |
| 河北 | 201417 | 57016 | 1799 | 142453 | 149 |
| 山西 | 75706 | 27426 | 594 | 47668 | 18 |
| 内蒙古 | 57493 | 6897 | 559 | 50025 | 12 |
| 辽宁 | 51124 | 11042 | 996 | 39079 | 7 |
| 吉林 | 30419 | 4182 | 578 | 25657 | 2 |
| 黑龙江 | 40944 | 4639 | 967 | 35337 | 1 |
| 上海 | 27735 | 11429 | 908 | 15396 | 2 |
| 江苏 | 135881 | 33513 | 5375 | 96954 | 39 |
| 浙江 | 136569 | 16054 | 1635 | 118854 | 26 |
| 安徽 | 100653 | 20608 | 1557 | 78452 | 36 |
| 福建 | 70627 | 8503 | 955 | 61158 | 11 |
| 江西 | 47951 | 6907 | 596 | 40418 | 30 |
| 山东 | 223436 | 51834 | 3172 | 167928 | 502 |
| 河南 | 134231 | 23966 | 2424 | 107797 | 44 |
| 湖北 | 75649 | 11704 | 1336 | 62540 | 69 |
| 湖南 | 70855 | 7344 | 1132 | 62360 | 19 |
| 广东 | 187377 | 19443 | 3762 | 164089 | 83 |
| 广西 | 58136 | 6297 | 676 | 51098 | 65 |
| 海南 | 18379 | 1375 | 212 | 16786 | 6 |
| 重庆 | 46069 | 4725 | 538 | 40795 | 11 |
| 四川 | 125052 | 21579 | 1440 | 102001 | 32 |
| 贵州 | 52942 | 4307 | 772 | 47852 | 11 |
| 云南 | 104422 | 7063 | 555 | 96789 | 15 |
| 西藏 | 12102 | 361 | 185 | 11556 | — |
| 陕西 | 62679 | 10247 | 1103 | 51321 | 8 |
| 甘肃 | 46473 | 5444 | 327 | 40695 | 7 |
| 青海 | 17463 | 1735 | 248 | 15478 | 2 |
| 宁夏 | 23891 | 5075 | 174 | 18639 | 3 |
| 新疆 | 75697 | 15351 | 604 | 59736 | 6 |

表19　1985—2022年机动车及汽车驾驶员情况　　单位：万人

| 年份 | 机动车驾驶员 | 汽车驾驶员 |
|---|---|---|
| 1985 | — | 462.14 |
| 1990 | 1635. 85 | 790.96 |
| 1995 | 3501.52 | 1673.39 |
| 2000 | 7655.56 | 3746.51 |
| 2005 | 13069.52 | 8017.76 |
| 2006 | 14213.87 | 9317.24 |
| 2007 | 15363.88 | 10567.15 |
| 2008 | 17336.56 | 12276.80 |
| 2009 | 19167.58 | 13740.73 |
| 2010 | 20068.47 | 15129.89 |
| 2011 | 22817.62 | 17416.76 |
| 2012 | 25250.83 | 20028.52 |
| 2013 | 26955.93 | 21742.70 |
| 2014 | 29892.32 | 24812.07 |
| 2015 | 32853.05 | 28012.99 |
| 2016 | 35876.98 | 30328.77 |
| 2017 | 36016.94 | 31658.20 |
| 2018 | 41030.16 | 36923.42 |
| 2019 | 43636.74 | 39752.86 |
| 2020 | 45702.49 | 41794.89 |
| 2021 | 48113.64 | 44379.72 |
| 2022 | 50178.05 | 46434.41 |

表20-1 机动车及汽车驾驶员情况（2022年底按地区分） 单位：人

| 地 区 | 机动车驾驶员 | 汽车驾驶员 |
|---|---|---|
| 总 计 | 501780542 | 464344083 |
| 北 京 | 12135062 | 12056374 |
| 天 津 | 5388395 | 5378122 |
| 河 北 | 26714236 | 26335093 |
| 山 西 | 12265770 | 12098888 |
| 内蒙古 | 8946067 | 8597547 |
| 辽 宁 | 14786747 | 14180113 |
| 吉 林 | 8418156 | 7854996 |
| 黑龙江 | 10091713 | 9785558 |
| 上 海 | 9442225 | 9304760 |
| 江 苏 | 33473562 | 31968112 |
| 浙 江 | 27068650 | 25998718 |
| 安 徽 | 18529093 | 17839475 |
| 福 建 | 15405160 | 13075616 |
| 江 西 | 15747397 | 13404374 |
| 山 东 | 36010408 | 35258876 |
| 河 南 | 34589660 | 33604558 |
| 湖 北 | 19760679 | 18173732 |
| 湖 南 | 19266547 | 17236060 |
| 广 东 | 50209375 | 45467212 |
| 广 西 | 17301366 | 14217637 |
| 海 南 | 3235265 | 2657441 |
| 重 庆 | 10581354 | 9458010 |
| 四 川 | 27823223 | 24058741 |
| 贵 州 | 12491749 | 10537446 |
| 云 南 | 17402482 | 13375500 |
| 西 藏 | 789451 | 740725 |
| 陕 西 | 13715281 | 13050477 |
| 甘 肃 | 7579155 | 6645172 |
| 青 海 | 1781847 | 1771096 |
| 宁 夏 | 2614455 | 2546153 |
| 新 疆 | 8216012 | 7667501 |

表 20-2 机动车及汽车驾驶员情况（2021 年底按地区分） 单位：人

| 地 区 | 机动车驾驶员 | 汽车驾驶员 |
|---|---|---|
| 总 计 | 481136420 | 443797191 |
| 北 京 | 11873551 | 11803733 |
| 天 津 | 5205943 | 5198669 |
| 河 北 | 25605002 | 25238280 |
| 山 西 | 11722834 | 11554648 |
| 内蒙古 | 8642380 | 8278396 |
| 辽 宁 | 14504653 | 13863369 |
| 吉 林 | 8281943 | 7711709 |
| 黑龙江 | 9855482 | 9536468 |
| 上 海 | 8949883 | 8811862 |
| 江 苏 | 32296239 | 30765057 |
| 浙 江 | 25697831 | 24700678 |
| 安 徽 | 17837463 | 17113601 |
| 福 建 | 14812424 | 12422062 |
| 江 西 | 15408344 | 12937474 |
| 山 东 | 34642487 | 33897460 |
| 河 南 | 33244705 | 32219277 |
| 湖 北 | 19117353 | 17531701 |
| 湖 南 | 18259760 | 16298767 |
| 广 东 | 47181608 | 42517907 |
| 广 西 | 16572914 | 13506075 |
| 海 南 | 2956256 | 2464931 |
| 重 庆 | 10140099 | 9012137 |
| 四 川 | 26679315 | 23017209 |
| 贵 州 | 11877638 | 9887679 |
| 云 南 | 16696211 | 12704431 |
| 西 藏 | 700186 | 682704 |
| 陕 西 | 13138408 | 12478047 |
| 甘 肃 | 7334308 | 6391428 |
| 青 海 | 1733281 | 1722341 |
| 宁 夏 | 2474774 | 2402361 |
| 新 疆 | 7693145 | 7126730 |

表21-1 进口汽车保有量（载客）（2022年底按地区分） 单位：辆

| 地区 | 载客汽车 | 载客汽车类型 | | | |
|---|---|---|---|---|---|
| | | 大型 | 中型 | 小型 | 微型 |
| 总计 | 14617723 | 7114 | 13954 | 14474358 | 122297 |
| 北京 | 827073 | 591 | 661 | 821298 | 4523 |
| 天津 | 205685 | 117 | 308 | 202908 | 2352 |
| 河北 | 425187 | 229 | 304 | 419242 | 5412 |
| 山西 | 240734 | 429 | 408 | 235445 | 4452 |
| 内蒙古 | 345282 | 299 | 421 | 341129 | 3433 |
| 辽宁 | 561234 | 597 | 463 | 557005 | 3169 |
| 吉林 | 210879 | 153 | 233 | 209216 | 1277 |
| 黑龙江 | 254829 | 301 | 424 | 252951 | 1153 |
| 上海 | 607467 | 273 | 479 | 604763 | 1952 |
| 江苏 | 1258959 | 402 | 1293 | 1239144 | 18120 |
| 浙江 | 1549037 | 283 | 1009 | 1531237 | 16508 |
| 安徽 | 323379 | 128 | 245 | 319590 | 3416 |
| 福建 | 541524 | 145 | 525 | 534144 | 6710 |
| 江西 | 228676 | 124 | 168 | 227063 | 1321 |
| 山东 | 923873 | 641 | 1471 | 907698 | 14063 |
| 河南 | 483532 | 359 | 639 | 478905 | 3629 |
| 湖北 | 393039 | 175 | 487 | 390428 | 1949 |
| 湖南 | 448083 | 167 | 358 | 445035 | 2523 |
| 广东 | 2039974 | 408 | 873 | 2029499 | 9194 |
| 广西 | 272673 | 83 | 363 | 270049 | 2178 |
| 海南 | 82617 | 97 | 138 | 81909 | 473 |
| 重庆 | 287727 | 51 | 151 | 286658 | 867 |
| 四川 | 676712 | 177 | 382 | 671949 | 4204 |
| 贵州 | 196583 | 81 | 164 | 195113 | 1225 |
| 云南 | 341310 | 117 | 458 | 336667 | 4068 |
| 西藏 | 39910 | 37 | 107 | 39727 | 39 |
| 陕西 | 374623 | 152 | 406 | 371333 | 2732 |
| 甘肃 | 120917 | 137 | 228 | 120017 | 535 |
| 青海 | 52801 | 78 | 184 | 52442 | 97 |
| 宁夏 | 81305 | 80 | 126 | 80684 | 415 |
| 新疆 | 222099 | 203 | 478 | 221110 | 308 |

表21-2 进口汽车保有量（载货）（2022年底按地区分） 单位：辆

| 地 区 | 载货汽车 | 载货汽车类型 | | | |
|---|---|---|---|---|---|
| | | 重型 | 中型 | 轻型 | 微型 |
| 总 计 | 80192 | 32993 | 418 | 46757 | 24 |
| 北 京 | 8510 | 1878 | 28 | 6603 | 1 |
| 天 津 | 1625 | 834 | 9 | 782 | — |
| 河 北 | 3680 | 539 | 16 | 3120 | 5 |
| 山 西 | 1250 | 76 | 11 | 1163 | — |
| 内蒙古 | 2983 | 73 | 21 | 2889 | — |
| 辽 宁 | 5171 | 670 | 84 | 4416 | 1 |
| 吉 林 | 1482 | 143 | 13 | 1324 | 2 |
| 黑龙江 | 3008 | 928 | 39 | 2041 | — |
| 上 海 | 3285 | 2973 | 15 | 297 | — |
| 江 苏 | 3560 | 2178 | 9 | 1373 | — |
| 浙 江 | 7576 | 5472 | 10 | 2091 | 3 |
| 安 徽 | 2315 | 1598 | 4 | 713 | — |
| 福 建 | 2301 | 1595 | 6 | 700 | — |
| 江 西 | 2641 | 2057 | 3 | 581 | — |
| 山 东 | 5369 | 1418 | 25 | 3922 | 4 |
| 河 南 | 1869 | 570 | 7 | 1291 | 1 |
| 湖 北 | 1705 | 707 | 4 | 994 | — |
| 湖 南 | 1342 | 479 | 6 | 857 | — |
| 广 东 | 7415 | 5187 | 31 | 2197 | — |
| 广 西 | 738 | 309 | 3 | 426 | — |
| 海 南 | 245 | 11 | 1 | 233 | — |
| 重 庆 | 911 | 272 | 3 | 636 | — |
| 四 川 | 2844 | 951 | 17 | 1875 | 1 |
| 贵 州 | 627 | 102 | 6 | 519 | — |
| 云 南 | 2251 | 870 | 4 | 1377 | — |
| 西 藏 | 319 | 1 | 1 | 312 | 5 |
| 陕 西 | 1847 | 406 | 6 | 1434 | 1 |
| 甘 肃 | 447 | 49 | 1 | 397 | — |
| 青 海 | 436 | 12 | 4 | 420 | — |
| 宁 夏 | 854 | 234 | 7 | 613 | — |
| 新 疆 | 1586 | 401 | 24 | 1161 | — |

表22 1983—2022年国内生产总值（本表按当年价格计算） 单位：亿元

| 年份 | 国民总收入 | 国内生产总值 | 产业类型 | | | | |
|---|---|---|---|---|---|---|---|
| | | | 第一产业 | 第二产业 | 第三产业 | 农林牧渔业 | 工业 |
| 1983 | 6043.8 | 6020.9 | 1960.9 | 2663.0 | 1397.1 | 1978.3 | 2399.0 |
| 1984 | 7314.2 | 7278.5 | 2295.6 | 3124.7 | 1858.2 | 2316.0 | 2815.8 |
| 1985 | 9123.6 | 9098.9 | 2541.7 | 3886.4 | 2670.8 | 2564.3 | 3478.2 |
| 1986 | 10375.4 | 10376.2 | 2764.1 | 4515.1 | 3097.0 | 2788.6 | 4000.7 |
| 1987 | 12166.6 | 12174.6 | 3204.5 | 5273.8 | 3696.3 | 3232.9 | 4621.1 |
| 1988 | 15174.4 | 15180.4 | 3831.2 | 6607.2 | 4742.0 | 3865.2 | 5814.0 |
| 1989 | 17188.4 | 17179.7 | 4228.2 | 7300.7 | 5650.8 | 4265.8 | 6525.5 |
| 1990 | 18923.3 | 18872.9 | 5017.2 | 7744.1 | 6111.6 | 5061.8 | 6904.5 |
| 1991 | 22050.3 | 22005.6 | 5288.8 | 9129.6 | 7587.2 | 5341.9 | 8137.9 |
| 1992 | 27208.2 | 27194.5 | 5800.3 | 11725.0 | 9669.2 | 5866.2 | 10340.2 |
| 1993 | 35599.2 | 35673.2 | 6887.6 | 16472.7 | 12313.0 | 6963.3 | 14248.4 |
| 1994 | 48548.2 | 48637.5 | 9471.8 | 22452.5 | 16713.1 | 9572.1 | 19546.3 |
| 1995 | 60356.6 | 61339.9 | 12020.5 | 28676.7 | 20642.7 | 12135.1 | 25023.2 |
| 1996 | 70779.6 | 71813.6 | 13878.3 | 33827.3 | 24108.0 | 14014.7 | 29528.9 |
| 1997 | 78802.9 | 79715.0 | 14265.2 | 37545.0 | 27904.8 | 14440.8 | 33022.6 |
| 1998 | 83817.6 | 85195.5 | 14618.7 | 39017.5 | 31559.3 | 14816.4 | 34133.9 |
| 1999 | 89366.5 | 90564.4 | 14549.0 | 41079.9 | 34935.5 | 14768.7 | 36014.4 |
| 2000 | 99066.1 | 100280.1 | 14717.4 | 45663.7 | 39899.1 | 14943.6 | 40258.5 |
| 2001 | 109276.2 | 110863.1 | 15502.5 | 49659.4 | 45701.2 | 15780.0 | 43854.3 |
| 2002 | 120480.4 | 121717.4 | 16190.2 | 54104.1 | 51423.1 | 16535.7 | 47774.9 |
| 2003 | 136576.3 | 137422.0 | 16970.2 | 62695.8 | 57756.0 | 17380.6 | 55362.2 |
| 2004 | 161415.4 | 161840.2 | 20904.3 | 74285.0 | 66650.9 | 21410.7 | 65774.9 |
| 2005 | 185998.9 | 187318.9 | 21806.7 | 88082.2 | 77430.0 | 22416.2 | 77958.3 |
| 2006 | 219028.5 | 219438.5 | 23317.0 | 104359.2 | 91762.2 | 24036.4 | 92235.8 |
| 2007 | 270704.0 | 270092.3 | 27674.1 | 126630.5 | 115787.7 | 28483.7 | 111690.8 |
| 2008 | 321229.5 | 319244.6 | 32464.1 | 149952.9 | 136827.5 | 33428.1 | 131724.0 |
| 2009 | 347934.9 | 348517.7 | 33583.8 | 160168.8 | 154765.1 | 34659.7 | 138092.6 |
| 2010 | 410354.1 | 412119.3 | 38430.8 | 191626.5 | 182061.9 | 39619.0 | 165123.1 |
| 2011 | 483392.8 | 487940.2 | 44781.5 | 227035.1 | 216123.6 | 46122.6 | 195139.1 |
| 2012 | 537329.0 | 538580.0 | 49084.6 | 244639.1 | 244856.2 | 50581.2 | 208901.4 |
| 2013 | 588141.2 | 592963.2 | 53028.1 | 261951.6 | 277983.5 | 54692.4 | 222333.2 |
| 2014 | 644380.2 | 643563.1 | 55626.3 | 277282.8 | 310654.0 | 57472.2 | 233197.4 |
| 2015 | 685571.2 | 688858.2 | 57774.6 | 281338.9 | 349744.7 | 59852.6 | 234968.9 |
| 2016 | 742694.1 | 746395.1 | 60139.2 | 295427.8 | 390828.1 | 62451.0 | 245406.4 |
| 2017 | 830945.7 | 832035.9 | 62099.5 | 331580.5 | 438355.9 | 64660.0 | 275119.3 |
| 2018 | 915243.5 | 919281.1 | 64745.2 | 364835.2 | 489700.8 | 67558.7 | 301089.3 |
| 2019 | 983751.2 | 986515.2 | 70473.6 | 380670.6 | 535371.0 | 73576.9 | 311858.7 |
| 2020 | 1005451.3 | 1013567.0 | 78030.9 | 383562.4 | 551973.7 | 81396.5 | 312902.9 |
| 2021 | 1133239.8 | 1143669.7 | 83085.5 | 450904.5 | 609679.7 | 86775.0 | 372575.3 |
| 2022 | 1197250.4 | 1210207.2 | 88345.1 | 483164.5 | 638697.6 | 92582.4 | 401644.3 |

续表

| 年份 | 产业类型 | | | | | | 其他 | 人均国内生产总值（元） | 人均国民总收入（元） |
|---|---|---|---|---|---|---|---|---|---|
| | 建筑业 | 批发和零售业 | 交通运输、仓储和邮政业 | 住宿和餐饮业 | 金融业 | 房地产业 | | | |
| 1983 | 271.7 | 198.7 | 275.0 | 72.5 | 168.9 | 121.6 | 535.2 | 588 | 591 |
| 1984 | 317.9 | 363.6 | 338.6 | 96.8 | 230.6 | 162.0 | 637.3 | 702 | 705 |
| 1985 | 419.3 | 802.5 | 421.8 | 138.3 | 293.9 | 214.8 | 765.8 | 866 | 868 |
| 1986 | 527.3 | 852.7 | 499.0 | 163.2 | 401.2 | 297.5 | 846.1 | 973 | 973 |
| 1987 | 667.5 | 1059.7 | 568.5 | 187.1 | 506.2 | 381.9 | 949.8 | 1123 | 1122 |
| 1988 | 811.8 | 1483.6 | 685.9 | 241.4 | 658.9 | 472.8 | 1146.8 | 1378 | 1377 |
| 1989 | 796.1 | 1536.4 | 812.9 | 277.4 | 1079.9 | 565.1 | 1320.7 | 1536 | 1537 |
| 1990 | 861.7 | 1269.2 | 1167.2 | 301.9 | 1144.1 | 660.9 | 1501.7 | 1663 | 1667 |
| 1991 | 1017.7 | 1834.8 | 1420.5 | 442.3 | 1195.2 | 762.2 | 1853.1 | 1912 | 1916 |
| 1992 | 1417.9 | 2405.4 | 1689.2 | 584.6 | 1482.1 | 1099.1 | 2309.8 | 2334 | 2336 |
| 1993 | 2269.9 | 2817.0 | 2174.3 | 712.1 | 1903.5 | 1376.9 | 3207.8 | 3027 | 3021 |
| 1994 | 2968.8 | 3774.0 | 2788.2 | 1008.5 | 2557.9 | 1905.6 | 4516.1 | 4081 | 4073 |
| 1995 | 3733.7 | 4779.4 | 3244.7 | 1200.1 | 3211.5 | 2349.4 | 5662.8 | 5091 | 5009 |
| 1996 | 4393.0 | 5600.5 | 3782.6 | 1336.8 | 3700.7 | 2611.9 | 6844.5 | 5898 | 5813 |
| 1997 | 4628.3 | 6328.4 | 4149.1 | 1561.3 | 4179.2 | 2914.5 | 8490.9 | 6481 | 6406 |
| 1998 | 4993.0 | 6914.3 | 4661.5 | 1786.9 | 4318.2 | 3427.7 | 10143.7 | 6860 | 6749 |
| 1999 | 5180.9 | 7492.2 | 5175.9 | 1941.2 | 4489.7 | 3674.5 | 11827.0 | 7229 | 7134 |
| 2000 | 5534.0 | 8159.8 | 6161.9 | 2146.3 | 4842.2 | 4140.9 | 14092.9 | 7942 | 7846 |
| 2001 | 5945.5 | 9120.8 | 6871.3 | 2400.1 | 5202.8 | 4705.8 | 16982.6 | 8717 | 8592 |
| 2002 | 6482.1 | 9996.8 | 7494.3 | 2724.8 | 5555.8 | 5334.5 | 19818.6 | 9506 | 9410 |
| 2003 | 7510.8 | 11171.2 | 7914.8 | 3126.1 | 6045.7 | 6157.0 | 22753.8 | 10666 | 10600 |
| 2004 | 8720.5 | 12455.8 | 9306.5 | 3664.8 | 6600.2 | 7152.1 | 26754.6 | 12487 | 12454 |
| 2005 | 10400.5 | 13968.5 | 10668.8 | 4195.7 | 7486.0 | 8482.7 | 31742.1 | 14368 | 14267 |
| 2006 | 12450.1 | 16533.4 | 12186.3 | 4792.6 | 9972.3 | 10320.9 | 36910.8 | 16738 | 16707 |
| 2007 | 15348.0 | 20941.1 | 14605.1 | 5548.1 | 15200.0 | 13714.0 | 44561.5 | 20494 | 20541 |
| 2008 | 18807.6 | 26186.2 | 16367.6 | 6616.1 | 18345.6 | 14600.3 | 53169.3 | 24100 | 24250 |
| 2009 | 22681.5 | 29004.6 | 16522.4 | 6957.0 | 21836.8 | 18760.5 | 60002.6 | 26180 | 26136 |
| 2010 | 27259.3 | 35907.9 | 18783.6 | 7712.0 | 25733.1 | 23326.6 | 68654.7 | 30808 | 30676 |
| 2011 | 32926.5 | 43734.5 | 21842.0 | 8565.4 | 30747.2 | 27780.7 | 81082.2 | 36277 | 35963 |
| 2012 | 36896.1 | 49835.5 | 23763.2 | 9536.9 | 35272.2 | 30751.9 | 93041.6 | 39771 | 39782 |
| 2013 | 40896.8 | 56288.9 | 26042.7 | 10228.3 | 41293.4 | 35340.4 | 105847.3 | 43497 | 43329 |
| 2014 | 45401.7 | 63170.4 | 28534.4 | 11228.7 | 46853.4 | 38086.4 | 119618.5 | 46912 | 47233 |
| 2015 | 47761.3 | 67719.6 | 30519.5 | 12306.1 | 56299.8 | 42573.8 | 136856.5 | 49922 | 50047 |
| 2016 | 51498.9 | 73724.5 | 33028.7 | 13607.8 | 59964.0 | 49969.4 | 156744.3 | 53783 | 53922 |
| 2017 | 57905.6 | 81156.6 | 37121.9 | 15056.0 | 64844.3 | 57086.0 | 179086.3 | 59592 | 59967 |
| 2018 | 65493.0 | 88903.7 | 40337.2 | 16520.6 | 70610.3 | 64623.0 | 204145.2 | 65534 | 65650 |
| 2019 | 70648.1 | 95650.9 | 42466.3 | 17903.1 | 76250.6 | 70444.8 | 227715.8 | 70078 | 70725 |
| 2020 | 72444.7 | 96086.1 | 40582.9 | 15285.4 | 83617.7 | 73425.3 | 237825.3 | 71828 | 71253 |
| 2021 | 78741.2 | 110147.0 | 48423.9 | 18026.9 | 90308.7 | 77215.9 | 264833.0 | 81370 | 80803 |
| 2022 | 83383.1 | 114517.7 | 49673.7 | 17855.3 | 96811.0 | 73821.3 | 279918.4 | 85698 | 84780 |

表23 1990—2022年居民人均可支配收入和指数 单位：元

| 年份 | 全国居民人均可支配收入 | | 城镇居民人均可支配收入 | | 农村居民人均可支配收入 | |
|---|---|---|---|---|---|---|
| | 绝对数 | 指数(1978年=100) | 绝对数 | 指数(1978年=100) | 绝对数 | 指数(1978年=100) |
| 1990 | 903.9 | 243.8 | 1510.2 | 198.1 | 686.3 | 311.2 |
| 1995 | 2363.3 | 347.6 | 4283.0 | 290.3 | 1577.7 | 383.6 |
| 2000 | 3721.3 | 500.7 | 6255.7 | 382.3 | 2282.1 | 489.6 |
| 2001 | 4070.4 | 543.8 | 6824.0 | 414.1 | 2406.9 | 512.3 |
| 2002 | 4531.6 | 610.4 | 7652.4 | 469.1 | 2528.9 | 539.2 |
| 2003 | 5006.7 | 666.3 | 8405.5 | 510.6 | 2690.3 | 564.9 |
| 2004 | 5660.9 | 725.1 | 9334.8 | 549.0 | 3026.6 | 606.1 |
| 2005 | 6384.7 | 803.4 | 10382.3 | 600.9 | 3370.2 | 646.6 |
| 2006 | 7228.8 | 896.2 | 11619.7 | 662.5 | 3731.0 | 697.6 |
| 2007 | 8583.5 | 1015.4 | 13602.5 | 742.2 | 4327.0 | 767.7 |
| 2008 | 9956.5 | 1112.2 | 15549.4 | 803.5 | 4998.8 | 833.1 |
| 2009 | 10977.5 | 1234.8 | 16900.5 | 881.0 | 5435.1 | 908.3 |
| 2010 | 12519.5 | 1363.3 | 18779.1 | 948.5 | 6272.4 | 1012.1 |
| 2011 | 14550.7 | 1503.3 | 21426.9 | 1028.1 | 7393.9 | 1127.4 |
| 2012 | 16509.5 | 1662.5 | 24126.7 | 1126.8 | 8389.3 | 1248.1 |
| 2013 | 18310.8 | 1797.1 | 26467.0 | 1205.4 | 9429.6 | 1364.5 |
| 2014 | 20167.1 | 1940.5 | 28843.9 | 1287.1 | 10488.9 | 1490.5 |
| 2015 | 21966.2 | 2084.4 | 31194.8 | 1371.5 | 11421.7 | 1602.3 |
| 2016 | 23821.0 | 2216.1 | 33616.2 | 1448.0 | 12363.4 | 1702.1 |
| 2017 | 25973.8 | 2378.4 | 36396.2 | 1541.6 | 13432.4 | 1825.5 |
| 2018 | 28228.0 | 2532.1 | 39250.8 | 1627.6 | 14617.0 | 1945.3 |
| 2019 | 30732.8 | 2679.7 | 42358.8 | 1708.4 | 16020.7 | 2066.0 |
| 2020 | 32188.8 | 2737.3 | 43833.8 | 1728.4 | 17131.5 | 2144.2 |
| 2021 | 35128.1 | 2959.7 | 47411.9 | 1851.6 | 18930.9 | 2352.9 |
| 2022 | 36883.3 | 3046.8 | 49282.9 | 1886.1 | 20132.8 | 2452.1 |

表24　2022年月度汽车销售完成情况

单位：辆

| 产品名称 | 1月 | 2月 | 3月 | 4月 | 5月 | 6月 | 7月 | 8月 | 9月 | 10月 | 11月 | 12月 |
|---|---|---|---|---|---|---|---|---|---|---|---|---|
| 汽车总计 | 2530584 | 1737386 | 2233912 | 1180903 | 1861975 | 2502293 | 2420058 | 2383354 | 2610325 | 2504683 | 2327721 | 2556244 |
| 其中：国内制造 | 2530097 | 1737209 | 2233776 | 1180880 | 1861949 | 2502245 | 2420017 | 2383330 | 2610244 | 2504626 | 2327602 | 2556173 |
| CKD | 487 | 177 | 136 | 23 | 26 | 48 | 41 | 24 | 81 | 57 | 119 | 71 |
| 总计：乘用车 | 2186344 | 1487442 | 1864360 | 965120 | 1622879 | 2221604 | 2174325 | 2125260 | 2331769 | 2231197 | 2074816 | 2265024 |
| 其中：柴油汽车 | 7276 | 6732 | 5328 | 4029 | 6958 | 8766 | 9804 | 11080 | 12820 | 10740 | 10504 | 8017 |
| 汽油汽车 | 1695953 | 1105787 | 1327746 | 643601 | 1131528 | 1554630 | 1514265 | 1395836 | 1563880 | 1471943 | 1259330 | 1431993 |
| 其他燃料汽车 | 483115 | 374923 | 531286 | 317490 | 484393 | 658208 | 650256 | 718344 | 755069 | 748514 | 804982 | 825014 |
| 其中：轿车 | 1017789 | 686620 | 872329 | 461144 | 800618 | 1083064 | 1035670 | 996621 | 1085913 | 1044895 | 962833 | 1061058 |
| MPV | 81218 | 51839 | 71341 | 38622 | 64353 | 77155 | 80503 | 92943 | 105292 | 90420 | 83883 | 99502 |
| SUV | 1057134 | 734284 | 876151 | 447273 | 737838 | 1036439 | 1027294 | 1014340 | 1109713 | 1068031 | 1002612 | 1070374 |
| 交叉型乘用车 | 30203 | 14699 | 44539 | 18081 | 20070 | 24946 | 30858 | 21356 | 30851 | 27851 | 25488 | 34090 |
| 总计：商用车 | 344240 | 249944 | 369552 | 215783 | 239096 | 280689 | 245733 | 258094 | 278556 | 273486 | 252905 | 291220 |
| 其中：柴油汽车 | 221158 | 166405 | 222883 | 133707 | 150288 | 176181 | 148790 | 149944 | 149945 | 137155 | 128079 | 143500 |
| 汽油汽车 | 107859 | 69360 | 120772 | 63990 | 67236 | 75203 | 69794 | 78281 | 95012 | 101081 | 79112 | 88871 |
| 其他燃料汽车 | 15223 | 14179 | 25897 | 18086 | 21572 | 29305 | 27149 | 29869 | 33599 | 35250 | 45714 | 58849 |
| 其中：客车 | 30477 | 23308 | 37511 | 25074 | 29012 | 34494 | 29734 | 34016 | 39747 | 35093 | 37115 | 52626 |
| 其中：客车非完整车辆 | 1057 | 798 | 902 | 751 | 595 | 532 | 745 | 962 | 1040 | 808 | 994 | 652 |
| 货车 | 313763 | 226636 | 332041 | 190709 | 210084 | 246195 | 215999 | 224078 | 238809 | 238393 | 215790 | 238594 |
| 其中：半挂牵引车 | 43032 | 25238 | 32534 | 19724 | 23298 | 29253 | 21563 | 20574 | 22421 | 20519 | 18971 | 21312 |
| 货车非完整车辆 | 39972 | 28230 | 32122 | 17977 | 17044 | 21485 | 19079 | 18070 | 19837 | 15204 | 17811 | 27018 |

注：由于调整的数据在累计中体现，故各月数据相加与全年累计略有出入。

表25　2021—2022年全国乘用车品牌销量情况　　单位：辆，%

| 车型 | 2022 年 | 2021 年 | 同比增长 |
|---|---|---|---|
| **乘用车总计：** | 23563287 | 21518324 | 9.50 |
| 1. 比亚迪 | 1862603 | 734876 | 153.46 |
| 秦 PLUS | 315283 | 169807 | 85.67 |
| 秦 PLUSDM-i1.5L(PHEV) | 195350 | 113656 | 71.88 |
| 秦 PLUS(BEV) | 119933 | 56151 | 113.59 |
| 宋 DM | 292192 | 79508 | 267.50 |
| 宋 DM 二驱 1.5T(PHEV) | 292192 | 79508 | 267.50 |
| 汉 | 274015 | 117665 | 132.88 |
| 汉 (BEV) | 144664 | 87189 | 65.92 |
| 汉 DM2.0T(PHEV) | 129351 | 30476 | 324.44 |
| 海豚 | 205417 | 29598 | 594.02 |
| 海豚 (BEV) | 205417 | 29598 | 594.02 |
| 元 PLUS | 202058 | 0 | 0.00 |
| 元 PLUS 二驱 (BEV) | 202058 | 0 | 0.00 |
| 全新唐 | 125687 | 48152 | 161.02 |
| 唐四驱 2.0T(PHEV) | 125687 | 48152 | 161.02 |
| 宋 PLUSDM-i | 78750 | 0 | 0.00 |
| 宋 PLUSDM-i 二驱 1.5T(PHEV) | 77528 | 0 | 0.00 |
| 宋 PLUSDM-i 四驱 1.5T(PHEV) | 1222 | 0 | 0.00 |
| 驱逐舰 05 | 62162 | 0 | 0.00 |
| 驱逐舰 05 三厢 1.5L(PHEV) | 62162 | 0 | 0.00 |
| 宋 EV | 51704 | 29340 | 76.22 |
| 宋二驱 (BEV) | 51704 | 29340 | 76.22 |
| 海豹 | 51200 | 0 | 0.00 |
| 海豹 (BEV) | 51200 | 0 | 0.00 |
| 宋 ProDM-i | 40084 | 0 | 0.00 |
| 宋 ProDM-i1.5L(PHEV) | 40084 | 0 | 0.00 |
| 秦 | 33792 | 19779 | 70.85 |
| 全新秦 (BEV) | 33792 | 19477 | 73.50 |
| 秦 Pro(BEV) | 0 | 302 | -100.00 |
| 元 EV | 26962 | 41402 | -34.88 |
| 元二驱 (BEV) | 26962 | 41402 | -34.88 |
| 唐 EV | 25145 | 5062 | 396.74 |
| 唐二驱 (BEV) | 25145 | 5062 | 396.74 |
| e2 | 17935 | 34265 | -47.66 |
| e2(BEV) | 17935 | 34265 | -47.66 |
| 宋 PLUSEV | 15390 | 0 | 0.00 |
| 宋 PLUS(BEV) | 15390 | 0 | 0.00 |
| 宋 MAX | 11055 | 733 | 1408.19 |
| 宋 MAXDM1.5T(PHEV) | 11055 | 733 | 1408.19 |
| 腾势 D9 | 9803 | 0 | 0.00 |

续表

| 车型 | 2022 年 | 2021 年 | 同比增长 |
|---|---|---|---|
| 腾势 D91.5T（PHEV） | 9803 | 0 | 0.00 |
| E6 | 5949 | 2219 | 168.09 |
| E6(BEV) | 5949 | 2219 | 168.09 |
| e3 | 5726 | 3842 | 49.04 |
| e3(BEV) | 5726 | 3842 | 49.04 |
| T3 | 3546 | 0 | 0.00 |
| T3(BEV) | 3546 | 0 | 0.00 |
| 宋 | 3505 | 92022 | -96.19 |
| 宋二驱 1.5T | 3505 | 92022 | -96.19 |
| 护卫舰 07 | 1805 | 0 | 0.00 |
| 护卫舰 07 二驱 1.5T(PHEV) | 1805 | 0 | 0.00 |
| D1 | 1719 | 10176 | -83.11 |
| D1(BEV) | 1719 | 10176 | -83.11 |
| F3 | 1544 | 29177 | -94.71 |
| F3 三厢 1.5L | 1544 | 29177 | -94.71 |
| 腾势 X | 175 | 4783 | -96.34 |
| 腾势 X 二驱 (PHEV) | 175 | 4708 | -96.28 |
| 腾势 X 二驱 (BEV) | 0 | 53 | -100.00 |
| 腾势 X 四驱 (BEV) | 0 | 22 | -100.00 |
| E5 | 0 | 1544 | -100.00 |
| E5(BEV) | 0 | 1544 | -100.00 |
| 宋 MAX | 0 | 9935 | -100.00 |
| 宋 MAX1.5T | 0 | 9935 | -100.00 |
| 秦 DM | 0 | 410 | -100.00 |
| 秦 Pro 三厢 1.5L(PHEV) | 0 | 410 | -100.00 |
| 秦燃油 | 0 | 4224 | -100.00 |
| 秦 Pro1.5L | 0 | 131 | -100.00 |
| 秦 Pro1.5T | 0 | 2007 | -100.00 |
| 全新秦 1.5L | 0 | 2086 | -100.00 |
| e1 | 0 | 243 | -100.00 |
| e1(BEV) | 0 | 243 | -100.00 |
| 唐 | 0 | 990 | -100.00 |
| 唐四驱 2.0T | 0 | 990 | -100.00 |
| 2. 一汽 - 大众 | 1801577 | 1800777 | 0.04 |
| 速腾 | 236142 | 235703 | 0.19 |
| 速腾 1.4T | 183474 | 196708 | -6.73 |
| 速腾 1.5T | 34244 | 0 | 0.00 |
| 速腾 1.2T | 18424 | 38995 | -52.75 |
| 新宝来 | 211104 | 246566 | -14.38 |
| 新宝来 1.5L | 122148 | 229041 | -46.67 |
| 新宝来 1.2T | 67963 | 2347 | 2795.74 |

续表

| 车型 | 2022年 | 2021年 | 同比增长 |
|---|---|---|---|
| 新宝来 1.4T | 20993 | 15178 | 38.31 |
| 迈腾 | 162114 | 147357 | 10.01 |
| 迈腾 2.0T | 136607 | 116461 | 17.30 |
| 迈腾 1.4T | 13308 | 20620 | -35.46 |
| 迈腾 GTE1.4T(PHEV) | 12199 | 10276 | 18.71 |
| Q5 | 141582 | 149384 | -5.22 |
| Q5 四驱 2.0T | 131657 | 133190 | -1.15 |
| Q5 四驱 SPB2.0T | 9925 | 16194 | -38.71 |
| 奥迪 A4L | 136026 | 130263 | 4.42 |
| 奥迪 A4L2.0T | 136026 | 130263 | 4.42 |
| 奥迪 A6L | 129582 | 154388 | -16.07 |
| 奥迪 A6L2.0T | 111308 | 143506 | -22.44 |
| 奥迪 A6L3.0T | 15036 | 6548 | 129.63 |
| 奥迪 A6L2.0T(PHEV) | 3238 | 4334 | -25.29 |
| 探岳 | 113812 | 111285 | 2.27 |
| 探岳二驱 2.0T | 59848 | 68356 | -12.45 |
| 探岳二驱 1.4T | 32529 | 20999 | 54.91 |
| 探岳 X 四驱 2.0T | 14108 | 12733 | 10.80 |
| 探岳二驱 1.4T(PHEV) | 7327 | 9197 | -20.33 |
| 探歌 | 86499 | 67293 | 28.54 |
| 探歌二驱 1.4T | 86499 | 67293 | 28.54 |
| 高尔夫 A8 | 85599 | 62375 | 37.23 |
| 高尔夫 A81.4T | 71636 | 56249 | 27.36 |
| 高尔夫 A82.0T | 12778 | 3947 | 223.74 |
| 高尔夫 A81.2T | 1185 | 2179 | -45.62 |
| Q3 | 77815 | 95059 | -18.14 |
| Q3 二驱 1.4T | 57307 | 69911 | -18.03 |
| Q3 四驱 2.0T | 10407 | 11262 | -7.59 |
| Q3 二驱 SPB2.0T | 8121 | 11553 | -29.71 |
| Q3 二驱 SPB1.4T | 1980 | 2333 | -15.13 |
| 捷达 VS5 | 71846 | 82809 | -13.24 |
| 捷达 VS5 二驱 1.4T | 71846 | 82809 | -13.24 |
| 奥迪 A3 | 69584 | 60281 | 15.43 |
| 奥迪 A3 三厢 LIMNF1.4T | 41322 | 33097 | 24.85 |
| 奥迪 A3 两厢 SPBNF1.4T | 28262 | 23258 | 21.52 |
| 奥迪 A3 两厢 1.4T | 0 | 538 | -100.00 |
| 奥迪 A31.4T | 0 | 3388 | -100.00 |
| 捷达 VA3 | 48659 | 54763 | -11.15 |
| 捷达 VA31.5L | 48659 | 54763 | -11.15 |
| ID.4CROZZ | 45528 | 26853 | 69.55 |
| ID.4CROZZ 二驱 (BEV) | 44407 | 26506 | 67.54 |

续表

| 车型 | 2022 年 | 2021 年 | 同比增长 |
|---|---|---|---|
| ID. 4CROZZ 四驱 (BEV) | 1121 | 347 | 223. 05 |
| CC | 33394 | 21087 | 58. 36 |
| CC2. 0T | 27452 | 21087 | 30. 18 |
| CC 两厢 2. 0T | 5942 | 0 | 0. 00 |
| Q2 | 30886 | 52561 | -41. 24 |
| Q2 二驱 1. 4T | 29122 | 48746 | -40. 26 |
| Q2L 二驱 E-tron(BEV) | 1764 | 3815 | -53. 76 |
| 捷达 VS7 | 28395 | 40528 | -29. 94 |
| 捷达 VS7 二驱 1. 4T | 28395 | 40528 | -29. 94 |
| 揽境 | 26939 | 16256 | 65. 72 |
| 揽境四驱 2. 0T | 23500 | 15354 | 53. 05 |
| 揽境四驱 2. 5T | 3439 | 902 | 281. 26 |
| ID. 6CROZZ | 26040 | 10366 | 151. 21 |
| ID. 6CROZZ 二驱 (BEV) | 25690 | 10366 | 147. 83 |
| ID. 6CROZZ 四驱 (BEV) | 350 | 0 | 0. 00 |
| 探影 | 24408 | 31537 | -22. 61 |
| 探影二驱 1. 5L | 23048 | 29072 | -20. 72 |
| 探影二驱 1. 4T | 1355 | 2058 | -34. 16 |
| 探影二驱 1. 2T | 5 | 407 | -98. 77 |
| 揽巡 | 8101 | 0 | 0. 00 |
| 揽巡二驱 2. 5T | 4444 | 0 | 0. 00 |
| 揽巡四驱 2. 0T | 3657 | 0 | 0. 00 |
| 奥迪 Q4E-TRON | 6626 | 0 | 0. 00 |
| 奥迪 Q4 二驱 E-TRON(BEV) | 5672 | 0 | 0. 00 |
| 奥迪 Q4 四驱 E-TRON(BEV) | 954 | 0 | 0. 00 |
| 奥迪 C | 899 | 1564 | -42. 52 |
| 奥迪 C 四驱 (BEV) | 899 | 1564 | -42. 52 |
| E-BORA | 1 | 1860 | -99. 95 |
| E-BORA(BEV) | 1 | 1860 | -99. 95 |
| 高尔夫 A7 | 0 | 2 | -100. 00 |
| 高尔夫 A71. 4T | 0 | 2 | -100. 00 |
| E-GOLF | 0 | 640 | -100. 00 |
| E-GOLF(BEV) | 0 | 640 | -100. 00 |
| 3. 吉利 | 1432988 | 1328029 | 7. 90 |
| 帝豪 | 211001 | 209471 | 0. 73 |
| 帝豪 1. 5L | 150158 | 124090 | 21. 01 |
| 帝豪 (BEV) | 28100 | 25918 | 8. 42 |
| 帝豪 LHi・XPHEV | 22980 | 0 | 0. 00 |
| 帝豪 L1. 4T | 9762 | 0 | 0. 00 |
| 帝豪 (PHEV) | 1 | 62 | -98. 39 |
| 帝豪 1. 4T | 0 | 59195 | -100.00 |

续表

| 车型 | 2022 年 | 2021 年 | 同比增长 |
| --- | --- | --- | --- |
| 帝豪 1.5T | 0 | 206 | -100.00 |
| 缤越 | 184468 | 147403 | 25.15 |
| 缤越二驱 1.5T | 122778 | 144367 | -14.95 |
| 缤越二驱 1.4T | 61279 | 0 | 0.00 |
| 缤越二驱 1.5T(PHEV) | 411 | 3036 | -86.46 |
| 博越 | 149638 | 224895 | -33.46 |
| 博越二驱 1.8T | 82663 | 219717 | -62.38 |
| 博越 L 二驱 1.5T | 22554 | 0 | 0.00 |
| 博越四驱 1.5T | 17899 | 0 | 0.00 |
| 博越二驱 1.5T | 17360 | 5178 | 235.26 |
| 博越 L 二驱 2.0T | 8843 | 0 | 0.00 |
| 博越 LHi・F 二驱 1.5T（HEV） | 319 | 0 | 0.00 |
| 星越 L | 131381 | 0 | 0.00 |
| 星越 L 二驱 2.0T | 93678 | 0 | 0.00 |
| 星越 L 二驱 1.5T(HEV) | 18448 | 0 | 0.00 |
| 星越 L 四驱 2.0T | 18050 | 0 | 0.00 |
| 星越 LHi・P 二驱 1.5T(PHEV) | 1205 | 0 | 0.00 |
| 星瑞 | 110747 | 133596 | -17.10 |
| 星瑞 2.0T | 110747 | 133596 | -17.10 |
| 极氪 001 | 71941 | 6007 | 1097.62 |
| 极氪 001(BEV) | 71941 | 6007 | 1097.62 |
| 缤瑞 | 60530 | 52630 | 15.01 |
| 缤瑞 1.5T | 52324 | 0 | 0.00 |
| 缤瑞 1.4T | 8206 | 51777 | -84.15 |
| 缤瑞 1.0T | 0 | 853 | -100.00 |
| 领克 03 | 53858 | 76724 | -29.80 |
| 领克 032.0T | 29046 | 0 | 0.00 |
| 领克 031.5T | 23921 | 76461 | -68.71 |
| 领克 03EMF1.5T(HEV) | 890 | 0 | 0.00 |
| 领克 031.5T(PHEV) | 1 | 263 | -99.62 |
| 几何 A | 53361 | 14986 | 256.07 |
| 几何 A(BEV) | 53361 | 14986 | 256.07 |
| 领克 06 | 47798 | 53605 | -10.83 |
| 领克 06 二驱 1.5T | 40515 | 47837 | -15.31 |
| 领克 06 二驱 1.5T(PHEV) | 7283 | 5768 | 26.27 |
| 领克 01 | 36464 | 49025 | -25.62 |
| 领克 01 二驱 1.5T(PHEV) | 14753 | 3277 | 350.20 |
| 领克 01 二驱 2.0T | 10381 | 45748 | -77.31 |
| 领克 01EM-F 二驱 1.5T（HEV） | 5380 | 0 | 0.00 |
| 领克 01 四驱 2.0T | 2710 | 0 | 0.00 |
| 领克 01EM-P 二驱 1.5T（PHEV） | 2533 | 0 | 0.00 |

续表

| 车型 | 2022年 | 2021年 | 同比增长 |
|---|---|---|---|
| 领克 01 二驱 1.5T(HEV) | 707 | 0 | 0.00 |
| 豪越 | 34176 | 38706 | -11.70 |
| 豪越二驱 1.8T | 34176 | 38706 | -11.70 |
| 远景 X6 | 32649 | 40747 | -19.87 |
| 远景 X6 二驱 1.4T | 32649 | 40747 | -19.87 |
| 几何 E | 29362 | 0 | 0.00 |
| 几何 E（BEV） | 29362 | 0 | 0.00 |
| 帝豪 GS | 27858 | 50232 | -44.54 |
| 帝豪 GS 二驱 1.4T | 27858 | 49931 | -44.21 |
| 帝豪 GSE 二驱 (BEV) | 0 | 301 | -100.00 |
| 几何 C | 25270 | 10770 | 134.63 |
| 几何 C 二驱 (BEV) | 25270 | 10770 | 134.63 |
| ICON | 24336 | 15540 | 56.60 |
| ICON 二驱 1.5T | 24336 | 15540 | 56.60 |
| 领克 09 | 24078 | 3313 | 626.77 |
| 领克 09 四驱 2.0L(PHEV) | 11035 | 1160 | 851.29 |
| 领克 09 四驱 2.0T | 9878 | 0 | 0.00 |
| 领克 09EM-P 四驱 2.0T（PHEV） | 3165 | 0 | 0.00 |
| 领克 09 二驱 2.0T | 0 | 2153 | -100.00 |
| 枫叶 60S | 20597 | 0 | 0.00 |
| 枫叶 60S(BEV) | 20597 | 0 | 0.00 |
| 枫叶 80V | 19825 | 0 | 0.00 |
| 枫叶 80V(BEV) | 19825 | 0 | 0.00 |
| 星越 | 16959 | 77227 | -78.04 |
| 星越 S 四驱 2.0T | 14370 | 0 | 0.00 |
| 星越 S 二驱 2.0T | 2554 | 21620 | -88.19 |
| 星越二驱 1.5T(PHEV) | 35 | 501 | -93.01 |
| 星越 S 二驱 1.5T | 0 | 1633 | -100.00 |
| 睿蓝汽车 -X3PRO | 15217 | 0 | 0.00 |
| 睿蓝汽车 -X3PRO 二驱 1.5L | 15217 | 0 | 0.00 |
| 睿蓝汽车 -X70 二驱 1.8L | 0 | 0 | 0.00 |
| 领克 05 | 10128 | 24008 | -57.81 |
| 领克 05 二驱 2.0T | 5309 | 22518 | -76.42 |
| 领克 05 四驱 2.0T | 3708 | 0 | 0.00 |
| 领克 05 二驱 (PHEV) | 1111 | 1490 | -25.44 |
| 远景 X3 | 8875 | 52670 | -83.15 |
| 远景 X3 二驱 1.5L | 8875 | 52670 | -83.15 |
| 领克 02 | 7800 | 0 | 0.00 |
| 领克 022.0T | 6340 | 0 | 0.00 |
| 领克 021.5T | 1460 | 0 | 0.00 |
| 几何 EX3 | 7012 | 3345 | 109.63 |

续表

| 车型 | 2022年 | 2021年 | 同比增长 |
|---|---|---|---|
| 几何 EX3 二驱 (BEV) | 7012 | 3345 | 109. 63 |
| 嘉际 | 6933 | 12178 | -43. 07 |
| 嘉际 1. 8T | 3061 | 0 | 0. 00 |
| 嘉际 1. 5T | 2428 | 9063 | -73. 21 |
| 嘉际 1. 5T(PHEV) | 1444 | 3115 | -53. 64 |
| 博瑞 | 3940 | 17110 | -76. 97 |
| 博瑞 1. 8T | 3424 | 14854 | -76. 95 |
| 博瑞 GE(PHEV) | 516 | 1978 | -73. 91 |
| 博瑞 GE1. 5T | 0 | 278 | -100. 00 |
| 几何 M6 | 3144 | 0 | 0. 00 |
| 几何 M6 二驱（BEV） | 3144 | 0 | 0. 00 |
| 几何 G6 | 3140 | 0 | 0. 00 |
| 几何 G6（BEV） | 3140 | 0 | 0. 00 |
| 睿蓝汽车 -RL9 | 501 | 0 | 0. 00 |
| 睿蓝汽车 -RL9（BEV） | 501 | 0 | 0. 00 |
| 领克 02 | 0 | 13841 | -100. 00 |
| 领克 02 二驱 1. 5T | 0 | 13650 | -100. 00 |
| 领克 02 二驱 1. 5T(PHEV) | 0 | 191 | -100. 00 |
| **4. 长安** | 1404582 | 1222459 | 14. 90 |
| CS75 | 237615 | 281862 | -15. 70 |
| CS75PLUS 二驱 1. 5T | 171725 | 0 | 0. 00 |
| CS75 二驱 1. 5T | 50142 | 73671 | -31. 94 |
| CS75PLUS 二驱 2. 0T | 15748 | 208015 | -92. 43 |
| CS75 二驱 1. 5(PHEV) | 0 | 176 | -100. 00 |
| 逸动 | 173084 | 170198 | 1. 70 |
| 逸动 1. 6L | 147300 | 149676 | -1. 59 |
| 逸动 (BEV) | 21977 | 13651 | 60. 99 |
| 逸动 DT1. 6L | 3807 | 6871 | -44. 59 |
| CS55 | 152794 | 140579 | 8. 69 |
| CS55PLUS 二驱 1. 5T | 152793 | 138899 | 10. 00 |
| CS55E-ROCK 二驱（BEV） | 1 | 1680 | -99. 94 |
| UNI-V | 108845 | 0 | 0. 00 |
| UNI-V1. 5T | 108786 | 0 | 0. 00 |
| UNI-ViDD1. 5T（PHEV） | 59 | 0 | 0. 00 |
| UNI | 100714 | 120113 | -16. 15 |
| UNI-T 二驱 1. 5T | 59104 | 83610 | -29. 31 |
| UNI-K 二驱 2. 0T | 26063 | 36503 | -28. 60 |
| UNI-K 二驱 1. 5T(原 2. 0)(PHEV) | 15547 | 0 | 0. 00 |
| 奔奔 | 98627 | 76438 | 29. 03 |
| 新奔奔 (BEV) | 98627 | 76438 | 29. 03 |
| 欧尚 X5 | 97645 | 128526 | -24. 03 |

续表

| 车型 | 2022 年 | 2021 年 | 同比增长 |
|---|---|---|---|
| 欧尚 X5 二驱 1. 5T | 97645 | 128526 | -24. 03 |
| CS35 | 76968 | 80152 | -3. 97 |
| 全新 CS35 二驱 1. 6L | 76968 | 80063 | -3. 87 |
| CS35 二驱 1. 6L | 0 | 89 | -100. 00 |
| Lumin | 70267 | 0 | 0. 00 |
| Lumin(BEV) | 70267 | 0 | 0. 00 |
| 欧尚 X7(F202) | 60457 | 51625 | 17. 11 |
| 欧尚 X7(F202) 二驱 1. 5L | 60457 | 51415 | 17. 59 |
| 欧尚 X7(F202) 二驱 (BEV) | 0 | 210 | -100. 00 |
| 欧尚 Z6 | 54362 | 0 | 0. 00 |
| 欧尚 Z6 二驱 1. 5T | 48030 | 0 | 0. 00 |
| 欧尚 Z6iDD 二驱 1. 5T (PHEV) | 6332 | 0 | 0. 00 |
| 深蓝 SL03 | 33354 | 0 | 0. 00 |
| 深蓝 SL031. 5L(PHEV) | 21851 | 0 | 0. 00 |
| 深蓝 SL03 三厢 (BEV) | 11503 | 0 | 0. 00 |
| 睿骋 CC | 32987 | 26772 | 23. 21 |
| 锐程 PLUS1. 5T | 19706 | 0 | 0. 00 |
| 睿骋 CC1. 5T | 13281 | 26772 | -50. 39 |
| 第三代悦翔 | 22378 | 32566 | -31. 28 |
| 新长安之星 | 17345 | 19415 | -10. 66 |
| 新长安之星 1. 2 | 17345 | 19415 | -10. 66 |
| CS85 | 14469 | 15264 | -5. 21 |
| CS85 二驱 2. 0T | 14469 | 15264 | -5. 21 |
| 欧诺 | 12091 | 9077 | 33. 20 |
| 欧诺 1. 3 | 12091 | 9077 | 33. 20 |
| CS15 | 11012 | 13099 | -15. 93 |
| CS15 二驱 1. 5 | 8985 | 8060 | 11. 48 |
| 全新 CS15 二驱 1. 5 | 2027 | 4863 | -58. 32 |
| CS15 二驱 (BEV) | 0 | 176 | -100. 00 |
| 长安之星 9( 星光 4500) | 7736 | 9742 | -20. 59 |
| 长安之星 9( 星光 4500) 1. 3 | 4448 | 5460 | -18. 53 |
| 长安之星 9( 星光 4500) (BEV) | 3288 | 4282 | -23. 21 |
| CS95 | 5617 | 8844 | -36. 49 |
| CS95 二驱 2. 0T | 5617 | 8844 | -36. 49 |
| 欧尚 | 5447 | 7571 | -28. 05 |
| 欧尚 1. 5 | 3650 | 5080 | -28. 15 |
| 欧尚 (BEV) | 1797 | 2491 | -27. 86 |
| CX70 | 5056 | 16242 | -68. 87 |
| CX70 二驱 1. 6 | 5056 | 4536 | 11. 46 |
| CX70A 二驱 1. 6 | 0 | 11706 | -100. 00 |
| COS1° | 3812 | 7837 | -51. 36 |

续表

| 车型 | 2022年 | 2021年 | 同比增长 |
|---|---|---|---|
| COS1° 二驱 1.6 | 3812 | 7837 | -51.36 |
| 科尚 | 1143 | 2007 | -43.05 |
| 科尚 (BEV) | 578 | 1742 | -66.82 |
| 科尚 1.5T | 565 | 265 | 113.21 |
| 阿维塔 11 | 757 | 0 | 0.00 |
| 阿维塔 11(BEV) | 757 | 0 | 0.00 |
| 睿行 ES30 | 0 | 91 | -100.00 |
| 睿行 ES30(BEV) | 0 | 91 | -100.00 |
| 睿行 S50 | 0 | 53 | -100.00 |
| 科赛 5 | 0 | 4386 | -100.00 |
| 科赛 5 二驱 1.6L | 0 | 4386 | -100.00 |
| **5. 上汽大众** | 1320833 | 1242022 | 6.35 |
| NewLavida 朗逸 | 376627 | 393502 | -4.29 |
| 朗逸 1.5L | 246243 | 254278 | -3.16 |
| 朗逸 1.4T | 130384 | 137083 | -4.89 |
| e-Lavida(BEV) | 0 | 2141 | -100.00 |
| 新帕萨特 | 190629 | 124657 | 52.92 |
| 新帕萨特 2.0T | 154678 | 94982 | 62.85 |
| 新帕萨特 1.4T | 19762 | 19787 | -0.13 |
| 新帕萨特 1.4T(PHEV) | 16189 | 9888 | 63.72 |
| Tiguan 途观 | 161114 | 164649 | -2.15 |
| 途观 L 二驱 2.0T | 137221 | 137307 | -0.06 |
| 途观 X 二驱 2.0T | 7649 | 7125 | 7.35 |
| 途观 L 四驱 2.0 | 7180 | 6004 | 19.59 |
| 途观 L 二驱 1.4T(PHEV) | 5967 | 6264 | -4.74 |
| 途观 L 二驱 1.4T | 2796 | 7602 | -63.22 |
| 途观 X 四驱 2.0T | 301 | 347 | -13.26 |
| 桑塔纳 | 111704 | 137336 | -18.66 |
| 新桑塔纳 1.5L | 111704 | 137336 | -18.66 |
| Tharu 途岳 | 110137 | 125717 | -12.39 |
| 途岳二驱 1.4T | 106624 | 121485 | -12.23 |
| 途岳四驱 2.0T | 3514 | 3644 | -3.57 |
| 途岳 e-Tharu(BEV) | -1 | 588 | -100.17 |
| 凌渡 | 102618 | 55713 | 84.19 |
| 凌渡 (LamandoL) 1.4T | 88335 | 0 | 0.00 |
| 凌渡 1.4T | 14283 | 55713 | -74.36 |
| Teramont | 63810 | 54589 | 16.89 |
| Teramont 四驱 2.0T | 45428 | 36903 | 23.10 |
| TeramontX 四驱 2.0T | 14328 | 13847 | 3.47 |
| Teramont 四驱 2.5T | 3172 | 1807 | 75.54 |
| TeramontX 四驱 2.5T | 881 | 272 | 223.90 |

续表

| 车型 | 2022年 | 2021年 | 同比增长 |
|---|---|---|---|
| TeramontX 二驱 2.0T | 1 | 846 | -99.88 |
| Teramont 二驱 2.0T | 0 | 914 | -100.00 |
| ID4X | 36637 | 23174 | 58.10 |
| ID4X 二驱（BEV） | 36311 | 22723 | 59.80 |
| ID4X 四驱（BEV） | 326 | 451 | -27.72 |
| 波罗 | 32220 | 39566 | -18.57 |
| 新波罗两厢 1.5L | 32220 | 39566 | -18.57 |
| ID3 | 26599 | 6737 | 294.82 |
| ID3 二厢（BEV） | 26599 | 6737 | 294.82 |
| Viloran 威然 | 24240 | 10940 | 121.57 |
| 威然二驱 2.0T | 24240 | 10940 | 121.57 |
| T-Cross | 18453 | 30195 | -38.89 |
| T-Cross 二驱 1.5L | 9855 | 15223 | -35.26 |
| T-Cross 二驱 1.4T | 8598 | 14972 | -42.57 |
| Kamiq | 12164 | 18402 | -33.90 |
| Kamiq1.5L | 11818 | 17708 | -33.26 |
| 柯米克运动版 1.2L | 346 | 694 | -50.14 |
| ID6X | 11622 | 8387 | 38.57 |
| ID6X（BEV） | 11407 | 8247 | 38.32 |
| ID6X 四驱（BEV） | 215 | 140 | 53.57 |
| 明锐 | 9347 | 13232 | -29.36 |
| 新明锐 1.5L | 4894 | 4749 | 3.05 |
| 新明锐 1.4T | 4453 | 8357 | -46.72 |
| 新明锐 1.2T | 0 | 126 | -100.00 |
| 昕锐 | 6693 | 10150 | -34.06 |
| 昕锐 1.5L | 6693 | 10150 | -34.06 |
| Kodiaq | 5269 | 1545 | 241.04 |
| Kodiaq 二驱 2.0T | 5195 | 1323 | 292.67 |
| Kodiaq 四驱 2.0T | 74 | 222 | -66.67 |
| Karoq | 5205 | 10281 | -49.37 |
| Karoq 二驱 1.4T | 5205 | 10281 | -49.37 |
| 辉昂 | 4527 | 7035 | -35.65 |
| 辉昂 2.0T | 4527 | 7035 | -35.65 |
| A7L | 3801 | 0 | 0.00 |
| A7L2.0T | 2713 | 0 | 0.00 |
| A7L3.0T | 1088 | 0 | 0.00 |
| 速派 | 2822 | 2129 | 32.55 |
| 新速派 1.4T | 1833 | 1437 | 27.56 |
| 新速派 2.0T | 989 | 692 | 42.92 |
| 途安 | 2116 | 3824 | -44.67 |
| 新途安 1.4T | 2116 | 3824 | -44.67 |

续表

| 车型 | 2022年 | 2021年 | 同比增长 |
|---|---|---|---|
| Q5e-tron | 1721 | 0 | 0.00 |
| Q5e-tron 二驱（BEV） | 1368 | 0 | 0.00 |
| Q5e-tron 四驱（BEV） | 353 | 0 | 0.00 |
| Q6 | 758 | 0 | 0.00 |
| AudiQ6 四驱 2.0T | 503 | 0 | 0.00 |
| AudiQ6 四驱 2.5T | 255 | 0 | 0.00 |
| 昕动 | 0 | 261 | -100.00 |
| 昕动 1.5L | 0 | 261 | -100.00 |
| **6.上汽通用五菱** | 1302554 | 1265847 | 2.90 |
| 五菱宏光 MINI | 554071 | 426482 | 29.92 |
| 五菱宏光 MINI 二厢（BEV） | 477389 | 426482 | 11.94 |
| 五菱宏光 MINIEVGameBoy（BEV） | 76682 | 0 | 0.00 |
| 五菱宏光 | 150117 | 255184 | -41.17 |
| 五菱宏光 1.5L | 127427 | 224508 | -43.24 |
| 五菱宏光 1.2L | 22690 | 30676 | -26.03 |
| 五菱荣光 V | 112990 | 109173 | 3.50 |
| 五菱荣光 V1.5L | 112912 | 108287 | 4.27 |
| 五菱荣光 V1.2L | 78 | 886 | -91.20 |
| 宝骏 530 | 93324 | 93375 | -0.05 |
| 宝骏 530 二驱 1.5T | 93324 | 93375 | -0.05 |
| 五菱星辰 | 83373 | 54563 | 52.80 |
| 五菱星辰二驱 1.5TAT | 58024 | 54563 | 6.34 |
| 五菱星辰二驱 2.0L（HEV） | 25349 | 0 | 0.00 |
| 五菱荣光 | 50395 | 71016 | -29.04 |
| 五菱荣光 1.5L | 27571 | 35571 | -22.49 |
| 五菱荣光 1.2L | 22824 | 35445 | -35.61 |
| 五菱佳辰 | 50174 | 0 | 0.00 |
| 五菱佳辰 1.5T | 50174 | 0 | 0.00 |
| 宝骏 510 | 45060 | 32991 | 36.58 |
| 宝骏 510 二驱 1.5T | 45060 | 32991 | 36.58 |
| 五菱之光 | 31847 | 40039 | -20.46 |
| 五菱之光 1.2L | 28182 | 40039 | -29.61 |
| 五菱之光 1.5L | 3665 | 0 | 0.00 |
| 新宝骏 KiWi | 30968 | 9355 | 231.03 |
| 新宝骏 KiWi 二厢（BEV） | 30968 | 9355 | 231.03 |
| 五菱凯捷 | 22236 | 63315 | -64.88 |
| 五菱凯捷 1.5L | 18074 | 63315 | -71.45 |
| 五菱凯捷 2.0L（HEV） | 4162 | 0 | 0.00 |
| 宝骏 310S | 21821 | 0 | 0.00 |
| 宝骏 310S 二驱 1.5L | 21821 | 0 | 0.00 |
| SparkEV | 18686 | 0 | 0.00 |

续表

| 车型 | 2022 年 | 2021 年 | 同比增长 |
|---|---|---|---|
| SparkEV 二厢 (BEV) | 18686 | 0 | 0.00 |
| 五菱荣光加长版 | 8942 | 5684 | 57.32 |
| 五菱荣光加长版 (BEV) | 8942 | 5684 | 57.32 |
| 宝骏 730 | 8473 | 25625 | -66.93 |
| 宝骏 7301.5L | 8473 | 25625 | -66.93 |
| 五菱 Nano 二厢 | 8400 | 6893 | 21.86 |
| 五菱 Nano 二厢 (BEV) | 8400 | 6893 | 21.86 |
| 五菱征程 | 8096 | 18551 | -56.36 |
| 五菱征程 1.5L | 5971 | 18551 | -67.81 |
| 五菱征程 2.0L | 2125 | 0 | 0.00 |
| 宝骏 630 | 2520 | 5856 | -56.97 |
| 宝骏 6301.5L | 2520 | 5856 | -56.97 |
| 新宝骏 RC-5 | 589 | 12043 | -95.11 |
| 新宝骏 RC-51.5T | 390 | 5102 | -92.36 |
| 新宝骏 RC-5W 三厢 1.5T | 199 | 6906 | -97.12 |
| 新宝骏 RC-5W 三厢 1.5L | 0 | 35 | -100.00 |
| 爱唯欧 Aveo | 364 | 0 | 0.00 |
| 爱唯欧 Aveo 二厢 1.5L | 332 | 0 | 0.00 |
| 爱唯欧 Aveo 三厢 1.5L | 32 | 0 | 0.00 |
| 新宝骏 RS-7 | 46 | 281 | -83.63 |
| 新宝骏 RS-7 二驱 1.5T | 46 | 281 | -83.63 |
| 宝骏 RS-5 | 45 | 707 | -93.64 |
| 宝骏 RS-5 二驱 1.5T | 45 | 707 | -93.64 |
| 宝骏 E 系列 | 11 | 7837 | -99.86 |
| 宝骏 E100(BEV) | 7 | 4520 | -99.85 |
| 宝骏 E200(BEV) | 4 | 3317 | -99.88 |
| 宝骏 RS-3 | 2 | 18202 | -99.99 |
| 宝骏 RS-3 二驱 1.5T | 2 | 18202 | -99.99 |
| 宝骏 E300 | 2 | 332 | -99.40 |
| 宝骏 E300(BEV) | 2 | 332 | -99.40 |
| 宝骏 E300P | 2 | 1369 | -99.85 |
| 宝骏 E300P(BEV) | 2 | 1369 | -99.85 |
| 宝骏 310 | 0 | 2377 | -100.00 |
| 宝骏 3101.2L | 0 | 1867 | -100.00 |
| 宝骏 3101.5L | 0 | 510 | -100.00 |
| 宝骏 RC-6 | 0 | 614 | -100.00 |
| 宝骏 RC-61.5T | 0 | 614 | -100.00 |
| 宝骏 360 | 0 | 1896 | -100.00 |
| 宝骏 3601.5L | 0 | 1896 | -100.00 |
| 宝骏 RM-5 | 0 | 2087 | -100.00 |
| 宝骏 RM-51.5T | 0 | 2087 | -100.00 |

续表

| 车型 | 2022 年 | 2021 年 | 同比增长 |
|---|---|---|---|
| 7. 上汽通用 | 1170107 | 1331567 | -12. 13 |
| 别克昂科威 | 172479 | 146476 | 17. 75 |
| 昂科威四驱 2. 0T | 82747 | 55044 | 50. 33 |
| 昂科威二驱 2. 0T | 57298 | 28689 | 99. 72 |
| 昂科威二驱 1. 5L | 32434 | 62743 | -48. 31 |
| 威朗 | 127906 | 30074 | 325. 30 |
| 威朗 Pro 三厢 1. 5T | 127906 | 26656 | 379. 84 |
| 威朗 NB1. 3T | 0 | 3418 | -100. 00 |
| 别克 GL8 | 116257 | 170010 | -31. 62 |
| 全新一代 GL82. 0T | 74814 | 95467 | -21. 63 |
| 新 GL82. 0T | 41443 | 74543 | -44. 40 |
| 科鲁泽 | 113318 | 86130 | 31. 57 |
| 科鲁泽三厢 1. 5AT | 98170 | 70976 | 38. 31 |
| 科鲁泽 1. 3T | 15145 | 13339 | 13. 54 |
| 科鲁泽 1. 0T | 3 | 1815 | -99. 83 |
| 别克新君威 | 79145 | 96605 | -18. 07 |
| 别克新君威 1. 5T | 67364 | 88230 | -23. 65 |
| 别克新君威 2. 0T | 11781 | 8375 | 40. 67 |
| 凯迪拉克 | 75102 | 62098 | 20. 94 |
| 凯迪拉克 CT52. 0T | 75102 | 62098 | 20. 94 |
| 别克英朗 | 63744 | 263017 | -75. 76 |
| 新英朗 GT1. 5L | 57846 | 251259 | -76. 98 |
| 新英朗 GT1. 3T | 5898 | 11756 | -49. 83 |
| 新英朗 GT1. 0T | 0 | 2 | -100. 00 |
| 凯迪拉克 XT5 | 54689 | 52976 | 3. 23 |
| 凯迪拉克 XT5 二驱 2. 0L | 31671 | 36988 | -14. 37 |
| 凯迪拉克 XT5 四驱 2. 0L | 23018 | 15988 | 43. 97 |
| 雪佛兰新赛欧 | 40948 | 50376 | -18. 72 |
| 新赛欧三厢 1. 5L | 40948 | 50376 | -18. 72 |
| 微蓝 Velite | 38760 | 23922 | 62. 03 |
| 微蓝 6Velite6（别克 K228）(BEV) | 25312 | 9103 | 178. 06 |
| 微蓝 6Velite61. 5L(PHEV) | 13448 | 13740 | -2. 13 |
| 微蓝 7Velite7(BEV) | 0 | 1079 | -100. 00 |
| 雪佛兰迈锐宝 | 35779 | 51128 | -30. 02 |
| 迈锐宝 1. 5T | 24844 | 34005 | -26. 94 |
| 迈锐宝 2. 0T | 10935 | 17118 | -36. 12 |
| 迈锐宝 1. 3T | 0 | 5 | -100. 00 |
| 凯迪拉克 XT4 | 35259 | 47521 | -25. 80 |
| 凯迪拉克 XT4 二驱 2. 0T | 34624 | 46710 | -25. 87 |
| 凯迪拉克 XT4 四驱 2. 0T | 635 | 811 | -21. 70 |
| 科沃兹 | 35203 | 15325 | 129. 71 |

续表

| 车型 | 2022 年 | 2021 年 | 同比增长 |
|---|---|---|---|
| 新科沃兹 1.0T | 24175 | 13495 | 79.14 |
| 新科沃兹 1.3T | 11028 | 230 | 4694.78 |
| 科沃兹 1.5L | 0 | 1600 | -100.00 |
| 别克新君越 | 32082 | 49874 | -35.67 |
| 新君越 2.0T | 20888 | 36485 | -42.75 |
| 新君越 1.5T | 11194 | 13389 | -16.39 |
| 凯迪拉克 XT6 | 22170 | 37998 | -41.65 |
| 凯迪拉克 XT6 四驱 2.0T | 20364 | 27519 | -26.00 |
| 凯迪拉克 XT6 二驱 2.0T | 1806 | 10479 | -82.77 |
| 雪佛兰探界者 | 21511 | 43200 | -50.21 |
| 雪佛兰探界者二驱 1.5T | 14250 | 28333 | -49.71 |
| 雪佛兰探界者四驱 2.0T | 7261 | 14864 | -51.15 |
| 雪佛兰探界者二驱 1.3T | 0 | 3 | -100.00 |
| 别克昂科旗 | 18710 | 33601 | -44.32 |
| 别克昂科旗四驱 2.0T | 13931 | 20393 | -31.69 |
| 别克昂科旗二驱 2.0T | 4779 | 13208 | -63.82 |
| 凯迪拉克 CT4 | 13757 | 14809 | -7.10 |
| 凯迪拉克 CT42.0T | 10674 | 14809 | -27.92 |
| 凯迪拉克 CT4 三厢 1.5T | 3083 | 0 | 0.00 |
| 凯迪拉克 CT6 | 11763 | 17715 | -33.60 |
| 凯迪拉克 CT62.0 | 11763 | 17715 | -33.60 |
| 别克 GL6 | 8317 | 3634 | 128.87 |
| GL61.3T | 8317 | 3634 | 128.87 |
| 全新一代雪佛兰创酷 | 8272 | 9676 | -14.51 |
| 全新一代雪佛兰创酷二驱 1.5T | 7863 | 0 | 0.00 |
| 全新一代雪佛兰创酷二驱 1.0T | 409 | 8156 | -94.99 |
| 全新一代雪佛兰创酷二驱 1.3T | 0 | 1520 | -100.00 |
| 雪佛兰星迈罗 Seekre | 7302 | 0 | 0.00 |
| 雪佛兰星迈罗 Seekre 二驱 1.5T | 7302 | 0 | 0.00 |
| 雪佛兰畅巡 | 7203 | 3020 | 138.51 |
| 雪佛兰畅巡（BEV） | 7203 | 3020 | 138.51 |
| 别克昂科拉 GX | 6827 | 4672 | 46.13 |
| 别克昂科拉 GX 二驱 1.3T | 6827 | 4535 | 50.54 |
| 别克昂科拉 GX 四驱 1.3T | 0 | 137 | -100.00 |
| 别克昂扬 Envista | 5848 | 0 | 0.00 |
| 别克昂扬 Envista 二驱 1.5T | 5848 | 0 | 0.00 |
| 沃兰多 | 4247 | 2980 | 42.52 |
| 沃兰多 1.3T | 4247 | 2980 | 42.52 |
| 别克世纪 Century | 4000 | 0 | 0.00 |
| 别克世纪 Century2.0T | 4000 | 0 | 0.00 |
| 凯迪拉克锐歌 LYRIQ | 2538 | 0 | 0.00 |

续表

| 车型 | 2022 年 | 2021 年 | 同比增长 |
|---|---|---|---|
| 凯迪拉克锐歌 LYRIQ(BEV) | 2538 | 0 | 0.00 |
| 雪佛兰开拓者 | 2525 | 7427 | -66.00 |
| 开拓者二驱 2.0T | 1645 | 4478 | -63.26 |
| 开拓者四驱 2.0T | 880 | 2949 | -70.16 |
| 全新一代别克昂科拉 | 1841 | 3239 | -43.16 |
| 全新一代别克昂科拉二驱 1.3T | 1840 | 3236 | -43.14 |
| 全新一代别克昂科拉二驱 1.0T | 1 | 3 | -66.67 |
| 凯越 | 1500 | 3502 | -57.17 |
| 凯越三厢 1.3L | 1500 | 0 | 0.00 |
| 新凯越三厢 1.3L | 0 | 3502 | -100.00 |
| 雪佛兰创界 | 594 | 555 | 7.03 |
| 雪佛兰创界二驱 1.3T | 516 | 521 | -0.96 |
| 雪佛兰创界四驱 1.3T | 78 | 34 | 129.41 |
| 微蓝 7Velite7 | 511 | 0 | 0.00 |
| 微蓝 7Velite7(BEV) | 511 | 0 | 0.00 |
| 8. 奇瑞 | 1149636 | 867629 | 32.50 |
| 瑞虎 7 改款（T1E) | 143380 | 72431 | 97.95 |
| 瑞虎 7 改款二驱 1.5L | 110457 | 60340 | 83.06 |
| 瑞虎 7 改款二驱 1.6L | 32923 | 12091 | 172.29 |
| 捷途 X70 | 137152 | 124647 | 10.03 |
| 捷途 X70 二驱 1.5T | 136974 | 124617 | 9.92 |
| 捷途 X70 二驱 (BEV) | 178 | 30 | 493.33 |
| T19 | 114930 | 81017 | 41.86 |
| T19 二驱 1.5 | 114927 | 76143 | 50.94 |
| T19 二驱 (BEV) | 3 | 946 | -99.68 |
| T19 二驱 2.0 | 0 | 3928 | -100.00 |
| QQ 冰淇淋 | 96539 | 12679 | 661.41 |
| QQ 冰淇淋 (BEV) | 96539 | 12679 | 661.41 |
| 小蚂蚁 | 95669 | 77149 | 24.01 |
| 小蚂蚁 (BEV) | 95669 | 77149 | 24.01 |
| 瑞虎 8plus(T1D) | 77751 | 63602 | 22.25 |
| 瑞虎 8plus 二驱 1.6L | 61364 | 63411 | -3.23 |
| 瑞虎 8plus 二驱 2.0L | 12825 | 0 | 0.00 |
| 瑞虎 8plus 二驱 1.5L(PHEV) | 3562 | 146 | 2339.73 |
| 瑞虎 8plus 二驱 1.5L | 0 | 45 | -100.00 |
| 瑞虎 3X | 73596 | 11465 | 541.92 |
| 瑞虎 3X 二驱 1.5L | 73596 | 11459 | 542.25 |
| 瑞虎 3X 二驱 (BEV) | 0 | 6 | -100.00 |
| 新瑞虎 8(T1A) | 53047 | 85582 | -38.02 |
| T1A 二驱 1.6 | 29180 | 53286 | -45.24 |
| T1A 二驱 2.0(原 1.6) | 13840 | 20889 | -33.75 |

续表

| 车型 | 2022 年 | 2021 年 | 同比增长 |
|---|---|---|---|
| T1A 二驱 1.5 | 10027 | 11407 | -12.10 |
| 瑞虎 8 | 50098 | 11899 | 321.03 |
| 瑞虎 8 二驱 1.6L | 32726 | 2340 | 1298.55 |
| 瑞虎 8 二驱 2.0L | 10288 | 1809 | 468.71 |
| 瑞虎 8 二驱 1.5L | 7084 | 7750 | -8.59 |
| 艾瑞泽 PLUS(M1DFL2) | 48694 | 80842 | -39.77 |
| 艾瑞泽 PLUS1.5T(M1DFL2) | 48694 | 80842 | -39.77 |
| 艾瑞泽 5 | 45659 | 24632 | 85.36 |
| 艾瑞泽 51.5 | 30796 | 20697 | 48.79 |
| 艾瑞泽 5(BEV) | 13195 | 3935 | 235.32 |
| 艾瑞泽 51.6 | 1668 | 0 | 0.00 |
| 星途 TXL(M32T) | 29972 | 35748 | -16.16 |
| 星途四驱 1.6L | 22147 | 20150 | 9.91 |
| 星途四驱 2.0T | 7825 | 0 | 0.00 |
| 星途四驱 1.6T | 0 | 15598 | -100.00 |
| 奇瑞 OMODA5（T19C) | 27525 | 0 | 0.00 |
| 奇瑞 OMODA5 二驱 1.5T（T19C) | 19725 | 0 | 0.00 |
| 奇瑞 OMODA5 二驱 1.6T | 7800 | 0 | 0.00 |
| 捷途 X90 | 27515 | 29430 | -6.51 |
| 捷途 X90 二驱 1.5T | 27515 | 29430 | -6.51 |
| 凯翼炫界 | 22565 | 13548 | 66.56 |
| 凯翼炫界二驱 1.5L | 11305 | 11527 | -1.93 |
| 炫界 Pro 二驱 1.5T | 7004 | 0 | 0.00 |
| 炫界 Pro 二驱 (BEV) | 4256 | 2021 | 110.59 |
| 艾瑞泽 7 | 21941 | 0 | 0.00 |
| 艾瑞泽 71.6 | 21941 | 0 | 0.00 |
| 凯翼 X5 | 15400 | 0 | 0.00 |
| 凯翼 X5 二驱 2.0L | 15400 | 0 | 0.00 |
| 星途 LX(T1C) | 13210 | 1049 | 1159.29 |
| 星途 LX(T1C) 二驱 1.5T | 9509 | 0 | 0.00 |
| 星途 LX(T1C) 二驱 1.6T | 2692 | 1049 | 156.63 |
| 星途 LX 二驱 1.5T(PHEV) | 1009 | 0 | 0.00 |
| 凯翼轩度 | 11717 | 3037 | 285.81 |
| 凯翼轩度 1.5T | 11717 | 3037 | 285.81 |
| 瑞虎 7(T15) | 10397 | 18900 | -44.99 |
| 瑞虎 7 二驱 1.5L | 10350 | 18721 | -44.71 |
| 瑞虎 7 二驱 2.0L | 47 | 179 | -73.74 |
| 艾瑞泽 EX | 9982 | 2782 | 258.81 |
| 艾瑞泽 EX(BEV) | 9982 | 33 | 30148.48 |
| 艾瑞泽 EX1.5L | 0 | 2749 | -100.00 |
| 星途 VX(M36T) | 9794 | 357 | 2643.42 |

续表

| 车型 | 2022 年 | 2021 年 | 同比增长 |
|---|---|---|---|
| 星途 VX 二驱 2.0T | 9794 | 0 | 0.00 |
| 星途 VX 二驱 1.6T | 0 | 357 | -100.00 |
| 瑞虎 3 | 6833 | 84116 | -91.88 |
| 瑞虎 3 二驱 1.6L | 3710 | 78596 | -95.28 |
| 瑞虎 3 二驱 2.0L | 3120 | 5520 | -43.48 |
| 瑞虎 3(BEV) | 3 | 0 | 0.00 |
| 无界 | 2054 | 0 | 0.00 |
| 无界（BEV） | 2054 | 0 | 0.00 |
| 开瑞 K60 | 1644 | 2343 | -29.83 |
| 开瑞 KM23 二驱 1.5L | 1124 | 2045 | -45.04 |
| K60 二驱（BEV） | 520 | 298 | 74.50 |
| Q22L 开瑞优优加长 | 1117 | 2200 | -49.23 |
| Q22L1.2L | 953 | 899 | 6.01 |
| Q22L1.3L | 164 | 1301 | -87.39 |
| 星途 TX(M31T) | 465 | 0 | 0.00 |
| M31T 二驱 1.6L | 465 | 0 | 0.00 |
| 大蚂蚁（S61） | 300 | 867 | -65.40 |
| 大蚂蚁（S61）二驱（BEV） | 300 | 867 | -65.40 |
| QQ | 230 | 1431 | -83.93 |
| 新 QQ1.0 | 230 | 1421 | -83.81 |
| 新 QQ(BEV) | 0 | 10 | -100.00 |
| 昆仑 FX12 | 208 | 0 | 0.00 |
| 昆仑 FX121.6T | 139 | 0 | 0.00 |
| 昆仑 FX122.0T | 69 | 0 | 0.00 |
| Q22 开瑞优优 | 90 | 77 | 16.88 |
| Q221.2L | 90 | 77 | 16.88 |
| 开瑞 X30 | 65 | 0 | 0.00 |
| 开瑞 X301.6 | 65 | 0 | 0.00 |
| 凯翼 X3(CX51) | 60 | 3538 | -98.30 |
| 凯翼 X3 二驱 1.6L | 60 | 3538 | -98.30 |
| 开瑞 K50 | 37 | 83 | -55.42 |
| 开瑞 K50(BEV) | 37 | 4 | 825.00 |
| 开瑞 K501.5L | 0 | 79 | -100.00 |
| E5 | 0 | 198 | -100.00 |
| E5(BEV) | 0 | 198 | -100.00 |
| 艾瑞泽 GX | 0 | 901 | -100.00 |
| 艾瑞泽 GX1.5L | 0 | 901 | -100.00 |
| 风云 | 0 | 240 | -100.00 |
| 风云两厢 1.5L | 0 | 240 | -100.00 |
| E3 | 0 | 2923 | -100.00 |
| E31.5L | 0 | 2923 | -100.00 |

续表

| 车型 | 2022 年 | 2021 年 | 同比增长 |
|---|---|---|---|
| 瑞虎 5 | 0 | 1920 | -100.00 |
| 瑞虎 5 二驱 1.5T | 0 | 480 | -100.00 |
| 瑞虎 5 二驱 2.0L | 0 | 1440 | -100.00 |
| 新款瑞虎 5X(T17) | 0 | 15996 | -100.00 |
| 新款瑞虎 5X 二驱 1.5L | 0 | 15996 | -100.00 |
| **9. 广汽丰田** | 1005000 | 828000 | 21.38 |
| 新凯美瑞 | 249839 | 216764 | 15.26 |
| 新凯美瑞 2.0L | 139419 | 105576 | 32.06 |
| 新凯美瑞 2.5 | 74181 | 74200 | -0.03 |
| 新凯美瑞 2.5(HEV) | 36239 | 36988 | -2.02 |
| 雷凌 | 213426 | 229115 | -6.85 |
| 雷凌 1.2T | 98621 | 121040 | -18.52 |
| 雷凌 1.8L(HEV) | 75959 | 76795 | -1.09 |
| 雷凌 1.5L | 20949 | 22714 | -7.77 |
| 雷凌三厢 2.0L | 17607 | 6297 | 179.61 |
| 雷凌 1.8L(PHEV) | 290 | 2269 | -87.22 |
| 威兰达 | 142609 | 128086 | 11.34 |
| 威兰达四驱 2.0L | 117744 | 94155 | 25.05 |
| 威兰达四驱 2.5L(HEV) | 21898 | 29764 | -26.43 |
| 威兰达四驱 2.5L(PHEV) | 2967 | 4167 | -28.80 |
| 锋兰达 | 99399 | 0 | 0.00 |
| 锋兰达二驱 2.0L | 99399 | 0 | 0.00 |
| 汉兰达 | 87540 | 107733 | -18.74 |
| 汉兰达四驱 2.5L(HEV) | 74959 | 34216 | 119.08 |
| 汉兰达四驱 2.0T | 12581 | 73517 | -82.89 |
| 致炫 | 81313 | 80873 | 0.54 |
| 致炫 1.5 | 81313 | 80873 | 0.54 |
| 赛那 | 74510 | 2791 | 2569.65 |
| 赛那 2.5L(HEV) | 74510 | 2791 | 2569.65 |
| 威飒 | 26036 | 0 | 0.00 |
| 威飒四驱 2.0L | 16110 | 0 | 0.00 |
| 威飒四驱 2.5L(HEV) | 9926 | 0 | 0.00 |
| 奕泽 C-HR | 21749 | 46433 | -53.16 |
| C-HR 二驱 2.0L | 20998 | 42758 | -50.89 |
| C-HR 二驱 2.0L(HEV) | 681 | 2632 | -74.13 |
| C-HR 二驱 (BEV) | 70 | 1043 | -93.29 |
| bZ4X | 4408 | 0 | 0.00 |
| bZ4X 四驱 (BEV) | 4408 | 0 | 0.00 |
| 致享 | 2903 | 12310 | -76.42 |
| 致享 1.5L | 2903 | 12310 | -76.42 |
| iA5 | 1268 | 3895 | -67.45 |

续表

| 车型 | 2022年 | 2021年 | 同比增长 |
|---|---|---|---|
| iA5(BEV) | 1268 | 3895 | -67.45 |
| **10.东风有限（本部）** | 921564 | 1065502 | -13.51 |
| 轩逸 | 437731 | 500150 | -12.48 |
| 新轩逸经典1.6L | 221032 | 185268 | 19.30 |
| 十四代轩逸1.6L | 196905 | 250376 | -21.36 |
| e-POWER轩逸1.2L(HEV) | 19794 | 6282 | 215.09 |
| 轩逸1.6 | 0 | 3295 | -100.00 |
| 新轩逸1.6 | 0 | 54929 | -100.00 |
| 逍客 | 154460 | 156890 | -1.55 |
| 新逍客二驱2.0L | 154460 | 156890 | -1.55 |
| 新天籁 | 147015 | 162010 | -9.26 |
| 七代天籁2.0 | 147015 | 162010 | -9.26 |
| 启辰D60 | 51423 | 37784 | 36.10 |
| 启辰D60(BEV) | 42784 | 13274 | 222.31 |
| 启辰D60PLUS1.6L | 8639 | 22027 | -60.78 |
| 启辰D601.6L | 0 | 2483 | -100.00 |
| 启辰大V | 39959 | 15332 | 160.62 |
| 启辰大V二驱1.5T | 39959 | 15332 | 160.62 |
| 奇骏 | 28623 | 79449 | -63.97 |
| 新奇骏二驱2.0L | 21114 | 52390 | -59.70 |
| 全新一代奇骏二驱1.5T | 5247 | 15427 | -65.99 |
| 全新一代奇骏四驱1.5T | 1333 | 5548 | -75.97 |
| 新奇骏四驱2.5L | 929 | 6084 | -84.73 |
| 骐达 | 27267 | 51448 | -47.00 |
| 新骐达1.6L | 27267 | 51448 | -47.00 |
| 劲客 | 8800 | 18813 | -53.22 |
| 劲客二驱1.5L | 8800 | 18813 | -53.22 |
| 楼兰 | 5553 | 12109 | -54.14 |
| 楼兰二驱2.5 | 5553 | 11085 | -49.91 |
| 楼兰四驱2.5(HEV) | 0 | 1024 | -100.00 |
| 启辰T60 | 5273 | 13406 | -60.67 |
| 启辰T60二驱1.6L | 4745 | 13016 | -63.54 |
| 启辰T60二驱(BEV) | 528 | 390 | 35.38 |
| 奇骏荣耀 | 4725 | 1636 | 188.81 |
| 奇骏荣耀二驱2.0L | 4725 | 1636 | 188.81 |
| 启辰星 | 4166 | 12580 | -66.88 |
| 启辰星二驱1.5T | 4166 | 12580 | -66.88 |
| QX50 | 1993 | 0 | 0.00 |
| QX50二驱2.0T | 1342 | 0 | 0.00 |
| QX50四驱2.0T | 651 | 0 | 0.00 |
| 艾睿雅ARIYA | 1334 | 0 | 0.00 |

续表

| 车型 | 2022 年 | 2021 年 | 同比增长 |
|---|---|---|---|
| 艾睿雅 ARIYA 二驱（BEV） | 1246 | 0 | 0.00 |
| 艾睿雅 ARIYA 四驱（BEV） | 88 | 0 | 0.00 |
| 英菲尼迪 | 1290 | 0 | 0.00 |
| 英菲尼迪 Q50L2.0T | 1290 | 0 | 0.00 |
| QX60 | 954 | 0 | 0.00 |
| QX60 四驱 2.0T | 797 | 0 | 0.00 |
| QX60 二驱 2.0T | 157 | 0 | 0.00 |
| 新蓝鸟 | 919 | 3584 | -74.36 |
| 新蓝鸟 1.6 | 919 | 3584 | -74.36 |
| 启辰 T90 | 79 | 313 | -74.76 |
| 启辰 T90 二驱 1.5T | 79 | 313 | -74.76 |
| **11. 长城** | 880808 | 1047987 | -15.95 |
| 哈弗 H6 | 288083 | 370438 | -22.23 |
| 哈弗 H6 二驱汽油 1.5 | 222288 | 311771 | -28.70 |
| 哈弗 H6 二驱汽油 2.0 | 36362 | 46472 | -21.76 |
| 哈弗 H6 四驱汽油 2.0T | 19085 | 0 | 0.00 |
| 哈弗 H6 二驱 1.5(PHEV) | 10348 | 0 | 0.00 |
| 哈弗 H6 四驱汽油 1.5 | 0 | 12195 | -100.00 |
| 坦克 300 | 101787 | 84588 | 20.33 |
| 坦克 300 四驱 2.0T | 101787 | 84588 | 20.33 |
| 哈弗大狗 | 97863 | 100690 | -2.81 |
| 哈弗大狗二驱 1.5T | 68572 | 74789 | -8.31 |
| 哈弗大狗四驱 2.0T | 24786 | 21676 | 14.35 |
| 哈弗大狗二驱 2.0T | 4505 | 4225 | 6.63 |
| 哈弗 M6 | 69954 | 111161 | -37.07 |
| 哈弗 M6 二驱 1.5 | 69954 | 111161 | -37.07 |
| 欧拉好猫 | 68317 | 50931 | 34.14 |
| 欧拉好猫 (BEV) | 68317 | 50931 | 34.14 |
| 哈弗初恋 | 51794 | 69590 | -25.57 |
| 哈弗初恋二驱 1.5T | 51794 | 69590 | -25.57 |
| 神兽 | 47582 | 6733 | 606.70 |
| 神兽二驱 1.5 | 42420 | 6325 | 570.67 |
| 神兽二驱 2.0 | 4176 | 406 | 928.57 |
| 神兽四驱 2.0 | 986 | 2 | 49200.00 |
| 欧拉黑 / 白猫 | 25821 | 84097 | -69.30 |
| 欧拉黑猫 (R1)(BEV) | 21634 | 63492 | -65.93 |
| 欧拉白猫 (BEV) | 4187 | 20605 | -79.68 |
| 坦克 500 | 22094 | 0 | 0.00 |
| 坦克 500 四驱 3.0T | 22094 | 0 | 0.00 |
| 哈弗赤兔 | 21318 | 31200 | -31.67 |
| 哈弗赤兔二驱 1.5T | 21318 | 31200 | -31.67 |

续表

| 车型 | 2022 年 | 2021 年 | 同比增长 |
| --- | --- | --- | --- |
| 拿铁 | 20056 | 2707 | 640.89 |
| 拿铁二驱 1.5 | 10402 | 2707 | 284.26 |
| 拿铁二驱 1.5(PHEV) | 8319 | 0 | 0.00 |
| 拿铁四驱 1.5(PHEV) | 1335 | 0 | 0.00 |
| 哈弗 H9 | 15838 | 18415 | -13.99 |
| 哈弗 H9 四驱汽油 2.0 | 15436 | 17458 | -11.58 |
| 哈弗 H9 四驱柴油 2.0 | 402 | 957 | -57.99 |
| 哈弗 F7 | 15151 | 57507 | -73.65 |
| 哈弗 F7 四驱 2.0 | 7014 | 20056 | -65.03 |
| 哈弗 F7 二驱 1.5 | 6753 | 30570 | -77.91 |
| 哈弗 F7 二驱 2.0 | 1384 | 6881 | -79.89 |
| 摩卡 | 13435 | 28545 | -52.93 |
| 摩卡二驱 2.0T | 5970 | 23608 | -74.71 |
| 摩卡四驱 1.5T(PHEV) | 4076 | 0 | 0.00 |
| 摩卡二驱 1.5T(PHEV) | 1892 | 0 | 0.00 |
| 摩卡四驱 2.0T | 1497 | 4937 | -69.68 |
| 哈弗酷狗 | 8967 | 0 | 0.00 |
| 哈弗酷狗二驱 1.5 | 7165 | 0 | 0.00 |
| 哈弗酷狗四驱 1.5 | 1802 | 0 | 0.00 |
| 欧拉闪电猫 | 6042 | 0 | 0.00 |
| 欧拉闪电猫（BEV） | 6042 | 0 | 0.00 |
| 欧拉芭蕾猫 | 3816 | 0 | 0.00 |
| 欧拉芭蕾猫（BEV） | 3816 | 0 | 0.00 |
| 玛奇朵 | 2890 | 5145 | -43.83 |
| 玛奇朵二驱 1.5(PHEV) | 1868 | 2016 | -7.34 |
| 玛奇朵二驱 1.5 | 1022 | 3129 | -67.34 |
| 哈弗 H5 | 0 | 660 | -100.00 |
| 哈弗 H5 四驱汽油 | 0 | 660 | -100.00 |
| 哈弗 H2 | 0 | 2482 | -100.00 |
| 哈弗 H2 二驱 1.5 | 0 | 2482 | -100.00 |
| 哈弗 H1 | 0 | 527 | -100.00 |
| 哈弗 H1 二驱 1.5 | 0 | 527 | -100.00 |
| 哈弗 H7 | 0 | 605 | -100.00 |
| 哈弗 H7 二驱 | 0 | 605 | -100.00 |
| VV7 | 0 | 2287 | -100.00 |
| VV7 二驱 2.0 | 0 | 2236 | -100.00 |
| VV7 二驱（PHEV） | 0 | 51 | -100.00 |
| VV5 | 0 | 7688 | -100.00 |
| VV5 二驱 1.5 | 0 | 7683 | -100.00 |
| VV5 四驱 2.0 | 0 | 5 | -100.00 |
| VV6 | 0 | 11991 | -100.00 |

续表

| 车型 | 2022年 | 2021年 | 同比增长 |
| --- | --- | --- | --- |
| VV6 二驱 2.0 | 0 | 11450 | -100.00 |
| VV6 四驱 2.0 | 0 | 541 | -100.00 |
| **12. 一汽丰田** | 834575 | 831924 | 0.32 |
| 卡罗拉 | 257751 | 323240 | -20.26 |
| 卡罗拉 1.2L | 156059 | 202645 | -22.99 |
| 卡罗拉（HEV） | 67623 | 68364 | -1.08 |
| 卡罗拉 1.5L | 31813 | 47292 | -32.73 |
| 卡罗拉 1.8L(PHEV) | 2256 | 4939 | -54.32 |
| 全新 RAV4 | 171268 | 199657 | -14.22 |
| RAV4 二驱 2.0L | 124059 | 133697 | -7.21 |
| RAV4 四驱 2.0L | 20630 | 28467 | -27.53 |
| RAV4 二驱 2.5L(HEV) | 12045 | 14255 | -15.50 |
| RAV4 四驱 2.5L(HEV) | 11691 | 18926 | -38.23 |
| RAV4 二驱 2.5L(PHEV) | 2417 | 1036 | 133.30 |
| RAV4 四驱 2.5L(PHEV) | 426 | 3276 | -87.00 |
| AVALON | 112041 | 121545 | -7.82 |
| AVALON2.0L | 49222 | 50093 | -1.74 |
| AVALON2.5L(HEV) | 37384 | 43430 | -13.92 |
| AVALON2.5L | 25435 | 28022 | -9.23 |
| 卡罗拉锐放 | 87753 | 0 | 0.00 |
| 卡罗拉锐放两驱 2.0L | 87753 | 0 | 0.00 |
| 皇冠陆放 | 56281 | 25893 | 117.36 |
| 皇冠陆放四驱 2.5L(HEV) | 51145 | 24911 | 105.31 |
| 皇冠陆放四驱 2.0T | 2899 | 0 | 0.00 |
| 皇冠陆放二驱 2.5L(HEV) | 2237 | 982 | 127.80 |
| 凌放 | 44025 | 8891 | 395.16 |
| 凌放二驱 2.0L | 29180 | 6524 | 347.27 |
| 凌放四驱 2.5L | 14845 | 2367 | 527.17 |
| 新威驰 | 41436 | 52991 | -21.81 |
| 新威驰 1.5L | 41436 | 52991 | -21.81 |
| 亚洲狮 | 25428 | 33495 | -24.08 |
| 亚洲狮 2.0L | 25428 | 33495 | -24.08 |
| IZOA | 18709 | 44802 | -58.24 |
| IZOA 二驱 2.0L | 14449 | 36391 | -60.30 |
| IZOA 二驱 2.0L(HEV) | 3711 | 6887 | -46.12 |
| IZOA 二驱（BEV） | 549 | 1524 | -63.98 |
| 威驰 FS | 16277 | 21410 | -23.97 |
| 威驰 FS1.5L | 16277 | 21410 | -23.97 |
| 丰田 bz4x | 2881 | 0 | 0.00 |
| 丰田 bz4x 二驱（BEV） | 2881 | 0 | 0.00 |
| 格瑞维亚 | 725 | 0 | 0.00 |

续表

| 车型 | 2022年 | 2021年 | 同比增长 |
|---|---|---|---|
| 格瑞维亚 2.5L(HEV) | 725 | 0 | 0.00 |
| **13. 上海股份** | 827037 | 800767 | 3.28 |
| MGZS | 174853 | 142159 | 23.00 |
| MGZS 二驱 1.5L | 116635 | 110161 | 5.88 |
| MGZS 二驱 (BEV) | 34657 | 14065 | 146.41 |
| MGZS 二驱 1.0T | 14834 | 6793 | 118.37 |
| MGZS 二驱 1.3T | 8727 | 11140 | -21.66 |
| MG5 | 137860 | 106221 | 29.79 |
| 全新 MG5 三厢 1.5L | 63650 | 58632 | 8.56 |
| 全新 MG5 三厢 1.5T | 48401 | 39984 | 21.05 |
| MG5(BEV) | 25809 | 7605 | 239.37 |
| 荣威 RX5 | 88560 | 80354 | 10.21 |
| 荣威 RX5 二驱 1.5T | 74467 | 65161 | 14.28 |
| 荣威 RX5 二驱 1.5(PHEV) | 13486 | 14588 | -7.55 |
| 荣威 RX5 四驱 2.0T | 607 | 598 | 1.51 |
| 荣威 RX5 二驱 2.0T | 0 | 7 | -100.00 |
| MGHS | 79976 | 70364 | 13.66 |
| MGHS 二驱 1.5T | 46309 | 40008 | 15.75 |
| MGHS 二驱 1.5T(PHEV) | 29042 | 23537 | 23.39 |
| MGHS 四驱 2.0T | 4426 | 6709 | -34.03 |
| MGHS 二驱 2.0T | 199 | 110 | 80.91 |
| 荣威 i5 | 79047 | 136425 | -42.06 |
| 荣威 i51.5L | 68856 | 118407 | -41.85 |
| 荣威 Ei5 三厢 (BEV) | 10177 | 16392 | -37.91 |
| 荣威 i51.5T | 14 | 1626 | -99.14 |
| MGi5 | 62005 | 38978 | 59.08 |
| MGi51.5L | 62005 | 38978 | 59.08 |
| 荣威科莱威 | 45178 | 46837 | -3.54 |
| 荣威科莱威 (BEV) | 45178 | 46837 | -3.54 |
| MGMULAN | 37588 | 0 | 0.00 |
| MGMULAN 三厢 (BEV) | 37588 | 0 | 0.00 |
| MG3 | 31888 | 27365 | 16.53 |
| MG31.5L | 31888 | 27365 | 16.53 |
| 荣威 i6 | 18824 | 25410 | -25.92 |
| 荣威 i6 三厢 (BEV) | 13468 | 5193 | 159.35 |
| 荣威 i61.5T | 2875 | 6796 | -57.70 |
| 荣威 i61.6L | 1405 | 3122 | -55.00 |
| 荣威 i61.5T(PHEV) | 1076 | 10299 | -89.55 |
| MG6 | 16246 | 41995 | -61.31 |
| MG6 三厢 1.5T | 15751 | 40701 | -61.30 |
| MG6 三厢 1.5T(PHEV) | 495 | 1294 | -61.75 |

续表

| 车型 | 2022 年 | 2021 年 | 同比增长 |
|---|---|---|---|
| 荣威 MARVELX | 15187 | 7913 | 91.92 |
| MARVELR 二驱（BEV） | 9696 | 4716 | 105.60 |
| MARVELR 四驱（BEV） | 5491 | 3156 | 73.99 |
| 荣威 MARVELX 二驱（BEV） | 0 | 29 | -100.00 |
| 荣威 MARVELX 四驱（BEV） | 0 | 12 | -100.00 |
| MGONE | 8071 | 10878 | -25.80 |
| MGONE 二驱 1.5T | 8071 | 10878 | -25.80 |
| 荣威 iMAX8 | 7741 | 13903 | -44.32 |
| 荣威 iMAX82.0T | 5797 | 13903 | -58.30 |
| 荣威 iMAX8(BEV) | 1944 | 0 | 0.00 |
| 荣威 Rx5Max | 7362 | 15590 | -52.78 |
| 荣威 Rx5Max 二驱 1.5T | 4654 | 11467 | -59.41 |
| 荣威 Rx5Max 二驱 1.5T(PHEV) | 1790 | 2405 | -25.57 |
| 荣威 Rx5Max 二驱 2.0T | 917 | 1682 | -45.48 |
| 荣威 Rx5Max 四驱 2.0T | 1 | 36 | -97.22 |
| 荣威 RX8 | 6199 | 3223 | 92.34 |
| 荣威 RX8 四驱 2.0L | 4227 | 1099 | 284.62 |
| 荣威 RX8 二驱 2.0L | 1972 | 2124 | -7.16 |
| 荣威 RX3PRO | 5733 | 12680 | -54.79 |
| 荣威 RX3PRO 二驱 1.6L | 5635 | 12680 | -55.56 |
| 荣威 RX3PRO 二驱 1.5L(HEV) | 98 | 0 | 0.00 |
| MGRx8 | 3021 | 3965 | -23.81 |
| MGRx8 四驱 2.0T | 2537 | 3593 | -29.39 |
| MGRx8 二驱 2.0T | 484 | 372 | 30.11 |
| MG 领航 | 1220 | 5281 | -76.90 |
| MG 领航二驱 1.5T(PHEV) | 833 | 517 | 61.12 |
| MG 领航二驱 1.5T | 386 | 4646 | -91.69 |
| MG 领航四驱 2.0T | 1 | 75 | -98.67 |
| MG 领航二驱 2.0T | 0 | 43 | -100.00 |
| 荣威鲸 | 460 | 0 | 0.00 |
| 荣威鲸二驱 2.0T | 460 | 0 | 0.00 |
| 荣威 RER6 | 9 | 11222 | -99.92 |
| 荣威 RER6 三厢（BEV） | 9 | 11222 | -99.92 |
| 荣威 RX9 | 7 | 0 | 0.00 |
| 荣威 RX9 四驱 2.0T | 7 | 0 | 0.00 |
| MGGS 锐腾 | 0 | 6 | -100.00 |
| MGGS 四驱 2.0T | 0 | 6 | -100.00 |
| 14. 广汽本田 | 741808 | 780266 | -4.93 |
| 雅阁 | 233887 | 201301 | 16.19 |
| 雅阁 1.5T | 189223 | 165605 | 14.26 |
| 雅阁 2.0L | 44664 | 35696 | 25.12 |

续表

| 车型 | 2022 年 | 2021 年 | 同比增长 |
| --- | --- | --- | --- |
| 皓影 | 128491 | 166240 | -22.71 |
| 皓影二驱 1.5T | 100393 | 134023 | -25.09 |
| 皓影二驱 2.0 | 23941 | 29673 | -19.32 |
| 皓影二驱 2.0(PHEV) | 4157 | 2544 | 63.40 |
| 缤智 | 99085 | 173870 | -43.01 |
| 缤智二驱 1.5L | 99085 | 173870 | -43.01 |
| 型格 | 82864 | 4103 | 1919.60 |
| 型格 1.5T | 82864 | 4103 | 1919.60 |
| 飞度 | 65545 | 96326 | -31.96 |
| 飞度两厢 1.5L | 65545 | 96326 | -31.96 |
| 冠道 | 45910 | 40048 | 14.64 |
| 冠道二驱 2.0T | 30253 | 23687 | 27.72 |
| 冠道二驱 1.5T | 15657 | 16361 | -4.30 |
| 奥德赛 | 44586 | 43366 | 2.81 |
| 奥德赛 2.0L | 44586 | 43366 | 2.81 |
| 凌派 | 27022 | 44224 | -38.90 |
| 凌派三厢 1.0T | 20956 | 33997 | -38.36 |
| 凌派三厢 1.5L | 6066 | 10227 | -40.69 |
| 致在 | 5807 | 0 | 0.00 |
| 致在二驱 1.5T | 5807 | 0 | 0.00 |
| 极湃 1（e:NP1） | 4134 | 0 | 0.00 |
| 极湃 1（e:NP1）(BEV) | 4134 | 0 | 0.00 |
| 理念 VE-1 | 1503 | 2513 | -40.19 |
| VE-1 二驱 (BEV) | 1503 | 2513 | -40.19 |
| 绎乐 EA6 | 1299 | 2513 | -48.31 |
| 绎乐 EA6(BEV) | 1299 | 2513 | -48.31 |
| 讴歌 RDX | 1060 | 2952 | -64.09 |
| 讴歌 RDX 二驱 2.0T | 1060 | 2952 | -64.09 |
| 讴歌 CDX | 615 | 2810 | -78.11 |
| 讴歌 CDX 二驱 1.5T | 537 | 2283 | -76.48 |
| 讴歌 CDX 二驱 2.0L | 78 | 527 | -85.20 |
| **15. 特斯拉 ( 上海 )** | 710865 | 484130 | 46.83 |
| 特斯拉 ModelY | 455091 | 200131 | 127.40 |
| 特斯拉 ModelY 四驱 (BEV) | 455091 | 200131 | 127.40 |
| Model3 | 255774 | 283999 | -9.94 |
| Model3(BEV) | 255774 | 283999 | -9.94 |
| **16. 华晨宝马** | 694939 | 673608 | 3.17 |
| X3 | 176361 | 173164 | 1.85 |
| X3 四驱 2.0 | 117210 | 128921 | -9.08 |
| X3 二驱 (BEV) | 59151 | 44243 | 33.70 |
| 宝马 5 系 | 173989 | 172812 | 0.68 |

续表

| 车型 | 2022 年 | 2021 年 | 同比增长 |
|---|---|---|---|
| 5302.0 | 112496 | 103235 | 8.97 |
| 5252.0 | 43890 | 45887 | -4.35 |
| 5303.0(PHEV) | 17596 | 23690 | -25.72 |
| i5eDRIVE（BEV） | 7 | 0 | 0.00 |
| 宝马 3 系 | 161731 | 172936 | -6.48 |
| 325Li2.0L | 82901 | 90222 | -8.11 |
| 320Li2.0L | 31669 | 44893 | -29.46 |
| 325i2.0 | 23204 | 25918 | -10.47 |
| i3eDRIVE（BEV） | 16173 | 0 | 0.00 |
| 330Li2.0L | 3199 | 5847 | -45.29 |
| 330i2.0 | 2493 | 2740 | -9.01 |
| 320i2.0 | 2092 | 3316 | -36.91 |
| X1 | 81913 | 95073 | -13.84 |
| X1 二驱 2.0 | 51022 | 48429 | 5.35 |
| X1 二驱 1.5T | 22103 | 33356 | -33.74 |
| X1 四驱 2.0 | 8768 | 12125 | -27.69 |
| X1 四驱 1.5(PHEV) | 11 | 1163 | -99.05 |
| X1(BEV) | 9 | 0 | 0.00 |
| X5 | 58243 | 0 | 0.00 |
| X5 四驱 2.0L(xDRIVE) | 39764 | 0 | 0.00 |
| X5 四驱 3.0L(xDRIVE) | 18479 | 0 | 0.00 |
| 宝马 1 系 | 24195 | 36342 | -33.42 |
| 1201.5 | 14803 | 25360 | -41.63 |
| 1252.0 | 9392 | 10982 | -14.48 |
| X2 | 18506 | 23280 | -20.51 |
| X2 二驱 2.0 | 17603 | 20573 | -14.44 |
| X2 四驱 2.0 | 876 | 1195 | -26.69 |
| X2 二驱 1.5 | 27 | 1512 | -98.21 |
| 17. 东风本田 | 661277 | 761879 | -13.20 |
| 新 CR-V | 229531 | 213791 | 7.36 |
| 新 CR-V 二驱 1.5T | 182726 | 155246 | 17.70 |
| 新 CR-V 二驱 2.0L(HEV) | 27951 | 28977 | -3.54 |
| 新 CR-V 四驱 1.5T | 9716 | 16279 | -40.32 |
| CR-V 二驱 2.0L(PHEV) | 9138 | 13289 | -31.24 |
| 思域 | 156286 | 159026 | -1.72 |
| 思域 1.5T | 136093 | 142912 | -4.77 |
| 思域 5D1.5T | 20193 | 15030 | 34.35 |
| 思域 1.0T | 0 | 1084 | -100.00 |
| 炫威 XR-V | 94234 | 187776 | -49.82 |
| XR-V 二驱 1.5L | 75131 | 130472 | -42.42 |
| XR-V 二驱 1.5T | 19103 | 57304 | -66.66 |

续表

| 车型 | 2022 年 | 2021 年 | 同比增长 |
|---|---|---|---|
| INSPIRE | 72785 | 56353 | 29.16 |
| INSPIRE1.5T | 56460 | 41943 | 34.61 |
| INSPIRE2.0L(HEV) | 16325 | 14410 | 13.29 |
| 艾力绅 | 40028 | 48270 | -17.07 |
| 艾力绅 2.0L(HEV) | 40028 | 48270 | -17.07 |
| URV | 27729 | 30563 | -9.27 |
| URV 二驱 2.0T | 14838 | 12904 | 14.99 |
| URV 四驱 2.0T | 9223 | 13975 | -34.00 |
| URV 二驱 1.5T | 3668 | 3684 | -0.43 |
| 本田 LIFE | 13857 | 24896 | -44.34 |
| 本田 LIFE1.5L | 13857 | 24896 | -44.34 |
| 思铭 | 10023 | 6049 | 65.70 |
| M-NV 二驱 (BEV) | 10023 | 5391 | 85.92 |
| X-NV 二驱 (BEV) | 0 | 658 | -100.00 |
| 享域 | 9468 | 35155 | -73.07 |
| 享域 1.0T | 7126 | 16444 | -56.67 |
| 享域 1.5L(HEV) | 2342 | 18711 | -87.48 |
| eNS1(本田 3BS) | 7336 | 0 | 0.00 |
| eNS1(本田 3BS) 二驱 (BEV) | 7336 | 0 | 0.00 |
| 18. 广汽乘用车 | 652622 | 447284 | 45.91 |
| Aion | 155515 | 50939 | 205.30 |
| AionY 二驱 (BEV) | 119691 | 34109 | 250.91 |
| AionV 二驱 (BEV) | 31830 | 15826 | 101.12 |
| AionLX 二驱 (BEV) | 3994 | 1004 | 297.81 |
| AionS | 115679 | 69220 | 67.12 |
| AionS(BEV) | 115679 | 69220 | 67.12 |
| 传祺 GS4 | 90684 | 95204 | -4.75 |
| 传祺 GS4 二驱 1.5T | 50208 | 70235 | -28.51 |
| 传祺 GS4PLUS 二驱 1.5T | 33055 | 14783 | 123.60 |
| 传祺 GS4PLUS 二驱 2.0T | 7106 | 7799 | -8.89 |
| 传祺 GS4 二驱 1.5L(PHEV) | 293 | 535 | -45.23 |
| 传祺 GS4coupe 二驱 1.5T | 22 | 1279 | -98.28 |
| 传祺 GS4 二驱 1.3T | 0 | 573 | -100.00 |
| 传祺 M8 | 65346 | 66397 | -1.58 |
| 传祺 M82.0T | 57437 | 64448 | -10.88 |
| 传祺 M82.0T(HEV) | 5962 | 0 | 0.00 |
| 传祺 M81.8T | 1947 | 1949 | -0.10 |
| 传祺 GS8 | 57452 | 15810 | 263.39 |
| 传祺 GS8 二驱 2.0T | 31361 | 14891 | 110.60 |
| 传祺 GS8 二驱双擎 2.0(HEV) | 25921 | 0 | 0.00 |
| 传祺 GS8 二驱 1.8T | 167 | 81 | 106.17 |

续表

| 车型 | 2022 年 | 2021 年 | 同比增长 |
|---|---|---|---|
| 传祺 GS8S 二驱 2.0T | 3 | 838 | -99.64 |
| 传祺影豹 | 45824 | 43772 | 4.69 |
| 传祺影豹 1.5T | 43258 | 43772 | -1.17 |
| 传祺影豹 2.0T（HEV） | 2566 | 0 | 0.00 |
| 传祺 M6 | 37987 | 48158 | -21.12 |
| 传祺 M61.5T | 37987 | 48158 | -21.12 |
| 传祺 GS3 | 31605 | 36516 | -13.45 |
| 传祺 GS3POWER 二驱 1.5T | 21825 | 28377 | -23.09 |
| 传祺 GS3 二驱 1.5L | 6408 | 4062 | 57.75 |
| 传祺 GS3 二驱 1.3T | 2485 | 2215 | 12.19 |
| 传祺 GS3 二驱 1.5T | 887 | 1862 | -52.36 |
| HYCANZ03 | 17746 | 2601 | 582.28 |
| HYCANZ03 二驱（BEV） | 17746 | 2601 | 582.28 |
| 传祺影酷 EMK00 | 17020 | 0 | 0.00 |
| 传祺影酷 EMK001.5T | 13454 | 0 | 0.00 |
| 传祺影酷 EMK002.0T(HEV) | 3215 | 0 | 0.00 |
| 传祺影酷 EMK002.0T | 351 | 0 | 0.00 |
| 传祺 GS5 系列 | 12208 | 9911 | 23.18 |
| 传祺 GS5 二驱 1.5T | 12208 | 9911 | 23.18 |
| 传祺 GA6 | 3786 | 3756 | 0.80 |
| 传祺 GA61.5T | 3786 | 3756 | 0.80 |
| HYCANA06 | 1038 | 0 | 0.00 |
| HYCANA06（BEV） | 1038 | 0 | 0.00 |
| 传祺 GA8 | 409 | 949 | -56.90 |
| 传祺 GA81.8T | 258 | 393 | -34.35 |
| 传祺 GA82.0T | 151 | 556 | -72.84 |
| 传祺 GA4 | 227 | 3703 | -93.87 |
| 传祺 GA41.3T | 152 | 1101 | -86.19 |
| 传祺 GA41.5T | 44 | 2476 | -98.22 |
| 传祺 GA41.5L | 31 | 126 | -75.40 |
| HYCAN007 | 96 | 323 | -70.28 |
| HYCAN007 二驱（BEV） | 96 | 323 | -70.28 |
| 传祺 GS7 | 0 | 25 | -100.00 |
| 传祺 GS7 二驱 2.0T | 0 | 25 | -100.00 |
| 19. 北京奔驰 | 591716 | 561008 | 5.47 |
| 奔驰 -GLC | 150000 | 140049 | 7.11 |
| 奔驰 -GLC 四驱 2.0L | 150000 | 140049 | 7.11 |
| 奔驰 -E | 147871 | 142216 | 3.98 |
| 奔驰 E2.0 | 124873 | 134820 | -7.38 |
| 奔驰 E3.0(PHEV) | 22998 | 0 | 0.00 |
| 奔驰 E3.0 | 0 | 7396 | -100.00 |

续表

| 车型 | 2022年 | 2021年 | 同比增长 |
|---|---|---|---|
| 奔驰-C | 143918 | 126021 | 14.20 |
| 奔驰C1.5 | 141857 | 95193 | 49.02 |
| 奔驰C3.0(PHEV) | 2060 | 0 | 0.00 |
| 奔驰C2.0 | 1 | 30828 | -100.00 |
| 奔驰-GLB | 58809 | 53809 | 9.29 |
| 奔驰-GLB二驱2.0L | 32203 | 0 | 0.00 |
| 奔驰-GLB二驱1.3L | 26606 | 53809 | -50.55 |
| 奔驰-A | 49958 | 58880 | -15.15 |
| 奔驰A1.3 | 47269 | 56639 | -16.54 |
| 奔驰A2.0 | 2689 | 2241 | 19.99 |
| 奔驰-GLA | 26347 | 33135 | -20.49 |
| 奔驰-GLA四驱1.6L | 17707 | 33135 | -46.56 |
| 奔驰-GLA四驱2.0L | 8640 | 0 | 0.00 |
| 奔驰-EQB | 4266 | 473 | 801.90 |
| 奔驰-EQB四驱(BEV) | 4266 | 473 | 801.90 |
| 奔驰-EQE | 3859 | 0 | 0.00 |
| 奔驰-EQE(BEV) | 3859 | 0 | 0.00 |
| 奔驰-EQA | 3540 | 327 | 982.57 |
| 奔驰-EQA四驱(BEV) | 3540 | 327 | 982.57 |
| 奔驰-EQC | 3148 | 6098 | -48.38 |
| 奔驰-EQC四驱(BEV) | 3148 | 6098 | -48.38 |
| 20.中国一汽 | 385754 | 406677 | -5.14 |
| 红旗HS5 | 140062 | 131573 | 6.45 |
| 红旗HS5二驱2.0T | 100604 | 88043 | 14.27 |
| 红旗HS5四驱2.0T | 39458 | 43530 | -9.35 |
| 红旗H5 | 97191 | 83875 | 15.88 |
| 红旗H51.5T | 40051 | 50552 | -20.77 |
| 红旗新H52.0T | 26999 | 0 | 0.00 |
| 红旗H51.8L | 20175 | 33323 | -39.46 |
| 红旗新H5三厢1.5T | 8494 | 0 | 0.00 |
| 红旗新H5三厢1.5T(HEV) | 1472 | 0 | 0.00 |
| 红旗E-QM5 | 30745 | 16641 | 84.75 |
| 红旗E-QM5(BEV) | 30745 | 16641 | 84.75 |
| 奔腾B70 III | 27339 | 19996 | 36.72 |
| 奔腾B70 III 1.5L | 26009 | 19879 | 30.84 |
| 奔腾B70 III 2.0L | 1330 | 117 | 1036.75 |
| 奔腾NAT | 20293 | 9130 | 122.27 |
| 奔腾NAT(BEV) | 20293 | 9130 | 122.27 |
| 红旗H9 | 16721 | 40343 | -58.55 |
| 红旗H92.0T | 15348 | 36898 | -58.40 |
| 红旗H93.0T | 1373 | 3445 | -60.15 |

续表

| 车型 | 2022 年 | 2021 年 | 同比增长 |
|---|---|---|---|
| 奔腾 T77 | 13726 | 16500 | -16.81 |
| 奔腾 T77 二驱 1.5L | 13726 | 15906 | -13.71 |
| 奔腾 T77 二驱 1.2T | 0 | 594 | -100.00 |
| 红旗 HS7 | 8119 | 15083 | -46.17 |
| 红旗 HS7 二驱 2.0T | 6501 | 11060 | -41.22 |
| 红旗 HS7 四驱 3.0T | 1618 | 4023 | -59.78 |
| 奔腾 T55 | 6949 | 9099 | -23.63 |
| 奔腾 T55 二驱 1.5L | 6949 | 9099 | -23.63 |
| 红旗 E-HS9 | 6298 | 5481 | 14.91 |
| 红旗 E-HS9 四驱 (BEV) | 6298 | 5481 | 14.91 |
| 红旗 HQ9 | 5662 | 0 | 0.00 |
| 红旗 HQ92.0T | 5662 | 0 | 0.00 |
| 红旗 H7 | 5187 | 6688 | -22.44 |
| 红旗 H71.8L | 4832 | 5839 | -17.25 |
| 红旗 H72.0 | 355 | 845 | -57.99 |
| 红旗 H73.0 | 0 | 2 | -100.00 |
| 红旗 H72.5 | 0 | 2 | -100.00 |
| 奔腾 T99 | 3740 | 7022 | -46.74 |
| 奔腾 T99 二驱 2.0L | 3740 | 7022 | -46.74 |
| 奔腾 -B70S | 2745 | 135 | 1933.33 |
| 奔腾 -B70S 二驱 1.5L | 1861 | 83 | 2142.17 |
| 奔腾 -B70S 二驱 2.0L | 884 | 52 | 1600.00 |
| 奔腾 T33 | 832 | 8906 | -90.66 |
| 奔腾 T33 二驱 1.2L | 632 | 7891 | -91.99 |
| 奔腾 T33 二驱 1.6L | 200 | 1015 | -80.30 |
| 红旗 LS7 | 92 | 0 | 0.00 |
| 红旗 LS7 四驱 4.0T | 92 | 0 | 0.00 |
| 奔腾 X40 | 53 | 1154 | -95.41 |
| 奔腾 X40 二驱 1.6L | 53 | 1155 | -95.41 |
| 马自达 CX-4 | 0 | 16049 | -100.00 |
| 马自达 CX-4 二驱 2.0L | 0 | 15728 | -100.00 |
| 马自达 CX-4 四驱 2.5L | 0 | 321 | -100.00 |
| 阿特兹 | 0 | 15965 | -100.00 |
| 阿特兹 2.0L | 0 | 3666 | -100.00 |
| 阿特兹 2.5L | 0 | 12299 | -100.00 |
| 奔腾 C105 | 0 | 131 | -100.00 |
| 奔腾 C105 二驱 (BEV) | 0 | 131 | -100.00 |
| 红旗 E-HS3(红旗 EV) | 0 | 928 | -100.00 |
| 红旗 E-HS3 二驱 (BEV)(红旗 EV) | 0 | 928 | -100.00 |
| 奔腾 B30 | 0 | 1977 | -100.00 |
| 奔腾 B30(BEV) | 0 | 1977 | -100.00 |

续表

| 车型 | 2022年 | 2021年 | 同比增长 |
|---|---|---|---|
| 21. 江淮 | 302039 | 252451 | 19.64 |
| 思皓 E10X | 49569 | 36054 | 37.49 |
| 思皓 E10X 二驱（BEV） | 49569 | 36054 | 37.49 |
| 蔚来 ES6 | 45490 | 41739 | 8.99 |
| 蔚来 ES6 四驱（BEV） | 45451 | 41739 | 8.89 |
| 蔚来 SIRIUS 四驱（BEV） | 39 | 0 | 0.00 |
| 蔚来 ET7 | 26488 | 118 | 22347.46 |
| 蔚来 ET7（BEV） | 26488 | 118 | 22347.46 |
| 思皓 X8 | 25888 | 27656 | -6.39 |
| 思皓 X8 二驱 1.5T | 13599 | 27656 | -50.83 |
| 思皓 X8PLUS 二驱 1.5T | 11204 | 0 | 0.00 |
| 思皓 X8PLUS 二驱 1.5T（柴油） | 1085 | 0 | 0.00 |
| 思皓 QX | 22346 | 21688 | 3.03 |
| 思皓 QX 二驱 1.5T | 22346 | 21688 | 3.03 |
| 思皓曜 | 21292 | 4273 | 398.29 |
| 思皓曜三厢 1.5T | 17466 | 4273 | 308.75 |
| 思皓曜三厢柴油 1.5L | 3826 | 0 | 0.00 |
| 蔚来 EC6 | 18169 | 30121 | -39.68 |
| 蔚来 EC6 四驱（BEV） | 18169 | 30121 | -39.68 |
| 蔚来 ES7 | 16113 | 0 | 0.00 |
| 蔚来 ES7 四驱（BEV） | 16113 | 0 | 0.00 |
| 蔚来 ES8 | 15763 | 20943 | -24.73 |
| 蔚来 ES8 四驱（BEV） | 15763 | 20943 | -24.73 |
| 思皓 X6 | 14767 | 0 | 0.00 |
| 思皓 X61.5T | 14767 | 0 | 0.00 |
| 蔚来 ET5 | 13819 | 0 | 0.00 |
| 蔚来 ET5（BEV） | 13819 | 0 | 0.00 |
| 瑞风 M3 | 10831 | 23818 | -54.53 |
| 瑞风 M31.8（原归 2.0） | 6236 | 20018 | -68.85 |
| 瑞风 M31.5（原归 1.6） | 4101 | 3800 | 7.92 |
| 瑞风 M3(BEV) | 494 | 0 | 0.00 |
| 思皓 A5 | 7924 | 16394 | -51.67 |
| 思皓 A51.5T | 7924 | 16394 | -51.67 |
| 瑞风 M4 | 4975 | 7619 | -34.70 |
| 瑞风 M42.0L | 4608 | 7619 | -39.52 |
| 瑞风 M41.9L | 367 | 0 | 0.00 |
| 思皓爱跑 | 4805 | 0 | 0.00 |
| 思皓爱跑（BEV） | 4805 | 0 | 0.00 |
| 思皓 E50A | 2879 | 4003 | -28.08 |
| 思皓 E50A（BEV） | 2879 | 4003 | -28.08 |
| 嘉悦 | 402 | 1665 | -75.86 |

续表

| 车型 | 2022 年 | 2021 年 | 同比增长 |
|---|---|---|---|
| 嘉悦 X4 二驱 1.6T | 402 | 0 | 0.00 |
| 嘉悦 X7 二驱 1.5T | 0 | 394 | -100.00 |
| 嘉悦 X4 二驱 1.5T | 0 | 1271 | -100.00 |
| 瑞风 M5 | 321 | 166 | 93.37 |
| 瑞风 M52.0L | 321 | 166 | 93.37 |
| 瑞风 L6 | 198 | 507 | -60.95 |
| 思皓 E40X | 0 | 779 | -100.00 |
| 思皓 E40X 二驱 (BEV) | 0 | 779 | -100.00 |
| 和悦 A30 | 0 | 960 | -100.00 |
| 和悦 A301.5L | 0 | 960 | -100.00 |
| IEVA50 | 0 | 75 | -100.00 |
| IEVA50(BEV) | 0 | 75 | -100.00 |
| IEV7L | 0 | 28 | -100.00 |
| IEV7L(BEV) | 0 | 28 | -100.00 |
| 嘉悦 A5 | 0 | 676 | -100.00 |
| 嘉悦 A51.5T | 0 | 676 | -100.00 |
| iC5 | 0 | 55 | -100.00 |
| iC5(BEV) | 0 | 55 | -100.00 |
| 瑞风 S5 | 0 | 2033 | -100.00 |
| 瑞风 S5 二驱 1.5T | 0 | 2033 | -100.00 |
| 瑞风 S3 | 0 | 2825 | -100.00 |
| 瑞风 S3 二驱 1.5L | 0 | 2825 | -100.00 |
| 瑞风 S2 | 0 | 2369 | -100.00 |
| 瑞风 S2 二驱 1.5L | 0 | 2369 | -100.00 |
| IEV7S | 0 | 15 | -100.00 |
| IEV7S 二驱 (BEV) | 0 | 15 | -100.00 |
| 瑞风 S7 | 0 | 4 | -100.00 |
| 瑞风 S7 二驱 1.5T | 0 | 4 | -100.00 |
| 瑞风 S4 | 0 | 129 | -100.00 |
| 瑞风 S4 二驱 1.5T | 0 | 129 | -100.00 |
| IEVS4 | 0 | 5 | -100.00 |
| IEVS4 二驱 (BEV) | 0 | 5 | -100.00 |
| 思皓 E20X | 0 | 183 | -100.00 |
| 思皓 E20X 二驱 (BEV) | 0 | 183 | -100.00 |
| 思皓 X7 | 0 | 2587 | -100.00 |
| 思皓 X7 二驱 1.6L | 0 | 2587 | -100.00 |
| 思皓 X4 | 0 | 2964 | -100.00 |
| 思皓 X4 二驱 1.6L | 0 | 2964 | -100.00 |
| 22. 长安福特 | 251019 | 304682 | -17.61 |
| 蒙迪欧 | 60883 | 33302 | 82.82 |
| 新一代蒙迪欧 (CD5424D) 2.0L | 58630 | 0 | 0.00 |

续表

| 车型 | 2022 年 | 2021 年 | 同比增长 |
| --- | --- | --- | --- |
| 新致胜 1.5T | 2253 | 29927 | -92.47 |
| 新致胜 2.0L | 0 | 3375 | -100.00 |
| 林肯 | 37846 | 51193 | -26.07 |
| 冒险家二驱 2.0T | 36406 | 51193 | -28.88 |
| 冒险家二驱 1.5T(PHEV) | 1440 | 0 | 0.00 |
| 锐际 | 26303 | 33049 | -20.41 |
| 锐际二驱 2.0T | 26063 | 33049 | -21.14 |
| 锐际二驱 1.5T(PHEV) | 240 | 0 | 0.00 |
| 锐界 | 20934 | 31091 | -32.67 |
| 锐界二驱 2.0T | 20934 | 31091 | -32.67 |
| 探险者 | 19011 | 28586 | -33.50 |
| 探险者二驱 2.3L | 19011 | 28586 | -33.50 |
| 新一代福克斯 | 16625 | 22857 | -27.27 |
| 新一代福克斯 1.5L | 16625 | 22857 | -27.27 |
| 林肯 Zephyr | 16172 | 7 | 230928.57 |
| 林肯 Zephyr2.0 | 16172 | 7 | 230928.57 |
| 林肯航海家 | 15527 | 23071 | -32.70 |
| 航海家二驱 2.7T | 15524 | 23071 | -32.71 |
| CDX707 四驱 2.0T | 3 | 0 | 0.00 |
| 福睿斯 | 14667 | 43001 | -65.89 |
| 福睿斯 1.5L | 14667 | 43001 | -65.89 |
| 玛斯丹 | 7782 | 537 | 1349.16 |
| MustangMach-E 四驱 (BEV) | 7782 | 537 | 1349.16 |
| 林肯飞行家 | 6191 | 14256 | -56.57 |
| 飞行家二驱 3.0T | 6191 | 14256 | -56.57 |
| EVOS（新一代蒙迪欧） | 6094 | 4306 | 41.52 |
| EVOS 二驱 2.0T | 6094 | 4306 | 41.52 |
| 金牛座 | 2984 | 18588 | -83.95 |
| 金牛座 2.7L | 2984 | 18588 | -83.95 |
| 翼虎 | 0 | 838 | -100.00 |
| 翼虎二驱 1.6L | 0 | 838 | -100.00 |
| **23. 北京现代** | 250424 | 360565 | -30.55 |
| 伊兰特 | 95364 | 130839 | -27.11 |
| 伊兰特三厢 1.6 | 95364 | 130839 | -27.11 |
| IX35 | 66518 | 83662 | -20.49 |
| 全新 IX35 二驱 2.0 | 48406 | 48547 | -0.29 |
| 全新 IX35 二驱 1.4 | 18112 | 35115 | -48.42 |
| 途胜 | 36609 | 29637 | 23.52 |
| 新途胜二驱 1.6 | 36170 | 29131 | 24.16 |
| 新途胜二驱 2.0 | 439 | 506 | -13.24 |
| 悦动 | 26249 | 31996 | -17.96 |

续表

| 车型 | 2022 年 | 2021 年 | 同比增长 |
| --- | --- | --- | --- |
| 全新悦动 1.6L | 26249 | 31996 | -17.96 |
| 库斯途 | 13679 | 7229 | 89.22 |
| 库斯途 2.0T | 9453 | 5046 | 87.34 |
| 库斯途 1.5T | 4226 | 2183 | 93.59 |
| 索纳塔 | 3737 | 8321 | -55.09 |
| 索纳塔 1.6T | 2044 | 5901 | -65.36 |
| 索纳塔 2.0L | 1693 | 2420 | -30.04 |
| 悦纳 | 2869 | 16996 | -83.12 |
| 悦纳 1.4 | 2869 | 16996 | -83.12 |
| 新胜达 | 2834 | 8120 | -65.10 |
| 新胜达二驱 2.0 | 2834 | 8120 | -65.10 |
| 菲斯塔 | 1770 | 9490 | -81.35 |
| 菲斯塔 1.6 | 1770 | 8221 | -78.47 |
| 菲斯塔（BEV） | 0 | 1241 | -100.00 |
| 菲斯塔 1.4 | 0 | 28 | -100.00 |
| 名图 | 613 | 5821 | -89.47 |
| 名图 2.0 | 360 | 5443 | -93.39 |
| 名图（BEV） | 223 | 118 | 88.98 |
| 名图 1.6 | 30 | 259 | -88.42 |
| 领动 | 181 | 917 | -80.26 |
| 领动 1.6L(PHEV) | 181 | 816 | -77.82 |
| 领动 1.4T | 0 | 53 | -100.00 |
| 领动 1.6L | 0 | 48 | -100.00 |
| IX25 | 1 | 16201 | -99.99 |
| IX25 二驱 1.6 | 1 | 16201 | -99.99 |
| 瑞纳 | 0 | 10723 | -100.00 |
| 全新瑞纳 1.4 | 0 | 10723 | -100.00 |
| 昂希诺 | 0 | 611 | -100.00 |
| 昂希诺二驱（BEV） | 0 | 603 | -100.00 |
| 昂希诺二驱 1.6 | 0 | 8 | -100.00 |
| **24. 东风乘用车** | 190587 | 120314 | 58.41 |
| 风神 E70 | 75439 | 29875 | 152.52 |
| 风神 E70(BEV) | 75439 | 29875 | 152.52 |
| 风神奕炫 | 62649 | 53906 | 16.22 |
| 东风风神奕炫 MAX1.5T | 30426 | 20659 | 47.28 |
| 东风风神奕炫 1.5T | 17781 | 33132 | -46.33 |
| 东风风神奕炫马赫版 1.5T | 14442 | 0 | 0.00 |
| 东风风神奕炫 1.0T | 0 | 115 | -100.00 |
| 风神 AX7 | 20852 | 21856 | -4.59 |
| AX7 二驱 1.6T | 20290 | 19574 | 3.66 |
| AX7 二驱 1.5T | 562 | 2282 | -75.37 |

续表

| 车型 | 2022 年 | 2021 年 | 同比增长 |
|---|---|---|---|
| 皓极 | 17156 | 0 | 0.00 |
| 皓极二驱 1.5T | 17156 | 0 | 0.00 |
| 奕炫 GS | 10231 | 13415 | -23.73 |
| 奕炫 GS 二驱 1.5T | 10122 | 8370 | 20.93 |
| 奕炫 GS 马赫版二驱 1.5T | 109 | 0 | 0.00 |
| 奕炫 GS 二驱 1.0T | 0 | 5045 | -100.00 |
| 风神 A60 | 3452 | 1141 | 202.54 |
| 风神 A601.6L | 3452 | 1141 | 202.54 |
| 东风风神 E60 | 808 | 115 | 602.61 |
| 东风风神 E60(BEV) | 808 | 115 | 602.61 |
| 东风风神奕炫 | 0 | 6 | -100.00 |
| 东风风神奕炫 (BEV) | 0 | 6 | -100.00 |
| 25. 大庆沃尔沃 | 181734 | 172235 | 5.52 |
| XC60 | 94187 | 89418 | 5.33 |
| XC60 四驱 2.0L | 71677 | 66686 | 7.48 |
| XC60 四驱 2.0L(PHEV) | 14271 | 16981 | -15.96 |
| XC60 二驱 2.0L | 8239 | 4513 | 82.56 |
| XC60 四驱 2.0L(柴油) | 0 | 1238 | -100.00 |
| S90 | 44178 | 43695 | 1.11 |
| S902.0T | 39975 | 38991 | 2.52 |
| S902.0T(PHEV) | 4203 | 4704 | -10.65 |
| S60 | 25949 | 27880 | -6.93 |
| S602.0L | 25310 | 26436 | -4.26 |
| S602.0L(PHEV) | 639 | 1444 | -55.75 |
| XC40 | 16283 | 11242 | 44.84 |
| XC40 四驱 2.0L | 14007 | 9938 | 40.94 |
| XC40 二驱 (BEV) | 2179 | 1026 | 112.38 |
| XC40 二驱 1.5L | 97 | 278 | -65.11 |
| C40 | 1137 | 0 | 0.00 |
| C40 (BEV) | 1137 | 0 | 0.00 |
| 26. 合众新能源 | 152073 | 69674 | 118.26 |
| 哪吒 V | 98847 | 49646 | 99.10 |
| 哪吒 V 二驱 (BEV) | 98847 | 49646 | 99.10 |
| 哪吒 U | 51021 | 20028 | 154.75 |
| 哪吒 U 二驱 (BEV) | 51021 | 20028 | 154.75 |
| 哪吒 S | 2205 | 0 | 0.00 |
| 哪吒 S 三厢 (BEV) | 1134 | 0 | 0.00 |
| 哪吒 S 三厢 1.5L(PHEV) | 1071 | 0 | 0.00 |
| 27. 重庆理想 | 133246 | 90491 | 47.25 |
| 理想 ONE | 78502 | 90491 | -13.25 |
| 理想 ONE 四驱 1.2T(PHEV) | 78502 | 90491 | -13.25 |

续表

| 车型 | 2022年 | 2021年 | 同比增长 |
|---|---|---|---|
| 理想 L9 | 39262 | 0 | 0.00 |
| 理想 L9 四驱 1.5T（PHEV） | 39262 | 0 | 0.00 |
| 理想 L8 | 15482 | 0 | 0.00 |
| 理想 L8 四驱 1.5T（PHEV） | 15482 | 0 | 0.00 |
| **28. 东风悦达** | 130686 | 163383 | -20.01 |
| 焕驰 | 40515 | 38732 | 4.60 |
| 焕驰 1.4L | 40515 | 38732 | 4.60 |
| 福瑞迪 | 21126 | 15903 | 32.84 |
| 新 E 代福瑞迪 1.6L | 21126 | 15903 | 32.84 |
| 智跑 | 17471 | 31787 | -45.04 |
| 智跑二驱 2.0L | 15919 | 28043 | -43.23 |
| 智跑二驱 1.5L | 1552 | 3744 | -58.55 |
| 奕跑 | 15173 | 18332 | -17.23 |
| 奕跑二驱 1.6L | 13766 | 16814 | -18.13 |
| 奕跑二驱 1.4L | 1407 | 1518 | -7.31 |
| 全新一代傲跑 | 12502 | 21541 | -41.96 |
| 悦达全新一代傲跑二驱 1.6L | 12502 | 21497 | -41.84 |
| 起亚全新一代傲跑二驱 1.5L | 0 | 44 | -100.00 |
| 东风悦达新 K3 | 12207 | 19925 | -38.74 |
| 东风悦达新 K31.5L | 11373 | 18524 | -38.60 |
| 东风悦达新 K3(BEV) | 650 | 435 | 49.43 |
| 东风悦达新 K31.4L | 106 | 474 | -77.64 |
| 东风悦达新 K31.5L(PHEV) | 78 | 492 | -84.15 |
| 凯酷 | 6460 | 10561 | -38.83 |
| 凯酷 1.5T | 3778 | 6154 | -38.61 |
| 凯酷 2.0LGLS | 2682 | 4407 | -39.14 |
| KX5 | 2811 | 2741 | 2.55 |
| KX5 二驱 2.0 | 2320 | 1482 | 56.55 |
| KX5 二驱 1.6 | 491 | 1259 | -61.00 |
| 嘉华 | 2421 | 2786 | -13.10 |
| 新嘉华 2.0L | 2421 | 2786 | -13.10 |
| KX7 | 0 | 1073 | -100.00 |
| KX7 二驱 2.0L | 0 | 1073 | -100.00 |
| **29. 东风神龙** | 125167 | 100567 | 24.46 |
| E43 | 45151 | 14152 | 219.04 |
| 凡尔赛 C5X1.6TAT | 27055 | 12914 | 109.50 |
| E43EIC 两厢 1.6T(PHEV) | 9126 | 215 | 4144.65 |
| E43EIC 两厢 1.2T | 5046 | 177 | 2750.85 |
| E43EIC 两厢 1.6T | 3924 | 846 | 363.83 |
| 标致 408 | 22420 | 12466 | 79.85 |
| 标致 4081.6T | 22412 | 12183 | 83.96 |

续表

| 车型 | 2022年 | 2021年 | 同比增长 |
|---|---|---|---|
| 标致 4081.2T | 8 | 283 | -97.17 |
| 标致 4008 | 13855 | 15170 | -8.67 |
| 标致 4008 二驱 1.6T | 11690 | 13091 | -10.70 |
| 标致 4008 二驱 1.8T | 2139 | 1923 | 11.23 |
| 标致 4008 二驱 1.6T(PHEV) | 26 | 156 | -83.33 |
| 标致 2008 | 11083 | 7194 | 54.06 |
| 标致新一代 2008 二驱 1.2T | 11083 | 6225 | 78.04 |
| e2008 二驱 (BEV) | 0 | 345 | -100.00 |
| 标致 2008 二驱 1.2T | 0 | 624 | -100.00 |
| 富康 ES | 9769 | 2773 | 252.29 |
| 富康 ES600(BEV) | 9768 | 0 | 0.00 |
| 富康 ES500(BEV) | 1 | 2773 | -99.96 |
| 标致 508L | 6424 | 9206 | -30.22 |
| 标致 508L1.8T | 4145 | 7104 | -41.65 |
| 标致 508L1.6T | 2168 | 1687 | 28.51 |
| 标致 508L1.6T(PHEV) | 111 | 415 | -73.25 |
| 天逸 | 5586 | 9963 | -43.93 |
| 天逸 C5AIRCROSS 二驱 1.8T | 3021 | 2936 | 2.90 |
| 天逸 C5AIRCROSS 二驱 1.6T | 2546 | 6724 | -62.14 |
| 天逸 C5AIRCROSS 四驱 1.6T(PHEV) | 19 | 303 | -93.73 |
| 标致 5008 | 4674 | 7007 | -33.30 |
| 标致 5008 二驱 1.6T | 3212 | 4651 | -30.94 |
| 标致 5008 二驱 1.8T | 1462 | 2356 | -37.95 |
| C6 | 2688 | 7877 | -65.88 |
| C61.8T | 2640 | 7807 | -66.18 |
| C61.6T | 48 | 70 | -31.43 |
| e 爱丽舍 | 2326 | 5081 | -54.22 |
| e 爱丽舍 (BEV) | 2326 | 5081 | -54.22 |
| C3-XR | 1189 | 9554 | -87.55 |
| C3-XR 二驱 1.2T | 1189 | 9554 | -87.55 |
| 云逸 C4 | 2 | 8 | -75.00 |
| 云逸 C4AIRCROSS 二驱 1.2T | 2 | 8 | -75.00 |
| C3L | 0 | 103 | -100.00 |
| C3L 三厢 1.2T | 0 | 103 | -100.00 |
| 标致 308 | 0 | 5 | -100.00 |
| 标致 3081.2T | 0 | 5 | -100.00 |
| 标致 3008 | 0 | 6 | -100.00 |
| 标致 3008 二驱 1.6T | 0 | 6 | -100.00 |
| 30. 东风柳汽 | 122300 | 122160 | 0.11 |
| 风行 T5 | 50843 | 59670 | -14.79 |
| 风行 T5 二驱 1.6L | 41591 | 59160 | -29.70 |

续表

| 车型 | 2022年 | 2021年 | 同比增长 |
|---|---|---|---|
| 风行 T5EVO 二驱 1.5T | 8560 | 0 | 0.00 |
| 风行 T5 二驱 2.0L | 690 | 510 | 35.29 |
| 风行 T5EVO | 2 | 0 | 0.00 |
| 菱智 | 44177 | 51021 | -13.41 |
| 菱智 1.6L | 22043 | 33598 | -34.39 |
| 菱智 2.0 | 8273 | 14944 | -44.64 |
| 菱智 1.5L | 6438 | 0 | 0.00 |
| 菱智 2.0L 天然气 | 3470 | 0 | 0.00 |
| 菱智（BEV） | 3014 | 2352 | 28.15 |
| 菱智 1.6L 天然气 | 939 | 127 | 639.37 |
| 景逸 S50 | 23368 | 11469 | 103.75 |
| 景逸 S50(BEV) | 22900 | 11166 | 105.09 |
| 景逸 S501.5 | 367 | 300 | 22.33 |
| 景逸 S501.6 | 101 | 3 | 3266.67 |
| 风行游艇 | 3912 | 0 | 0.00 |
| 风行游艇 1.5T | 3912 | 0 | 0.00 |
| **31. 肇庆小鹏** | 120757 | 84978 | 42.10 |
| 小鹏 P7 | 59066 | 60569 | -2.48 |
| 小鹏 P7(BEV) | 59066 | 60569 | -2.48 |
| 小鹏 P5 | 37982 | 7865 | 382.92 |
| 小鹏 P5(BEV) | 37982 | 7865 | 382.92 |
| 小鹏 G3i | 17336 | 16544 | 4.79 |
| 小鹏 G3i 二驱（BEV） | 17336 | 16544 | 4.79 |
| 小鹏 G9 | 6373 | 0 | 0.00 |
| 小鹏 G9 二驱（BEV） | 6373 | 0 | 0.00 |
| **32. 浙江零跑** | 111168 | 44378 | 150.50 |
| 零跑 T03 | 61919 | 39410 | 57.11 |
| 零跑 T03(BEV) | 61919 | 39410 | 57.11 |
| 零跑 C11 | 44371 | 4678 | 848.50 |
| 零跑 C11(BEV) | 44371 | 4678 | 848.50 |
| 零跑 C01 | 4815 | 0 | 0.00 |
| 零跑 C01(BEV) | 4815 | 0 | 0.00 |
| 零跑 S01 | 63 | 290 | -78.28 |
| 零跑 S01(BEV) | 63 | 290 | -78.28 |
| **33. 华晨鑫源** | 109018 | 130658 | -16.56 |
| SRMX30L | 25420 | 9952 | 155.43 |
| SRMX30L(BEV) | 25420 | 9952 | 155.43 |
| 金杯 X30 | 23435 | 42125 | -44.37 |
| 金杯 X301.4L | 23435 | 42125 | -44.37 |
| 金杯 X30L | 18226 | 34679 | -47.44 |
| 金杯 X30L1.4L | 18226 | 34679 | -47.44 |

续表

| 车型 | 2022年 | 2021年 | 同比增长 |
|---|---|---|---|
| 斯威 G05 | 10988 | 14781 | -25.66 |
| 斯威 G05 二驱 1.5T | 10988 | 14781 | -25.66 |
| 金杯 750 | 10730 | 5210 | 105.95 |
| 金杯 7501.5L | 10730 | 5210 | 105.95 |
| 斯威 X3 | 8525 | 5547 | 53.69 |
| 斯威 X3 二驱 1.5L | 8525 | 5547 | 53.69 |
| 斯威 G01 | 5747 | 7796 | -26.28 |
| 斯威 G01 二驱 1.5T | 5747 | 7796 | -26.28 |
| SRMX30 | 3139 | 1234 | 154.38 |
| SRMX30(BEV) | 3139 | 1234 | 154.38 |
| 斯威 X7 | 2298 | 6880 | -66.60 |
| 斯威 X7 二驱 1.5T | 1782 | 5192 | -65.68 |
| 斯威 X7 二驱 1.8L | 516 | 1688 | -69.43 |
| 斯威 X2 | 510 | 2454 | -79.22 |
| 斯威 X2 二驱 1.5L | 510 | 2454 | -79.22 |
| **34.东风小康** | 107052 | 149593 | -28.44 |
| 风光 580 | 21019 | 40327 | -47.88 |
| 风光 580 二驱 1.8L | 7748 | 9952 | -22.15 |
| 风光新 580 二驱 1.5L | 6783 | 9732 | -30.30 |
| 东风小康 580 二驱 1.5T | 5380 | 15024 | -64.19 |
| 东风小康 580 二驱 1.5L | 747 | 5619 | -86.71 |
| 东风小康 580 二驱 1.5L(PHEV) | 361 | 0 | 0.00 |
| 东风风光 500 | 17790 | 34185 | -47.96 |
| 东风风光 500 二驱 1.5L | 16148 | 30111 | -46.37 |
| 东风风光 500 二驱 1.5T | 1642 | 4074 | -59.70 |
| 风光 S560 | 14171 | 21270 | -33.38 |
| 风光 S560 二驱 1.8L | 6923 | 8519 | -18.73 |
| 风光 S560 二驱 1.5T | 5598 | 7547 | -25.82 |
| 风光 S560 二驱 2.0L | 1650 | 5204 | -68.29 |
| 东风风光 | 12763 | 922 | 1284.27 |
| 东风风光 Mini(E501)(BEV) | 12763 | 922 | 1284.27 |
| 风光 330 | 7422 | 11672 | -36.41 |
| 风光 3301.5L | 7422 | 11672 | -36.41 |
| 东风小康 K 系 | 7330 | 16989 | -56.85 |
| 东风小康 K1.3L | 6644 | 16604 | -59.99 |
| 东风小康 K1.0L | 686 | 385 | 78.18 |
| 风光 ix5 | 6497 | 3620 | 79.48 |
| 风光 ix5 二驱 1.5T | 4736 | 3412 | 38.80 |
| 风光 ix5 二驱 2.0L | 1761 | 19 | 9168.42 |
| 风光 ix5 二驱 1.5L | 0 | 189 | -100.00 |
| 东风小康 C 系 | 5874 | 11849 | -50.43 |

续表

| 车型 | 2022 年 | 2021 年 | 同比增长 |
|---|---|---|---|
| 东风小康 C1. 3L | 5874 | 11849 | -50. 43 |
| EC36 | 4230 | 6208 | -31. 86 |
| EC36(BEV) | 4230 | 6208 | -31. 86 |
| 风光 380 | 3832 | 0 | 0. 00 |
| 风光 3802. 0L | 3622 | 0 | 0. 00 |
| 风光 380(BEV) | 210 | 0 | 0. 00 |
| 风光 E3 | 3183 | 488 | 552. 25 |
| 风光 E3 二驱 (BEV) | 3183 | 488 | 552. 25 |
| EC35 | 1478 | 1499 | -1. 40 |
| EC35(BEV) | 1478 | 1499 | -1. 40 |
| 风光 IX7 | 1463 | 564 | 159. 40 |
| 风光 IX7 二驱 2. 0L | 1463 | 564 | 159. 40 |
| **35. 长安马自达** | 104032 | 132401 | -21. 43 |
| 昂克赛拉 | 63101 | 88773 | -28. 92 |
| 昂克赛拉三厢 2. 0L | 61420 | 73031 | -15. 90 |
| 昂克赛拉三厢 1. 5L | 1681 | 15742 | -89. 32 |
| CX-5 | 17359 | 25363 | -31. 56 |
| CX-5 二驱 2. 0L | 14053 | 20161 | -30. 30 |
| CX-5 二驱 2. 5L | 3306 | 5202 | -36. 45 |
| CX-30 | 11063 | 15495 | -28. 60 |
| CX-30 二驱 2. 0L | 10729 | 15380 | -30. 24 |
| CX-30(BEV) | 334 | 115 | 190. 43 |
| 阿特兹 | 5699 | 912 | 524. 89 |
| 阿特兹 2. 5L | 3987 | 779 | 411. 81 |
| 阿特兹 2. 0L | 1712 | 133 | 1187. 22 |
| CX-4 | 5583 | 731 | 663. 75 |
| CX-4 二驱 2. 0L | 5469 | 632 | 765. 35 |
| CX-4 二驱 2. 5L | 114 | 99 | 15. 15 |
| CX-8 | 1227 | 1127 | 8. 87 |
| CX-8 二驱 2. 5L | 1227 | 1127 | 8. 87 |
| **36. 易捷特新能源** | 99452 | 48941 | 103. 21 |
| DACIASpring | 63709 | 36667 | 73. 75 |
| DACIASpring 二驱 (BEV) | 63709 | 36667 | 73. 75 |
| 东风风神 EX1 | 35743 | 10286 | 247. 49 |
| 东风风神 EX1(BEV) | 35743 | 10286 | 247. 49 |
| 东风启辰 e30 | 0 | 1879 | -100. 00 |
| 东风启辰 e30 二驱 (BEV) | 0 | 1879 | -100. 00 |
| 雷诺 -e 诺 | 0 | 83 | -100. 00 |
| 雷诺 -e 诺 (BEV) | 0 | 83 | -100. 00 |
| 东风风光 E1 | 0 | 3 | -100. 00 |
| 东风风光 E1(BEV) | 0 | 3 | -100. 00 |

续表

| 车型 | 2022 年 | 2021 年 | 同比增长 |
| --- | --- | --- | --- |
| 东风风行 | 0 | 23 | -100.00 |
| e 风行 (BEV) | 0 | 23 | -100.00 |
| **37. 赛力斯汽车** | 80218 | 11324 | 608.39 |
| 问界 M5 | 56855 | 352 | 16051.99 |
| 问界 M5 四驱 1.5T(PHEV) | 32635 | 352 | 9171.31 |
| 问界 M5 二驱 1.5T(PHEV) | 16270 | 0 | 0.00 |
| 问界 M5 二驱 (BEV) | 5812 | 0 | 0.00 |
| 问界 M5 四驱 (BEV) | 2138 | 0 | 0.00 |
| 问界 M7 | 21226 | 0 | 0.00 |
| 问界 M7 二驱 1.5L(PHEV) | 11768 | 0 | 0.00 |
| 问界 M7 四驱 1.5L(PHEV) | 9458 | 0 | 0.00 |
| 风光 E3 | 2086 | 2803 | -25.58 |
| 风光 E3 二驱 (BEV) | 2086 | 2702 | -22.80 |
| 风光 E3 二驱 1.5L(PHEV) | 0 | 101 | -100.00 |
| 赛力斯 SF5 | 51 | 8169 | -99.38 |
| 赛力斯 SF5 四驱 (PHEV) | 51 | 8159 | -99.37 |
| 赛力斯 SF5 二驱 (PHEV) | 0 | 10 | -100.00 |
| **38. 江铃股份** | 78219 | 55206 | 41.69 |
| 领界 | 65122 | 34435 | 89.12 |
| 领界二驱 1.5T | 65037 | 34435 | 88.87 |
| 领界二驱 (BEV) | 85 | 0 | 0.00 |
| 领裕 | 5982 | 15590 | -61.63 |
| 领裕二驱 2.0T | 5982 | 15590 | -61.63 |
| 驭胜 | 3832 | 867 | 341.98 |
| 驭胜二驱 2.0T | 3832 | 867 | 341.98 |
| 撼路者 | 2236 | 2589 | -13.63 |
| 撼路者二驱 2.0T | 2236 | 2589 | -13.63 |
| Tourneo | 1047 | 1725 | -39.30 |
| Tourneo2.0T | 1047 | 1725 | -39.30 |
| **39. 北汽股份** | 56989 | 48225 | 18.17 |
| D50 | 35032 | 26644 | 31.48 |
| 全新 D50(BEV) | 32034 | 18682 | 71.47 |
| 全新 D501.5L | 2290 | 6320 | -63.77 |
| D50(BEV) | 708 | 1636 | -56.72 |
| D501.5L | 0 | 6 | -100.00 |
| 绅宝智达 | 10477 | 16647 | -37.06 |
| 智达二驱 1.5 | 10477 | 16647 | -37.06 |
| 魔方 | 9518 | 0 | 0.00 |
| 魔方二驱 1.5L | 9518 | 0 | 0.00 |
| 绅宝智行 | 1376 | 2949 | -53.34 |
| 绅宝智行二驱 1.5T | 1372 | 2947 | -53.44 |

续表

| 车型 | 2022 年 | 2021 年 | 同比增长 |
|---|---|---|---|
| 绅宝智行二驱 (BEV) | 4 | 2 | 100.00 |
| BJ90 | 585 | 0 | 0.00 |
| BJ90 四驱 3.0L | 507 | 0 | 0.00 |
| BJ90 四驱 4.0L | 78 | 0 | 0.00 |
| 绅宝 X25 | 1 | 417 | -99.76 |
| X25 二驱 (BEV) | 1 | 305 | -99.67 |
| X25 二驱 1.3 | 0 | 1 | -100.00 |
| X25 二驱 1.5 | 0 | 111 | -100.00 |
| BJ40 | 0 | 1563 | -100.00 |
| BJ40 四驱 2.4 | 0 | 1563 | -100.00 |
| 绅宝 X55 | 0 | 3 | -100.00 |
| X55 二驱 1.5 | 0 | 3 | -100.00 |
| **40. 捷豹路虎** | 50737 | 54618 | -7.11 |
| 路虎极光 | 15183 | 14011 | 8.36 |
| 极光四驱 2.0T | 14072 | 13884 | 1.35 |
| 极光四驱 1.5T（PHEV） | 1111 | 127 | 774.80 |
| 路虎发现神行 | 14774 | 22378 | -33.98 |
| 发现神行四驱 2.0T | 13292 | 21255 | -37.46 |
| 发现运动四驱 1.5T(PHEV) | 1482 | 1123 | 31.97 |
| 捷豹 XEL | 10497 | 10497 | 0.00 |
| 捷豹 XEL2.0T | 10497 | 10497 | 0.00 |
| 捷豹 XFL | 10283 | 7037 | 46.13 |
| 捷豹 XFL2.0T | 10283 | 7037 | 46.13 |
| 捷豹 E-PACE | 0 | 695 | -100.00 |
| E-PACE 二驱 2.0T | 0 | 695 | -100.00 |
| **41. 上汽大通** | 48706 | 55888 | -12.85 |
| 上汽 MAXUSG50 | 20781 | 25271 | -17.77 |
| 上汽 MAXUSG501.5L | 16198 | 21314 | -24.00 |
| 上汽 MAXUSG50(BEV) | 2308 | 1380 | 67.25 |
| 上汽 MAXUSG501.3T(PHEV) | 2275 | 2431 | -6.42 |
| 上汽 MAXUSG501.3L | 0 | 146 | -100.00 |
| 上汽 MAXUSG10 | 10700 | 19875 | -46.16 |
| 上汽 MAXUSG101.9 | 5344 | 8797 | -39.25 |
| 上汽 MAXUSG102.0 | 5152 | 10848 | -52.51 |
| 上汽 MAXUSEUNIQ7（FCV） | 204 | 9 | 2166.67 |
| 上汽 MAXUSG10(BEV) | 0 | 221 | -100.00 |
| 上汽 MAXUSD90 | 7935 | 7817 | 1.51 |
| 上汽 MAXUSD90 四驱 2.0L 柴油 | 4881 | 3889 | 25.51 |
| 上汽 MAXUSD90 二驱 2.0 | 1592 | 1758 | -9.44 |
| 上汽 MAXUSD90 四驱 2.0 | 1363 | 1590 | -14.28 |
| 上汽 MAXUSD90 二驱 2.0L 柴油 | 99 | 580 | -82.93 |

续表

| 车型 | 2022年 | 2021年 | 同比增长 |
|---|---|---|---|
| 上汽 MAXUSD60 | 4592 | 2925 | 56.99 |
| 上汽 MAXUSD60(BEV) | 2521 | 712 | 254.07 |
| 上汽 MAXUSD60 二驱 1.5L | 1925 | 2053 | -6.23 |
| 上汽 MAXUSD60 二驱 1.3T(PHEV) | 143 | 160 | -10.63 |
| 上汽 MAXUSD60 二驱 1.3L | 3 | 0 | 0.00 |
| 上汽 MAXUSG90 | 2967 | 0 | 0.00 |
| 上汽 MAXUSG902.0L | 2967 | 0 | 0.00 |
| 上汽 MAXUSMIFA9 | 1731 | 0 | 0.00 |
| 上汽 MAXUSMIFA9（BEV） | 1731 | 0 | 0.00 |
| **42.广汽三菱** | 33579 | 66006 | -49.13 |
| 欧蓝德 | 31004 | 55856 | -44.49 |
| 欧蓝德二驱 2.0L | 24830 | 42331 | -41.34 |
| 欧蓝德四驱 2.4L | 4201 | 13525 | -68.94 |
| 新欧蓝德二驱 1.5T | 1107 | 0 | 0.00 |
| 新欧蓝德四驱 1.5T | 866 | 0 | 0.00 |
| 劲炫 | 1145 | 6006 | -80.94 |
| 劲炫二驱 2.0L | 589 | 4522 | -86.97 |
| 劲炫二驱 1.6L | 556 | 1484 | -62.53 |
| 奕歌 | 731 | 4144 | -82.36 |
| 奕歌二驱 1.5L | 648 | 3488 | -81.42 |
| 奕歌四驱 1.5L | 83 | 656 | -87.35 |
| 阿图柯 | 699 | 0 | 0.00 |
| 阿图柯二驱（BEV） | 699 | 0 | 0.00 |
| **43.福建奔驰** | 33024 | 37196 | -11.22 |
| V级 | 17097 | 20853 | -18.01 |
| V级 2.0T | 17097 | 20853 | -18.01 |
| 威霆 | 15927 | 16343 | -2.55 |
| 新威霆 2.0L | 15927 | 16343 | -2.55 |
| **44.江苏吉麦** | 30174 | 16227 | 85.95 |
| 凌宝 | 24898 | 15119 | 64.68 |
| 凌宝 BOX(BEV) | 20694 | 12627 | 63.89 |
| 凌宝 COCO(BEV) | 4204 | 2492 | 68.70 |
| 新特 | 5276 | 1108 | 376.17 |
| 启能 AEVs(BEV) | 4661 | 0 | 0.00 |
| 启能 GEV1(BEV) | 615 | 1108 | -44.49 |
| **45.威马汽车** | 29450 | 44157 | -33.31 |
| 威马 E5 | 18763 | 12121 | 54.80 |
| 威马 E5 三厢（BEV） | 18763 | 12121 | 54.80 |
| 威马 W6 | 6364 | 7901 | -19.45 |
| 威马 W6 二驱（BEV） | 6364 | 7901 | -19.45 |
| 威马 EX5 | 4317 | 24025 | -82.03 |

续表

| 车型 | 2022 年 | 2021 年 | 同比增长 |
|---|---|---|---|
| 威马 EX5 二驱 (BEV) | 4317 | 24025 | -82.03 |
| 威马 EX6 | 6 | 110 | -94.55 |
| 威马 EX6 二驱 (BEV) | 6 | 110 | -94.55 |
| **46. 北汽越野车** | 27942 | 32015 | -12.72 |
| BJ40 | 21686 | 24146 | -10.19 |
| BJ40 四驱 2.0 | 20619 | 0 | 0.00 |
| BJ40 四驱 2.3 | 1003 | 0 | 0.00 |
| BJ40 二驱 2.0 | 64 | 0 | 0.00 |
| BJ40 四驱 2.4 | 0 | 24146 | -100.00 |
| BJ60 | 3000 | 0 | 0.00 |
| BJ60 四驱 2.0L | 3000 | 0 | 0.00 |
| BJ80 | 2982 | 6312 | -52.76 |
| BJ80 四驱 2.3L | 1764 | 0 | 0.00 |
| BJ80 四驱 2.8 | 779 | 6312 | -87.66 |
| BJ80 四驱 3.0L | 439 | 0 | 0.00 |
| BJ30 | 274 | 1557 | -82.40 |
| BJ30 四驱 1.5T | 274 | 1557 | -82.40 |
| **47. 东南** | 24930 | 8426 | 195.87 |
| 捷途 JT | 11524 | 0 | 0.00 |
| 捷途 JT 二驱 1.5T | 10482 | 0 | 0.00 |
| 捷途 JT 二驱 1.6T | 1042 | 0 | 0.00 |
| 东南 DX8S(F1) | 8016 | 0 | 0.00 |
| 东南 DX8S(F1) 二驱 1.5T | 8016 | 0 | 0.00 |
| DX3 | 2473 | 3398 | -27.22 |
| DX3 二驱 1.5L | 2473 | 2824 | -12.43 |
| DX3 二驱 (BEV) | 0 | 574 | -100.00 |
| 翼舞 | 1557 | 1455 | 7.01 |
| 翼舞 1.5L | 1557 | 1455 | 7.01 |
| DX5 | 928 | 2529 | -63.31 |
| DX5 二驱 1.5 | 928 | 2529 | -63.31 |
| DX7 | 432 | 1044 | -58.62 |
| DX7 二驱 1.5L | 432 | 1044 | -58.62 |
| **48. 海南海马** | 20740 | 6973 | 197.43 |
| S7 | 11760 | 2520 | 366.67 |
| S7 二驱 1.8T | 11760 | 2520 | 366.67 |
| S5H | 5280 | 2300 | 129.57 |
| S5H 二驱 1.5T | 5280 | 2300 | 129.57 |
| 7X | 3700 | 2153 | 71.85 |
| 7X1.6T | 3422 | 2043 | 67.50 |
| 7X1.5T | 156 | 110 | 41.82 |
| 7X-E(BEV) | 122 | 0 | 0.00 |

续表

| 车型 | 2022 年 | 2021 年 | 同比增长 |
|---|---|---|---|
| **49. 岚图汽车** | 19409 | 6791 | 185.80 |
| 岚图 FREE | 11835 | 6791 | 74.27 |
| 岚图 FREE 四驱 1.5T(PHEV) | 8486 | 5650 | 50.19 |
| 岚图 FREE 四驱 (BEV) | 2432 | 786 | 209.41 |
| 岚图 FREE 二驱 (BEV) | 917 | 355 | 158.31 |
| 岚图梦想家 | 7551 | 0 | 0.00 |
| 岚图梦想家 1.5(PHEV) | 6379 | 0 | 0.00 |
| 岚图梦想家 (BEV) | 1172 | 0 | 0.00 |
| 岚图追光 | 22 | 0 | 0.00 |
| 岚图追光（BEV） | 20 | 0 | 0.00 |
| 岚图追光 1.5T(PHEV) | 2 | 0 | 0.00 |
| **50. 成都大运** | 18960 | 3336 | 468.35 |
| 悦虎 (S191) | 16456 | 1105 | 1389.23 |
| 悦虎 (S191)(BEV) | 16456 | 1105 | 1389.23 |
| 远志 M1(M171) | 2496 | 2159 | 15.61 |
| 远志 M1(M171)(BEV) | 2496 | 2159 | 15.61 |
| 帅虎 (S171) | 8 | 72 | -88.89 |
| 帅虎 (S171) 二驱 (BEV) | 8 | 72 | -88.89 |
| **51. 南京金龙** | 16611 | 6393 | 159.83 |
| 创维汽车 | 16611 | 6393 | 159.83 |
| 创维 EV6 二驱 (BEV) | 16611 | 6393 | 159.83 |
| **52. 北汽新能源** | 16219 | 6188 | 162.10 |
| ARCFOX-αS | 7593 | 2816 | 169.64 |
| ARCFOX-αS(BEV) | 7593 | 2816 | 169.64 |
| ARCFOX-αT | 5030 | 3190 | 57.68 |
| ARCFOX-αT 二驱 (BEV) | 4805 | 3190 | 50.63 |
| ARCFOX-αT 四驱 (BEV) | 225 | 0 | 0.00 |
| EU5 | 3545 | 3 | 118066.67 |
| EU5(BEV) | 3545 | 3 | 118066.67 |
| EU300 | 25 | 0 | 0.00 |
| EU300(BEV) | 25 | 0 | 0.00 |
| EX3 | 23 | 10 | 130.00 |
| EX3(BEV) | 23 | 10 | 130.00 |
| EC3(EC180) | 3 | 155 | -98.06 |
| EC3(EC180)(BEV) | 3 | 155 | -98.06 |
| EX360 | 0 | 10 | -100.00 |
| EX360 二驱 (BEV) | 0 | 10 | -100.00 |
| **53. 飞凡科技** | 12150 | 0 | 0.00 |
| 飞凡 | 7851 | 0 | 0.00 |
| 飞凡 ER6 三厢 (BEV) | 7851 | 0 | 0.00 |
| 飞凡 R7 | 3501 | 0 | 0.00 |

续表

| 车型 | 2022 年 | 2021 年 | 同比增长 |
|---|---|---|---|
| 飞凡 R7 二驱 (BEV) | 2047 | 0 | 0.00 |
| 飞凡 R7 四驱 (BEV) | 1454 | 0 | 0.00 |
| 飞凡 MARVELR | 798 | 0 | 0.00 |
| 飞凡 MARVELR 二驱 (BEV) | 750 | 0 | 0.00 |
| 飞凡 MARVELR 四驱 (BEV) | 48 | 0 | 0.00 |
| **54. 郑州日产** | 11773 | 17426 | -32.44 |
| 途达 | 6616 | 15860 | -58.28 |
| 途达四驱 2.5L | 5822 | 13217 | -55.95 |
| 途达二驱 2.5L | 794 | 2643 | -69.96 |
| 霆睿 | 5157 | 1568 | 228.89 |
| 小虎 (BEV) | 5157 | 1568 | 228.89 |
| **55. 北汽（广州）** | 11334 | 19580 | -42.11 |
| 绅宝 C62X | 10077 | 18845 | -46.53 |
| 绅宝 C62X 二驱 1.5T | 9918 | 18804 | -47.26 |
| 绅宝 C62X 二驱 1.5T(PHEV) | 159 | 41 | 287.80 |
| EU 系列 | 1233 | 323 | 281.73 |
| EU 系列 (BEV) | 1233 | 323 | 281.73 |
| 绅宝智道 | 24 | 407 | -94.10 |
| 绅宝智道 1.5T | 24 | 407 | -94.10 |
| 绅宝 CC | 0 | 3 | -100.00 |
| 绅宝 CC2.0T | 0 | 3 | -100.00 |
| **56. 长安铃耀** | 10920 | 10101 | 8.11 |
| 启悦（欧尚标） | 8942 | 10101 | -11.47 |
| 启悦 1.6L | 8942 | 10101 | -11.47 |
| X70A | 1978 | 0 | 0.00 |
| X70A 二驱 1.5L | 1978 | 0 | 0.00 |
| **57. 精灵汽车** | 10725 | 0 | 0.00 |
| smart | 10725 | 0 | 0.00 |
| smart 二驱 (BEV) | 9574 | 0 | 0.00 |
| smart 四驱 (BEV) | 1151 | 0 | 0.00 |
| **58. 北汽有限** | 10447 | 4458 | 134.34 |
| 元宝 | 7525 | 0 | 0.00 |
| 元宝 (BEV) | 7525 | 0 | 0.00 |
| 勇士 | 1339 | 1880 | -28.78 |
| 勇士四驱 | 1339 | 1880 | -28.78 |
| BJ212 | 1058 | 1678 | -36.95 |
| BJ212 四驱 | 1058 | 1678 | -36.95 |
| 燕铃 | 283 | 900 | -68.56 |
| Modernin(BEV) | 283 | 900 | -68.56 |
| 锐胜 | 242 | 0 | 0.00 |
| 锐胜 2.0L | 225 | 0 | 0.00 |

续表

| 车型 | 2022年 | 2021年 | 同比增长 |
|---|---|---|---|
| 锐胜（BEV） | 15 | 0 | 0.00 |
| 锐胜 2.0L 天然气 | 2 | 0 | 0.00 |
| **59. 江铃新能源** | 9499 | 4569 | 107.90 |
| 江铃 E300 | 4781 | 3395 | 40.82 |
| 江铃 E300(BEV) | 4781 | 3395 | 40.82 |
| 羿 GSE | 3857 | 829 | 365.26 |
| 羿 GSE(BEV) | 3857 | 829 | 365.26 |
| 江铃 E180 | 862 | 40 | 2055.00 |
| 江铃 E180(BEV) | 862 | 40 | 2055.00 |
| 江铃 E200 | 0 | 6 | -100.00 |
| 江铃 E200(BEV) | 0 | 6 | -100.00 |
| **60. 领途汽车** | 9150 | 36787 | -75.13 |
| 朋克 | 9150 | 36787 | -75.13 |
| 多多（BEV） | 4886 | 18713 | -73.89 |
| 美美（BEV） | 4264 | 18074 | -76.41 |
| **61. 重汽轻型** | 8793 | 7706 | 14.11 |
| 天琴 | 5111 | 1167 | 337.96 |
| 天琴（BEV） | 5111 | 1167 | 337.96 |
| 潮州 U70 | 3682 | 6539 | -43.69 |
| 潮州 U70 二驱 1.5T | 3190 | 5698 | -44.02 |
| 潮州 U70 二驱 2.0T | 492 | 841 | -41.50 |
| **62. 智己汽车** | 5000 | 0 | 0.00 |
| 智己 L7 | 4811 | 0 | 0.00 |
| 智己 L7（BEV） | 4811 | 0 | 0.00 |
| 智己 LS7 | 189 | 0 | 0.00 |
| 智己四驱 LS7（BEV） | 100 | 0 | 0.00 |
| 智己二驱 LS7（BEV） | 89 | 0 | 0.00 |
| **63. 江铃控股** | 4900 | 2700 | 81.48 |
| 爱驰 U5 | 4900 | 2698 | 81.62 |
| 爱驰 U5 二驱（BEV） | 4900 | 2698 | 81.62 |
| **64. 海马汽车** | 4607 | 16520 | -72.11 |
| S5 | 3150 | 2700 | 16.67 |
| S5 二驱 1.5T | 3150 | 2700 | 16.67 |
| 8S | 1407 | 312 | 350.96 |
| 8S 二驱 1.6T | 1407 | 312 | 350.96 |
| 爱尚 | 50 | 303 | -83.50 |
| 爱尚（BEV） | 50 | 303 | -83.50 |
| 小鹏 G3 | 0 | 13177 | -100.00 |
| 小鹏 G3 二驱（BEV） | 0 | 13177 | -100.00 |
| 6P | 0 | 28 | -100.00 |
| 6P 二驱 1.2T(PHEV) | 0 | 28 | -100.00 |

续表

| 车型 | 2022 年 | 2021 年 | 同比增长 |
|---|---|---|---|
| **65. 福田** | 3873 | 7091 | -45. 38 |
| 蒙派克 | 3135 | 6262 | -49. 94 |
| 蒙派克 | 3135 | 6262 | -49. 94 |
| 拓陆者 | 699 | 780 | -10. 38 |
| 拓陆者四驱 2. 0 | 537 | 777 | -30. 89 |
| 拓陆者二驱 2. 0 | 160 | 0 | 0. 00 |
| 拓陆者二驱（BEV） | 2 | 0 | 0. 00 |
| 拓陆者（BEV） | 0 | 3 | -100. 00 |
| 萨瓦纳 | 37 | 0 | 0. 00 |
| 萨瓦纳四驱 2. 0 | 24 | 0 | 0. 00 |
| 萨瓦纳二驱 2. 0L | 10 | 0 | 0. 00 |
| 萨瓦纳四驱 2. 8L | 3 | 0 | 0. 00 |
| 伽途 V | 2 | 49 | -95. 92 |
| 伽途 | 2 | 49 | -95. 92 |
| **66. 四川野马** | 3552 | 20946 | -83. 04 |
| 雷丁 | 3456 | 17279 | -80. 00 |
| 雷丁芒果二厢（BEV） | 3456 | 17279 | -80. 00 |
| 斯派卡 | 66 | 908 | -92. 73 |
| 斯派卡 1. 5L | 66 | 908 | -92. 73 |
| 斯派卡 E32 | 23 | 76 | -69. 74 |
| 斯派卡 E32(BEV) | 23 | 76 | -69. 74 |
| 博骏 T60 | 7 | 2676 | -99. 74 |
| 博骏 T60 二驱 1. 5L | 7 | 2676 | -99. 74 |
| 博骏 EC60 | 0 | 7 | -100. 00 |
| 博骏 EC60 二驱（BEV） | 0 | 7 | -100. 00 |
| **67. 新龙马** | 3346 | 8753 | -61. 77 |
| 启腾 M70 | 2692 | 6712 | -59. 89 |
| 启腾 M70(BEV) | 2113 | 6085 | -65. 28 |
| 启腾 M701. 3L | 579 | 627 | -7. 66 |
| EX80 | 654 | 2041 | -67. 96 |
| EX801. 5 | 632 | 2036 | -68. 96 |
| EX80(BEV) | 22 | 5 | 340. 00 |
| **68. 深圳市宝能** | 2060 | 2503 | -17. 70 |
| DS9 | 1760 | 2456 | -28. 34 |
| DS91. 6T | 1074 | 925 | 16. 11 |
| DS91. 6T（PHEV） | 686 | 1531 | -55. 19 |
| DS7 | 300 | 47 | 538. 30 |
| DS7 二驱 1. 6T | 300 | 47 | 538. 30 |
| **69. 华晨新日** | 2029 | 1286 | 57. 78 |
| 华晨新日 | 2029 | 1286 | 57. 78 |
| 华晨新日（BEV） | 2029 | 1286 | 57. 78 |

续表

| 车型 | 2022年 | 2021年 | 同比增长 |
|---|---|---|---|
| 70. 昌河 | 2018 | 2404 | -16.06 |
| 北斗星（自主） | 1478 | 367 | 302.72 |
| 北斗星 1.4L | 1478 | 317 | 366.25 |
| 北斗星 (BEV) | 0 | 50 | -100.00 |
| 福瑞达 | 540 | 1260 | -57.14 |
| 福瑞达 1.4L | 540 | 1260 | -57.14 |
| Q35 | 0 | 60 | -100.00 |
| Q35 二驱 1.5L | 0 | 60 | -100.00 |
| EC100 | 0 | 210 | -100.00 |
| EC100(BEV) | 0 | 210 | -100.00 |
| 昌河 M50 | 0 | 415 | -100.00 |
| 昌河 M501.6 | 0 | 415 | -100.00 |
| 昌河 A6 | 0 | 92 | -100.00 |
| 昌河 A61.5L | 0 | 92 | -100.00 |
| 71. 贵航莲花 | 2001 | 2002 | -0.05 |
| 云雀 Q1 | 2001 | 2002 | -0.05 |
| 云雀 Q11.4L | 2001 | 2002 | -0.05 |
| 72. 广汽菲克 | 1861 | 20123 | -90.75 |
| 大指挥官 | 1834 | 7386 | -75.17 |
| 大指挥官二驱 2.0T | 1072 | 2930 | -63.41 |
| 大指挥官四驱 2.0T | 667 | 4161 | -83.97 |
| 大指挥官二驱 2.0T(PHEV) | 95 | 295 | -67.80 |
| 自由光 | 24 | 2765 | -99.13 |
| 自由光四驱 2.0T | 15 | 996 | -98.49 |
| 自由光二驱 2.0T | 9 | 1344 | -99.33 |
| 自由光二驱 2.0L | 0 | 425 | -100.00 |
| 指南者 | 3 | 8978 | -99.97 |
| 指南者四驱 1.3T | 2 | 600 | -99.67 |
| 指南者二驱 1.3T | 1 | 8378 | -99.99 |
| 自由侠 | 0 | 993 | -100.00 |
| 自由侠二驱 1.3T | 0 | 988 | -100.00 |
| 自由侠四驱 1.3T | 0 | 5 | -100.00 |
| 73. 东风股份 | 1689 | 219 | 671.23 |
| 俊风 | 1689 | 219 | 671.23 |
| 俊风 (BEV) | 1689 | 219 | 671.23 |
| 74. 江西五十铃 | 1204 | 1296 | -7.10 |
| 五十铃 | 1204 | 1296 | -7.10 |
| 五十铃四驱 1.9 | 894 | 932 | -4.08 |
| 五十铃二驱 2.4 | 158 | 188 | -15.96 |
| 五十铃二驱 1.9 | 84 | 114 | -26.32 |
| 五十铃四驱 2.4 | 67 | 59 | 13.56 |

续表

| 车型 | 2022 年 | 2021 年 | 同比增长 |
|---|---|---|---|
| 五十铃二驱 2.0 | 1 | 3 | -66.67 |
| **75. 云度汽车** | 516 | 5361 | -90.37 |
| Π1Pro 远行版 | 361 | 3748 | -90.37 |
| Π1Pro 远行版二驱（BEV） | 361 | 3748 | -90.37 |
| Π3Pro 远行版 | 155 | 1613 | -90.39 |
| Π3Pro 远行版二驱（BEV） | 155 | 1613 | -90.39 |
| **76. 山西成功** | 167 | 0 | 0.00 |
| 太行成功 | 167 | 0 | 0.00 |
| 太行成功 1.5 | 164 | 0 | 0.00 |
| 太行成功 1.2 | 3 | 0 | 0.00 |
| **77. 国机智骏** | 110 | 1968 | -94.41 |
| 国机智骏 GC 系列 | 56 | 1402 | -96.01 |
| 国机智骏 GC（BEV） | 56 | 1402 | -96.01 |
| 国机智骏 GX 系列 | 54 | 566 | -90.46 |
| 国机智骏 GX5（BEV） | 54 | 566 | -90.46 |
| **78. 航天成功** | 57 | 0 | 0.00 |
| 航天牌 | 57 | 0 | 0.00 |
| 航天牌 1.2 排量手动档 | 57 | 0 | 0.00 |
| **79. 重庆力帆** | 0 | 3496 | -100.00 |
| 80V | 0 | 3421 | -100.00 |
| 80V（BEV） | 0 | 3421 | -100.00 |
| 轩朗 | 0 | 7 | -100.00 |
| 轩朗 1.8L | 0 | 7 | -100.00 |
| 迈威 | 0 | 68 | -100.00 |
| 迈威（BEV） | 0 | 32 | -100.00 |
| 迈威二驱 2.0T | 0 | 36 | -100.00 |
| **80. 东风英菲尼迪** | 0 | 8697 | -100.00 |
| QX50 | 0 | 6052 | -100.00 |
| QX50 二驱 2.0T | 0 | 2843 | -100.00 |
| QX50 四驱 2.0T | 0 | 3209 | -100.00 |
| 英菲尼迪 | 0 | 2644 | -100.00 |
| 英菲尼迪 Q50L2.0T | 0 | 2644 | -100.00 |
| **81. 北汽瑞翔** | 0 | 1423 | -100.00 |
| 威旺 206 | 0 | 1400 | -100.00 |
| 威旺 2061.3L | 0 | 1400 | -100.00 |
| 幻速 H2 | 0 | 8 | -100.00 |
| 幻速 H21.5 | 0 | 8 | -100.00 |
| 幻速 S2/S3 | 0 | 15 | -100.00 |
| 幻速二驱 1.5 | 0 | 15 | -100.00 |
| **82. 观致汽车** | 0 | 4222 | -100.00 |
| 观致 7SUV | 0 | 4057 | -100.00 |

续表

| 车型 | 2022年 | 2021年 | 同比增长 |
|---|---|---|---|
| 观致7SUV二驱1.6T | 0 | 3633 | -100.00 |
| 观致7SUV二驱1.8T | 0 | 424 | -100.00 |
| 观致3 | 0 | 4 | -100.00 |
| 观致31.5T | 0 | 4 | -100.00 |
| 观致5SUV | 0 | 161 | -100.00 |
| 观致5SUV二驱1.6T | 0 | 161 | -100.00 |
| **83.海马新能源** | 0 | 872 | -100.00 |
| 8S | 0 | 872 | -100.00 |
| 8S二驱1.6T | 0 | 872 | -100.00 |
| **84.华晨雷诺金杯** | 0 | 1934 | -100.00 |
| 金杯新快运 | 0 | 1905 | -100.00 |
| 金杯新快运2.0L | 0 | 1905 | -100.00 |
| 阁瑞斯 | 0 | 12 | -100.00 |
| 阁瑞斯2.7 | 0 | 12 | -100.00 |
| 观境 | 0 | 17 | -100.00 |
| 观境二驱1.5T | 0 | 17 | -100.00 |
| **85.一汽海马** | 0 | 6642 | -100.00 |
| 7X | 0 | 4442 | -100.00 |
| 7X1.5T | 0 | 339 | -100.00 |
| 7X1.6T | 0 | 4103 | -100.00 |
| S7 | 0 | 1800 | -100.00 |
| S7二驱1.8T | 0 | 1800 | -100.00 |
| S5H | 0 | 400 | -100.00 |
| S5H二驱1.5T | 0 | 400 | -100.00 |
| **86.枫盛科技** | 0 | 4943 | -100.00 |
| 枫叶80V | 0 | 4585 | -100.00 |
| 枫叶80V(BEV) | 0 | 4585 | -100.00 |
| 枫叶30X | 0 | 358 | -100.00 |
| 枫叶30X二驱(BEV) | 0 | 358 | -100.00 |
| **87.北京宝沃** | 0 | 3612 | -100.00 |
| BX7 | 0 | 785 | -100.00 |
| BX72.0T二驱 | 0 | 716 | -100.00 |
| BX72.0T四驱 | 0 | 69 | -100.00 |
| BX5 | 0 | 2822 | -100.00 |
| BX5二驱1.4T | 0 | 2822 | -100.00 |
| BX3 | 0 | 5 | -100.00 |
| BX3二驱1.4T | 0 | 5 | -100.00 |

表26 2022年整车（分车型）出口情况 单位：万辆，亿美元，%

| 车型 | | 出口数量 | 同比增长 | 出口金额 | 同比增长 |
|---|---|---|---|---|---|
| 乘用车 | 小轿车 | 74.77 | 34.1 | 82.35 | 30.1 |
| | 四驱 SUV | 4.24 | 30.6 | 8.53 | 53.9 |
| | 九座以下小客车 | 92.94 | 70.9 | 131.15 | 90.0 |
| | 其他乘用车（含 NEV 车型） | 0.78 | 12.2 | 1.95 | 402.4 |
| | 电动乘用车 | 94.46 | 89.1 | 200.89 | 133.7 |
| | 乘用车合计 | 267.18 | 62.8 | 424.86 | 89.5 |
| 商用车 | 机动大、中型客车 | 4.06 | 10.9 | 13.54 | 2.8 |
| | 半挂式牵引车 | 6.84 | 41.0 | 27.94 | 65.3 |
| | 特种用途车 | 2.44 | 37.9 | 20.34 | 51.5 |
| | 载货汽车（非公路自卸车除外） | 46.94 | 30.3 | 80.68 | 36.6 |
| | 非公路自卸车 | 0.99 | 73.8 | 10.35 | 89.3 |
| | 装有引擎的汽车底盘 | 0.63 | 44.6 | 3.85 | 0.7 |
| | 新能源商用车 | 3.04 | 521.4 | 20.00 | 140.1 |
| | 商用车合计 | 64.93 | 35.8 | 176.70 | 47.1 |
| 汽车合计（包括成套散件） | | 332.12 | 56.8 | 601.56 | 74.7 |

表27 2022年中国主要汽车企业出口情况 单位：万辆，%

| 序号 | 国家（地区） | 出口数量 | 同比增长 |
|---|---|---|---|
| 1 | 上海汽车集团股份有限公司 | 90.63 | 51.5 |
| 2 | 奇瑞控股集团有限公司 | 45.17 | 67.7 |
| 3 | 特斯拉（上海）有限公司 | 27.11 | 65.9 |
| 4 | 重庆长安汽车股份有限公司 | 24.92 | 56.6 |
| 5 | 东风汽车集团有限公司 | 24.23 | 57.4 |
| 6 | 浙江吉利控股集团有限公司 | 19.82 | 72.4 |
| 7 | 长城汽车股份有限公司 | 17.32 | 21.3 |
| 8 | 安徽江淮汽车集团有限公司 | 11.46 | 55.7 |
| 9 | 北京汽车集团有限公司 | 10.95 | 35.0 |
| 10 | 中国重型汽车集团有限公司 | 8.28 | 48.6 |
| 11 | 比亚迪股份有限公司 | 5.87 | 261.1 |
| 12 | 大庆沃尔沃汽车制造有限公司 | 3.65 | -3.7 |
| 13 | 中国第一汽车集团有限公司 | 3.57 | 48.6 |
| 14 | 陕西汽车控股集团有限公司 | 3.44 | 80.3 |
| 15 | 广州汽车工业集团有限公司 | 3.30 | 59.5 |
| 16 | 华晨宝马汽车有限公司 | 3.00 | 37.6 |
| 17 | 华晨鑫源重庆汽车有限公司 | 1.91 | 74.8 |
| 18 | 厦门金龙汽车集团股份有限公司 | 1.50 | -14.3 |
| 19 | 河北中兴汽车制造有限公司 | 0.82 | 40.0 |
| 20 | 宇通客车股份有限公司 | 0.57 | 15.6 |

注：表 26、表 27 资料来源为海关统计数据。

表28 2022年中国汽车（分国别前15位）出口情况 单位：万辆，亿美元，%

| 序号 | 国家 | 出口量 | 增长 | 出口额 | 增长 |
|---|---|---|---|---|---|
| 1 | 墨西哥 | 25.45 | 169.2 | 28.09 | 200.1 |
| 2 | 沙特阿拉伯 | 22.24 | 67.1 | 31.44 | 71.2 |
| 3 | 智利 | 21.18 | 10.7 | 24.56 | 32.9 |
| 4 | 比利时 | 20.70 | 86.6 | 55.81 | 81.1 |
| 5 | 俄罗斯 | 16.21 | 33.4 | 40.26 | 103.3 |
| 6 | 澳大利亚 | 15.97 | 66. 7 | 30.03 | 82.8 |
| 7 | 英国 | 14.75 | 87. 9 | 42.94 | 91.5 |
| 8 | 菲律宾 | 14.55 | 148. 8 | 13.27 | 43.7 |
| 9 | 马来西亚 | 9.57 | 113. 5 | 8.54 | 94.8 |
| 10 | 阿联酋 | 9.32 | 269. 2 | 20.45 | 348.8 |
| 11 | 泰国 | 8.80 | 81.5 | 7.02 | 239.4 |
| 12 | 秘鲁 | 7.63 | 29.9 | 8.19 | 32.1 |
| 13 | 越南 | 6.90 | 19.8 | 13.58 | 5.8 |
| 14 | 厄瓜多尔 | 6.76 | 47.5 | 7.06 | 46.0 |
| 15 | 美国 | 6.64 | 52.7 | 15.55 | 53.1 |
| 其他合计 | | 125.63 | 38.1 | 254.87 | 65.1 |
| 总计 | | 332.30 | 56.9 | 601.66 | 74.7 |

注：表24、表25、表28资料来源为中国汽车工业协会。

表29 2014—2022年二手车分车型交易情况 单位：辆

| 车型 | | 2014年 | 2015年 | 2016年 | 2017年 | 2018年 | 2019年 | 2020年 | 2021年 | 2022年 |
|---|---|---|---|---|---|---|---|---|---|---|
| 乘用车 | 基本型 | 3514309 | 5641412 | 6280245 | 7370077 | 8222020 | 8614045 | 8586835 | 10591063 | 9523654 |
| | MPV | 278754 | 354856 | 588956 | 723401 | 781916 | 957162 | 831889 | 1008555 | 969218 |
| | SUV | 203328 | 472859 | 681462 | 867993 | 1135577 | 1480801 | 1370676 | 1976256 | 2038326 |
| | 交叉型 | 121528 | 307673 | 329567 | 354206 | 310977 | 373465 | 339256 | 402334 | 350718 |
| 商用车 | 货车 | 767389 | 1068628 | 1003825 | 1116871 | 1222764 | 1368647 | 1326071 | 1453826 | 1295897 |
| | 客车 | 902688 | 1176462 | 1062143 | 1332199 | 1467793 | 1413625 | 1233669 | 1320278 | 1040279 |
| 其他车型 | | 90774 | 113171 | 175379 | 358904 | 385226 | 332767 | 287334 | 353773 | 317048 |
| 低速载货汽车三轮汽车 | | 9730 | 16362 | 20602 | 25431 | 25291 | 31991 | 39166 | 50114 | 50666 |
| 挂车 | | 36812 | 84249 | 117794 | 109585 | 80418 | 122269 | 107687 | 133789 | 107339 |
| 摩托车 | | 127587 | 185315 | 132276 | 142183 | 189927 | 228019 | 218853 | 295091 | 334684 |
| 总计 | | 6052899 | 9417088 | 10392249 | 12400850 | 13821909 | 14922791 | 14341436 | 17585079 | 16027829 |

表30 2022年二手乘用车分区域交易情况

单位：辆

| 省份 | 总计 | 乘用车合计 | 基本型乘用车 | 多功能型 MPV | 运动型多用途 SUV | 交叉型乘用车 |
|---|---|---|---|---|---|---|
| 总计 | 16027829 | 12881916 | 9523654 | 969218 | 2038326 | 350718 |
| 华北地区 | 1934471 | 1528174 | 1190018 | 82825 | 218162 | 37169 |
| 北 京 | 581365 | 441570 | 346959 | 18835 | 71345 | 4431 |
| 天 津 | 206101 | 153619 | 122734 | 7277 | 18439 | 5169 |
| 河 北 | 665929 | 518669 | 420924 | 27968 | 56592 | 13185 |
| 山 西 | 288674 | 241021 | 185023 | 10884 | 36596 | 8518 |
| 内蒙古 | 192402 | 173295 | 114378 | 17861 | 35190 | 5866 |
| 东北地区 | 938563 | 809701 | 547830 | 52983 | 186187 | 22701 |
| 辽 宁 | 370827 | 315891 | 239642 | 14601 | 53090 | 8558 |
| 吉 林 | 297810 | 256237 | 166729 | 17235 | 63967 | 8306 |
| 黑龙江 | 269926 | 237573 | 141459 | 21147 | 69130 | 5837 |
| 华东地区 | 5364925 | 4270887 | 3139570 | 384903 | 626467 | 119947 |
| 上 海 | 472227 | 389305 | 263610 | 107328 | 16679 | 1688 |
| 江 苏 | 1052675 | 873058 | 678637 | 50594 | 127573 | 16254 |
| 浙 江 | 1578750 | 1239410 | 916950 | 103216 | 186025 | 33219 |
| 安 徽 | 227264 | 196394 | 144250 | 11335 | 30477 | 10332 |
| 福 建 | 306778 | 253710 | 214821 | 13509 | 23298 | 2082 |
| 江 西 | 343830 | 276264 | 186288 | 14541 | 61051 | 14384 |
| 山 东 | 1383401 | 1042746 | 735014 | 84380 | 181364 | 41988 |
| 中南地区 | 4572844 | 3705185 | 2806637 | 282058 | 539826 | 76664 |
| 河 南 | 878089 | 704158 | 531890 | 57677 | 96495 | 18096 |
| 湖 北 | 534077 | 433135 | 293478 | 36564 | 96396 | 6697 |
| 湖 南 | 333890 | 291333 | 174105 | 45824 | 60069 | 11335 |
| 广 东 | 2132214 | 1732268 | 1391969 | 108482 | 208877 | 22940 |
| 广 西 | 501342 | 395427 | 300353 | 26881 | 53554 | 14639 |
| 海 南 | 193232 | 148864 | 114842 | 6630 | 24435 | 2957 |
| 西南地区 | 2502688 | 2011154 | 1440950 | 119652 | 370267 | 80285 |
| 重 庆 | 435350 | 328530 | 269710 | 11001 | 41228 | 6591 |
| 四 川 | 1150321 | 939168 | 623265 | 49512 | 224641 | 41750 |
| 贵 州 | 333250 | 270170 | 191048 | 11387 | 44499 | 23236 |
| 云 南 | 515775 | 421906 | 326842 | 44431 | 43543 | 7090 |
| 西 藏 | 67992 | 51380 | 30085 | 3321 | 16356 | 1618 |
| 西北地区 | 714338 | 556815 | 398649 | 46797 | 97417 | 13952 |
| 陕 西 | 136463 | 111707 | 83443 | 7321 | 17648 | 3295 |
| 甘 肃 | 106988 | 87271 | 54743 | 4121 | 24198 | 4209 |
| 青 海 | 144609 | 120050 | 78902 | 11295 | 26882 | 2971 |
| 宁 夏 | 114483 | 80556 | 68075 | 3735 | 7946 | 800 |
| 新 疆 | 211795 | 157231 | 113486 | 20325 | 20743 | 2677 |

表31　2022年二手商用车及其他车辆分区域交易情况　　单位：辆

| 省份 | 总计 | 商用车合计 | 货车 | 客车 | 其他车 | 低速载货汽车和三轮汽车 | 挂车 | 摩托车 |
|---|---|---|---|---|---|---|---|---|
| 总计 | 16027829 | 2336176 | 1295897 | 1040279 | 317048 | 50666 | 107339 | 334684 |
| 华北地区 | 1934471 | 302526 | 167455 | 135071 | 51824 | 6675 | 23539 | 21733 |
| 北　京 | 581365 | 95995 | 44902 | 51093 | 34575 | 531 | 427 | 8267 |
| 天　津 | 206101 | 43708 | 21976 | 21732 | 2420 | 1101 | 2411 | 2842 |
| 河　北 | 665929 | 114591 | 71768 | 42823 | 8412 | 3576 | 14622 | 6059 |
| 山　西 | 288674 | 34833 | 20135 | 14698 | 3224 | 907 | 5253 | 3436 |
| 内蒙古 | 192402 | 13399 | 8674 | 4725 | 3193 | 560 | 826 | 1129 |
| 东北地区 | 938563 | 88352 | 53838 | 34514 | 23881 | 3554 | 6399 | 6676 |
| 辽　宁 | 370827 | 38547 | 23057 | 15490 | 9367 | 1404 | 2362 | 3256 |
| 吉　林 | 297810 | 26867 | 14530 | 12337 | 10151 | 1134 | 1625 | 1796 |
| 黑龙江 | 269926 | 22938 | 16251 | 6687 | 4363 | 1016 | 2412 | 1624 |
| 华东地区 | 5364925 | 839478 | 477715 | 361763 | 114259 | 14061 | 40292 | 85948 |
| 上　海 | 472227 | 32948 | 27189 | 5759 | 24814 | 30 | 7181 | 17949 |
| 江　苏 | 1052675 | 135196 | 58656 | 76540 | 28381 | 2646 | 6126 | 7268 |
| 浙　江 | 1578750 | 267181 | 113198 | 153983 | 24276 | 1713 | 5568 | 40602 |
| 安　徽 | 227264 | 25887 | 13888 | 11999 | 1186 | 415 | 1554 | 1828 |
| 福　建 | 306778 | 43644 | 23149 | 20495 | 2471 | 276 | 1088 | 5589 |
| 江　西 | 343830 | 49754 | 39327 | 10427 | 6820 | 1142 | 5050 | 4800 |
| 山　东 | 1383401 | 284868 | 202308 | 82560 | 26311 | 7839 | 13725 | 7912 |
| 中南地区 | 4572844 | 653693 | 314548 | 339145 | 64831 | 17295 | 20374 | 111466 |
| 河　南 | 878089 | 126590 | 70194 | 56396 | 17669 | 4770 | 5430 | 19472 |
| 湖　北 | 534077 | 92895 | 18280 | 74615 | 3790 | 980 | 1312 | 1965 |
| 湖　南 | 333890 | 33517 | 15379 | 18138 | 6356 | 619 | 923 | 1142 |
| 广　东 | 2132214 | 291348 | 157319 | 134029 | 24429 | 8976 | 9063 | 66130 |
| 广　西 | 501342 | 73663 | 34949 | 38714 | 11385 | 1684 | 3211 | 15972 |
| 海　南 | 193232 | 35680 | 18427 | 17253 | 1202 | 266 | 435 | 6785 |
| 西南地区 | 2502688 | 328321 | 213812 | 114509 | 48041 | 5509 | 8791 | 100872 |
| 重　庆 | 435350 | 86892 | 41043 | 45849 | 2329 | 1068 | 1406 | 15125 |
| 四　川 | 1150321 | 126393 | 86058 | 40335 | 29534 | 2400 | 4557 | 48269 |
| 贵　州 | 333250 | 46843 | 28713 | 18130 | 5440 | 934 | 1165 | 8698 |
| 云　南 | 515775 | 54613 | 46634 | 7979 | 8600 | 963 | 1256 | 28437 |
| 西　藏 | 67992 | 13580 | 11364 | 2216 | 2138 | 144 | 407 | 343 |
| 西北地区 | 714338 | 123806 | 68529 | 55277 | 14212 | 3572 | 7944 | 7989 |
| 陕　西 | 136463 | 17347 | 12607 | 4740 | 3244 | 592 | 2159 | 1414 |
| 甘　肃 | 106988 | 14746 | 11585 | 3161 | 2402 | 711 | 497 | 1361 |
| 青　海 | 144609 | 21733 | 12689 | 9044 | 1091 | 612 | 540 | 583 |
| 宁　夏 | 114483 | 23763 | 15382 | 8381 | 3352 | 1008 | 3864 | 1940 |
| 新　疆 | 211795 | 46217 | 16266 | 29951 | 4123 | 649 | 884 | 2691 |

表32　2022年全国二手车交易经营情况

单位：辆，万元

| 车型年份 | | 交易金额 | 交易数量 | | | | | 使用性质 | | 产地 | | 使用年限 | | | |
|---|---|---|---|---|---|---|---|---|---|---|---|---|---|---|---|
| | | 全年 | 全年 | 直接交易 | 委托交易 | 本地过户 | 转籍 | 公车 | 私车 | 国产车 | 进口车 | 3年以内 | 3—6年 | 7—10年 | 10年以上 |
| 乘用车 | 基本型 | 105959108 | 16027829 | 9771496 | 6256333 | 12017426 | 4010403 | 2565340 | 13462489 | 14071490 | 1956339 | 4809218 | 6442825 | 3153430 | 1622356 |
| | MPV | 52881220 | 9523654 | 5862656 | 3660998 | 7011144 | 2512510 | 1406951 | 8116703 | 8524198 | 999456 | 2817090 | 3906464 | 1771308 | 1028792 |
| | SUV | 7017577 | 969218 | 336388 | 632830 | 724404 | 244814 | 169072 | 800146 | 879468 | 89750 | 297284 | 422177 | 153535 | 96222 |
| | 交叉型 | 28787040 | 2038326 | 1451849 | 586477 | 1525977 | 512349 | 235534 | 1802792 | 1495370 | 542956 | 651093 | 684962 | 470281 | 231990 |
| 商用车 | 货车 | 1334117 | 350718 | 278134 | 72584 | 272372 | 78346 | 31534 | 319184 | 331422 | 19296 | 101575 | 135334 | 76785 | 37024 |
| | 客车 | 10267686 | 1295897 | 760757 | 535140 | 1018717 | 277180 | 347027 | 948870 | 1246760 | 49137 | 377242 | 534182 | 290351 | 94122 |
| 其他车型 | | 4720917 | 1040279 | 638781 | 401498 | 820569 | 219710 | 192725 | 847554 | 924034 | 116245 | 311604 | 425442 | 228890 | 74343 |
| 低速载货汽车和三轮汽车 | | 445850 | 317048 | 170695 | 146353 | 258337 | 58711 | 84014 | 233034 | 231433 | 85615 | 94775 | 136291 | 63445 | 22537 |
| 挂车 | | 59019 | 50666 | 34749 | 15917 | 38900 | 11766 | 13744 | 36922 | 47356 | 3310 | 12196 | 19222 | 14497 | 4751 |
| 摩托车 | | 287465 | 107339 | 51388 | 55951 | 83085 | 24254 | 59595 | 47744 | 101377 | 5962 | 34118 | 41115 | 23559 | 8547 |
| 总计 | | 158217 | 334684 | 186099 | 148585 | 263921 | 70763 | 25144 | 309540 | 290072 | 44612 | 112241 | 137636 | 60779 | 24028 |

注：表28—表31资料来源为中国汽车流通协会。

# 第十二部类

## 附录

DISHIERBULEI | FULU

表1　2022年上市新车（燃油车）　　　　单位：元

| 上市日期 | 制造商 | 品牌 | 车系 | 类型 | 变速箱 | 最低指导价 | 最高指导价 |
|---|---|---|---|---|---|---|---|
| 1月1日 | 上汽大众 | 奥迪 | 奥迪 A7L | C级轿车 | DCT7 | 459700 | 777700 |
| 1月6日 | 广汽丰田 | 丰田 | 锋兰达 | SUV | CVT | 125800 | 169800 |
| 1月10日 | 广汽丰田 | 丰田 | 威飒燃油版 | SUV | CVT | 216800 | 268800 |
| 1月17日 | 神龙汽车 | 雪铁龙 | 凡尔赛 C5 X | B级轿车 | TIP8 | 143700 | 186700 |
| 1月20日 | 一汽丰田 | 丰田 | 卡罗拉 锐放 | SUV | CVT | 129800 | 169800 |
| 2月28日 | 东风英菲尼迪 | 英菲尼迪 | 英菲尼迪 QX60 | SUV | TIP9 | 399800 | 619800 |
| 3月5日 | 北汽瑞翔 | 瑞翔 | 瑞翔 X3 | SUV | MT5 | 55800 | 69800 |
| 3月10日 | 福建新龙马 | 启腾 | 启腾 M70 | Mini Bus | MT5 | 46800 | 60500 |
| 3月12日 | 长安福特 | 林肯 | 林肯 Z | B级轿车 | TIP8 | 252800 | 340800 |
| 3月18日 | 一汽轿车 | 奔腾 | 奔腾 B70S | SUV | DCT7 | 109900 | 142900 |
| 3月18日 | 长城汽车 | 坦克 | 坦克 500 | SUV | TIP9 | 335000 | 395000 |
| 3月20日 | 长安马自达 | 马自达 | 马自达 CX-5 | SUV | TIP6 | 149800 | 210800 |
| 3月21日 | 长安汽车 | 长安 | 长安 UNI-V | A级轿车 | DCT7 | 108900 | 131900 |
| 3月25日 | 上汽大众 | 斯柯达 | 柯迪亚克 | SUV | DCT7 | 186900 | 243900 |
| 3月28日 | 上海汽车 | MG | MG ONE | SUV | CVT | 99800 | 122800 |
| 3月28日 | 江铃汽车 | 福特 | 领睿 | SUV | DCT7 | 139800 | 165800 |
| 3月31日 | 华晨宝马 | 宝马 | 宝马 X5 | SUV | TIP8 | 605000 | 775000 |
| 4月8日 | 上海汽车 | MG | MG5 天蝎座 | A级轿车 | DCT7 | 102900 | 117900 |
| 4月20日 | 北汽瑞翔 | 博腾 | 博腾 V1 | MPV | MT5 | 47800 | 53800 |
| 4月29日 | 上汽大通 | 迈克萨斯 | MAXUS G90 | MPV | TIP8 | 219900 | 329900 |
| 5月13日 | 睿蓝汽车 | 枫叶 | 枫叶 X3 Pro | SUV | MT5 | 49900 | 67900 |
| 5月18日 | 奇瑞汽车 | 奇瑞 | 瑞虎 8 Pro | SUV | DCT7 | 126900 | 171900 |
| 5月26日 | 潍柴汽车 | 潍柴 | 潍柴 U70 Pro | SUV | MT6 | 87800 | 115800 |
| 6月10日 | 东风渝安 | 东风 | 东风风光 380 | MPV | MT5 | 53800 | 60800 |
| 6月10日 | 华晨鑫源 | 斯威 | 斯威 G01FF | SUV | MT6 | 95900 | 125900 |
| 6月15日 | 上汽通用五菱 | 五菱 | 五菱佳辰 | MPV | MT6 | 68800 | 99800 |
| 6月19日 | 江淮大众 | 思皓 | 思皓 X6 | SUV | MT5 | 79900 | 114900 |

续表

| 上市日期 | 制造商 | 品牌 | 车系 | 类型 | 变速箱 | 最低指导价 | 最高指导价 |
|---|---|---|---|---|---|---|---|
| 6 月 21 日 | 奇瑞汽车 | 捷途 | 捷途 X70S | SUV | MT6 | 87900 | 122900 |
| 6 月 23 日 | 上汽大众 | 大众 | 朗逸 | A 级轿车 | TIP6 | 120900 | 150900 |
| 6 月 25 日 | 长安福特 | 福特 | 福克斯 HB | A 级轿车 | AT6 | 129800 | 145800 |
| 6 月 25 日 | 长安汽车 | 欧尚 | 欧尚 Z6 | SUV | DCT7 | 99000 | 129900 |
| 6 月 25 日 | 长安汽车 | 欧尚 | 欧尚 Z6 iDD | SUV | DCT6 | 155800 | — |
| 6 月 28 日 | 一汽 - 大众 | 大众 | 宝来 | A 级轿车 | MT5 | 112900 | 141900 |
| 6 月 28 日 | 一汽 - 大众 | 大众 | 速腾 | A 级轿车 | MT5 | 127900 | 172900 |
| 7 月 6 日 | 东风乘用车 | 风神 | 皓极 | SUV | DCT7 | 126900 | 139900 |
| 7 月 12 日 | 奇瑞汽车 | 奇瑞 | 欧萌达 | SUV | CVT | 92900 | 126900 |
| 7 月 18 日 | 奇瑞汽车 | 凯翼 | 凯翼 V7 | MPV | MT5 | 102900 | 103900 |
| 7 月 20 日 | 长安汽车 | 欧尚 | 科尚 | MPV | DCT7 | 168800 | — |
| 7 月 21 日 | 华晨鑫源 | SRM | 金海狮 M | MPV | MT5 | 49900 | 52900 |
| 7 月 25 日 | 沃尔沃亚太 | 沃尔沃 | 沃尔沃 XC40 | SUV | DCT7 | 269800 | 354800 |
| 7 月 28 日 | 东风柳汽 | 风行 | 风行游艇 | MPV | DCT7 | 119900 | 154900 |
| 7 月 28 日 | 北京汽车 | BEIJING | 魔方 | SUV | DCT7 | 99900 | 153900 |
| 8 月 6 日 | 一汽 - 大众 | 奥迪 | 奥迪 A6L | C 级轿车 | DCT7 | 427900 | 656800 |
| 8 月 9 日 | 吉利汽车 | 吉利 | 缤越 | SUV | DCT7 | 99800 | 119800 |
| 8 月 10 日 | 长城汽车 | 哈弗 | 哈弗酷狗 | SUV | DCT7 | 123800 | 149800 |
| 8 月 10 日 | 一汽轿车 | 红旗 | 红旗 LS7 | SUV | TIP8 | 1365800 | 1465800 |
| 8 月 18 日 | 华晨鑫源 | 斯威 | 斯威大虎 | SUV | MT5 | 59900 | 78900 |
| 8 月 26 日 | 华晨宝马 | 宝马 | 宝马 3 系 NB | B 级轿车 | TIP8 | 299900 | 381900 |
| 8 月 26 日 | 华晨宝马 | 宝马 | 宝马 3 系 L | B 级轿车 | TIP8 | 321900 | 399900 |
| 8 月 30 日 | 广汽本田 | 本田 | 致在 ZR-V | SUV | CVT | 159900 | 195900 |
| 9 月 1 日 | 长城汽车 | WEY | 坦克 300 | SUV | TIP8 | 198800 | 215800 |
| 9 月 3 日 | 吉利汽车 | 吉利 | 嘉际 L | MPV | DCT7 | 119800 | 142800 |
| 9 月 8 日 | 奇瑞汽车 | 奇瑞 | 艾瑞泽 5 GT | A 级轿车 | DCT7 | 99900 | 108900 |
| 9 月 8 日 | 奇瑞汽车 | 捷途 | 捷途大圣 | SUV | DCT7 | 99900 | 135900 |

续表

| 上市日期 | 制造商 | 品牌 | 车系 | 类型 | 变速箱 | 最低指导价 | 最高指导价 |
|---|---|---|---|---|---|---|---|
| 9月13日 | 上汽大众 | 奥迪 | 奥迪 Q6 | SUV | DCT7 | 459600 | 630600 |
| 9月13日 | 上汽通用 | 雪佛兰 | 科鲁泽 | A级轿车 | DCT6 | 94900 | 164900 |
| 9月21日 | 一汽轿车 | 红旗 | 红旗 HQ9 | MPV | TIP8 | 358800 | 538800 |
| 9月23日 | 上汽通用 | 别克 | 昂扬 | SUV | CVT | 152900 | 178900 |
| 9月26日 | 奇瑞汽车 | 奇瑞 | 艾瑞泽 8 | A级轿车 | DCT7 | 108900 | 132900 |
| 9月26日 | 北京现代 | 现代 | 胜达 旅行家 | SUV | TIP8 | 202800 | 269800 |
| 9月26日 | 上汽大众 | 大众 | 途昂 X | SUV | DCT7 | 285000 | 395000 |
| 9月28日 | 长安汽车 | 长安 | 锐程 Plus | B级轿车 | DCT7 | 99900 | 122900 |
| 9月28日 | 上汽通用五菱 | 五菱 | 五菱星驰 | SUV | MT6 | 56800 | 86800 |
| 9月28日 | 东风乘用车 | 风神 | 奕炫 MAX | B级轿车 | DCT7 | 93900 | 125900 |
| 10月8日 | 郑州日产 | 日产 | 帕拉索 | SUV | MT6 | 138800 | 192800 |
| 10月9日 | 东南汽车 | 东南 | 东南 DX8 | SUV | MT6 | 86900 | 89900 |
| 10月9日 | 东南汽车 | 东南 | 东南 DX8S | SUV | DCT6 | 112900 | 119900 |
| 10月20日 | 吉利汽车 | 领克 | 领克 03+ | A级轿车 | TIP8 | 198800 | 256800 |
| 10月26日 | 吉利汽车 | 吉利 | 博越 L | SUV | DCT7 | 125700 | 153700 |
| 10月27日 | 联合改装 | 迈越 | 迈越 iMAX8 全家版 | MPV | TIP8 | 362800 | 392800 |
| 11月3日 | 上汽通用 | 别克 | 别克世纪 | MPV | TIP9 | 529900 | 689900 |
| 11月5日 | 北京现代 | 现代 | 菲斯塔 | A级轿车 | DCT7 | 138800 | 154800 |
| 11月18日 | 一汽-大众 | 大众 | 揽巡 | SUV | DCT7 | 274900 | 325900 |
| 11月20日 | 江淮大众 | 思皓 | 思皓 X8 PLUS | SUV | MT6 | 99800 | 139800 |
| 11月22日 | 北京汽车 | BEIJING | BJ60 | SUV | TIP8 | 239800 | 285800 |
| 12月6日 | 北汽制造 | 其他 | 王牌 M7 | MPV | MT5 | 120800 | 131800 |
| 12月9日 | 长安汽车 | 欧尚 | 欧尚 X5 PLUS | SUV | DCT7 | 95900 | 114900 |
| 12月12日 | 钧天汽车 | 钧天 | 霸界 | SUV | TIP10 | 349800 | 429800 |
| 12月12日 | 吉利汽车 | 吉利 | 豪越 L | SUV | DCT7 | 127900 | 147900 |
| 12月22日 | 北汽制造 | 其他 | 王牌 M7 | MPV | MT5 | 59800 | 99800 |

表2　2022年上市新车（新能源）

单位：元

| 上市日期 | 制造商 | 品牌 | 车系 | 燃油种类 | 类型 | 最低指导价 | 最高指导价 |
|---|---|---|---|---|---|---|---|
| 1月5日 | 广汽乘用车 | 埃安 | 埃安 LX PLUS | 纯电动 | SUV | 286600 | 459600 |
| 1月10日 | 广汽丰田 | 丰田 | 威飒双擎 | 非插电式混合 | SUV | 246800 | 303800 |
| 1月14日 | 奇瑞汽车 | 奇瑞 | 瑞虎8 PLUS 鲲鹏 e+ | 插电式混合 | SUV | 151800 | 165800 |
| 2月15日 | 一汽轿车 | 红旗 | 红旗 E-QM5 | 纯电动 | C级轿车 | 239800 | — |
| 2月18日 | 上汽大众 | 奥迪 | 奥迪 Q5 e-tron | 纯电动 | SUV | 395500 | 510000 |
| 2月19日 | 比亚迪汽车 | 比亚迪 | 元 PLUS | 纯电动 | SUV | 131800 | 159800 |
| 2月22日 | 宝马 | 宝马 | 宝马 i4 | 纯电动 | B级轿车 | 449900 | 539900 |
| 2月23日 | 睿蓝汽车 | 枫叶 | 枫叶 60s | 纯电动 | A级轿车 | 139800 | 169800 |
| 2月25日 | 金康汽车 | AITO | 问界 M5 | 增程式混合 | SUV | 249800 | 319800 |
| 3月1日 | 长城汽车 | WEY | WEY 摩卡 DHT PHEV | 插电式混合 | SUV | 295000 | 315000 |
| 3月2日 | 奇瑞汽车 | 星途 | 星途追风 ET-i | 插电式混合 | SUV | 149800 | 159800 |
| 3月8日 | 东风渝安 | 东风 | 风光 MINI EV | 纯电动 | A00级轿车 | 28600 | 41600 |
| 3月9日 | 雷丁汽车 | 雷丁 | 雷丁芒果 Pro | 纯电动 | A00级轿车 | 39800 | 56900 |
| 3月10日 | 长安汽车 | 长安 | 长安 UNI-K iDD | 插电式混合 | SUV | 176900 | 192900 |
| 3月12日 | 比亚迪汽车 | 比亚迪 | 宋 MAX DM-i | 插电式混合 | MPV | 145800 | 172800 |
| 3月17日 | 比亚迪汽车 | 比亚迪 | 驱逐舰 05 | 插电式混合 | B级轿车 | 119800 | 155800 |
| 3月24日 | 吉利汽车 | 英伦 | LEVC TX EV | 纯电动 | MPV | 339800 | 359800 |
| 3月28日 | 神龙汽车 | 富康 | 富康 ES600 | 纯电动 | A级轿车 | 153800 | — |
| 3月29日 | 智己汽车 | IM智己 | 智己 L7 | 纯电动 | C级轿车 | 408800 | — |
| 3月30日 | 吉利汽车 | 吉利 | 星越 L HEV | 非插电式混合 | SUV | 173700 | — |
| 3月31日 | 奇瑞汽车 | 奇瑞 | 瑞虎8 PLUS 鲲鹏 e+ | 插电式混合 | SUV | 155800 | 171800 |
| 4月1日 | 华晨宝马 | 宝马 | 宝马 i3 | 纯电动 | A0级轿车 | 349900 | — |
| 4月8日 | 上汽通用五菱 | 五菱 | 宏光 MINI Gameboy | 纯电动 | A00级轿车 | 55800 | 69800 |
| 4月10日 | 比亚迪汽车 | 比亚迪 | 汉 EV | 纯电动 | B级轿车 | 269800 | 329800 |
| 4月17日 | 智己汽车 | IM智己 | 智己 L7 | 纯电动 | C级轿车 | 368800 | — |
| 4月26日 | 东风本田 | 本田 | e:NS1 | 纯电动 | SUV | 175000 | 218000 |
| 4月26日 | 吉利汽车 | 吉利 | 帝豪 L 雷神 Hi·X | 插电式混合 | A级轿车 | 129800 | 145800 |

续表

| 上市日期 | 制造商 | 品牌 | 车系 | 燃油种类 | 类型 | 最低指导价 | 最高指导价 |
|---|---|---|---|---|---|---|---|
| 4月27日 | 北京奔驰 | 梅赛德斯奔驰 | 奔驰 EQB | 纯电动 | SUV | 351800 | — |
| 5月7日 | 岚图汽车 | 岚图 | 岚图 梦想家 | 增程式混合 | MPV | 369900 | 639900 |
| 5月7日 | 岚图汽车 | 岚图 | 岚图 梦想家 | 纯电动 | MPV | 369900 | 689900 |
| 5月20日 | 一汽 - 大众 | 奥迪 | 奥迪 Q4 e-tron | 纯电动 | SUV | 337000 | 382500 |
| 5月20日 | 吉麦新能源 | 凌宝 | 凌宝 UNI | 纯电动 | A00级轿车 | 38800 | 49800 |
| 6月6日 | Smart | Smart | Smart 精灵 #1 | 纯电动 | A0级轿车 | 181600 | 226600 |
| 6月6日 | 上汽通用 | 凯迪拉克 | 锐歌 | 纯电动 | SUV | 439700 | 479700 |
| 6月7日 | 江淮汽车 | 江淮 | 瑞风 E3 | 纯电动 | MPV | 198800 | 208800 |
| 6月10日 | 长安汽车 | 长安 | Lumin | 纯电动 | A00级轿车 | 48900 | 63900 |
| 6月15日 | 江淮汽车 | 蔚来 | ES7 | 纯电动 | SUV | 456660 | 537920 |
| 6月18日 | 长城汽车 | 哈弗 | 哈弗神兽 HEV | 非插电式混合 | SUV | 153800 | 165800 |
| 6月20日 | 广汽本田 | 本田 | e:NP1 极湃1 | 纯电动 | SUV | 175000 | 218000 |
| 6月21日 | 理想汽车 | 理想智造 | 理想 L9 | 增程式混合 | SUV | 459800 | — |
| 6月25日 | 长安汽车 | 欧尚 | 欧尚 Z6 iDD | 插电式混合 | SUV | 165800 | 175800 |
| 6月28日 | 北汽制造 | 燕铃 | 元宝 | 纯电动 | A00级轿车 | 33900 | 49900 |
| 6月29日 | 上汽大通 | 前境 | MAXUS MIFA 9 | 纯电动 | MPV | 279900 | 419900 |
| 6月30日 | 吉利汽车 | 几何 | 几何 E | 纯电动 | SUV | 86800 | 104800 |
| 7月4日 | 金康汽车 | AITO | 问界 M7 | 增程式混合 | SUV | 319800 | 379800 |
| 7月5日 | 沃尔沃亚太 | 沃尔沃 | 沃尔沃 C40 Recharge | 纯电动 | SUV | 267000 | 328000 |
| 7月6日 | 东风乘用车 | 风神 | 皓极 | 非插电式混合 | SUV | 139900 | — |
| 7月12日 | 长城汽车 | 欧拉 | 欧拉芭蕾猫 | 纯电动 | A级轿车 | 193000 | 223000 |
| 7月17日 | 东风乘用车 | 东风 | 纳米 BOX | 纯电动 | SUV | 65700 | 71700 |
| 7月21日 | 一汽 - 大众 | 奥迪 | 奥迪 Q4 e-tron | 纯电动 | SUV | 299900 | 377100 |
| 7月25日 | 长城汽车 | WEY | WEY 拿铁 PHEV | 插电式混合 | SUV | 229000 | 263000 |
| 7月25日 | 吉利汽车 | 领克 | 领克 01 EM-F | 非插电式混合 | SUV | 181800 | 203800 |
| 7月25日 | 长安汽车 | 长安 | 深蓝 SL03 | 增程式混合 | B级轿车 | 168900 | 699900 |
| 7月26日 | 一汽轿车 | 红旗 | 红旗 H5 HEV | 非插电式混合 | B级轿车 | 199800 | 225800 |

续表

| 上市日期 | 制造商 | 品牌 | 车系 | 燃油种类 | 类型 | 最低指导价 | 最高指导价 |
|---|---|---|---|---|---|---|---|
| 7月28日 | 江淮汽车 | 思皓 | 思皓 爱跑 | 纯电动 | A级轿车 | 139900 | 199900 |
| 7月29日 | 比亚迪汽车 | 比亚迪 | 比亚迪 海豹 | 纯电动 | B级轿车 | 209800 | 286800 |
| 7月31日 | 合众汽车 | 哪吒 | 哪吒S | 增程式混合 | B级轿车 | 199800 | 239800 |
| 7月31日 | 合众汽车 | 哪吒 | 哪吒S | 纯电动 | B级轿车 | 245800 | 338800 |
| 8月8日 | 阿维塔科技 | 阿维塔 | 阿维塔11 | 纯电动 | SUV | 349900 | 600000 |
| 8月10日 | 恒大新能源 | 恒驰 | 恒驰5 | 纯电动 | SUV | 179000 | — |
| 8月15日 | 敏安汽车 | 敏微 | 敏微ET1 | 纯电动 | A00级轿车 | 39800 | — |
| 8月20日 | 上海汽车 | 荣威 | 荣威 iMAX8 EV | 纯电动 | MPV | 259800 | 359800 |
| 8月22日 | 长城汽车 | 哈弗 | 哈弗H6 DHT | 非插电式混合 | SUV | 149800 | — |
| 8月23日 | 比亚迪戴姆勒 | 腾势 | 腾势D9 | 插电式混合 | MPV | 329800 | 369800 |
| 8月23日 | 比亚迪戴姆勒 | 腾势 | 腾势D9 | 纯电动 | MPV | 389800 | 459800 |
| 8月24日 | 北京奔驰 | 梅赛德斯奔驰 | 奔驰 EQE | 纯电动 | C级轿车 | 528000 | 585000 |
| 8月25日 | 比亚迪汽车 | 比亚迪 | 唐DM-p | 插电式混合 | SUV | 289800 | 329800 |
| 8月25日 | 上汽通用五菱 | 五菱 | 五菱星辰 I HEV | 非插电式混合 | SUV | 99800 | 109800 |
| 8月26日 | 华人运通 | 高合 | HiPhi Z | 纯电动 | C级轿车 | 610000 | 630000 |
| 8月26日 | 东风本田 | 本田 | 思域e:HEV | 非插电式混合 | A级轿车 | 159900 | 187900 |
| 9月5日 | 创维汽车 | 创维 | 创维HT-i | 插电式混合 | SUV | 146800 | 242800 |
| 9月6日 | 金康汽车 | AITO | 问界M5 EV | 纯电动 | SUV | 288600 | 319800 |
| 9月8日 | 奇瑞汽车 | 捷途 | 捷途大圣i-DM | 插电式混合 | SUV | 149900 | 169900 |
| 9月13日 | 上海汽车 | MG | MG Mulan | 纯电动 | A级轿车 | 129800 | 186800 |
| 9月21日 | 小鹏汽车 | 小鹏 | 小鹏G9 | 纯电动 | SUV | 309900 | 469900 |
| 9月23日 | 吉利汽车 | 领克 | 领克03 EM-F | 非插电式混合 | A级轿车 | 157800 | 169800 |
| 9月26日 | 睿蓝汽车 | 枫叶 | 枫叶60s Pro | 纯电动 | A级轿车 | 139800 | 179800 |
| 9月27日 | 东风日产 | 日产 | 艾睿雅 | 纯电动 | SUV | 272800 | 342800 |
| 9月27日 | 飞凡汽车 | 飞凡 | 飞凡R7 | 纯电动 | SUV | 289900 | 369500 |
| 9月28日 | 长城汽车 | 哈弗 | 哈弗H6 DHT-PHEV | 插电式混合 | SUV | 159800 | 173800 |
| 9月28日 | 海马汽车 | 海马 | 海马7X-E | 纯电动 | MPV | 219800 | 259800 |

续表

| 上市日期 | 制造商 | 品牌 | 车系 | 燃油种类 | 类型 | 最低指导价 | 最高指导价 |
|---|---|---|---|---|---|---|---|
| 9月28日 | 长江汽车 | 零跑 | 零跑 C01 | 纯电动 | C级轿车 | 193800 | 286800 |
| 9月30日 | 理想汽车 | 理想 | 理想 L7 | 增程式混合 | SUV | 339800 | 399800 |
| 10月8日 | 火星石科技 | 自游家 | 自游家 NV | 纯电动 | SUV | 278800 | 318800 |
| 10月10日 | 广汽丰田 | 丰田 | bZ4X | 纯电动 | SUV | 199800 | 287800 |
| 10月13日 | 沃尔沃亚太 | 极星 | Polestar 3 | 纯电动 | SUV | 880000 | — |
| 10月13日 | 爱驰汽车 | 爱驰 | 爱驰 U6 | 纯电动 | SUV | 219900 | — |
| 10月13日 | 华梓汽车 | 卡威 | 欧麦加 | 纯电动 | A00级轿车 | 49800 | 59800 |
| 10月18日 | 东风启辰 | 启辰 | 启辰 D60 EV Plus | 纯电动 | A级轿车 | 129800 | 132800 |
| 10月25日 | 一汽丰田 | 丰田 | bZ4X(FTMC) | 纯电动 | SUV | 199800 | 284800 |
| 10月25日 | 广汽乘用车 | 传祺 | 影豹混动版 | 非插电式混合 | A级轿车 | 128000 | 148000 |
| 10月26日 | 吉利汽车 | 吉利 | 博越 L | 非插电式混合 | SUV | 155700 | 170700 |
| 10月27日 | 集度汽车 | 集度 | ROBO-01 | 纯电动 | SUV | 399800 | — |
| 10月31日 | 长城汽车 | 欧拉 | 欧拉闪电猫 | 纯电动 | B级轿车 | 189800 | 269800 |
| 11月1日 | 极氪汽车 | 极氪 | ZEEKR 009 | 纯电动 | MPV | 499000 | 588000 |
| 11月3日 | 东风渝安 | 东风 | 风光 E380 | 纯电动 | MPV | 144800 | 159800 |
| 11月7日 | 吉利汽车 | 几何 | 几何 G6 | 纯电动 | A级轿车 | 149800 | 186800 |
| 11月7日 | 吉利汽车 | 几何 | 几何 M6 | 纯电动 | SUV | 149800 | 186800 |
| 11月11日 | 江铃集团新能源 | 易至 | 小麒麟 | 纯电动 | A00级轿车 | 55900 | 58900 |
| 11月23日 | 奇瑞汽车 | 奇瑞 | 无界 Pro | 纯电动 | A00级轿车 | 89900 | 112900 |
| 11月25日 | 吉利汽车 | 吉利 | 星越 L Hi·P | 增程式混合 | SUV | 239700 | 253700 |
| 12月3日 | 广汽蔚来 | 合创 | 合创 A06 | 纯电动 | B级轿车 | 179800 | 269800 |
| 12月9日 | 比亚迪汽车 | 比亚迪 | 护卫舰 07 | 插电式混合 | SUV | 202800 | 289800 |
| 12月12日 | 上汽通用五菱 | 五菱 | 五菱晴空 | 纯电动 | A00级轿车 | 67800 | 82800 |
| 12月16日 | 一汽丰田 | 丰田 | 格瑞维亚 | 非插电式混合 | MPV | 355800 | 410800 |
| 12月16日 | 广汽本田 | 本田 | 型格 e:HEV | 非插电式混合 | A级轿车 | 163900 | 186900 |
| 12月17日 | 睿蓝汽车 | 睿蓝 | 睿蓝 9 | 纯电动 | SUV | 109900 | 129900 |
| 12月22日 | 北汽制造 | 其他 | 王牌 M7 | 压缩天然气 | MPV | 121800 | 124800 |
| 12月24日 | 江淮汽车 | 蔚来 | EC7 | 纯电动 | SUV | 476660 | 565400 |

表3 2022年中国汽车经销商集团百强 单位：亿元，辆

| 排名 | 公司名称 | 2022 年营业总收入 | 2022 年总销量（含二手车） |
|---|---|---|---|
| 1 | 中升集团控股有限公司 | 1798.57 | 660517 |
| 2 | 广汇汽车服务集团股份公司 | 1335.44 | 716167 |
| 3 | 利星行汽车 | 923.87 | 243445 |
| 4 | 永达集团 | 823.62 | 268108 |
| 5 | 恒信汽车集团股份有限公司 | 798.07 | 407362 |
| 6 | 上海汽车工业销售有限公司 | 550.74 | 410578 |
| 7 | 物产中大元通汽车有限公司 | 527.14 | 308347 |
| 8 | 大昌行汽车控股集团有限公司 | 451.27 | 155683 |
| 9 | 北京北汽鹏龙汽车服务贸易股份有限公司 | 444.91 | 73241 |
| 10 | 江苏万帮金之星车业投资集团有限公司 | 417.21 | 115298 |
| 11 | 北京运通国融投资集团有限公司 | 401.35 | 147953 |
| 12 | 国机汽车股份有限公司 | 395.69 | 67953 |
| 13 | 贵州通源集团 | 370.10 | 116744 |
| 14 | 吉林省长久实业集团有限公司 | 330.87 | 177758 |
| 15 | 广物汽贸股份有限公司 | 313.82 | 309625 |
| 16 | 浙江宝利德股份有限公司 | 300.27 | 86795 |
| 17 | 中国美东汽车控股有限公司 | 286.55 | 77697 |
| 18 | 庞大汽贸集团股份有限公司 | 260.21 | 145837 |
| 19 | 广汽商贸有限公司 | 259.34 | 143010 |
| 20 | 四川华星汽车集团有限公司 | 232.93 | 57065 |
| 21 | 深圳市东风南方实业集团有限公司 | 231.17 | 181725 |
| 22 | 中国正通汽车服务控股有限公司 | 226.07 | 66828 |
| 23 | 山东远通汽车贸易集团有限公司 | 204.41 | 98931 |
| 24 | 欧龙汽车贸易集团有限公司 | 180.32 | 62407 |
| 25 | 森那美汽车实业有限公司 | 178.70 | 43430 |
| 26 | 北京奥吉通投资（集团）有限公司 | 178.29 | 89456 |
| 27 | 浙江广成汽车集团有限公司 | 172.53 | 89598 |
| 28 | 润华集团股份有限公司 | 170.24 | 100836 |
| 29 | 中国和谐汽车控股有限公司 | 163.22 | 35506 |
| 30 | 利泰汽车集团有限公司 | 162.10 | 93602 |
| 31 | 万友汽车投资有限公司 | 158.95 | 120630 |
| 32 | 湖南永通集团有限公司 | 151.00 | 62176 |
| 33 | 河南威佳汽车贸易集团有限公司 | 150.53 | 100103 |

续表

| 排名 | 公司名称 | 2022年营业总收入 | 2022年总销量（含二手车） |
|---|---|---|---|
| 34 | 上海览海汽车发展有限公司 | 146.68 | 45190 |
| 35 | 厦门建发汽车有限公司 | 139.83 | 25197 |
| 36 | 北京惠通陆华汽车销售有限公司 | 136.83 | 29423 |
| 37 | 广东鸿粤汽车销售集团有限公司 | 132.56 | 36402 |
| 38 | 山东顺骋汽车集团有限公司 | 127.10 | 91388 |
| 39 | 湖南兰天集团有限公司 | 126.43 | 69773 |
| 40 | 临沂易通汽贸有限公司 | 126.39 | 78595 |
| 41 | 远方汽车贸易集团有限公司 | 120.75 | 59731 |
| 42 | 捷通达汽车集团股份有限公司 | 118.57 | 68760 |
| 43 | 新丰泰集团控股有限公司 | 114.50 | 38931 |
| 44 | 捷成（中国）贸易有限公司 | 111.26 | 10169 |
| 45 | 河南博行汽车集团有限公司 | 108.54 | 51420 |
| 46 | 盈众控股集团有限公司 | 106.73 | 58012 |
| 47 | 北京祥龙博瑞汽车服务（集团）有限公司 | 104.72 | 45014 |
| 48 | 华宏汽车集团有限公司 | 104.49 | 31534 |
| 49 | 厦门信达国贸汽车集团股份有限公司 | 103.98 | 39601 |
| 50 | 中国车辆进出口有限公司 | 103.67 | 10677 |
| 51 | 北京百得利汽车进出口集团有限公司 | 103.38 | 15154 |
| 52 | 绿地汽车服务（集团）有限公司 | 102.28 | 37608 |
| 53 | 宁波轿辰集团股份有限公司 | 102.09 | 41233 |
| 54 | 力天集团有限公司 | 101.89 | 24606 |
| 55 | 保定轩宇俊鹏汽车销售服务集团有限公司 | 98.17 | 29982 |
| 56 | 山东广潍集团有限公司 | 94.56 | 74942 |
| 57 | 广东合诚集团有限公司 | 93.68 | 37990 |
| 58 | 蓝池集团有限公司 | 90.99 | 57009 |
| 59 | 广西玉柴物流集团有限公司 | 87.09 | 17435 |
| 60 | 安徽瑞英行集团有限公司 | 85.01 | 32527 |
| 61 | 金阳光汽车集团有限公司 | 83.72 | 34887 |
| 62 | 沈阳大众企业集团有限公司 | 83.53 | 44086 |
| 63 | 山西大昌汽车集团有限公司 | 83.44 | 36134 |
| 64 | 北京嘉华基业投资有限公司 | 81.73 | 26775 |
| 65 | 湖南九城投资集团有限公司 | 79.50 | 49119 |
| 66 | 广州南菱汽车股份有限公司 | 76.79 | 36458 |

续表

| 排名 | 公司名称 | 2022 年营业总收入 | 2022 年总销量（含二手车） |
|---|---|---|---|
| 67 | 深圳市佳鸿集团控股有限公司 | 76.00 | 11438 |
| 68 | 和通汽车投资有限公司 | 74.77 | 31358 |
| 69 | 金岛集团控股有限公司 | 74.36 | 28227 |
| 70 | 广东粤宝汽车销售服务有限公司 | 74.33 | 20636 |
| 71 | 上海申华晨宝汽车有限公司 | 73.48 | 21485 |
| 72 | 江苏明都汽车集团有限公司 | 69.44 | 33132 |
| 73 | 湖南力天汽车集团有限公司 | 68.20 | 23478 |
| 74 | 业乔投资（集团）有限公司 | 65.29 | 17854 |
| 75 | 武汉建银华盛集团股份有限公司 | 64.74 | 29557 |
| 76 | 江苏伟杰投资实业集团有限公司 | 62.66 | 20919 |
| 77 | 河南合众汽车集团 | 62.63 | 34524 |
| 78 | 重庆百事达汽车有限公司 | 62.56 | 37886 |
| 79 | 红旭集团股份公司 | 62.09 | 30098 |
| 80 | 泉州华奥汽车销售集团 | 61.60 | 32536 |
| 81 | 广东庆丰汽车集团有限公司 | 60.60 | 20082 |
| 82 | 陕西省汽车工业贸易集团有限公司 | 58.34 | 57384 |
| 83 | 山东大友集团有限公司 | 55.71 | 24007 |
| 84 | 苏州华成集团有限公司 | 55.70 | 26798 |
| 85 | 常州外事旅游汽车集团有限公司 | 55.55 | 25549 |
| 86 | 吉林省华阳集团有限公司 | 55.55 | 18765 |
| 87 | 五洲汽车商贸集团有限公司 | 55.15 | 37162 |
| 88 | 江苏天泓汽车集团有限公司 | 54.52 | 30917 |
| 89 | 重庆商社汽车贸易有限公司 | 53.78 | 24847 |
| 90 | 锦鸿汽车集团有限公司 | 53.34 | 30738 |
| 91 | 广州龙星控股有限公司 | 52.53 | 12518 |
| 92 | 广东有道汽车集团股份有限公司 | 51.96 | 27671 |
| 93 | 江苏华海汽车销售集团有限公司 | 51.68 | 29408 |
| 94 | 广东新协力集团有限公司 | 50.57 | 42613 |
| 95 | 江苏海鹏投资集团有限公司 | 50.53 | 25739 |
| 96 | 山东富豪汽车销售集团有限公司 | 50.06 | 19687 |
| 97 | 无锡商业大厦集团东方汽车有限公司 | 48.95 | 25953 |
| 98 | 国北汽车控股有限公司 | 48.63 | 22181 |
| 99 | 江苏益昌集团有限公司 | 48.26 | 22130 |
| 100 | 成都三和企业集团有限公司 | 47.49 | 19789 |

表4 2022年中国汽车卓越经销店（排名不分先后）

| 经销商集团 | 经销商名称 |
|---|---|
| 安徽瑞英行集团有限公司 | 蚌埠宝利丰汽车销售服务有限公司 |
| 安徽瑞英行集团有限公司 | 蚌埠星辉汽车销售服务有限公司 |
| 国北汽车控股有限公司 | 北京国服信奥兴汽车有限公司 |
| 北京巴士海依捷汽车服务有限责任公司 | 北京海之沃汽车服务有限公司 |
| 北京嘉华基业投资有限公司 | 北京英华五方汽车销售服务有限公司 |
| 宁波轿辰集团股份有限公司 | 慈溪金港汽车销售服务有限公司 |
| 湖南永通集团有限公司 | 常德华运通丰田汽车销售服务有限公司 |
| 常州外事旅游汽车集团有限公司 | 常州外汽星豪汽车销售服务有限公司 |
| 新东信（四川）企业管理集团有限公司 | 成都美威行汽车服务有限公司 |
| 万友汽车投资有限公司 | 成都万星汽车销售服务有限公司 |
| 北京运通国融投资集团有限公司 | 成都运通博奥汽车销售服务有限公司 |
| 广物汽贸股份有限公司 | 东莞市广物正通达汽车贸易有限公司 |
| 广东庆丰汽车集团有限公司 | 东莞市庆丰宝昌汽车销售服务有限公司 |
| 利泰集团有限公司 | 佛山市利泰行汽车销售服务有限公司 |
| 广东庆丰汽车集团有限公司 | 佛山市龙江丰田汽车销售服务有限公司 |
| 广东新协力集团有限公司 | 佛山市顺德区协力汽车销售服务有限公司 |
| 广东鸿粤汽车销售集团有限公司 | 广东乘用汽车销售有限公司 |
| 广东鸿粤汽车销售集团有限公司 | 广东鸿粤国誉汽车销售有限公司 |
| 广西玉柴物流集团有限公司 | 广西通惠汽车销售服务有限公司 |
| 大昌行汽车控股集团有限公司 | 广州合亿汽车贸易有限公司 |
| 广东鸿粤汽车销售集团有限公司 | 广州鸿粤星辉汽车销售服务有限公司 |
| 广州南菱汽车股份有限公司 | 广州南菱奥申汽车有限公司天河分公司 |
| 广州南菱汽车股份有限公司 | 广州市南菱华弘汽车销售服务有限公司 |
| 广东有道汽车集团股份有限公司 | 广州市友道汽车贸易有限公司 |
| 广物汽贸股份有限公司 | 广州新捷新能源汽车销售服务有限公司 |
| 广州龙星控股有限公司 | 桂林龙星行汽车销售服务有限公司 |
| 北京运通国融投资集团有限公司 | 哈尔滨运通俊恩汽车销售服务有限公司 |
| 河南合众汇金实业有限公司（集团） | 河南合众汇成汽车销售服务有限公司 |
| 河南合众汇金实业有限公司（集团） | 河南合众汇金实业有限公司 |
| 河南合众汇金实业有限公司（集团） | 河南合众新沃汽车销售有限公司 |
| 河南博行汽车集团有限公司 | 河南豫海汽车销售有限公司 |
| 湖南九城投资集团有限公司 | 湖南九城凯迪汽车销售服务有限公司 |
| 湖南永通集团有限公司 | 湖南永通华迪汽车销售服务有限公司长沙分公司 |
| 湖南永通集团有限公司 | 湖南永通华明汽车销售服务有限公司 |
| 广东有道汽车集团股份有限公司 | 湖南有道汽车有限公司长沙分公司 |
| 宏信悦友股份有限公司 | 惠州市宏信车友汽车有限公司 |
| 江苏华海汽车销售集团有限公司 | 江苏华海领超新能源汽车销售服务有限公司 |
| 江苏华海汽车销售集团有限公司 | 江苏华海雪莱汽车销售服务有限公司 |
| 江苏天泓汽车集团有限公司 | 江苏天泓华奥汽车销售服务有限公司 |
| 欧龙汽车贸易集团有限公司 | 金华英豪汽车有限公司 |
| 捷通达汽车集团股份有限公司 | 昆明捷通达丰田汽车销售服务有限公司 |
| 金岛集团控股有限公司 | 兰州宝鑫行汽车销售服务有限公司 |
| 辽宁惠华新业贸易集团有限公司 | 辽宁惠华集团朝阳汽车销售服务有限公司 |
| 上海览海汽车发展有限公司 | 临沂奥海汽车销售服务有限公司 |
| 上海览海汽车发展有限公司 | 临沂宝宁汽车销售服务有限公司 |
| 临沂易通汽贸有限公司 | 临沂冠成汽车销售服务有限公司 |
| 临沂易通汽贸有限公司 | 临沂骏骐汽车贸易有限公司 |
| 临沂易通汽贸有限公司 | 临沂荣丰汽车销售服务有限公司 |
| 临沂易通汽贸有限公司 | 临沂易华汽车销售服务有限公司 |
| 江苏益昌集团有限公司 | 南通益昌汽车销售服务有限公司 |
| 宁波轿辰集团股份有限公司 | 宁波市兴欣汽车销售服务有限公司 |
| 泉州华奥汽车销售集团 | 莆田星奥汽车销售服务有限公司 |
| 金岛集团控股有限公司 | 青海金岛金奥汽车销售服务有限公司 |

续表

| 经销商集团 | 经销商名称 |
|---|---|
| 广州南菱汽车股份有限公司 | 清远市南菱汽车销售有限公司 |
| 捷通达汽车集团股份有限公司 | 曲靖宝捷汽车销售有限公司 |
| 欧龙汽车贸易集团有限公司 | 衢州欧龙汽车有限公司 |
| 泉州华奥汽车销售集团 | 泉州华奥汽车销售服务有限公司 |
| 五洲汽车商贸集团有限公司 | 瑞安市金慧汽车销售服务有限公司 |
| 深圳市佳鸿集团控股有限公司 | 厦门市浩羽汽车销售服务有限公司 |
| 盈众控股集团有限公司 | 厦门市盈众汽车销售有限公司 |
| 河南宏冠达实业集团有限公司 | 商丘晨翼汽车销售有限公司 |
| 上海协通集团汽车管理有限公司 | 上海协通百联汽车销售服务有限公司 |
| 上海协通集团汽车管理有限公司 | 上海协通丰田汽车销售服务有限公司 |
| 广州南菱汽车股份有限公司 | 韶关市南菱富田汽车销售服务有限公司 |
| 大昌行汽车控股集团有限公司 | 深圳潮锋雷克萨斯汽车销售服务有限公司 |
| 深圳市佳鸿集团控股有限公司 | 深圳市驰宝汽车销售服务有限公司 |
| 深圳市佳鸿集团控股有限公司 | 深圳市路豹汽车销售有限公司 |
| 沈阳大众企业集团有限公司 | 沈阳汇盈汽车销售服务有限公司 |
| 沈阳大众企业集团有限公司 | 沈阳汇中宝汽车销售服务有限公司 |
| 沈阳大众企业集团有限公司 | 沈阳汇众汽车销售有限公司 |
| 北京嘉华基业投资有限公司 | 石家庄宝翔行汽车销售服务有限公司 |
| 新东信（四川）企业管理集团有限公司 | 四川新东信汽车服务有限公司 |
| 江苏海鹏投资集团有限公司 | 泰州通泰汽车销售服务有限公司 |
| 捷通达汽车集团股份有限公司 | 天津荣宝行汽车销售服务有限公司 |
| 捷通达汽车集团股份有限公司 | 天津通达津宝汽车维修服务有限公司 |
| 欧龙汽车贸易集团有限公司 | 温州欧龙汽车服务有限公司 |
| 辽宁惠华新业贸易集团有限公司 | 乌鲁木齐惠华兴业汽车销售服务有限公司 |
| 无锡商业大厦集团东方汽车有限公司 | 无锡奥骐汽车销售服务有限公司 |
| 无锡商业大厦集团东方汽车有限公司 | 无锡东方吉羊汽车销售服务有限公司 |
| 河南博行汽车集团有限公司 | 西安捷祥源汽车销售服务有限公司 |
| 湖南九城投资集团有限公司 | 湘潭市宝盛汽车销售服务有限公司 |
| 广汇汽车服务集团股份公司 | 新疆瑞天汽车销售服务有限公司 |
| 河南博行汽车集团有限公司 | 信阳宝莲常汽车销售服务有限公司 |
| 常州外事旅游汽车集团有限公司 | 徐州常缘丰田汽车销售服务有限公司 |
| 江苏益昌集团有限公司 | 盐城益昌汽车销售服务有限公司 |
| 华宏汽车集团有限公司 | 宜春华宏汽车有限公司 |
| 力天集团有限公司 | 义乌市东昌汽车销售服务有限公司 |
| 远方汽车贸易集团有限公司 | 枣庄远方汽车销售服务有限公司 |
| 湖南九城投资集团有限公司 | 张家界九丰汽车销售服务有限公司 |
| 五洲汽车商贸集团有限公司 | 浙江一洲实业有限公司 |
| 南京朗驰集团有限公司 | 镇江常力汽车销售服务有限公司 |
| 广汇汽车服务集团股份公司 | 重庆博众汽车销售服务有限公司 |
| 北京惠通陆华汽车销售有限公司 | 重庆惠通嘉华汽车销售服务有限公司 |
| 中国车辆进出口有限公司 | 重庆中庆之林汽车销售服务有限公司 |
| 河南宏冠达实业集团有限公司 | 周口宏腾汽车销售服务有限公司 |
| 河南宏冠达实业集团有限公司 | 周口宏政汽车销售服务有限公司 |
| 远方汽车贸易集团有限公司 | 淄博奥维汽车销售服务有限公司 |
| 远方汽车贸易集团有限公司 | 淄博富捷汽车销售服务有限公司 |
| 浙江元通凌志汽车销售服务有限公司 | 物产中大元通汽车有限公司 |
| 浙江元通龙通丰田汽车销售服务有限公司 | 物产中大元通汽车有限公司 |
| 上海宝诚悦鑫汽车销售服务有限公司 | 永达集团 |
| 上海永达腾骏汽车销售服务有限公司 | 永达集团 |
| 广州市龙星行汽车销售服务有限公司 | 中国车辆进出口有限公司 |
| 中山市建永汽车贸易有限公司 | 中山市金菱汽车贸易有限公司（集团） |
| 南京中升之星汽车销售服务有限公司 | 中升集团控股有限公司 |
| 海口中升捷丰汽车销售服务有限公司 | 中升集团控股有限公司 |

表5　2022年经销商集团新能源榜单　　单位：辆

| 序号 | 集团名称 | 2022 年新能源车销量 |
|---|---|---|
| 1 | 浙江广成汽车集团有限公司 | 42366 |
| 2 | 永达集团 | 24603 |
| 3 | 广汇汽车服务集团股份公司 | 20000 |
| 4 | 万友汽车投资有限公司 | 14996 |
| 5 | 中升集团控股有限公司 | 14103 |
| 6 | 广汽商贸有限公司 | 13592 |
| 7 | 庞大汽贸集团股份有限公司 | 13187 |
| 8 | 山东顺骋汽车集团有限公司 | 10042 |
| 9 | 湖南永通集团有限公司 | 9843 |
| 10 | 四川港宏智电集团 | 9650 |
| 11 | 山东广潍集团有限公司 | 8063 |
| 12 | 广西玉柴物流集团有限公司 | 7805 |
| 13 | 捷通达汽车集团股份有限公司 | 7698 |
| 14 | 江苏华海汽车销售集团有限公司 | 6585 |
| 15 | 蓝池集团有限公司 | 6206 |
| 16 | 河南合众汽车集团 | 6198 |
| 17 | 欧龙汽车贸易集团有限公司 | 4893 |
| 18 | 红旭集团股份公司 | 4782 |
| 19 | 苏州华成集团有限公司 | 4699 |
| 20 | 利泰汽车集团有限公司 | 4425 |
| 21 | 江苏海鹏投资集团有限公司 | 4225 |
| 22 | 润华集团股份有限公司 | 4220 |
| 23 | 大昌行汽车控股集团有限公司 | 4113 |
| 24 | 广州南菱汽车股份有限公司 | 3938 |
| 25 | 宁波轿辰集团股份有限公司 | 3917 |
| 26 | 五洲汽车商贸集团有限公司 | 3868 |
| 27 | 陕西省汽车工业贸易集团有限公司 | 3568 |
| 28 | 河南宏冠达实业集团有限公司 | 3282 |
| 29 | 上海协通集团汽车管理有限公司 | 3245 |
| 30 | 北京北汽鹏龙汽车服务贸易股份有限公司 | 3237 |
| 31 | 中国美东汽车控股有限公司 | 3071 |
| 32 | 盈众控股集团有限公司 | 3003 |
| 33 | 河南博行汽车集团有限公司 | 2696 |
| 34 | 江苏益昌集团有限公司 | 2514 |
| 35 | 河南威佳汽车贸易集团有限公司 | 2285 |
| 36 | 上海览海汽车发展有限公司 | 2007 |
| 37 | 泉州华奥汽车销售集团 | 1950 |
| 38 | 广东有道汽车集团股份有限公司 | 1946 |
| 39 | 无锡商业大厦集团东方汽车有限公司 | 1712 |
| 40 | 北京祥龙博瑞汽车服务（集团）有限公司 | 1709 |
| 41 | 武汉建银华盛集团股份有限公司 | 1639 |
| 42 | 新丰泰集团控股有限公司 | 1600 |
| 43 | 重庆商社汽车贸易有限公司 | 1560 |
| 44 | 江苏伟杰投资实业集团有限公司 | 1529 |
| 45 | 深圳市佳鸿集团控股有限公司 | 1397 |
| 46 | 吉林省华阳集团有限公司 | 1246 |
| 47 | 上海申华晨宝汽车有限公司 | 1118 |
| 48 | 华宏汽车集团有限公司 | 1071 |
| 49 | 山东银座汽车有限公司 | 1065 |
| 50 | 江苏天泓汽车集团有限公司 | 1006 |

表 6　2022 年中国二手车交易市场百强　　单位：辆，万元

| 排名 | 省市 | 市场名称 | 交易量 | 交易金额 |
|---|---|---|---|---|
| 1 | 四川 | 成都宏盟二手车交易市场管理有限公司 | 237244 | 4134901 |
| 2 | 浙江 | 杭州旧机动车交易市场有限公司 | 187004 | 2311622 |
| 3 | 重庆 | 重庆西部国际汽车城有限公司 | 182630 | 1461040 |
| 4 | 北京 | 北京市旧机动车交易市场有限公司 | 176293 | 2233260 |
| 5 | 山东 | 临沂远通二手车交易市场有限公司 | 148922 | 981086 |
| 6 | 四川 | 成都西部汽车城股份有限公司 | 148054 | 506634 |
| 7 | 贵州 | 贵州合朋二手车市场交易有限公司 | 137903 | 628131 |
| 8 | 广西 | 广西旧机动车交易市场有限责任公司 | 133165 | 544677 |
| 9 | 吉林 | 长春华港机动车市场开发有限公司 | 119892 | 1246307 |
| 10 | 辽宁 | 大连旧机动车交易市场有限公司 | 117797 | 1082316 |
| 11 | 湖南 | 湖南中南二手车工程机械交易管理有限公司 | 112527 | 128588 |
| 12 | 湖北 | 武汉爱之家长丰二手车市场 | 109318 | 1565433 |
| 13 | 山东 | 枣庄中安旧机动车交易市场有限公司 | 108583 | 453973 |
| 14 | 重庆 | 重庆市渝南汽车销售有限公司 | 105050 | 1192820 |
| 15 | 上海 | 上海二手车交易中心有限公司 | 88205 | 1040104 |
| 16 | 河北 | 石家庄瑞诚二手车交易市场服务有限公司 | 85512 | 544358 |
| 17 | 浙江 | 温州市旧机动车交易市场有限公司 | 83453 | 504607 |
| 18 | 浙江 | 浙江方林二手车市场有限公司 | 82115 | 1389468 |
| 19 | 北京 | 北京新发地汽车交易市场 | 78641 | 801708 |
| 20 | 浙江 | 温州市机动车交易市场有限公司 | 76451 | 775116 |
| 21 | 四川 | 四川劲越二手车交易市场管理有限公司 | 74927 | 624082 |
| 22 | 吉林 | 长春凯旋机动车交易市场有限公司 | 71415 | 509328 |
| 23 | 浙江 | 浙江省二手车交易市场 | 71415 | 634614 |
| 24 | 湖北 | 武汉竹叶山二手车市场 | 67390 | 685010 |
| 25 | 北京 | 北京盛鑫旧机动车交易市场有限公司 | 67121 | 663585 |
| 26 | 天津 | 天津空港二手车交易市场有限公司 | 61358 | 498227 |
| 27 | 安徽 | 安徽风之星二手车市场管理有限公司 | 57549 | 164393 |
| 28 | 福建 | 厦门二手车交易市场有限公司 | 54663 | 417872 |
| 29 | 山东 | 山东华通二手车信息技术有限公司 | 53371 | 798853 |
| 30 | 江苏 | 南京大公二手车交易中心有限公司 | 52951 | 523686 |
| 31 | 广东 | 广州市宝利捷旧机动车交易市场经营管理有限公司 | 52336 | 417033 |
| 32 | 江苏 | 南通三六五二手车市场有限公司 | 51693 | 391604 |
| 33 | 北京 | 北京北方汽车交易市场经营管理有限公司 | 49603 | 497458 |
| 34 | 辽宁 | 锦州盛世二手车交易市场有限公司 | 48730 | 174481 |
| 35 | 北京 | 北京顺潮东机动车市场有限公司 | 47626 | 459958 |
| 36 | 黑龙江 | 哈尔滨宏达国际汽车城有限公司 | 46233 | 634543 |
| 37 | 浙江 | 浙江亿坤商业管理集团有限公司 | 46175 | 379845 |
| 38 | 浙江 | 宁波市海曙途众二手车交易市场 | 45258 | 524374 |
| 39 | 江苏 | 苏州恩加壹汽车服务有限公司 | 45051 | 272961 |
| 40 | 山东 | 山东济西二手车交易市场 | 42911 | 321875 |
| 41 | 重庆 | 重庆汽博实业有限公司 | 41832 | 407584 |
| 42 | 北京 | 北京北辰亚运村汽车交易市场有限公司 | 41775 | 502959 |
| 43 | 贵州 | 贵州天翔鹏运二手车交易市场有限公司 | 41584 | 298819 |
| 44 | 山西 | 太原旧机动车交易中心（有限公司） | 41393 | 429843 |
| 45 | 江苏 | 扬州市旧机动车交易市场服务有限公司 | 41206 | 303152 |
| 46 | 河北 | 保定市腾运旧机动车交易市场股份有限公司 | 40125 | 256708 |
| 47 | 新疆 | 新疆通汇旧机动车交易市场 | 39188 | 332019 |
| 48 | 江苏 | 徐州银地二手车交易市场有限公司 | 38652 | 412663 |
| 49 | 浙江 | 金华市国通二手车交易市场有限公司 | 38130 | 345572 |
| 50 | 江西 | 江西旧机动车交易中心有限公司 | 37539 | 293569 |

续表

| 排名 | 省市 | 市场名称 | 交易量 | 交易金额 |
|---|---|---|---|---|
| 51 | 江苏 | 连云港市旧机动车交易市场有限公司 | 36786 | 274833 |
| 52 | 江苏 | 常州市武进二手车交易市场管理有限公司 | 35801 | 98049 |
| 53 | 湖北 | 武汉一号车市科技有限公司 | 35735 | 539165 |
| 54 | 山东 | 临沂金泉二手车交易市场有限公司 | 35684 | 258750 |
| 55 | 东莞 | 广东省东莞市旧机动车交易中心有限公司 | 35656 | 287600 |
| 56 | 江西 | 江西省二手车交易大市场有限公司 | 35280 | 303224 |
| 57 | 海南 | 海口旧机动车辆交易市场 | 34530 | 132821 |
| 58 | 河北 | 廊坊市瑞丰机动车交易市场有限公司 | 34348 | 131884 |
| 59 | 山西 | 太原万国汽贸园 | 33287 | 345392 |
| 60 | 云南 | 昆明市物资利用恒溢二手车交易市场有限公司 | 32943 | 202315 |
| 61 | 浙江 | 衢州市旧机动车交易市场 | 32773 | 268577 |
| 62 | 江苏 | 南京方泽二手车交易市场有限公司 | 32698 | 235601 |
| 63 | 云南 | 昆明锦大二手车交易市场有限公司 | 32314 | 264958 |
| 64 | 吉林 | 吉林顺心汽车产业园 | 32214 | 85073 |
| 65 | 内蒙古 | 赤峰市利丰汽车行有限公司 | 31680 | 237377 |
| 66 | 天津 | 天津市诚源二手车市场管理有限公司 | 31658 | 145710 |
| 67 | 贵州 | 黔西南州旧机动车交易中心有限公司 | 30950 | 182047 |
| 68 | 东莞 | 东莞市联合二手车交易市场有限公司 | 30862 | 215870 |
| 69 | 江西 | 九江二手车市场 | 30681 | 199043 |
| 70 | 四川 | 四川省达州市吉鑫实业有限责任公司 | 30465 | 128663 |
| 71 | 云南 | 云南车行天下二手车市场有限公司 | 30154 | 392989 |
| 72 | 云南 | 云南大理二手车交易中心（市场）有限责任公司 | 29344 | 132131 |
| 73 | 浙江 | 嘉兴市二手车交易市场 | 29150 | 223287 |
| 74 | 重庆 | 重庆国盛鑫汽博城实业有限公司 | 28564 | 142661 |
| 75 | 浙江 | 绍兴市金恒德二手车交易市场 | 27756 | 211511 |
| 76 | 西藏 | 拉萨城投汽车产业发展有限公司 | 27753 | 248989 |
| 77 | 新疆 | 新疆巴州万方物资产业有限公司旧车交易市场 | 27345 | 53243 |
| 78 | 山东 | 东营市惠东二手车交易市场有限公司 | 26954 | 136461 |
| 79 | 四川 | 宜宾趋势二手车市场管理有限公司 | 26760 | 214495 |
| 80 | 山东 | 蓝翔路机动车交易中心 | 26697 | 134744 |
| 81 | 山西 | 太原万国质保二手车交易港 | 26662 | 326603 |
| 82 | 浙江 | 慈溪市旧机动车辆交易中心有限公司 | 26205 | 138386 |
| 83 | 湖南 | 常德市全顺机动车交易有限公司 | 25748 | 174212 |
| 84 | 广西 | 广西南宁广隆二手车交易市场 | 25706 | 163957 |
| 85 | 河南 | 河南迈卡汽车服务有限公司 | 25361 | 587490 |
| 86 | 四川 | 成都宏诚二手车市场经营管理有限公司 | 24793 | 96186 |
| 87 | 天津 | 天津金宝联机动车交易有限公司 | 24516 | 68014 |
| 88 | 江西 | 赣州二手车交易市场有限公司 | 24228 | 81207 |
| 89 | 江西 | 上饶广通旧机动车交易市场有限公司 | 23619 | 144928 |
| 90 | 广西 | 南宁新畅行智慧二手车城 | 23534 | 184916 |
| 91 | 广东 | 广州市广骏名车服务有限公司 | 23385 | 136552 |
| 92 | 河南 | 南阳市天平二手车交易市场有限公司 | 23207 | 115312 |
| 93 | 浙江 | 瑞安市浙南汽车市场有限公司 | 22129 | 113848 |
| 94 | 四川 | 四川普众二手车市场管理有限公司 | 21621 | 29048 |
| 95 | 海南 | 海南省旧机动车辆交易市场 | 21326 | 93629 |
| 96 | 湖北 | 武汉升官渡汽车市场有限责任公司 | 21194 | 128133 |
| 97 | 江苏 | 江苏天诚旧机动车交易市场有限公司 | 20662 | 380733 |
| 98 | 江苏 | 徐州市新成二手车交易市场有限公司 | 20596 | 170606 |
| 99 | 河北 | 保定市保联旧机动车产权交易有限公司 | 20361 | 78252 |
| 100 | 浙江 | 杭州理想旧机动车交易市场有限公司 | 20359 | 98049 |

表7 全国汽车流通行业协（商）会合作组织

| 单位名称 | 地址 | 电话 |
|---|---|---|
| 中国汽车流通协会 | 北京市海淀区西三环北路 72 号世纪经贸大厦 A 座 23 层 | 010-53561247 |
| 天津市汽车流通行业协会 | 天津市南开区长江道 495 号（奥迪 4S 店后院一楼） | 022-27651386 |
| 上海市汽车服务行业协会 | 上海市徐汇区东安路 239 号 4 楼 | 021-64181869 |
| 上海市汽车销售行业协会 | 上海市虹口区唐山路 535 号 2 楼 | 021-65370515 |
| 重庆市汽车商业协会 | 重庆市渝北区红锦街 2 号加州总商会大厦 11—8 | 023-68808116 |
| 黑龙江省汽车流通行业协会 | 黑龙江省哈尔滨市道里区经纬五道街 16 号 | 0451-84227211 |
| 黑龙江省汽车商会 | 黑龙江省哈尔滨市道外区先锋路 2 号 6 号楼百强车管所 3 层 | 0451-87606081 |
| 吉林省汽车流通协会 | 吉林省长春市皓月大路 1058 号 | 0431-81087327 |
| 沈阳汽车流通协会 | 吉林省沈阳市浑南新区三义街 6—1 号（天水 E 城 1603 室） | 024-23663298 |
| 河北省汽车流通行业协会 | 河北省石家庄市北二环东路 68 号亚龙花园对过 | 0311-85665630 |
| 山东省汽车流通协会 | 山东省济南市槐荫区经十西路 239 号润华商务奔驰 2 楼 201 室 | 0531-87985346 |
| 山西省汽车流通商会 | 山西省太原市小店区长风街 125 号百盛大厦 A 座 30 层 | 0351-7998328 |
| 江苏省汽车交易管理协会 | 江苏省南京市秦淮区中山东路 402 号新时代大厦 6 楼 | 025-84783692 |
| 湖北省汽车流通协会 | 湖北省武汉市江汉北路 8 号金茂大楼 1404 室、武汉市江岸区解放大道 1511 号化工大厦 1103 室 | 027-84867777 |
| 贵州省汽车汽配行业商会 | 贵州省贵阳市南明区四方河山水黔城七组团 8—1—604 号 | 0851-5101868 |
| 湖南省汽车商会 | 湖南省长沙市蔡锷南路 119 号 5 号楼 511 室 | 0731-84406578 |
| 福建省汽车流通协会 | 福建省福州市鼓楼区东浦路湖前大井 138 号 | 0591-87725717 |
| 乌鲁木齐市新市区汽车流通商会 | 新疆维吾尔自治区乌鲁木齐鲤鱼山北路 1 号赛博特国际汽车城 E 区 6 栋 304 号 | 0991-6678906 |
| 广东省汽车流通协会 | 广东省广州市越秀区水荫路 52 号大院 9 号楼 802 室 | 020-37600301 |
| 陕西省汽车行业协会 | 陕西西安市高新区沣惠南路 20 号华晶广场 B 座 1106 室 | 029-82600326 |
| 江西省汽车流通协会 | 江西省南昌市清云谱区迎宾大道 1086 号 | 0791-85295056 |
| 宁夏汽车流通行业协会 | 宁夏回族自治区银川市兴庆区绿地 21 城 C 区 10 号 | 0951-7653075 |
| 广西汽车流通协会 | 广西壮族自治区南宁市白沙大道 30 号 | 0771-4892611 |
| 长春市汽车流通协会 | 吉林省长春市普阳街 3083 号 | 0431-87666867 |
| 白山市汽车流通协会 | 吉林省白山市北安大街 362 号 | 0439-8607966 |
| 大连市汽车流通协会 | 辽宁省大连市沙河口区中山路 480 号 | 0411-39795566 |
| 潍坊市汽车协会 | 山东省潍坊市胜利东街 287 号 | 0536-8566360 |
| 寿光市汽车行业协会 | 山东省潍坊市寿光市圣城西街 666 号 | 0536-5500060 |
| 珠海汽车流通协会 | 广东省珠海大道南屏科技园华科汽车展览中心 2 楼 | 0756-8829048 |
| 佛山市机动车经营行业协会 | 广东省佛山市禅城区佛山大道中 38 号佛山车城主楼 2 楼 | 0757-83831122 |
| 宁波市汽车流通协会 | 浙江省宁波市鄞州区江南路 168 号 C 区 306 | 0574-55127799 |
| 三明市汽车流通协会 | 福建省三明市乾龙新村 229 幢闽中汽车城综合楼 3 楼 | 0598-8219388 |
| 广州市汽车服务业协会 | 广东省广州市黄浦大道西 668 号赛马场汽车城东区 22 号 2 楼 | 020-22224388 |
| 太原市汽车流通行业协会 | 山西省太原市新建路 68 号 | — |
| 深圳市汽车经销商商会 | 广东省深圳市深南大道 3007 号国际科技大厦 1807—1808 室 | 0755-83279667 |
| 济宁市汽车销售服务业协会 | 山东省济宁市红星中路 22 号 | 0537-2348506 |
| 郑州市汽车流通行业协会 | 河南省郑州市花园北路西南角河南汽车贸易中心院内红楼 2 楼东 | 0371-63219666 |

表 8 中国汽车相关科研机构

| 单位名称 | 地址 | 电话 |
|---|---|---|
| 中国汽车工业经济技术信息研究所 | 北京市海淀区北洼西里 19 号 2 层 A211 室 | 010-88121615 |
| 中国北方车辆研究所 | 北京 969 信箱 11 分箱 | 010-83808617 |
| 清华大学汽车研究所 | 北京市海淀区清华园 | 010-62772515 |
| 北京市汽车研究所 | 北京市丰台区方庄南路 9 号院 | 010-67625111 |
| 北京特种机械研究所 | 北京市海淀区西四环北路 149 号 | 010-68386082 |
| 中国汽车技术研究中心 | 天津市东丽区先锋东路 68 号 | 022-84370000 |
| 天津市内燃机研究所 | 天津市南开区卫津路 92 号 | 022-27406447 |
| 天津市汽车研究所 | 天津经济技术开发区西区江泰路 26 号 | 022-58801537 |
| 中国第一汽车集团公司技术中心 | 吉林省长春市绿园区创业大街 1063 号 | 0431-82021262 |
| 机械工业第九设计研究院 | 吉林省长春汽车经济技术开发区创业大街1958号 | 0431-85125000 |
| 长春汽车车轮研究所 | 吉林省长春市宽城区青年路 4 号 | 0431-85805348 |
| 长春汽车工程研究发展中心 | 吉林省长春市东盛大街亚泰大街 2218 号 | — |
| 上海汽车工业总公司工程研究院 | 上海市逸仙路 50 号 | 021-65315097 |
| 上海交通大学发动机研究所 | 上海市东川路 800 号闵行机械楼群 | — |
| 泛亚汽车技术中心有限公司 | 上海市浦东新区龙东大道 3999 号 | 021-28902890 |
| 汉阳专用汽车研究所 | 湖北省武汉经济技术开发区沌阳大道 55 号 | 027-84398500 |
| 武汉市汽车研究所 | 湖北省武汉市汉阳区二桥东村 67 号 | 027-84841686 |
| 武汉市汽车车身附件研究所 | 湖北省武汉市硚口区古田五路 17 号（武汉三新材料孵化器 4—1 号） | 027-82318175 |
| 东风汽车工程研究院 | 湖北省武汉经济技术开发区东风大道特 1 号产品设计楼 1 层 102 室 | 027-84306945 |
| 沈阳轻型汽车研究所 | 吉林省沈阳市铁西区兴工北街 67 号 | 024-23383296 |
| 中国重型汽车集团公司技术发展中心 | 山东省济南市英雄山路 165 号 | — |
| 青岛重型专用汽车研究所 | 山东省青岛市四方区瑞昌路 141 号 | 0532-84962366 |
| 山东交通学院山东内燃机研究所 | 山东省济南市历城区桑园路 52 号 | 0531-88601738 |
| 机械工业第二设计研究院 | 浙江省杭州市下城区石桥路 338 号 | 0571-88151964 |
| 重庆大学汽车工程学院汽车摩托车工程技术研究中心 | 重庆大学 A 区理科楼 5 楼 | 023-65106243 |
| 广西汽车拖拉机研究所 | 广西壮族自治区柳州市鱼峰区阳旭路东 2 号 | 0772-83310533 |
| 中国北方发动机研究所 | 天津市北辰区永进道 96 号 | 022-58707675 |
| 洛阳拖拉机研究所 | 河南省洛阳市涧西区西苑路 39 号 | 0379-62690029 |
| 四川省汽车产业技术研究院 | 四川省成都成龙大道二段 888 号总部经济港 F1—F2 栋 | 028-84813710 |
| 中保研汽车技术研究院有限公司 | 北京市朝阳区李家坟 5 号祥龙博瑞东坝汽车园区 | 010-85563077 |
| 清华大学苏州汽车研究院 | 江苏省苏州市吴江区联杨路 139 号 | 0512-63936800 |
| 长春工业大学汽车工程研究院 | 吉林省长春市南湖校区办公楼 1426 室 | 0431-85716285 |
| 广汽研究院 | 广东省广州市番禺区化龙镇金山大道东路 668 号广汽研究院 | 020-22933888 |
| 中国汽车工程研究院 | 重庆市北部新区金渝大道 9 号 | 023-68824060 |
| 同济大学汽车学院汽车仿真技术研究所 | 上海市嘉定区曹安公路 4800 号—同济大学汽车学院 | 021-69583715 |
| 北京理工大学汽车研究所 | 北京海淀区中关村南大街 5 号 | 010-68911516 |
| 东风设计研究院 | 湖北省武汉经济技术开发区东风三路 1 号东合中心 A 座 | 027-84899482 |
| 国汽（北京）智能网联汽车研究院 | 北京市北京经济技术开发区荣华南路 13 号院 7 号楼 1—4 层 101 | 010-57705900 |
| 中国重汽集团设计研究院 | 山东省济南市高新区华奥路 777 号中国重汽科技大厦 13 层 | 0531-58062517 |
| 国联汽车动力电池研究院 | 北京市怀柔雁栖经济开发区兴科东大街 11 号 | 010-82255385 |
| 国汽（北京）汽车轻量化技术研究院 | 北京市顺义仁和镇顺西南路 50 号 1 幢 108 室 | 010-50911079 |
| 吉林大学青岛汽车研究院 | 山东省青岛市李沧区楼山路 1 号 | 0532-68981166 |

表9 中国设置汽车相关专业高校

| 大学 | 院系 | 相关专业 | 地址 | 电话 | 网址 |
|---|---|---|---|---|---|
| 清华大学 | 车辆与运载学院 | 新能源汽车、新型动力、内燃动力、交通能源、汽车设计、汽车动力学、汽车安全、产业战略、智能汽车、车路协同、智慧信号、智能出行、特种车辆、特种动力、新型装备等 | 北京市海淀区清华园 | 010-62772515 | www.tsinghua.edu.cn |
| 浙江大学 | 能源工程学院 | 车辆工程 | 浙江省杭州市浙大路38号 | 0571-87951466 | www.zju.edu.cn |
| 同济大学 | 汽车学院 | 车辆工程、动力机械及工程、载运工具运用工程 | 上海市长安路4800号 | 021-69589204 | www.tongji.edu.cn |
| 山东大学 | 机械工程学院 | 机械制造及其自动化、机械设计及理论、机械电子工程、车辆工程 | 山东省济南市经十路17923号 | 0531-88395114 | www.sdu.edu.cn |
| 天津大学 | 机械工程学院 | 车辆工程、工业设计 | 天津市南开区卫津路92号 | 022-27406842 | www.tju.edu.cn |
| 湖南大学 | 机械与运载工程学院 | 车辆工程 、能源与动力工程 | 湖南省长沙市岳麓区麓山南路麓山门 | 0731-88822825 | www.hnu.edu.cn |
| 东北大学 | 机械工程与自动化学院 | 车辆工程、机械电子工程 | 吉林省沈阳市和平区文化路三巷11号 | 024-83687313 | www.neu.edu.cn |
| 福州大学 | 机械工程及自动化学院 | 车辆工程、机械工程、机械电子工程 | 福建省福州市福州大学城乌龙江北大道2号 | 0591-22866262 | www.fzu.edu.cn |
| 长安大学 | 汽车学院 | 交通运输系、车辆工程系、交通安全系、机电与动力工程系、物流工程系、汽车服务工程系 | 陕西省西安市南二环中段 | 029-82334458 | www.xahu.edu.cn |
| 吉林大学 | 汽车工程学院 | 工业设计（汽车造型）、工业设计（车身工程）、车身工程、设计艺术学、流体力学和工业设计工程 | 吉林省长春市人民大街5988号 | 0431-85094027 | www.jlu.edu.cn |
| 东南大学 | 机械工程学院 | 车辆工程 | 江苏省南京江宁开发区东南大学路2号机械工程学院 | 025-52090520 | www.seu.edu.cn |
| 武汉大学 | 动力与机械学院 | 机械设计及理论、车辆工程 | 湖北省武汉市武昌区八一路299号 | 027-68756019 | www.whu.edu.cn |
| 重庆大学 | 汽车工程学院 | 车辆工程 | 重庆市沙坪坝区沙正街174号 | 023-65106243 | www.cqu.edu.cn |
| 北京理工大学 | 机械与车辆工程学院 | 车辆工程 | 北京市海淀区中关村南大街5号 | 010-68944115 | www.bit.edu.cn |
| 山东理工大学 | 交通与车辆工程学院 | 车辆工程、交通运输、交通工程 | 山东省淄博市张店区新村西路266号 | 0533-2786837 | www.sdut.edu.cn |
| 华东理工大学 | 机械与动力工程学院 | 机械制造及其自动化、虚拟样机与系统仿真、传感测控、车辆工程 | 上海市梅陇路130号 | 021-64252954 | www.ecust.edu.cn |
| 华南理工大学 | 机械与汽车工程学院 | 车辆工程 | 广东省广州市天河区五山路381号19号楼 | 020-87112488 | www.scut.edu.cn |

续表

| 大学 | 院系 | 相关专业 | 地址 | 电话 | 网址 |
|---|---|---|---|---|---|
| 华北理工大学 | 机械工程学院 | 工业工程、车辆工程 | 河北省唐山市曹妃甸新城渤海大道21号 | 021-64252954 | www.ncst.edu.cn |
| 上海理工大学 | 机械工程学院 | 车辆工程、机械工程 | 上海市军工路 516 号 | 021-55277040 | www.usst.edu.cn |
| 重庆理工大学 | 车辆工程学院 | 能源与动力工程（汽车发动机）、车辆工程、装甲车辆工程、汽车服务工程、车身造型设计 | 重庆市巴南区红光大道69号 | 023-62563098 | www.cqut.edu.cn |
| 天津理工大学 | 机械工程学院 | 汽车电子工程、新能源科学与工程 | 天津市西青区宾水西道391号 | 022-60214133 | www.tjut.edu.cn |
| 河南理工大学 | 机械与动力工程学院 | 车辆工程 | 河南省焦作市高新区世纪大道2001号 | 0391-83987511 | www.hpu.edu.cn |
| 安徽理工大学 | 机械工程学院 | 车辆工程 | 安徽省淮南市泰丰大街168号 | 0554-26668842 | www.aust.edu.cn |
| 湖南理工学院 | 机械工程学院 | 材料成型及控制工程专业 | 湖南省岳阳市湘北大道 | 0730-28640001 | www.hnist.cn |
| 哈尔滨理工大学 | 机械与动力工程学院 | 车辆工程 | 黑龙江省哈尔滨市南岗区学府路52号 | 0451-86390114 | www.hrbust.edu.cn |
| 武汉理工大学 | 汽车工程学院 | 热能与动力工程 | 湖北省武汉市珞狮路122号 | 027-87859017 | www.whut.edu.cn |
| 南京理工大学 | 机械工程学院 | 车辆工程 | 江苏省南京市孝陵卫200号 | 025-84315446 | www.njust.edu.cn |
| 太原理工大学 | 机械与运载工程学院 | 车辆工程 | 山西省太原市迎泽西大街79号 | 0351-26018818 | www.tyut.edu.cn |
| 长沙理工大学 | 汽车与机械工程学院 | 车辆工程、汽车服务工程 | 湖南省长沙市（雨花区）万家丽南路960号 | 0731-85258617 | www.csust.edu.cn |
| 青岛理工大学 | 机械与汽车工程学院 | 车辆工程、汽车服务工程、交通运输、交通工程 | 山东省青岛市黄岛区嘉陵江路777号 | 0532-85071060 | www.qtech.edu.cn |
| 哈尔滨工业大学(威海) | 汽车工程学院 | 车辆工程、能源与动力工程、交通运输、交通工程 | 山东省威海市文化西路2号哈工大院内研究院一号楼南楼 | 0631-85687001 | www.hit.edu.cn |
| 安徽工业大学 | 机械工程学院 | 机械工程、车辆工程 | 安徽省马鞍山市马向路安工大东校区 | 0555-82315351 | www.ahut.edu.cn |
| 河北工业大学 | 机械学院车辆工程系 | 机械电子工程、车辆工程 | 天津市北辰区西平道5340 号 | 022-60202050 | www.hebut.edu.cn |
| 浙江工业大学 | 机械工程学院 | 机械电子工程、车辆工程、工业工程 | 浙江省西湖区留和路288号 | 0571-88320114 | www.zjut.edu.cn |
| 沈阳工业大学 | 机械工程学院 | 车辆工程、新能源科学与工程、机械工程 | 辽宁省沈阳市铁西区兴华南街58号 | 024-25691488 | www.sut.edu.cn |

续表

| 大学 | 院系 | 相关专业 | 地址 | 电话 | 网址 |
|---|---|---|---|---|---|
| 长春工业大学 | 机电工程学院 | 车辆工程 | 吉林省长春延安大街2055号 | 0431-85717349 | www.ccut.edu.cn |
| 北京航空航天大学 | 交通科学与工程学院 | 车辆工程、载运工具运用工程、动力机械及工程、新能源汽车工程 | 北京市海淀区学院路37号 | 010-82316330 | www.buaa.edu.cn |
| 南京航空航天大学 | 能源与动力学院 | 车辆工程、机械设计及理论 | 江苏省南京市白下区御道街29号 | 025-84892448 | www.nuaa.edu.cn |
| 北京交通大学 | 机械与电子控制工程学院 | 车辆工程、能源与动力工程 | 北京市海淀区上园村3号 | 010-62256622 | www.njtu.edu.cn |
| 上海交通大学 | 机械与动力工程学院 | 车辆工程、新能源科学与工程 | 上海市华山路1954号 | 021-54740000 | www.sjtu.edu.cn |
| 西安交通大学 | 机械工程学院 | 机械电子工程、机械设计及理论、车辆工程 | 陕西省西安市咸宁西路28号 | 029-82665750 | www.xjtu.edu.cn |
| 大连交通大学 | 机车车辆工程学院 | 车辆工程 | 辽宁省大连市沙河口区黄河路794号 | 0411-84106969 | www.djtu.edu.cn |
| 兰州交通大学 | 新能源与动力工程学院 | 新能源科学与工程 | 甘肃省兰州市安宁区安宁西路88号 | 0931-84938023 | www.lzjtu.edu.cn |
| 西南交通大学 | 机械工程学院 | 车辆工程 | 四川省成都市高新区西部园区西南交通大学 | 028-87600114 | www.swjtu.edu.cn |
| 重庆交通大学 | 机电与车辆工程学院 | 车辆工程 | 重庆市南岸区学府大道66号 | 023-62651999 | www.cqjtu.edu.cn |
| 山东交通学院 | 汽车工程学院 | 车辆工程专业、车辆工程（校企合作）、交通运输专业、能源与动力工程专业、汽车服务工程专业、汽车运用与维修技术 | 山东省济南市长清大学科技园海棠路5001号 | 0531-80687622 | www.sdjtu.edu.cn |
| 河南科技大学 | 车辆与交通工程学院 | 车辆工程、能源与动力工程、交通运输 | 河南省洛阳市西苑路48号河南科技大学校本部77号 | 0379-64231480 | www.haust.edu.cn |
| 北京科技大学 | 机械工程学院 | 机械工程、车辆工程、物流工程、工业设计 | 北京市海淀区学院路30号 | 010-62332365 | www.ustb.edu.cn |
| 华中科技大学 | 机械科学与工程学院 | 智能机械与机构创新设计、新能源汽车设计理论与方法、专用汽车设计与控制技术 | 湖北省武汉市洪山区珞瑜路1037号 | 027-87542101 | www.hust.edu.cn |
| 北京信息科技大学 | 机电工程学院 | 机械设计制造及其自动化、工业设计、工业工程、车辆工程 | 北京市海淀区清河小营东路12号 | 010-82426906 | www.bim.edu.cn |
| 上海工程技术大学 | 机械与汽车工程学院 | 车辆工程、载运工具（汽车）运用工程 | 上海市龙腾路333号 | 021-67791000 | www.sues.edu.cn |
| 中国农业大学 | 工学院 | 车辆工程 | 北京市海淀区清华东路17号农大主楼327 | 010-62736428 | www.cau.edu.cn |

表 10　国内汽车生产企业

| 单位名称 | 地址 | 电话 | 网址 |
|---|---|---|---|
| 安徽柳工起重机有限公司 | 安徽省蚌埠市柳工大道 18 号 | 0552-4928470 | www.liugong.com |
| 安徽江淮汽车集团股份有限公司 | 安徽省合肥市东流路 176 号 | 0551-62296031 | www.jac.com.cn |
| 安徽安凯汽车股份有限公司 | 安徽省合肥市葛淝路 1 号 | 0551-62297706 | www.ankai.com |
| 大众汽车（安徽）有限公司 | 安徽省合肥市经济技术开发区珠江路 176 号 | 0551-62297525 | www.jac-vwg.com |
| 陕汽淮南专用汽车有限公司 | 安徽省淮南经济技术开发区吉兴路 | 0554-3306011 | www.sqhnzyc.com |
| 汉马科技集团股份有限公司 | 安徽省马鞍山市经济技术开发区 | 0555-8323600 | - |
| 芜湖中集瑞江汽车有限公司 | 安徽省芜湖市高新技术产业开发区 | 0553-3022395 | www.cimc-rjst.com |
| 奇瑞汽车股份有限公司 | 安徽省芜湖市经济技术开发区长春路 8 号 | 0553-5922609 | www.chery.cn |
| 集瑞联合重工有限公司 | 安徽省芜湖市三山区华电大道 8 号 | 0553-7527000 | www.ctruck.com.cn |
| 安徽奇瑞瑞弗特种车辆技术有限公司 | 安徽省芜湖市弋江区高新技术产业开发区天井山路 32 号车间 201 室 | 0553-2616706 | www.revchery.com |
| 奇瑞商用车（安徽）有限公司 | 安徽省芜湖市弋江区中山南路 717 号科技产业园 8 号楼 | 0553-5924658 | www.zgfzc.com.cn |
| 北京奔驰汽车有限公司 | 北京市北京经济技术开发区博兴路 8 号 | 010-67815337 | www.bbac.com.cn |
| 三一重工股份有限公司 | 北京市昌平区北清路 8 号 6 幢 5 楼 | 010-60738888 | www.sanyhi.com |
| 北汽福田汽车股份有限公司 | 北京市昌平区沙河镇沙阳路老牛湾村北 | 010-80708888 | www.foton.com.cn |
| 中国长安汽车集团有限公司 | 北京市海淀区车道沟 10 号西院科研楼南楼 3 层 | 010-68966537 | www.ccag.cn |
| 一汽丰田汽车销售有限公司 | 北京市海淀区马甸冠城园冠海大厦七层 | 010-59529999 | www.ftms.com.cn |
| 中恒天汽车集团有限公司 | 北京市海淀区紫竹院路 69 号 605 室、606 室 | 010-58830668 | www.chtcauto.com |
| 北京福田戴姆勒汽车有限公司 | 北京市怀柔区红螺东路 21 号 | 400-8900-977 | www.aumantruck.com |
| 北京北铃专用汽车有限公司 | 北京市密云区经济开发区科技路甲 50 号 | 18911513360 | www.chinabeiling.com |
| 宝沃汽车（中国）有限公司 | 北京市密云区西统路 188 号 -1 | 400-688-1919 | www.borgward.com |
| 北京现代汽车有限公司 | 北京市顺义区南环路 99 号院 1 幢 1 ～ 3 层 | 010-89490088 | www.beijing-hyundai.com.cn |
| 北京汽车制造厂有限公司 | 北京市顺义区仁和镇双河路南侧 | 0317-5605839 | www.baw.com.cn |
| 北京汽车股份有限公司 | 北京市顺义区双河大街 99 号院 1 幢五层 101 内 A5-061 | 010-56635595 | www.baicmotor.com |
| 福建新福达汽车工业有限公司 | 福建省福州市福新东路 368 号 | 0591-38123595 | www.forta.com.cn |
| 福建奔驰汽车有限公司 | 福建省福州市青口投资区奔驰大道 1 号 | 0591-22799999 | www.fujianbenz.com |

续表

| 单位名称 | 地址 | 电话 | 网址 |
|---|---|---|---|
| 山东时风商用车有限公司 | 福建省高唐县汇鑫路 2 号 | 0635-3956490 | www.shifeng.com.cn |
| 福建新龙马汽车股份有限公司 | 福建省龙岩经济技术开发区龙腾南路 14 号珠江大厦二楼 | 0597-5201566 | www.newlongma.com |
| 福建龙马环卫装备股份有限公司 | 福建省龙岩经济开发区 | 0597-2290612 | www.fjlm.com.cn |
| 龙岩市海德馨汽车有限公司 | 福建省龙岩市新罗区西陂街道赤坑村金龙路 9 号 | 0597-3295613 | www.rs-helios.com |
| 东南（福建）汽车工业有限公司 | 福建省闽侯县青口镇 | 0591-22766566 | www.soueast-motor.com |
| 云度新能源汽车有限公司 | 福建省莆田市涵江区江口镇石西村荔涵大道 729 号 | 0594-3551268 | www.yudoauto.com |
| 厦门金龙旅行车有限公司 | 福建省厦门市湖里区湖里大道 69 号（办公楼） | 0592-5608888 | www.xmjl.com |
| 厦门金龙联合汽车工业有限公司 | 福建省厦门市集美区金龙路 9 号 | 0592-6371685 | www.king-long.com.cn |
| 中国重汽集团福建海西汽车有限公司 | 福建省永安市埔岭 99 号 | 0598-3819556 | www.zqhaixi.com |
| 广东粤海汽车有限公司 | 广东省佛山市南海区九江镇物流产业园 | 13702446066 | www.gdyh.com.cn |
| 广汽乘用车有限公司 | 广东省广州市番禺区金山大道东路 633 号 | 020-39206114 | www.gacmotor.com |
| 东风汽车有限公司东风日产乘用车公司 | 广东省广州市花都区风神大道 8 号 | 020-36877705 | www.dongfeng-nissan.com.cn |
| 广汽本田汽车有限公司 | 广东省广州市黄埔区广本路 1 号 | 020-62808888 | www.ghac.cn |
| 广汽丰田汽车有限公司 | 广东省广州市南沙区黄阁镇市南大道 8 号 | 020-39398888 | www.gac-toyota.com.cn |
| 合创汽车科技有限公司 | 广东省广州市南沙区香江金融商务中心南沙街金隆 37 号 1201 房 | 020-32336900 | www.gac-nio.com |
| 广州小鹏汽车科技有限公司 | 广东省广州市天河区岑村松岗大街 8 号 | 020-66806680 | www.xiaopeng.com |
| 广东信源物流设备有限公司 | 广东省广州市天河区元岗路 399 号 | 020-37089980 | www.xinsource.com |
| 中集车辆（江门市）有限公司 | 广东省江门市新会区大鳌镇沙角工业区 | 0750-6969888 | www.zjcljm.cn |
| 深圳东风汽车有限公司 | 广东省深圳市坪山区坑梓街道锦绣中路 14 号深福保现代光学厂区 C 栋第 5 层 | 0752-5200088 | www.sz-dfl.com |
| 比亚迪汽车工业有限公司 | 广东省深圳市坪山新区坪山横坪公路 3001、3007 号 | 0755-89888888 | www.bydfans.club |
| 深圳腾势新能源汽车有限公司 | 广东省深圳市坪山新区坪山横坪公路 3001 号比亚迪研发大楼 | 0755-89930999 | www.byd-daimler.com.cn |
| 桂林客车工业集团有限公司 | 广西壮族自治区桂林市苏桥经济开发区苏桥（工业）园广州街 9 号 | 0773-2252266 | - |
| 广西汽车集团有限公司 | 广西壮族自治区柳州市河西路 18 号 | 0772-3750212 | www.wuling.com.cn |
| 柳州五菱汽车工业有限公司 | 广西壮族自治区柳州市河西路 18 号 | 0772-3750212 | www.wulingauto.com.cn |
| 上汽通用五菱汽车股份有限公司 | 广西壮族自治区柳州市柳南区河西路 18 号 | 0772-3750508 | www.sgmw.com.cn |
| 东风柳州汽车有限公司 | 广西壮族自治区柳州市屏山大道 286 号 | 0772-3281175 | www.dflzm.com.cn |
| 一汽解放柳州特种汽车有限公司 | 广西壮族自治区柳州市社湾路 26 号 | 0772-3125476 | www.faw-liut.com |

续表

| 单位名称 | 地址 | 电话 | 网址 |
|---|---|---|---|
| 海马汽车股份有限公司 | 海南省海口市金盘工业区金盘路 12-8 号 | 0898-66820500 | www.haima.com |
| 长城汽车股份有限公司 | 河北省保定市朝阳南大街 2266 号 | 0312-2197815 | www.gwm.com.cn |
| 河北中兴汽车制造有限公司 | 河北省保定市建国路 860 号 | 0312-2190600 | www.zxauto.com.cn |
| 河北览众专用汽车制造有限公司 | 河北省保定市莲池区太行路 888 号 | 0312-2192645 | www.hblzrv.com |
| 河北长安汽车有限公司 | 河北省定州市定曲路 | 13184943118 | - |
| 石家庄盛健专用汽车有限公司 | 河北省石家庄市鹿泉区铜冶镇北铜冶村金河路 1 号 | 13933070436 | www.shengjianqiche.com |
| 唐鸿重工专用汽车股份有限公司 | 河北省唐山市丰南区开发区兴工街 6 号 | 0315-7771582 | www.tanghongzhonggong.cn |
| 唐山亚特专用汽车有限公司 | 河北省唐山市高新区贾庵道 | 0315-7729528 | www.yateauto.com |
| 领途汽车有限公司 | 河北省邢台市清河县挥公大道 12 号 | 0391-6300826 | www.linktour.net |
| 河北雷萨重型工程机械有限责任公司 | 河北省张家口市宣化区宣府大街 202 号 | 0313-3880077 | - |
| 幻电科技发展有限公司 | 河南省焦作市孟州市产业集聚区第三大街 17 号 | 400-656-5588 | www.hdqccn.com |
| 洛阳中集凌宇汽车有限公司 | 河南省洛阳市洛龙区科技园区关林大道西段 | 0379-65937666 | www.lingyu.com |
| 河南骏通车辆有限公司 | 河南省三门峡市陕州区陕州大道 3758 号 | 0398-3813578 | www.hnjtcl.com |
| 河南新飞专用汽车有限责任公司 | 河南省新乡市高新技术开发区新一街 339 号 | 0373-5119898 | www.xf-rv.com |
| 郑州宇通客车股份有限公司客车专用车分公司 | 河南省郑州经济技术开发区金柳南路 46 号 | 0371-66733857 | www.yutongrv.com.cn |
| 郑州宇通重工有限公司 | 河南省郑州经济技术开发区宇工路 88 号 | 0371-89990202 | www.yutongzy.com |
| 郑州红宇专用汽车有限责任公司 | 河南省中牟县城关镇建设南路 32 号 | 18703833246 | www.zzhongyu.net |
| 奇瑞汽车河南有限公司 | 河南省自贸试验区开封片区宋城路 99 号 | 0371-22773235 | www.karryauto.cn |
| 郑州日产汽车有限公司 | 河南省自贸试验区郑州片区（郑东）莲湖路 3 号 | 0371-56199267 | www.zznissan.com.cn |
| 湖北大冶汉龙汽车有限公司 | 湖北省大冶市罗家桥街道办事处金阳路 29 号 | 0714-3187991 | www.hanlongqiche.com |
| 湖北一专汽车股份有限公司 | 湖北省丹江口市六里坪工业园区 | 0719-8361508 | www.hbyzzy.com |
| 湖北帕菲特工程机械有限公司 | 湖北省十堰经济开发区港澳台工业园 | 0719-8023898 | www.hbpft.com |
| 湖北三环汽车有限公司 | 湖北省十堰市东环路 123 号 | 0719-8782079 | www.sitom.com.cn |
| 东风小康汽车有限公司 | 湖北省十堰市东环路 1 号 | 0719-8310986 | www.dffengguang.com.cn |
| 驰田汽车股份有限公司 | 湖北省十堰市黑龙江路 18 号 | 0719-8795285 | www.chitianqiche.com |
| 中正汽车股份有限公司 | 湖北省十堰市茅箭区东城经济开发区普林路 3 号 1 幢 1-1 | 0719-8266386 | www.zhongzhengauto.com |
| 东风商用车有限公司 | 湖北省十堰市张湾区车城路 2 号 | 0719-8885555 | www.dfcv.com.cn |

续表

| 单位名称 | 地址 | 电话 | 网址 |
| --- | --- | --- | --- |
| 湖北天威汽车有限公司 | 湖北省随州曾都经济开发区 6 号 | 13972993368 | www.hbtwqc.net |
| 湖北凯力专用汽车有限公司 | 湖北省随州高新区季梁大道 11 号 | 0722-3300696 | www.kailiqc.com |
| 随州市长兴机械科技有限公司 | 湖北省随州市北郊九间屋村二组 | 18971795933 | www.cncxqc.com |
| 湖北合力特种车制造有限公司 | 湖北省随州市北郊星光工业园 | 0722-3330080 | www.helizhongke.com |
| 湖北江南专用特种汽车有限公司 | 湖北省随州市北郊星光工业园特 1 号 | 0722-3331999 | www.jnzytzqc.com |
| 程力汽车集团股份有限公司 | 湖北省随州市曾都经济开发区 | 13872881328 | www.clqc-group.com |
| 湖北宏宇专用汽车有限公司 | 湖北省随州市曾都经济开发区（交通大道 1089 号） | 0722-3330080 | www.hbhyzq.cn |
| 湖北润力专用汽车有限公司 | 湖北省随州市曾都经济开发区世纪大道 77 号 | 0722-3920666 | www.hbrlqc.com |
| 随州市力神专用汽车有限公司 | 湖北省随州市曾都经济开发区星光一路 99 号 | 0722-3813333 | www.dzqcc.com |
| 随州市东正专用汽车有限公司 | 湖北省随州市曾都区北郊星光工业园 | 0722-3330339 | www.52775.net |
| 湖北成龙威专用汽车有限公司 | 湖北省随州市曾都区季梁大道 6 号 | 0722-3308379 | www.hbclw.com |
| 楚胜汽车集团有限公司 | 湖北省随州市曾都区季梁大道 9 号 | 0722-7502166 | www.cnxgcsw.com |
| 程力专用汽车股份有限公司 | 湖北省随州市曾都区经济技术开发区程力汽车工业园 | 0722-3280566 | www.clyfc.com |
| 湖北东神专用汽车有限公司 | 湖北省随州市曾都区经济开发区世纪大道 1 号 | 0722-3221888 | www.hbdsqc.com |
| 湖北旺龙专用汽车有限公司 | 湖北省随州市曾都区经济开发区世纪大道 8 号 | 18062483222 | www.jbclw.com |
| 湖北浩天专用汽车有限公司 | 湖北省随州市曾都区南郊柳树淌工业园柳树淌大道 9 号 | 13886866607 | www.hbhtzq.com |
| 湖北聚力汽车技术股份有限公司 | 湖北省随州市高新技术开发区消防路 | 0722-3330317 | www.juchenwang.cn |
| 湖北帝成环卫科技有限公司 | 湖北省随州市高新区鹿鹤大道与五星路交叉口东南角 1 栋 | 15826715013 | www.dchww.com |
| 湖北中威专用汽车有限公司 | 湖北省随州市交通大道 1977 号（随县经济开发区） | 0722-3338618 | www.hbzwzyqc.com |
| 东风随州专用汽车有限公司 | 湖北省随州市交通大道 267 号 | 0722-3319103 | www.dfztruck.com |
| 湖北力威汽车有限公司 | 湖北省随州市交通大道 669 号（曾都经济开发区） | 0722-3583103 | www.lwqc.com |
| 湖北舜德专用汽车有限公司 | 湖北省随州市经济开发区季梁大道 27 号 | 0722-3827772 | www.sdjjsb.com |
| 湖北同威专用汽车有限公司 | 湖北省随州市经济开发区季梁大道 7 号 | 13277608333 | www.hbtwqcw.com |
| 湖北五环专用汽车有限公司 | 湖北省随州市经济开发区交通大道 K155 号 | 0722-3587889 | www.whzyc.com |
| 湖北盈通专用汽车有限公司 | 湖北省随州市经济开发区旭光路 | 0722-3259886 | www.51ytssc.com |
| 湖北大力专用汽车制造有限公司 | 湖北省随州市两水大道大力路特 1 号 | 0722-3309990 | www.hbdali.com |
| 湖北新中绿专用汽车有限公司 | 湖北省随州市两水工业区 8 号 | 0722-3308688 | www.hbdfac.com |
| 湖北四通专用汽车有限公司 | 湖北省随州市玉柴大道玉柴汽车产业园 | 0722-3300377 | www.stdqc.com |

续表

| 单位名称 | 地址 | 电话 | 网址 |
|---|---|---|---|
| 徐工湖北环保科技股份有限公司 | 湖北省天门经济开发区西环路 203 号 | 0728-5880888 | - |
| 东风本田汽车有限公司 | 湖北省武汉经济技术开发区车城东路 283 号 | 027-84286114 | www.dongfeng-honda.com |
| 东风雷诺汽车有限公司 | 湖北省武汉经济技术开发区黄金口产业园 | 027-84301552 | - |
| 程力重工股份有限公司 | 湖北省武汉市黄陂区孝天大道特 1 号 | 027-59885588 | www.clwhi.com |
| 东风英菲尼迪汽车有限公司 | 湖北省武汉市经济技术开发区东风大道 10 号 | 027-84283290 | www.infiniti.com.cn |
| 神龙汽车有限公司 | 湖北省武汉市武汉经济技术开发区 | 027-84290395 | www.dongfeng-citroen.com.cn |
| 东风汽车集团有限公司 | 湖北省武汉市武汉经济技术开发区东风大道特 1 号 | 027-84305555 | www.dfmc.com.cn |
| 东风汽车股份有限公司 | 湖北省襄阳市高新区东风汽车大道劲风路 3 幢 | 027-84287977 | www.dfac.com |
| 湖南汽车制造有限责任公司 | 湖南省邵阳市双清区邵阳大道宝庆工业园 | 0739-8931319 | - |
| 湖南恒润汽车有限公司 | 湖南省湘潭经济技术开发区恒润高科产业园 | 15197193090 | www.hengrunauto.com |
| 江苏旌航汽车有限公司 | 湖南省张家港保税区金港路东侧 | 0512-58905879 | www.jinghangauto.com |
| 长沙中联重科环境产业有限公司 | 湖南省长沙高新开发区林语路 288 号 | 0731-89939228 | www.zoomlionhj.com |
| 广汽长丰汽车有限公司 | 湖南省长沙经济技术开发区漓湘路 1 号 | 0731-88198052 | - |
| 广汽三菱汽车有限公司 | 湖南省长沙经济技术开发区漓湘中路 15 号 | 0731-88198888 | www.gmmc.com.cn |
| 三一汽车制造有限公司 | 湖南省长沙经济技术开发区三一工业城 | 0731-84031888 | www.31truck.com |
| 广汽菲亚特汽车有限公司 | 湖南省长沙经济技术开发区映霞路 18 号 | 0731-89989101 | www.gacfca.com |
| 中联重科股份有限公司 | 湖南省长沙市岳麓区银盆南路 361 号 | 0731-85650157 | www.zoomlion.com |
| 中车时代电动汽车股份有限公司 | 湖南省株洲国家高新技术开发区栗雨工业园 | 0731-28493788 | www.tev.csrzic.com |
| 一汽吉林汽车有限公司 | 吉林省吉林市高新开发区东山街 2888 号 | 18343208026 | www.fawmc.com |
| 一汽－大众汽车有限公司 | 吉林省长春市汽车产业开发区安庆路 5 号 | 0431-85990888 | www.faw-vw.com |
| 中国第一汽车集团有限公司 | 吉林省长春市汽车经济技术开发区东风大街 8899 号 | 0431-85901140 | www.faw.com.cn |
| 一汽解放集团股份有限公司 | 吉林省长春市汽车开发区东风大街 2259 号 | 0431-87666666 | www.fawjiefang.com.cn |
| 奇瑞捷豹路虎汽车有限公司 | 江苏省常熟经济技术开发区路虎路 1 号 | 0512-52967000 | www.cheryjaguarlandrover.com |
| 观致汽车有限公司 | 江苏省常熟经济技术开发区通达路 1 号 | 0512-52022367 | www.qorosauto.com |
| 常熟华东汽车有限公司 | 江苏省常熟市虞山北路 258 号 | 0512-52265010 | www.h-d.cn |
| 上汽大通房车科技有限公司 | 江苏省溧阳市昆仑街道中关村大道 200 号科技产业园内 | 021-60569322 | www.rv2go.com |
| 南京汽车集团有限公司 | 江苏省南京高新技术产业开发区浦泗路 18 号 | 025-58898995 | - |
| 航天晨光股份有限公司 | 江苏省南京市江宁经济技术开发区天元中路 188 号 | 025-52826011 | www.aerosun.cn |

续表

| 单位名称 | 地址 | 电话 | 网址 |
|---|---|---|---|
| 开沃新能源汽车集团股份有限公司 | 江苏省南京市溧水区柘塘镇滨淮大道 369 号 | 052-56226766 | www.skywellcorp.com |
| 南京金龙客车制造有限公司 | 江苏省南京市溧水区柘塘镇滨淮大道 369 号 | 025-56206709 | www.njgdbus.com |
| 南京徐工汽车制造有限公司 | 江苏省南京市雨花台区铁心桥 | 025-52891223 | www.xcmgauto.com |
| 金龙联合汽车工业（苏州）有限公司 | 江苏省苏州工业园区苏虹东路 288 号 | 0512-62581888 | www.ehiger.com |
| 江苏中汽高科股份有限公司 | 江苏省武进高新技术产业开发区龙飞路 18 号 | 0519-86523503 | www.czzqs.com |
| 北汽新能源汽车常州有限公司 | 江苏省武进高新技术产业开发区武进大道西路 98 号 | 0519-69650918 | - |
| 江苏车和家汽车有限公司 | 江苏省武进国家高新技术产业开发区凤林南路 108 号 | 13601387925 | - |
| 徐州徐工汽车制造有限公司 | 江苏省徐州高新技术产业开发区珠江东路 19 号 | 0516-83189578 | www.xcmgauto.com |
| 徐州徐工环境技术有限公司 | 江苏省徐州经济技术开发区 104 国道北延段东侧 | 0516-83557220 | - |
| 徐州徐工施维英机械有限公司 | 江苏省徐州经济技术开发区桃山路 29 号 | 0516-87892595 | - |
| 徐州工程机械集团有限公司 | 江苏省徐州经济技术开发区驮蓝山路 26 号 | 0516-87565101 | www.xcmg.com |
| 徐州徐工随车起重机有限公司 | 江苏省徐州经济技术开发区驮蓝山路 55 号 | 0516-87892821 | www.xcmgsc.com |
| 徐州海伦哲专用车辆股份有限公司 | 江苏省徐州经济开发区螺山路 19 号 | 0516-68782700 | www.xzhlz.com |
| 江苏悦达专用车有限公司 | 江苏省盐城经济开发区希望大道 99 号 | 0515-68029168 | www.yuedazyc.com |
| 东风悦达起亚汽车有限公司 | 江苏省盐城市经济开发区希望大道南路 1 号 3 幢 | 0515-88279453 | www.dyk.com.cn |
| 扬州亚星客车股份有限公司 | 江苏省扬州市邗江汽车产业园潍柴大道 2 号 | 0514-82989119 | www.asiastarbus.com |
| 江苏九龙汽车制造有限公司 | 江苏省扬州市江都区浦江东路 166 号 | 0514-86517019 | www.joylong.net |
| 扬州中集通华专用车股份有限公司 | 江苏省扬州市临江路 9 号 | 0514-89968539 | www.chinatrailer.com |
| 江苏卫航汽车通信科技有限责任公司 | 江苏省仪征市陈集镇工业集中区 | 0514-83872666 | www.jswhqc.com |
| 江西大乘汽车有限公司 | 江西省抚州市抚州高新技术产业开发区保税大道 99 号 | 0794-8733536 | - |
| 国机智骏汽车有限公司 | 江西省赣州市赣州经济技术开发区新能源汽车科技城旭日大道 6 号 | 025-69519668 | www.zhijunauto.com |
| 江西昌河汽车有限责任公司 | 江西省景德镇市珠山区新厂东路 208 号 | 0798-8462032 | www.changheauto.com |
| 江西志骋汽车有限责任公司 | 江西省九江市九江经济技术开发区前进西路 555 号 | 0792-8271061 | www.changhe-suzuki.com |
| 江铃集团新能源汽车有限公司 | 江西省南昌经济技术开发区庐山北大道（蛟桥镇） | 0791-87369879 | www.jmev.top |
| 江西江铃汽车集团改装车股份有限公司 | 江西省南昌市南昌县小兰工业园 | 0791-85985398 | www.jmcsv.com |
| 江西江铃集团特种专用车有限公司 | 江西省南昌市南昌县小蓝经济技术开发区金沙南大道 388 号 | 0791-85773813 | www.jmtsv.com |
| 江西江铃专用车辆厂 | 江西省南昌市南昌县小蓝经济技术开发区金沙南一路 362 号 | 0791-85278329 | - |

续表

| 单位名称 | 地址 | 电话 | 网址 |
|---|---|---|---|
| 江西省金沙汽车股份有限公司 | 江西省南昌市南昌县小蓝经济技术开发区金沙大道 388 号 | 0791-82076096 | www. jxkingsa. com |
| 江铃控股有限公司 | 江西省南昌市南昌县迎宾中大道 319 号 | 0791-83806666 | www. landwind. com |
| 江铃汽车股份有限公司 | 江西省南昌市青云谱区迎宾北大道 509 号 | 0791-85266178 | www. jmc. com. cn |
| 江西五十铃汽车有限公司 | 江西省南昌市望城新区江铃大道 666 号 | 0791-82299114 | www. jiangxi-isuzu. cn |
| 江西江铃集团晶马汽车有限公司 | 江西省南昌市新建区长堎工业园区创业北路 60 号 | 0791-87193118 | www. jmmc. com. cn |
| 爱驰汽车有限公司 | 江西省上饶经济技术开发区兴园西大道 | 021-55670363 | www. ai-ways. com |
| 汉腾汽车有限公司 | 江西省上饶经济技术开发区远泉大道 3 号 | 0793-8655555 | www. hantengauto. com |
| 丹东黄海汽车有限责任公司 | 辽宁省丹东市银泉三街 51 号 | 0415-6275416 | - |
| 华晨雷诺金杯汽车有限公司 | 辽宁省沈阳市大东区东望街 39 号 | 024-31666666 | www. renault-brilliance. com |
| 华晨汽车集团控股有限公司 | 辽宁省沈阳市大东区东望街 39 号 | 024-31991111 | www. brilliance-auto. com |
| 华晨宝马汽车有限公司 | 辽宁省沈阳市大东区山嘴子路 14 号 | 024-84556000 | www. bmw-brilliance. cn |
| 北奔重型汽车集团有限公司 | 内蒙古自治区包头市装备制造产业园区兵工东路 9 号 | 0472-3119592 | www. beiben. cn |
| 河南速达电动汽车科技有限公司 | 河南省三门峡市经济开发区东区 | 0398-8529131 | www. china-sdev. com |
| 山推建友机械股份有限公司 | 山东省济南市段店南路 268 号 | 0531-89815336 | www. janeoo. com |
| 中国重汽集团济南卡车股份有限公司 | 山东省济南市市中区党家庄镇南首 | 0531-58067001 | www. cnhtcpurch. com |
| 中国重汽集团济南专用车有限公司 | 山东省济南市章丘区枣园街道潘王路 17668 号（世纪大道以北） | 0531-58064371 | www. cnhtcjz. com |
| 山东东环专用车制造有限公司 | 山东省济宁市嘉祥县黄垓镇东丁垓村北 | 0537-6788999 | www. donghuan123. com |
| 山东中运专用汽车有限公司 | 山东省济宁市嘉祥县黄垓镇济董路 68 公里处 | 13562749888 | www. sdzyhwsb. com |
| 山东中达威专用车辆有限公司 | 山东省济宁市嘉祥县黄垓镇杨村西 300 米 | 18854759999 | - |
| 山东帝宏专用汽车制造有限公司 | 山东省济宁市嘉祥县黄垓镇张垓村北 600 米 | 13963763588 | www. sddh1688. com |
| 中国重汽集团济宁商用车有限公司 | 山东省济宁市诗仙路 369 号 | 0537-3317731 | www. jncnhtc. cn |
| 山东祥农专用车辆有限公司 | 山东省嘉祥县黄垓乡张垓村东 200 米 | 18854787363 | www. sdxnhwcl. com |
| 中通新能源汽车有限公司 | 山东省聊城市经济技术开发区中华北路 9 号 | 0635-8518000 | www. zhongtongnev. com |
| 中通客车股份有限公司 | 山东省聊城市经济技术开发区黄河路 261 号 | 0635-8322791 | www. zhongtong. com |
| 中国重汽集团青岛重工有限公司 | 山东省青岛高新技术产业开发区锦荣路 369 号 | 0532-84855297 | www. sinotrukqingdao. com |
| 青岛五菱专用汽车有限公司 | 山东省青岛经济技术开发区齐长城路 509 号 | 0532-80985050 | - |
| 青岛索尔汽车有限公司 | 山东省青岛市胶州市经济技术开发区物流大道 17 号 | 0532-88283688 | www. china-soar. com |
| 一汽解放青岛汽车有限公司 | 山东省青岛市青岛汽车产业新城解放大道 100 号 | 0532-55659232 | www. faw. jiefang. com. cn |

续表

| 单位名称 | 地址 | 电话 | 网址 |
| --- | --- | --- | --- |
| 山东五征环保科技股份有限公司 | 山东省日照市五莲县市北经济开发区莲海大道与潮石路交会处 | 0633-5329999 | – |
| 山东凯马汽车制造有限公司 | 山东省寿光市东环路 5888 号 | 0536-5202820 | www.kamaqc.com |
| 潍柴新能源科技有限公司 | 山东省潍坊高新区清池街道永春社区潍安路 169 号 2 幢 | 0536-2298726 | – |
| 山东梅拉德能源动力科技有限公司 | 山东省潍坊市昌乐县 | 0536-6856850 | www.letinauto.net |
| 山东正泰希尔专用汽车有限公司 | 山东省潍坊市诸城市密州东路 98 号 | 0536-6055288 | www.xierqiche.com |
| 山东汽车制造有限公司 | 山东省烟台市莱阳市经济开发区富山路 99 号 | 0535-7997013 | www.sdqc.com |
| 中国重汽集团济南商用车有限公司 | 山东省章丘市圣井潘王路西 | 0531-58069693 | www.cnhtc-sitrak.com |
| 山东唐骏欧铃汽车制造有限公司 | 山东省淄博市淄川区经济开发区招村社区唐骏欧铃路 1 号 | 0533-5180043 | www.tjqcgroup.com |
| 山西新能源汽车工业有限公司 | 山西省晋中市山西示范区晋中开发区新能源汽车园区吉利路 388 号 | 0354-3110881 | – |
| 大运汽车股份有限公司 | 山西省运城空港经济开发区机场大道 1 号 | 0329-2537537 | www.dayunmotor.com |
| 山西成功汽车制造有限公司 | 山西省长治市经济技术开发区光明路 100 号 | 13546658108 | www.cgqc.cn |
| 中集陕汽重卡（西安）专用车有限公司 | 陕西省西安经济技术开发区泾渭工业园中钢路 18 号 | 029-86038882 | www.xacimc.com |
| 陕西汽车集团股份有限公司 | 陕西省西安市经开区泾渭工业园 | 029-86955952 | www.sxqc.com |
| 华人运通控股有限公司 | 上海市崇明区港沿镇港沿公路 1700 号 3 幢 8438 室（上海港沿经济小区） | 021-65900075 | www.human-horizons.com |
| 沃尔沃汽车（亚太）投资控股有限公司 | 上海市嘉定工业区绿意路 2088 号 3 幢第 1 层 | 021-69019300 | www.volvocars.com.cn |
| 极星汽车（上海）有限公司 | 上海市嘉定工业区叶城路 925 号 B 区 4 幢 JT18092 室 | 13651971461 | www.polestar.com/zh-cn |
| 上汽大众汽车有限公司 | 上海市嘉定区安亭于田路 123 号 | 400-820-1111 | svw-volkswagen.com |
| 上海蔚来汽车有限公司 | 上海市嘉定区安亭镇安驰路 569 号 115 室 | 021-69083522 | www.nio.com |
| 上汽大通汽车有限公司 | 上海市杨浦区军工路 2500 号 | 021-60569999 | www.saicmaxus.com |
| 四川汽车工业集团有限公司 | 四川省成都经济技术开发区（龙泉驿区）北京路 | 028-8327750 | www.yemaauto.cn |

续表

| 单位名称 | 地址 | 电话 | 网址 |
|---|---|---|---|
| 成都大运汽车集团有限公司 | 四川省成都经济技术开发区车城大道 8 号 | 028-69929118 | www.cddayun.com |
| 四川一汽丰田汽车有限公司 | 四川省成都市龙泉驿区经济技术开发区经开区南三路 222 号 | 028-88435010 | www.sftm.com.cn |
| 成都客车股份有限公司 | 四川省成都市郫县红光镇成灌路西段 1098 号 | 028-87897333 | www.shudubus.com |
| 中国重汽集团成都王牌商用车有限公司 | 四川省成都市青白江区弥牟镇长城路 8 号 | 028-83679128 | www.wangpai.cn |
| 成都广通汽车有限公司 | 四川省成都市新津县金华镇新科大道 168 号 | 028-82111888 | - |
| 吉利四川商用车有限公司 | 四川省南充市嘉陵区远程大道二段 198 号 | 0817-7103102 | oa.geely.com/scsyc |
| 四川江淮汽车有限公司 | 四川省遂宁市安居区工业集中区汽配产业园 | 0825-8669595 | www.jac.com.cn |
| 现代商用汽车（中国）有限公司 | 四川省资阳市雁江区城南工业集中发展区现代大道 1 号 | 028-26119003 | www.hyundai-trucknbus.com.cn |
| 四川南骏汽车集团有限公司 | 四川省资阳市雁江区南骏大道南骏汽车工业园内 | 028-26181179 | www.nanjunauto.com |
| 天津比亚迪汽车有限公司 | 天津市武清区汽车零部件产业园天福路 2 号 | 022-82191888 | www.tjbyd.com.cn |
| 东风商用车新疆有限公司 | 新疆乌鲁木齐经济技术开发区沂蒙山街 456 号 | 0991-3923010 | www.dfxq.com |
| 一汽红塔云南汽车制造有限公司 | 云南省曲靖市麒麟区南宁北路 | 0874-3146528 | www.faw-hongta.com.cn |
| 枫盛汽车科技集团有限公司 | 浙江省杭州市西湖区西溪路 550 号 3 幢 | 0571-89775550 | www.mapleauto.cn |
| 浙江飞碟汽车制造有限公司 | 浙江省杭州余杭区五常荆长路 33 号 | 0571-85221188 | www.chinaufo.cn |
| 浙江戴德隆翠汽车有限公司 | 浙江省嘉兴市桐乡市梧桐街道同仁路 333 号 | 0573-88588708 | www.daideauto.com |
| 合众新能源汽车有限公司 | 浙江省嘉兴市桐乡市梧桐街道同仁路 988 号 | 0573-89806207 | www.hozonauto.com |
| 零跑汽车有限公司 | 浙江省金华市婺城区苏孟乡新荣路 888 号 | 400-008-1234 | www.leapmotor.com |
| 众泰汽车股份有限公司 | 浙江省金华市永康市经济开发区北湖路 1 号 | 400-8875858 | www.zotye.com |
| 浙江吉利汽车有限公司 | 浙江省宁波市北仑区梅山街道港城路 118 号 | 0574-86853058 | www.geely.com |

续表

| 单位名称 | 地址 | 电话 | 网址 |
| --- | --- | --- | --- |
| 天际汽车科技集团有限公司 | 浙江省绍兴市滨海新区马欢路 398 号科创园 A 幢 1403-1 室 | 010-59916099 | www.enovatemotors.com |
| 浙江新吉奥汽车有限公司 | 浙江省台州市集聚区海豪路 788 号 1 号楼 1104 室 | 0576-89872699 | www.newgonow.cn |
| 浙江威马汽车销售有限公司 | 浙江省温州瓯江口产业集聚区瓯帆路 999 号 -2 | 0577-56607081 | www.wm-motor.com |
| 特斯拉汽车销售服务（上海）有限公司 | 中国（上海）自由贸易试验区蓝天路 518-2 号 | 400-9100-707 | www.tesla.cn |
| 上汽通用汽车有限公司 | 中国（上海）自由贸易试验区申江路 1500 号 | 021-28902890 | www.saic-gm.com |
| 上海汽车集团股份有限公司 | 中国（上海）自由贸易试验区松涛路 563 号 1 号楼 509 室 | 021-22011888 | www.saicmotor.com |
| 重庆铃耀汽车有限公司 | 重庆市巴南区鱼洞街道 | 023-66288605 | www.lingyaoauto.com |
| 上汽依维柯红岩商用车有限公司 | 重庆市北部新区黄环北路 1 号 | 023-63112000 | www.sih.cq.cn |
| 长安福特汽车有限公司 | 重庆市北部新区鸳鸯镇长福西路 1 号 | 023-67458888 | www.changanford.cn |
| 重庆金冠汽车制造股份有限公司 | 重庆市璧山区璧泉街道康宁路 2 号 | 023-81670112 | www.jinguanauto.com |
| 华晨鑫源重庆汽车有限公司 | 重庆市涪陵新城区鑫源大道 111 号 | 023-64666548 | www.jinbeicq.com |
| 重庆金康新能源汽车有限公司 | 重庆市江北区福生大道 229 号 | 023-89095666 | www.sokon.com |
| 重庆瑞驰汽车实业有限公司 | 重庆市江北区复盛镇盛泰路 111 号 | 023-88216031 | www.rc-ev.com |
| 重庆长安汽车股份有限公司 | 重庆市江北区建新东路 260 号 | 023-67594008 | www.changan.com.cn |
| 重庆庆铃专用汽车有限公司 | 重庆市九龙坡区工业园区 C 区聚业路 125 号 | 023-65765957 | www.qlshangzhuang.cn |
| 重庆长安跨越商用车有限公司 | 重庆市九龙坡区九龙工业园 C 区聚业路 117 号 | 18987337199 | - |
| 庆铃汽车股份有限公司 | 重庆市九龙坡区中梁山协兴村 1 号 | 023-65262233 | www.qingling.com.cn |
| 重庆迪马工业有限责任公司 | 重庆市南岸区长电路 8 号 | 023-61521584 | www.dima-industry.com |
| 重庆卓通汽车工业有限公司 | 重庆市渝北龙兴镇迎龙大道 19 号 | 023-88959196 | - |

表 11　大型汽车交易市场

| 名称 | 地址 | 电话 |
|---|---|---|
| 北京北辰亚运村汽车交易市场 | 北京昌平区北七家镇立汤路东侧（近地铁天通苑北站） | 13910703249 |
| 北京酷车小镇 | 北京市朝阳区金蝉西路甲 1 号 | 010-67389668 |
| 金港汽车公园 | 北京市朝阳区金盏乡金盏大道 1 号 | 010-84334018 |
| 欧德宝汽车交易市场 | 北京市昌平区昌平路 347 号 | 010-84992171 |
| 北京国际汽车贸易服务园区 | 北京石景山古城西路 63 号 | 010-88921513 |
| 北京东方基业国际汽车城有限公司 | 北京市朝阳区姚家园路东口甲 1 号 | 010-51193333 |
| 北京市旧机动车交易市场有限公司 | 北京市丰台区南四环西路 123 号 | 010-83638888 |
| 新发地汽车交易市场 | 北京市丰台区南四环中路 260 号 | 010-87501812 |
| 天津滨海盛世国际汽车园 | 天津市津南区葛沽镇滨海汽车园 | 022-88717666 |
| 天津滨海国际汽车城 | 天津市滨海新区保税区天保大道 86 号 | 022-25762296 |
| 天津空港国际汽车园发展公司 | 天津自贸区（空港经济区）保航路 1 号航空产业支持中心 | 022-59096088 |
| 上海外高桥汽车交易市场有限公司 | 上海市外高桥保税区富特西一路 459 号 A 座 | 021-58666600 |
| 洲业投资（上海）有限公司 | 上海市闵行区中春路 7001 号明谷科技园 E 楼 13 层 | 021-51132533 |
| 重庆汽博中心 | 重庆市渝北区金渝大道 99 号 | 023-89186250 |
| 重庆协信汽车公园有限公司 | 重庆市巴南区南彭街道南东路 1 号 3 单元 310 室 | 023-67029890 |
| 重庆保税港区开元国际汽车城 | 重庆市江北区海尔路 319 号 | 023-67632828 |
| 中国西部汽车城股份有限公司 | 四川省成都市佳灵路 53 号 | 028-85060394 |
| 成都宏盟二手车交易市场管理有限公司 | 四川省成都市双流区西航港街办大件路白家段 17 号 | 028-67039555 |
| 成都鑫博泰集团 | 四川省成都市武侯区府城大道西段 399 号天府新谷 8 号楼 2 单元 13 楼 1305 室 | 028-62610977 |
| 昆明车立方汽车交易市场 | 云南省昆明市官渡区金源大道 1 号世纪金源时代购物中心 | 0871-28589190 |
| 云南车行天下汽车服务有限公司 | 云南省昆明市北市区北辰大道中段 | 0871-25821733 |
| 云南世博汽车市场有限公司 | 云南省昆明市盘龙区白龙路 429 号 | 0871-25103999 |
| 昆明凯旋利车博汇 | 云南省昆明市官渡区广福路与官南大道交叉口南 200 米 | 0871-84644216 |
| 临沧国际汽车城 | 云南省临沧市临翔区临翔旗山花园 1 号楼 | 0883-82651222 |
| 大理泛亚汽车城 | 云南省大理市苍山路东 539 号 | 0872-82323876 |
| 昆明经开区国际汽车城 | 云南省昆明市经开区出口加工区海关大楼 4 楼 405 室 | 0871-28362699 |
| 深圳市深业车城 | 广东省深圳市罗湖区清水河三路 18 号 | 0755-22315520 |
| 珠海市众大利物资车业有限公司 | 广东省珠海市梅华西路 2370 号众大利二手车交易大楼 | 0756-28589388 |
| 深圳平方汽车城开发有限公司 | 广东省深圳市南山区兴海大道 1 号 | 0755-26887666 |
| 花都汽车城 | 广东省广州市花都区新华街车城大道 1 号 | 0756-36867700 |
| 佛山国际车城 | 广东省佛山市禅城区佛山大道中 83 号佛山国际车城 | 0757-82266288 |
| 华南汽车城 | 广东省佛山市南海区文华北路 4 号 | 400-910-0707 |
| 湛江车城服务有限公司 | 广东省湛江市赤坎区人民大道北 57 号 | 0759-83481081 |
| 湛江海田国际车城发展有限公司 | 广东省湛江市赤坎区海天路 16 号大埠综合楼 3 楼 | 0759-28217775 |
| 湖南大中南汽车经营有限公司 | 湖南省长沙经济技术开发区中南汽车世界博展路 | 0731-84088800 |
| 开利星空长沙国际汽车城 | 湖南省长沙市望城区雷锋大道 1389 号 | 4000-000-288 |
| 株洲汽车城 | 湖南省株洲市荷塘区红港路 1 号 | 0731-28861515 |
| 湖南弘高二手车市场交易管理有限公司 | 湖南省长沙市天心区芙蓉南路凯逸中央园著西北 120 米（原暮云国际汽车城） | 0731-88890010 |

续表

| 名称 | 地址 | 电话 |
|---|---|---|
| 长沙麓谷汽车世界投资开发有限公司 | 湖南省长沙高新开发区文轩路 27 号麓谷企业广场科技金融大厦 22 层 | 0731-88982583 |
| 柳州风驰旧机动车交易市场 | 广西壮族自治区柳州市西环路 10 号 | 0722-82869996 |
| 广西圣路鑫资产管理有限公司 | 广西壮族自治区南宁市青秀区佛子岭路 6 号 C 座 5 楼 | 0771-25782329 |
| 玉林国际汽车城 | 广西壮族自治区玉林市玉州区常乐路 | 0775-83281188 |
| 贵州凯里汽车城 | 贵州省黔东南苗族侗族自治州凯里市凯开大道 | 0855-28585111 |
| 遵义宝源汽车市场 | 贵州省遵义市长沙路汽车城 A 区 1 层 | 0851-23139855 |
| 黔北国际汽车博览城 | 贵州省遵义市播州区遵南大道 | 400-818-0066 |
| 六盘水市旧机动车交易市场 | 贵州省六盘水市钟山大道德坞社区 | 0858-28329371 |
| 杭州汽车城 | 浙江省杭州市石祥路 589 号 | 0571-28887381 |
| 浙江世纪汽车市场 | 浙江省杭州市萧山区兴园路 118 号 | 0571-82836938 |
| 杭州理想车城有限公司 | 浙江省杭州市余杭区南苑街道迎宾路 588 号 | 0571-86157333 |
| 温州汽车城 | 浙江省温州市瓯海大道 358 号温州汽车城管理处 | 0577-86086888 |
| 温州力天汽车梦工场 | 浙江省温州市龙湾区沙城街道 | 0577-56607779 |
| 浙江长三角汽车城 | 浙江省嘉兴市海宁市长安镇天盐线浙江长三角赛车场附近 | 0571-87570999 |
| 浙江元通国际汽车广场 | 浙江省绍兴市袍江工业区中兴大道与康宁路交叉口 | 0575-88153030 |
| 浙江金恒德汽车用品城 | 浙江省杭州市余杭区金恒路 68 号 19 幢 6 楼 | 0571-89019802 |
| 嘉兴市汽车商贸园投资有限公司 | 浙江省嘉兴市广益路 1338 号 | 0573-82670001 |
| 青口汽车城 | 福建省福州市闽侯县祥通路 15 号 | 0591-83343446 |
| 海峡金港汽车文化广场（福州）股份有限公司 | 福建省福州市闽侯县青口投资区新榕路 3 号汽车用品市场 | 0591-22070591 |
| 嘉华汽车城 | 海南省海口市美兰区琼山大道 289 号 | 0898-36326777 |
| 海南万物汽车城运营有限公司 | 海南省海口市迎宾大道 26 号 | 0898-68966669 |
| 江西恒望集团 | 江西省南昌市望城新区璜溪大道 19 号 505 室 | 0791-87770888 |
| 九江国际汽车城 | 江西省九江市濂溪区九瑞大道 171 号 | 0792-28361620 |
| 江西赣东北汽车园有限公司 | 江西省上饶市叶挺大道 101 号 | 0793-28361111 |
| 上饶市二手车交易市场 | 江西省上饶市三清山大道 70 号 | 15179388196 |
| 国购淮北汽车产业园 | 安徽省合肥市南一环与徽州大道交口世纪云顶 A 座 1709 | 15956915977 |
| 安徽国际汽车城 | 安徽省合肥市瑶海区北二环双七路 22 号 | 15156996966 |
| 六安国际汽车城 | 安徽省六安市经济技术开发区 G312 | 0564-83995666 |
| 芜湖汽车城 | 安徽省芜湖市弋江北路附近 | 0553-82870555 |
| 太仓市森茂汽车城开发有限公司 | 江苏省太仓市太平北路 55 号—23 | 0512-53125235 |
| 睢宁洲业国际汽车城 | 江苏省徐州市睢宁县东环路西中央大街北侧 | 021-51132533 |
| 新沂洲业国际汽车城 | 江苏省徐州市新沂市原苏北农贸市场地块 | 021-51132533 |
| 江苏中驰二手车市场有限公司 | 江苏省南京市江宁区宏运大道 1468 号 | 025-52152222 |
| 连云港振兴汽车城 | 江苏省连云港市海州区新浦街道 | 0518-25012225 |
| 沛县洲业国际汽车城 | 江苏省沛县南路南侧、西环路东侧 | 021-51132533 |
| 武汉竹叶山中环商贸城汽车市场 | 湖北省武汉市江岸区金桥大道特 1 号 | 027-82295712 |
| 松滋洲业国际汽车城 | 湖北省松滋市贺炳炎大道 | 0716-26655777 |
| 山东天齐华迅汽车园区发展有限公司 | 山东省淄博市桓台县果周路以南、柳泉北路以西 | 0533-26277001 |

续表

| 名称 | 地址 | 电话 |
|---|---|---|
| 烟台汽车交易广场 | 山东省烟台市机场路 40 号 | 0535-26013151 |
| 济南鲁南二手车交易市场有限公司 | 山东省济宁高新区东外环与鸿广路交界东南角 | 13954783151 |
| 青岛保税港区国际汽车展示交易中心有限公司 | 山东省青岛市黄岛区保税港区东京路 51 号 | 0532-85758080 |
| 陆海汽车交易市场 | 山东省青岛市市北区萍乡路 55 号 | 0532-88959999 |
| 山东梁山华通二手车交易市场 | 山东省济宁市梁山县四通路 | 0537-27769687 |
| 山东泺口旧机动车交易市场 | 山东省济南市天桥区无影山北路北首 2 号 | 0531-83168188 |
| 西安汽车自选市场 | 陕西省西安莲湖区劳动北路 15 号 | 029-88702966 |
| 中国西部国际车城 | 西安市未央区西宝高速疏导路 58 号 | 029-82378075 |
| 河南田川博泰汽车产业园有限公司 | 河南省郑州经济技术开发区南三环与鹏程大道交会处 | 0371-60965557 |
| 泌阳洲业国际汽车城 | 河南省驻马店市泌阳县铜山湖大道与温泉路交会处 | 0396-51132533 |
| 洛阳市林安商贸有限公司 | 河南省洛阳市洛龙区龙门大道 292 号 | 0379-65555908 |
| 焦作市汽车交易市场 | 河南省焦作市山阳区迎宾路 | 0391-83566888 |
| 哈尔滨国际汽车城 | 黑龙江省哈尔滨市道里区机场路 161 号 | 0451-84899900 |
| 哈尔滨申华汽车产业园有限公司 | 黑龙江省哈尔滨市南岗区学府路 316 号 | 0451-58567856 |
| 大庆北方汽车城有限公司 | 黑龙江省大庆市让胡路区西强路 40 号 | 0459-25963666 |
| 长春华港机动车市场开发有限公司 | 吉林省长春市绿园区西环城路 6778 号 | 0431-87971363 |
| 长春市汽贸商城 | 吉林省长春市正阳街 81 号 3—3 室 | 0431-86109402 |
| 大连领航家汽车城经营管理有限公司 | 辽宁省大连市甘井子区西北路 872 号大连亿丰汽车城 D 区 4 楼千兆集团 | 0411-39993993 |
| 大连北市汽车城 | 辽宁省大连市南关岭街 777 号 | 13942622881 |
| 大连保税区国际车城 | 辽宁省大连市大连保税区国际车城 B 座 | 0411-87303026 |
| 沈阳国际汽车城 | 辽宁省沈阳市苏家屯区会展路 9 号 | 13332477377 |
| 大连迈世汽车城 | 辽宁省大连市西岗区香周路 103 号 4 楼 | 0411-83994020 |
| 亿丰大连汽车城 | 辽宁省大连市甘井子区西北路 872 号亿丰大连汽车城 | 18900980111 |
| 山西汇众汽车家园有限公司 | 山西省太原市万柏林区晋祠路 110 号 | 0351-26550305 |
| 太原旧机动车交易中心 | 山西省太原市尖草坪区金桥东街 8 号 | 0351-83290901 |
| 山西万国二手车交易市场 | 山西省太原市集阜东路与集阜路三巷交叉口西南 150 米 | 0351-25245830 |
| 怀特宝车城 | 河北省石家庄富强大街与东风路交口 | 0311-66505555 |
| 城美国际汽车城 | 河北省廊坊市三河市燕郊 102 国道电厂桥向东 2000 米路南 | 0316-85758881 |
| 唐山兴瑭旧机动车交易市场有限公司 | 河北省唐山开越路王盼庄立交桥东北侧 | 0315-82887703 |
| 鄂尔多斯铜川汽车博览园 | 内蒙古自治区鄂尔多斯市东胜区铜川北二环路与铜川一路交会处西北 | 0477-82233666 |
| 内蒙古恒信精功投资有限公司 | 内蒙古自治区乌兰察布市集宁区新丰镇路矿机宾馆 3 楼 | 0474-84852051 |
| 呼伦贝尔二手车交易市场 | 内蒙古自治区呼伦贝尔市鄂温克旗海伊公路东侧汽车城 | 13789709777 |
| 天恒基汽车城 | 新疆维吾尔自治区乌鲁木齐市头屯河区头屯河路 2345 号 | 0991-83101738 |
| 青海省汽车交易市场 | 青海省西宁市五一路 4 号 | 0971-28177108 |
| 定西和盟二手车交易市场有限公司西部汽车城 | 甘肃省定西市（南川开发区）定临公路与滨河西路交会处 | 18653013355 |
| 万商国际汽车城 | 青海省银川市永宁县望远工业园区内 | 0951-27838888 |
| 恒亿达二手车市场 | 青海省银川清河北街国际汽车城二期 | 0951-28421777 |

表 12　汽车零配件市场

| 名称 | 地址 | 电话 |
| --- | --- | --- |
| 北京四元桥汽车配件市场 | 北京市朝阳区北四环东路北侧 | 010-64393155 |
| 北京大南郊汽车配件市场 | 北京市房山区良乡地区东沿村 | 022-60406669 |
| 北京市回龙观北郊汽车配件市场 | 北京市昌平区回龙观二拨子开发区 | 010-80798936 |
| 北京草桥汇丰汽车配件市场 | 北京市丰台区草桥东路 27 号 | 010-51751999 |
| 北京十八里店汽配城 | 北京市朝阳区十八里店大洋路商业街 | 010-67473868 |
| 北京城环城国际汽车配件城 | 北京市朝阳区南四环东路 69 号 | 010-51102828 |
| 北京家和家美小武基汽配城 | 北京市朝阳区十八里店乡小武基 | 010-87370909 |
| 南法信汽配市场 | 北京市顺义区顺平路 558 号 | 010-69476699 |
| 密云汽车配件批发市场 | 北京市密云区西大桥路 57 号、61 号 | 010-69097088 |
| 天津实达汽配城 | 天津市滨海新区新北路 4556 号 | 022-65159969 |
| 天津滨海汽配城 | 天津市滨海新区津塘公路 4912 号 | 022-25352621 |
| 天津北方汽贸园 | 天津市北辰区铁东北路 | 022-86879555 |
| 石家庄市机动车配件中心批发市场 | 河北省石家庄市北外环路 88 号 | 0311-86837015 |
| 邯郸市中原汽车配件商城 | 河北省邯郸市渚河路 137 号 | 0310-83162111 |
| 石家庄南二环汽车配件大市场 | 河北省石家庄市翟营南大街 658 号 | 0311-87693222 |
| 河北唐齿汽配城 | 河北省唐山市胜利路 2 号 | 0315-27235556 |
| 盘锦华联汽配城 | 辽宁省盘锦市兴隆台区兴隆台 | 0427-27266911 |
| 沈阳东北机动车配件批发市场 | 辽宁省沈阳市皇姑区昆山西路 238 号 | 024-86051555 |
| 大连北市汽车城 | 辽宁省大连市甘井子区南关岭街道 777 号 | 0411-82135953 |
| 齐齐哈尔市德丰汽车配件城 | 黑龙江省齐齐哈尔市南苑开发区 | 0452-26164111 |
| 黑龙江鸡西市汽贸城 | 黑龙江省鸡西市金三角开发区 | 021-69573033 |
| 山西蓝海汽车配件大世界 | 山西省太原市许坦西街 118 号 | 0351-27635160 |
| 山西海天汽配城 | 山西省太原市五龙口街 666 号 | 0351-84687111 |
| 山东临沂汽摩配城 | 山东省临沂市工业大道北段 | 0539-28370288 |
| 潍坊北王汽配城 | 山东省潍坊市潍州路 | 0536-82115555 |
| 山东汽车配件城 | 山东省济南市张庄路 132 号 | 0531-87515588 |
| 淄博市鲁中汽车配件市场 | 山东省淄博市张店区张房路 1 号（市人防办办公楼） | 0533-82722851 |
| 滕州市汽车配件城 | 山东省滕州市荆河西路西转盘 | 0632-25676313 |
| 山东潍坊汽车配件商城 | 山东省潍坊市奎文区鸢飞路 480 号 | 0536-28806244 |
| 青岛汽车配件城 | 山东省青岛市四方区洛阳路 1 号 | 0532-84961496 |
| 山东聊城天昊置业服务有限公司 | 山东省聊城市建设西路西首服务中心 | 0635-8465969 |
| 威海韩国之窗汽配广场 | 山东省威海市文登经济开发区 | 0631-83907597 |
| 上海东方汽配城 | 上海市曹安路 1926 号 | 021-59184868 |
| 上海吴中汽配城 | 上海市闵行区吴中路 1099 号 | 021-54476500 |
| 上海嘉定汽配科技城 | 上海市嘉定区宝安公路 3799 号 | 021-59150909 |
| 上海国际汽配贸易中心 | 上海安亭国际汽车城嘉安公路 | 021-59154668 |
| 上海新阳光汽配市场 | 上海市宝山区逸仙路 1611 号 | 021-65427211 |
| 上海黎安汽摩配市场 | 上海市闵行区七莘路 1149 号 | 021-54530636 |
| 上海国际汽车城汽车市场 | 上海市嘉定区安亭镇墨玉路 29 号 | 021-59569111 |
| 上海曹安汽车用品（汽配）市场 | 上海市江桥曹安路 2738 弄 | 021-51048000 |
| 上海鑫世纪汽配城 | 上海市古浪路 1681 号 | 021-63637603 |
| 上海奉贤汽车配件市场 | 上海市奉贤南桥运河路 376 号 | 021-57424799 |
| 无锡市广益商城汽配市场 | 江苏省无锡市江海东路 58 号 | — |

续表

| 名称 | 地址 | 电话 |
|---|---|---|
| 泰州锦天汽配港 | 江苏省泰州市姜堰区经济开发区职业介绍中心大楼 5 楼 | 0523-82077666 |
| 常熟国际汽配城 | 江苏省常熟市青墩塘路 198 号 | 0512-52308902 |
| 南通永兴国际车城 | 江苏省南通市城港路 187 号 | 0513-85601456 |
| 中国·义乌汽车用品汽车配件专业街 | 浙江省义乌城北路 205 号 | 0579-25598506 |
| 杭州汽车城 | 浙江省杭州市石祥路 589 号杭州国际 | 0571-28879576 |
| 杭州浙江汽配城 | 浙江省杭州市新塘北路 353—361 号 | 0571-86463388 |
| 绍兴圆通汽车汽配城 | 浙江省杭州市沈半路 195 号 | 0575-88019398 |
| 嘉兴市汽车商贸园 | 浙江省嘉兴市中环南路 999 号 | 0573-82670333 |
| 宁波国际汽车城 | 浙江省宁波市江南路 346—355 号 | 0574-87908892 |
| 南京新伊汽配商城 | 江苏省南京市雨花台区宁南大道 9 号 | — |
| 常州市中凉亭汽摩配件交易市场 | 江苏省南京市玄武区墨香路 9 号 | 025-85356908 |
| 徐州汽配城 | 江苏省徐州市三环东路 | 0516-83362616 |
| 合肥汽配城 | 安徽省合肥市长江东路 714 号 | 0551-84228890 |
| 河南汽车配件物流贸易园 | 河南省郑州市老 107 国道与南三环交叉口 | 0371-66891018 |
| 郑州国产汽车配件市场 | 河南省郑州市管城区南曹乡姚庄 | 0371-66736111 |
| 兰州汽车配件城 | 甘肃省兰州市城关区排洪南路 313 号 | 0931-84860541 |
| 兰州通宝汽配市场 | 甘肃省兰州市七里河区西津西路 859 号 | 0931-82920622 |
| 银川汽配城 | 宁夏回族自治区银川市丽景南街汽配城 1—1 号、1—2 号 | 0951-84095688 |
| 宁夏国际汽车城 | 宁夏回族自治区银川市清河北街（北门金三角） | 0951-83888918 |
| 西宁市昆仑汽车配件城 | 青海省西宁市昆仑路 37 号 | 0971-26143095 |
| 西安汽车配件市场 | 陕西省西安市环城西路北段 368 号 | 029-83100019 |
| 新疆华凌国际汽车用品（配件）进出口中心 | 新疆维吾尔自治区乌鲁木齐市河滩北路 38 号 | 0871-27369701 |
| 新疆赛伯特国际汽车城 | 新疆维吾尔自治区乌鲁木齐市鲤鱼山路 20 号 | 0991-26180008 |
| 江西省洪城汽车配件城 | 江西省南昌市迎宾中大道 1399 号 | 0791-5760066 |
| 武汉万国汽配城 | 湖北省武汉市东西湖区东西湖大道 146—148 号 | 027-83881620 |
| 武汉太平洋汽车配件城 | 湖北省武汉市硚口区解放大道 545 号 | 027-83883196 |
| 中国（十堰）汽配城 | 湖北省十堰市白浪中路 50 号 | 0719-28255878 |
| 武汉万泰汽配城 | 湖北省武汉市硚口区解放大道 665 号 | 027-83888735 |
| 长沙市高桥友谊汽配大市场 | 湖南省长沙市二环线赤新路立交桥西南角 | 0731-82613797 |
| 中南汽车世界 | 湖南省长沙经济技术开发区博展路 | 0731-84088011 |
| 湖南星沙汽车配件城 | 湖南省长沙市世界之窗斜对面 | 0731-84065798 |
| 湖南省三湘南湖大市场汽配城 | 湖南省长沙市芙蓉区五里牌 | 0731-84711812 |
| 贵州太慈桥汽车配件城 | 贵州省贵阳市太慈桥花溪大道北 466 号 | 0851-25101868 |
| 昆明东聚汽车配件城 | 云南省昆明市官渡区关雨路晓东村 | 0871-27369701 |
| 广州市广源湛隆汽配广场 | 广东省广州市广园中路 283 号 | 020-86562988 |
| 广州永福国际汽车用品广场 | 广东省广州市永福路 35 号 | 020-61313136 |
| 广州三元汽配城 | 广东省广州市三元里大道 715 号 | 020-37222677 |
| 广州汽车配件用品全球采购港 | 广东省广州经济技术开发区宝石路 11 号留学人员广州创业园 | 020-62682265 |
| 广州倚云汽车用品广场 | 广东省广州市永福路 79 号 | 020-87725772 |
| 广园致友汽配城 | 广东省广州市广园东路 1540 号 | 020-37220880 |
| 深圳劲力汽配城 | 广东省深圳市宝安新城广深路劲力大厦 | 0755-27494168 |
| 深圳市深南汽配专业大市场 | 广东省深圳市福田区农林路 | 0755-83707089 |
| 佛山市粤丰汽车配件批发市场 | 广东省佛山市南海区桂丹路 | 0757-86489115 |

# 2022年国内汽车展览

## 【第四届海口国际新能源暨智能网联汽车展览会】

1月6—9日，第四届海口国际新能源暨智能网联汽车展在海南国际会展中心举办。该车展是2022年国内第一个大型车展，也是2022年开年全球汽车行业的首个国际车展。2022海口新能源暨智能网联车展总展览面积约6万平方米，展出新能源及智能网联车辆395台。这些中外品牌携旗下重磅车型亮相海口新能源暨智能网联车展，带来最科技、最智能的全新出行体验。

## 【2022中国广州国际汽车技术展览会】

5月24—26日，2022中国广州国际汽车技术展览会在广州保利世贸博览馆举办。组委会设立汽车电子技术展、汽车轻量化技术及汽车材料展、车联网技术展、新能源汽车技术展、汽车测试测量展以及自动驾驶技术展等专题展览会。

## 【河北（第十届）汽车文化节暨国际新能源、智能汽车博览会】

6月23—27日，河北（第十届）汽车文化节、2022中国（石家庄）国际新能源、智能汽车博览会开幕。2022河北汽车文化节以“新变化、新未来”为主题，聚焦展示汽车行业发生的新一轮科技革命以及应运而生的前沿的时代科技和创新产品，服务和融入新发展格局，引导人们对未来汽车生活的美好向往。

## 【第二十届华中国际汽车展览会】

7月14—18日，2022第二十届华中国际汽车展览会暨新能源·智能网联汽车展览会｜房车露营展在武汉国际博览中心（汉阳）举办，中外80余汽车品牌参展，1000款车型集中展示。

## 【第八届中国（成都）国际新能源汽车及电动车展览会】

11月25—27日，“中国（成都）国际新能源汽车及电动车展览会”在成都世纪城新国际会展中心举行。展会以“共享未来，美好生活”为主题，展览面积达2万平方米，参展商超过100家，主要展示纯电动乘用汽车、混合动力汽车、纯电动和燃料电池商用车，以及充电桩等配套设施设备。

## 【第十四届呼和浩特国际车展暨新能源产业博览会】

6月30日至7月4日，2022第十四届呼和浩特国际车展暨新能源产业博览会在内蒙古国际会展中心闭幕。车展经过五天的高效运转，共展出燃油汽车、新能源汽车、摩托车、房车、虚拟驾驶体验舱716台，78个国内外汽车品牌、108家经销商、19家金融及相关产业参展。展期举办新车上市发布会及预售会13场，14款车重磅亮相，接待观众突破12万人次，现场销售及订单量5812台，意向成交额达8.7亿元人民币。来自全国50多家媒体的100多名媒体记者、自媒体达人前来报道展会盛况。

## 【第二十四届重庆国际汽车展览会】

6月25日至7月3日，2022（第二十四届）重庆国际汽车展览会在重庆悦来国际博览中心举办。

车展展示面积15万平方米，北室外广场活动面积3万平方米，集合了全球超过110多个主流品牌，亮相车型达1000多款。在开幕首日的40场新车发布会中，发布新车超100款。2万平方米智能网联新能源汽车专馆，超40个新能源品牌逾300款车型璀璨呈现。

## 【2022中国·沈阳国际汽车展览会】

11月1—6日，以“相信美好，向变而生”为主题的2022中国·沈阳国际汽车展览会在沈阳国际展览中心举办。展会展出面积15万平方米，共有113个国内外汽车品牌亮相（包括主流汽车、商务改装品牌、豪华改造品牌、新能源品牌等），参展车辆超1000辆，26款新车首发上市，车展全网曝光超过1亿次，线上参与人数突破300万人。展会共吸引26.23万人次到场参观，产生12108台汽车订单，成交额19.56亿元。展会由中国汽车流通协会、中国国际贸易促进委员会辽宁省分会、百瑞国际会展集团主办，沈阳汽车流通协会、长春宝瑞国际会展有限公司、辽宁迪沃斯特会展有限公司承办。

**【第十三届西安国际汽车工业展览会】**

6月30日至7月3日，2022第十三届西安国际汽车工业展览会暨第三届西安国际摩托车博览会在西安国际会展中心举办，总展出面积7万平方米，分为燃油汽车、新能源汽车、摩托车整车、摩托车装备配件等专区，共有470余家汽车、摩托车相关品牌参展。展车达2000余台，其间30余款新车在展会现场首发，展期总成交额近40亿元。

**【第二十三届中国（昆明）国际汽车博览会】**

8月4—8日，第23届中国昆明国际汽车博览会在昆明滇池国际会展中心开幕，吸引了百余家来自国内外、世界各地的汽车公司纷纷加入本次车博会当中。车展启用3—11号展馆九个馆，展览面积超10万平方米，设立豪车、进口、合资、自主、新能源品牌及改装车、金融、汽车配件后市场、试乘试驾、萌宠、权威媒体于一体的综合展示区。

**【第十九届中国（长春）国际汽车博览会】**

7月15—24日，2022年第十九届中国（长春）国际汽车博览会在长春国际会展中心举办，车展共设室内九大展馆、室外四大展区，室外展区为房车展区、特价车展区、汽车户外体验区、汽车民宿体验区，车展分会场设在北湖、兴隆保税区和慢山里。为塑造“掌上汽博、智慧车展”的现代化汽博会全新属性，本届汽博会全力打造了“云上汽博会”新模式，实现线上线下的同频共振。

**【第十九届海南国际汽车博览会】**

6月2—4日，第十九届海南国际汽车博览会在海南国际会展中心举办，展出面积超6万平方米，参展品牌超百家，超98%为厂家直接参展。展会4天观展总人数超10万人次，现场成交订单4218台，现场成交金额约8.4亿元。展期集客23452组，展后一周内经集客转化预成交额约11.7亿元。本届车展总成交额约20.1亿元。

**【2022年粤港澳大湾区国际汽车博览会】**

5月28日至6月5日，2022（第二十六届）粤港澳大湾区车展在深圳会展中心（福田）举办，近100个汽车品牌、千款新车亮相。本届粤港澳大湾区车展以“先行向未来”为主题，加速探索汽车与科技融合发展的最新动向。车展现场将启用1—9号全部展馆，规模达13万平方米。

**【第二十二届新疆国际汽车工业博览会】**

7月27日至8月1日，第二十二届新疆国际汽车工业博览会在新疆国际会展中心举办。车展汇聚60余个品牌、1000余款车型。作为新疆的B级车展，2022新疆国际汽车工业博览会不负众望，吸引众多消费者参观，展期共迎来了35万人观展，共计售车10689台。

**【第二十五届成都国际汽车展览会】**

8月26—29日，由黑龙江省商务厅、中国汽车工业协会、中国汽车工程学会主办的第25届哈尔滨国际车展，在哈尔滨国际会展中心所有室内展馆启动。第二十五届成都国际汽车展览会在中国西部国际博览城举行。来自德系、美系、法系、日系、韩系及合资、自主等128个国内外汽车品牌参展，展出车辆约1600辆，展会规模达20万平方米。作为今年国内首个如期举办的A级车展，车展开幕首日，举办了72场汽车新品发布会，共揭幕首发车型92款，其中全球首发新车28款，全国首发新车36款。

**【第二十四届哈尔滨国际车展】**

8月28日至9月4日，第二十四届哈尔滨国际车展在哈尔滨国际会展中心举行。车展共有来自德国、英国、法国、意大利、美国、日本、瑞典、韩国、俄罗斯、新加坡、中国香港、中国台湾共十二个国家和地区的362家厂商参展，展出面积达到12.5万平方米。国内外96个品牌参展，展出车辆881台。

**【2022世界智能网联汽车大会】**

9月16日，由北京市人民政府、工业和信息化部、公安部、交通运输部、中国科学技术协会共同主办的2022世界智能网联汽车大会在北京开幕。

大会以“智能加速度 网联新生态”为主题，设置1场开幕式暨主论坛、7场主题峰会、6个特色专场、2场闭门会、1场实地调研活动，来自20多个国家和地区的2500多位代表将围绕政策法规与规模化发展、新型基础设施与数字化赋能、网络安全与数据安全、智慧交管与车网协同等议题展开深入交流研讨。

**【2022第十七届西安国际车展】**

12月30日，第十七届西安国际车展正式开幕，为期5天的展会中，共吸引近50个国内外汽车品牌参展，展出车辆689辆，展览面积3万平方米，累计吸引参展观众135769人次，成交车辆10726台，销售额近20亿元人民币。

**【2022中国（天津）国际汽车展览会】**

11月10—15日，2022中国（天津）国际汽车展览会在国家会展中心（天津）开幕。本届车展总展出面积达20万平方米，吸引了国内外众多车企前来参展，共展出展车990台，其中新能源车260台。

**【第十七届南昌国际汽车展览会暨新能源·智能汽车展】**

11月3—4日，2022第十七届南昌国际汽车展览会暨新能源·智能汽车展在南昌绿地国际博览中心举办。车展共有70余个主流汽车品牌及新能源新势力品牌参展，各类参展车型八百余款。

**【第二十届中国（广州）国际汽车展览会】**

12月30日，第二十届广州国际汽车展览会在中国进出口商品交易会展馆开幕。展会规模达22万平方米，参展面积与上一届持平。本届广州车展是疫情防控政策调整优化后首个复展的大型国际车展，也是本年度唯一举办的A级车展。此次广州车展还将首次启用最新建设落成的广交会展馆D区，同时使用广交会展馆A区室内展厅和南北广场室外展区。

**【第十五届中国—东盟（南宁）国际汽车展览会暨新能源·智能汽车展】**

12月8—12日，2022第十五届中国—东盟（南宁）国际汽车展览会暨新能源·智能汽车展｜房车露营展在南宁国际会展中心举办。德系、美系、法系、日系及华系等80余个国内外汽车品牌参展，展出车辆约1000辆，展会规模近6万平方米。

**【第十八届中国（长沙）国际汽车博览会暨新能源汽车·智能汽车展览会】**

12月24—29日，第十八届中国（长沙）国际汽车博览会在长沙国际会展中心举行。车展以“‘汽’势磅礴向未来”为年度主题，吹响行业集结号，近百个品牌联袂登场，旨在为湖南乃至中部地区消费者打造一场车市盛宴，为汽车品牌提供前沿科技的展示舞台，助力消费升级，见证产业变迁。展览面积近10万平方米，展车1200余台，22台首发新车。

**【第十四届郑州国际车展】**

11月3—7日，2022第十四届郑州国际汽车展览会暨新能源·智能网联汽车展览会｜房车露营展以“智驾生活·豫见未来”为主题在郑州国际会展中心盛大开幕，本届车展由武汉尚格会展股份有限公司主办，上海尚格会展有限公司、郑州尚格展览服务有限公司承办，启用郑州国际会展中心一楼、五楼9个室内展馆及室外广场，展出面积近8万平方米，云集近百个知名汽车品牌，千余款热门车型参展。

（注：受疫情影响，2022年多个大型车展延期或者取消，北京车展经历多次延期后取消。）

# 2022年国内汽车赛事

## 【2022 中国卡丁车锦标赛 CKC】

4月16日，赛事在温州拉开帷幕，10月15日，赛事在上海结束。赛事共经历温州、株洲、北京、金华、武汉、上海六个站点。

中国卡丁车锦标赛（CKC）是中国汽联于1997年创立的全国卡丁车锦标赛，每年一届，分为3个组别进行比赛。首届全国性的卡丁车锦标赛，吸引了众多的卡丁车好手参赛。

赛事采用分站选拔赛积分制，分站遍及北、上、广、深。每到一处，CKC不仅给卡丁车赛车选手和车迷带去激情和荣耀，比赛期间更是成为当地卡丁车运动的盛大节日。

## 【2022 China GT 中国超级跑车锦标赛】

5月27日，2022 China GT 中国超级跑车锦标赛在宁波国际赛车场开启。China GT 中国超级跑车锦标赛吸引了凌康、程丛夫、罗开罗、谢安、臧侃等China GT 知名车手参赛。全年赛事共开设了宁波、上海、浙江、平潭、珠海、澳门六个站点。

China GT 中国超级跑车锦标赛是经国家体育总局和中国汽车摩托车运动联合会批准，并列入年度全国体育竞赛计划及中国汽联赛的系列赛事。China GT 中国超级跑车锦标赛分为两个组别：GT3组和GTC组。China GT 致力于提升中国本土赛事品质，推广赛车文化，并在不同领域对中国赛车运动进行了革新。

## 【2022 COC 中国汽车场地越野锦标赛】

7月28日，2022 COC 中国汽车场地越野锦标赛福建平潭站比赛，在福建平潭综合实验区越野赛车场开赛。8月20日，2022中国汽车场地越野锦标赛赛季第二站苏州站收官。第二站苏州站中，K-MAN（中国）·黑熊轮胎车队赵向前迎来改装组开季两连胜；DN 睿行者车队林德伟加冕UTV 组桂冠；杭州临平汽车运动协会风行车队童喜军问鼎轻型越野车组冠军。

12月4日，2022中国永修汽车场地越野争霸赛在江西省永修县吴城圆满收官。奇瑞瑞虎赛车的吕和平获得专业组冠军。江苏4乘4俱乐部的宋永亮、浙江争锋STR 车队的叶勇金分别获得公开A、B组第一名，科曼（中国）减震器车队的牛洪伟获得量产改装组冠军。

## 【2022 CTCC 中国房车锦标赛】

7月28日，中国房车锦标赛（CTCC）在株洲开启。经历了株洲国际赛车场、宁波国际赛车场、上海天马赛车场、上海国际赛车场、武汉街道赛、澳门东望洋六大赛道，12月8日，CTCC 中国汽车场地职业联赛超级杯与同场的TCR Asia 双双完成了松江佘山站的两回合角逐，2022赛季就此圆满落幕。

上汽大众333车队的谢欣哲斩获了超级杯组别的冠军，壳牌捷凯领克车队的张志强则在TCR Asia 赛场折桂。

CTCC 中国房车锦标赛是中国赛车运动第一品牌、国际汽联唯一支持国家级房车赛事，是被纳入国家体育总局年度比赛计划的A类体育赛事。CTCC 中国房车锦标赛前身为CCC 全国汽车场地锦标赛（简称“全锦赛”），正式成立于2004年。将风靡全球的赛车运动正式引入中国，在全国引起了强烈反响。

## 【2022 中国耐力锦标赛 CEC】

2022 CEC 中国汽车耐力锦标赛将于8月6—7日在宁波国际赛道打响。比赛在宁波、株洲、上海三地举行四场分站赛，11月在上海进行一站比赛。

CEC 中国汽车耐力锦标赛，是经中国汽车摩托车运动联合会批准，纳入国家体育总局年度比赛计划的A类国家级体育赛事。

比赛使用以租借的方式提供统一改装赛车——本田竞瑞赛车，轮胎也将由组织者提供。

比赛采取群发车，采用国际汽联、中国汽车摩托车运动联合会制定和颁发的通用的场地类汽车赛比赛规则。参赛车手须持有中国汽车摩托车运动联合会颁发的B级及以上（相当）的比赛执照。

中国新能源汽车拉力锦标赛已连续举办六年，是目前我国规模最大的新能源汽车赛事。

## 【2022 CCPC 中国量产车性能大赛】

9月26日，以“热血同道　激情共悦”为主题的2022 CCPC 中国量产车大赛终极 PK——嘉年华站鸣金收官。从重庆公众站至甘肃公众站，东海专业站再到嘉年华站，历经5个月的赛程后，在嘉年华站的赛道竞技挑战赛上，参赛车型历经连续转弯、直线加速、限速避障等挑战，不断超越极限，接连完成荣耀之争的最后对决。为了确保比赛结果的公平、公正，大赛组委会综合本年度公众站、专业站、嘉年华站中的车型成绩，并根据权重作出占比分配。其中，公众站消费者体验打分占比15%、专业站比赛得分占比55%、嘉年华站比赛得分占比15%、消费者满意度调研得分占比15%。

中国量产车性能大赛（CCPC）是由中国汽车技术研究中心与国家体育总局汽车摩托车运动管理中心联合打造的国家级专业汽车赛事。首次将量产车真实性能展示在公众面前，是中国汽车的“奥运会”，为国内各品牌量产车开创了汽车比赛的全新模式。2020年是 CCPC 大赛的第三届，参赛企业与车型数量再创新高，竞争更为激烈。除连续多年出征的长安汽车、广汽本田、上汽通用、一汽-大众、奥迪等老牌劲旅，2020年更有广汽传祺、东风裕隆纳智捷等品牌的实力车型首度加入战局。

## 【2022超吉联赛吉速挑战赛】

12月10日，2022吉利超吉联赛年度总决赛在平潭如意湖国际赛道落下帷幕，吉祥如意车队的陈浩尧、李建武、姜茗瀚在周六的排位赛中拿到杆位，但最终赢了战队的胡瑞、马宇轩、尹正获得了周日正赛的冠军。

“超吉联赛”是吉利控股集团汽车运动部(GGM)主办的面向普通大众的单一品牌房车赛事，是入门级的赛车体验平台。历经10余年发展，超吉联赛已逐步演化成集“体验—培训—竞赛”于一体的专业级赛车入门体验型赛事平台，通过选拔和赛车驾驶培训的选手可获得国家B级场地赛车驾驶执照。

## 【2022年粤港澳大湾区赛车节·卡丁车总决赛】

12月17日，2022年粤港澳大湾区赛车节·卡丁车总决赛在广东竞速国际赛车场落下帷幕。陈大兴和刘建升分别夺得125cc 大师组和125cc 成人组冠军，熊可强登上超级四冲1小时耐力赛的最高颁奖台。本次比赛由广东省社会体育和训练竞赛中心、东莞市文化广电旅游体育局指导，广东省汽车摩托车运动联合会主办，广东竞速国际赛车场承办，设专业组比赛和耐力赛。

## 【2022中国新能源汽车大赛暨新能源汽车12小时耐力赛（CCPC)】

12月20日，2022中国新能源汽车大赛暨新能源汽车12小时耐力赛（CCPC）决赛于湖南株洲国际赛车场开赛。

决赛场地设在单圈3.77公里、14个弯道，具有大横坡、大纵坡、大高低落差最大达到26米等特点的株洲国际赛车场。参赛车辆需要环绕赛道高速行驶12小时，其间车队自由制定充电策略，成绩根据行驶里程进行排名。为客观反映车辆性能，确保赛事结果真实可信，大赛首创“赛事全景直播”。

经过整整12小时的艰苦角逐，比亚迪汉 EV 通过大赛的多维度严苛考验，最终获得“R2车型组冠军”“新能源汽车安全奖”等奖项。